D1746772

EURO-AUTOREISEBUCH
Ungarn

RV VERLAG

EURO-AUTOREISEBUCH
Ungarn

RV VERLAG

Abbildungen auf dem Umschlag:
Vorderseite von links oben nach rechts unten: Budapest, Parlament - Layda/Mainbild; Puszta bei Debrecen - Waltraud Klammet; Pusztahirte - Phillips/Zefa; Pécs, Postgebäude mit Zsolnay-Keramik - Helene Hartl; Plattensee, Blick auf Tihany - Sunak/Zefa; Esztergom, Blick zur Basilika - Damm/Zefa.
Rücken von oben nach unten: Häuserzeile in einem Dorf bei Szombathely - PhotoPress/Großmann; Sonnenblumenfeld in der Großen Tiefebene - Hans-Horst Skupy; Budapest, Brunnen und Tor am Burgpalast- Marton Radkai.
Rückseite: Esztergom, Basilika - Postl/Lade Fotoagentur.
Die beiden Landkartenausschnitte auf dem Umschlag stammen aus dem RV Kartenwerk Ungarn 1 : 300.000, der Stadtplanausschnitt auf der Rückseite des Umschlags ist dem RV Stadtplan Budapest 1 : 20.000 entnommen.

Die Fotos der Aufmacherseiten zeigen:
Innentitel, Seite 2/3: Brücke in der Hortobágy-Puszta (oben), Gestüt bei Solt (Mitte) und Burgberg in Veszprém (unten).
Das Land, Seite 8/9: Donauknie bei Visegrád (groß) und Mühle in Taploca (klein).
Die Städte, Seite 70/71: Budapest (groß) und Debrecen mit seinem Wahrzeichen, der Großen Kirche (kleines Bild).
Reiseziele, Seite 122/123: Uferlandschaft am Plattensee (groß) und Schloß Eszterházy in Fertőd (klein).
Küche und Keller, Seite 156/157: kulinarischer Hinweis in Szajk (groß) und Weintraube in Kiskunmajsa (klein).
Land und Leute, Seite 166/167: mit dem Pferdewagen unterwegs in Eger (groß) und musikalische Untermalung in einem Budapester Weinkeller (klein).

Abbildungsnachweis: Wenn im folgenden nicht anderes angegeben, stammen die Fotos in diesem Band von Hans-Horst Skupy; Beeldbank 116ul, 124om, 139or, 154l, 160l - Bildarchiv Huber 72/73u, 133u (Rudolph) - S.Meyer-Büser 10/11m, 51om, 58o, 66u, 125or, 135ul - H.Hartl 23om, 42l, 54/55u, 59o, 66o, 76or, 78l, 79or, u, 91o, 96o, 97ur, 114ur, 117u, or, um, 127u, 131ml, 137ur, 144or, 146o, 148l, 151or, 152/153u, 158ul, ur, 162om, u, 163o, m, 164ol, 168r, 172l, 156/157 - V. Janicke 74l, 74/75u, 78u, 88ul, 89ur, 96um, 97ul, 104u, 108/109u, 166/167 - Jürgens Ost + Europa Photo 8o, 34/35u, 38om, 8/39u, 51um, 66/67u, 85u, 92ur, 93ur, 94l, 98/99u, 105u, 108u, 110/111u, 118u, 119u, 121u, 142l, 166o, 122/123 - R.Kiedrowski 2/3u, 22l, 23u, r, 39u, 70/71, 73om, 75om, 76u, 120om, 141u, 155ur, 122o - Helga Lade Fotoagentur 16u (E.Wrba), 18u (BAV), 22/23u (Assmann), 26 (BAV), 30u (THF), 31om (THF), 31u (THF), 38r (THF), 42ur (Kester), 70o (THF), 84u (THF), 85om (THF), 86u (THF), 88mo (THF), 88/89u (THF), 90/91u (THF), 112l (THF), 120u (THF), 126or (Schneider) - U. Mutzel 164or - W. Neumeister 35r, 90u, 91r, 92l, 95u - PhotoPress/Großmann 75u - M.Radkai 10u, 14u, 27um, r, 31or, 46or, 47lo, lu, 50o, u, 62u, 72ul, 80um, 82o, 85mr, 86l, 87u, 101ol, 102u, 102/103u, 131mr, 134r, 143ur - W. Stuhler 2/3o, 8/9, 10/11o, 39om, 51or, 75ol, 115ul, 126ul, 128u - Zefa 19u (Tom), 94ul (Sunak), 113ul (Tom), 125u (van Phillips), 129om (Wienke).

© RV Reise- und Verkehrsverlag GmbH
Berlin • Gütersloh • München • Stuttgart 1991

Alle Rechte vorbehalten. Reproduktionen, Speicherung in Datenverarbeitungsanlagen, Wiedergabe auf elektronischen, fotomechanischen oder ähnlichen Wegen, Funk und Vortrag – auch auszugsweise – nur mit ausdrücklicher Genehmigung des Copyrightinhabers.

Idee und Reihenkonzept: Prisma Verlag GmbH, München
Kartographie: RV Reise- und Verkehrsverlag GmbH, Berlin • Gütersloh • München • Stuttgart
Texte: Hans-Horst Skupy, Weßling, assistiert von Helene Hartl, Weßling
Gesamtredaktion: Volker Busch, Prisma Verlag GmbH, München
Satz und Layout: Micropress GmbH, Taufkirchen
Reproduktion: Worldscan, Singapur
Druck und Verarbeitung: Mohndruck Graphische Betriebe GmbH, Gütersloh

Printed in Germany
ISBN 3-575-11066-2

Inhalt

▪ Kartenübersicht	6
▪ Zeichenerklärung	7
▪ Das Land	8

Die Regionen Ungarns von Nord nach Süd
in 17 Kartenausschnitten 1:300.000

▪ Die Städte	70
Budapest	72
Debrecen	84
Eger	88
Esztergom	90
Győr	92
Kecskemét	96
Kőszeg	98
Miskolc	100
Pécs	104
Sopron	108
Szeged	112
Székesfehérvár	116
Szombathely	118
Veszprém	120
▪ Reiseziele	122
Die Puszta	124
Der Plattensee	126
Das Donauknie	128
Bäder in Budapest	130
Heilbäder – Quellen – Kuren	132
Karst und Tropfsteinhöhlen	134
Naturparks und Reservate	136
Volkskunst und Folkloretraditionen	138
Das musikalische Ungarn	140
Burgen – Schlösser – Residenzen	142
Kirchen – Klöster – Synagogen	144
Kalvarienberge und Wallfahrten	146
Auf den Spuren der Habsburger	148
Auf den Spuren der Türken	150
Auf den Spuren der Römer	152
Die schönsten Museen	154
▪ Küche und Keller	156
▪ Land und Leute	166
▪ Reiseinformationen	176
Mit dem Auto unterwegs	176
Adressen der Fremdenverkehrsämter	176
Nützliche Hinweise von A bis Z	177
Reisewörterbuch	178
Entfernungen	179
Politische Gliederung	180
▪ Register der Ortsnamen	181

Ungarn
Kartenübersicht 1:300.000

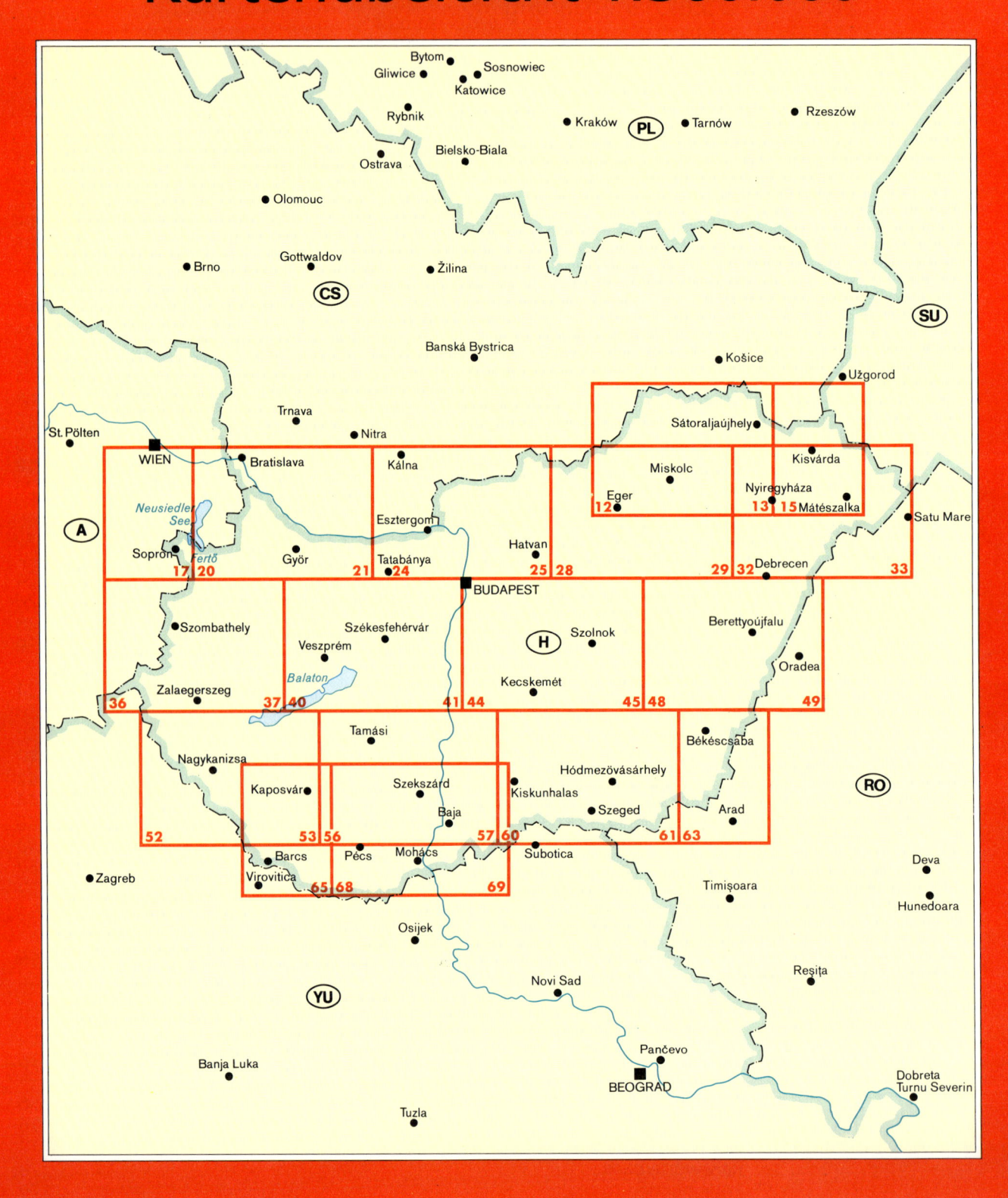

Ungarn
Zeichenerklärung

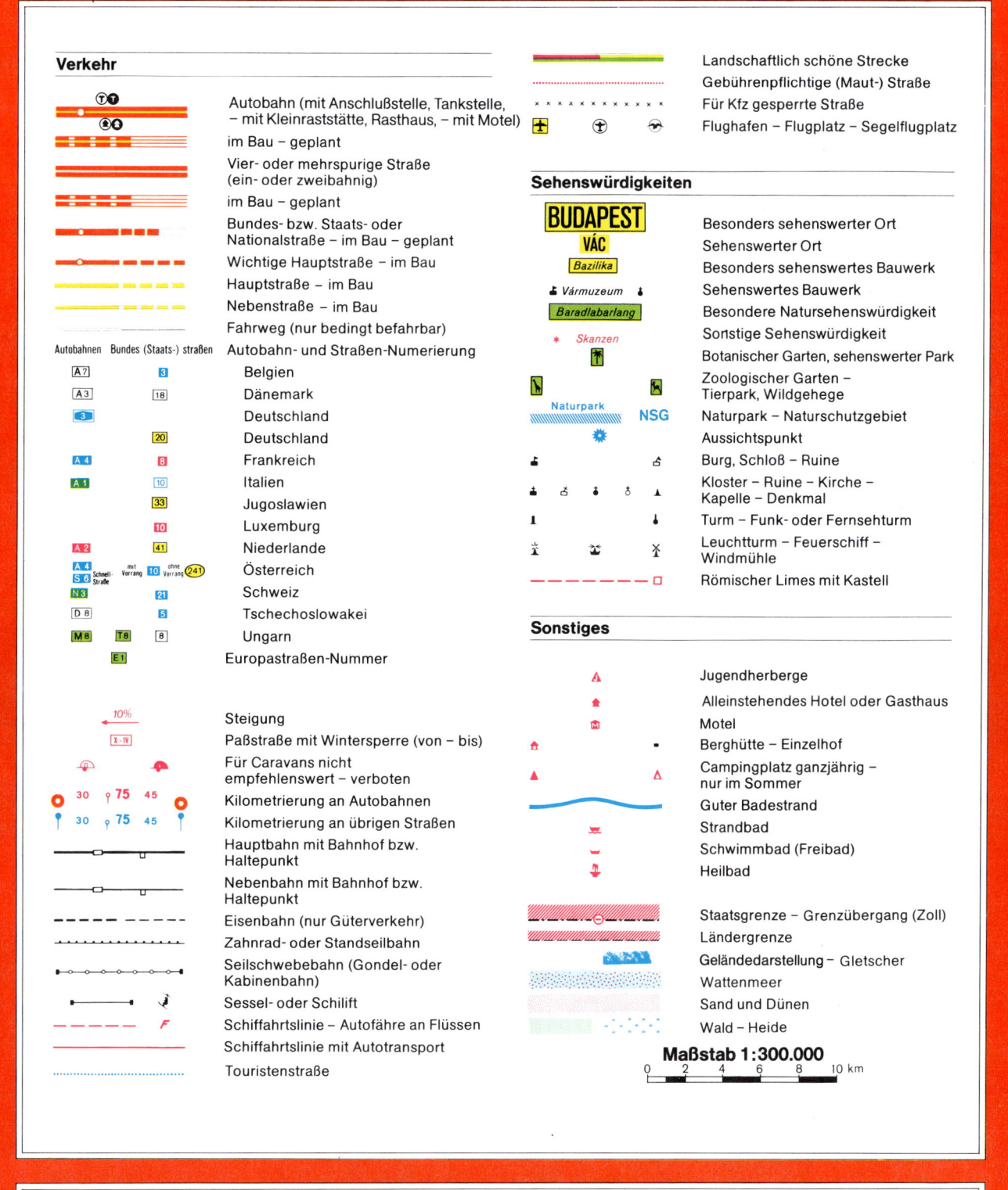

Verkehr

	Autobahn (mit Anschlußstelle, Tankstelle, – mit Kleinraststätte, Rasthaus, – mit Motel)
	im Bau – geplant
	Vier- oder mehrspurige Straße (ein- oder zweibahnig)
	im Bau – geplant
	Bundes- bzw. Staats- oder Nationalstraße – im Bau – geplant
	Wichtige Hauptstraße – im Bau
	Hauptstraße – im Bau
	Nebenstraße – im Bau
	Fahrweg (nur bedingt befahrbar)

Autobahn- und Straßen-Numerierung

Autobahnen / Bundes (Staats-)straßen
- A7 / 3 — Belgien
- A3 / 18 — Dänemark
- 3 — Deutschland
- 20 — Deutschland
- A4 / 8 — Frankreich
- A1 / 10 — Italien
- 33 — Jugoslawien
- 10 — Luxemburg
- A2 / 41 — Niederlande
- A4 Schnell-Straße / S6 mit Vorrang / 10 ohne Vorrang / (241) — Österreich
- N3 / 21 — Schweiz
- D8 / 5 — Tschechoslowakei
- M8 / T8 / 8 — Ungarn
- E1 — Europastraßen-Nummer

- 10% Steigung
- X.–IV. Paßstraße mit Wintersperre (von – bis)
- Für Caravans nicht empfehlenswert – verboten
- 30 / 75 / 45 Kilometrierung an Autobahnen
- 30 / 75 / 45 Kilometrierung an übrigen Straßen
- Hauptbahn mit Bahnhof bzw. Haltepunkt
- Nebenbahn mit Bahnhof bzw. Haltepunkt
- Eisenbahn (nur Güterverkehr)
- Zahnrad- oder Standseilbahn
- Seilschwebebahn (Gondel- oder Kabinenbahn)
- Sessel- oder Schilift
- F Schiffahrtslinie – Autofähre an Flüssen
- Schiffahrtslinie mit Autotransport
- Touristenstraße

- Landschaftlich schöne Strecke
- Gebührenpflichtige (Maut-) Straße
- Für Kfz gesperrte Straße
- Flughafen – Flugplatz – Segelflugplatz

Sehenswürdigkeiten

- BUDAPEST — Besonders sehenswerter Ort
- VÁC — Sehenswerter Ort
- Bazilika — Besonders sehenswertes Bauwerk
- Várrmuzeum — Sehenswertes Bauwerk
- Baradlabarlang — Besondere Natursehenswürdigkeit
- Skanzen — Sonstige Sehenswürdigkeit
- Botanischer Garten, sehenswerter Park
- Zoologischer Garten – Tierpark, Wildgehege
- Naturpark – NSG — Naturpark – Naturschutzgebiet
- Aussichtspunkt
- Burg, Schloß – Ruine
- Kloster – Ruine – Kirche – Kapelle – Denkmal
- Turm – Funk- oder Fernsehturm
- Leuchtturm – Feuerschiff – Windmühle
- Römischer Limes mit Kastell

Sonstiges

- Jugendherberge
- Alleinstehendes Hotel oder Gasthaus
- Motel
- Berghütte – Einzelhof
- Campingplatz ganzjährig – nur im Sommer
- Guter Badestrand
- Strandbad
- Schwimmbad (Freibad)
- Heilbad
- Staatsgrenze – Grenzübergang (Zoll)
- Ländergrenze
- Geländedarstellung – Gletscher
- Wattenmeer
- Sand und Dünen
- Wald – Heide

Maßstab 1:300.000

0 2 4 6 8 10 km

- Autobahn
- Vier- oder mehrspurige Str.
- Bundesstraße
- Durchgangsstraße
- Sonstige Straßen
- 8 / E3 Bundes-, Europa-Str.-Nr.
- P / P+R Parken, Park + Ride
- Fußgängerzone
- Hauptbahn
- Neben-, Industriebahn
- S-Bahn, Haltestelle
- U-Bahn, Haltestelle
- Information
- Polizeistation
- Postamt
- Krankenhaus
- Sehensw. Kirche, sonstige K.
- Denkmal, Jugendherberge
- Turm, Sendeturm
- Bebauung, öffentl. Gebäude
- Industriegelände
- Grünanlage oder Wald
- Friedhof, christl., jüdisch

Die Pläne des innerstädtischen Bereichs der Städte im einheitlichen Maßstab 1:20.000 enthalten sämtliche Straßen, Straßennamen jedoch nur in Auswahl, um die Übersichtlichkeit zu wahren.

DAS LAND

Vom Neusiedler See durch Transdanubien bis in die Weiten der Großen Tiefebene erwarten den Gast vielfältigste Eindrücke: Pusztaregionen und die von den großen Flüssen Donau und Theiß geprägten Landschaften, barocke Schlösser und gotische Burgruinen, Museen europäischen Formats, orthodoxe Kirchen, Synagogen und romantische Dorfidyllen. Die Provinz zeigt das ursprüngliche Gesicht des Magyarenlandes.

DAS LAND

Zwischen Bükk und Zempléner Gebirge

Mittelgebirge mit Karstbildungen und Tropfsteinhöhlen, gotische und barocke Burgen und Ruinen, romanische Kirchen mit wertvollen Fresken, Hochburgen der Reformation, die Urheimat des Tokajers und Lajos Kossuths Geburtshaus sind im Norden zu finden.

Aggtelek
Siehe unter „Karst und Tropfsteinhöhlen"

Edelény
Obwohl das Schloß Edelény schon seit langem unter Denkmalschutz stand, ließen es staatliche Behörden völlig verkommen, bevor die ersten Initiativen zu dessen Rettung gestartet wurden. Edelény gilt als der harmonischste Barockbau in der ungarischen Provinz. Der französische General François l'Huillier ließ es um das Jahr 1730 von Giovanni Battista Carlone errichten. Von den vielen Besitzern war das Geschlecht der Coburg-Gotha wohl das prominenteste, bevor das Schloß zu einer unbewohnbaren Ruine wurde. Bemerkenswert sind die besonders schönen Schmiedeeisenarbeiten von Henrik Fazola.

Eger
Siehe „Die Städte"

Hollóháza
Unweit von **Füzérradvány** und **Füzér**, dessen Burgkapelle schöne gotische Holzschnitzereien enthält, liegt Ungarns nördlichstes Rabennest: So heißt Hollóháza übersetzt. Tradition und Moderne leben hier einträchtig zusammen:

Die Kirche von 1968 ist ein vielfotografiertes Objekt, und die Porzellanfabrik, gegründet 1832, besann sich jener Zeiten, als sie noch Manufaktur war. Der lange in den USA tätige Maler Endre Szász, dessen handsigniertes Porzellan in jedem Souvenirladen erhältlich ist, gab den Produkten eine einheitliche Linie.

Lillafüred
Am künstlich gestauten Hámori-tó (tó = See) gelegen, ist Lillafüred Standort für den Besuch mehrerer Höhlen: der Szeleta-, der István- und der Petőfi-barlang, in deren Nähe ein Wasserfall des Szinva-Baches sehenswert ist. Die Temperatur der Höhlen liegt ziemlich gleichmäßig zwischen 8 und 11° C. Der heilklimatische Kurort ist um das orientalisch anmutende Palotahotel gruppiert.

Miskolc
Siehe „Die Städte"

Monok
Das Zempléngebirge scheint ein gutes Pflaster für geistreiche Menschen zu sein. In **Boldogkővár-alja** schrieb Bálint Balassi einige seiner schönsten Gedichte, hier wurden Luthers und Melanchthons Schriften übertragen, in **Széphalom** wirkte und starb der Spracherneuerer Ferenc Kazinczy. Und in Monoks Andrássy-Burgschloß wurde 1802 der Staatsmann Lajos Kossuth geboren. An den politischen Publizisten und Revolutionär erinnert ein Museum, das neben vielen Reliquien auch zeitgenössische Möbel, Skulpturen, Bilder sowie Schriften zeigt. Hunderte von Büchern, die sich mit Kossuth beschäftigen, werden dort aufbewahrt.

Sárospatak
Der Ort war eine der Stationen des Pädagogen Johann Amos Comenius, der 1650 eine Professur am Reformierten Kollegium annahm, das seit 1531 besteht. Comenius' Person steht für ein ungewöhnliches Leben im 17. Jahrhundert:

Information
Borsod Tourist
Eger Tourist
Hajdútourist
Nyírtourist
Nógrád Tourist
(Adressen siehe „Reiseinformationen")

Festkalender
Weinlesefeste in **Eger, Tokaj, Gyöngyös, Verpelét**.

Tips
Vizsoly: reformierte Kirche. **Nógrád**: Burg. **Bükkszék**: Thermalbad. Wanderungen im Nationalpark **Bükk** mit Höhlen und reizvollen Tälern, ebenso im **Zempléner Gebirge**. Ein Geheimtip ist das **Karacs-Medves-Bergland** im Komitat Nógrád. Ausflüge ins Karstgebiet: in **Jósvafő** und in **Aggtelek** Besuch einer der größten Tropfsteinhöhlen Europas. Schöner Dorffriedhof in **Aggtelek**. Sehenswert eine alte Apotheke in **Sárospatak**.

ZWISCHEN BÜKK UND ZEMPLÉNER GEBIRGE

1592 in einer ungarstämmigen Familie in Mähren geboren, nach Studien in Herborn und Heidelberg, Reisen durch Polen, Brandenburg, die Niederlande, nach Aufenthalten in England und Schweden, folgte ein vierjähriger Lehrauftrag im Range eines Bischofs der Mährischen Brüder-Unität in Sárospatak (zu deutsch etwa: lehmiger, kotiger, schlammiger, dreckiger, schmutziger Bach). Das traditionsreiche Städtchen liegt an den Ufern des Flusses Bodrog. Sárospatak besitzt ein ausgezeichnetes Thermalheilbad. In einem herrlichen Saal der Bibliothek des Reformierten Kollegiums sind über zweitausend wertvolle Handschriften und Erstdrucke aufbewahrt. Die reformierte Kirche wurde um 1780/81 fertiggestellt. Aus dem 18. Jh. stammen die beiden früheren Klöster: das der Trinitarier und jenes der Jesuiten. Die spätgotische dreischiffige Pfarrkirche entstand neben einer romanischen Rotunde. Die Perényi-Renaissance-Burg ist nicht nur wegen eines reichhaltig ausgestatteten Museums eine der meistbesuchten Burganlagen des Landes. Ganz neue Akzente im Stadtbild setzte ein Architekt unserer Tage: Imre Makovecz. Das von ihm entworfene Kulturzentrum ist ein aufsehenerregendes Gebäude.

Szalonna

Szalonna, dt. „Speck", besitzt eine Sehenswürdigkeit, die auch einen größeren Umweg lohnt. Die frühromanische Kirche wurde in der Gotik umgestaltet. Sehr schöne Fresken, die das Martyrium der heiligen Margarethe darstellen, versetzen den Betrachter ins Mittelalter. Die Originale sind im 15. Jh. entstanden, restauriert wurden sie in den siebziger Jahren.

Szerencs

Es ist vielleicht paradox, wenn in einem kleinen Städtchen eine Ansichtskartensammlung, eine der größten Kollektionen der Welt, die Hauptattraktion bildet. Das Zempléner Regionalmuseum zeigt im Rákóczi-Burgschloß auch einige interessante Gegenstände aus dem Leben der Bewohner Nordostungarns. Das Schloß beherbergt ein kleines Hotel. Leider ist eine ehemalige Benediktinerabtei aus dem 16. Jh. ziemlich verfallen; die beiden Barockkirchen sind dagegen in ansehnlichem Zustand. Aus dem frühen 14. Jh. stammen die ältesten Teile der Kirche der Reformierten, die Ende des 15. Jh. ihr heutiges Aussehen erhielt.

Tokaj

Ein Ortsname, der seit Jahrhunderten in der ganzen Welt das Synonym für ein Produkt ist: „Wein der Könige – König der Weine" war einst der Sinnspruch. Alle Versuche von Winzern, ob in Argentinien, Südafrika, in Frankreich oder in Italien, den berühmten Wein selbst zu keltern, mußten scheitern, weil zwar die Rebe, nicht jedoch der einmalige Lößboden der Tokajer Gegend importiert werden konnte. Auch in keinem anderen der dreizehn übrigen Weinbaugebiete Ungarns konnte der Tokajer nachgeahmt werden. Im einstigen serbischen Handelshaus vermittelt eine klar gegliederte Ausstellung über die Geschichte des Weinbaus einen Eindruck von der Tradition des Getränks. Dieses wird heute auf industrieller Basis nach dem neuesten Stand der Technologie, für romantische Gemüter ziemlich desillusionierend, hergestellt. Der Heimatforscher Miklós Papp verfaßte ein 300 Seiten starkes, international ausgezeichnetes Buch über den edlen Tropfen.

Die serbisch-orthodoxe Kirche gehört zu den drei Dutzend Gotteshäusern, die es auf dem Gebiet Ungarns gibt, in denen nach dem griechisch-orthodoxen Ritus entweder in Serbisch, Rumänisch, Ukrainisch, Russisch oder Ungarisch gepredigt wird. Auffällig in dem Städtchen mit rund 6000 Einwohnern ist das Rákóczi-Schloß (um 1700), worin die örtliche Schule und das Gebietsgericht untergebracht sind (mit 1,5 km langem Rákóczi-Keller). Ein bescheidenes Täfelchen erinnert an den Aufenthalt des Dichters Nikolaus Lenau. Die restaurierte Synagoge, jahrzehntelang eine Ruine, die den Störchen zum Nestbau diente, erinnert an Namenlose...

Dorffriedhof in Aggtelek mit namenlosen Grabhölzern (links oben).

Ruine der Perényi-Burg in Füzér (links unten).

Altwasser der Theiß bei Tiszaladány (Mitte oben).

Königsstatue von Imre Varga in Sárospatak (rechts innen).

Evangelische Kirche in Aggtelek (rechts Mitte).

Meiler im Bükkgebirge unweit von Lillafüred (rechts außen).

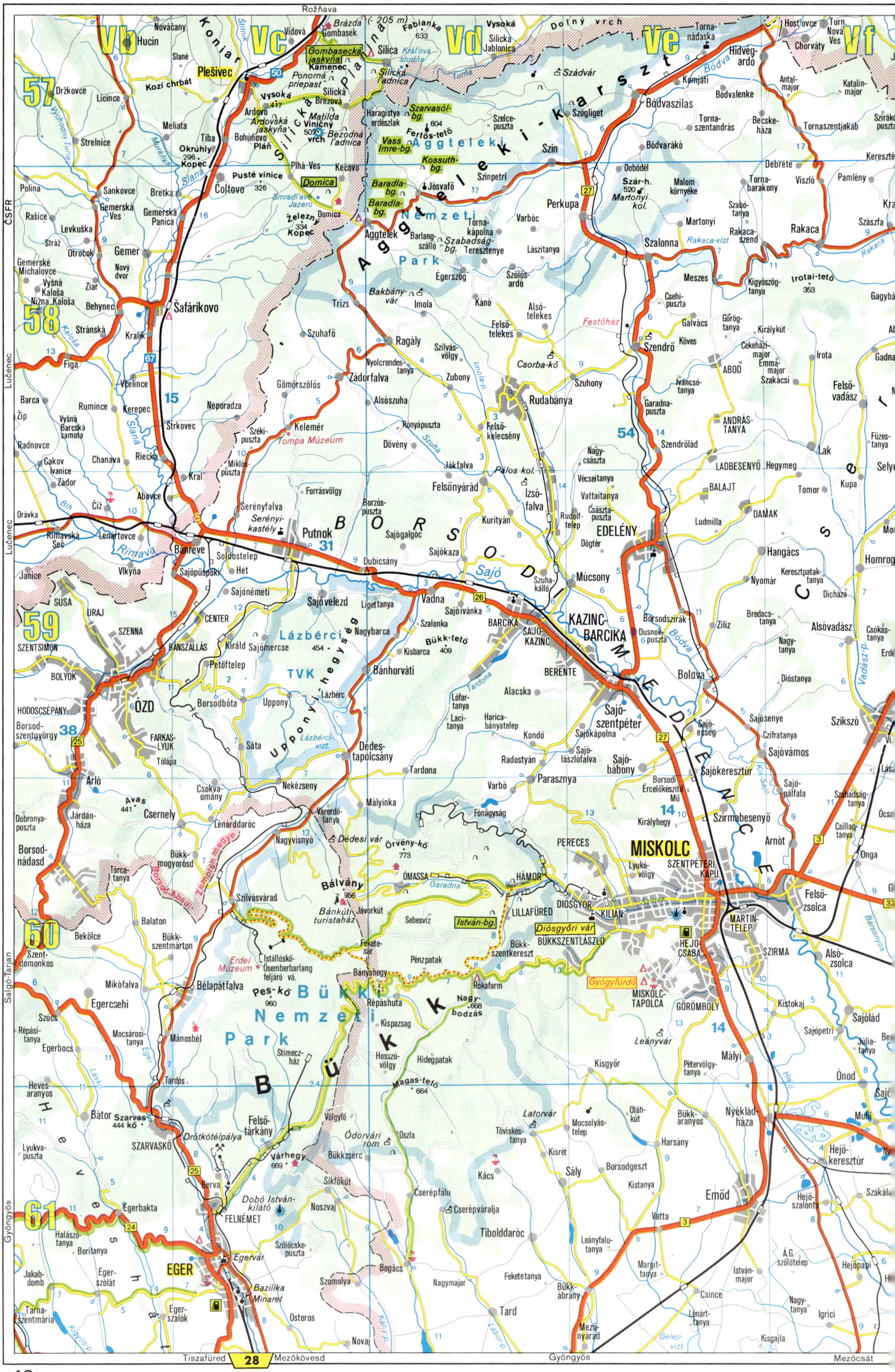
Rožňava
Vb
Vc
Vd
Ve
Vf
57
58
59
60
61
Hucin
Plešivec
Silica
Gombasecká jaskyňa
Domica
Baradla-bg.
Aggtelek
Jósvafő
Aggteleki Nemzeti Park
Aggteleki-karszt
Bódvaszilas
Hidvégardó
Szin
Perkupa
Szalonna
Rakaca
Martonyi
Čoltovo
Šafárikovo
Ragály
Trizs
Szuhafő
Zádorfalva
Rudabánya
Szendrő
Edelény
Putnok
Banréve
Ózd
Sajóvelezd
Vadna
Kazincbarcika
Sajószentpéter
Boldva
Miskolc
Diósgyőr
Lillafüred
Hámor
Miskolc-Tapolca
Felsőzsolca
Alsózsolca
Szirma
Emőd
Mályi
Nyékládháza
Hejőkeresztúr
Ónod
Sajólád
Borsodnádasd
Arló
Csernely
Nagyvisnyó
Szilvásvárad
Bélapátfalva
Egercsehi
Bükk Nemzeti Park
Bükk
Lázbérci TVK
Uppony
Sáta
Dédestapolcsány
Bánhorváti
Mónosbél
Felsőtárkány
Szarvaskő
Noszvaj
Bogács
Eger
Egerszalók
Ostoros
Novaj
Szomolya
Tard
Sály
Kács
Tibolddaróc
Bükkábrány
Mezőnyárád
Cserépfalu
Bükkszentkereszt
Répáshuta
Bükkzsérc
Tiszafüred
28
Mezőkövesd
Gyöngyös
Mezőcsát
Salgó-Tarján
Lučenec
ČSFR

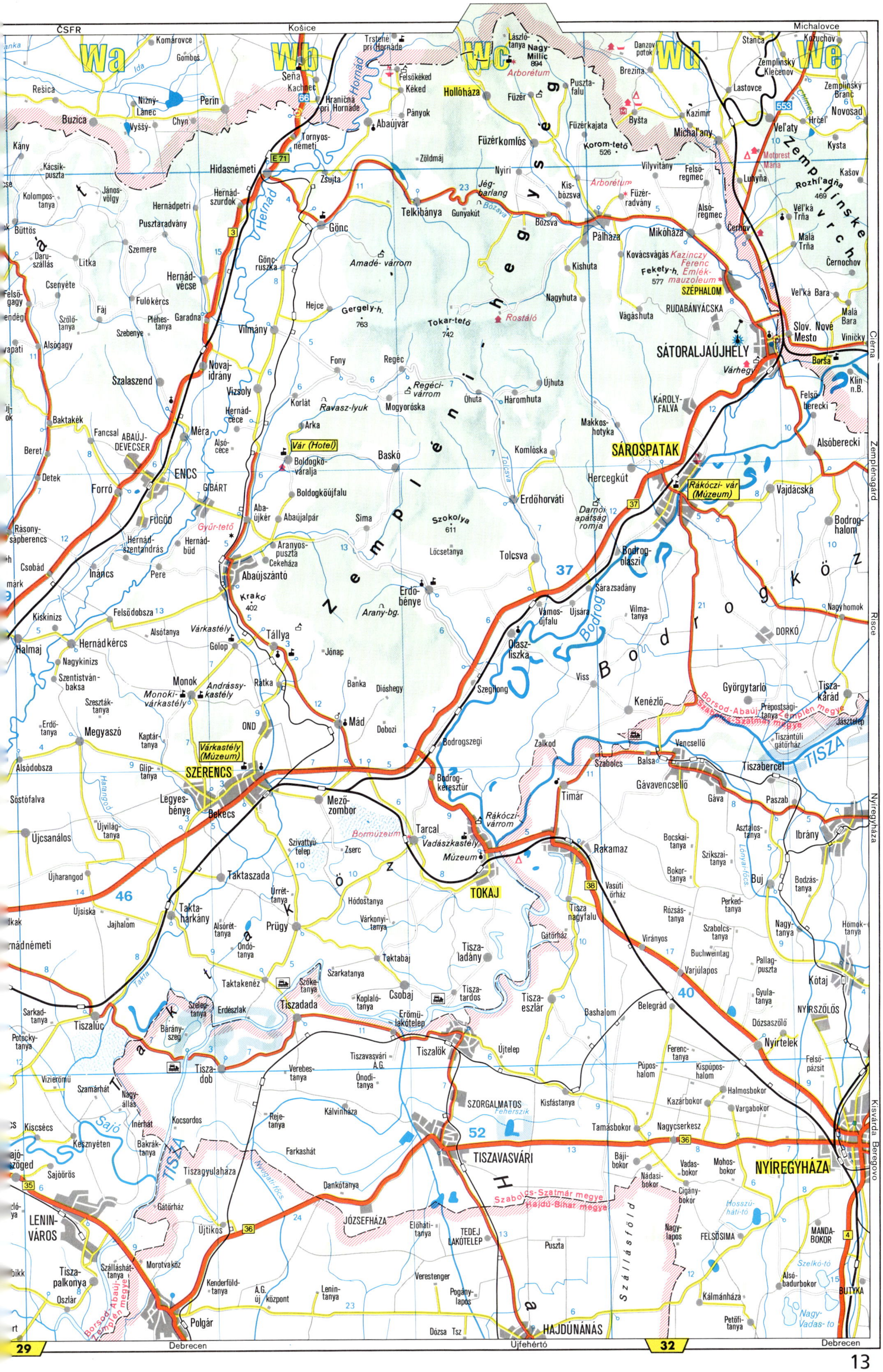

ČSFR
Košice
Michalovce
Wa
Wb
Wc
Wd
We
Komárovce
Gombos
Seňa
Kechnec
Hraničná pri Hornáde
Trstené pri Hornáde
Felsőkéked
Kéked
Hollóháza
Nagy-Milic
894
Arborétum
Füzér
Pusztafalu
Danzovpotok
Brezina
Stanča
Kazuchov
Zemplínsky Klečenov
Lastovce
Zemplínsky Branč
Novosad
Rešica
Nižný Lánec
Perin
Buzica
Vyšný
Chyň
Abaújvár
Pányok
Füzérkajata
Byšta
Kazimír
Michaľany
Veľaty
Hrčeľ
Kysta
Kány
Tornyosnémeti
Füzérkomlós
Korom-tető
526
Zöldmáj
Nyiri
Vilyvitány
Felsőregmec
Motrest Mana
Luhyňa
Kašov
Rozhľadňa
469
Kácsik-puszta
Hidasnémeti
Zsujta
Jég-barlang
Kis-bózsva
Füzérradvány
Alsóregmec
Veľká Tŕňa
Malá Tŕňa
Kolompos-tanya
Jánosvölgy
Hernádszurdok
Hernádpetri
Telkibánya
Gunyakút
Bózsva
Pálháza
Mikóháza
Čerhov
Büttös
Pusztaradvány
Gönc
Daruszállás
Litka
Szemere
Hernádvécse
Göncruszka
Amadé-várrom
Kishuta
Kovácsvágás
Kazinczy Ferenc Emlékmauzóleum
Fekety-h.
577
SZÉPHALOM
Černochov
Csenyéte
Fulókércs
Hejce
Gergely-h.
763
Nagyhuta
Vágáshuta
RUDABÁNYÁCSKA
Veľká Bara
Malá Bara
Fáj
Szőlőtanya
Szebenye
Pléhestanya
Garadna
Vilmány
Tokar-tető
742
Rostáló
Slov. Nové Mesto
Viničky
Alsógagy
Fony
Regéc
SÁTORALJAÚJHELY
Várhegy
Borša
Szalaszend
Novajidrány
Regéci-várrom
Újhuta
Klin n.B.
Vizsoly
Korlát
Ravasz-lyuk
Mogyoróska
Óhuta
Háromhuta
KAROLYFALVA
Felsőberecki
Baktakék
Hernádcéce
Arka
Makkoshotyka
Fancsal
ABAÚJDEVECSER
Méra
Alsócéce
Vár (Hotel)
Baskó
Komlóska
SÁROSPATAK
Alsóberecki
Beret
Boldogkőváralja
Detek
ENCS
GIBÁRT
Hercegkút
Rákóczi-vár (Múzeum)
Vajdácska
Forró
Boldogkőújfalu
Erdőhorváti
FÜGÖD
Abaújkér
Abaújalpár
Sima
Szokolya
611
Darnói apátság romja
Bodroghalom
Gyűr-tető
Rásonysápberencs
Hernádszentandrás
Hernádbüd
Aranyospuszta
Cekeháza
Löcsetanya
Tolcsva
Bodrogolaszi
Csobád
Inánes
Pere
Abaújszántó
Krakó
402
Erdőbénye
Sárazsadány
Kiskinizs
Felsődobsza
Arany-bg.
Vámosújfalu
Újsára
Vilmatanya
Nagyhomok
Halmaj
Hernádkércs
Alsótanya
Várkastély
Golop
Tállya
Olaszliszka
DORKÓ
Nagykinizs
Jónap
Szentistvánbaksa
Monok
Monoki-várkastély
Andrássy-kastély
Ratka
Banka
Dióshegy
Szegilong
Viss
Györgytarló
Tiszakárád
Szesztáktanya
Erdőtanya
Megyaszó
Kaptártanya
OND
Mád
Dobozi
Kenézlő
Borsod-Abaúj-Zemplén megye
Szabolcs-Szatmár megye
Prépostságitanya
Jásztelep
Bodrogszegi
Zalkod
Vencsellő
Tiszántúli gátőrház
Alsódobsza
Glip-tanya
Várkastély (Múzeum)
SZERENCS
Szabolcs
Balsa
Tiszabercel
Sóstófalva
Legyesbénye
Bekecs
Mezőzombor
Bodrogkeresztúr
Tímár
Gávavencsellő
Gáva
Paszab
Ujvilágtanya
Rákóczi-várrom
Tarcal
Asztalostanya
Ibrány
Újcsanálos
Bormúzeum
Szivattyútelep
Zserc
Vadászkastély
Múzeum
Rakamaz
Bocskaitanya
Szikszaitanya
Lonyai-főcs.
Újharangod
Taktaszada
Úrréttanya
Hódostanya
TOKAJ
Vasúti őrház
Bokortanya
Buj
Bodzástanya
Újsisiska
Taktaharkány
Várkonyitanya
Tiszanagyfalu
Rózsástanya
Perkedtanya
Jajhalom
Alsóréttanya
Prügy
Gátőrház
Virányos
Szabolcstanya
Nagytanya
Homoktanya
Ondótanya
Taktabáj
Tiszaladány
Buchweintag
Pallagpuszta
Sarkadtanya
Taktakenéz
Szőketanya
Szarkatanya
Csobaj
Tiszatardos
Tiszaeszlár
Bashalom
Belegrád
Varjúlapos
Gyulatanya
Kótaj
Potockytanya
Tiszalúc
Szeleptanya
Erdészlak
Bárányszeg
Tiszadada
Koplalótanya
Erőműlakótelep
Dózsaszőlő
NYÍRSZŐLŐS
Nyírtelek
Tiszalök
Újtelep
Ferenctanya
Vizierőmű
Tiszadob
Verebestanya
Tiszavasvári A.G.
Ónoditanya
Púposhalom
Kispúposhalom
Felsőpázsit
Szamárhát
Nagyállás
SZORGALMATOS
Fehérszik
Kisfástanya
Kazárbokor
Halmosbokor
Vargabokor
Kiscsécs
Inérhát
Kocsordos
Rejetanya
Kálvinháza
Tamásbokor
Nagycserkesz
Kesznyéten
Bakráktanya
Farkashát
TISZAVASVÁRI
Bájibokor
Vadasbokor
Mohosbokor
NYÍREGYHÁZA
Sajóöröglöd
Sajóörös
Tiszagyulaháza
Dankótanya
Nádasibokor
Cigánybokor
Hosszúháti-tó
Gátőrház
Szabolcs-Szatmár megye
Hajdú-Bihar megye
LENINVÁROS
Újtikos
JÓZSEFHÁZA
Előhátitanya
TEDEJ LAKÓTELEP
Szállásföld
Nagylapos
FELSŐSIMA
MANDABOKOR
Morotvaköz
Szállásháttanya
Puszta
Szelkó-tó
Tiszapalkonya
Kenderföldtanya
A.G. új központ
Lenintanya
Verestenger
Pogánylapos
Alsóbadurbokor
BUTYKA
Oszlár
Kálmánháza
Polgár
Dózsa Tsz
HAJDÚNÁNÁS
Petőfitanya
Nagy-Vadas-tó
Zemplénagárd
Ricse
Nyíregyháza
Kisvárda
Beregovo
Cierna
Debrecen
Újfehértó
Debrecen
29
32
TISZA
Bodrog
Hernád
Sajó
Zempléni-hegység
Zemplínske vrchy
Bodrogköz
Taktaköz

DAS LAND

Große Tiefebene und Theiß im Norden

Obwohl die Theiß die Landschaft prägt, sind Sanddünen ein charakteristisches Merkmal des Nordostens der Großen Tiefebene. Sonnenblumen- und Weinfelder, Tabak- und Obstplantagen bilden den Kontrast dazu. Die Burg Kisvárda ist die Stätte eines beliebten Open-air-Festivals.

Kisvárda

In der Nyírség (siehe auch S. 30/31), einer von Armut gezeichneten Gegend, lebten die Bewohner bis in unsere Zeit mit ihren althergebrachten Sitten und Volksbräuchen, die auch in den übrigen Gebieten Ungarns ihresgleichen suchen. In Kisvárda und in der Umgebung wurden Grabmäler mit dem ab- oder zunehmenden Mond versehen. Die ursprüngliche mythische Bedeutung ist nicht mehr bekannt, dennoch vererbte sich der Brauch von Generation zu Generation. Die Holzkreuze von Verunglückten wurden in der Nyírgegend teilweise rot bemalt. Schöner, reichhaltiger als anderswo waren die Hochzeitsbräuche im Osten. Etwas von dem Folklore-Reichtum vermittelt das Rétközimúzeum in der 1900 errichteten Synagoge. Aus dem 12. bis 15. Jh. stammen die wichtigsten Teile der Peter-und-Paul-Kirche mit Menschenfiguren auf mittelalterlichen Konsolen. Die Burg, die dem Ort den Namen (*kis* = klein, *vár* = Burg) gab, trägt die Züge einer Renaissance-Wehrburg. Da nach dem Verfall im 18. Jh., als Fürst Ferenc Rákóczi sie nicht mehr benötigte, Teile der Befestigung für den Häuserbau verwendet wurden, mußten bei der Renovierung größere Abschnitte ersetzt werden. Die Burg, die auch ein Museum enthält, ist alljährlich im Sommer der Schauplatz eines beliebten Open-air-Festivals. Für eigene Aktivitäten: Das Burgbad mit Naturthermalwasser ist vor der Burgkulisse ein ganz besonderes Erlebnis.

Ófehértó

Eine einzelne Sehenswürdigkeit: eine schöne gotische Kirche aus dem 14./15. Jh. mit Fresken aus der ersten Bauphase. Diese wurden inzwischen gut restauriert. Die Holzschnitzereien, die Altarsäulen und die Wandgemälde in der Pfarrkirche Hl. Elisabeth von Thüringen sind barocken Ursprungs; ebenso wie der Turm, der im Jahre 1750 errichtet wurde.

Tákos

In der reformierten Kirche hat ein Meister auf einer der 58 bemalten Holzdeckenkassetten seine Spuren hinterlassen: Im Jahre 1766 fertigte Ferenc Asztalos Sándor die Kanzel mit dekorativen Blumenmustern an. *Asztalos* heißt ganz schlicht – Tischler.

Vaja

Das wehrhaft wirkende Burgschloß beherbergt ein Museum, worin an Ádám Vay, den General in Rákóczis Diensten, erinnert wird. Erst im Jahre 1906 wurden seine sterblichen Überreste aus Danzig auf den Familiensitz dieses Geschlechtes überführt. Im Schloßpark sind idealisierte Skulpturen von Persönlichkeiten der Kuruzenzeit aufgestellt.

Vásárosnamény

Die Geschichte des Ortes ist relativ rasch erzählt: Anfang des 18. Jh. war die Gemeinde Schauplatz eines Freiheitskampfes in den legendären Kuruzenkriegen. Und ein zweites lokalhistorisch bedeutendes Ereignis: 1919 sprengte rumänisches Militär eine im Jahre 1886 gebaute Brücke über die Theiß in die Luft. Neben dem regionalen Bereg-Museum und der reformierten Kirche aus dem 15. Jh. ist das klassizistische Herrenhaus der Familie von Eötvös sehenswert. Baron József Eötvös, ein angesehener Literat, war als Reformer des Schulwesens in den sechziger Jahren des vorigen Jahrhunderts zum Kulturminister bestellt worden. Es gibt von ihm einige kurz formulierte politische Gedanken, die auch heute noch aktuell wirken: „Die große Kunst des Regierens besteht in nichts anderem, als glauben zu machen, daß alles, was geschieht, durch uns geschehe."

Information
Borsod Tourist
Nyírtourist
(Adressen siehe „Reiseinformationen")

Festkalender
Kisvárda: Sommerfestspiele im Burgtheater während der gesamten Hochsaison (open-air).

Tips
Landschaftsschutzgebiet **Szatmár-Bereg** mit Moosen und Sumpfpflanzen. Wildkatzen und Karpaten-Hirsche kommen in dieser Gegend öfter vor. – Ausflüge in die ČSFR (etwa zum Dom in **Košice**).

Die reformierte Kirche von Zsurk (links).

Sonnenblumenfelder erstrecken sich über Hunderte von Quadratkilometern (oben).

Davidstern in der Synagoge von Kisvárda (rechts).

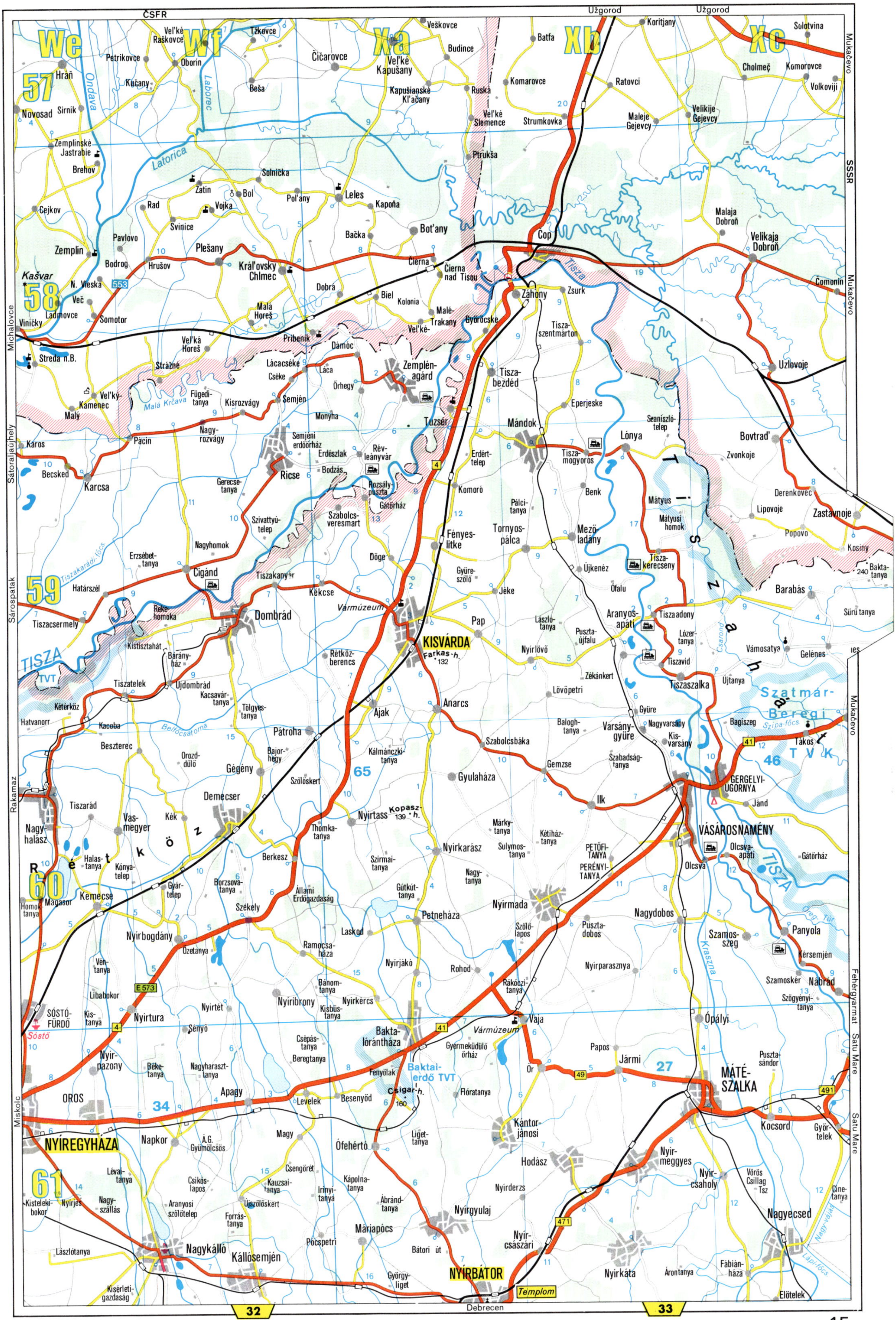
ČSFR
Užgorod
Užgorod
We
Wf
Xa
Xb
Xc
57
58
59
60
61
SSSR
Mukačevo
Michalovce
Sátoraljaújhely
Sárospatak
Rakamaz
Miskolc
Debrecen
Fehérgyarmat
Satu Mare
Veľké Raškovce
Ižkovce
Veškovce
Koritjany
Solotvina
Batfa
Petrikovce
Oborin
Čičarovce
Veľké Kapušany
Budince
Hraň
Kučany
Beša
Kapušianske Kľačany
Ruská
Komarovce
Ratovci
Cholmeč
Komorovce
Volkoviji
Sirnik
Novosad
Ondava
Laborec
Veľké Slemence
Strumkovka
Maleje Gejevcy
Velikije Gejevcy
Zemplínske Jastrabie
Brehov
Latorica
Ptrukša
Solnička
Zatin
Bol
Leles
Poľany
Kapoňa
Cejkov
Rad
Vojka
Svinice
Bačka
Boťany
Malaja Dobroň
Velikaja Dobroň
Čop
Zemplín
Pavlovo
Plešany
Kráľovský Chlmec
Bodrog
Hrušov
Čierna
Čierna nad Tisou
Tisza
Kašvar
N. Vieska
553
Dobrá
Biel
Kolonia
Záhony
Zsurk
Čomonin
Več
Somotor
Ladmovce
Viničky
Malá Horeš
Malé Trakany
Veľké
Győröcske
Tisza-szentmárton
Pribeník
Dámoc
Veľká Horeš
Streda n.B.
Strážne
Lácacséke
Láca
Cséke
Zemplén-agárd
Tisza-bezdéd
Uzlovoje
Veľký Kamenec
Malý
Fügedi-tanya
Kisrozvágy
Semjén
Örhegy
Malá Krčava
Monyha
Tuzsér
Eperjeske
Szaniszló-telep
Bovtrad'
Karos
Pácin
Nagy-rozvágy
Semjéni erdőőrház
Erdészlak
Rév-leányvár
Mándok
Lónya
Zvonkoje
Becsked
Karcsa
Ricse
Bodzás
Rozsály-puszta
Érdért-telep
Tisza-mogyorós
Gerecse-tanya
Gátőrház
Komoró
Benk
Derenkovec
Lipovoje
Zastavnoje
Szivattyú-telep
Szabolcs-veresmart
Pálci-tanya
Mátyus
Mátyusi homok
Popovo
Tiszakarádi-föcs.
Erzsébet-tanya
Nagyhomok
Fényes-litke
Tornyos-pálca
Mező-ladány
Kosiny
Döge
Tisza-kerecseny
Újkenéz
240
Bakta-tanya
Cigánd
Tiszakanyár
Gyüre-szőlő
Jéke
Ófalu
Barabás
Határszél
Kékcse
Rekehomoka
Dombrád
Tiszacsermely
Vármúzeum
Pap
László-tanya
Aranyos-apáti
Tiszaadony
Sűrű tanya
Kistisztahát
Bárány-ház
KISVÁRDA
Farkas-h.
132
Rétköz-berencs
Nyírlövő
Puszta-újfalu
Lózer-tanya
Vámosatya
Gelénes
Tiszavid
TISZA
TVT
Tiszatelek
Újdombrád
Kacsavár-tanya
Zékánkert
Lövőpetri
Tiszaszalka
Újtanya
Szatmár-Beregi
Kétérköz
Tölgyes-tanya
Ajak
Anarcs
Gyüre
Hatvanorr
Kacoba
Belfőcsatorna
Pátroha
Balogh-tanya
Varsány-gyüre
Nagyvarsány
Bagiszeg
Szipa-főcs.
Beszterec
Szabolcsbáka
Kis-varsány
Takos
41
Orozd-dűlő
Bajor-hegy
Kálmánczki-tanya
Gemzse
Szabadság-tanya
46
TVK
Gégény
65
Gyulaháza
GERGELYI-UGORNYA
Szőlőskert
Ilk
Jánd
Tiszarád
Demecser
Nyírtass
Kopasz-h.
139
Nagy-halász
Vas-megyer
Kék
Thomka-tanya
Márky-tanya
Kétiház-tanya
VÁSÁROSNAMÉNY
Rétköz
Nyírkarász
Sulymos-tanya
PETŐFI-TANYA
PERÉNYI-TANYA
Olcsva-apáti
Gátőrház
Halas-tanya
Kónya-telep
Berkesz
Szirmai-tanya
Olcsva
Magasor
Borzsova-tanya
Nagy-tanya
Homok-tanya
Kemecse
Gyár-telep
Állami Erdőgazdaság
Gútkút-tanya
Nyírmada
Nagydobos
Székely
Petneháza
Szőlő-lapos
Puszta-dobos
Panyola
Nyírbogdány
Ózetanya
Laskod
Ramocsa-háza
Szamos-szeg
Kraszna
Kérsemjén
Vén-tanya
Nyírjákó
Rohod
Nyírparasznya
Szamoskér
Nábrád
E 573
Bánom-tanya
Rákóczi-tanya
Szögyényi-tanya
Libabokor
Nyíribrony
Nyírkércs
Kisbüs-tanya
SÓSTÓ-FÜRDŐ
Kis-tanya
Nyírtét
Vaja
Ópályi
Nyírtura
Sóstó
Sényő
Csépás-tanya
Bakta-lórántháza
Gyermeküdülő őrház
Papos
Nyír-pazony
Béke-tanya
Nagyharaszt-tanya
Beregtanya
Baktai-erdő TVT
Őr
Jármi
27
Puszta-sándor
MÁTÉ-SZALKA
Fenyőlak
49
491
OROS
Apagy
Levelek
Besenyőd
Csigar-h.
160
Flóratanya
34
Kantor-jánosi
Kocsord
Győr-telek
NYÍREGYHÁZA
Napkor
Á.G. Gyümölcsös
Magy
Ófehértó
Liget-tanya
Hodász
Nyír-meggyes
Lévai-tanya
Csengőrét
Vörös Csillag Tsz
Csikós-lapos
Kauzsai-tanya
Irinyi-tanya
Kápolna-tanya
Nyírderzs
Nyír-csaholy
Cine-tanya
Kisteleki-bokor
Nyírjes
Nagy-szállás
Aranyosi szőlőtelep
Újszőlőskert
Ábránd-tanya
Nyírgyulaj
471
Nagyecsed
Forrás-tanya
Máriapócs
Nyír-császári
Lápi-föcs.
Pócspetri
Lászlótanya
Nagykálló
Kállósemjén
Bátori út
Nyírkáta
Árontanya
Fábián-háza
Kísérleti-gazdaság
György-liget
NYÍRBÁTOR
Templom
Elötelek
32
33

DAS LAND

Neusiedler See und Land der Esterházys

Österreich und Ungarn teilen sich den Neusiedler See. Das Fürstengeschlecht der Esterházys, dem Dutzende von Schlössern in Ungarn gehörten, schlug die Brücken ins Burgenland. Dort wurde auch der ungarisch-österreichische Komponist Franz Liszt geboren.

Balf
Obwohl seit den Römerzeiten bekannt, wird das Thermalheilbad noch immer wie ein Geheimtip gehandelt. Um die Jahrhundertwende gehörte es einem Arzt aus Szombathely, heute erwirtschaftet dort der Staat Devisen. Stephan Dorffmeister, den die Ungarn István nennen, ein an vielen Orten beschäftigter Maler, schmückte die kleine barocke Kapelle in der Nähe des Kurhotelkomplexes mit dem Altarbild und mehreren Fresken aus. Aus dem 14. Jh. stammt die St.-Wolfgang-Kirche, um die ein Friedhof angelegt wurde.

Burgenland – Nachbar in Österreich
Während die Welt die Esterházys mit Ungarn in Verbindung bringt, bestehen zwei Zentren des Fürstenhauses im benachbarten Österreich – im Burgenland. Die 1300 errichtete Burg Forchtenstein ist seit 1622 im Familienbesitz der Esterházys. Umfangreiche, wertvolle Sammlungen – darunter Waffen aus der hundertfünfzigjährigen Besatzungszeit der Türken in Ungarn – sind öffentlich zugänglich.

Reich und abwechslungsreich sind die Beziehungen zwischen dem kleinsten österreichischen Bundesland und Ungarn. Franz Liszt, in Raiding im Burgenland geboren, gilt als der bedeutendste ungarische Komponist. Joseph Haydn folgte den Esterházys nach Eisenstadt und bewies Treue, er blieb 22 Jahre im Burgenland. Eisenstadt zeigt heute noch viele ungarische Züge. Von 1663 bis 1672 errichtete der angesehene Baumeister Carlone ein feudales Schloß für die Esterházys. Die Front des Barockgebäudes, worin sich das Burgenländische Landesmuseum befindet, ist mit Büsten ungarischer Stammesfürsten geschmückt. Eine Huldigung an Ungarns Herrscher findet sich auch im Fest- bzw. Haydnsaal: Die Wandgemälde zeigen ungarische Könige und Feldherren.

Im Jahre 1491 fiel Eisenstadt an Österreich, 1647 kam die Stadt wieder zu Ungarn. Während sich 1921 Ödenburg/Sopron in einer Volksabstimmung für die Eingliederung nach Ungarn entschied, wählten Eisenstadts Bewohner Österreich zu ihrer Heimat. Vier Jahre später wurde das Städtchen zur Hauptstadt des Burgenlands. Die Esterházys erwiesen sich als ein Bindeglied, als Mittler zwischen Ungarn und Österreich.

Nagycenk
Das im Zweiten Weltkrieg ausgebrannte Familienschloß der Széchenyis aus dem 18. Jh. wurde restauriert und enthält ein hübsches Gedenkmuseum an István Széchenyi. Eines der Hobbys dieses vermögenden Adeligen war die Verkehrsentwicklung. Graf Széchenyi – auch als Politiker tätig – war 1839 der Anreger der kühnen Kettenbrücke, die Pest und Buda verbindet. Sie trug zeitweilig auch seinen Namen.

Sopron
Siehe „Die Städte"

Sopronhorpács
Den höchsten Rang auf der Attraktivitätsskala verdient die Dorfkirche Peter und Paul aus dem 13. Jh. Ihr aufwendiges Portal aus der romanischen Bauperiode um 1220 bis 1230 mit sieben Doppelsäulen und dem reichhaltigen Schmuck gehört zu den schönsten mittelalterlichen Kircheneingängen des Landes. Leider ist das zwischen 1771 und 1773 errichtete Schloß der Grafen Széchenyi nur für Betriebsangehörige eines landwirtschaftlichen Instituts zugänglich.

Information
Ciklámen Tourist
(Adresse siehe „Reiseinformationen")

Festkalender
Sopron: im März: Soproner Frühlingstage. Im Herbst: Weinlese. Von November bis Juni: Orgelkonzerte. **Fertőrákos:** in der Hochsaison Spielstätte der Soproner Festwochen.

Tips
Das Landschaftsschutzgebiet **Sopron** am Rande der Stadt ist als Ostalpen-Ausläufer eine für die Fauna und Flora recht bedeutende Alpengewächsregion. Die Nadelwälder haben bereits Hochgebirgscharakter.
Nagycenk: Naturschutzgebiet Lindenallee.

Büste des Fürsten Árpád an der Fassade des Esterházy-Schlosses in Eisenstadt, dessen Geschlecht 1301 ausstarb (links).

Das Stammschloß der Grafen Széchenyi in Nagycenk – heute ein Museum (rechts).

WIEN
W.-OTTAKRING
W.-PENZING
W.-HIETZING
W.-SIMMERING
W.-KAISEREBERSDF.
W.-MAUER
W.-LIESING
W.-KALKSBURG
W.-FAVORITE
W.-OBERLAA
INZERSDF.
GROSSENZERSDORF
Lobau
DONAU
SCHWECHAT
Flughafen WIEN-SCHWECHAT
Fischamend Markt
Preßbaum
Purkersdf.
Breitenfurt b.Wien
PERCHTOLDSDF.
BRUNN a.GEBIRGE
MÖDLING
Seegrotte
Biedermannsdorf
Laxenburg
Schl. Laxenburg
Gumpoldskirchen
Traiskirchen
BADEN
BAD VÖSLAU
BERNDORF
ST. VEIT A.D.TRIESTING
Leobersdorf
Ebreichsdorf
Trumau
Oberwaltersdorf
Gramatneusiedl
Götzendorf a.d.Leitha
BRUCK a.d.Leitha
Himberg
Kleinneusiedl
Enzersdorf a.d.F.
Schwadorf
Ebergassing
Mannersdorf a.Leithageb.
Hof am Leithageb.
Sommerein
Kaisersteinbruch
Wimpassing a.d.Leitha
Leithaprodersdf.
Hornstein
Loretto
Purbach am Neusiedler See
Donnerskirchen
Neusiedler Weinstraße
Leithagebirge
Breitenbrunn
Winden am See
Jois
NEUSIEDLER SEE
Schützen am Geb.
St. Georgen a. Leithageb.
EISENSTADT
Oslip
RUST
Oggau
Mörbisch a.See
Illmitz
Sandeck
Ebenfurth
Neufeld a.d.Leitha
Müllendorf
Großhöflein
Zillingtal
WIENER NEUSTADT
Felixdorf
Sollenau
Theresienfeld
Steinfeld
Lichtenwörth
Neudörfl
Pötsching
Katzelsdorf
Wulkaprodersdorf
Trausdorf a.d.Wulka
St. Margarethen im Burgenland
Siegendorf im Burgenland
Klingenbach
Zagersdorf
Hirm
Antau
Sigleß
Krensdorf
Zemendorf
Mattersburg
MATTERS-BURG
Pöttelsdorf
Walbersdorf
Draßburg
Baumgarten im Bgld.
Schattendorf
Marz
Rohrbach b.Mattersbg
Loipersbach i.Bgld.
Forchtenau
Burg Forchtenstein
Wiesen
Schreiner M.
Bad Fischau
Eisensteinhöhle
Weikersdorf a.Steinfelde
Urschendorf
St. Egyden a.Steinfd.
NEUNKIRCHEN
Breitenau
Peisching
Lanzenkirchen
Haderswörth
Frohsdorf
Schwarzau
Walpersbach
Erlach
Pitten
Seebenstein
Schlöglmühl
Gleißenfeld
Grimmenstein
Edlitz
Thomasberg
Aspang Markt
Kirchschlag i.d.B.W.
Krumbach Markt
Bad Schönau
Hochwolkersdorf
Wiesmath
Lockenhaus
Sopron
SOPRON
Tüztorony
Ágfalva
Brennbergbánya
Kertváros
Balf
Fertőrákos
Fertőboz
Hidegség
Fertőhomok
Nagycenk
Kópháza
Harka
Deutschkreuz
Kreutzer Wald
Horitschon
Raiding
Unterfrauenhaid
Lackenbach
Neckenmarkt
Ritzing
Markt St. Martin
Landsee
Kobersdorf
Schloß Bruine
Burgenländische Rotweinstraße
Ödenburger Geb.
Dudlesz-erdő
Kaisersdorf
Weingraben
Oberpullendf.
Mitterpullendf.
Steinberg a.d.Raiding
Lutzmannsburg
Nikitsch
Kroat. Minihof
Kroat. Geresdorf
Horpács-erdő
Pinnye
Nagylózs
Ebergőc
Lövő
Kópháza
ÖSTERREICH
Köszeg
Graz
Szombathely
Keszthely
Győr
Bratislava
Hainburg a.d.D.
Neusiedl a.See
St. Pölten
Mariazell
Mürzzuschlag
Ra
Rb
Rc
Rd
Re
60
61
62
63
64
36
53
41

DAS LAND

Grenzland zur ČSFR an der Donau

Urzeitliche Menschenfunde und barocke Kleinodien, Burgmuseen und Thermalbäder – das alles findet der Besucher im Bereich des Kisalföld, der Kleinen Tiefebene. Die Donau bildet die Grenze zur ČSFR und teilt Komárom, die Geburtsstadt Franz Lehárs.

Csorna
In der ehemaligen Prämonstratenserkirche, die zwischen 1774 und 1786 barock umgebaut wurde, findet sich aus der Gründungszeit des Münsters um 1230 ein romanisches Relief, worauf der heilige Michael dargestellt ist.

Fertőd
Das Schloß soll zu einem komfortablen Hotel umgestaltet werden, das den musealen Teil des „Ungarischen Versailles" jedoch nicht beeinträchtigen soll.
Siehe auch unter „Burgen – Schlösser – Residenzen"

Fertőszéplak
Ebenso wie in dem benachbarten **Fertőszentmiklós** sind in diesem Vorort von Fertőd mehrere denkmalgeschützte Bauernhäuser zu sehen. Das Széchenyi-Schloß aus dem Jahre 1770 wird im Schatten von Fertőd nur wenig beachtet. Die Kirche wurde im Jahre 1728 errichtet, und auch der Kalvarienberg stammt aus dem 18. Jh.

Győr
Siehe „Die Städte"

Hédervár
Aus dem Spätmittelalter stammt das burgartige Khuen-Héderváry-Schloß. In der Barockkirche von 1755 ist die originale Einrichtung zu sehen. Die Friedhofskapelle birgt Grabsteine aus dem 14. Jh.

Kapuvár
In dem Barockschloß der Esterházys aus dem Jahre 1750 sind volkskundliche Sammlungen des Rábaköz-Museums untergebracht. Ein Freizeitangebot im Sommer ist das Thermalbad.

Kisbér
Der Ort ist bei Autofahrern wegen der Radarkontrollen gefürchtet. Dabei sollte der Ortsname (*kis* heißt klein, *bér* meint Lohn, Miete, Pacht, Zins oder Heuergeld) nicht zu falschen Schlüssen verleiten. Zwei Kirchen entstammen dem 18. Jh., die evangelische Kirche wurde im Jahre 1802 errichtet. Im klassizistischen Batthyány-Schloß ist ein Krankenhaus untergebracht. Ausflüge kann man in den nahen Sáliház-Wald und zum gleichnamigen See (beide naturgeschützt) unternehmen.

Komárom
Zweigeteilt zwischen zwei Staaten, zweigeteilt zwischen den Flüssen Donau und Waag, kann Komárom (slowakisch Komárno, deutsch Komorn) als ein unverfälschtes Nachfolgeprodukt des Habsburger-Reiches betrachtet werden. Die Industriekleinstadt (rund 20 000 Einwohner) mit Werften hat eine Sternfestung aus dem 15. Jh. aufzuweisen, die sich auf der slowakischen Seite der Grenze befindet. Komároms rare kulturelle Schätze sind vor allem einige Funde aus der einstigen römischen Stadt *Brigetio*. Man pflegt auch das Andenken einiger großer Söhne, denn Komárom ist der Geburtsort des Operettenkomponisten Franz Lehár, des späteren österreichischen Bundespräsidenten Theodor Körner und des Romanciers Mór/Maurus Jókai (1825-1904), zu dessen Ehren alljährlich die Kulturtage abgehalten werden. – Für Pferdeliebhaber zu empfehlen: 20 km südlich liegt das Araber-Gestüt Bábolna.

Lébény
Die Ausmaße der Anfang des 13. Jh. erstellten Kirche von Lébény sind erstaunlich. Um die Proportionen des sakralen Gebäudes fotografisch wiederzugeben, wird ein Weitwinkel-Objektiv eine gute Hilfe sein. Trotz zahlreicher Umbauten vermittelt schon das reichverzierte Südportal einen Eindruck von der Kunst der Romanik, zu deren ältesten ungarischen Zeugen die Kirche zählt.

Information
Ciklámen Tourist
Komturist
(Adressen siehe „Reiseinformationen")

Festkalender
Fertőd: festliche Haydn- und Mozart-Konzerte im Schloß Eszterházy. **Győr:** Győrer Musiksommer im Juni und Juli: Opernaufführungen und Konzerte im Kisfaludy-Theater. **Pannonhalma:** vom November bis Juni: Orgelkonzerte in der Benediktinerabtei.

Tips
Győr: Jederzeit ist das von Iván Markó geleitete Ballett ein Erlebnis. Landschaftsschutzgebiet von **Hanság**.

GRENZLAND ZUR ČSFR AN DER DONAU

Mosonmagyaróvár

Aus zwei Ortsteilen besteht Mosonmagyaróvár, das auf den Ruinen des römischen Lagers *Ad flexum* gebaut wurde. Die Städte Moson (Wieselburg) und Magyaróvár (*ó* = alt, *vár* = Burg) wurden nach der Gründung des Königreichs Ungarn zusammengelegt. In der Stadt der 17 Brücken stehen in der Nähe der Burg mehrere Häuser im Barockstil, und auch die mittelalterliche Kirche wurde barock umgestaltet. Die Nepomuk-Statue stammt aus dem Jahr 1774. Bereits gegen Ende des 17. Jh. entstand das ehemalige Salzhaus *(sóház)*. Eines der ältesten Museen des Landes ist das Hanság-múzeum, dessen ethnographisches Material sehenswert ist. Hanság steht für eine Moorlandschaft, die inzwischen weitgehend trockengelegt wurde. Die Torflager liefern nach wie vor wertvollen Dünger und preiswerten Heizstoff. Der Mooreichenfarn gehört zu den botanischen Seltenheiten. Charakteristisch für dieses Gebiet sind auch die Bachweiden- und Erlenmoorwälder. Im nördlichen Teil treffen die Naturschützer noch die Feldotter an. Trappen, der Große Brachvogel und der Purpurreiher sind zudem ständige Bewohner dieses Landstrichs. Zum Freizeitangebot der Universitätsstadt (Agrarwissenschaftliche Hochschule in der Burg) gehört ein schönes Thermalbad.

Pannonhalma
Siehe unter „Kirchen – Klöster – Synagogen"

Tata
Siehe „Tata-Tatabánya", S. 23

Im Jahre 1995 wird die Benediktinerabtei Pannonhalma ihr tausendjähriges Jubiläum begehen (links).

Gymnasium aus Kaisers Zeiten in Komárom (rechts oben).

Fresko im Schloß Fertőd (rechts Mitte).

Haupteingang des Esterházy-Schlosses in Fertőd (rechts unten).

Moderne Skulptur in Mosonmagyaróvár (rechts außen).

Zistersdorf
Brno
Žilina
Trnava
Trnava
59
Rf
Sa
Sb
Sc
44
Haringsee
Schl. Niederweiden
Devínska Nová Ves
Morava
March
DÚBRAVKA
LAMAČ
RAČA
VAJNORY
Veľký Biel
Senec
Bernolákovo
Markthof
Loimersdorf
Engelhartstetten
Kopfstetten
Hainburger Pforte
R. Devín
DEVÍN
Kamzík
VINOHRADY
NOVÉ MESTO
TRNAVKA
ZLATÉ PIESKY
Nová Ves pri Dunaji
Ivánka pri Dunaji
Nová Dedinka
Turen
Kráľová pri Senci
Kostolná pri Dunaji
Hrubá Borša
Hrubý Šúr
Pframa
Witzelsdf.
Stopfenreuth
HAINBURG A.D.DONAU
KARLOVÁ VES
Hrad
Dom
BRATISLAVA
Malinovo
Boma
Vlky
Huranova Ves
Eckartsau
Schl. Eckartsau
Donauwirth
BAD DEUTSCH-ALTENBURG
Amphitheater
Wolfsthal
OVSIŠTE
PETRŽALKA
PRIEVOZ
VRAKUŇA
PODUNAJSKÉ BISKUPICE
Most pri Bratislave
Tomášov
Hidegét
Janíky
Malý Madaras
Zlaté Klasy
Tonkovce
Eliašovce
Widungsmauer
Petronell
Hundsheimer Bg.
Hundsheim
Ru. Pottenburg
Berg
Carnuntum
Scharndorf
Heidentor
60
Bundessportschule Spitzerberg
Edelstal
Römerquelle
Schl. Batthány
Heidentor
Kittsee
Rovinka
Dunajská Lužná
Janošiková
Čakany
Štvrtok na Ostrove
Hubice
Čenkovce
Nový Život
Vojtechovce
Podunajsko
Schönabrunn
Hollern
Prellenkirchen
Zdrž Hrušov
Dunakilit
Nová Lipnica
Hviezdoslavov
Oldza
Maslovce
Bellová Ves
Höflein
Schl. Harrach
Haydn-Geburtshaus
Rohrau
Gerhaus
Pachfurth
Neuhof
Deutsch Haslau
Potzneusiedl
Pama
Csardahof
JAROVCE
RUSOVCE
Ostrov Kormoránov
Kalinkovo
(ca. 1990)
Kvetoslavov
67
Mierovo
Malá Paka
Veľká Paka
Sasa
Lehnice
Hamuliakovo
Neudorf b. Parndf.
Parndorf
Gattendorf
Pamamühle
Leithakanal
37
ČUNOVO
ŠAMORÍN
Bučuháza
Cukárska Paka
Macov
Masníkovo
Čečinská
Michal na Ostrove
BRUCK a.d.Leitha
Anna-Kp.
Deutsch Jahrndorf
38
Mliečno
Čilistov
Trnávka
Blatná na Ostrove
Čechová
Dunajská Streda
Sibenjochhof
Zurndorf
Rajka
Mosoni-Duna
Báč
Rohovce
Holice
Kyselica
Pósfa
Kostolné Kračany
Jois
NEUSIEDL A.SEE
Parndorfer Heide
Friedrichshof
Leitha
Zichypuszta
Csölösztösziget
Dobrohošť
Vojka na Dunaji
Budafa
Malá Lúč
Dunakiliti
Doborgazsziget
Tejfalusziget
Zátony
Šuľany
Lúč na Ostrove
Weiden a.See
Seemuseum
61
Paulahof
Nickelsdorf
Máriaaliget-Csikótanya
Malom
Bezenye
Lóvári erdő
Feketeerdő
Erdészlak
Dunasziget
DUNAJ
Szigetköz
Horný Bar
Rókadülő
Hegyeshalom
Lajta
Lajtapusztai A.G.
Bodíky
Trstená na Ostrove
Schmidthof
Kleylehof
Gols
Edmundhof
Mönchhof
Wittmannshof
Csemeztanya
Levél
Mölcznertanya
Halászi
Kisbodak
Lucskatanya
Bak
Ostrov orlov
Podersdorf am See
Halbturn
Irénmajor
Albertkázmérpuszta
MOSON-MAGYARÓVÁR
Arak
Püski
Dunaremete
Mosonszolnok
Máriakálnok
Lipót
Darnózseli
Seewinkel Weinstraße
Wallfahrts-K.
Frauenkirchen
Várbalog
Újtanya
Istvánpuszta
Várkastély
Althof
Wilhelmshof
Albrechtsfeld
Kisudvar
Hédervár
Ásvány
NSG
Lidy-Kp.
Paulhof
Zicksee
Westhof
Újrónafő
Császárrét
Czagatanya
Rábalmajor
Kimle
Novákpuszta
Mosoni-Duna
Zsejke
Ziegelhof
St. Andrä b.Frauenkirchen
Jánossomorja
Lujzamajor
Lickópuszta
Rosalia-Kp.
Rochus-Kp.
Illmitz
Lange Lacke
Salzsee
Tadten
Andau
Somorjapuszta
Éger-csalit
Szellendűlő
Máriamajor
Rigótanya
39
Mecsér
Dunaszentpál
Dunas
62
Gulyaállás
Ottómajor
Sándorházapuszta
Apetlon
Weißsee
Tadtner Meierhof
Hanság TVK
Kendergyár
Hansági TVK
Hanságfalva
Bormászpuszta
Kunsz
Apetloner Hof
Wallern im Burgenland
Dorfsee
Jáncsimajor
Vörös Csillag major
Lébény
Mosonszentmiklós
Öttevény
Pamhagen
Einser Kanal
Waasen
Hansági-főcsatorna
Tárnokréti
Lébénymiklós
Fertőújlak
Hanság
Hansági TVK
Rábcakapi
Pálmajor
Király-tói erdészlak
Rábca
Cakóháza
Fehér-tó
Győrsövényház
Coberpuszta
Börcs
Lászlómajor
Tőzeggyármajor
Nyírkai-hanyi őrház
Bősárkány
Markotabödöge
Fehértó
Bezi
Miklósmajor
Nyárliget
Hodály
Acsalag
Földsziget
Csatárimajor
Maglóca
Alsószapudpuszta
Péterházapuszta
Kisház
Ikva-csatorna
Kistölgyfamajor
Kis-Rába
Öntésmajor
Enese
Sarród
Gémesmajor
Földvármajor
Osli
Kapuvár-Bősárkányi-cs.
Felszabadulás Tsz.
Barbacs
Fertőszéplak
Rábarétmajor
Sarlaymajor
33
Rábapatona
Fertőd
Eszterházy kastély
Agyagosszergény
CSORNA
Arborétum
Kóny
Petőháza
Fertőendréd
KAPUVÁR
Veszkény
FARÁD
Vitnyéd
Szárföld
Fuditelep
Sopron
63
Fertőszentmiklós
Endrédújmajor
Rábatamási
Dör
Merges
Koroncó
Kislózsmajor
Babót
Borsodymajor
Jobaháza
Bágyogszovát
Rábaújfalu
Göbösmajor
Csermajor
Oszvaldmalom
Rábaköz
Marcal
Röjtökmuzsaj
Hövej
Bogyoszló
Pásztori
Rábapordány
Bodonhely
Varjútanya
Potyond
Sopronnémeti
Kisbabot
Győr
Lakatostanya
Szolgagyőrerdészház
Mihályi
Magyarkeresztúr
Szilsárkány
Hőgyészmajor
Rábacsanak
Kálmánpuszta
Rábaszentmiklós
Szentimrepuszta
Pókvárpuszta
Erdős
Csapod
Himód
Rozáliamajor
Ferenczházapuszta
Balogh-tanya
Zsebeháza
Egyed
Árpás
Galavicspuszta
Pusztacsalád
Győró
Tatárföldmajor
Vadosfa
Szil
Sokorói-dombság
Mórichida
Tét
37
Szombathely
Pápa
ÖSTERREICH
Eisenstadt
Wien
E 65
E 75
E 60
E 65
E 75
Rábaköz
SALFÖLD

ČSFR
Nitra
Trenčín
Se
Sf
Ta
Tb
Malá Rača
Nebojsa
Sládečkovce
Plešine
184
Svätoplukovo
Nová Pereš
Dyčka
Vráble
Sládkovičovo
GALANTA
Kajal
Štrkovec
Dlhé Lúky
117
Gorazdov
Riegler
Mojmirovce
Branč
Vel'ký Cetín
Paňa
Lúčnica nad Žitavce
Kl'účiareň
Vel'ké Úl'any
Košúty
Javorinka
Matúškovo
Topol'nica
Král'ová nad Váhom
Dlhá nad Váhom
Andelka
Veča
Vel'ká Dolina
Milanovce
Vinodol
Michal nad Žitavou
Kmeť'ovo
Čierny Brod
Mostová
ŠAL'A
Trnovec
Diakovce
Pol'ný Kesov
Komjatice
Černík
Čierna Voda
Horné Saliby
Kendereš
Jatov
Rastislavice
Vel'ká Maňa
Malá Maňa
Mojzesovo
Dudváh
Suchý potok
Vozokany
Dolné Saliby
Nový Dvor
Tešedikovo
Lipová
Úľany nad Žitavou
Vlkas
Tomášikovo
Selice
Tvrdošovce
Šurany
Hul
Radava
Crechová Potoň- Lúky
Čierna voda
Váh
Žihárec
Dolný Ohaj
Jahodná
Král'ov Brod
Dlhý kanál
Čiky
Nitriansky Hrádok
Slovenské Pole
Bánov
Dunajský Klatov
Mačonáš
Palárikovo
Bešenov
Malé Dvorníky
Horné Mýto
Vlčany
Neded
L'udovítov
Branovo
Trstice
Čatorna
Vel'ké Dvorníky
Ohrady
Dolný Chotár
Gúg
NOVÉ ZÁMKY
Lučenec
Blažov
Trhové Mýto
Zemné
Andovce
Dvory nad Žitavou
Mliečany
Kútniky
Vel'ký Ostrov
Malý Ostrov
Nitra
Topol'níky
Dolný Bar
Nekyje na Ostrove
Mad
Malý Dunaj
Dedina Mládeže
Komoča
Aňala
Aňalské Zahrady
Kotelnica
Vrakúň
Hroboňovo
Túzok Pusta
Jánošíkovo na Ostrove
Vel'ká Guta
Vlkanovo
Padáň
Častá
Nesvadby
Bohel'ov
Jánošíkovo
Kolárovo
Bajč
Malómhely
Bodza-Lúky
Imel'
Esztergom
Čikovo
Dolný Čierny Háj
Zupný kanál
Opatovský Sokolec
Král'ka
Pribeta
Okoč
Čierny Chrbát
Dóhatá
Nová Trstená
Pootuhy
Čarkanovská Pusta
Okoličiansko-Komárňanský kanál
Hurbanovo
Milininovice
Čiližský potok
Vek
Dulovce
Čalovo
Sokolce
Šúrová
Martovce
Zelený Háj
Čiližká Radvaň
Violín
Konkol'
Bodza
Zelený Háj
Dolný Peter
Baloň
Vrbina
Balvany
Hliník
Mudroňovo
Holiare
Meller prieplav
Čalovec
Zemianska Olča
Kameničná
Kava
Medved'ov
Tôň
Okoličná na Ostrove
Chotín
Šrobárová
DUNA
Klúčovec
Križový Dvor
Okánikovo
Hadovce
Nová Osada
Čerhát
KOMÁRNO
Szúnyogháza
Trávnik
Dulov dvor
Marcelová
Krátke Kesy
Nagybajcs
Čížov
Vel'ké Kosihy
Zlatná na Ostrove
Vámos-szabadi
Vel'ká Lél
Pavel
Nová Stráž
Monostori-erőd
Bokroš
Szőgye
Klížská Nemá
Vel'ký Harčáš
Iža
Patince
Kisbajcs
Vének
Koppány-Monostor
Monostor-erőd
Almás-füzitő
Kisbácsa
Dózsamajor
Gönyű
Vas-puszta
Újmajor
Csillag-erőd
Szőny
Ivanhaza
Nagy-szentjános
Kis-herkály
Igmándi-erőd
KOMÁROM
Almás-puszta
Almás-neszmély
GYŐRSZENTIVÁN
Dózsatag
Komlósi-tanya
Várr
Jeges-puszta
Ács
Bartusek-puszta
Boldog-asszonyi-tó
Nagyhegy
Boldogasszony-puszta
Naszály
GYŐR
Banai út
Szőlőhegy
Csém-puszta
Kiscsém-puszta
Mocsai-tó
Grébics-puszta
Máriamagdolna-puszta
Fényes-fürdő
Sashegy-puszta
Mocsa
Bana
Bábolna
Kisigmánd
Győrújbarát
Pandzsa
Örkény-puszta
Bőnyrétalap
Farkaskút
Nagyigmánd
Győr-Sopron megye
Concó
Tömörd-puszta
Mária-puszta
Öregvár
TATA
Megalodus-bg.
Újmajor
Töltéstava
Melkovics-puszta
Balogtag
Söptérpuszta
Pér
Rétalap
Mihályháza-puszta
Tárkány-Csép v.m.
Szőke-puszta
Keserüviz-telep
Ghiczi-puszta
Kocs
Paradicsom-puszta
Püspökalap
Győrság
Mindszent-puszta
Tárkány
Felső-vasdinnye-puszta
Csép
Nyúl
Pázmándfalu
Márton-h.
272
Mezőörs
Losonc-telep
Nagytarcs-puszta
Nagytagyos-puszta
Nagyparnak-puszta
Csanak
Écs
Pannonhalma
Pannonhalmi Apátság
Középső-vasdinnye-puszta
Egyháza-puszta
Makk-puszta
Szendi-ér
Szakszend
Komlód
Környe
Tényő
Nyalka
Tápipuszta
Pervát-puszta
Kistarcs-puszta
Ászári keményítőgyár
ETE
Bella-tanya
Tatabánya
Jánosháza
Ravazd
Cuhai-Bakony-ér
Öreghegy
Pula-puszta
Szák
Kecskéd
Szemere
Tarján-puszta
Táp
Újmajor
Kerékteleki
ÁSZÁR
KISBÉR
Szák-Szend vá.
Dad
Öreg malom (Műemlék)
Pajárpéc
Bársonyos
Keszprém
Székesfehérvár
Győr
Mór
Mór
Budapest
Vác Budapest
Ipoly
Zitava
Stará Nitra
Nitra
Nitra
Čiernovka
Szemere
ČSFR
Lučenec
Esztergom
Vác
Budapest
Tatabánya
51
35
29
33
25
37
38
27
119
40
M1
E 60
E 75
75
75
64
64
63
10
13
14
81
82
100

DAS LAND

Balassagyarmat
In der barocken Pfarrkirche hängen einige Rokobilder. Das klassizistische Komitatshaus aus dem Jahre 1834 wurde nach 1945 zum Altersheim umfunktioniert. Das Palóczen-Museum zeigt neben wertvollen Manuskripten und volkstümlichen Gegenständen eine reichhaltige Schmetterlingssammlung.

Budapest
Siehe „Die Städte"

Esztergom
Siehe „Die Städte"

Gerecse – Gebirge bei Tata
Weniger als eine Autostunde von Budapest entfernt (40-80 km westlich) liegt die Gerecse-Bergkette als Teil des Transdanubischen Mittelgebirges. Insgesamt über 90 Vogelarten wurden von Ornithologen beobachtet. Der Bestand an Steindrosseln, Spechten, Braunen Milanen, Zwergadlern und Fledermäusen ist beachtlich. Neben Hirschen, Rehen und Wildschweinen leben hier auch Mufflons.

Information
Albatours
Borsod Tourist
Dunatours
Eger Tourist
Komturist
Nógrád Tourist
(Adressen siehe „Reiseinformationen")

Festkalender
Szentendre: Frühlingsfestival. **Visegrád:** Juni bis August: Visegráder Palastspiele. **Dunakeszi:** Jugendtage mit Jazz-, Folk- und Popkonzerten. Ausstellung bildender Künstler. **Tata:** im August: Porcinkula-Kirmes, ein volks- und handwerkskünstlerischer Markt. **Zsámbék:** Zsámbéker Samstage – Orgelkonzerte. **Mogyoród:** August: Formel-1-Rennen – Großer Preis von Ungarn.

Tips
Donaureise von Budapest nach Esztergom. **Esztergom:** im Dom Orgelkonzerte. **Szécsény:** Jüdischer Friedhof. **Tata:** Naturschutzgebiet Kalvarienhügel. Landschaftsschutzgebiete von **Börzsony** und **Buda**.

Vom Donauknie zum Cserhátgebirge

Das UNESCO-Dorf Hollókő der Palóczen-Volksgruppe, das Lieblingsschloß der Kaiserin Sissi in Gödöllő, in Esztergom der Sitz des katholischen Klerus, romanische Kirchenruinen und serbisch-orthodoxe Kirchen sowie eine Piste der Formel 1 prägen eine abwechslungsreiche Region.

Gödöllő
Siehe „Auf den Spuren der Habsburger"

Hollókő – UNESCO-Weltkulturgut
Das Dorf ist stolz darauf, „ein Museumsdorf, nicht jedoch ein Dorfmuseum" zu sein. Die UNESCO-Auszeichnung als *Kultur- und Naturerbe der Welt* versetzt durchaus in Erstaunen, wenn man bedenkt, daß der Ortskern dieses kleinen Dorfes im nordungarischen Cserhátgebirge mit den Pyramiden von Gizeh oder der Heiligen Stadt von Anuradhapura auf Sri Lanka in einem Atemzug genannt wird. Hollókő (*holló* = Rabe; *kő* = Stein) wurde 1988 von der UNESCO auf ihre Liste gesetzt. Das geschlossene dörfliche Ensemble mit der Hauptstraße ergab den Zuschlag. Die Holzhäuser der Großfamilien-Siedlung weisen typische Stilmerkmale der kleinen Palóczen-Volksgruppe auf: einen vorspringenden Giebelaufsatz mit dem charakteristischen, von Holzpfosten getragenen Laubengang. Die einzige Auflage der Pariser UNESCO-Zentrale: Der Dorfkern soll, damit der intime Charakter erhalten bleibt, durch einen Grüngürtel klar von den Neubauten abgegrenzt werden. – Den Besuchern werden Folkloreprogramme angeboten: Palóczen-Hochzeit, Osterfeier, Kurse im Spinnen und Holzschnitzen.

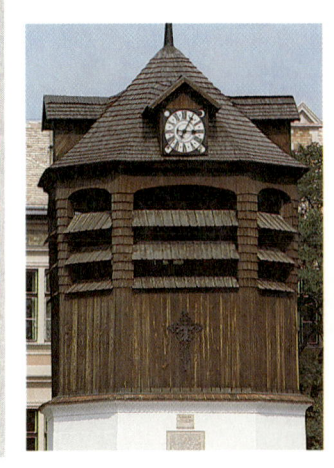

Mogyoród – HUNGARORING
Der Formel-1-Zirkus macht auch vor Ungarn nicht halt. Die Experten sind von der Streckenführung des HUNGARORINGS, dessen Sicherheitsbedingungen und der Landschaftseinbettung begeistert. Entlang der Piste, die insgesamt 4014 m lang ist, können die Zuschauer auf 32 000 Sitz- und 95 000 Stehplätzen die Rennen verfolgen. Besonders stolz sind die Architekten darauf, daß fast 90 Prozent des Ringes von den Zuschauern eingesehen werden können. Der HUNGARORING gilt nicht als schnelle Piste, sondern als eine Strecke, die höchste Anforderungen an das technische Fahrvermögen der Rennpiloten stellt. Er liegt in der Nähe der Autobahn zwischen Budapest und dem Dreieck Mogyoród-Hatvan-Gödöllő.

Nagybörzsöny
Die dem heiligen Stephan geweihte Kirche stammt aus der Romanik. Die gotische Bergmannskirche ohne Turm ist neben dem Bergmannshaus eines der Dokumente des traditionsreichen Edelmetallabbaus. Auch die Überreste einer alten Hütte sind zu sehen. Reizvoll: die Fahrt mit einer Schmalspurwaldbahn zu den zwei Irtáspuszta-Siedlungen.

VOM DONAUKNIE ZUM CSERHÁTGEBIRGE

Nagymaros
Der Ort geriet keinesfalls wegen der gotischen Kirche aus dem Jahre 1320, des Grabsteins aus dem 14. Jh. oder der barocken Fresken in die Presseschlagzeilen, sondern durch den ökologisch nicht mehr vertretbaren Bau der Donaustaustufe an der Grenze zur ČSFR. Das monumentale Werk droht, die natürlichen Donauauen für immer zu zerstören.

Pilis – Gebirge bei Budapest
Das Pilisgebirge, bestehend aus Buchen- und Eichenwäldern, ist eine der Budapester Naherholungszonen. Die Region ist die Heimat von vier Völkerschaften: Ungarn, Deutsche, Slowaken und Serben leben seit drei Jahrhunderten neben- und miteinander.

Pomáz
Der Männerchor der serbisch-orthodoxen Kirchengemeinde tritt auch im Rundfunk und Fernsehen auf, sein „Gospodin, pomiluj" – „Herr, erbarme dich unser" – ist ein vielstimmiger Glaubensbeweis der Südslawen. Die örtliche Kirche vom Anfang des 16. Jh. ist einer der Geheimtips im **Donauknie**.

Szécsény
Im Forgách-Schloß, heute Museum, bestaunen ganze Schulklassen eine hübsche Trophäen- und Jagdsammlung. Sie kommen nach Szécsény jedoch in erster Linie wegen der Rákóczi-Kapelle im oberen Stockwerk der gotischen Franziskanerkirche, wo im Jahre 1705 der Landtag das (siebenbürgische) Oberhaupt Ferenc Rákóczi II. zum regierenden Fürsten von Ungarn gewählt und gleichzeitig den Staatenverbund mit Siebenbürgen beschlossen hat.

Szentendre
Siehe „Das Donauknie"

Szirák
Das Barockschloß, ursprünglich 1690 gebaut, mauserte sich in den letzten Jahren zu einem der gepflegtesten Schloßhotels. Die devisenträchtigen Besucher aus dem Westen geben sich dort die Portalklinke oder das Pferdezaumzeug in die Hand.

Tata – Tatabánya
Die beiden Orte liegen zwar nur acht Kilometer voneinander entfernt – Tatabánya ist der Sitz des Komitats Komárom –, aber ihre Entwicklung verlief sehr unterschiedlich. **Tatabánya** (*bánya* = Bergwerk) ist ein Zusammenschluß von vier Gemeinden, die insgesamt das größte Braunkohlenbergwerk des Landes bilden. Drei von vier Personen der etwa 102 000 Einwohner leben von der Kohleförderung und jenen Industrien, die sich in dem ständig smogverhangenen Becken ansiedelten. Die größte Abteilung in Tatabányas lokalem Museum ist der industriegeschichtlichen Entwicklung gewidmet. Die von Jakob Fellner im 18. Jh. errichtete Kirche im Stadtteil Alsógalla verdient besondere Aufmerksamkeit. Sowohl in den Kirchen von Felsőgalla als auch in Bánhida sind barocke Möbel und Gegenstände aus der ruinierten Klosterkirche in Majkpuszta aufbewahrt.

Ganz anders geartet ist **Tata**: Mit seinen Bächen, Kanälen, Thermalquellen und zwei Seen nimmt es sich fast wie ein Kurort aus. Die Burg von Tata war einst Schauplatz von Ritterturnieren und königlichen Jagden; 1510 kam hier sogar der Landtag zusammen. Tata war seit der Mitte des 18. Jh. eine in ganz Europa und Asien bekannte Fabrikationsstätte für Fayencearbeiten. Einige Prachtstücke sind im Domonkos-Kuny-Museum in der Alten Burg ausgestellt. Außerdem sind dort archäologische und lokalgeschichtliche Sammlungen zu sehen. In der früheren Synagoge ist ein Museum für Kopien antiker Statuen eingerichtet. Ein typisches Merkmal sind mehrere denkmalgeschützte Wassermühlen. In der Nikolaus-Mühle (*Miklós-malom*) ist das Museum der Ungarndeutschen (*Német nemzetiségi múzeum*) untergebracht. Von Jakob Fellner stammen die Heilig-Kreuz-Pfarrkirche, das Esterházy-Schloß und eine Kalvarienkapelle.

Vác
Siehe „Das Donauknie"

Vértesszőlős
Zwischen Tata und Tatabánya fand man Mitte der sechziger Jahre Reste einer Altsteinzeitsiedlung: Werkzeuge des Urmenschen, einige Kinderzähne und den Halswirbel eines Erwachsenen. Ihr Alter: etwa eine halbe Million Jahre.

Visegrád
Siehe „Das Donauknie"

Zsámbék
Wenn es eine schöne, fotogene Ruine gibt, dann ist es jene der Kirche von Zsámbék, die im 13. Jh. von einer französischen Adeligenfamilie gestiftet wurde. Die Kirche verrät neben vorromanischen Einflüssen auch eine besondere ungarische Bauweise. Die Kirchenruine vermittelt noch in ihrem jetzigen Zustand etwas von jener Monumentalität, die sie im Zeitalter der Romanik besaß.

Der Uhrturm von 1763 in Tata (links außen).

Forchách-Schloß in Széchény (links oben).

Das Donauknie bei Esztergom und Visegrád (Mitte).

Ruine der romanischen Kirche von Zsámbék aus dem 13. Jh. (rechts Mitte).

Die Burg von Tata (rechts unten).

Detail des Barockschlosses in Gödöllő (rechts außen).

Nitra
Kálna
Zvolen
Zvolen
Komárno
Bratislava
ČSFR
Nové Zámky
Bratislava
Győr
Győr
Győr
Tata
Kisbér
Budapest
Budapest
Tc
Td
Te
Tf
59
60
61
62
63
Vráble
Telince
Čifáre
Vel'ký Ďur
Melek
Tehla
Lok
Iňa
Horný Pial
Trávnica
Beša
Bajka
Ondrajovce
Dolný Pial
Podhájska
Pozba
Bardoňovo
Tekovské Lužany
Vel'ké Lovce
Dlhý vrch
Bedinka
Plavé Vozokany
Malá Málaš
Málaš
Čechy
Čaka
Kolta
Semerovo
Farná
Jasová
Kural'any
Dubník
Jablonec
Rubáň
Strekov
Svodín
Štefan
Nová Vieska
Chrbát
Mikulášov Sad
Vojnice
Modrany
Búč
Gbelce
Šarkan
Ľuba
Belá
Modrý vrch
Koller
Mužla
Kravany na Dunaji
Čenkov
Moča
Radvaň na Dunaji
Žitava
Nový Tekov
Marušová
Starý Tekov
Hronské Kľačany
LEVICE
Kalná nad Hronom
Horná Seč
Dolná Seč
Tekovský Hrádok
Nad'or
Želiare
Starý Hrádok
Jur nad Hronom
Malé Šarovce
Vel'ké Šarovce
Kukučínov
Svodov
Mikula
ŽELIEZOVCE
Nýrovce
Vozokany nad Hronom
Pohronský
Ruskov
Kvetná
Čata
Bruty
Biňa
Kamenín
Kamenný Most
Malá nad Hronom
Diva
Nána
Štúrovo
Obid
Hron
Perec
Sikenica
Zajačia dolina
Horša
Kršany
Brhlovce
Čankov
Kalinčiakovo
Mýtne Ľudany
Bory
Santovka
Hontianske Vrbice
Zbrojníky
Malý Pesek
Sikenica
Trhyňa
Lontov
Studnisko
Šalov
Malé Ludince
Zalaba
Sikenička
Malé Kosihy
Salka
Bajtava
Kamenica nad Hronom
Burda
Kováčovské vrchy
Ipel'ská pahorkatina
Hronská pahorkatina
Pohronská pahorkatina
Kamenný Chotár
Hontianske Trsťany
Domanice
Madarovce
Demanice
Dolné Semerovce
Sazdice
Kubáňovo
Nový Dvor
Roveň
Lišov
Šúdovce
Hontianske Moravce
Terany
Dudince
Hokovce
Hontianske Tesáre
Dvorníky
Chotár
Bažovce
Pirovské
Šipice
Medovarce
Brdce
Dolné Rykynčice
Merovce
Plášťovce
Slatina
Horné Semerovce
Horné Turovce
Stredné Turovce
Hrkovce
Preseľany nad Hronom
ŠAHY
Vyškovce nad Ipľom
Tešmak
Parassapuszta
Bernecebaráti
Szete
Tésa
Kemence
Ipel'ský Sokolec
Ipel'
Ipoly
Bielovce
Csarnapuszta
Nagy Völgy
Királyháza
Vámosmikola
Pastovce
Csarnavölgy
Salgóvár
Várbükk
Börzsönyi
Csóványos
Nagy-Hideg-h.
Hideghegy
Istvánmajor
Nagybörzsöny
Templom
Ipolytölgyes
Kisirtáspuszta
Nagyirtáspuszta
TVK
Kis-inóci turistaház
Királyrét
Nógrád
Letkés
Nagy-Galla
Máriánosztra
Medreszpatak
Kóspallag
Paphegy
Szokolya
Lel'a
Ipolydamásd
Chľaba
Börzsöny
Puszta torony
Törökmező
Zamenhof-Kilátó
Kismaros
Verőcema
Szob
Szamárhegy
Basaharc
Dunapart
Panoráma müút
Zebegény
Nagymaros
Kisoroszi
Panoráma autóút
Visegrád
Lepence
Római őrtorony
Juliánus barát
Bazilika
Vas-kapu
ESZTERGOM
Római Sáncok
DUNAJ
Zsidódi patak
Fűrésztelep
Nyergesújfalu
Pilismarót
Dömös
Duna
Vadálló-kövek
Millenáris emlékmű
Pilisi
Pilisszentlélek
Hofmann-kunyhó
Dobogó-kő
Dobogókő
Királykunyhó
Pilisszentlászló
Visegrádi-hegység
Dömörkapu
Pilisszentkereszt
Lom-h.
Lajosforrás
Pilis
Bükkös-p.
Pilisszántó
Liszenkő-telep
Csikóváraljai
SZENTENDRE
Transzvill-üdülőtelep
Macska-bg.
Gomba-szikla
Csobánka
Pilisvörösvár
Pomáz
Egri-vár
Pilisborosjenő
Pilisszentiván
Téglagyár
Üröm
Arany-hegyi-p.
Budai
Budai-hegység
Kutya-h.
Solymár
Nagykovácsi
Remete-bg.
Római-kút
Erdészlak
PESTHIDEGKÚT
Aquir
Erzsébet erdészlak
Pálvölgy
ÓBUDA
Erzsébetpuszta
Hárshegy kemping Európa
ROZSADOMB
Vadaspark
Budakeszi
János-h. Panoráma
Szentlélek-p.
ESZTERGOM-KERTVÁROS
Sátorkőpuszta
Strázsa-bg.
Kesztölc
Pincék
Falumúzeum
Klastrompuszta
Piliscsév
Leányvár
Kiscsévpuszta
Jászfalu
Makláritanya
Piliscsaba
Pest megye
Tinnye
Úny
Máriahalom
Perbál
Újmajor
Tök
Zsámbék
Vizimalom
Budajenő
Telki
Perbáli ÁG.
Somodorpuszta
Anyácsapuszta
Jánoshegy
Szomor
Gyermely
Gyermelyi-tározó
Felsőörspuszta
Nándorpuszta
Alsóörspuszta
Mány
Tát
Tokod
Gete
Dorog
Ebszönybánya
Annavölgybánya
Kálvária
Csolnok
Sárisáp
Mogyorósbánya
Rómaicsárda
Dámvadas erdészlak
Paulinmajor
Nagysáp
Domonkospuszta
Sándor Móric kastély
Bajna
Epöl
Sárás
Sárási templomrom
Juhhodály
Szent László-víz
Gyarmatpuszta
Fejér megye
Tükröspuszta
VASZTÉLY
Esztermajor
CSABDI
Csordakút
NAGYEGYHÁZA
Mesterberek
Tornyó
Bajót
Lábatlan
Piszke
Süttő
Bersekbánya
Bikol
Bikol-
Alsóvadács
Pusztamarót
Cservölgy
Dunaszentmiklós
Gerecsei
Gerecse
Gerecse
Almásneszmély
Szomód
Tardosbánya
Héreg
AGOSTYÁN
TATA
Baj
Síflis-kő
Vértestolna
Vértesszőlős
Aranylyuk-bg.
Vértes László-bg.
Bányász-eml.
Pes-kő
Tarján
Vértesszőlősi Előembertelep
Hotel
Diana Touring
KERTVÁROS
Lengyel-bg.
Kolduszállás
ALSÓ GALLA
BÁNHIDA
Környe
Környemajor
Környebánya
Síkvölgypuszta
Fenyves
Vérteszomló
TATABÁNYA
Szárliget
Galla-p.
Váli-víz
Benta
E 77
75
66
76
63
10
11
111
12
100
M 1
41

ČSFR
Zvolen
Rožňava
Lučenec
Ub
Uc
Ud
Ue
Cerovo
Plachtinské Lazy
Horné Plachtince
Plachtince Stredné
Modrý Kameň
Dolné Strháre
Pôtor
Dolná Strehová
Zátišie
Strážna hora 333
Veľké Bajovce
Mučin
Ratka
Rukovina
Kladivikovo
Ilovského
Veľký Krtíš
Selce
Zihl'ava
Bukovec
Dolné Vatovice
Mlynská dolina
Hámor
Trenč
Ipoly
Ipoly-tarnóc
Hólya-puszta
Podvrch
Lipovany
Pleš
Horná Galamba
Radzovce
Čakanovce
Pustý Hrad
Horné Pribelce
Dolné Plachtince
Malý Krtíš
Veľké Stračiny
Malé Stračiny
Veľké Zlievce
Malé Zlievce
Karlov
Comor
Mul'a
Bušince
Litke
Rárospuszta
Mihálygerge
Egyházas-gerge
Csevicekút
Šiatorská
Zatko
Oparská Opava
bora
Čebovce
Kosihovce
Celovce
Seľany
Sirákov
Škriavnik
Obeckov
Nová Ves
Olovarský vrch 327
Potôčik
Nógrád-szakál
Marakodi-puszta
Karancs-berény
Pálháza-puszta
Šomoška
Bukovinka
Sakalova pustatina
Neninec
Sklabiná
Ovár
Glabušovce
Čelary
Ipeľ
Szupataki-puszta
Szécsény-felfalu
Karancskeszi
Gyapor-völgy
Karancs-lapujtő
Karancs
729
SOMOSKŐ-ÚJFALU
Durkovce
Kamenné Kosihy
Bátorová
Lesík 288
Opatovská Nová Ves
Záhorce
Krtíš
Krátky vrch 287
Kiarov
Zombor
Ludány-halászi
Beretvás-puszta
Piliny
Kisbaksa-háza
Karancsalja
Trebušovce
Vinica
Lesenice
Chrastince
Slovenské Ďarmoty
Selištany
Vrbovka
Koláčovce
Forgách kastély
POSTÉNY-PUSZTA
Endre-falva
Szalma-tercs
Karancsság
Etes
Andrásakna (Emlékmű)
Mentő
SALGÓ-TARJÁN
Balog nad Ipľom
Dolinka
Malá Čalomija
Veľká Čalomija
Koláry
Hugyag
BENCZÚR-FALVA
Kisgéc
Csoma-puszta
Szentkút
Ságújfalu
Kishartyán
SOMLYÓ BÁNYATELEP
ZAGYVA-PÁLFALVA
Ipoly
Ipeľ
Őrhalom
Burjas-puszta
SZÉCSÉNY
Magyargéc
Nógrád-megyer
Sőshartyán
Kökút-puszta
BALASSA-GYARMAT
Dezső-puszta
PATVARC
IPOLYSZÖG
Csitár
Vancsó-puszta
Szilvásgödör-puszta
Kis-keresztúr
Vizslás
Dejtár
Patak
Erdészlak
Dimitrov-puszta
Szügy
Nógrád-gárdony
Iliny
Varsány
Rimóc
Nagylóc
Lucfalva
Nagy-keresztúr
Újlak-puszta
Madách Imre Emlékmúzeum
Cseszteve
Bakó-puszta
Nógrád-marcal
Felső-tábpuszta
Nógrádsipek
Nagyoldal-puszta
Kis-bárkány
Márkháza 456
Solymosy-Gyürky-kastély
Betyár-bg.
Kisterenye
Horpács
Érsekvadkert
Görböc-puszta
Mohora
Kereszti-puszta
Hollókő
Zsuny-puszta
Nagybárkány
Remete-bg.
Fehér-kő vára
Sámson-háza
Szupatak
Kányás-puszta
Borsosberény
Pusztaberki
Cserhát-haláp
Magyar-nándor
Cserhát-surány
Herencsény
Dobogó-tető 517
Fekete-h. 486
Garáb
Pongor-malom
Mátra-verebély
Bátony-terenye
Szente
Felsőtold
Tereske
Szátok
Debercsény
Szanda-p.
Liszkó-puszta
Kutas
Purga 575
MÁTRA-SZŐLŐS
Pokoljáró Tar Lőrinc vára
Nagybátony
Szlovák-Nemzetiségi-Kiállítás
Farkasvölgy-tanya
Kisecset
Kelecsény-puszta
Terény
Bánya-telep
Negrói vadászkunyhó romja
Cserhát-puszta
Mocsáros-puszta
Alsótold
Nagymező-puszta
Tar
Fenyves-puszta
Rétság
Bánk
Romhány
Kétbodony
Galga
Epres-major
Szandavár-alja
Szanda
Bokor
Cserhát-szentiván
Felső-nádasd
HASZNOS
Hasznosi várrom
Pusztaszántó
Felső-erdő
Szécsénke
Becske
Szanda-várrom
Sás-bérc 469
Vadászkastélyrom
Kozárd
Kövecses
PÁSZTÓ
Kosik-tanya
Drótkötélpálya
Pallag-puszta
Ordas-puszta
Üdülő
Ecseg
Zsivány-bg.
Mátrakeresztes
Fallóskút
Muzsla-tető 805
Lukás-kő
Nőtincs
Felső-petény
Alsó-petény
Legénd
Nógrád-kövesd
Bercel
Colhány-puszta
Virágos-puszta
Buják
45
Hideg-kút
Tóthegyes 814
Cserepes-puszta
Ősagárd
Macskaárok-puszta
Bér
Csécse
Szurdokpüspöki
endehely
Galgaguta
Felső-egrespuszta
Nagy-parlag
Fajzat
Keszeg
Nézsa
Nógrádsáp
Márta-major
Szőlőtelep
Szirák
Jobbágyi
Naszály 652
Vanyarc
Alsó-sarlóspuszta
Kastélyszálló
Kisbágyon
Szarvas-gede
Gyöngyös-pata
Várhegy
Acsa-újlak
Kastélyszálló
Palotási víz.
Szücsi
Kosd
Penc
Csővár
Egyházas-dengeleg
Apc
Rózsa-szentmárton
Molnár-tanya
VÁC
Múzeum
Rád
Acsa
Palotás-halom
Templom
Püspök-hatvan
Erdőkürt
Héhalom
Újmajor
Zagyva-szántó
Kláraháza
Erdőtarcsa
Petőfibánya
Gombás-p.
Vácduka
Püspök-szilágy
Kálló
Tecziaktanya
Lőrinci
Václiget
Váchartyán
Galga-györk
Ilka major
Nagykökényes
Hegymeg-puszta
Ecséd
Sződliget
Kisnémedi
Verseg
Sződ
Tece
Vácrátót
Vác-kisújfalu
Magyalos-puszta
Arborétum
Galga-mácsa
Mélykút-puszta
Mindszent
Fenyő-haraszt
Heréd
Nagy-gombos
Göd
Őrbottyán
Hort
Újtelep
Sajótanya
Vácegres
Gödöllői
Erdő-kertes
Iklad
Kartal
HATVAN
39
Csomád
Aszód
KEREK-HARASZT
DUNAKESZI
Veresegyház
Domony
55
Sashalom
Csány
Szada
Föti-Somlyó TVT
GÖDÖLLŐ
Bag
Héviz-györk
Galgahéviz
Tura
Fót (1855)
Mogyoród
Kastély
Erzsébet park
Boldog
LIGET
Sikátor-puszta
Forma-1 Hungaroring
Vácszentlászló
Jászfény-szaru
RÁKOS-LOTA
Csömör
Széphegy
Kerepestarcsa
Valkó
30
RÁKOS-SZENTMIHÁLY
Kistarcsa
Urgemajor
Zsámbok
Puszta-monostor
ÚJPALOTA
PESTÚJHELY
MÁTYÁSFÖLD
Nagytarcsa
Isaszeg
SASHALOM
CINKOTA
BUDAPEST
RÁKOSLIGET
Budapest
44
Hatvan
Budapest
Eger
Ózd
Gyöngyös
Gyöngyös
Szolnok
Cserhát
Karancs
M3
E71
E77

DAS LAND

Bélapátfalva
Die Umgebung des ehemaligen Klosters ist nicht sehr einladend: ein Steinbruch setzt der Zisterzienserkirche aus dem Jahre 1232 zu. Das Gotteshaus ist die einzige erhaltene romanische Ordenskirche im Land, deren reichverziertes Tor und ein Rosettenfenster besondere Aufmerksamkeit verdienen. Das einstige Kloster besteht nur noch aus Grundmauerresten.

Domoszló
Wie in sehr vielen anderen Orten Ungarns findet man auch hier eine ursprünglich gotische Kirche, die später (1722) barockisiert wurde.

Eger
Siehe „Die Städte"

Feldebrő
In diesem bekannten Weinort wird auch ein vorzüglicher Tabak geerntet. In der Ortsmitte steht die einschiffige barocke Heiligenkreuz-Pfarrkirche aus den Jahren 1749/50. Im Gewölbe der Unterkirche sind Fresken aus dem 12. Jh. erhalten (Christus-Brustbild, Kain und Abel), die bei Fachleuten als die ältesten Kirchenmalereien des Landes gelten.

Gyöngyös
Gyöngyös – am Eingang zum Mátragebirge gelegen – ist eine alte Wein- und Handelsstadt, in deren Nähe Buntmetallerze gewonnen werden (Metallurgie-Museum in Ózd). Gyöngyös (*gyöngy* = Perle) ist der Hauptort der ethnischen Minderheit der Palóczen. Ihre Vorfahren, die Kumanen, wanderten im 11./12. Jh. aus Rußland ein. Deren Name blieb bis heute in der Komitatsbezeichnung (Bács-) Kiskun erhalten. Die kulturellen Attraktionen des Städtchens sind die Bartholomäus-Kirche sowie die Franziskanerkirche mit einer Krypta und einem Kloster, ursprünglich gotisch, später barockisiert. Zu den Freizeit-Attraktionen zählt ein Thermalbad. In der gesamten Umgebung von Gyöngyös (Abasár, Domoszló, Kisnána, Verpelét) finden das ganze Jahr über Weinkostproben – teilweise mit Zigeunermusik und Folklorevorführung – statt.

Vom blauen Kékes zur Puszta Hortobágy

Die Lipizzanerzucht auf einem Hochplateau des Nationalparks Bükk, die Weinberge an den Hängen des Mátragebirges, Thermalheilbäder und Skiabfahrten von Ungarns höchstem Berg Kékes sind ebenso reizvolle Erlebnisse wie der Besuch der Puszta Hortobágy.

Hortobágy-Puszta
Die Hortobágy-Puszta liegt nur wenige Meter über dem Meeresspiegel. Sie ist mit sehr geringen Niederschlägen eines der trockensten (und heißesten) Gebiete der Tiefebene. Neben den Nonius-Pferden (Gestüt in **Máta**) werden die aussterbenden Tierarten des Ungarischen Rinds, des Zackelschafes und der Hunderassen Komondor, Puli, Pumi, Mudi und Kuvasz gezüchtet. Im Ort **Hortobágy** ist neben der Csárda vom Ende des 17. Jh. die in den Jahren 1827 bis 1833 erstellte, 167 m lange steinerne Brücke mit ihren neun Bögen ein vielfotografiertes Objekt. Der Brückenmarkt am 19./20. August ist berühmt. Sehr lohnend ist der Besuch des Hirtenmuseums mit einer ständigen Ausstellung über den Nationalpark. 63 000 Hektar sind seit 1973 unter Naturschutz gestellt. Der Nationalpark umfaßt Wälder, Weiden, Wiesen, Sümpfe, Fischteiche und noch funktionierende Gehöfte. Vogelkundler haben etwa zweihundert Vogelarten registriert, die der Puszta – übersetzt wird dieses Wort mit Öde, Leere – Leben einhauchen. Einige Reiherfamilien, Trappen, Tausende von Wildgänsen und Wildenten werden beobachtet. Zu den seltenen Gattungen gehören Schwarze Störche, weißgeflügelte Wasserschwalben, Feldlerchen, Kraniche, Löffelreiher, Säbelschnäbler, Seeschwalben und Seeregenpfeifer. Immer seltener wird der Flußadler, der hier immer noch überwintert. Von den bekannten Tieren findet man in dieser Gegend auch Fasane, Rehe, Hasen und Wildschweine.
Außerordentlich reich ist die Flora des Nationalparks. In den Auenwäldern wachsen Eichen und Ahornbäume, am Boden sieht man charakteristische Steppenblumen, aber auch Heilpflanzen wie Baldrian oder Salbei.
Siehe auch „Die Puszta"

Kékes – höchster Berg
Mátraháza und **Gyöngyös** sind die Ausgangsorte für Wanderungen zum Kékes (*kék* = blau), dem höchsten Berg Ungarns. Und bläulich schimmert der 1015 m hohe

---

Information
Borsod Tourist
Eger Tourist
Hajdútourist
Nógrád Tourist
Tiszatour
(Adressen siehe „Reiseinformationen")

Festkalender
Eger: Juni bis August: Agria-Spiele mit Opern- und Theateraufführungen, Konzerten und Ausstellungen. **Miskolc**: Musiksommer, auch in Diósgyőr. Im Ort **Hortobágy** und im Gestüt **Máta**: 19./20. August: Brückenmarkt und Reittage. Weinlesefeste im **Mátra-Gebirge**.

Tips
In **Eger** fast das ganze Jahr über Hochzeitsfeste mit Zigeunermusik im *Tal der schönen Jungfrauen*. Wanderungen im Nationalpark **Bükk**.

VOM KÉKES ZUR PUSZTA HORTOBÁGY

Gipfel in der Tat. Lediglich eine Auto(bahn)stunde von der Metropole entfernt haben die Budapester die Möglichkeit, auf einer drei Kilometer langen Piste am Kékestető Ski zu fahren (Abfahrt).

Mátrafüred
Der Zusatz -füred weist stets auf ein Bad hin, allerdings ist Mátrafüred ein Luftkurort in schöner Kessellage des Mátragebirges, das sich bis in die Slowakei zieht.

Mezőkövesd
Mezőkövesd ist mit etwa 18 000 Einwohnern das Zentrum der ethnischen Gruppe der Matyó, deren prächtige Stickereien und Volkstrachten in zwei Museen anschaulich präsentiert werden. Sehenswert sind die dem heiligen Ladislaus geweihte Pfarrkirche mit einer Kapelle aus dem 15. Jh. sowie das Pfarrhaus aus dem 18. Jh. Sehr hübsch im Ortskern sind mehrere alte Bauernhäuser mit hervorspringender Dachtraufe, die noch immer bewohnt werden. Das Thermalheilwasser des Zsóri-fürdő quellt mit 71° C aus einer Tiefe von 875 Metern aus der Erde.

Miskolc
Siehe „Die Städte"

Noszvaj
Die kleine Gemeinde bei Eger hat neben der reformierten Kirche ein hübsches Schloß mit schönen Dekors und wertvoller Inneneinrichtung vorzuzeigen. Es wurde im Zopfstil im Jahre 1778 erbaut und wird heute teilweise als Hotel genutzt.

Parád – Parádfürdő
Vielfältig ist das Angebot beider Orte in landschaftlich herrlicher Lage: Kunstfreunde können Kristallglas aus der lokalen Glashütte erwerben, Folklorefans begeistern sich am Reichtum der Palóczen-Volkskunst im gleichnamigen Haus, Kranke finden im Heilbad Parádfürdő eine Linderung ihrer Schmerzen. Die meisten Besucher sind begeistert von dem sehr sehenswerten Prachtkutschen-Museum, das in einem denkmalgeschützten Stall eingerichtet ist. Am Tarnaufer steht das Schloß des Grafen Mihály Károlyi, des ersten Ministerpräsidenten nach der Auflösung der Monarchie.

Szilvásvárad
Der Ort ist vor allem wegen seines Lipizzanergestüts berühmt, dessen Pferde auf einem Hochplateau im Bükker Nationalpark beste Weiden vorfinden. Er war in den letzten Jahrzehnten mehrfach Stätte von Weltmeisterschaften im Gespannfahren, einer Sportart, in der Ungarn weltweit führend ist. Das Lipica-múzeum vermittelt die Erfolge der einheimischen Zucht. Interessant für Pferdeliebhaber ist der Umgang mit den Vierbeinern auf dem benachbarten Pferdefriedhof. Das ehemalige Schloß Pallavicini – ein Erholungsheim und Hotel – wird wegen seines Architekten Miklós Ybl viel beachtet; die Runde Kirche ist ein gelungenes Beispiel der ungarischen Auffassung vom Klassizismus.

Tiszafüred
Wer feststellen will, wovon man am Ort bis vor wenigen Jahrzehnten gelebt hat, braucht nur durch das Pál-Kiss-Museum, das ehemalige Herrenhaus im klassizistischen Stil, zu gehen. Die Einwohner waren kleine Handwerker: Töpfer, Sattler, Schmiede, Kesselflicker, Schneider sowie Hirten, Winzer, Landwirte und hier an der Theiß natürlich auch Fischer und Flößer. Die 1830 gebaute hölzerne Brücke über den Fluß, der nicht nur den fruchtbaren Schlamm kilometerweit ins Land trug, sondern auch für verheerende Überschwemmungen sorgte, brachte dem Städtchen neuen Aufschwung. „Schlichte Soldaten der friedlichen Beschäftigungen im Krieg gegen den Fluß", so charakterisierte ein Chronist im Jahre 1891 die Bevölkerung an der Theiß, die Dämme gegen die Flut baute. Heute ist die Tisza weitgehend gezähmt: Der Stausee Kisköre soll nach den Plänen der Behörden dereinst die Größe des Balaton erreichen – und der Plattensee ist ja bekanntlich Mitteleuropas größter See. Kisköre ist mittlerweile ein beliebtes Erholungsgebiet, das alle Wassersportmöglichkeiten bietet.

Sonnenuntergang in der Hortobágy-Puszta (links).

Lipizzaner von Szilvásvárad im Bükk (rechts Mitte).

Steinbruch von Bélapátfalva (rechts unten).

Schloß von Miklós Ybl in Parádsasvár (rechts außen).

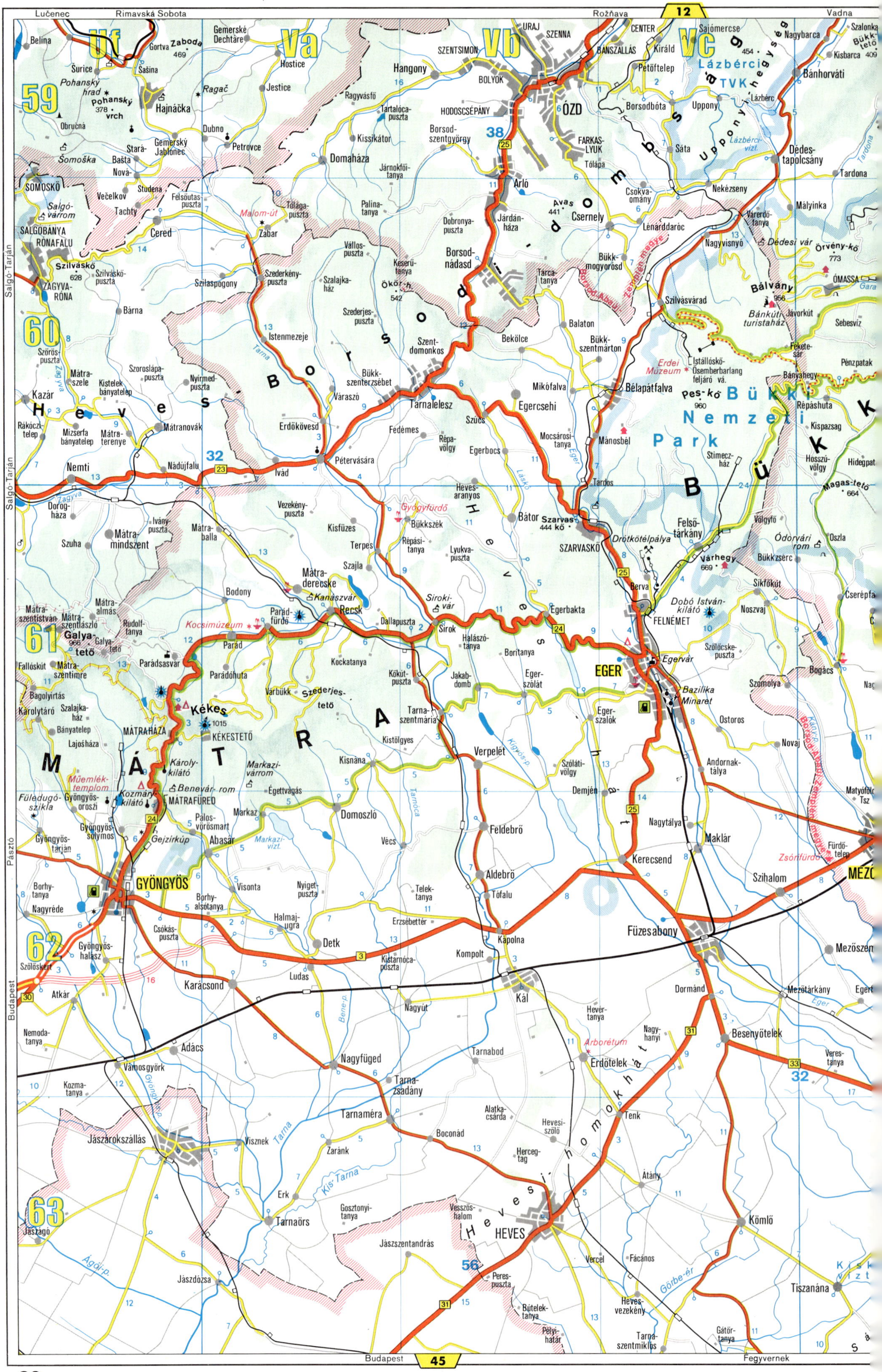

Lučenec
Rimavská Sobota
Rožňava
12
Vadna
Uf
Va
Vb
Vc
59
60
61
62
63
Belina
Šurice
Pohanský hrad
Pohanský vrch
Obručná
Šomoška
Gortva
Zaboda
Šašina
Hajnáčka
Gemerské Dechtáre
Hostice
Jestice
Ragač
Dubno
Petrovce
Gemerský Jablonec
Stará
Bašta
Nová
Studena
SOMOSKŐ
Salgóvárrom
SALGÓBÁNYA
RÓNAFALU
Večelkov
Tachty
Felsőutas-puszta
Cered
Malom-út
Zabar
Tóláqa-puszta
Szilváskő
Szilváskő-puszta
ZAGYVARÓNA
Szilaspogony
Bárna
Szörös-puszta
Mátraszele
Kistelek bányatelep
Szoroslápa-puszta
Nyirmed-puszta
Kazár
Rákóczi-telep
Mizserfa bányatelep
Mátraterenye
Mátranovák
Nemti
Nádújfalu
Dorogháza
Szuha
Mátramindszent
Iványpuszta
Mátraballa
Bodony
Mátraalmás
Mátraszentistván
Mátraszentlászló
Rudolftanya
Galyatető
Fallóskút
Mátraszentimre
Bagolyirtás
Károlytáró
Szalajkaház
Bányatelep
Lajosháza
MÁTRAHÁZA
Kékes
KÉKESTETŐ
Parádsasvár
Parádóhuta
Parád
Parádfürdő
Kocsimúzeum
Recsk
Kanászvár
Mátraderecske
Várbükk
Szederjes-tető
Kockatanya
Károlykilátó
Benevár-rom
Markazivárrom
Műemlék templom
Füledugószikla
Gyöngyösoroszi
Kozmány kilátó
MÁTRAFÜRED
Gyöngyössolymos
Gyöngyöstarján
Gejzirkúp
Pálosvörösmart
Markaz
Abasár
Markazi-víztár.
GYÖNGYÖS
Borhytanya
Nagyréde
Visonta
Borhy-alsótanya
Csókáspuszta
Gyöngyöshalász
Szőlőskert
Atkár
Karácsond
Ludas
Detk
Halmajugra
Nyiget-puszta
Domoszló
Végcs
Égettvágás
Kisnána
Kistölgyes
Tarnaszentmária
Nemodatanya
Adács
Vámosgyörk
Kozmatanya
Jászárokszállás
Visznek
Zaránk
Erk
Tarnaörs
Jászágó
Jászdózsa
Gosztonyitanya
Jászszentandrás
Nagyfüged
Nagyút
Tarnazsadány
Tarnaméra
Boconád
Alatkacsárda
Tarnabod
Kápolna
Kompolt
Kál
Kistarnócapuszta
Erzsébettér
Teleknatanya
Tófalu
Aldebrő
Feldebrő
Verpelét
Heves
Vezsőshalom
Herceg-tag
Hevesiszőlő
Erdőtelek
Arborétum
Tenk
Átány
Vercel
Fácános
Hevesvezekény
Peresputzta
Bútelektanya
Pélyihatár
Tarnaszentmiklós
Gátórtanya
Komló
Tiszanána
Dormánd
Hevértanya
Nagyhanyi
Besenyőtelek
Verestanya
Füzesabony
Mezőtárkány
Mezőszemere
Szihalom
Kerecsend
Maklár
Nagytálya
Andornaktálya
Demjén
Szőlátivölgy
Egerszalók
Egerszólát
Jakabdomb
Kökútpuszta
Borítanya
Halászótanya
Sirok
Sirokivár
Dallapuszta
Terpes
Szajla
Kisfüzes
Vezekénypuszta
Pétervására
Ivád
Erdőkövesd
Váraszó
Bükkszenterzsébet
Tarnalelesz
Fedémes
Répavölgy
Szúcs
Egerbocs
Hevesaranyos
Bátor
Gyógyfürdő
Bükkszék
Répásitanya
Lyukvapuszta
Egerbakta
EGER
Egervár
Bazilika
Minaret
Ostoros
Novaj
Szomolya
Bogács
Szőlőcskepuszta
Noszvaj
Felnémet
Berva
Dobó István kilátó
Várhegy
Felsőtárkány
Szarvaskő
Szarvas-kő
Drótkötélpálya
Tardos
Mónosbél
Bélapátfalva
Mocsárosi tanya
Egercsehi
Mikófalva
Bekölce
Bükkszentmárton
Balaton
Szentdomonkos
Ökörhát
Keserűtanya
Szederjespuszta
Szalajkaház
Istenmezeje
Szederkénypuszta
Vállospuszta
Palinatanya
Járnokfőitanya
Domaháza
Kissikátor
Tartalócapuszta
Ragyvásfő
Hangony
SZENTSIMON
BOLYOK
ÓZD
HODOSCSÉPÁNY
Borsodszentgyörgy
URAJ
SZENNA
Arló
Járdánháza
Dobronyapuszta
Borsodnádasd
Tárcatanya
Cserné ly
Avas
FARKASLYUK
Tólápa
Csokvaomány
Lénárddaróc
Bükkmogyorósd
CENTER
BÁNSZÁLLÁS
Király
Sajómercse
Pétöftelep
Borsodbóta
Uppony
Sáta
Lázbérc
Lázbérci TVK
Uppony-hegység
Nekézseny
Dédestapolcsány
Mályinka
Várerdőtanya
Nagyvisnyó
Dédesi vár
Örvény-kő
Szilvásvárad
Bálvány
Bánkúti turistaház
Jávorkút
Istállóskő-ősemberbarlang
Erdei Múzeum
Pes-kő
Bükki Nemzeti Park
Répáshuta
Kispazsag
Bánhorváti
Nagybarca
Kisbarca
Szalonka
Tardona
ÓMASSA
Sebesvíz
Feketesár
Pénzpatak
Bányahegy
Hosszúvölgy
Hidegpatak
Magas-tető
Völgyfő
Ódorvári rom
Oszla
Bükkszérc
Sikfőkút
Cserépfalu
Zsórifürdő
Fürdőtelep
MEZŐ
Heves
Mátra
Borsod
Bükk
Hevesi-homokhát
Salgó-Tarján
Pásztó
Budapest
Fegyvernek
45

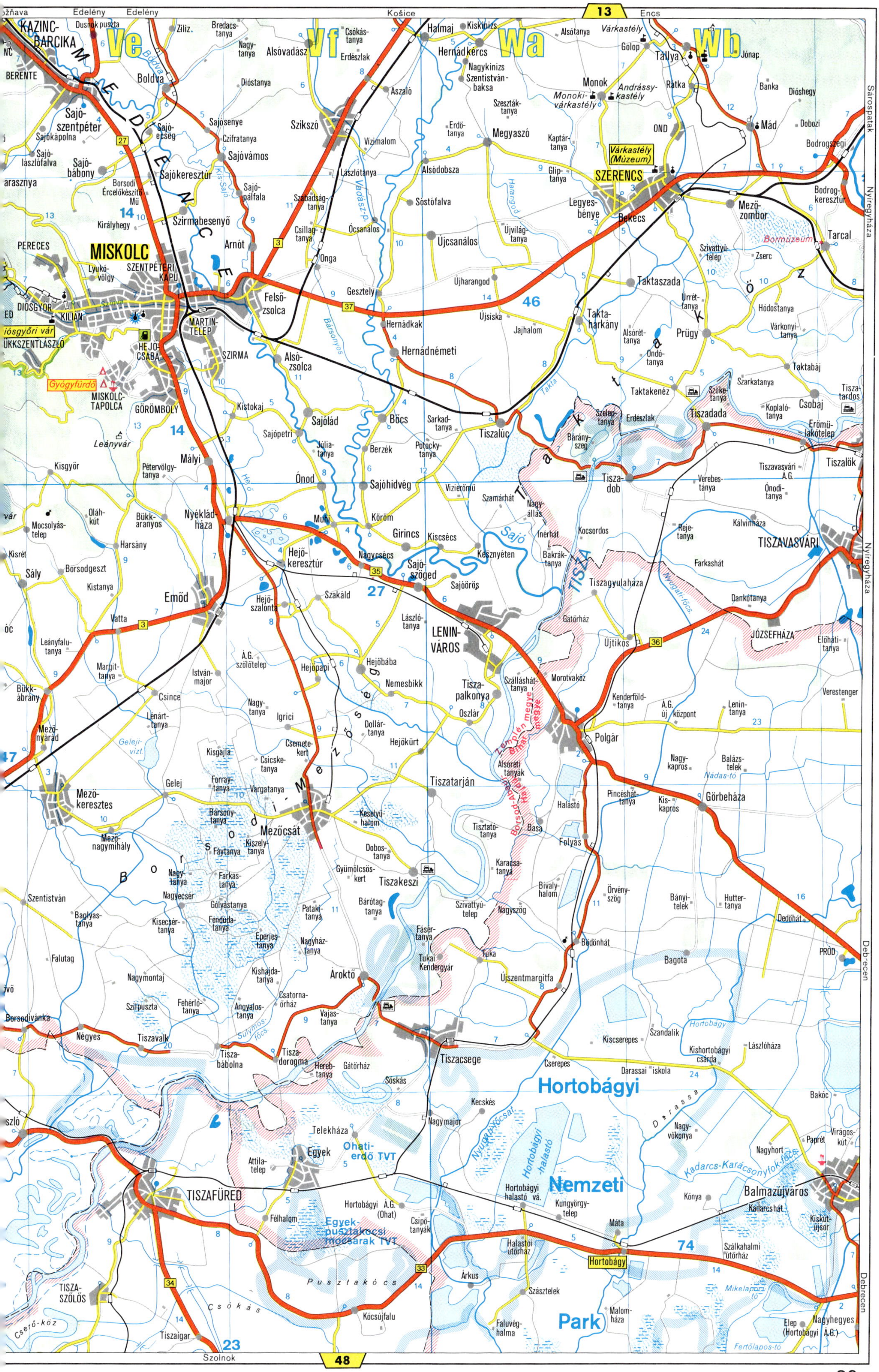

DAS LAND

Im Nordosten der Großen Tiefebene

In Nyírbátor erinnern zwei wunderbare gotische Hallenkirchen an die einstige Macht des siebenbürgischen Fürstengeschlechts Báthory. Die Landbevölkerung der kargen Nyírség baute sich vielerorts schlichte Dorfkirchen mit buntbemalten Holzkassettendecken.

Csaroda
Die reformierte Kirche von Csaroda wurde Mitte des 13. Jh. erbaut. Die besondere Attraktion sind Fresken mit biblischen Szenen aus dem 15. Jh. (1972 restauriert). Das Kirchenschiff mit einer bemalten Holzdecke ist im originalgetreuen Zustand von 1777 bestens erhalten.

Csenger
Die kleine zweischiffige, ursprünglich gotische, reformierte Kirche wurde nach einem Brand im Jahre 1713 wiederaufgebaut. Die großartige denkmalgeschützte Holzdecke von 1745 gilt zu Recht als eines der schönsten Dokumente der unverfälschten Volkskunst.

Debrecen
Siehe „Die Städte"

Kisvárda
Siehe S. 14

Nagykálló
Bis zum Jahre 1875 war das Städtchen Komitatssitz. Unterhalb der gotischen Kirche aus dem 15. Jh. befindet sich eine Krypta. Sie ist im 18. Jh. barockisiert worden. Der Glockenturm wurde um 1780 umgestaltet; in dieser Stilrichtung war um 1740 auch das Komitatshaus entstanden. Besuchenswert ist eine mit alten Möbeln hübsch eingerichtete Apotheke.

Nyírbátor
Der Ort, der heute nur noch rund 14 000 Einwohner hat, beherbergt zwei riesige, unversehrte gotische Hallenkirchen aus dem 15. Jh., die auch eine sehr weite Anreise lohnen. Da ist zum einen die ehemalige Minoritenkirche. Ihr wunderbarer Frühbarockaltar ist mit mindestens lebensgroßen Holzschnitzereien bestückt. Sie wurden von dem Zipser Bildhauer Johannes Strecius innerhalb von nur drei Jahren (1729-1731) geschaffen. Ihr Stifter Stephanus Báthory (bátor = der Mutige) wurde im Jahre 1493 hier beigesetzt. Zum anderen trifft man auf die reformierte Kirche. Sie wirkt durch ihre Leere imposant, und ihr herrliches Sterngewölbe kommt dadurch besonders zur Geltung. Auch dieses Gotteshaus ließ der siebenbürgische Fürst Báthory erbauen. Die dem heiligen Georg geweihte Kirche sollte die Familiengruft der Báthorys werden. Das monumentale, zweireihige, mit prächtigen Intarsien besetzte Chorgestühl, 1503 bis 1511 geschnitzt, wird allerdings im Nationalmuseum in Budapest gezeigt. Ganz besonders sehenswert ist auch der hölzerne Glockenturm aus dem Jahre 1640, der allen Feuersbrünsten widerstand. Die Glocke wurde im gleichen Jahr gegossen.

Nyírség – Landschaft der Sanddünen
„Die Nyírgegend gehört zu den gesundesten Landstrichen im Alföld und dort kommen besonders Lungenübel nur verhältnismäßig selten vor", schrieb ein Chronist im Jahre 1891. Bereits vor der Jahrhundertwende mußte man die Birkenwälder, die der Region den Namen gaben (nyírség = Birkenwald), vergebens suchen. Auch die letzten Urwälder und die wenigen Mischwälder wurden in der ersten Hälfte des 19. Jh. fast vollständig gerodet. Die Ableitung und Trockenlegung der Sümpfe bewirkte vielerorts eine Änderung der Lebensgewohnheiten der bäuerlichen Bevölkerung. Der Boden ist nicht besonders reich an wertvollen Mineralien. Ihn zu kultivieren, ist ein außerordentlich mühsames Unternehmen. Groß sind die Verluste bei der Aussaat. Dennoch gedeihen Reben in der Nyírség, und das Klima erlaubt den Anbau von Melonen und Tabak.
Die so typischen Talmulden zwischen den Dünen und Sandbänken entstanden auf natürliche Weise. Manche der Erhebungen,

Fresko in der reformierten Kirche von Csaroda (links außen).

Nyíregyháza, Kirche am Felszabadulás ter (links unten).

Drei badende Schönheiten in der Fußgängerzone von Nyíregyháza (rechts oben).

Wassermühle in Túristvandi (rechts unten).

Die reformierte Kirche von Csaroda (rechts außen).

IM NORDOSTEN DER GROSSEN TIEFEBENE

die nur unwesentlich über dem Meeresspiegel liegen (bis zu 100 m ü. M.), sind allerdings von Menschenhand geschaffen worden. Sie dienten entweder der Verteidigung oder wurden als Gräber angelegt. Interessant ist die Namensgebung der Hügel, die man dort zuweilen sogar „Berge" nennt. Was bei den Flurnamen auffällt, ist die große Anzahl von Wacht- und Herrenbergen. Es gibt einen Spähberg und einen Spähhügel, einen Feuerwachtberg und einen Körper- bzw. Leichenberg sowie ein paar Galgenberge. Forscher sehen bei manchen dieser Erdanhäufungen, ungarisch *korhány*, einen Zusammenhang mit den urzeitlichen Tumuli in Südrußland, die dort zu Tausenden vorkommen. So präsentiert sich die Nyírség heute weitgehend als ein unwirtlicher, kahler Landstrich, wenn auch das Gebiet durch die ausgedehnten Plantagen als eine der Obstkammern Ungarns gilt. Über Kilometer herrschen Öde, Verlassenheit – ja auch Natur-Langeweile. Ist es ein Wunder, daß dieses Gebiet zur Armenküche des Landes wurde? Die Besiedlung ist relativ dünn – trotz des starken Bevölkerungszuwachses in den traditionell sozial schwach gestellten Familien, zumeist Sinti und Roma – oder Zigeuner, wie sie dort genannt werden.

Nyíregyháza

Die Stadt, 245 km von der Landeshauptstadt entfernt, ist der Sitz des Komitats Szabolcs-Szatmár. Noch um die Jahrhundertwende muß Nyíregyháza mit 30 000 Einwohnern ein beschauliches Städtchen gewesen sein. „Bemerkenswert sind die von einer gesellschaftlichen Vereinigung veranstalteten Konzerte, zu denen alle Koryphäen der Gesangs- und Instrumentalkunst eingeladen werden, die irgendwo in der Welt auftauchen", heißt es in einem Reisebuch aus dem Jahre 1911. Inzwischen hat sich die Bevölkerungszahl nahezu vervierfacht: Nyíregyháza ist ein regional bedeutendes Industriezentrum geworden. Dennoch fahren Tausende Saisonarbeiter und Pendler Woche für Woche nach Budapest. Heute sorgen das Zsigmond-Móricz-Theater (dieser Romancier wurde im Jahre 1879 in Tiszacsécse, in der Nyírség also, geboren) und ein Freilichttheater für kulturelle Abwechslung. Das Freizeitangebot um das Thermalbad Sós-tó (Salzsee) ist eines der reichhaltigsten in Ungarn.

Szatmárcseke

Hunderte von bootsförmigen Grabhölzern, bis zu zwei Meter hoch – ohne Namen und ohne Lebensdaten, völlig anonym – schmücken den denkmalgeschützten Friedhof, der in dieser Form einmalig ist. Der Dichter der Nationalhymne, Ferenc Kölcsey (1790-1838), liegt da begraben, in einem stets blumengeschmückten, kleinen Mausoleum. Er dichtete: „Gib dem Volk der Ungarn, Gott, Frohsinn, Glück und Segen. Schütze es in Kriegsnot vor des Feindes Schlägen. Ihm, das lange Schmach ertrug, schenke wieder Freuden, denn es büßte hart genug Schuld für alle Zeiten."

Tokaj
Siehe S. 11

Túristvándi

Eine Kassettendecke vom Anfang des 19. Jh. ziert die Kirche der Reformierten aus dem 15. Jh. In der Gemeinde wird an den Romanschriftsteller Móricz Zsigmond erinnert, der hier einen Teil seiner Jugend verbrachte. Eine der wenigen Wassermühlen des Landes (vom Ende des 18. Jh.) wurde in den sechziger Jahren renoviert und ist ebenso wie das Müllerhaus denkmalgeschützt.

Information
Borsod Tourist
Hajdútourist
Nyírtourist
Tiszatour
(Adressen siehe „Reiseinformationen")

Festkalender
Nyíregyháza: Nyíregyházaer Sommer mit Operetten- und Theateraufführungen (teilweise auch open-air). **Nyírbátor:** von Herbst bis Frühjahr: Orgelkonzerte in der reformierten Kirche. **Kisvárda:** sommerliche Open-air-Veranstaltungen im Burgtheater.

Tips
Naturschutzgebiet von **Csaroda** am **Báb-See**. Thermal- und Heilbäder in der Großen Tiefebene mit unterschiedlichen Wasserbestandteilen.

13
Sárospatak
Risce
Sátoraljaújhely
Kisvárda
Nyíregyháza
Ujgor
Miskolc
Szerencs
Polgár
Tiszafüred
Wc
Wd
We
Wf
59
60
61
62
63
65
52
34
40
57
49
74
42
Olaszliszka
Szegilong
Viss
Kenézlő
Györgytarló
DORKÓ
Nagyhomok
Tiszacsermely
Rekehomoka
Dombrád
Várműzeum
Tiszakarád
Prépostsági-tanya
Borsod-Abaúj-Zemplén megye
Szabolcs-Szatmár megye
TISZA
TVT
Kistisztahát
Bárányház
Újdombrád
Kacsavár-tanya
Tiszatelek
Rétközberencs
Ajak
Zalkod
Vencsellő
Tiszántúli gátőrház
Jásztelep
Kétérköz
Tölgyes-tanya
Hatvanorr
Kacoba
Belfőcsatorna
Pátroha
Szabolcs
Balsa
Gávavencsellő
Tiszabercel
Beszterec
Orozd-dűlő
Bajor-hegy
Gégény
Kálmánczki-tanya
Tímár
Gáva
Paszab
Szőlőskert
Rákóczi-várrom
Vadászkastély
Múzeum
Rakamaz
Bocskai-tanya
Asztalos-tanya
Ibrány
Nagyhalász
Tiszarád
Demecser
Kék
Vasmegyer
Nyírtass
Kopasz-h.
Szikszai-tanya
Lónyai-főcs.
Thomka-tanya
TOKAJ
Bokor-tanya
Buj
Bodzás-tanya
Halas-tanya
Kónya-telep
Berkesz
Szirmai-tanya
Vasúti őrház
Rétköz
Tisza-nagyfalu
Rózsás-tanya
Perked-tanya
Borzsova-tanya
Gyártelep
Állami Erdőgazdaság
Gútkút-tanya
Gátőrház
Szabolcs-tanya
Nagytanya
Homok-tanya
Mágasor
Kemecse
Székely
Tiszaladány
Virányos
Buchweintag
Laskod
Petneháza
Varjúlapos
Pallag-puszta
Nyírbogdány
Tiszatardos
Tiszaeszlár
Kótaj
Ozetanya
Ramocsaháza
Nyírjákó
Bashalom
Belegrád
Gyula-tanya
Vén-tanya
Tiszalök
NYÍRSZŐLŐS
Libabokor
Bánomtanya
Nyíribrony
Nyírkercs
Újtelep
Dózsaszőlő
Sóstó
SÓSTÓFÜRDŐ
Kistanya
Nyírtura
Nyírtét
Kisbüs-tanya
Nyírtelek
Felsőpázsit
Baktalórántháza
Ferenc-tanya
Pupos-halom
Kispupos-halom
Sényő
Csépás-tanya
Beregtanya
Baktai-erdő
Halmosbokor
Nyírpazony
SZORGALMATOS
Kisfástanya
Kazárbokor
Vargabokor
Béke-tanya
Nagyharaszt-tanya
Fenyőlak
Csigar-h.
Fehérszík
Tamásbokor
Nagycserkesz
OROS
Apagy
Levelek
Besenyőd
TISZAVASVÁRI
Bájibokor
Vadas-bokor
Mohos-bokor
NYÍREGYHÁZA
Napkor
Magy
Á.G. Gyümölcsös
Ófehértó
Liget-tanya
Nádasi-bokor
Cigány-bokor
Hosszúháti-tó
Lévai-tanya
Csikós-lapos
Csengőrét
Kauzsai-tanya
Irinyi-tanya
Kápolna-tanya
Tedej Lakótelep
Puszta
Szállásföld
Nagylapos
FELSŐSIMA
MANDABOKOR
Kisteleki-bokor
Nyírjes
Nagyszállás
Aranyosi szőlőtelep
Újszőlőskert
Ábránd-tanya
Pogány-lapos
Szelkó-tó
Alsóbadurbokor
BUTYKA
Lászlótanya
Forrás-tanya
Máriapócs
Nyírgyulaj
Nagykálló
Pócspetri
Bátori
Kálmánháza
Nagy-Vadas-tó
Petőfi-tanya
Kísérleti gazdaság
Kállósemjén
Györgyliget
HAJDÚNÁNÁS
Dózsa Tsz
Hajdú-Bihar megye
Péterhalom
Kisléta
Ludastó
Táncsics-telep
Nemserdő
Keleti-főcsatorna
Biri
Hajdúdorog
Érpatak
Perked-puszta
Nyírbogát
Újfehértó
Kálmánczhelyi-tanya
Görény-puszta
Miklóssy-tanya
Baromlak
Hordós-kút
Istvántanya
Kölesföld
Vörös Csillag tag
Balkány
Dugó-tanya
Gyulahalom
Geszteréd
Petőfi-telep
Szakoly
Nyírgelse
Kovácsics-tanya
Vidi-ér
HAJDÚVID
Rákóczi Tsz
E 573
Balogh-tanya
Hadházy-tanya
Nyírmihálydi
Nácitag
Bakonát
Uzonyidűlő
Téglás
Bököny
Csiffytanya
Szakolykert
Cserhágó
Homoktag
Vidi-ér
Hajdúhadház-téglás
Szemeritag
Vecser
Abapuszta
Nyíradony
Akasztó-h.
Tivorány
Nyírlugos
Telekföld
Hajdú Múzeum
Nádas
Felszabadulás-telep
Nagymogyorós
Hajdúhadház
Nyugati telep
Vasúti őrház
Külsőgút
Turistaház
Szigetor
Szőlőskert
Liget
Ligettanya
Cikkely-tanya
Aradvány-puszta
Szabadság-telep
HAJDÚBÖSZÖRMÉNY
Béke Tsz központ
Tsz major
Dézsy-tanya
Golyás-tanya
Gúti-erdő
Nagycsonkás
BOCSKAIKERT
Fényes-telep
Gúti erdészet
Asszonyrész
Windicsrész
Mélykút
BODASZŐLŐ
Tangazdaság
Kispóka
Balmazújváros
Középkori templomrom
Tamási-puszta
Reviczky-major
Nyíracsád
Hármas-sziget
Csegei-halom
Gass-tanya
Melánia-tanya
Fülöp
Nagyhát
Telekföld
JÓZSA
Apafa vá.
Hajdúsámson
Bangm-kert
Nyírmártonfalva
Dallár-rész
NAGYMACS
Martinka
Csizmaszár-tanya
Buzita
Ördög-ábrány
Kökényes
Pekácsi-rész
Nyírábrány
Nagy-Sándor-Emlékoszlop
Hármas-hegy-kilátó
Úttörővasút
Zoltán-tag
Kismacs
Vámospércs
Szentanna-telep
Szentgyörgy-ábrány
Kishegyes
Déri Múzeum
Szentanna-puszta vm.
DEBRECEN
Ref. nagytemplom
Kondoros v.m.
Nagycsere vá
Halápi v.m.
Pac iskola
Hajdúság
Nyírség

15

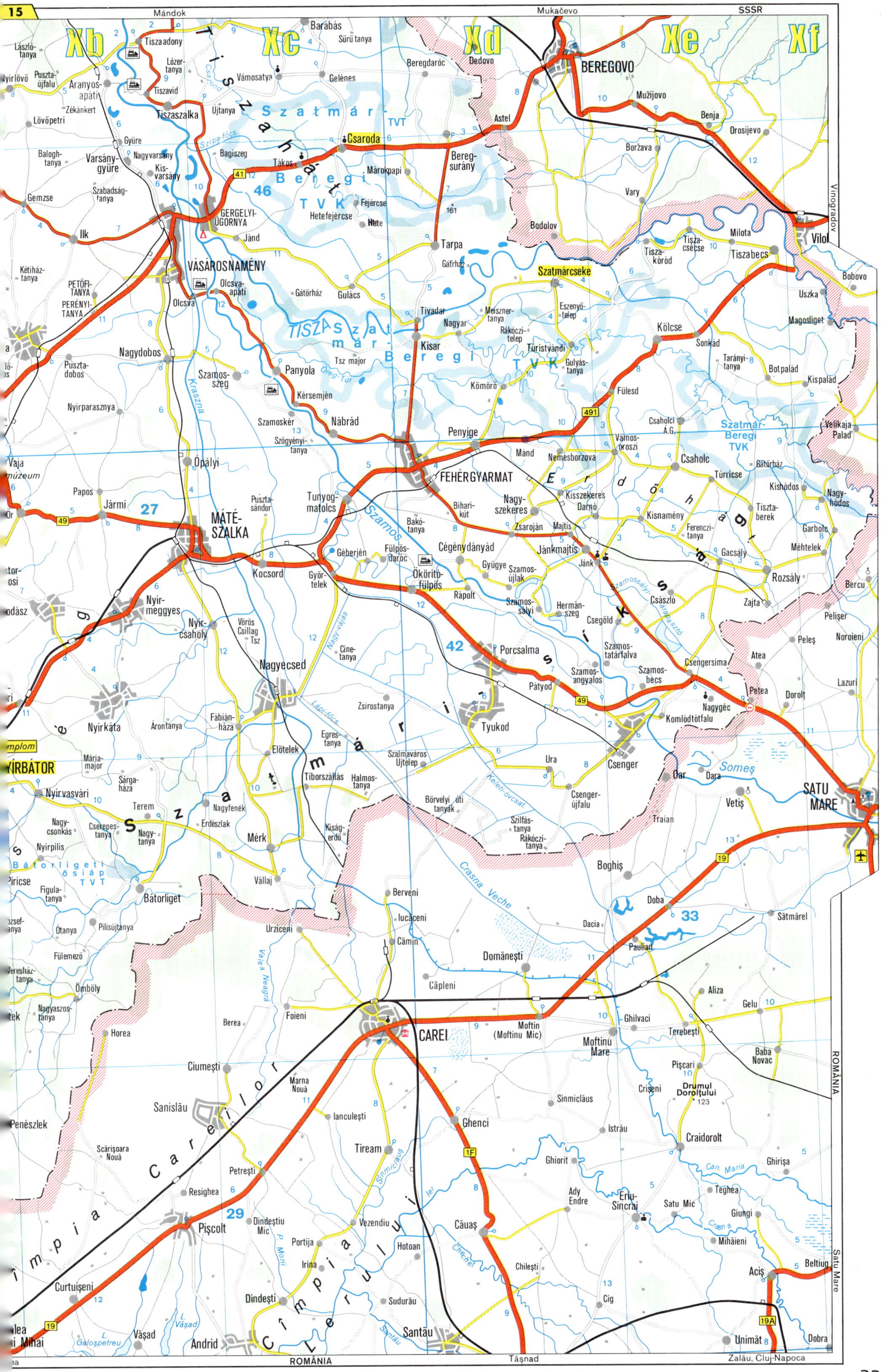

Mándok
Mukačevo
SSSR
Xb
Xc
Xd
Xe
Xf
Barabás
Sürü tanya
Tiszaadony
László-tanya
Lózer-tanya
Tiszavid
Vámosatya
Gelénes
Beregdaróc
Dedovo
BEREGOVO
Mužijovo
Benja
Orosijevo
Nyírlövő
Puszta-újfalu
Aranyos-apáti
Zékánkert
Lövőpetri
Tiszaszalka
Újtanya
Szatmár-Beregi TVT
Szatmár-Beregi TVK
Tiszahát
Astel
Csaroda
Gyüre
Nagyvarsány
Varsány-gyüre
Kis-varsány
Balogh-tanya
Bagiszeg
Tákos
Márokpapi
Bereg-surány
Boržava
Vary
Vinogradov
Szabadság-tanya
Gemzse
Fejércse
Hetefejércse
Hete
GERGELYI-UGORNYA
Ilk
Jánd
Tarpa
Bodolov
Vilok
Tisza-csécse
Milota
Tisza-kóród
Tiszabecs
Bobovo
Gátőrház
Szatmárcseke
Kétiház-tanya
VÁROSNAMÉNY
Olcsva-apáti
Olcsva
PETŐFI-TANYA
PERÉNYI-TANYA
Gulács
Tivadar
Meiszner-tanya
Eszenyő-telep
Nagyar
Rákóczi-telep
Uszka
Magosliget
Kölcse
Sonkád
Tiszasziget
TISZA
Nagydobos
Puszta-dobos
Panyola
Tsz major
Kisar
Túristvándi
Gulyás-tanya
Tarányi-tanya
Botpalád
Kispalád
Öreg-Túr
Szamos-szeg
Kersemjén
Kömörő
Fülesd
Nyírparasznya
Szamoskér
Nábrád
Penyige
Csaholci Á.G.
Velikaja Palad'
Szögyényi-tanya
Vámos-oroszi
Mánd
Nemesborzova
Vaja
múzeum
Ópályi
Kraszna
FEHÉRGYARMAT
Csaholc
Túrricse
Gátőrház
Kishódos
Papos
Jármi
Puszta-sándor
Tunyog-matolcs
Bihari-kút
Nagy-szekeres
Kisszekeres
Darnó
Kisnamény
Tiszta-berek
Nagy-hódos
MÁTÉ-SZALKA
Szamos
Bakó-tanya
Zsarolyán
Majtis
Ferenczi-tanya
Garbolc
Méhtelek
Géberjén
Fülpös-daróc
Cégénydányád
Jánkmajtis
Jánk
Gacsály
Rozsály
Bercu
Kocsord
Győr-telek
Ököritó-fülpös
Gyügye
Szamos-újlak
Rápolt
Szamos-sályi
Hermán-szeg
Császló
Zajta
Peliser
Nyír-meggyes
Nyír-csaholy
Vörös Csillag Tsz
Csegöld
Szamossályi-árapasztó
Peleș
Noroieni
Szamos-tatárfalva
Atea
Cine-tanya
Porcsalma
Csengersima
Nagy-vajas
Nagyecsed
Szamos-angyalos
Szamos-becs
Pátyod
Lazuri
Petea
Dorolț
Nagygéc
Komlódtótfalu
Nyírkáta
Árontanya
Fábián-háza
Lápi-főcs
Zsirostanya
Tyukod
Egres-tanya
Nyírbátor
Mária-major
Sárga-háza
Elötelek
Szalmaváros Újtelep
Ura
Csenger
Szamos
Olar
Dara
Someș
SATU MARE
Szatmári-síkság
Tiborszállás
Halmos-tanya
Nyírvasvári
Terem
Nagyfenék
Börvelyi úti tanyák
Kelet-övcsat.
Csenger-újfalu
Vetiș
Nagy-csonkás
Cserepes-tanya
Erdészlak
Nagy-tanya
Szilfás-tanya
Rákóczi-tanya
Traian
Nyírpilis
Mérk
Kiság-erdő
Báthorligeti ősláp TVT
Vállaj
Boghiș
Piricse
Figula-tanya
Bátorliget
Berveni
Crasna Veche
Doba
Sătmărel
Iucăceni
Ótanya
Pilisújtanya
Urziceni
Dacia
Cămin
Paulian
Fülemező
Valea Neagră
Domănești
Ömböly
Căpleni
Aliza
Nagyaszos-tanya
Foieni
Gelu
Ghilvaci
Horea
Berea
CAREI
Moftin (Moftinu Mic)
Terebești
Baba Novac
Moftinu Mare
ROMÂNIA
Ciumești
Marna Nouă
Pișcari
Crișeni
Drumul Doroltului
Sanislău
Sinmiclăuș
Penészlek
Ianculești
Ghenci
Istrău
Craidorolț
Scărișoara Nouă
Tiream
Ghiorit
Ghirișa
Câmpia Careilor
Petrești
Can. Maria
Ady Endre
Erlu-Sincrai
Teghea
Resighea
Satu Mic
Giungi
Pișcolt
Dindeștiu Mic
Vezendiu
Căuaș
Crasna
Mihăieni
Portija
P. Morii
Hotoan
Cheched
Chilești
Satu Mare
Beltiug
Irina
Aciș
Curtuișeni
Câmpia Ierului
Sudurău
Cig
Dindești
Vășad
L. Galospetreu
Andrid
Santău
Unimăt
Dobra
Tășnad
ROMÂNIA
Zalău, Cluj-Napoca

DAS LAND

Ják
Eine der im vergangenen Jahrhundert am besten restaurierten romanischen Kirchen des Landes kann hier besichtigt werden. Nicht nur der Zahn der Zeit nagt an den Figuren der zwölf Apostel und ihres Herrn, auch Umweltschäden sind deutlich abzulesen. Die Steinmetzarbeiten an der Kirche aus dem 13. Jh. sind ein wichtiges historisches Zeugnis des Sakralbaus. Für Touristen, die nicht bis in diesen Ort gelangen: Im Budapester Stadtwäldchen ist – neben der Vajdahunyad-Burg – eine verkleinerte Kopie des Kirchenportals zu sehen.

Körmend
Nirgendwo in ganz Ungarn sind im Frühjahr und Sommer so viele Storchennester auf einem einzigen Gebäude zu beobachten wie auf dem langgestreckten Ratssitz von Körmend. Ein anderer Bau in der Gemeinde mit einer Minifußgängerzone ist überragend: das dreigeschossige Schloß Batthyány-Strattmann. Zwar gelang dessen Vollendung erst im 19. Jh., doch die wichtigsten Bauten entstanden schon im 18. Jh. Museal wird sogar der ehemalige Wagenschuppen genutzt: als ortsgeschichtliches Rába-Museum; die einstige Reitschule im Zopfstil des ausgehenden 18. Jh. ist heute ein Kulturhaus.

Kőszeg
Siehe „Die Städte"

Information
Balatontourist
Ciklámen Tourist
Savaria Tourist
Zalatour
(Adressen siehe „Reiseinformationen")

Festkalender
Celldömölk: im Mai: Tage von Kemenesalja – Internationaler Konzertwettbewerb der leichten Unterhaltungsmusik im ehemaligen Vulkanberg. **Őriszentpéter:** im Juni: Volkskunstausstellung und Volkskunstmarkt. Im **Komitat Vas:** Savaria-Herbstfestival in verschiedenen Orten. **Kőszeg:** Weinlesefest mit Winzer- und Jugendumzug.

Tips
Saághy-Arboretum nördlich von **Szombathely**. Romanische Kirche in **Csempeszkopács**.

Die Őrség und der Westen Transdanubiens

Im Grenzland am Dreiländereck wird ein touristisches Gebiet entdeckt: die traditionsreiche Őrség (die Warth). Im Westen Transdanubiens sind bedeutende Bauwerke der Rekatholisierung nach der Vertreibung der Türken Ende des 17. Jahrhunderts erhalten.

Nemeskér
Ehrenrührig ist es wohl kaum, von einem detailgetreu geschnitzten Predigtstuhl zu sagen, da sei der Holzwurm drin. Vielmehr beweist ein solcher Tatbestand, wie wichtig in der Praxis die Aufgabe der Denkmalpflege ist. Die im 17. Jh. aus Lindenholz gefertigte Kanzel der evangelischen Kirche von Nemeskér ist zugleich eines der schönsten Beispiele für die aus einfachen Materialien gediegen erbauten protestantischen Kirchen. Wie viele Touristen sind wohl schon ganz ahnungslos an dieser Barockkirche aus dem Jahre 1732 – vier Autominuten von der Landesstraße zwischen Sopron und Sárvár entfernt – vorbeigefahren?

Őrség – Landstrich im Grenzland
Die Landschaft der Őrség (Warth) ist ein altes Siedlungsgebiet, dessen Bewohner einst die Grenzwächterfunktion übernahmen. Ihre traditionelle Tracht, ihr Brauchtum und ihre Mundart gewährten ihnen eine Sonderstellung als Freie. Das hieß: mehr Rechte als die Leibeigenen, weniger als der Kleinadel. Aus der Isolation von einst machen die Menschen heute eine Tugend: Sie bieten eines der hübschesten, landschaftlich reizvollsten Gebiete touristisch an. Die romanischen Kirchen von **Velemér** und **Őriszentpéter** geben ein Zeugnis alter Besiedlung.

Pápa
Pápa entwickelte sich aus einer Festung zum Mittelpunkt einer Domäne und später zu einem Kleingewerbezentrum. Ein einzigartiges Blaufärber-Museum mit kompletter Einrichtung aus dem 18. Jh. zeigt die Arbeitsbedingungen eines einst angesehenen Berufes, dem heutzutage im ganzen Land weniger als zehn Personen hauptberuflich nachgehen. Kurios wirkt ein Zunfthaus der Lebzelter, das etwa 1790 umgebaut worden ist. Die um das Schloß Esterházy (1783/84) angelegte Stadt (*pápa* = der Papst) bewahrte im Ortskern ihr barockes Ambiente (Wohnhäuser aus dem 18. Jh.). Die dem heiligen Märtyrer Stephan geweihte Pfarrkirche mit den berühmten Fresken von Franz Anton Maulbertsch dürfte in keinem Reiseprogramm fehlen. Man sollte sich auch das hochinteressante Kirchengeschichtliche Museum der Reformierten in Transdanubien nicht entgehen lassen; ebensowenig die Benediktiner- bzw. Liebfrauenkirche. – Der mit 714 m

DIE ŐRSÉG UND DER WESTEN TRANSDANUBIENS

höchste Berg des Bakony-Gebirges, Kékhegy (Blauberg), ist von Pápa aus gut zu erreichen.

Sárvár

Sárvár hatte die erste Elektrizitäts-Anlage des Landes, die sogar Sopron und Szombathely mit Strom versorgte. Ansonsten spielte sich fast alles in der ehemaligen Nádasdy-Burg ab, die bereits im 12. Jh. als königliche Burg erwähnt wird. Im 16. Jh. übersetzte János Sylvester in Sárvár die Bibel, dort wurde sie auch in einer Druckerei gesetzt. Der Ort war ein Zentrum der Reformation. An die Historie erinnern das Burgmuseum und der prächtige Rittersaal. Blättert man in der Chronik der Burg, erfährt man, daß nach italienischem Adel die bayerischen Wittelsbacher die Burg erwarben. Übrigens starb in Sárvár auch König Ludwig III. von Bayern nach seiner Abdankung, im Jahre 1921. Heute kommen viele Gäste nach Sárvár (sár = Kot, Dreck, Schmutz, Schlamm; vár = Burg), um gegen Devisen ihre Leiden zu kurieren.

Sümeg

Weit in die Landschaft ragt der Burgberg Sümeg hinein. Hier war im 16./17. Jh. der Sitz der Veszprémer Bischöfe. Seit 1713 ist die Burg eine Ruine, heute mit einem historischen Museum. Der Bischofspalast ist nicht zugänglich (Internat). Dafür entschädigen die beiden barocken Kirchen. In der Franziskanerkirche ist der Altar mit einer hölzernen Pietà aus dem 15. Jh. sehenswert, in der Christi-Himmelfahrt-Kirche sind die Wand- und Deckenmalereien und das Altarbild von Franz Anton Maulbertsch besonders wertvoll. Der gesamte Freskenzyklus entstand innerhalb von nur zwei Jahren. Interessant ist auch das Pferdegeschirr-Museum unterhalb der Burg.

Szentgotthárd

Zwei Künstler haben der Nachwelt hier eine Sehenswürdigkeit beschert: Die einstige Zisterzienserkirche mit einem angeschlossenen Kloster wurde von Franz Anton Pilgram im Zeitraum von 1748 bis 1764 erbaut, die meisten Fresken schuf Stephan Dorffmeister.

Szombathely

Siehe „Die Städte"

Tapolca

Die seit 1942 naturgeschützte Doppel-Grotte (Spitals- und Teichgrotte) ist nach einem Einsturz für die Öffentlichkeit nicht mehr zugänglich; sie war zur Heilung von Erkrankungen der Atemwege geeignet. Über den Bauxitabbau im Bakony-Gebirge informiert im Städtischen Museum eine Bergbauausstellung. Eine zweihundert Jahre alte Wassermühle am Mühlenteich (Malom-tó) wurde zum gleichnamigen Hotel umgebaut. Manch einer schätzt den Wein, der rund um Tapolca wächst.

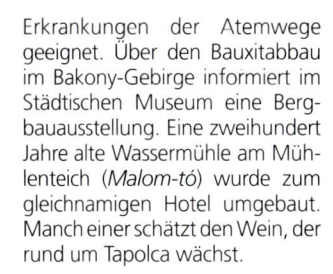

Vasvár

Nur wenige Zeugnisse künden davon, daß hier – wo eine Eisen-Burg stand – sogar eine Römerschanze vorhanden war. Hübsch sind die Barockkirche mit Rokokoeinrichtung und einige barocke und klassizistische Wohnhäuser im Stadtkern.

Zalaegerszeg

Zalaegerszeg, der Sitz des Komitats Zala, ist eine Stadt, die sich rasch ausdehnte und nicht besonders organisch wuchs. Ihre Bewohner zählen zu den absoluten Spitzenverdienern, denn hier ist der Mittelpunkt des bedeutendsten Erdölreviers im Land. Der Ölraffinerie und den anderen Industriebetrieben setzt das Theater einen musischen Kontrapunkt. Ein Brunnen in der Gestalt eines golden schimmernden Globus sowie eine barocke Kirche mit einer Dreifaltigkeitssäule sind bemerkenswert. Eine Besichtigung des Freilicht-Dorfmuseums ist zu empfehlen, wo Häuser aus der Landschaft Göcsej und eine Wassermühle von Ola wiederaufgebaut wurden.

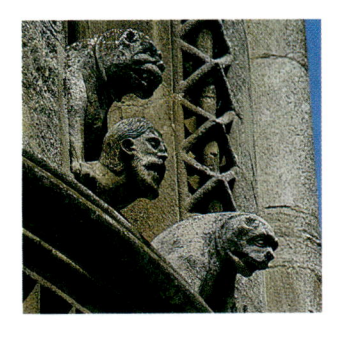

Sümeg, Bischofspalast unterhalb der Burg (links).

Ják, Skulpturen an der Basilika (rechts innen).

Gebäude im Zopfstil (1780) in Bad Bük (rechts oben Mitte).

Ják, Jakobskapelle von 1260 (rechts unten).

Fresko von Maulbertsch in der Pfarrkirche von Sümeg (rechts außen).

Wien
ÖSTERREICH
Neunkirchen
17
Wien
Wien
Ra
Rb
Rc
Rd
Wiener Neustadt
Hartberg
Graz Hartberg
ÖSTERREICH
Gleisdorf
Feldbach
Bad Radkersburg
64
65
66
67
68
FRIEDBERG
PINKAFELD
OBERWART
Bernstein
Lockenhaus
KŐSZEG
Jurisics- vár
Bad Tatzmannsdorf
Burgenländisches Freilichtmuseum
Stadt- schlaining
Günser Gebirge
Kőszegi- hegység
Alpokalja
Rechnitz
SZOMBATHELY
Iseum
Vasi- múzeumfalu
Jáki
Ják
FÜRSTENFELD
Güssing
Heiligenkreuz
RÁBAFÜZES
SZENTGOTTHÁRD
KÖRMEND
Rába
Vasi-hegyhát
Őrségi
Őrség TVK
Pinkataler Weinstraße
Göcsej
Tompa-erdő
JUGOSLAVIJA
Varaždin
52

20
Csorna
Szombathely
Győr
Rf
Sa
Sb
Sc
KISALFÖLD
Mihályi
Vadosfa
Tatárföldmajor
Zsebeháza
Szil
Árpás
Mórichida
Tét
Győr-Sopron megye
Veszprém megye
Galavics-puszta
Gyóró
Józsefmajor
Vica
Beled
Páli
Cirák
Bélamajor
Erdészlak
Szany
Vincefő-puszta
Sobor
Rába-szentandrás
Csikvánd
Szentkút
Gyarmat
Dénesfa
Edve
Vásárosfalu
Vág
Rábasebes
Irtásmajor
Malomsok
Nemeskér
Puszta-család
Margit-major
Erdőlak-major
Újkér
Viszta-major
Iván
Répce-szemere
Csánig
Miklósmajor
Rábakecöl
Keszölcés
Marcaltő
Gecse
Simaság
Csáford-jánosfa
Répcelak
Nemes-ládony
Cser
Kis-geresd
Vámos-család
Kemenes-szentpéter
Várkesző
Egyházas-kesző
István-major
Sajtos-kál
Tompa-ládony
Nagy-geresd
Nick
Fácánház
Pápoc
Rába
Ihász
Takácsi
Vaszar
Mester-háza
Hegyfalu
Vasegerszeg
Szentivánfa
Uraiújfalu
Árokháti-major
Kenyeri
Sándor-major
Hertelendy-újhely
Magyargencs
Nemes-görzsöny
Pálháza-puszta
Bő
Kőris-p.
Kemenes-puszta
Nagyacsád
Pusztagyimót-felső
Répce-szentgyörgy
Zsédeny
Csönge
Kemenes-hőgyész
Mátyus-háza
Pósfa
Jákfa
Rábakövesd
Ostffy-asszonyfa
Kemenes-magasi
Békás
Mezőlak
Asszonyfa-puszta
Plébániatemplom
PÁPA
Felsőpaty
Szergény
Vinár
BORSOSGYŐR
Ölbő
Rábapaty
Cserpuszta
Vönöck
Marcal-gergelyi
Mihályháza
Igalpuszta
Gátorház
Lánka-puszta
Pálffy-major
Sömjén-mihályfa
Kemenes-sömjén
Kemenes-szentmárton
Külsővat
Újmajor
Pápadereske
KETTORNYÚLAK
Teget
Végmalom
Újmihályfa
Mersevát
Gyulamajor
SÁRVÁR
Sarolta-major
Buda
Tokorcs
Füztő-puszta
Vargatanya
Nemesszalók
Nyárád
Dáka
Nóráp
TAPOLCAFŐ
Bögöt
Termálfürdő
Nádasdy-vár
HEGYKÖZSÉG
Sitke
Nagysimonyi
Intaháza
Pletnics-major
CELLDÖMÖLK
Bánhalma-puszta
Antta-puszta
Kispodár-puszta
Pápa-kovácsi
Ilkapuszta
Csénye
Dabrony
Kup
Füztű
Péterfa
Berekmajor
Gérce
Mesteri
Sághegy
TVK
Kismező
Adorján-háza
Nagyalásony
Pápa-salamon
Ganna
Megyehid
Ikervár
Vásáros-miske
Ság
IZSÁKFA
Csögle
Ötvöspuszta
Pecöl
Kemenes-kápolna
Nemeskocs
Nagypirit
Vid
Bakony-pölöske
Sótony
Kispirit
Kiscsösz
Kisszőlős
Somlóvecse
Gyulamajor
Nyőgér
Szitamajor
Köcsk
Elemér-puszta
Meggyes-kovácsi
Egyházas-hetye
Boba
Somló-szőlős
Iszkáz
Pálháza-puszta
Noszlop
Becse-puszta
Káld
Borgáta
Doba
Dobai-Felső-erdő
Nagybogdány
Balozsa-meggyes
Bejc-gyertyános
Kamond
Kerta
Somló
Oroszi
Kisbogdány
Újkút
Kissomlyó
Kemenes-pálfa
Peresztég-tacskánd
Pusztalánc
Petőfi-kilátó
Borszörcsök
Herpenyő
Egervölgy
Duka
Jánosháza
Károlyháza-puszta
Karakó-szörcsök
Somlójenő
64
Kám
Jely-arborétum
Hosszú-pereszteg
Vashosszú-falu
Dobroka Csárda
Kisberzseny
Tüskevár
Apácatorna
Somló-vásárhely
Szőppuszta
Bérend-puszta
Szemenye
Potyrózsa-major
Kisgecseny
Goncseg-puszta
Erdészlakás
Karakó
Zalaszegvár
Kakas-major
Cigány-telep
Veszprémgalsa
Devecser
AJKA
Csipkerek
Bögöte
Keled
Nemes-keresztúr
Hosztót
Lovas-puszta
Bodorfa
Kolontár
Lőrintepuszta
István-major
Endréd-puszta
Zalameggyes
Szentimre-falva
Oszkó
Zalaerdőd
Megyer
Rigács
József-major
Nemeshany
Csehi-mindszent
Ferenc-major
Káptalanfa
Csabberek-puszta
Pusztamiske
Kemenesalja
Hetyefő
Ukk
Gyepükaján
Sárosfő-puszta
Szajki-tavak
Jenőtelek-puszta
Csehi
Mikos-szeplak
Mikosdkastély
Okolimajor
Dabronc
Remecse
Halimba
Pácsony
Olaszfa
Recsege
Adolfmajor
Ötvös-puszta
Gógánfa
Zalagyömörő
Csabrendek
Szőc
Bérbaltavár
Zalavég
Dergecs-puszta
Kalocsa-puszta
Batyk
Vincemajor
Kisvásárhely
Rendeki-h.
Csábpuszta
Nagytárkány-puszta
Nyirád
Határvölgy
Gurgató-major
Kistilaj
Nagytilaj
Szalapa
Deáki-puszta
Csönget-major
Rózsa-major
Gősfa
Gös-hegy
Zalabér
Türje
SÜMEG
Vár
Nyires-puszta
Dobos-puszta
Békepuszta
Újmajor
Pakod
TÜSKE-SZENTPÉTER
TEKENYE
Mihályfa
Óhid
Agár-tető
Vasboldog-asszony
Dötk
Bazalt-bánya
Úrbér-erdészház
Ódörögd
Újdörögd
Egervár
ZALA-SZENTGRÓT
Kis-görbő
Döbröce
Sümegcsehi
Bazsi
Sümegprága
Sarvaly
41
Bakonyszentjakabi-kolostorrom
Zalaszent-lőrinc
Pókaszepetk
Nagygörbő
Sáska
Zalaistvánd
CSÁFORD
Hidegkút
Uzsa Erdésztelep
Szentkút
Haláp
Nagy-páli
Kemendollár
ZALAUDVARNOK
Hálási rom
Halastó-puszta
Zalahaláp
Hegyesd
Zalaszentiván
Kemend
Hárs-sár
Vindornyaszőlős
Alsódabrony
ZALAKOPPÁNY
Sénye
Várrom
Uzsabánya
TAPOLCA
Tavasbarlang
DISZEL
PÓZVA
Alibánfa
Vöckönd
Gyűrűs
Szabad-Nép-telep
Zala-szentlászló
Vindornyalak
Zalaszántó
Pethőhenye
Nemesapáti
Bezeréd
Kallósd
Meleg-h.
Várvölgy
Lesence-istvánd
Sörény
Sebron
Csobánc
Mindszentkálla
KASZAHÁZA
Alsó-nemesapáti
Orbányosfa
Padár
Vindornya-fok
Lesence-tomaj
Gyulakeszi
Paptelep
Káptalantóti
Kiskapornak
Almásháza
Kehidakustány
Zalaköveskút
Rezi
Vállus
Vállus-erdészlak
Lesence-falu
Újhegy
Törek-puszta
Raposka
Kisapáti
Bazalt orgona
Nemes-gulács
Kékkút
Arborétum
ZALAEGERSZEG
Kisbucsa
Kustány
Karmacs
Gyöngyösi-csárda
Hegymagas
Salföld
36
Tilaj-újhegy
Ligetfalva
Nemesbük
Keszthelyi-hegység
Nemesvita
Badacsonyi
Rizapuszta
Atya-h.
Misefa
Nagykapornak
Tilaj
Citra-major
Bor múzeum
Nemeshetés
Badacsony-tördemic
Badacsony-tomaj
BOTFA
Bucsu-szentlászló
Nemes-sándorháza
Zalacsány
Zala-köszvényes
Hévíz
Cserszegtomaj
Meleghegy
Berzsenyi-kilátó
Fekete kastély
Balaton-ederics
Szigliget
Badacsony
Csatár
Alsómánd-puszta
Nagykanizsa
Marcali
Keszthely
53
Balatonfüred
Kisbér
Veszprém
Zánka
28
35
21
26
9
14
45
46

DAS LAND

Zwischen Plattensee und Budapest

Ein Ordenskloster in der Majkpuszta wird zum Motel umgebaut. Die ausgedehnten Schilfbestände des Velenceer Sees werden geschützt. Emmerich Kálmáns Weltruhm begann in Siófok. Barocke Fresken verblüffen den Betrachter. Der Besucher wird hier die Vielfalt Ungarns erleben.

Balatonfüred
Siehe „Der Plattensee"

Budapest
Siehe „Die Städte"

Csesznek
Wie eine der schönsten Burganlagen aus dem 13./14. Jh. – nun eine Ruine – einst aussah, kann man auf einem alten Stadtpanoramagemälde in der barocken Kirche sehen.

Dunaújváros
Zwei Jahrtausende lang herrschte hier friedliche Ereignislosigkeit. Seit 1950 wurde aus dem Fischerdörflein Pentele „Sztálinváros – die erste sozialistische Stadt des neuen Ungarns". Der letzte Höhepunkt davor war die Festung *Intercisa* des Römischen Reiches.

Herend
Die berühmte Porzellanmanufaktur feierte 1989 ihr hundertfünfzigjähriges Jubiläum. Ein reichhaltig ausgestattetes Museum veranschaulicht ihre Geschichte. Hier besteht die Möglichkeit, Porzellan zu kaufen. Siehe auch „Volkskunst und Folkloretraditionen"

Majkpuszta
In den nördlichen Ausläufern des Vértes-Gebirges entstand im 18. Jh. die einzige Einsiedelei des Kamaldulenser-Ordens, der nach seinem Gründer auch Romualdiner-Orden genannt wurde. Jede dieser 17 inzwischen denkmalgeschützten Eremitenklausen bildete einst ein abgeschlossenes Wohn- und Bethaus, was sich Architekten von heute zunutze machen: Der Eigentümer ließ die Anlage zu stilvollen Gästeappartements umbauen.

Martonvásár
Inmitten eines 70 Hektar großen Parks steht das im Jahre 1875 völlig umgebaute Schloß der Familie Brunszvik. Dem Fräulein Tochter zuliebe gastierte dort einige Male Ludwig van Beethoven.

Mór
Kenner halten die Weißweine dieser auch von Ungarndeutschen bewohnten Gemeinde im Vértes-Gebirge für die süffigsten im Land. Daß es hier ein Weinmuseum gibt, wird in einem Ort mit dieser Erzeugertradition kaum jemanden überraschen. Die beiden Schlösser von Mór/Moor (Lamberg- und Kettenschloß) am ehemaligen Lenin-Platz entstanden ebenso im 18. Jh. wie die Kapuzinerkirche ein paar Schritte weiter an jenem Platz, der seit Kriegsende Marx Károly tér genannt wurde.

Nagyvázsony
Ein paar Autominuten vom Plattensee entfernt liegt die im 15. Jh. erstellte Burg der Gründerfamilie Kinizsi. Die respektable Ruine dient als mächtige Kulisse eines Freilichttheaters und als Filmszenerie historischer Streifen. Interessant ist das Postmuseum.

In **Óbudavár**, der kleinsten Siedlung des Nordufers, unweit von Nagyvázsony, steht über einer Quelle ein gewölbtes Steingebäude, das jahrhundertelang als öffentliches Waschhaus benutzt wurde. Seit 1979 ist die einstige Waschküche denkmalgeschützt.

Kirchenruine auf der Halbinsel Tihany (links außen).

Blick auf den Plattensee mit Abtei Tihany (links oben).

Burg Kinizsi (Mitte).

Herzförmige Grabsteine in Balatonudvari (rechts innen).

Kloster Zirc (rechts außen).

38

ZWISCHEN PLATTENSEE UND BUDAPEST

Öskü
Die Heiligenkreuzkirche in Öskü, zwischen Veszprém und Várpalota gelegen, ist mit ihren wenigen Metern Durchmesser ein bemerkenswerter Prototyp romanischer Rundkirchen. Außer dem Dach und der Sakristei, die dem 15. Jh. entstammen, steht sie heute noch genauso da wie einst im 12. Jh.

Ráckeve
Im Jahre 1987 feierte die kleine serbisch-orthodoxe Gemeinde in Ungarn auf der Donauinsel Csepel ein bedeutendes Jubiläum. 60 km vom Zentrum Budapests entfernt, dient die gotische Kirche von 1487 seit gut vierhundert Jahren der orthodoxen Liturgie. Die üppigen Fresken und die gesamte Inneneinrichtung, besonders eine wertvolle Ikonostase und das Chorgestühl, sind unverfälschtes 18. Jh., schönstes Barock also.

Siófok
Siehe „Der Plattensee"

Székesfehérvár
Siehe „Die Städte"

Tihany
Siehe „Der Plattensee"

Várpalota
Durch die Smogeinwirkung der örtlichen Industrie wird die auf den Fundamenten einer frühgotischen Burg erstellte Barockburg in Mitleidenschaft gezogen. Barock sind auch die Kirche und das Zichy-Schloß. Die im klassizistischen Stil erbaute Synagoge wurde in der Zeit des Sozialismus als Kulturhaus eingerichtet.

Velenceer See
Wenn es um ihre Erholung geht, müssen sich die Einwohner von Székesfehérvár zwischen dem Plattensee und dem 14 km entfernten Velencei-tó entscheiden. Schön sind sie beide; überlaufener ist der Balaton. Das hängt auch mit der noch nicht so stark entwickelten Infrastruktur rund um den etwa 27 km² großen Velenceer See zusammen. Wegen seines Schilfbestandes steht er teilweise unter Naturschutz. Die Orte Agárd, Gárdony und Velence (Velence = ungarisch für Venedig) bieten unterhaltsame Zerstreuung, und ein nahes Thermalheilbad fördert die Gesundheit.

Vértes-Gebirge
Das teilweise naturgeschützte Gebiet ist sehr reich an Höhlen, in denen Kalkskelette längst ausgestorbener Muscheln, Schnecken und anderer Weichtiere entdeckt wurden. Im Fáni-Tal, 200 bis 300 m hoch gelegen, wachsen sogar alpine Pflanzen. In den letzten Jahren wurden Mufflons ausgesetzt, die neben Hirschen, Rehen und Wildschweinen mit etwas Glück von Wanderern zu sehen sind.

Veszprém
Siehe „Die Städte"

Zirc
Das kleine Städtchen wurde durch zwei Bauten berühmt: durch die von 1739 bis 1753 errichtete, vor einigen Jahren restaurierte Zisterzienserabteikirche mit wertvollen Fresken von Franz Anton Maulbertsch und durch die ehemalige Abtei. Das Regionalmuseum mit der Bibliothek des Sprachforschers Antal Reguly ist sehenswert. Der Wissenschaftler erkundete vor 150 Jahren auf ausgedehnten Reisen die Herkunft der Magyaren. Er forschte im Ural unter schwierigen Bedingungen nach den Wurzeln des Finno-Ugrischen – der Sprachfamilie des Ungarischen. Die Forschungsergebnisse dieses Pioniers der Sprachwissenschaften sind zum Teil heute noch gültig. Sehr erholsam ist ein Spaziergang durch das naturgeschützte Arboretum.

Information
Albatours
Balatontourist
Dunatours
Komturist
Siotour
(Adressen siehe „Reiseinformationen")

Festkalender
In **Székesfehérvár** und **Veszprém** sowie in allen Orten am **Plattensee** Veranstaltungen während der Hochsaison. **Nagyvázsony:** im Sommer die Burgfestspiele. **Martonvásár:** Beethoven-Schloßkonzerte (zum Teil im Freien).

Tips
Balatonszentgyörgy: Csillagvár (Sternburg) mit Landschaftsmuseum. Türkisches Minarett in **Érd**. Serbisch-orthodoxe Kirche in **Ráckeve**. Heilbad in **Igal**. Landschaftsschutzgebiete: Steinmeer **Kővágóörs**, bei **Pákozd** die Schwankenden Steine.

21
Győr
Komárno
Csorna
Pápa
Pápa, Győr
Fürstenfeld
Sümeg
Tapolca
Keszthely
53
Boglárlelle
Kaposvár
56
Tamási, Szekszárd
Sd
Se
Sf
Ta
64
65
66
67
68
Tét
Halipuszta
Felpéc
Gyömöre
Jánosháza
Ravazd
Tárjánpuszta
Táp
Öreghegy
Újmajor
Bársonyos
Kerékteleki
KISBÉR
Ászár
Császár
Dád
Kajárpéc
Sokorópátka
Vadalmás
Hármastarján
Győrasszonyfa
Tápszentmiklós
Kátpuszta
Vérteskethely
Bokod
Bokodi malom
Kiskajár
Szerecseny
Miklósmajor
Újtelep
Istvánmajor
Bakonypéterd
Lázi
Bakonybánk
Bakonyszombathely
Hánta
Nagybérpuszta
Bakonysárkány
Felsődobos
Gecse
Nagytelep
Nagydém
Románd
Lovászpatona
Gic
Vécseny
Sikátor
Veszprémvarsány
Réde
Saliháza
Feketeőzpuszta
Ildamajor
Gézamajor
Pusztavám
Bakonygyirót
Bakonytamási
Gerencsérpuszta
Újmajor
Lesaljamajor
Ácsteszér
Vadaspuszta
Aka
Sövénykútpuszta
Árkipuszta
Pápanyögér
Bakonyság
Kisdémpuszta
Bakonyszentlászló
Vanyola
Bakonyszentiván
Pápateszér
Hajmáspuszta
Bakonyszentkirály
Csatka
Farkastorokpuszta
Lánccs-kastély
MÓR
Járóháza
Csót
Béb
Zsörk
Ősfenyves
Vinye
Fenyőfő
Vár
Cseszneki
Koromla
Sűr
Nagyveleg
Timárpuszta
Kórmendipuszta
Nagygyimót
Újmajor
Diószpuszta
Bakonyszücs
Bakonykoppány
Károlyháza
Gézaháza
Bakonyoszlop
Csatárpuszta
Dolosd
Egrestanya
Tárnokpuszta
Bodajk
Lampertmajor
Ugod
Adásztevel
Homokbödöge
Nagytevel
Huszárokelőpuszta
Rókapuszta
Pálházi vadászház
Kőris-hegyi kilátó
Kisszépalmapuszta
Ménesjáráspuszta
Porva
TVT
Dudar
Csetény
Szápár
Mecsértelep
Bakonycsernye
Kisgyónbánya
Inotapuszta
Puszta templom
Balinka
Odvas-kő bg.
Odvaskőbarlang
Gerencepuszta
Szépalmapuszta
Borzavár
KARDOSRÉT
ZIRC
Jásd
Bakonynána
Csikling-vár
Csőszpuszta
Hétházpuszta
Isztimér
Gúttamási
Fehérvárcsurgó
Kincsesbánya
Remigpuszta
Királykapu
Bakonyújvári rom.
Bakonybél
Pálihálápuszta
TÜNDÉRMAJOR
Reguly Antal-kilátó
NAGYESZTERGÁR
Arborétum
Szélmalmok
Tés
Himfy-vár
Döbrönte
Arda
Iharkút
Pénz-lyuk
Oltár-kő
Hegyes-kő
Kertesko
Pénzesgyőr
Akli
Felsőpere
Öreg Futóné
574
Bakonykúti
Fejér megye
Veszprém megye
Bakonyjákó
Németbánya
Bakony
Olaszfalu
Alsóperepuszta
Templomrom
Farkasgyepű
Középső-Hajag
646
Ráktanya
Csajágitanya
Eplény
Malom-völgyi-bg.
VÁRPALOTA
Inota
Kísérleti erdő TVT
Csehbánya
Lókút
Magyarpolány
Réhpuszta
Hárskút
45
Alukohó lakótelep
Borsodpuszta
Városmajor
Berecspuszta
Kerek-templom
Öskü
Pétfürdő
Bakonygyepes
Kislőd
Városlőd
Boncsodpuszta
Gombáspuszta
Csabberekpuszta
Gyulafirátót
Hajmáskér
Sárrét
Stellertanya
Ajkarendek
Vashámor
Kunmalom
Herend
Bánd
Erdődy-kastély
Márkó
Sóly
Vilonya
Peremarton-Gyártelep
Ősi
Nádasdladány
Szentgál
Tiszafás
Cholnoky-kilátó
Kádárta
Berhida
Dénesmajor
Jenő
Úrkút
Bányász-múzeum
Kab-hegy
600
Macska-lik
Füzikutaktanya
Kisstanya
VESZPRÉM
Vilmapuszta
Várnosi csárda
Betyárcsárda
Litér
Királyszentistván
Kiskovácsimajor
Sárpuszta
Sándorkapuszta
AJKA
Padragkút
Hermannpuszta
Nemesvámos
Balácapuszta
Szentkirályszabadja
Balatonfűzfő
Római romok
Papkeszi
Küngös
Kinizsi Pál-kilátó
Padragi-szikla
Kövesgyűrpuszta
Veszprémfajsz
Balaton-felvidék
Balatonkenese
Hosszúmezőpuszta
Füle
Csajág
Szabadságtelep
Balatonfőkajár
Öcs
Pula
Tótvázsony
Nagy-Gella
416
Hidegkút
Felsőörs
Balatonalmádi
Szent András templomrom
Tálbi kolostorrom
Nagyvázsony
Kinizsi-vár
Barnag
Cservölgymajor
Szabadság-kilátó
Lovas
Paloznak
Alsóörs
Balatonaliga
Lepsény
Taliándörögd
Vöröstó
Zádorvár
BALATONFÜRED
Csopak
Lóczy-bg.
Rásko puszta
Menedékház
Kapolcs
Vigándpetend
Pécsely
Balatonvilágos
Erdészlak
Csicsói erdészlak
Ilonamalom
Mencshely
Balatonszőlős
Balatonszabadi-Sóstó
Alsótekeres
Balatonbozsok
Monostorapáti
Szentjakabfa
Balatoncsicsó
Óbudavár
Vászoly
Kisdörgicse
Klárapuszta
Malom
Aszófő
Aranypart
Siófok
Pusztatorony
Enying
Somogy megye
Balatonhenye
Szentantalfa
Dörgicse
Balatonudvari
Örvényes
Tihany
Tihanyi TVK
Monoszló
Tagyon
Káli-medence TVK
Szentbékkálla
Balatoni Üttörőváros
Balatonakali
55
Kiliántelep
Tihanyi-rév
Szántódi-rév
Szántód-Fürdőtelep
Balatonszéplak
Balatonújhely
Balatonkiliti
Csipkeház
Balatonszabadi
Köveskál
Zánka
Kővágóörs
Kisörspuszta
Pálköve
Balatonszepezd
Balatonföldvár
Zamárdi
E 71
M 7
Töreki-puszta
Siójut
Ádánd
Gótikus templomrom
Nagykustyán
Oroszipuszta
Máriamajor
Balatonszárszó
Kőröshegy
Balatonendréd
Ságvár
Triciana rom
Pélpuszta
Szabadhidvég
Révfülöp
Ábrahámhegy
Balatonszemes
Xantus-kilátó
Tótokilap
Gyugy-hát
Gyugypuszta
Almahegy
Balatonőszöd
Balaton
Sió

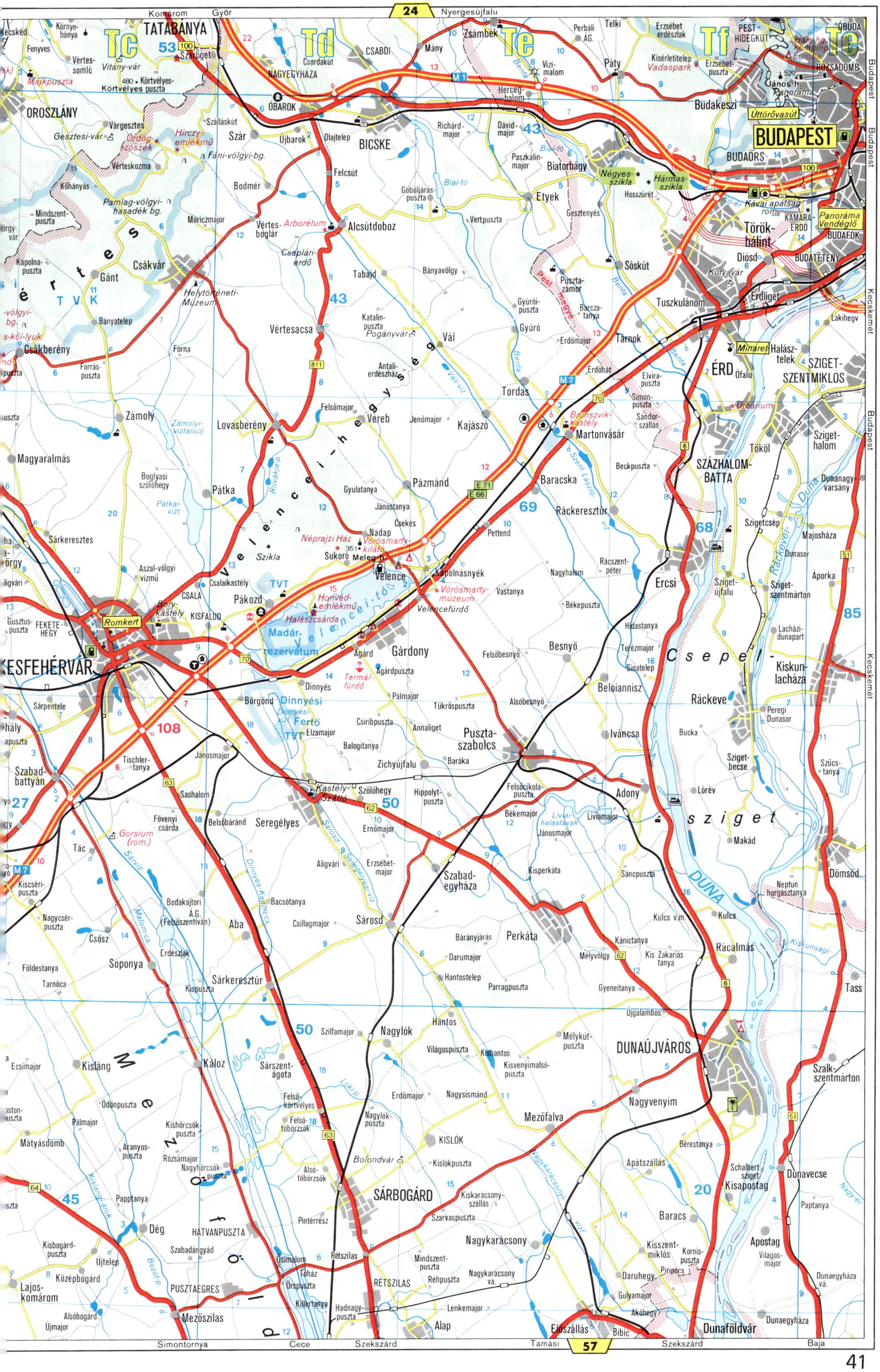
Komárom
Győr
24
Nyergesújfalu
Simontornya
Cece
Szekszárd
Tamási
57
Szekszárd
Baja
Budapest
Kecskemét
Tc
Td
Te
Tf
TATABÁNYA
53
Szárliget
Vitány-vár
Környebánya
Fenyves
Vértessomló
Majkpuszta
Körtvélyes puszta
OROSZLÁNY
Vérgesztes
Gesztesi-vár
Ördög-szószék
Hiczy-emlékmű
Fáni-völgyi-bg.
Vérteskozma
Kőhányás
Pamlag-völgyi-hasadék bg.
Mindszent-puszta
Kápolna-puszta
Csákvár
Gánt
Bányatelep
Csákberény
Forrás-puszta
Forna
Helytörténeti-Múzeum
Vértes
TVK
CSABDI
NAGYEGYHÁZA
Csordakút
ÓBAROK
Szár
Szállásküt
Újbarok
Olajtelep
BICSKE
Felcsút
Bodmér
Móricz major
Vértesboglár
Arborétum
Alcsútdoboz
Csapláriérdő
Tabajd
Vértesacsa
811
Mány
Zsámbék
Vizimalom
M1
Herceghalom
Richárd-major
Dávid-major
43
Paszkalin-major
Biatorbágy
Göböljáráspuszta
Biai-tó
Etyek
Vertpuszta
Bányavölgy
Katalinpuszta
Pogányvár
Váli
Antalierdészház
Gyúrói-puszta
Gyúró
Pusztazámor
Barczatanya
Perbáli ÁG.
Telki
Páty
Erzsébet erdészlak
Kísérletitelep Vadaspark
Erzsébetpuszta
PEST-HIDEGKÚT
Hárshegy kemping
ÓBUDA
RÓZSADOMB
János-h. Panoráma
Budakeszi
Úttörővasút
BUDAPEST
BUDAÖRS
100
Négyes-szikla
Hármas-szikla
Hosszürét
Kávai apátság rom.
KAMARAERDŐ
Panoráma Vendéglő
BUDAFOK
Gesztenyés
Törökbálint
Diósd
Kutyavár
BUDATÉTÉNY
Sóskút
Tuszkulánom
Erdliget
Tárnok
Erdőmajor
Erdőhát
Minaret
ÉRD
Ófalu
Halásztelek
Lakihegy
SZIGETSZENTMIKLÓS
Elvira-puszta
Simonpuszta
Sándorszállás
Urbárium
M7
70
Tordas
Brunszvik-kastély
Martonvásár
Szigethalom
Tököl
SZÁZHALOMBATTA
Beckpuszta
Baracska
Dunanagyvarsány
Zámoly
Zámolyi-víztározó
Lovasberény
Felsőmajor
Vereb
Jenőmajor
Kajászó
Magyaralmás
Boglyasi szőlőhegy
Pátka
Pátkai-vízt.
Gyulatanya
Pázmánd
E 71
E 66
Jánostanya
Csekés
69
Ráckeresztúr
Pettend
68
Szigetcsép
Majosháza
Sárkeresztes
Néprajzi Ház
Nadap
Vörösmarty-kilátó
Szikla
Velencei-hegység
Sukoró
Meleg h.
Velence
Kápolnásnyék
Vörösmarty-múzeum
Vastanya
Nagyhalom
Rácszentpéter
Ercsi
Szigetújfalu
Dunasor
Áporka
Szigetszentmárton
Aszal-völgyi vizmű
Csalaikastély
CSALA
Pákozd
TVT
Bory-kastély
KISFALUD
Honvéd-emlékmű
Halászcsárda
Madárrezervátum
Velencei-tó
Velencefürdő
Békepuszta
Lacházi-dunapart
85
Gusztus-puszta
FEKETE-HEGY
Romkert
SZÉKESFEHÉRVÁR
Agárd
Gárdony
Agárdpuszta
Termálfürdő
Felsőbesnyő
Besnyő
Hidastanya
Terézmajor
Sinatelep
Csepel-sziget
Kiskunlacháza
Sárpentele
Dinnyés
Börgönd
Dinnyési Fertő
TVT
Elzamajor
Pálmajor
Tükröspuszta
Alsóbesnyő
Beloiannisz
Ráckeve
Peregi Dunasor
108
Tischlertanya
Szabadbattyán
Jánosmajor
Csiribpuszta
Annaliget
Balogitanya
Pusztaszabolcs
Iváncsa
Bucka
Szigetbecse
Szűcstanya
Zichyújfalu
Baráka
63
Sashalom
Kastély-Szálló
Szőlőhegy
62
50
Hippolytpuszta
Felsőcikolapuszta
Adony
Lórév
Fövenyi csárda
Belsőbáránd
Seregélyes
Ernőmajor
Békemajor
Jánosmajor
Livia halastavak
Liviamajor
szigét
Gorsium (rom.)
Makád
Tác
Aligvári
Erzsébetmajor
Szabadegyháza
Kisperkáta
Sáncpuszta
Dömsöd
Kiscsériopuszta
Bodakajtori Á.G. (Felsőszentiván)
Bacsótanya
Neptun horgásztanya
DUNA
Nagycsérpuszta
Aba
Csillagmajor
Sárosd
Bárányjárás
Perkáta
Kulcs v.m.
Kulcs
Csősz
Erdészlak
Darumajor
Mélyvölgy
Kánictanya
Kis Zakariás tanya
Rácalmás
Földestanya
Soponya
Tarnóca
Sárkeresztúr
Kispuszta
Hantostelep
Parragpuszta
Gyeneitanya
Tass
Újgalambos
Szilfamajor
Nagylók
Hantos
Mélykútpuszta
DUNAÚJVÁROS
Világospuszta
Kishantos
Kisvenyimalsópuszta
Kisláng
Káloz
Sárszentágota
Mező
Ecsimajor
Ödönpuszta
Felsőkörtvélyes
Erdőmajor
Nagysismánd
Mezőfalva
Nagyvenyim
Szalkszentmárton
Pálmajor
Kishörcsökpuszta
Felsőtöbörzsök
Nagylókpuszta
KISLÓK
Mátyásdomb
Aranyospuszta
Rózsamajor
Nagyhörcsökpuszta
Bolondvár
Alsótöbörzsök
Kislókpuszta
Berestanya
Apátszállás
Schalbert sziget
Kisapostag
Dunavecse
Paptanya
20
45
Papptanya
SÁRBOGÁRD
Kiskarácsonyszállás
Szarvaspuszta
Baracs
Dég
HATVANPUSZTA
Pintérrész
Nagykarácsony
Kisszentmiklós
Korniss-puszta
Apostag
Világosmajor
Kisbogárdpuszta
Újtelep
Szabadhágyád
Rétszilas
Mindszentpuszta
Piripocs
Daruhegy
Középbogárd
Ősimalom
Tóház
Orspuszta
RÉTSZILAS
Réhpuszta
Nagykarácsony va.
Dunaegyháza va.
Lajoskomárom
PUSZTAEGRES
Killertanya
Gulyamajor
Alsóbogárd
Újmajor
Mezőszilas
Hadnagypuszta
Lenkemajor
Alap
Előszállás
Bibic
Akóhegy
Dunaföldvár
Dunaegyháza

DAS LAND

Zwischen Kiskunság und Theiß

Der Nationalpark Kiskunság schützt die Fauna und Flora der Großen Tiefebene. Ungarns geographischer Mittelpunkt liegt hier, und im Osten schlängelt sich die Theiß durch das Land. In Jászberény sind Zeugnisse der vor langer Zeit eingewanderten Jazygen zu sehen.

Budapest
Siehe „Die Städte"

Cegléd
Seit jeher war Cegléd ein Landwirtschaftszentrum für Viehzucht und Weinbau. Die schachbrettartig angelegte Stadt in ihrer heutigen Form ist allerdings ein Produkt der Nachkriegszeit und dient als Verkehrsknotenpunkt. Neben der Kreuzauffindungs-Pfarrkirche, in der eine Monstranz aus der Zeit um 1800 zu sehen ist, sind im Kossuth-Museum bedeutende archäologische und ortsgeschichtliche Funde ausgestellt. Cegléd ist Geburtsort des Revolutionärs und Dichters Lajos Kossuth. Die reformierte Kirche, erbaut in den Jahren von 1836 bis 1857, ist ein gelungenes Beispiel des protestantischen Kirchenbaus.

Dabas
Der kleine Ort gehörte zwei Jahrhunderte lang einer einzigen Familie (Halász), so daß ein relativ einheitliches, geschlossenes Dorfbild entstand. Ein Gebäude stammt noch aus dem Barock, doch die meisten säulengeschmückten vornehmen Häuser des 19. Jh. sind im klassizistischen Stil erbaut.

Jászberény
Jászberény war noch vor einem Vierteljahrhundert ein dörflicher Marktflecken, der erst im Zuge der Industrialisierung der Tiefebene seinen Charakter änderte. Die ersten vier Buchstaben des Ortsnamens deuten auf den Ursprung der Einwohnerschaft hin: Bis zum Jahre 1876 war Jászberény das amtliche Zentrum der Jász/Jazygen, deren Eigenständigkeit inzwischen erloschen ist. Heute unterscheiden sich die Nachfolger des im 13. Jh. aus dem Iran eingewanderten Stammes als Volksgruppe nicht mehr von den übrigen Ungarn, obwohl ein paar Traditionen immer noch gepflegt werden. Einige volkskundliche Dokumente und archäologische Funde sind im Jazygen-Museum ausgestellt. Das Vorzeigestück ist ein geschnitztes Horn aus Elfenbein, das Lehel-Horn, wie es im byzantinischen Kulturkreis öfters vorkommt. Nach Ansicht von Fachleuten stammt es aus dem 12. Jh. Von den barocken und klassizistischen, zum Teil denkmalgeschützten Häusern in den Hauptgassen verdienen der Jazygen-Sitz und die ursprünglich gotische Franziskanerkirche, die nach Landesbrauch barockisiert wurde, Beachtung. Das Freizeitangebot wird durch ein Thermalbad ergänzt.

Information
Dunatours
Pusztatourist
Tiszatour
(Adressen siehe „Reiseinformationen")

Festkalender
Kecskemét: Frühlingstage im Rahmen des Budapester Frühlingsfestivals. Im Juni: Internationales Folklorefestival der Donauvölker mit Vorführungen der in Ungarn lebenden Nationalitäten. **Apajpuszta:** im Juli: Kiskunságer Hirten- und Reitertage. **Fót:** Herbstfestival.

Tips
Jászberény: Jászmuseum.
Kecskemét: Museum der Naiven Kunst und Spielzeugmuseum. Zahlreiche Heilbäder in der Großen Tiefebene.

Kecskemét
Siehe „Die Städte"

Kiskunság
Siehe „Naturparks und Reservate"

Nagykőrös
Die kurz nach den Bauernkriegen der Reformationszeit gegründete reformierte Schule war bis ins 19. Jh. hinein ein national wichtiges Kultur- und Geisteszentrum, an dem große Pädagogen wirkten. Die Protestanten besaßen während der Türkenbesatzung gewisse Vorrechte. Die Evangelischen ermöglichen es den Katholiken bis zu deren Auszug aus Nagykőrös, abwechselnd mit ihnen die Kirche zu benutzen. Erst Ende des 18. Jh. siedelten sich dann wieder katholische Gläubige in der Stadt an. Sie errichteten mit Unterstützung der Habsburger die St.-László-Kirche, die den Kampf des Königs gegen die aus den Steppen des Mittleren Ostens stammenden Kumanen, die *kun*, preisen sollte.

Ócsa
Als nach dem Ersten Weltkrieg die dreischiffige gotische Basilika von 1250 umgebaut (d. h. vergrößert)

ZWISCHEN KISKUNSÁG UND THEISS

wurde, entdeckte man einige Freskenfragmente. Seit dem 16. Jh. ist die ehemalige Prämonstratenserkirche ein Gotteshaus der Reformierten. Interessant sind auch die geschnitzten Grabhölzer auf dem Friedhof der Reformierten. In ein Grab wurden zumeist mehrere Personen gelegt, wobei die Verzierungen das durch Knöpfe, Sterne oder Tulpen symbolisieren. – Eine halbe Stunde von der Landesmetropole entfernt liegt das Moorgebiet von Ócsa, in dessen Erlenwaldboden Botaniker interessante Gelenkfüßler gefunden haben. Weihen, Gier- und Baumfalken sind leichter auszumachen als die zahlreichen Schmetterlingsarten, wie Eulenfalter, goldfleckiger Moor-Eulenfalter oder Spanner. Überhaupt nur in ungarischen Gefilden lebt der äußerst seltene silberstreifige Heufalter.

Pusztavacs
Kaum ein Besucher Ungarns weiß, daß dieser Ort als einer von Dutzenden von Orten, die den Zusatz -*puszta* im Namen führen, der geographische Mittelpunkt des Landes ist. Neben diesem Superlativ geht fast unter, daß sich auf dem Gemeindegebiet von Pusztavacs eine beachtenswerte Kirchenruine aus dem 15. Jh. befindet.

Szarvas
Siehe S. 47

Szolnok
Die breite Hauptstraße, die den Stadtkern durchschneidet (und ihn teilt), animiert viele eilige Autofahrer, die Hauptstadt des gleichnamigen Komitats rasch zu durchfahren. Es ist auch durchaus wahr, daß die an der wichtigsten Tisza-Flußübergangsstelle gelegene, bedeutendste Stadt der mittleren Theiß-Gegend mit historischen Kleinodien wie Sopron, Kőszeg oder Sopron nicht zu vergleichen ist. Jedoch: Wer Muße hat und eine wachsende Industriestadt kennenlernen möchte, der kann in Szolnok ein paar angenehme Tage verbringen. Zwar manifestiert sich die fast eintausendjährige Geschichte kaum im Stadtbild, doch das kulturelle Angebot bietet gewisse Vielfalt. Ein Theater – Szigligeti Színház – und die Freilichtbühne jenseits der Tisza gehören zum Freizeitangebot, das zudem von einem Thermalheilbad und dem kombinierten Konzert-, Ausstellungs- und Galeriezentrum in der ehemaligen Synagoge ergänzt wird. Die an der Theiß-Promenade gelegene Franziskanerkirche aus der ersten Hälfte des 18. Jh. lohnt einen Besuch. Das regionale János-Damjanich-Museum (D. war General von 1848 bis 1849) gibt zahlreiche Hinweise auf das Leben in der Theißgegend. Im Tabán-Stadtviertel, unweit des Stadtzentrums, standen einst Bauernhäuser, wie sie im 19. Jh. entlang der Theiß reihenweise gebaut wurden. Einen Kontrast dazu bildeten seit ihrer Entstehung die lichten Atelierhäuser einer Künstlerkolonie, die Anfang dieses Jahrhunderts den Ort populär machte.

Tápiószele
Das im ehemaligen Blaskovich-Herrenhaus untergebrachte Museum enthält neben einer ansehnlichen archäologischen Kollektion und Gemälden aus europäischen Ländern die Kopie eines unweit vom Ort gefundenen goldenen skythischen Hirsches. Das Original befindet sich in der ständigen *Ausstellung der Urgeschichte der Völker auf ungarischem Gebiet* im Nationalmuseum in Budapest.

Tiszakécske
Einer der vielen Orte, deren erster Namensbestandteil auf einen See oder einen Fluß (ob Balaton, Bodrog, Dráva, Duna, Rába oder Zala) hinweist, ist Tiszakécske. Ungarn wird oft *Donauland* genannt: Die Theiß durchfließt es aber auf einer längeren Strecke (595 km weit) als jener zweitgrößte Fluß Europas (417 km weit)! In der Stadt, direkt am Fluß, gibt es ein hübsches Thermalbad, und an der Tisza erstreckt sich ein kilometerlanges Erholungsgebiet. Beeindruckend ist auch die großartige Bibliothek in der früheren Synagoge.

Holzfigur im Arboretum von Cserkeszőlő (links außen).

Turm der Kirche von Nagykőrös (links innen).

Denkmalgruppe „János Damjanich" in Szolnok (rechts oben).

Tizsa-Fähre (rechts unten).

Szolnok heute (rechts außen).

Győr
Vác
Gyöngyös
Miskolc
Vác
25
Hatvan
Wien
Székesfehérvár
Győr
Baja
Solt
ANGYALFÖLD
ÚJPALOTA
PESTÚJHELY
MÁTYÁSFÖLD
Kerepes-tarcsa
Nagytarcsa
Isaszeg
Zsámbok
63
Ua
Ub
Uc
Ud
Margit-sziget
ZUGLÓ
SASHALOM
CINKOTA
BUDAPEST
Dány
Szentlőrinckáta
Parlament
Tóalmás
Várhegy
Gellért-h.
Rákos-p.
RÁKOSLIGET
Pécel
Bajtemetés
299
Kóka
Felső-boldogkáta
KŐBÁNYA
KELENFÖLD
WEKERLE-TELEP
RÁKOS-KERESZTÚR
Maglód
Sülysáp
Tápiószecső
Szentmártonkáta
Alsó
PESTLŐRINC
Ecser
Nemzetközi Repülőtér Ferihegy
KISPEST
PEST-ERZSÉBET
Mende
63
64
CSEPEL
HAROS
KIRÁLY-ERDŐ
Kavicsos-tó
PESTIMRE
Gyömrő
Úri
Felső-farkasd
Tápióság
Felső-tápió
Vecsés
Üllő
Tetepuszta
Péteri
SZIGET-SZENTMIKLÓS
MILLENIUM TELEP
Délimjr.
Gyál
Gyáli-p.
Ráckevei-Duna
Cédulaház
Hosszúberek-Péteri
Gomba
Kava
Bénye
Pánd
Tápióbicske
Alsó tápió
Tápiós ág
Erdészlak
Felső-pakony
Pusztalöb
Monor
Újmajor
Tápió-szentmárton
Duna-haraszti
Taksony
Alsó-némedi
Stöckitanya
Alsó-pakony
Vasad
69
Monori erdő
Ócsa
E 75
M 5
Csév-haraszt
TVT
Pilis
Bertalan-major
Duna-Tisza-cs.
Dunavarsány
Erdő-gazdaság
Pótharaszt-puszta
Károly-telep
Felső-nyáregyháza
Szentimre-telep
Nyáregyháza
Albertirsa
Felsőbabád Újtelep
Madencia
Ócsai TK
Cibak-puszta
Inárcs
65
Délegyháza
Görbeháza
Kakucs
Újlengyel
Csetneki-telep
Ceglédbercel
Budai út v.m.
Bugyi
Gallatanya
Duna-völgyi-főcs.
Felső-besnyő
Újhartyán
Dánszent-miklós
Gerje
Zöldiborzas
DABAS
Dabasi-szőlők
Bankháza
Belsőmántelep
Magyarország geometriai középpontja
Pusztavacs
Bechmajor
Hernád
Kossuth
Mikebuda
Északi övcsatorna
Felső-szentiván
Csikótelep
Szittyóürbő
85
Örkény
Pusztavacsi-erdő
Nagytanyák
Apaj
Kiskunsági Nemzeti Park
Erzsébet-major
Tábor-falva
22
Csemő
Hantháza
66
Tatárszentgyörgy
Örkény-tábor
Felső-lajos
Pest megye
Bács-Kiskun megye
Kőrös-ér
Csókás erdő
Tamásiút
Kunpeszér
Pest megye
Győr-Sopron megye
Kunszent-miklós
Sarlóspuszta
Ladánybene
Lajos-mizse
NAGYKŐRÖS
Kunbábony
Főcsatorna
Középszenttamás
Alsó-szenttamás
Kunbaracs
Méntelek
E 75
Feketehalom
Homok-puszta
Kunadacs
Törekvés Tsz Lakótelepe
Petőfi Tsz Lakótelepe
Katona-telep
Bösztör
Homok-szentlőrinc v.á.
Kerekegyháza
Kiskunsági Nemzeti Park
HETÉNYEGYHÁZA
KECSKEM
67
Kincse-puszta
Dunavölgyi-főcsatorna
Kiskunsági-főcsatorna
Kienitz-puszta
Csanád-puszta
Balázs
Fülöpháza
Miklóstelep
Szabad-szállás
57
Kadafalva
Kisér
Újsolt
Ballószög
Gyármajor
Hodály
Miskahalom
Kiskunsági Nemzeti Park
Magyar-Szovjet Barátság Tsz
Nagymajor
Zab-szék
Kisiszák
Agasegyháza
Agasegyházi rét
Fülöp-szállás
Helvécia
Gálháza
Nagy-ér
57
Solt
Baja
Kiskunhalas
60

Miskolc
28
Eger
Uf
Va
Vb
Vc
Jászjákóhalma
JÁSZBERÉNY
Jász Múzeum
Jásztelek
Jászapáti
Jászivány
Pélyi-határ
Tarnaszentmiklós
Gátőrtanya
Rákhát
Sármágy
Kisköre
Pély
Hatrongyos
Sajfoki-főcsat.
Kiskörei Holt-Tisza
Pusztataskony
Tiszafüred
Zagyva
Jászkisér
Újerdő
Alattyán
Tiszabura
TISZA
Közép-Tiszai-TVK
Portelek
Szolnok megye
Pest megye
Jánoshida
Jászalsószentgyörgy
Jászladány
Tiszaroff
Tiszasüly
Tiszagyenda
Jászboldogháza
Farmos
Kolopfürdő
Tápiószele
Tápiógyörgye
Kötelek
Szászberek
Tenkepuszta
Hunyadfalva
Tiszabő
Újszász
Besenyszög
Újszilvás
Dobapuszta
Csataszög
Nagykörü
Fegyvernek
Zagyvarékas
Szórópuszta
Alcsipuszta
Óballa
Újballa
Szakállas
Debrecen
Gomboshtanya
Tiszapüspöki
Abony
Szajol
TÖRÖKSZENTMIKLÓS
CEGLÉD
SZOLNOK
Neppeltanya
Alcsi-sziget
Piroska v.m.
SZANDASZŐLŐS
Tiszatenyő
Máriahalom
Törtel
Gerje-Perje
Gyárosmajor
Telek
Köröstetétlen
Tószeg
Őszanda
Rákóczifalva
Kengyel
Békéscsaba
Kétpó
Gercsiföldek
Kutyakaparócsárda
Jászkarajenő
Tiszavárkonyi szőlők
Tiszavárkony
Rákócziújfalu
Baghymajor
Nagykunsági-főcsat.
Szőlőkalja
Körös-ér
Tiszajenő
Vezseny
Nagykunság
Martfű
Mezőhék
Városi tanyakörnyéke
Kocsér
TISZABÖG
Telekmajor
Tiszaföldvár
Béketelep
Mesterszállás
Nagyrév
Cibakháza
Nyárijárás
Egyetértés TSZ Lakótelepe
TISZAKÉCSKE
Alsómesterszállás
Szentkirály
Tiszainoka
Öcsöd
KEREK DOMB
KUNGYALU
Tiszazug
Tiszakürt
Kisalpár
Lakitelek
Szarvas Arborétum
Békésszentandrás
Cserkeszőlő
Pusztabábocka
Nyárlőrinc
Árpádszállás
Tőserdő
Tiszaug
Holt-Tisza
Istvánháza
KUNSZENTMÁRTON
SZARVAS
Pálóczipuszta
Árpádtelep
Tiszaalpár
Haesz
61
Hódmezővásárhely
Szentes

DAS LAND

Im Osten der Großen Tiefebene

Die Hohe Schule der Reitkunst ist hier zu Hause – in der Hortobágy-Puszta und im Stammland der Hajduken, die einst plündernd durchs Land zogen. Eine Attraktion ist Ungarns schönster Landschaftspark in Szarvas. Begehrt ist die schwarze Keramik der Töpfer von Mezőtúr.

Berettyóújfalu
Aus der Ortsgeschichte werden keine bedeutenden Ereignisse überliefert. In den Jahren zwischen 1808 und 1817 erbaute man die reformierte Kirche. Im Bihar-Museum kann sich der Gast eine Ausstellung über Berufsfischerei ansehen. Für Abwechslung sorgt ein Thermalbad. Unweit bei **Herpály** steht die Ruine einer dreischiffigen romanischen Klosterkirche.

Debrecen
Siehe „Die Städte"

Dévaványa
Die umzäunte Naturschutzregion nördlich von Dévaványa mit gleichem Namen bietet mit ihren alkalihaltigen Weiden die idealen Bedingungen für die aussterbende Art der Trappen, von denen mehr als die Hälfte des gesamten europäischen Bestands in Ungarn lebt. Trotzdem reisen ausländische Jäger an, denen für Devisen gestattet wird, bestimmte Mengen abzuschießen.

Hajdúszoboszló
Dieser von zahlreichen Gästen besuchte Badekurort ist eine der traditionsreichen Hajduken-Städte. Als im Jahre 1925 bei der Öl- bzw. Erdgassuche eine Thermalquelle mit 73° C aus 1100 Meten Tiefe emporschoß, war sofort klar, daß man hier durchaus ein „flüssiges Gold" gefunden hatte. Das alkalihaltige Salzwasser enthält auch Jod und Brom. Im Ort sind das barocke Stammhaus der Hajduken und das Bocskai-múzeum mit historischen und ethnographischen Sammlungen sowie einer Dokumentation über die Badekultur zu besichtigen. – Szoboszló galt als ein „Hauptnest der Hajduken, die allesamt plündernde, herumziehende Soldaten waren, die man zu Kriegszeiten als Streitkorps verwendete", heißt es in einer alten Chronik. Fürst Stephan Bocskai(y) erhob sie Anfang des 17. Jh. in den niederen Adel. Seit dem Jahre 1876 gibt es offiziell das Komitat Hajdú(-Bihar), und vielen Ortsnamen wurde dieser ehrenhafte Namensbestandteil vorangestellt. Hajdú ist außerdem ein häufiger Familienname. Übrigens: Viele der berühmten Zigeunermusiker heißen Bihari.

Hortobágy-Puszta
Siehe S. 26 und „Die Puszta"

Karcag
Karcag ist das Zentrum des Reisanbaus in Ungarn. Die größte Reisschälmühle des Landes steht im Kontrast zu einer denkmalgeschützten Windmühle aus dem Jahre 1855. Bedeutender als die Kirchenbauten ist das Museum der Nagykunság, wo die Kumanen anhand zahlreicher Exponate vorgestellt werden. Aus Karcag kommen auch die sog. Miska-Tonkrüge, beliebte Souvenirs!

Kisújszállás
Den Besuchern werden hier zwei Sehenswürdigkeiten geboten: die spätbarocke, reformierte Kirche (1785-1788 erbaut, klassizistisch umgebaut) und das volkskundliche Museum in der klassizistischen Morgó-csárda.

Information
Békés Tourist
Hajdútourist
Tiszatour
(Adressen siehe „Reiseinformationen")

Festkalender
Debrecen: Hajdúság-Fasching. Am 20. August: Blumenkarnevalsumzug. Im Herbst/Winter: Orgelkonzerte in der reformierten Großen Kirche *(Nagytemplom)*.

Tips
Debrecen: Déri-Museum, eines der schönsten, reichhaltigsten Museen des Landes; Thermalbad. **Karcag**: Ethnographisches Museum. **Mezőtúr**: Töpfermuseum. Naturschutzgebiet Ágota-Puszta bei **Nádudvar**.

IM OSTEN DER GROSSEN TIEFEBENE

Mezőtúr
Jahrhundertelang war die Marktgemeinde ein Treffpunkt der Töpfer, Mützenmacher und Kürschner, die hier ihre Waren feilboten. Prachtexemplare der ländlichen Keramik sind im reichausgestatteten Töpfermuseum (in der ehemaligen Synagoge) zu sehen. Die Spezialität der Werkstätten waren schwarze Tonwaren, Erzeugnisse der „schwarzen Kunst". Daneben verblassen sogar die öffentlichen Gebäude des Marktfleckens, der – wie zahlreiche Orte der Großen Tiefebene – mit einem gesunden Thermalheilbad erfreut.

Szarvas
Ein slowakisches Traditionshaus in Südungarn? Im Komitat Békés eigentlich keine Überraschung, denn seit dem 18. Jh. lebt hier eine slawische Minderheit. Das schilfbedeckte Haus ist neben der Trokkenmühle aus dem Jahre 1863 eine der Sehenswürdigkeiten. Im Sámuel-Tessedik-Museum werden Funde aus der Awarenzeit gezeigt. Die bedeutendste Attraktion ist das im 19. Jh. angelegte, nun naturgeschützte Arboretum (*arbor* = lat. Baum), ein herrlicher Park mit fast zweitausend Pflanzenarten auf 84 Hektar. An die verehrte Kaiserin Elisabeth (Sissi), die als ungarische Königin *Erzsébet királyné* hieß, wird in einem Parkwäldchen erinnert.

Szeghalom
Einige Häuser im barocken, klassizistischen und eklektischen Stil seien hervorgehoben. Das interessante Sárrét-Museum (*sár* = Kot, Dreck, Schmutz, Schlamm; *rét* = Wiese; *sárrét* = Moor-, Sumpfwiese) stellt die inzwischen entwässerte Naturlandschaft zwischen der Berettyó und den drei Körös-Flüssen (die Weiße, die Schwarze und die Schnelle Körös) vor.

Túrkeve
Obwohl der Ort eine sehenswerte spätbarocke Kirche mit schöner Kanzel und ein klassizistisches Herrenhaus aus dem Jahre 1830 besitzt, erwähnen viele Reiseführer nur das Finta-Museum mit eher lokaler Bedeutung. Hier wird das Andenken an die Brüder Sámuel und Sándor (Alexander) Finta bewahrt, zwei bildende Künstler, die in der Zwischenkriegszeit emigrieren mußten. Sándor machte Karriere in beiden Teilen Amerikas. Túrkeve zeigt einen Teil seiner Bilder, und Sámuel ist mit seinem Gesamtwerk vertreten.

Das Denkmal des Hajdukenanführers Fürst Stephan Bocskai in Hajdúszoboszló (links oben).

Küche im Bauernhausmuseum von Nagyiván (links innen).

Ein Häuschen, wie es sie in Ungarn zu Hunderttausenden gibt; im Herbst wird Mais getrocknet (links unten).

Mausoleum auf dem Friedhof von Mezőtúr (rechts innen).

Pferdefuhrwerke sind im Landwirtschaftsbetrieb, hier in Mezőtúr, immer noch unentbehrliche Helfer (rechts unten).

Typischer Kirchenbau der Tiefebene, etwa in Karcag (rechts außen).

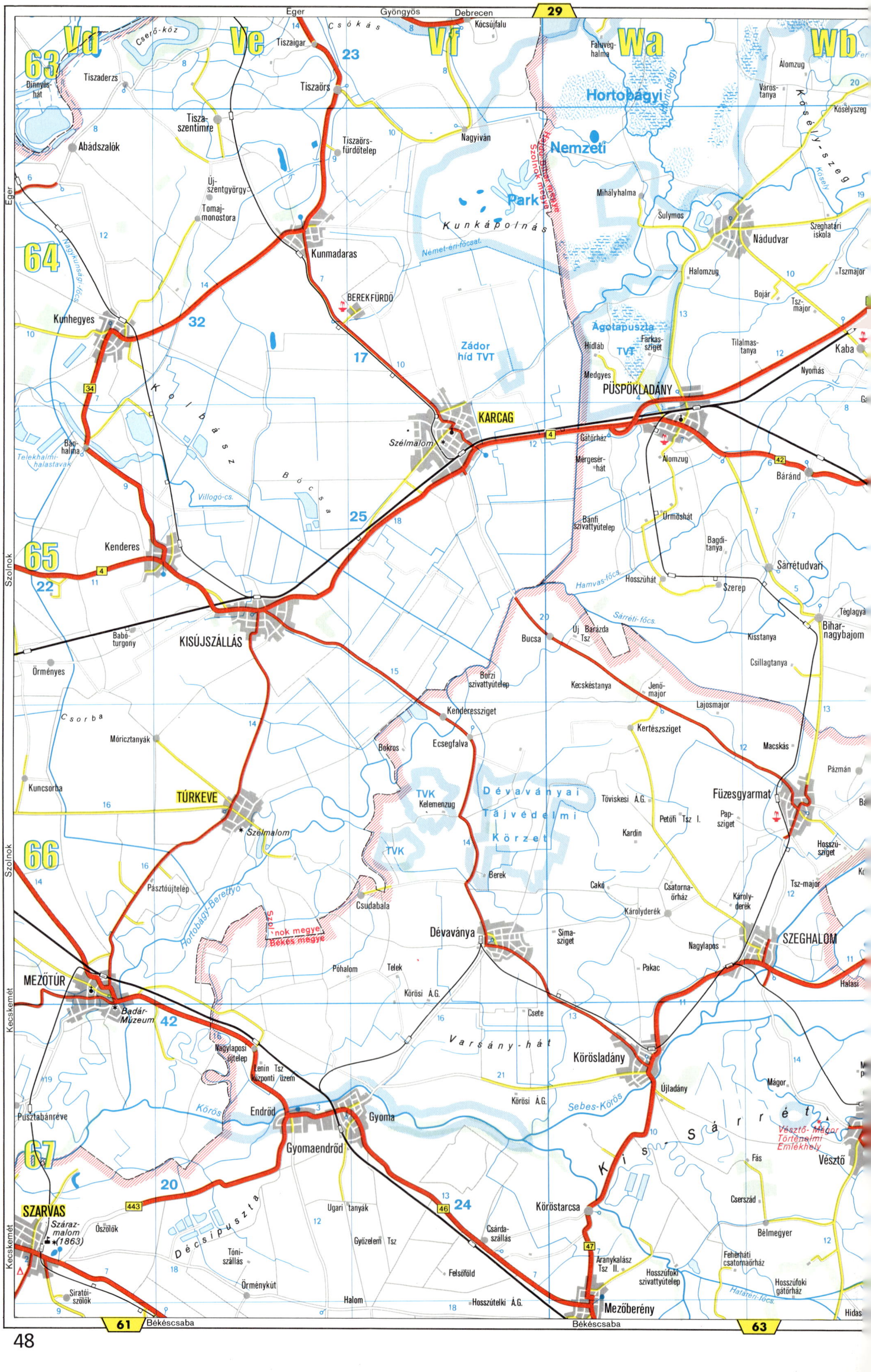

Eger
Gyöngyös
Debrecen
29
Vd
Ve
Vf
Wa
Wb
63
64
65
66
67
Cserő-köz
Csókás
Kócsújfalu
Dinnyés-hát
Tiszaderzs
Tiszaigar
Tiszaörs
Tisza-szentimre
Abádszalók
Tiszaörs-fürdőtelep
Nagyiván
Hortobágyi
Nemzeti
Park
Hortobágy
Faluvég-halma
Álomzug
Város-tanya
Kösely
Köselyszeg
Kunkápolnás
Német-ér-főcsat.
Mihályhalma
Sulymos
Nádudvar
Szeghatári iskola
Halomzug
Bojár
Tsz-major
Tszmajor
Újszentgyörgy
Tomajmonostora
Kunmadaras
Nagykunsági-főcs.
BEREKFÜRDŐ
Kunhegyes
32
17
Zádor híd TVT
Ágotapuszta
Hidláb
TVT
Farkas-sziget
Tilalmas-tanya
Kaba
Nyomás
Medgyes
PÜSPÖKLADÁNY
Kolbász
34
KARCAG
Szélmalom
Gátőrház
Mérgesér-hát
Álomzug
42
Báránd
Báhalma
Telekhalmi-halastavak
Bócsa
Villogó-cs.
25
Bánfi szivattyútelep
Ürmöshát
Bagdi-tanya
Sárrétudvari
Kenderes
Szolnok
22
Hamvas-főcs.
Hosszúhát
Szerep
Sárréti-főcs.
Téglagyár
Bihar-nagybajom
Babó-turgony
KISÚJSZÁLLÁS
Bucsa
Új Barázda Tsz
Kisstanya
Örményes
Borzi szivattyútelep
Kecskéstanya
Jenő-major
Csillagtanya
Csorba
Kenderessziget
Lajosmajor
Móricztanyák
Ecsegfalva
Kertészsziget
Bokros
Macskás
Pázmán
Kuncsorba
TVK
Kelemenzug
Dévaványai Tájvédelmi Körzet
Töviskesi Á.G.
Füzesgyarmat
TÚRKEVE
Petőfi Tsz I.
Pap-sziget
Kardin
Hosszú-sziget
Berek
Cakó
Csatorna-őrház
Tsz-major
Pásztóútelep
Hortobágy-Berettyó
Károly-derék
Csudabala
Károlyderék
Szolnok megye
Békés megye
Dévaványa
Sima-sziget
Nagylapos
SZEGHALOM
Pakac
Halasi
Póhalom
Telek
MEZŐTÚR
Kecskemét
Körösi Á.G.
Badár-Múzeum
Csete
Varsány-hát
Nagylaposi üdülőtelep
Lenin Tsz központi üzem
Körösladány
Újladány
Mágor
Pusztabánréve
Körös
Endrőd
Gyoma
Körösi Á.G.
Sebes-Körös
Gyomaendrőd
Kis-Sárrét
Vésztő-Mágor Történelmi Emlékhely
Vésztő
Fás
SZARVAS
Száraz-malom (1863)
Ószőlők
443
20
Décsipuszta
Ugari tanyák
46
24
Köröstarcsa
Cserszád
Csárda-szállás
Győzelem Tsz
Bélmegyer
Tóni-szállás
47
Aranykalász Tsz II.
Fehérháti csatornaőrház
Hosszúfoki szivattyútelep
Hosszúfoki gátőrház
Felsőföld
Örménykút
Siratói-szőlők
Halom
Hosszútelki Á.G.
Mezőberény
Határéri-főcs.
Hidas
61
Békéscsaba
Békéscsaba
63

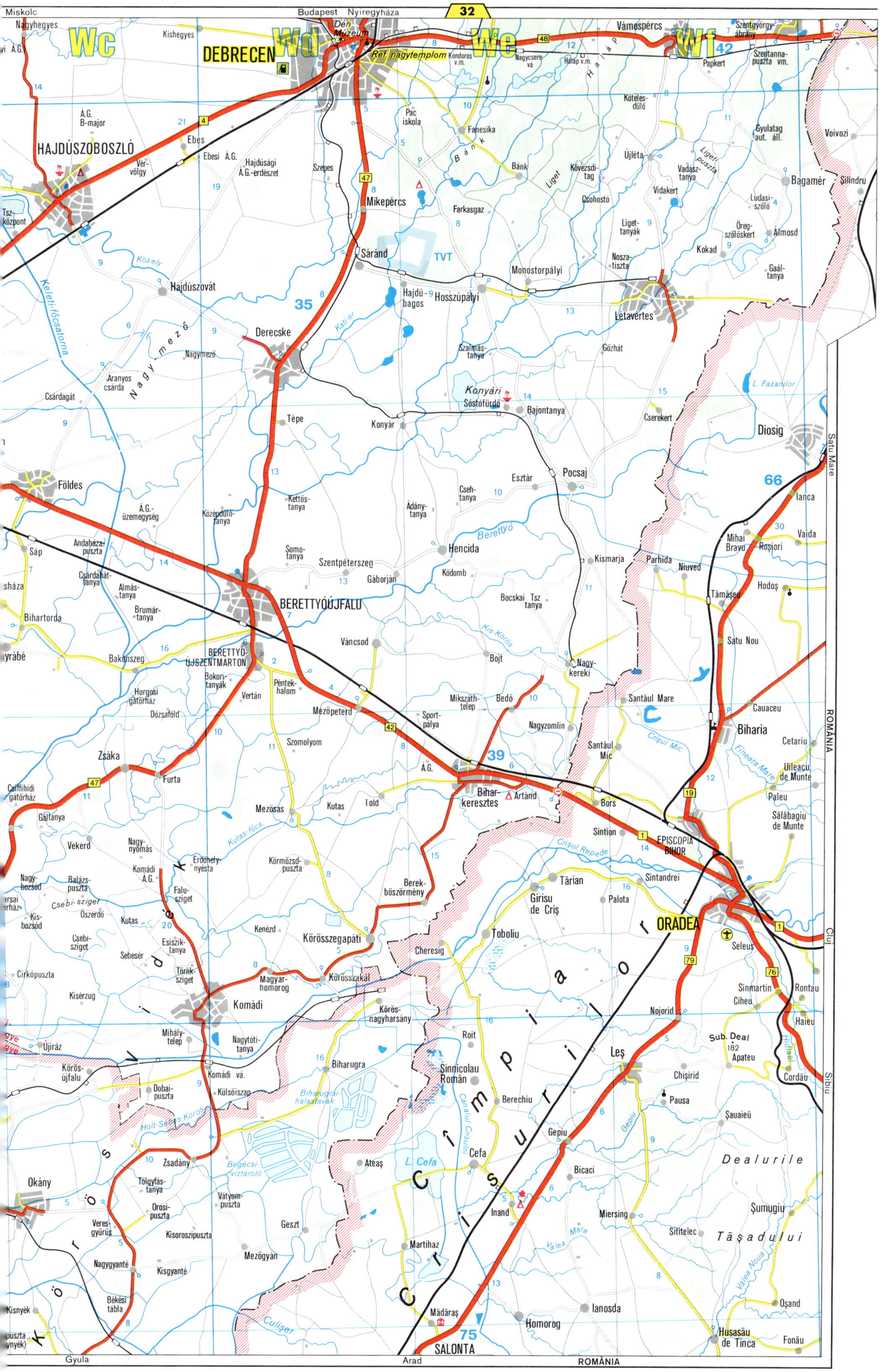

Miskolc
Budapest
Nyíregyháza
32
Wc
Wd
We
Wf
DEBRECEN
Déri Múzeum
Ref. nagytemplom
Kondoros v.m.
Nagycsere vá
Hatáp v.m.
Vámospércs
Szentgyörgy-ábrány
Papkert
Szentanna-puszta vm.
Nagyhegyes
Kishegyes
Á.G. B-major
HAJDÚSZOBOSZLÓ
Ebes
Ebesi Á.G.
Hajdúsági Á.G.-erdészet
Vér-völgy
Tsz-központ
Szepes
Pac iskola
Fanesika
Bánk
Bánk
Liget
Kövezsdi-tag
Köteles-dűlő
Újléta
Liget-puszta
Vadász-tanya
Vidakert
Gyulatag aut. áll.
Voivozi
Bagamér
Silindru
Ludasi-szőlő
Öreg-szőlőskert
Álmosd
Mikepércs
Farkasgaz
Csohostó
Liget-tanyák
Kokad
Gaál-tanya
Sáránd
TVT
Monostorpályi
Nosza-tiszta
Hajdúszovát
Kösely
Hajdú-bagos
Hosszúpályi
Létavértes
35
Keleti-főcsatorna
Derecske
Kati-ér
Nagy-mező
Nagymező
Szalmás-tanya
Gözhát
Aranyos csárda
Csárdagát
L. Fazanilor
Konyári Sóstófürdő
Bajontanya
Cserekert
Tépe
Konyár
Diosig
Satu Mare
Földes
Esztár
Pocsaj
66
Kettős-tanya
Cseh-tanya
Ádány-tanya
Ianca
Á.G.-üzemegység
Középdűlő-tanya
Berettyó
Mihai Bravu
Roșiori
Vaida
Sáp
Andaháza-puszta
Somo-tanya
Hencida
Kismarja
Parhida
Niuved
Szentpéterszeg
Csárdahát-tanya
Gáborján
Ködomb
Hodoș
Tămășeu
Almás-tanya
BERETTYÓÚJFALU
Bocskai Tsz tanya
Bihartorda
Brumár-tanya
Váncsod
Kis-Körös
Satu Nou
Bakonszeg
BERETTYÓ-ÚJSZENTMÁRTON
Bojt
Nagy-kereki
Horgosi gátőrház
Bokori-tanyák
Péntek-halom
Dózsafold
Vertán
Mezőpeterd
Mikszáth-telep
Bedő
Santăul Mare
Cauaceu
Sport-pálya
Nagyzomlin
Biharia
ROMÂNIA
Szomolyom
Crișul Mic
Santăul Mic
Cetariu
Zsáka
Furta
39
Á.G.
Fineata Mare
Uileacu de Munte
Csiffihidi gátőrház
Bihar-keresztes
Ártánd
Bors
Paleu
Mezősas
Kutas
Told
Gáltanya
Sintion
Episcopia Bihor
Sălăbagiu de Munte
Vekerd
Nagy-nyomás
Kutas-főcs.
Crișul Repede
Erdőhely-nyésta
Körmözsd-puszta
Komádi Á.G.
Tărian
Nagy-bozsód
Balázs-puszta
Falu-sziget
Berek-böszörmény
Sîntandrei
Csebi-sziget
Oszerdő
Girișu de Criș
Palota
Kis-bozsód
Kutas
Kenézd
Oradea
Seleuș
Csebi-sziget
Sebesér
Esiszik-tanya
Körösszegapáti
Toboliu
Cluj
Cheresig
Cirkópuszta
Török-sziget
Magyar-homorog
Körösszakál
Sînmartin
Rontau
Kisérzug
Ciheu
Komádi
Körös-nagyharsány
Nojorid
Haieu
Mihály-telep
Nagytóti-tanya
Roit
Sub. Deal
Apateu
Újiráz
Körös-újfalu
Komádi vá.
Biharugra
Sînnicolau Român
Leș
Chișirid
Cordău
Sibiu
Dobai-puszta
Külsőiszap
Biharugrai-halastavak
Berechiu
Pausa
Holt-Sebes-Körös
Canalul Crișuri
Gepiu
Șauaieú
Zsadány
Begécsi-víztároló
Ateaș
L. Cefa
Cefa
Bicaci
Dealurile
Okány
Tölgyfás-tanya
Vátyom-puszta
Criș
Orosi-puszta
Inand
Miersing
Șumugiu
Veres-gyűrűs
Geszt
Kisoroszipuszta
Sititelec
Tășadului
Valea Mare
Martihaz
Nagygyanté
Kisgyanté
Mezőgyán
Valea Noua
Békési tábla
Kisnyék
Culișer
Crișurilor
Câmpia
Mădăraș
Homorog
Ianosda
Oșand
Hasasău de Tinca
Fonău
SALONTA
Gyula
Arad
ROMÂNIA

DAS LAND

Balatonkeresztúr
Von der barocken Kirche weiß man zwar, daß sie innerhalb eines halben Jahrzehnts (1753 bis 1758) erbaut wurde, der Maler der Fresken jedoch blieb unbekannt. Kunsthistoriker nehmen an, daß es entweder der ältere Stephan Dorffmeister oder (der junge) Franz Anton Maulbertsch oder einer von deren Schülern war. Blumenmotive wechseln mit biblischen Szenen.

Hévíz
Siehe unter „Heilbäder – Quellen – Kuren"

Kápolnapuszta
Bekannt ist der kleine Ort, auf halber Strecke zwischen Balatonszentgyörgy und Nagykanizsa gelegen, wegen seines Büffelreservats. Es gilt hier, die Schwarzen Büffel, die einst wegen ihrer Milch (mit hohem Fettgehalt) gehalten wurden, vor dem Aussterben zu retten. Da der Verzehr von Büffelfleisch verboten ist, andererseits die Mechanisierung das Nutz- und Lasttier überflüssig machte, blieb 1956 für eine halbe Hundertschaft von Büffeln nur noch ein – allerdings großzügig angelegtes – Zuchtreservat übrig.

Information
Balatontour
Siotour
Zalatour
(Adressen siehe „Reiseinformationen")

Festkalender
Kaposvár: Februar/März: Dorottya-Faschingsball. **Badacsonytomaj:** Weinlese. **Keszthely:** in der Hochsaison: Kammerkonzerte im Festetics-Schloß; Helikon-Musikfestival. **Buzsák:** Kirmes mit Volkskunst-Markt und Folkloreprogramm.

Tips
Basaltorgeln im Landschaftsschutzgebiet am **Badacsony**. Vogelreservat am **Kis-Balaton** (Kleiner Plattensee). Landschaftsschutzgebiet **Nagybereki Fehérvíz** (Sumpf- und Moorlandschaft). Im Sommer: Kleinbahnfahrt durch das Gebiet nach **Csisztapuszta** (mit Thermalheilbad). **Kápolnapuszta**: Schwarzbüffelreservat.

Plattensee und Zalaer Hügelland

Keszthely besitzt Europas älteste Agrarhochschule und eine der schönsten Bibliotheken des Landes. Zalakaros ist ein aufstrebendes Heilbad. Und überall findet man hier die barocken Hinterlassenschaften der ehemaligen feudalen Herrschaften.

Keszthely
Obwohl der Ort bereits im Jahre 1247 erwähnt wurde, ereigneten sich bis zum Ende des 18. Jh. lediglich architektonische Zwischenspiele von Franziskanermönchen und ein paar Kaufleuten, die den Platz zu einem Marktflecken ausbauten. Zwischen 1797 und 1808 gründete Graf Festetics das *Georgikon* – die erste Landwirtschaftshochschule Europas. Die Agrarwissenschaftliche Universität hat besten Ruf, ihre Absolventen sind bevorzugte Landwirtschaftsingenieure. Einen Superlativ kann auch Schloß Festetics, erbaut im Jahre 1745, für sich beanspruchen: Es ist neben Schloß Esterházy in Fertőd das bestrestaurierte ehemalige Herrschaftsgebäude Ungarns. Später sind die beiden Seitenflügel, die Helikon-Bibliothek, ein Archiv und eine Kapelle hinzugefügt worden. Im sozialistischen Ungarn war das feudale Schloß jedermann zugänglich: Für ein paar Forint konnte eine Karte für eines der vielen romantischen Konzerte bei Kerzenschein erworben werden – in einer filmreifen Kulisse, inmitten schöner Möbel, im unverfälschten Ambiente des 19. Jahrhunderts.

Mehrere Umbauten erlebte die gotische Franziskanerkirche in der Stadtmitte. Bemerkenswert ist ein Freskenzyklus der Renaissancezeit. Hübsch restauriert ist das Geburtshaus des Opernkomponisten Carl Goldmark (*Die Königin von Saba*) – das sogenannte Pethő-Haus. Erholsame Oasen in Keszthely sind die beiden Parks. Besonders angenehm ist der Englische Schloßgarten. Der Helikon-Park erstreckt sich bis zum Plattensee. Eine zwei Kilometer lange Roßkastanien-Allee, die beim Balaton-Museum beginnt, ist naturgeschützt; ebenso eine Schwarzkiefer-Allee entlang dem einstigen Reitweg vom Schloß zum Pferdegestüt **Fenékpuszta**, das schon bessere Zeiten erlebte. Im 4. Jh. stand dort das römische Festungslager *Valcum*.

50

PLATTENSEE UND ZALAER HÜGELLAND

Kis-Balaton – der Kleine Plattensee

Der industrielle Aufbau mit all seinen negativen Folgeerscheinungen wie den Abwassergiften brachte vor wenigen Jahren für den 40 km² großen Kis-Balaton (den Kleinen Plattensee) beinahe den Infarkt. Der See, der sich geologisch parallel zum großen See entwickelt hatte, war infolge von Trockenlegungen und Wasserregulierungen immer mehr zu einem morastigen Sumpf geworden. Heute besteht noch eine ca. 16 km² große offene Wasserfläche. Natürliche Katastrophen (Dürreperioden) beschleunigten die Entwicklung. Das Ökosystem des Kis-Balatons stand nach Meinung der Natur- und Umweltschützer kurz vor dem Kollaps. Inzwischen sorgt ein ausgeklügeltes Schleusensystem für die Reinigung der Zuflüsse, so daß die Wasserqualität in den letzten Jahren erheblich, wenn auch noch nicht befriedigend, verbessert werden konnte. Die Regenerierung des Kis-Balatons ist für das Umweltschutzamt ein Prestigeobjekt, das so gewissenhaft durchgeführt wird, daß zur Heckzeit und in der Periode der Aufzucht der Jungvögel nicht einmal die Aufsichtsbeamten die Umgebung der Brutstätten mit Booten befahren dürfen. Der Kis-Balaton wurde damit nicht nur zu einer vogelkundlichen Musterstätte, auch die Pflanzenwelt wird geschützt. – In **Vörs** kann die Seelandschaft von einem Aussichtsturm überblickt werden.

Nagykanizsa

Im Mittelalter war Nagykanizsa eine blühende Siedlung. Und in jüngeren Zeiten, vor der Jahrhundertwende, spielte der Ort eine wichtige strategische Rolle als Eisenbahnknotenpunkt der Adria-Linie. Damals begann die industrielle Entwicklung, die in der heutigen intensiven Ölgewinnung gipfelte. Kenner mögen an Kanizsa die hübschen, im 19. Jh. konzipierten und regelmäßig angelegten Gassen der ehemaligen Handelsstadt. Die beiden Barockkirchen, die sogenannte Unterstädtische Kirche der Franziskaner und die Kirche der Oberstadt, sowie die Dreifaltigkeitssäule aus dem Jahre 1758 verdienen Beachtung.

Somogyvár

Das einstige Széchenyi-Schloß wird seit 1945 als heilpädagogische Erziehungsanstalt genutzt. Ganz in der Nähe liegt der naturgeschützte Brezaer Wald mit zahlreichen botanisch wertvollen Pflanzen. Vom Kupavár-Berg bietet sich ein prächtiger Panoramablick auf den Plattensee.

Szigliget

Ein Bestandteil des Landschaftsschutzbezirkes am Nordufer des Plattensees ist neben der Burgruine Várhegy auch das Dorf Szigliget. Im klassizistischen Eszterházy-Schloß, das von einem Park umgeben ist, fand nach 1945 der offiziöse *Literarische Fonds des Ungarischen Schriftstellerverbandes* seine Bleibe.
Der Gemeindeteil **Öregfalu** (Altdorf) oberhalb von Szigliget bewahrt die Atmosphäre vergangener Jahrhunderte: Siebzig meist denkmalgeschützte, schilfgedeckte Bauernhäuser bilden eines der schönsten Dorfensembles im ganzen Land. Im Ortsteil **Újfalu** (Neudorf) ist das feinste Steinwappen am Plattensee zu sehen. Das Schmuckstück wurde im Jahre 1683 gemeißelt und befindet sich an einem Kelterhaus von 1780/82. Ein pausbäckiger Bacchus besetzt ein Weinfaß, darunter sind die Göttinnen der Landwirtschaft und des Hirtentums angebracht. In der mittleren Mauernische vollführt der heilige Georg seinen ewigen Drachenkampf.

Zalakaros

Zalakaros ist ein aufstrebendes, neues Thermalheilbad mit Kurhotel und Klinikbetrieb. Hier werden Erkrankungen des Bewegungsapparats sowie Rheuma gelindert. Die 96° C heiße Quelle wurde bei Ölprobebohrungen entdeckt.

Keszthely, Eingangstor von Schloß Festetics (links oben).

Schloß Festetics vom Garten aus gesehen (links unten).

Basaltorgeln bei Badacsony (rechts innen oben).

Badacsony-Berg vom Südufer aus (rechts innen unten).

Typischer alter Bauernhof in Badacsony (rechts außen oben).

Büffelreservat bei Kápolnapuszta (rechts außen unten).

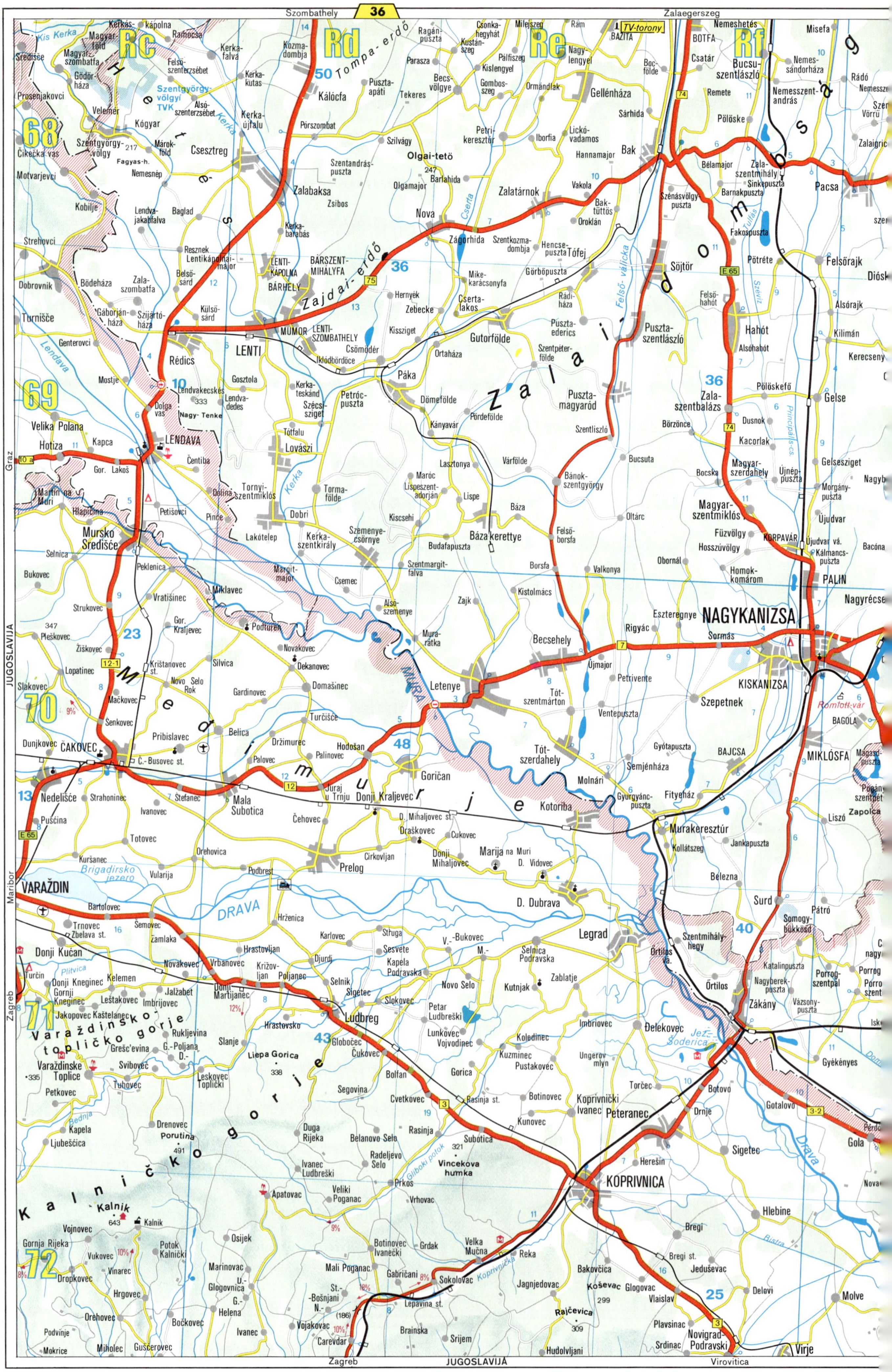
Szombathely
36
Zalaegerszeg
Rc
Rd
Re
Rf
68
69
70
71
72
Graz
Maribor
Zagreb
JUGOSLAVIJA
Virovitica
Kis Kerka
Središće
Prosenjakovci
Čikečka vas
Motvarjevci
Kobilje
Strehovci
Dobrovnik
Turnišče
Genterovci
Mostje
Velika Polana
Hotiza
Gor. Lakoš
Martin na Muri
Hlapičina
Mursko Središće
Selnica
Bukovec
Strukovec
Pleškovec
Žiškovec
Lopatinec
Slakovec
Mačkovec
Senkovec
Dunjkovec
ČAKOVEC
Nedelišće
Pušćina
Strahoninec
Kuršanec
VARAŽDIN
Brigadirsko jezero
Bartolovec
Trnovec
Donji Kučan
Turčin
Donji Kneginec
Gornji Kneginec
Jakopovec
Kaštelanec
Varaždinsko-topličko gorje
Varaždinske Toplice
Petkovec
Kapela
Ljubešćica
Kalnik
Vojnovec
Gornja Rijeka
Dropkovec
Hrgovec
Orehovec
Podvinje
Mokrice
Magyarföld
Kerkáskápolna
Ramocsa
Magyarszombatfa
Gödörháza
Velemér
Kógyar
Szentgyörgyvölgy
Fagyas-h.
Nemesnép
Márokföld
Csesztreg
Lendvajakabfalva
Baglad
Resznek
Lentikápolna
Belsősárd
Bödeháza
Zalaszombatfa
Gáborjánháza
Szijártóháza
Külsősárd
Rédics
Lendvakecskés
Lendvadedes
Dolgavas
LENDAVA
Čentiba
Dolina
Petišovci
Pince
Hetés
Kerkafalva
Felsőszenterzsébet
Alsószenterzsébet
Szentgyörgyvölgyi TVK
Kerkakutas
Kerkaújfalu
Kozmadombja
Tompa-erdő
Kálócfa
Pórszombat
Zalabaksa
Zsibos
Kerkabarabás
LENTIKÁPOLNA
BÁRHELY
BÁRSZENTMIHÁLYFA
Zajdai-erdő
MUMOR
LENTISZOMBATHELY
LENTI
Gosztola
Kerkateskánd
Szécsisziget
Petróc-puszta
Tótfalu
Lovászi
Tornyiszentmiklós
Tormafölde
Dobri
Lakótelep
Kerkaszentkirály
Szemenyecsörnye
Csömödér
Iklódbördőce
Kissziget
Hernyék
Zebecke
Pusztaapáti
Szilvágy
Olgai-tető
Szentandráspuszta
Barlahida
Olgamajor
Nova
Zágorhida
Mikekarácsonyfa
Csertalakos
Ortaháza
Gutorfölde
Páka
Dömefölde
Kányavár
Pördefölde
Lasztonya
Maróc
Lispeszentadorján
Lispe
Kiscsehi
Budafapuszta
Szentmargitfalva
Csemec
Alsószemenye
Zajk
Murarátka
Letenye
Báza
Bázakerettye
Ragánpuszta
Kustánszeg
Parasza
Becsvölgye
Tekeres
Csonkahegyhát
Kislengyel
Gombosszeg
Petrikeresztúr
Zalatárnok
Milejszeg
Pálfiszeg
Ormándlak
Iborfia
Szentkozmadombja
Hencsepuszta
Tófej
Görbőpuszta
Rádiháza
Pusztaederics
Szentpéterfölde
Zalai-dombság
Pusztamagyaród
Szentliszló
Várfölde
Bánokszentgyörgy
Felsőborsfa
Borsfa
Valkonya
Kistolmács
Becsehely
Újmajor
Tótszentmárton
Petrivente
Ventepuszta
Tótszerdahely
Molnári
Semjénháza
Gyótapuszta
Ram
TV-torony
BAZITA
Nagylengyel
Gellénháza
Bocfölde
Sárhida
Lickóvadamos
Hannamajor
Bak
Vakola
Baktüttös
Oroklán
Söjtör
Felső-válicka
Pusztaszentlászló
Zalaszentbalázs
Börzönce
Bucsuta
Oltárc
Obornál
Eszteregnye
Rigyác
Sormás
NAGYKANIZSA
KISKANIZSA
Szepetnek
BAJCSA
Fityeház
Gyurgyáncpuszta
Murakeresztúr
Kollátszeg
Jankapuszta
Bélezna
Surd
Somogybükkösd
Pátró
Szentmihályhegy
Őrtilos
Zákány
Katalinpuszta
Nagyberekpuszta
Vázsonypuszta
Porrogszentpál
Gyékényes
Gotalovo
Gola
Nemeshetés
BOTFA
Csatár
Bucsuszentlászló
Remete
Misefa
Nemessándorháza
Nemesszentandrás
Pölöske
Bélamajor
Zalaszentmihály
Sinkepuszta
Barnakpuszta
Szénásvölgypuszta
Fakospuszta
Pötréte
Felsőhahót
Hahót
Alsóhahót
Pölöskefő
Dusnok
Kacorlak
Bocska
Magyarszerdahely
Újnéppuszta
Magyarszentmiklós
Füzvölgy
Hosszúvölgy
KORPAVÁR
Homokkomárom
Pacsa
Felsőrajk
Alsórajk
Kilimán
Kerecseny
Gelse
Gelsesziget
Morgánypuszta
Újudvar
Újudvar vá.
Kálmancspuszta
PALIN
Nagyrécse
Romlott-vár
BAGOLA
MIKLÓSFA
Liszó
Zapolca
Rádó
Zalaigrice
Bacóna
Dióskál
Principális-cs.
Medjimurje
Peklenica
Miklavec
Vratišinec
Gor. Kraljevec
Podturen
Kristanovec st.
Novo Selo Rok
Silvica
Gardinovec
Novakovec
Dekanovec
Domašinec
Turčišće
Pribislavec
Belica
Držimurec
Palinovec
Palovec
Hodošan
C.-Busovec st.
Stefanec
Mala Subotica
Ivanovec
Totovec
Čehovec
Juraj u Trnju
Donji Kraljevec
Goričan
D. Mihaljovec st.
Draškovec
Cukovec
Donji Mihaljovec
Marija na Muri
D. Vidovec
Kotoriba
Orehovica
Vularija
Podbrest
Prelog
Cirkovljan
Hrženica
DRAVA
MURA
D. Dubrava
Legrad
Semovec
Zamlaka
Hrastovljan
Novakovec
Vrbanovec
Križovljan
Poljanec
Djurdj
Karlovec
Struga
Sesvete
Kapela Podravska
V.-Bukovec
M.-Bukovec
Selnica Podravska
Selnik
Sigetec
Slokovec
Ludbreg
Novo Selo
Kutnjak
Zablatje
Petar Ludbreški
Lunkovec
Vojvodinec
Koledinec
Imbriovec
Đelekovec
Jež Soderica
Kuzminec
Pustakovec
Ungerov mlyn
Torčec
Botovo
Drnje
Sigetec
Kemelen
Jalžabet
Donji Martijanec
Leštakovec
Imbrijovec
Rukljevina
G.-Poljana
Grešćevina
Svibovec
Slanje
Hrastovsko
Globočec
Čukovec
Liepa Gorica
Bolfan
Leskovec Toplički
Tuhovec
Segovina
Cvetkovec
Rasinja st.
Rasinja
Botinovec
Kunovec
Koprivnički Ivanec
Peteranec
Drenovec
Porutina
Duga Rijeka
Belanovo Selo
Radeljevo Selo
Subotica
Vincekova humka
Ivanec Ludbreški
Prkos
Kalničko gorje
Apatovac
Veliki Poganac
Vrhovac
KOPRIVNICA
Herešin
Hlebine
Bregi
Bregi st.
Jeduševac
Osijek
Potok Kalnički
Vukovec
Vinarec
Marinovac
Glogovnica
Helena
Botinovec Ivanečki
Grdak
Velka Mučna
Reka
Mali Poganac
Gabričani
Sokolovac
Koprivnica
Jagnjedovac
Bakovčica
Koševac
Glogovac
Delovi
Vlaislav
Molve
Plavšinac
Bistra
Srdinac
Novigrad Podravski
Virje
St.-Bošnjani
N.-Bošnjani
Vojakovac
Carevdar
Lepavina st.
Brainska
Srijem
Rajčevica
Hudolvljani
Bočkovec
Ivanec
Mihalec
Gušćerovec
Kalnik
Plitvica
Bednja
Gliboki potok
Drava
E 65
E 71

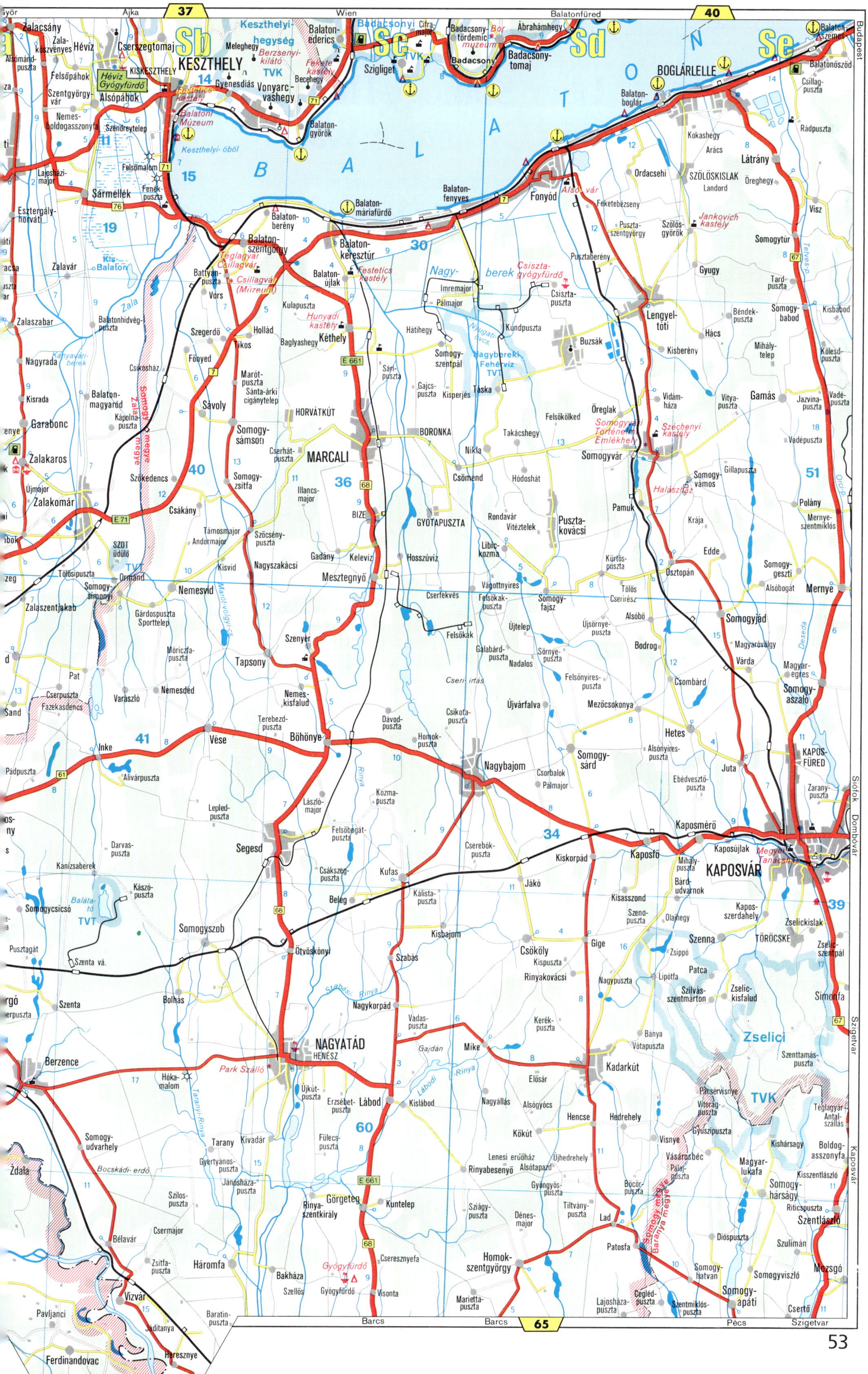

Győr
Ajka
37
Wien
Balatonfüred
40
Budapest
Zalacsány
Zala-köszvényes
Hévíz
Cserszegtomaj
Sb
Keszthelyi-hegység
Balaton-ederics
Badacsonyi
Cifra-major
Badacsony-tördemic
Bor múzeum
Ábrahámhegy
Sc
Sd
Se
Balaton-szemes
Alsómánd-puszta
KESZTHELY
KISKESZTHELY
Meleghegy
Berzsenyi-kilátó
TVK
Fekete kastély
Szigliget
Badacsony
Badacsony-tomaj
BOGLÁRLELLE
Balatonőszöd
Felsőpáhok
Hévíz Gyógyfürdő
Gyenesdiás
Vonyarc-vashegy
Becehegy
O
N
Csillag-puszta
Szentgyörgy-vár
Alsópáhok
Festetics kastély
Balaton-boglár
Nemes-boldogasszonyfa
Széndreytelep
Balatoni Múzeum
Balaton-györök
T
Rádpuszta
Keszthelyi-öböl
A
Kokashegy
Arács
Felsőmálom
B
L
Látrány
Lajoshází-major
15
A
Ordacsehi
SZŐLŐSKISLAK
Landord
Öreghegy
Sármellék
Fenék-puszta
Balaton-fenyves
Fonyód
Alsó vár
Eszterg ály-horváti
Balaton-berény
Balaton-máriafürdő
Feketebézseny
Visz
Puszta-szentgyörgy
Szőlős-györök
Jankovich kastély
19
Balaton-szentgyörgy
Balaton-keresztúr
30
Somogytúr
Kis-Balaton
Zalavár
Téglagyár Csillagvár
Battyán-puszta
Csillagvár (Múzeum)
Balaton-újlak
Festetics kastély
Nagy-berek
Csiszta-gyógyfürdő
Pusztaberény
Tetves-p.
Gyugy
Tard-puszta
Imremajor
Vörs
Csiszta-puszta
Zala
Pálmajor
Lengyel-tóti
Béndek-puszta
Somogy-babod
Kisbabod
Zalaszabar
Balatonhidvég-puszta
Kulapuszta
Hunyadi kastély
Kundpuszta
Szegerdő
Hollád
Kéthely
Hátihegy
Buzsák
Hács
Nyugati-övcs.
Tikos
Baglyashegy
Kisberény
Mihály-telep
Kölesd-puszta
Nagyrada
Kanyavári-berek
Fönyed
Somogy-szentpál
Nagybereki Fehérvíz TVT
E 661
Csikósház
Sári-puszta
Marót-puszta
Sánta-árki cigánytelep
Gajcs-puszta
Kisperjés
Táska
Vidám-háza
Vitya-puszta
Gamás
Jazvina-puszta
Vadé-puszta
Kisrada
Balaton-magyaród
Sávoly
HORVÁTKÚT
Öreglak
Kápolna-puszta
Somogy megye
Zala megye
Felsőkölked
Somogyvári Történelmi Emlékhely
Széchenyi kastély
Garabonc
Somogy-sámson
BORONKA
Takácshegy
Vadépuszta
Nikla
Somogyvár
Cserhát-puszta
MARCALI
Zalakaros
Somogy-zsitfa
36
Csömend
Hódoshát
Somogy-vámos
Gillapuszta
51
Szőkedencs
40
Illancs-major
Halásztáz
Újmajor
Pamuk
Polány
Zalakomár
BIZE
Rondavár
Vitéztelek
Puszta-kovácsi
Krája
Mernye-szentmiklós
E 71
Csákány
GYÓTAPUSZTA
SZOT üdülő
Támosmajor
Andormajor
Szőcsény-puszta
Libic-kozma
Edde
Gadány
Keleviz
Hosszúvíz
TVT
Kisvid
Nagyszakácsi
Kürtös-puszta
Somogy-geszti
Tölöspuszta
Ormánd
Mesztegnyő
Osztopán
Somogy-simonyi
Nemesvid
Vágottnyires
Alsóbogát
Mernye
Zalaszentjakab
Cserfekvés
Felsőkak-puszta
Somogy-fajsz
Tölös
Cserirész
Gárdospuszta
Sporttelep
Marót-völgyi-csatorna
Újtelep
Újsörnye-puszta
Alsóbö
Somogyjád
Felsőkak
Bodrog
Magyaróvölgy
Móriczfa-puszta
Szenyér
Galabárd-puszta
Nadalos
Sörnye-puszta
Deseda
Várda
Tapsony
Magyar-egres
Pat
Cseri-irtás
Felsőnyires-puszta
Csombárd
Somogy-aszaló
Cserpuszta
Fazekasdencs
Varászló
Nemesdéd
Nemes-kisfalud
Csikota-puszta
Újvárfalva
Mezőcsokonya
Sand
Terebezd-puszta
Dávod-puszta
Hetes
41
Vése
Böhönye
Homok-puszta
Alsónyíres-puszta
KAPOS-FÜRED
Inke
Somogy-sárd
Nagybajom
Juta
Pádpuszta
61
Alivárpuszta
Rinya
Csorbalok
Pálmajor
Ebédvesztő-puszta
Zarany-puszta
Siófok
Dombóvár
Lepled-puszta
Kozma-puszta
László-major
Segesd
Felsőbogát-puszta
Kaposmérő
34
Darvas-puszta
Cserebök-puszta
Kaposfő
Kaposújlak
Megyei Tanács
Kiskorpád
Mihály-puszta
KAPOSVÁR
Kanizsaberek
Csákszeg-puszta
Kufas
Jákó
Bárd-udvarnok
Kászó-puszta
Kálista-puszta
Baláta-tó
Beleg
Kisasszond
39
Somogycsicsó
TVT
68
Szeno-puszta
Olajhegy
Kapos-szerdahely
Zselickislak
Somogyszob
Kisbajom
Szenna
TÖRÖCSKE
Zselic-szentpál
Pusztagát
Ötvöskónyi
Szabás
Csököly
Gige
Zsippó
Szenta vá.
Kispuszta
Lipótfa
Patca
Rinyakovácsi
Szilvás-szentmárton
Zselic-kisfalud
Simonfa
Szenta
Bolhás
Szabási-Rinya
Nagykorpád
Nagypuszta
Vadas-puszta
Kerék-puszta
Bánya
Vótapuszta
67
Zselici
Szigetvár
NAGYATÁD
HENESZ
Gajdán
Mike
Szenttamás-puszta
Berzence
Park Szálló
Hóka-malom
Taranyi-Rinya
Újkút-puszta
Kadarkút
Elősár
Páesérvisnye
Vitorág-puszta
TVK
Lábod
Kislábod
Erzsébet-puszta
Lábodi Rinya
Nagyállás
Alsógyócs
Hencse
Hedrehely
Téglagyár
Antal-szállás
Somogy-udvarhely
Tarany
Kivadár
60
Kökút
Gyűszipuszta
Visnye
Kishárság
Boldog-asszonyfa
Fülecs-puszta
Lenesi erdőház
Újhedrehely
Vásárosbéc
Magyar-lukafa
Kisszentlászló
Bocskádi-erdő
Gyertyános-puszta
E 661
Rinyabesenyő
Alsótapazd
Pálaj-puszta
Somogy-hárság
Ždala
Jánosháza-puszta
Gyöngyös-puszta
Bőcör-puszta
Somogy megye
Baranya megye
Szilos-puszta
Rinya-szentkirály
Görgeteg
Kuntelep
Sziágy-puszta
Dénes-major
Tiltvány-puszta
Lad
Riticspuszta
Szentlászló
Bélavár
Csermajor
68
Diós puszta
Szulimán
Zsitfa-puszta
Háromfa
Cseresznyefa
Homok-szentgyörgy
Patosfa
Somogy-hatvan
Somogyviszló
Mozsgó
Vízvár
Gyógyfürdő
Bakháza
Szellős
Gyógyfürdő
Visonta
Marietta-puszta
Cegléd-puszta
Lajosháza-puszta
Szentmiklós-puszta
Somogy-apáti
Csertő
Pavljanci
Baratin-puszta
Barcs
Barcs
65
Pécs
Szigetvár
Jáditanya
Ferdinandovac
Heresznye

DAS LAND

Über Somogy-Hügel zum Gemencer Wald

Ein ganzes Bahnhofsgebäude wurde in Kalocsa von den Frauen des Dorfes mit einmaligen Folkloreornamenten bemalt. Auf einer Reise mit der Kleinbahn durch den Gemencer Wald kann der Besucher das größte, naturbelassene Überschwemmungsgebiet Ungarns erleben.

Bonyhád

Die spätbarocke Synagoge aus dem Jahre 1780 – die meisten jüdischen Kultstätten entstanden in Ungarn erst im 19. Jh. – ist neben den beiden Kirchen aus der gleichen Zeit die bedeutendste Sehenswürdigkeit des Städtchens. Die Perczel-Kurie trägt den Namen eines Generals der Revolution von 1848/49. – Ein empfehlenswerter Ausflug führt nach **Grábóc**. Die dortige serbisch-orthodoxe Kirche mit einer üppigen Ikonostase ist zum Jubiläum 1987 wunderbar restauriert worden. Das dazugehörige Kloster besteht seit über 400 Jahren und beherbergt heute ein Altersheim.

Dombóvár

Schon in der Urzeit eine Menschenansiedlung, war Dombóvár (*domb* = Hügel, *ó* = alt, *vár* = Burg) im 12. Jh. eine Wall-, später eine Wohnburg. Heute heißt sie Storchenburg. Wie fast überall in Transdanubien, gibt es auch hier eine barocke Kirche mit schönen Altären. – Zunehmende Bedeutung gewinnt das Thermalheilbad **Gunaras** mit seinem Kurklinikmotel, das vor allem von westlichen Gästen geschätzt wird.

Dunaföldvár

Nur wenige Spuren zeugen noch von der Anwesenheit der Römer in *A(n)namatia*. Wuchtig hingegen ist der Türken- bzw. Rumpfturm, worin ein Café untergebracht ist. Sowohl die Franziskanerkirche (wunderbare Barockskulpturen), als auch das angeschlossene Kloster wurden im 18. Jh. erbaut.

Gemenc – Naturschutzgebiet

Diese Naturschutzregion ist das größte Überschwemmungsgebiet Ungarns (30 km Länge, 7 km Breite). Sie erstreckt sich mit ihren zahllosen, teils toten Flußarmen entlang der beiden Donauufer. Im Gewässer leben Wildenten, Reiher und Schwarze Störche. Im Sommer verkehrt eine Kleinbahn durch den Gemencer Wald (17 000 ha), so daß man im Staatsforst mit etwas Glück auch Edelhirsche, Rehe und Wildschweine oder Zwergadler und Gierfalken erblicken kann.

Kalocsa

Kalocsa gilt als Mittelpunkt der Sárköz genannten Sumpflandschaft (*sár* = Schlamm, Schmutz, Kot, Dreck; *köz* = Feld, Wiese). Mit Ausnahme der schattigen Hauptstraße (Allee) hat Kalocsa seinen dörflichen Charakter weitgehend bewahrt. In den Jahren 1760 bis 1766 wurde das Erzbischöfliche Palais errichtet, das heute wie einst als Residenz des Bischofs von Kalocsa dient. Dort sind Fresken von Franz Anton Maulbertsch zu sehen. Besonders wertvoll in dem nur mit einer Extraerlaubnis zugänglichen Palast ist die Bibliothek mit über 130 000 Bänden. Der barocke Dom wurde von Andreas Mayerhoffer entworfen, das Hauptaltarbild schuf der Österreicher Leopold Kupelwieser. Der Bahnhof wurde von den Frauen der örtlichen LPG fast vollständig in den typischen Farben der nur hier verwendeten berühmten Blumenmuster bemalt. Übrigens ist Kalocsa neben Szeged ein Zentrum des Paprikaanbaus (dazu ein sehr hübsches Museum).

Kiskőrös

Der zum Nationaldichter gekürte Sándor Petőfi wurde 1823 in Kiskőrös geboren. Auf dem Friedhof sind schöne alte Grabsteine zu sehen, Petőfis Grab ist allerdings nicht dabei. Hundert Jahre lang erzählte man, Petőfi sei 1849 in Siebenbürgen „im Kampf für die Freiheit" gefallen. 1990 wies ein ungarischer Wissenschaftler seriös

Dunaföldvár, Blick über die Dächer der Stadt (links außen oben).

Kalocsa, Paprika wird getrocknet (links außen unten).

Kalvarienberg von Tolna (Mitte).

Kalocsa, Blumenmalerei am Bahnhof (rechts innen).

Wilder Tabak bei Baja (rechts oben außen).

Kalocsa, Erzbischöfliches Palais (rechts unten).

ÜBER SOMOGY-HÜGEL ZUM GEMENCER WALD

nach, daß der junge Poet, dessen Vorfahren slawischer Herkunft waren, viele Jahre lang in Rußland, sogar russischsprechend, überlebte hatte.

Nagyberki
Interessanter als die Burgruine auf dem Szalacska-Berg sind ein Kornspeicher aus dem 18. Jh. und ein hübsches, museal genutztes Rokokoschloß, das einer Familie Schmidegg gehörte.

Paks
In Paks stehen die vier Blöcke des Atomkraftwerks, das dereinst die Hälfte des ungarischen Energiebedarfs decken soll. Auch in Ungarn startet man ins Atomzeitalter – in nächster Nähe zu den Überresten des 19. Jahrhunderts. In Paks stehen nämlich auch mehrere ehemalige Gutsherrenhäuser – die Ungarn nennen sie Kurien – und eine alte Fischerscárda unter Denkmalschutz.

Pécs
Siehe „Die Städte"

Szekszárd
Da die Verkehrslage der Stadt früher ungünstig war, ist der an einer alten Übergangsstelle am Fluß Sió gelegene Sitz des Komitats Tolna erst in der Nachkriegsphase industrialisiert worden. Neben der traditionellen Verarbeitung von Hölzern aus dem Gemencer Wald entstanden mehrere Fabriken. Szekszárd war auch ein Handelszentrum für landwirtschaftliche Produkte – und vor allem für Weine, die alter Überlieferung zufolge schon von den alten Römern genossen wurden. Eines stimmt auf jeden Fall: Hier verlief die nach *Aquincum* führende Heerstraße, und *Alisca* war damals durchaus ein Tor zur weiten Welt. Zeugnisse der Römerzeit sowie der steinzeitlichen Periode befinden sich im Balog-Béri-Museum. Im Hof des Komitatshauses fand man die Grundmauer einer altchristlichen Grabkapelle und die Reste einer Abteikirche aus der Zeit des Hochmittelalters.
Szekszárd ist zudem die Geburtsstadt des Publizisten Mihály Babits. Die Plastik *Prometheusz*, die auf allen Prospekten zu sehen ist, wurde von Imre Varga geschaffen, einem der phantasievollsten unter den gegenständlich arbeitenden Bildhauern. Und die alte Sehnsucht der Szekszárder lebt weiter: Ein Kino aus der Jahrhundertwende heißt *Nagyvilág* – Große Welt.

Tamási
Das kleine Städtchen besitzt ein Thermalbad und eine barocke Kirche mit sehr schönem Rokokoaltar und Bänken im Zopfstil. Ein Jagdschloß der Esterházys wurde ebenfalls Mitte des 18. Jh. erbaut. Die spätgotische Kreuzkapelle aus dem 16. Jh. wurde barokisiert – Tamási ist ein Ort bekannter Pferdesportveranstaltungen.

Tolna
Der „Marckt Tolnau" wurde von eingewanderten deutschen Siedlern im 18. Jh. gegründet, wie eine Tafel an der Kalvarienkapelle (1779) am Rande des restaurierten Kalvarienberges verrät. Im Jahre 1733 wurde die Pfarrkirche in dem Winzerort erbaut, der auf eine respektable Tradition im Weinbau zurückblickt.

Zala
Im einstigen Herrenhaus wurde der Graphiker und Maler Mihály Zichy geboren. Das denkmalgeschützte Gebäude gibt einen ausgezeichneten Eindruck vom adeligen Leben im kaiserlichen und königlichen Ungarn der Jahrhundertwende. Zum anderen vermittelt es einen Überblick über das enorme künstlerische Schaffen des 79 Jahre alt gewordenen Künstlers, der zeitweilig in München ein bekanntes und angesehenes Atelier unterhielt.

Information
Albatours
Mecsek Tourist
Pusztatourist
Siotour
Tolna Tourist
(Adressen siehe „Reiseinformationen")

Festkalender
Hajós: im Mai: St.-Urban-Feier mit Folkloreprogramm und Volkskunstmarkt. **Kalocsa/Decs/Baja:** Internationales Folklorefestival der Donauvölker mit Umzug, Volkstanzvorführungen und Volkskunstmärkten. **Szekszárd** und Winzerorte: Weinlesefeste.

Tips
Solt: Organisierter Ausflug zum Gestüt mit Reitvorführungen. **Szekszárd:** Fahrt mit der Kleinbahn durch den Gemencer Wald. **Kiskőrös:** Naturschutzgebiet Szücsi-Wald.

Balatonföldvár
40
Siófok
Balatonkenese
Nagykanizsa
Sf
Ta
Tb
Tc
Tótokilap
Gyugy-hát
Gyugypuszta
Almahegy
Kereki
Fejérkő
Szólád
Teleki
Pusztaszemes
Bálványos
Jabapuszta
Lulla
Ecseny
Kásipuszta
Sérsekszőlős
Torvaj
Som
Nyim
Nagyberény
Nándorpuszta
Pélpuszta
Mezőkomárom
Szabadhidvég
Rebecpuszta
Felsőnyék
Alsóbogárd
Újmajor
Belsősári-puszta
Külsősári-puszta
Halompuszta
Egettház-puszta
Aladár
Ozora
Mezőszilas
Tükrö
Igar
Vámpuszta
Vámiszőlőhegy
68
Kötcse
Nagycsepely
Pócapuszta
Bóta-puszta
Zala
Nagybábony
Bábony-megyer
Öreghegy
Magyarkeszi
Döbrönteszőlőhegy
Hosszú-Kopasz-hegy
299
Tekeres-puszta
Kapoly-puszta
Kapoly
Tab
Kis-Koppány
Nagyszokoly
Fürged
Sió
Felsőgyánt
Tolnanér
Csiszári erdészház
Somogy-meggyes
Alsóhegy
Somogydombság
Tengőd
Kánya
Avas
Iregszemcse
Kecsege-puszta
Csöllányos-tanya
Fornád-puszta
Görbő
Téglagyár
Pincehely
37
Csesztra
Karád
Zichy-kastély
Zics
Andocsi Tározó
Somogy-egres
Magyar-kér
Okrád-puszta
Csehipuszta
Nágocs
Hékut-puszta
Rózsás
Gonoszd-puszta
Csárda
Martinca-puszta
Nagytoldi-puszta
Andocs
Kérpuszta
Németsürü-puszta
Miklósi
Bedegkér
Barnahát-puszta
Újireg
Medgyes-puszta
Kapos
Belecska
Fiad
61
Jutom-puszta
Gerézd-puszta
Kára
Török-koppány
Értény
TAMÁSI
Újtelep
Pacsmag
Bogaras
Adorján-puszta
Annamajor
Keszőhidegkút
Felsőbikád
Miszla
Kisbárapáti
Bonnya-puszta
Szorosad
Koppány
Koppány-szántó
Nagykónyi
Malom
Miklós-vár
Rácvölgy
Tuskós
Alsónyék
Alsómajsa vá.
Bonnya
Somogy-acsa
Somogy-dörocske
Csesztme erdészház
Csérhát erdészlak
Inoka
Cserelja
Ságpuszta
PÁRI
Rácvölgyi erdészlak
Regöly
Alsóbikád
Udv
69
Felső-mocsolád
Rigótanya
Szakcs
Dámvadkert
Kistava-puszta
Szárazd
Gerenyás-puszta
Gyönk
Ecseny
Lapa-puszta
Igal
Gadács
Tolna megye
Somogy megye
Várong
Kocsola
Vadász-kastély
Vadászház
Ürgevárpuszta
Szakály
Diósberény
Szakadát
Ráksi
Somogyszil
Szakcsi major
Lápafő
Borjád
34
Gyulaj
Szent-gáloskér
Felsőleperd
Tátom-puszta
Kazsok
Nak
Nosztány
Kis-Kondai halastavak
Dalmand
Újdalmand
Vörös-egyháza
Cservölgy
Halálosmalom
Hőgyész
Kalaznó
Rudolfma
Somodor
Magyaratád
Inám-puszta
Alsóleperd
Dúzs
Szálláspuszta
Kalazno-puszta
48
Somodor-puszta
Patalom
Büssü
Felső-hetény
Csibrák
Felsőnána
Murga
RÉPÁS-PUSZTA
Gölle
Cserepes-puszta
Kétvizközi tanya
Kurd
Hertelend-puszta
Grizenvald
Zimány
Alsóhetény-puszta
Mászlony
Nagykonda
Csurgópuszta
Dőbrököz
Mucsi
Ódány-puszta
70
Kisgyalán
Deseda-tározó
Szarvasd
Sándormajor
Tevel
Orci
Fonó
Szentiván-puszta
DOMBÓVÁR
Gunarasfürdő
Györgyipuszta
Szalaytanya
Miklósmajor
Szállás-major
Závod
Hidasi-víz
Farka
TOPONÁR
Tsz major
Attala
Kapospula
Erdészlak
Raffaitanya
Kis-puszta
Nagyhajmás
Mekényes
Kisdorog
Fészerlak-puszta
Taszár
29
Nagyberki
Szabadi
Csoma
Lengyel
Kisvejke
Nagyvejke
Bonyhád-varasd
Bátē
Gólyavár
KAPOSVÁR
Kaposhomok
Mosdós
Rokokó kastély
Rákó-puszta
Kisberki
Homokmajor
Mágocs
Völgység
Köveskútitanya
Mucsfa
Románok
Sántos
Kapos-keresztúr
Kercseliget
Kaposszekcső
Csikóstöttős
Szárász
Győzsán-tanya
Győrepuszta
Aparhant
Szentbalázs
Somhegy
Dániel-tanya
Szalacskai erdőőrház
Jágónak
Vásáros-dombó
Gerényes
Alsó-mocsolád
Bikal
Egyházas-kozár
Hegyhát-maróc
Izmény
Csöcske-puszta
BONYHÁD
Cserénfa
Tótfalu-puszta
Margit-major
Ág
Szalatnak
Köblény
Tófű
Györe
MAJOS
66
Ödombó
Tékes
Nagymányok
Gödre
Zselic
Baranyajenő
Meződ
Kapos-gyarmat
Hajmás
Meződ puszta
48
Tarrós
Kisvaszar
Hegyhát
Kárász
Vékény
Máza-szászvár
Kismányok
Hidas
Gálosfa
Istvánvölgy-puszta
Gödre-szentmárton
65
Palé
Vázsnok
Sásd
Felső-egerszeg
Varga
Magyaregregy
Nyárádi turistaház
Váralja
Szénás-puszta
Baranya-szentgyörgy
Hörnyék
Gyümölcsény
Ikotintanya
Mindszent-godisa
Liget
Mecsek-pölöske
Lukactelep
Kisbattyán
Máré-csárda
Várvölgytelep
Váraljai erdészház
Tolna megye
Baranya megye
71
Bőszénfa
Nagytót-város
Tormás
Szágy
39
Németlukafa-puszta
67
Lajostelep
Kötöröi-tanya
Borodpuszta
Orozló
Vitéztelep
Mecsek-nádasd
58
Dobogó
Kelet-Mecsek
Halászcsárda
Terecseny-puszta
Lukafa
Bakóca
Szatina
Kishajmás
Kisbeszterce
Kishertelend
Schmelzer-malom
Magyarszék
KOMLÓ
Máré-vár
Krémertanya
Réka-vár
Óbánya
Antal-szállás
Ángvár turistaház
Felsőkövesd
Csebény
Bodolyabér
Kisújbánya
Vadász-csárda
mecsek TVT
Arborétum
Nagymáté
Horvát-hertelend
Hollófészek
Karácodfa
Herman O.-tó
Kovács-szénája
Magyar-hertelend
Barátúr
ZOBÁK-PUSZTA
Püspök-szentlászló
Zengő-várkony
Apátvarasd
Szigetvár
Almamellék
Képes-puszta
Szent-katalin
Husztót
Mecsek-szakál
SIKONDA
MÁNFA
Zengő
Puszta-kisfalu
Ibafa
Kisibafa
Kán
Tekeres
Pécsi-tó
Vágotpuszta
BUDAFA
Hosszú-hetény
Vár-múzeum
Erdősm
Gorica
Szabadság-major
Okorvölgy
Bános
Mecsekrákos
Kadosa-múzeum
Meleg-mányi völgy TVT
Petőfiakna
Lovász-hetény
Pécsvárad
72
Korpád
Hetvehely
Abaliget
Orfű
Malom Múzeum
Józsefháza
Rückerakna
VASAS
Nagy-pall
Mozsgó
Gyűrűfű
Almás-keresztúr
Bükkösd
Mecsek
Castrum
Kozári-vadászház
PÉCS
Vidám Park
SOMOGY
Martonfa
Szilágy-puszta
Fazekasboda
Gere
Dinnyeberki
Szentdomján
Erdészlak
HIRD
65
Szigetvár
Pécs
68

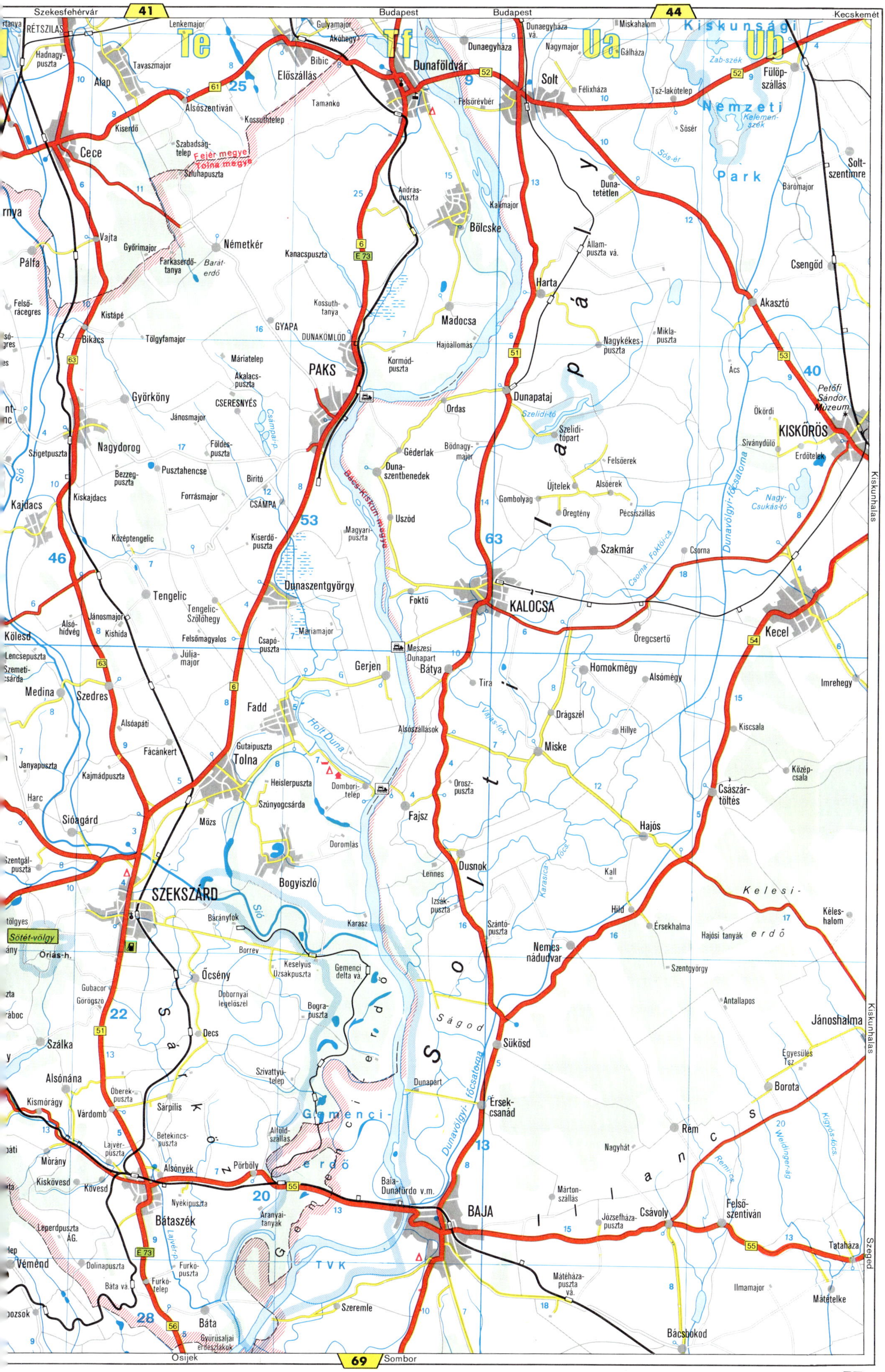
Szekesfehérvár
41
Budapest
Budapest
44
Kecskemét
Te
Tf
Ua
Ub
Kiskunsági
Nemzeti
Park
RÉTSZILAS
Hadnagy-puszta
Tavaszmajor
Lenkemajor
Gulyamajor
Akóhegy
Bibic
Előszállás
Tamanko
Dunaföldvár
Felsőrévbér
Dunaegyháza vá.
Dunaegyháza
Nagymajor
Miskahalom
Gálháza
Solt
Félixháza
Tsz-lakótelep
Zab-szék
Fülöp-szállás
Kelemen-szék
Sósér
Sós-ér
Alap
Alsószentiván
Kossuthtelep
Kiserdő
Cece
Szabadság-telep
Fejér megye
Tolna megye
Szluhapuszta
Andras-puszta
Kalimajor
Bölcske
Duna-tetétlen
Soltszentimre
Bárómajor
Vajta
Győrimajor
Németkér
Farkaserdő-tanya
Bárát-erdő
Pálfa
Kanacspuszta
Állam-puszta vá.
Csengőd
Harta
Akasztó
Felső-rácegres
Kistápé
Kossuth-tanya
Madocsa
Bikács
Tölgyfamajor
GYAPA
DUNAKÖMLŐD
Hajóállomás
Nagykékes-puszta
Mikla-puszta
Máriatelep
PAKS
Kormód-puszta
Ács
Akalacs-puszta
CSERESNYÉS
Győrköny
Jánosmajor
Csámpai-p.
Dunapataj
Ordas
Szelidi-tó
Petőfi Sándor Múzeum
Ökördi
KISKŐRÖS
Szelidi-tópart
Siványdülő
Erdőtelek
Szigetpuszta
Nagydorog
Földes-puszta
Gěderlak
Bödnagy-major
Felsőerek
Bezzeg-puszta
Pusztahencse
Biritó
Duna-szentbenedek
Bács-Kiskun megye
Újtelek
Alsóerek
Kiskajdacs
Forrásmajor
CSÁMPA
Gombolyag
Öregtény
Pécsiszállás
Kajdacs
Uszód
Nagy-Csukás-tó
Dunavölgyi-főcsatorna
Középtengelic
Kiserdő-puszta
Magyari-puszta
Szakmár
Csorna
Csorna-Foktői-cs.
Tengelic
Dunaszentgyörgy
Foktő
KALOCSA
Kecel
Alsó-hidvég
Jánosmajor
Kishida
Tengelic-Szőlőhegy
Felsőmagyalos
Máriamajor
Öregcsertő
Kölesd
Csapó-puszta
Meszesi Dunapart
Lencsepuszta
Szemeti-csárda
Júlia-major
Gerjen
Bátya
Homokmégy
Alsómégy
Imrehegy
Tíra
Medina
Szedres
Fadd
Vajas-fok
Drágszél
Alsóapáti
Hillye
Kiscsala
Holt Duna
Alsószállások
Fácánkert
Gutaipuszta
Tolna
Miske
Janyapuszta
Kajmádpuszta
Orosz-puszta
Közép-csala
Heislerpuszta
Dombori-telep
Császár-töltés
Harc
Szúnyogcsárda
Fajsz
Sióagárd
Mözs
Hajós
Doromlás
Szentgál-puszta
Dusnok
Karasica-fcs.
Lennes
Kall
Bogyiszló
Kelesi-erdő
SZEKSZÁRD
Sió
Izsák-puszta
Hild
Tölgyes
Bárányfok
Karasz
Szántó-puszta
Érsekhalma
Hajósi tanyák
Kéleshalom
Sötét-völgy
Borrev
Óriás-h.
Keselyüs
Úzsakpuszta
Gemenci delta vá.
Nemes-nádudvar
Szentgyörgy
Gubacor
Görögszó
Őcsény
Dobornyai legelőszel
Antallapos
Ságod
Bogra-puszta
Szálka
Decs
Sükösd
Jánoshalma
Egyesülés Tsz
Alsónána
Szivattyú-telep
Dunapart
Borota
Kismórágy
Óberek-puszta
Sárpilis
Érsek-csanád
Várdomb
Gemenci-erdő
Rém
Betekincs-puszta
Nagyhát
Weidinger-ág
Kígyós-fcs.
Remi-cs.
Mórány
Lajvér-puszta
Alföld-szállás
Dunavölgyi-főcsatorna
Alsónyék
Pörböly
Baja-Dunafürdő v.m.
Kiskövesd
Kövesd
Márton-szállás
Csávoly
Felső-szentiván
Nyékipuszta
Aranyai-tanya
BAJA
Bátaszék
Józsefháza-puszta
Leperdpuszta ÁG.
Lajvér-p.
Tataháza
Véménd
Dolinapuszta
Furkó-puszta
TVK
Szeged
Báta vá
Furkó-telep
Mátéháza-puszta vá.
Ilmamajor
Mátételke
Szeremle
Bozsok
Báta
Gyürüsaljai erdészlakok
Bácsbokod
Kiskunhalas
Kiskunhalas
Osijek
69
Sombor
Solt
Kalocsa
Sárköz
Illancs
Fejér megye
Tolna megye

DAS LAND

Im Zwischenstromland von Donau und Theiß

Der Legende nach trafen sich die sieben landnehmenden ungarischen Fürsten in Ópusztaszer. Aus Hódmezővásárhely, der Stadt der *Piroschka*, kommen schöne Keramikarbeiten, aus Kiskunhalas filigrane Spitzenprodukte: Dort sind die Klöpplerinnen zu Hause.

Bugacpuszta
Recht wichtig für die Land- und die Devisenwirtschaft Ungarns ist die Pferde- und Viehzucht in der Bugacpuszta. Im Nationalpark Kiskunság gelegen, ist sie eine Anlaufstelle für jene eiligen Touristen, die in Budapest kurzentschlossen einen „Puszta-Ausflug" buchen. Diese werden inklusive Pusztamuseum-Besuch, Pferdevorführungen, Weinkostprobe, Mittagessen und Folkloredarbietungen durchgeführt, und das bedeutet stets: mit Zigeunermusik.

Csongrád
Diese Kleinstadt liegt am Zusammenfluß von Theiß und Körös, deren Hochwasser bis heute Teile des Umlandes überschwemmt. Csongrád war bis zum 13. Jh. Sitz des gleichnamigen Komitats. Zu den Sehenswürdigkeiten zählt eine ansehnliche Sammlung von Gegenständen aus dem Leben der Erdarbeiter in der Tiefebene im lokalen Museum. Dazu gehört auch ein denkmalgeschütztes Dorf mit zwei Dutzend renovierten, schilfbedeckten Fischerhäusern, die als Ferienhäuser vermietet werden. Ein älteres Thermalbad ergänzt das Freizeitangebot.

Hódmezővásárhely
Der Zungenbrecher-Ort ging wegen Hugo Hartungs *Piroschka* wie keine andere Ortschaft in das Magyaren- und Ungarn-Bild der Deutschen ein. Die nostalgische Buch-Lektüre oder auch die unterhaltsame Verfilmung bieten jedoch kaum einen Einblick in das Alltagsleben im heutigen Ungarn. *Hódmezővásárhely* ist allerdings keine Romanerfindung, sondern ergibt einen Sinn. In seine Bestandteile zerlegt, heißt's: *hód* = Biber; *mező* = Feld; *vásár* = Markt; *hely* = Ort. Die beiden letzten Worte wurden dem Ortsnamen hintangefügt, als er offiziell zu einem Marktflecken erklärt wurde. Hódmezővásárhely war also kein Umschlagplatz für Biberpelze!
Im Ort gibt es drei barocke Kirchen: in der früheren Lenin-Straße eine reformierte, dann die von dem vielbeschäftigten Stararchitekten Miklós Ybl erweiterte Dreifaltigkeitspfarrkirche und ein orthodoxes Gotteshaus. Wertvoll sind deren Ikonostase sowie eine vom Berg Athos stammende Ikone mit 16 verschiedenen Motiven. In der gleichen Straße befindet sich das nach einem Maler benannte Tornyai-János-múzeum, das als erstklassige Attraktion eine (vor allem in Fachkreisen bekannte) neolithische Venus-Plastik aus der ersten Hälfte des 3. Jh. vor unserer Zeitrechnung enthält. Über die Stadtgrenze hinaus bekannt sind ebenso die Keramikarbeiten; eine Majolikafabrik arbeitet heute auf industrieller Basis. Als Freizeitangebot findet man auch hier ein Thermalbad.

Kiskunfélegyháza
Neben der denkmalgeschützten Windmühle ist ein Heimatmuseum sehenswert, worin die Geschichte von Gefängnissen und Kerkern anschaulich dargestellt wird. Kiskunfélegyháza mit seinen rund 35 000 Einwohnern besitzt ein für ungarische Verhältnisse einmaliges Rathaus mit herrlichen Blumenornamenten. Der Nationaldichter Sándor Petőfi wuchs hier auf; geboren wurde er 1823 im benachbarten Dorf Kiskőrös.

Kiskunhalas
Was die Brüsseler Spitzen für die Salons der Welt, das waren für den ungarischen Landadel einst die filigranen Klöppelarbeiten der Frauen und Mädchen von Kiskunhalas. Spitzenprodukte – im doppelten Sinne des Wortes –, die auch im lokalen Museum zu besichtigen sind. Eine Überraschung sind dort zudem die überaus reichen völkerkundlichen Funde.

Uferlandschaft an einem toten Arm der Theiß (links außen).

Ópusztaszer, Nationaler Gedenkpark der Landnahme durch die sieben ungarischen Fürsten im Jahre 896 (rechts unten).

Reiterhof in Kiskunmajsa (rechts oben).

Rathausgiebel in Kiskunfélegyháza (oben).

Skulpturen im Gedenkpark von Ópusztaszer (rechts).

IM ZWISCHENSTROMLAND VON DONAU UND THEISS

Kiskunság
Siehe „Naturparks und Reservate"

Makó
Auch wenn das Museum nach dem Dichter Attila József benannt ist, der hier die Schule besuchte, ist ein anderer Sohn der Stadt sogar weltweit bekannt geworden. Es ist Joseph Pulitzer, der als Emigrant in den USA einen begehrten Preis für die kritisch-schreibende Publizistenzunft stiftete. Bekannt wurde Makó freilich auch durch die Zwiebeln, die um den Ort herum angebaut werden (Ausstellung im Museum. Touristen nehmen dankbar die Abwechslung eines Thermalheilbads und eines am Fluß Maros gelegenen Strandbads wahr. Die Besichtigung der Stephans-Pfarrkirche lohnt schon allein wegen der wunderbaren Rokoko-Kanzel.

Mártély - Naturschutzgebiet
Nur ca. 2300 Hektar groß ist das Forschungsgebiet des Ornithologischen Instituts in Mártély unweit von Szeged. Hier leben einige schützenswerte Reiherarten, darunter die Schmuck- und Haubenreiher, aber auch Schwarze Störche. An einem Arm der toten Theiß entstand ein großes Erholungszentrum.

Ópusztaszer
Südlich des Ortes stößt man auf eine Art Freilichtmuseum. An dieser Stelle wurde bereits im Jahre 1896 auf einem Ruinenfeld ein erstes Denkmal errichtet. Der Legende nach – der Chronik des *Anonymus* vom Ende des 12. Jh. zufolge – trafen sich hier die sieben landnehmenden ungarischen Fürsten im Jahre 896 zur ersten Nationalversammlung. Demonstrativ verkündete man an gleicher Stelle 1945 eine Bodenreform. Die Anlage wurde zum „Nationalen Gedenkpark" erweitert. Der dazugehörige Museumsbetrieb ist wegen der reichhaltigen Darbietung architektonischer und technischer Denkmäler interessant.

Szarvas
Siehe S. 47

Szeged
Siehe „Die Städte"

Szentes
Das Städtchen unterhalb des 240 m hohen Fernsehturms bietet bei allem Stilwirrwarr das beschauliche Bild einer Kleinstadt der Zeit zwischen 1840 und dem Ersten Weltkrieg. Die schönste Sehenswürdigkeit der Stadt, deren Name übersetzt *fromm* heißt, ist die ungarisch-orthodoxe St.-Miklós-Kirche. Außerdem wird ein Thermalheilbad geboten.

Information
Békés Tourist
Pusztatourist
Szeged Tourist
Tiszatour
(Adressen siehe „Reiseinformationen")

Festkalender
Ópusztaszer: im August: Árpád-Fest mit Folkloreprogramm und Volkskunstmarkt. **Szeged:** im Juli: Annentag (Kirmes, Folklorefest); Jugendtage mit Pop- und Jazzkonzerten; Volkskunstmesse und -markt; in der Hochsaison: Szegeder Dom-Freilichtspiele.

Tips
Bugac: Pusztamuseum und Reitvorführungen. **Kiskunfélegyháza:** denkmalgeschützte Windmühle. **Kiskunhalas:** Spitzen im Mária-Markovics-Museum. Thermalbäder in der Großen Tiefebene. Tisza-Schiffsausflug.

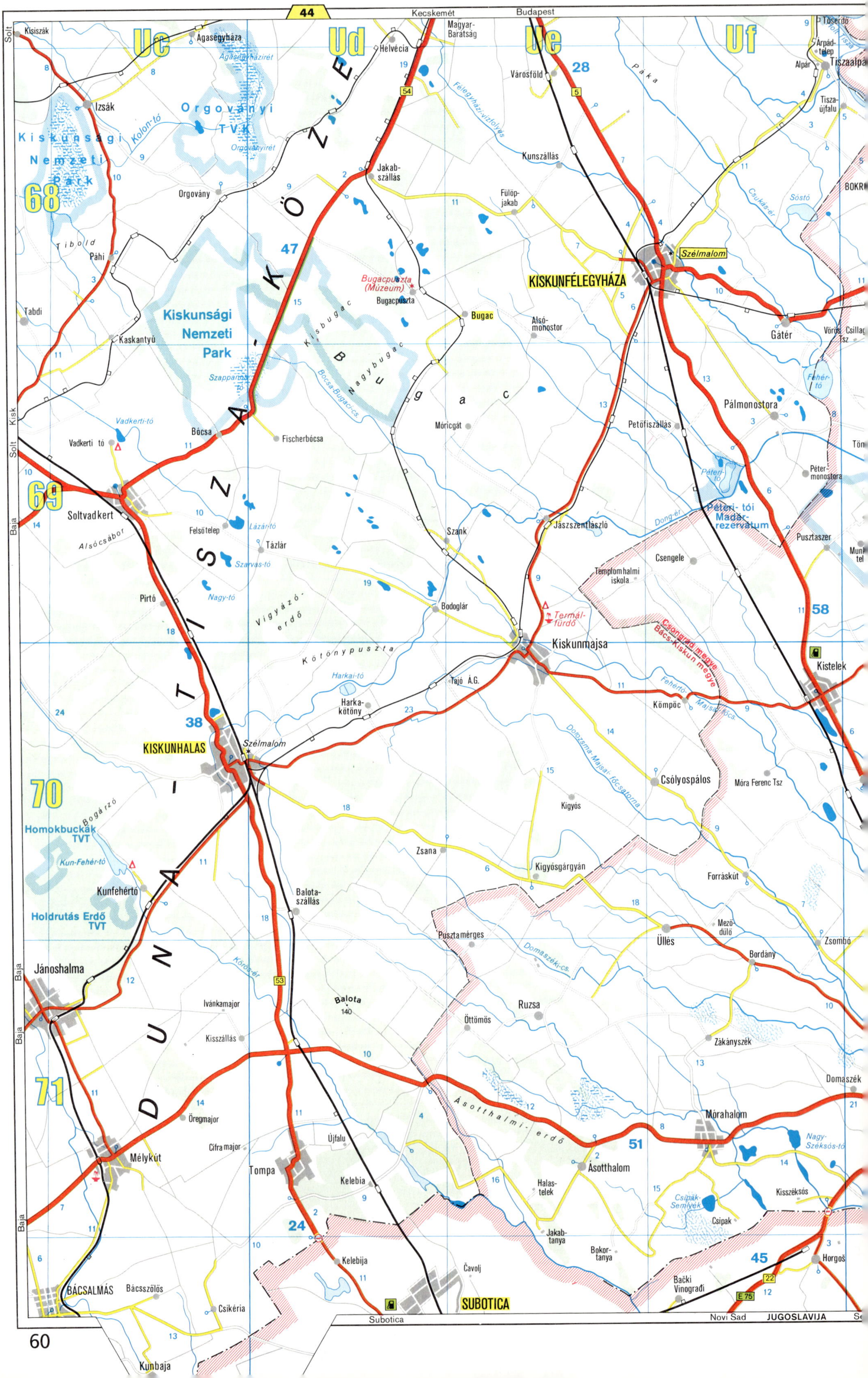

44
Kecskemét
Budapest
Ue
Ud
Ue
Uf
Kisiszák
Agasegyháza
Agasegyházi rét
Helvécia
Magyar-Baratság
Városföld
Tőserdő
Árpád-telep
Alpár
Tiszaalpár
Tisza-újfalu
Izsák
Orgoványi TVK
Kolon-tó
Orgoványi rét
Kiskunsági Nemzeti Park
Orgovány
Jakab-szállás
Kunszállás
Fülöp-jakab
Csukás-ér
Sóstó
BOKR
Tibold
Páhi
DUNA-TISZA KÖZE
Bugacpuszta (Múzeum)
Bugacpuszta
Bugac
Kisbugac
Nagybugac
Bócsa-Bugaci-cs.
Szélmalom
KISKUNFÉLEGYHÁZA
Gátér
Vörös Csillag Tsz
Tabdi
Kaskantyú
Kiskunsági Nemzeti Park
Szappanos-tó
Alsó-monostor
Fehér-tó
Pálmonostora
Móricgát
Petőfiszállás
Vadkerti-tó
Vadkerti tó
Bócsa
Fischerbócsa
Péteri-tó
Péter-monostora
Tömörkény
Soltvadkert
Felsőtelep
Lázár-tó
Tázlár
Szarvas-tó
Szank
Jászszentlászló
Dong-ér
Péteri-tói Madárrezervátum
Pusztaszer
Alsócsábor
Csengele
Templomhalmi iskola
Pirtó
Nagy-tó
Vigyázó-erdő
Bodoglár
Termál-fürdő
Kiskunmajsa
Csongrád megye
Bács-Kiskun megye
Kistelek
Kötönypuszta
Harkai-tó
Harka-kötöny
Tajó Á.G.
Fehértó-Majsai-föcs.
Kömpöc
KISKUNHALAS
Szélmalom
Domaszma-Majsai-főcsatorna
Csólyospálos
Móra Ferenc Tsz
Kigyós
Bogárzó
Homokbuckák TVT
Kun-Fehér-tó
Kunfehértó
Holdrutás Erdő TVT
Zsana
Kigyósgárgyán
Forráskút
Balota-szállás
Pusztamérges
Üllés
Mező-dűlő
Zsombó
Domaszéki-cs.
Bordány
Jánoshalma
Kőrös-ér
Ivánkamajor
Balota 140
Ruzsa
Öttömös
Kisszállás
Zákányszék
Domaszék
Ásotthalmi-erdő
Mórahalom
Öregmajor
Cifra major
Újfalu
Nagy-Széksós-tó
Mélykút
Tompa
Kelebia
Ásotthalom
Halas-telek
Csipak-Semlyék
Kisszéksós
Csipak
Jakab-tanya
Bokor-tanya
Horgoš
Kelebija
Čavolj
Bački Vinogradi
BÁCSALMÁS
Bácsszőlős
Csikéria
SUBOTICA
Subotica
Novi Sad
JUGOSLAVIJA
Kunbaja
Solt
Kisk
Baja

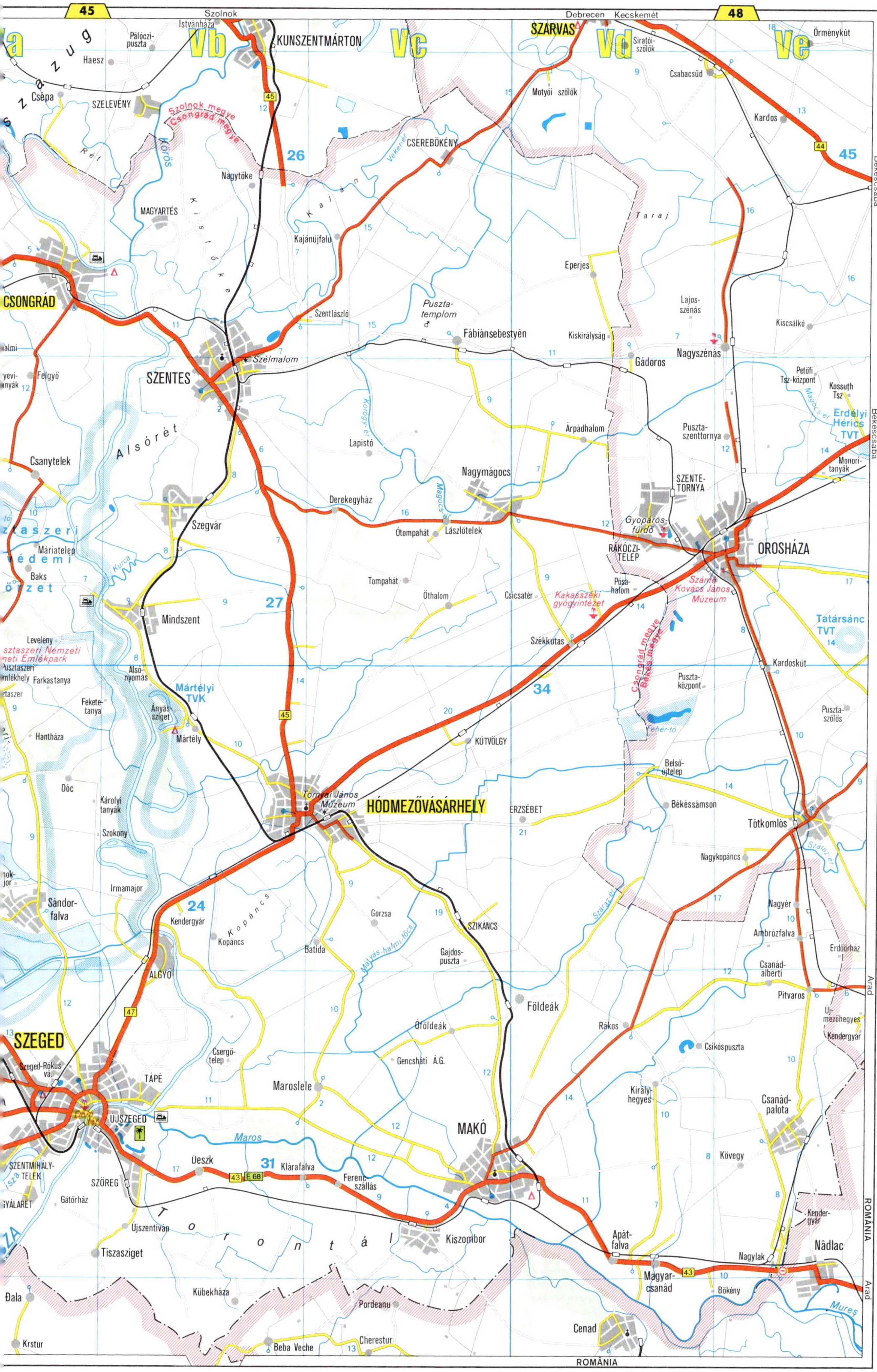

45
Szolnok
Debrecen
Kecskemét
48
Vb
Vc
Vd
Ve
Pálóczi-puszta
Istvánháza
KUNSZENTMÁRTON
SZARVAS
Siratói-szőlők
Örménykút
Haesz
Csépa
SZELEVÉNY
Szolnok megye
Csongrád megye
Körös
Rét
Motyói szőlők
Csabacsűd
CSEREBÖKÉNY
Vekerér
Kardos
Nagytőke
26
44
45
MAGYARTÉS
Kajáni
Kistőke
Taraj
Békéscsaba
Kajánújfalu
Eperjes
CSONGRÁD
Szentlászló
Puszta-templom
Lajos-szénás
Kiscsálkó
Fábiánsebestyén
Kiskirályság
Nagyszénás
Gádoros
Szélmalom
Felgyő
SZENTES
Petőfi Tsz-központ
Kossuth Tsz
Erdélyi Hérics TVT
Alsórét
Lapistó
Árpádhalom
Puszta-szenttornya
Csanytelek
Monori-tanyák
Nagymágocs
SZENTE-TORNYA
Derekegyház
Szegvár
Ótompahát
Lászlótelek
Gyopáros-fürdő
RÁKÓCZI-TELEP
OROSHÁZA
Máriatelep
Baks
Kurca
Tompahát
Póshalom
Szántó Kovács János Múzeum
Öthalom
Csicsatér
Kakasszéki gyógyintézet
27
Mindszent
Tatársánc TVT
Levelény
Ópusztaszeri Nemzeti Emlékpark
Alsó-nyomás
Székkutas
Csongrád megye
Békés megye
Farkastanya
Mártélyi TVK
34
Kardoskút
Fekete-tanya
Anyás-sziget
Puszta-központ
Hantháza
Mártély
KÚTVÖLGY
Fehér-tó
Puszta-szőlős
Dóc
Belső-újtelep
Károlyi tanyák
Tornyai János Múzeum
HÓDMEZŐVÁSÁRHELY
ERZSÉBET
Békéssámson
Tótkomlós
Szokony
Nagykopáncs
Irmamajor
Sándor-falva
Kopáncs
24
Gorzsa
Nagyér
Kendergyár
SZIKÁNCS
Ambrózfalva
Batida
Mátyás-halmi-főcsatorna
Gajdos-puszta
Erdőorház
ALGYŐ
Csanád-alberti
Arad
Pitvaros
Földeák
47
Új-mezőhegyes
Kendergyár
SZEGED
Őföldeák
Rákos
Csikóspuszta
Szeged-Rókus
Csergő-telep
Gencsháti Á.G.
TÁPÉ
Maroslele
Király-hegyes
Csanád-palota
Dóm tér
ÚJSZEGED
Maros
MAKÓ
Kövegy
SZENTMIHÁLY-TELEK
Deszk
31
Klárafalva
43
E 68
SZŐREG
Ferenc-szállás
Gátőrház
Torontál
Újszentiván
Kiszombor
Apát-falva
ROMANIA
Kender-gyár
Tiszasziget
Nagylak
Nădlac
Magyar-csanád
Bökény
Đala
Kübekháza
Pordeanu
Mureş
Cenad
Krstur
Beba Veche
Cherestur
ROMÂNIA

DAS LAND

Im Land der drei Körös-Flüsse

Seit dem 18. Jahrhundert ist das Komitat Békés – zu deutsch *friedlich* – die Heimat von vier Völkerschaften: Slowaken, Deutsche, Rumänen und Ungarn leben hier einträchtig miteinander. Aus Gyula stammen die Vorfahren des Nürnberger Malers und Graphikers Albrecht Dürer.

Békés

Zwar ist das Komitat nach dieser Stadt (*békés* = friedlich) benannt, der Sitz ist jedoch seit 1870 Békéscsaba. Eine – wohltuende – Provinzialität charakterisiert das Städtchen, das einst eine Hochburg des Kalvinismus war. Die barocke reformierte Kirche besitzt eine der größten Orgeln im Land. Hübsch ist die rumänisch-orthodoxe Kirche mit Fresken und einem Marmoraltar. In einem feudalen Bauernhaus wurde ein Museum (Volkskunst, Waffen) eingerichtet. Zum Freizeitangebot gehört ein Thermalbad.

Békéscsaba

Der Sitz des Komitates Békés ist eine für ungarische Verhältnisse junge Stadt, erst im 18. Jh. entstanden. Hier siedelten sich viele Slowaken, Serben, Rumänen und Deutsche an. Sehenswürdigkeiten aus alter Zeit sind rar. Die Kleine Kirche (von 1745) wie auch die Große Kirche (von 1824) sind evangelisch, sie dienen als Stätten von Konzerten. Den Einheimischen bringt das nach dem Romancier Mór Jókai benannte Theater eine willkommene Abwechslung. Kunstfreunde sollten auf keinen Fall versäumen, im Munkácsy-Mihály-múzeum die Bilder dieses Malers zu sehen.

Gyula

Eine musisch anmutende Stadt ist Gyula, nur wenige Kilometer von der rumänischen Grenze entfernt. Die Burg aus dem Jahre 1387, in der ersten Hälfte des 15. Jh. ausgebaut, hat als einzige im Land die türkische Besatzung weitgehend unbeschädigt überstanden. Heute beherbergt diese in Mitteleuropa einzigartige gotische Ziegelburg ein Heimatmuseum. Der Burgteich ist im Sommer der Schauplatz von Freilicht-Burgspielen. Gegenüber liegt in einem Naturschutzpark das Thermalheilbad – eines der schönsten Ungarns. Sehenswert ist im Ort das Geburtshaus von Ferenc Erkel, der als Schöpfer der Nationaloper gilt. Er vertonte auch den Text der Nationalhymne von Ferenc Kölcsey. Im Erkel-Museum erinnert ein Gedenksaal an Albrecht Dürer, dessen Vorfahren aus Gyula stammen. Das ehemalige Schloß Harruckern wird heute als Kindergarten genutzt. Die rumänisch-orthodoxe Kirche mit einer Ikonostase vom Anfang des 19. Jh. ist besonders schön. Ungewöhnlich wirkt die spätklassizistische Synagoge mit einer Vorhalle aus dem Jahre 1845. Ein beliebter Treffpunkt ist das im klassizistischen Stil eingerichtete Caféhaus „Százéves Cukrászda" mit einer kleinen Zuckerbäcker-Werkstatt – trotz des Namens „Hundertjährige Konditorei" schon über 150 Jahre alt, anno 1840 gegründet. – Übrigens kommen aus dieser Stadt die kräftig mit Paprika gewürzten Gyulaer Würste (*Gyulai kolbász*).

Mezőhegyes

Etwa 720 Gebäude, neun Schulen und zwei Kirchen besaß der Ort schon in der k. u. k.- Zeit um die Jahrhundertwende. Das gleichnamige Gestüt setzt nach zweihundert Jahren die Tradition der Züchtung von Pferden der Nonius-Rasse fort. So manch ein „Huszár" ritt auf einem Roß aus Mezőhegyes. Das stilvoll eingerichtete Hotel Nonius ist bei Besuchern aus dem Westen beliebt. Hier ist alles zu sehen, was zum Pusztaleben gehört: Windmühlen, eine Hirtencsárda, ein Forsthaus und *tanya*-Wohngebäude.

Information
Békés Tourist
(Adresse siehe „Reiseinformationen")

Festkalender
Békés und **Tarhos**: Juni bis August: Gleichnamige Musiktage. **Gyula:** im Juli: Opern- und Operettenvorführungen im Burgtheater.

Tips
Gyula: rumänisch-orthodoxe Kirche; bei der Burg im Naturschutzpark ein Thermalschwimmbad. **Mezőhegyes**: Nonius-Gestüt und Hotel. Naturschutzgebiet von **Szabadkígyós**.

Gyula, gotische Ziegelburg (links).

Die berühmten Nonius-Pferde werden in Mezőhegyes gezüchtet (oben links).

Windmühlen in Békéscsaba (oben innen).

63

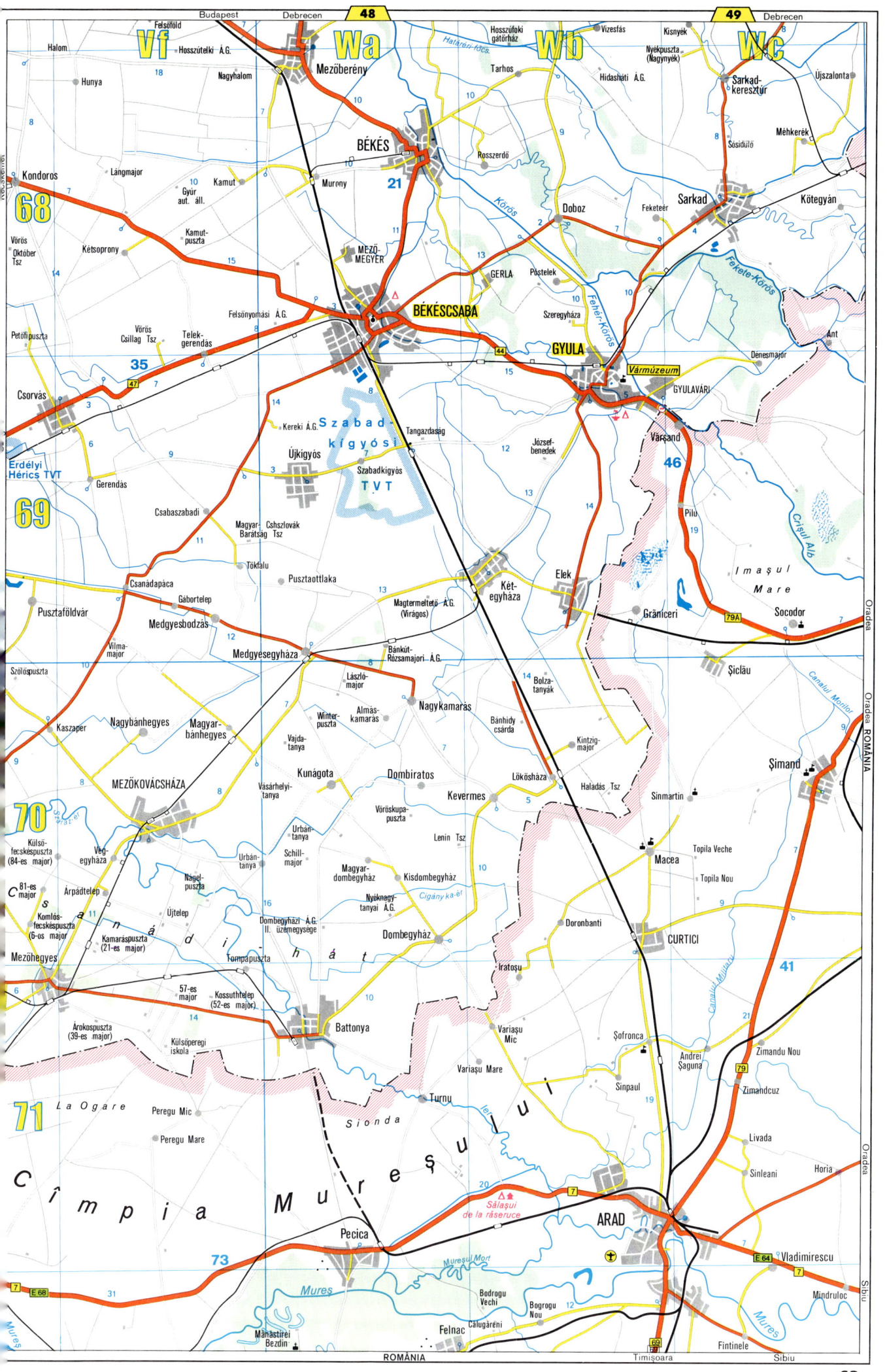

DAS LAND

Hügelland entlang der Drau

Zahlreiche Ortschaften künden mit ihren Namen von der Verbundenheit der alten Ungarn mit der Natur in ihrer Umgebung. Volkstümliche Zeugnisse finden sich in der Region Ormánság. Die Landschaft im Süden brachte viele Künstler hervor oder zog sie in ihren Bann.

Barcs
Entlang der Drau wurde ein 3000 Hektar großes Gebiet unter Naturschutz gestellt, das teilweise für Besucher geschlossen ist. Buchen-, Birken-, Moor- sowie vor allem die Urwacholderwälder wechseln hier mit Fischteichen einander ab. Mehrere in Ungarn vorkommende Pflanzenarten wachsen nur hier. – Im Ort sind zwei Schlösser und das Dráva-múzeum sehenswert. Außerdem zählt ein Thermalbad zum Freizeitangebot.

Drávaiványi
Das Hügelland Südwestungarns und der Fluß Dráva prägen die Landschaft der volkskundlich interessanten **Ormánság**. Im gleichnamigen Museum in **Sellye** wird dem Besucher anhand von Trachten und Volkskunstgegenständen ein Eindruck der Gegend vermittelt. Etwas weiter südlich ist in der reformierten Kirche von Drávaiványi (1792) eine wunderbare Kassettendecke aus fast 170 Teilen mit volkstümlich gestalteten religiösen und weltlichen Ornamenten sowie reichverziertem Blattwerk zu sehen.

Ibafa
Ein Museum nicht nur für Raucher ist das Pfeifenmuseum in diesem kleinen Ort im Komitat Baranya mit dem Namen Ibafa. – Auf den Landkarten fallen die vielen Namen mit der Endung *-fa* (im Ungarischen *Baum*) auf. Eine Zusammenstellung der heute noch gebräuchlichen Ortsnamen mit dieser Endung könnte veranschaulichen, wie natur- und landschaftsverbunden die „alten Ungarn" lebten. Es gibt weit über hundert Orte mit dem *Baum* im Namen, die Skala reicht von Unsere-Liebe-Frau-Baum, anderen Heiligenfiguren, über Vornamen, Berufe und Tiergattungen (Kammgeierbaum) bis hin zu so ausgefallenen und kuriosen Verbindungen wie Schwiegerbaum, Schwundbaum oder Krähwinkelbaum.

Kaposvár
Kaposvár, Sitz des Komitats Somogy, entwickelte sich im Verlauf des vorigen Jahrhunderts aus einer Dorfsiedlung zu einer Handelsstadt, später zu einem wichtigen Lebensmittelindustriezentrum mit heute rund 74 000 Einwohnern. Seit dem 14. Jh. stand hier eine Burg. Wesentlich älter soll die ehemalige Benediktinerabtei sein, deren Ruinen restauriert wurden; sie wurde angeblich im Jahre 1061 gegründet. Um 1300 wurde sie im gotischen Stil umgebaut, wovon allerdings nur Ausgrabungsreste zeugen. Heute überwiegen im Zentrum klassizistische, romantische und Jugendstil-Bauformen. Im Rippl-Rónai-Museum werden eine reichhaltige volkskundliche Sammlung sowie Werke des im Jahre 1861 in Kaposvár geborenen spätimpressionistischen Malers József Rippl-Rónai gezeigt. Auch sein ehemaliges Wohnhaus enthält eine Bildergalerie. Nach einem anderen Maler ist das Kunffy-Haus benannt. Zerstreuung bietet das traditionsreiche Theater *Csiky Gergely Színház*, das vor dem Ersten Weltkrieg (1911) im Sezessionsstil erbaut wurde. Ein beliebtes Volksfest ist der Kaposvárer Fasching, ganz besonders der Dorottya-Ball.

Szenna
Während sich der prunkvolle Lebenstil des Adels im Bau von repräsentativen Schloßanlagen äußerte, zeigte sich die Kunst des Volkes viel schlichter, wenn auch wesentlich farbiger: Die um 1785 vollständig bemalte Kassettendecke der Kirche von Szenna ist ein herausragendes Beispiel solcher Volksarchitektur. Nur 8 km von Kaposvár entfernt, lohnt diese wunderbare Barockkirche mit ihrer bemalten Holzdecke und einem kunstvoll geschnitzten Altar aus dem 18. Jh. einen Umweg. Außerdem ist das Freilicht-Dorfmuseum (*Skanzen*) sehenswert. Interessant sind die slawischen Einflüsse.

Information
Mecsek Tourist
Siotour
(Adressen siehe „Reiseinformationen")

Festkalender
Kaposvár: Februar/März: Dorottya-Faschingsball.

Tips
Drávaiványi: barocke Kirche von 1792 mit 167 Holzdeckenkassetten. In **Szigetvár** Denkmäler aus der Türkenzeit. Wanderungen in der **Ormánság**. Thermalbäder. **Szenna**: Freilichtmuseum (*Skanzen*) mit Gebäuden ländlicher Architektur.

Kaposvár, Fassade der Pädagogischen Hochschule (rechts).

Kaposvár, Mosaik der Krönungszeremonie in der katholischen Kirche am Kossuth tér (oben).

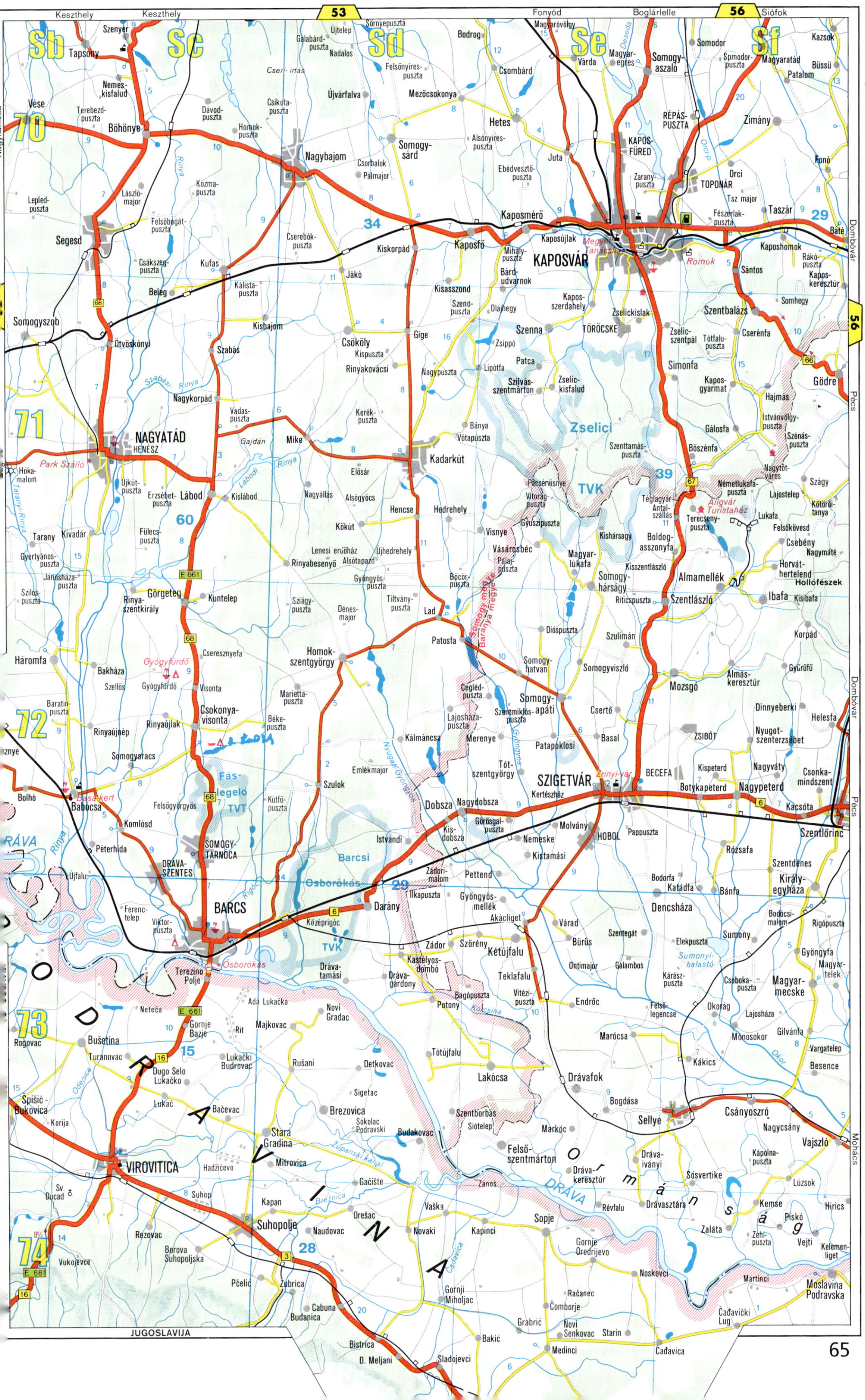
Keszthely
Keszthely
53
Fonyód
Boglárlelle
56
Siófok
Sb
Sc
Sd
Se
Sf
70
71
72
73
74
Szenyér
Tapsony
Nemes-kisfalud
Vése
Terebezd-puszta
Böhönye
Dávod-puszta
Homok-puszta
Csikota-puszta
Galabárd-puszta
Nadalos
Újtelep
Sörnyepuszta
Cseri- irtás
Felsőnyires-puszta
Újvárfalva
Mezőcsokonya
Bodrog
Csombárd
Hetes
Magyaróvölgy
Várda
Magyar-egres
Somogy-aszaló
Somodor
Somodor-puszta
Magyaratád
Kazsok
Büssü
Patalom
Zimány
Répás-puszta
Kapos-füred
Desedu
Orci
Toponár
Tsz major
Fonó
Taszár
Fészerlak-puszta
Bate
Dombóvár
Kaposhomok
Rákó-puszta
Kapos-keresztúr
Sántos
Somhegy
Szentbalázs
Cserénfa
Gödre
Pécs
Nagybajom
Somogy-sárd
Csorbalok
Pálmajor
Alsónyires-puszta
Ebédvesztő-puszta
Juta
Zarany-puszta
Kaposmérő
Kaposfő
Kaposújlak
KAPOSVÁR
Megyei Tanács
Romok
Mihály-puszta
Bárd-udvarnok
Kiskorpád
Jákó
Kisasszond
Szeno-puszta
Olajhegy
Kapos-szerdahely
Zselickislak
Töröcske
Szenna
Zsippó
Zselic-szentpál
Tótfalu-puszta
Simonfa
Patca
Lipótfa
Szilvás-szentmárton
Zselic-kisfalud
Kapos-gyarmat
Hajmás
Istvánvölgy-puszta
Szénás-puszta
Gálosfa
Bőszénfa
Zselici
Szenttamás-puszta
TVK
39
Nagytót-város
Szágy
Németlukafa-puszta
Lajostelep
Kőtörői-tanya
Aligvár Turistaház
Lukafa
Felsőkövesd
Csebény
Nagymáté
Horvát-hertelend
Hollófészek
Ibafa
Kisibafa
Almamellék
Szentlászló
Korpád
Gyűrűfű
Almás-keresztúr
Mozsgó
Dinnyeberki
Helesfa
Zsibót
Nyugot-szenterzsébet
Kispeterd
Nagyvátý
Csonka-mindszent
Botykapeterd
Nagypeterd
Kacsóta
Szentlőrinc
Lepled-puszta
László-major
Közma-puszta
Segesd
Felsőbogát-puszta
Csákszeg-puszta
Kufas
Cserebók-puszta
Beleg
Kálista-puszta
Somogyszob
Kisbajom
Ötvöskónyi
Szabás
Csököly
Kispuszta
Rinyakovácsi
Gige
Nagypuszta
Szabási-Rinya
Nagykorpád
Vadas-puszta
Kerék-puszta
Bánya
Vótapuszta
NAGYATÁD
HENÉSZ
Park Szálló
Hóka-malom
Gajdán
Mike
Kadarkút
Előság
Újkút-puszta
Erzsébet-puszta
Lábod
Kislábod
Nagyállás
Alsógyócs
Hencse
Hedrehely
Pásservisnye
Vitorág-puszta
Teglagyár
Antal-szállás
Terecseny-puszta
Tarany
Kivadár
Fülecs-puszta
Kökút
Visnye
Gyuszipuszta
Kishársagy
Boldog-asszonyfa
Gyertyános-puszta
Lenesi erdőház
Újhedrehely
Vásárosbéc
Magyar-lukafa
Kisszentlászló
Jánosháza-puszta
Rinyabesenyő
Alsótapazd
Palaj-puszta
Böcör-puszta
Somogy-hárságy
Szilos-puszta
Görgeteg
Kuntelep
Szágy-puszta
Gyöngyös-puszta
Tiltvány-puszta
Riticspuszta
Rinya-szentkirály
Dénes-major
Lad
Somogy megye
Baranya megye
Diospuszta
Patosfa
Szulimán
Háromfa
Cseresznyefa
Homok-szentgyörgy
Somogy-hatvan
Somogyviszló
Bakháza
Szellős
Gyógyfürdő
Visonta
Mariettа-puszta
Cegléd-puszta
Somogy-apáti
Csertő
Baratin-puszta
Csokonya-visonta
Béke-puszta
Szentmiklós-puszta
Lajosháza-puszta
Rinyaújnép
Rinyaújlak
Kálmáncsa
Merenye
Basal
Patapoklosi
Somogyaracs
Fás-legelő
TVT
Emlékmajor
Tót-szentgyörgy
Szulok
SZIGETVÁR
Zrínyi-vár
Kertészház
Becefa
Bolhó
Babócsa
Basarkert
Felsőgyörgyös
Kútfő-puszta
Dobsza
Nagydobsza
Görösgal-puszta
Molvány
Hobol
Pappuszta
Komlósd
Kis-dobsza
Istvándi
Nemeske
Kistamási
Rózsafa
Drava
Péterhida
Somogy-tarnóca
Dráva-szentes
Barcsi
Osborókás
Zádori-malom
Pettend
Bodorfa
Katádfa
Bánfa
Szentdénes
Király-egyháza
Újfalu
Ilkapuszta
Gyöngyös-mellék
Dencsháza
Ferenc-telep
BARCS
Középrigóc
Darány
Akácliget
Várad
Bodócsi-malom
Rigópuszta
Viktor-puszta
Bürüs
Szentegát
Elekpuszta
Sumony
Gyöngyfa
Zádor
Szörény
Kétújfalu
Magyar-telek
Kastélyos-domb
Ontimajor
Gálambos
Sumonyi-halastó
Terezino Polje
Ósborókás
Dráva-tamási
Dráva-gárdony
Teklafalu
Csoboka-puszta
Kárász-puszta
Magyar-mecske
Bagópuszta
Ada Lukačka
Vitéz-puszta
Endrőc
Felső-legence
Okorág
Neteča
Potony
Lajosháza
Novi Gradac
Gornje Bazje
Majkovac
Rit
Marócsa
Monosokor
Gilvánfa
Rogovac
Bušetina
Turanovac
Lukački Budrovac
Tótújfalu
Vargatelep
Dugo Selo Lukačko
Rušani
Detkovac
Lakócsa
Drávafok
Kákics
Besence
Okor
Odenica
Sigetac
Bogdása
Spišić-Bukovica
Lukač
Bačevac
Brezovica
Szentborbás
Siótelep
Markóc
Sellye
Csányoszró
Nagycsány
Vajszló
Korija
Stara Gradina
Sokolac Podravski
Budakovac
Felső-szentmárton
Dráva-iványi
Kápolna-puszta
Mohács
VIROVITICA
Hadžićevo
Mitrovica
Županski kanal
Dráva-keresztúr
Sósvertike
Lúzsok
Sv. Đurađ
Suhop
Gačište
Žanos
Ormánság
Kemse
Hirics
Kapan
Brežnica
Vaška
Révfalu
Drávasztára
Piskó
Rezovac
Suhopolje
Naudovac
Orešac
Novaki
Kapinci
Sopje
Zaláta
Zehi-puszta
Vejti
Kelemen-liget
Borova Suhopoljska
Vukojevce
Čađavica
Gornje Predrijevo
Noskovci
Martinci
Moslavina Podravska
Pčelić
Zubrica
Gornji Miholjac
Račanec
Čomborje
Cabuna
Budanica
Grabrić
Novi Senkovac
Starin
Čađavički Lug
Bistrica
D. Meljani
Bakić
Medinci
Čađavica
Sladojevci
JUGOSLAVIJA
DRAVA
PODRAVINA
34
29
60
28
15
E 661
68
66
67
6
16
3

DAS LAND

Rund um das Mecsek-Gebirge

Südländisch muten viele Winkel am Fuße des Mecsek-Gebirges an. Hier finden sich noch Spuren aus türkischer Zeit, aber auch Spuren der Landkultivierung durch Ungarndeutsche nach dem Abzug der Türken. In Mecseknádasd stellt ein Museum die deutschsprachige Minderheit vor.

Baja
Baja ist eine typische südungarische Kleinstadt, die zwar keine herausragenden Sehenswürdigkeiten besitzt, aber um so mehr durch eine liebenswürdige Atmosphäre gewinnt. Landesweit einmalig in seiner Anordnung ist der trapezförmige Hauptplatz, der von palaisartigen Bauten und großbürgerlichen Häusern gesäumt wird – mit einer Öffnung zum Fluß Sugovica hin. Sehenswert sind die beiden barocken, serbisch-orthodoxen Kirchen sowie die Pfarrkirche St. Peter und Paul, im Jahre 1765 errichtet. Ein Beispiel gelungener, bürgernaher Restaurierung bietet die Umgestaltung der einstigen Synagoge zu einem Kulturzentrum mit Konzertmöglichkeiten und einer anregenden Bibliothek. Nebenbei: Im Schrein des Großen Saals werden alte Thorarollen aufbewahrt; bei Interesse werden sie auch gezeigt. – Bajas bekanntester Bürger war István Türr, dessen Namen ein Museum mit einer lehrreichen Ausstellung zum Fischereiwesen trägt. Türr war nicht nur Garibaldis Flügeladjutant, er gilt bei den Ungarn auch als einer der Anreger des Panamakanalbaus und des Kanals von Korinth. Den Anschauungsunterricht für seine Pläne fand er daheim, in der Donauhafenstadt, die vor dem Ausbau der Eisenbahn ein wichtiges Handelszentrum für Getreide und Verladehafen für Holz (aus dem Gemencer Wald) war. Baja wird als Anglerparadies geschätzt. Die Petőfi-Insel ist ein großes Sport- und Freizeitzentrum.

Bátaszék
In der Kapelle des heiligen Johannes aus dem Jahre 1718 wurde der Taufstein aus einem islamischen Waschbecken angefertigt. Interessant sind die Kalvarienfiguren auf dem Friedhof.

Hajós
Der Besuch von Heuers, wie die von deutschen Siedlern gegründete Gemeinde ursprünglich heißt, endet meist in den zweihundert Jahre alten Winzerhäusern, wo zünftige Weinkostproben stattfinden. Im Ort selbst ist ein renovierter Kalvarienberg durchaus sehenswert. Das barocke Schloß aus dem Jahre 1739 dient heute als Grundschule. Hajós ist übrigens die Partnerstadt von Hirrlingen in Württemberg.

Harkány
Im gleichen Jahr wie die reformierte Kirche (1802) entstand auch das klassizistische Badehaus, das inzwischen restauriert wurde. Bad Harkány blickt auf eine über zweihundertjährige Tradition zurück; nur das Publikum hat sich gewandelt. Heute sind öfters serbokroatische und österreichische Laute zu hören als ungarische...

Mecseknádasd
Bis 1951 hieß die Gemeinde noch Püspöknádasd (*püspök* = Bischof), weil hier im 18. Jh. der Palast eines Fünfkirchner Bischofs errichtet wurde. Ein alter Kornspeicher und die Johanneskapelle sind neben der Stephanskirche aus dem 14. Jh. die Sehenswürdigkeiten. Recht anschaulich ist die Ausstellung der ungarndeutschen Minderheit in einem renovierten Bauernhaus. Sie wurde durch Privatinitiative ermöglicht und ist neben dem Museum in Tata die wichtigste dieser Art.

Winzerhäuser in Villánykövesd (links oben).

Skulpturenpark bei Villány in Nagyharsány (links unten).

Burg Siklós (Mitte).

Einst Moschee mit Minarett – nun evangelische Kirche in Palkonya (rechts oben innen).

Heiligenfiguren, wie diese in Baja, haben schon einige Epochen überdauert (rechts oben Mitte).

RUND UM DAS MECSEK-GEBIRGE

Mohács
Im Stadtbild der Donauhafenstadt deutet nichts mehr auf die zur Legende gewordene Mohácser Schlacht im Jahre 1526 hin: Nur einige Funde der Ausgrabungen sind im städtischen Museum zu sehen. Die wunderschön angelegte, parkähnliche Gedenkstätte Sátorhely (7 km entfernt) versucht mit Holzfiguren, ein Bild des Geschehens vor einem halben Jahrtausend zu vermitteln, das manche Historienschreiber noch heute beschäftigt. *Mohács* wurde den Ungarn zur Metapher für Niederlagen und die daraus resultierende Unterdrückung. Man sagte Türken – und meinte nach 1945 oft die Sowjets. – Mohács war einst eine römische Siedlung, im Mittelalter ein wichtiger Marktflecken. Später, als sich die Dampfschiffahrt zu entwickeln begann, wuchs die Bedeutung als Verkehrs-, Handels- und Industriestadt. Bei dieser Geschichte ist es erstaunlich, daß nur einzelne herausragende Sehenswürdigkeiten geblieben sind: das ehemalige Bischofspalais, das heute als Gymnasium dient, sowie einige Barockkirchen, von denen die serbisch-orthodoxe Kirche die interessanteste ist. Am letzten Faschingssonntag gibt es einen von Tausenden begleiteten Umzug mit anschließendem Treiben – *busójárás*. Eine Städtepartnerschaft besteht mit Bensheim an der Weinstraße.

Östlicher Mecsek – Naturschutzgebiet
Zwar wachsen auch fast alle einheimischen Baumarten auf diesem 10 000 Hektar großen Gelände an der Gemarkung der zwei Komitate Baranya und Tolna, aber man findet hier zudem Pflanzen der mediterranen Welt – so die Italienische Maiblume, das Affen-Knabenkraut, Güldenkerbel, die Banater Pfingstrose und den Kaukasischen Gemswurz. In der Felsenlandschaft kommen Silberlinden und Hocheschen, am Hang des Zengő-Berges auch Edelkastanien vor. 75 Vogelarten wurden beobachtet – darunter Schwarzspechte, Steindrosseln und Bergstelzen.

Pécs
Siehe „Die Städte"

Pécsvárad
Neben der Allerheiligenkapelle, deren Fassadenturm noch aus dem 12. Jh. stammt, sind die Reste einer Burgbefestigung und einer mittelalterlichen Benediktinerabtei sehenswert. Ein Hotel in der Burganlage läßt die Gäste einen Hauch vergangener Zeiten spüren.

Siklós
Es wäre nicht Ungarn, wenn die unversehrte Burg (mit zünftigem Kellerrestaurant) aus dem 14./15. Jh. nicht einen Superlativ beanspruchen würde: Sie ist die einzige im Land, die seit ihrer Errichtung ständig bewohnt blieb. Unterhalb der Burg liegt die gotische Franziskanerkirche, unweit davon die serbisch-orthodoxe Kirche aus dem 18. Jh. Aus dem 16. Jh. stammt die Moschee, die im Atrium des Kulturhauses zu finden ist.

Villány
Wieland – so heißt der Ort seit seiner Gründung im 18. Jh. bei den deutschen Siedlern – ist eines der Weinanbauzentren Südwestungarns. Vor einigen Jahren wurde durch einen verheerenden Eisregen fast der gesamte Bestand an Weinstöcken vernichtet. Ein herber Schlag nicht nur für das industriell fertigende Weinbaukombinat in Pécs, sondern auch für die vielen Privatwinzer, für die eine Zusatzeinnahmequelle versiegte. Im benachbarten **Villánykövesd** sollte man sich eine Zweierreihe von alten, guterhaltenen, teilweise renovierten Weinkellern anschauen. Für Kunstfans: Außerhalb des Ortes kann man in einem Steinbruch durch einen Skulpturenpark spazieren und dabei den internationalen Künstlern bei der Arbeit über die Schultern schauen.

Information
Mecsek Tourist
Pusztatourist
Tolna Tourist
(Adressen siehe „Reiseinformationen")

Festkalender
Mohács: *Busójárás* - letztes Faschingswochenende mit Karnevalsumzug, Volkskunstmarkt. **Sátorhely**: 29. August: Gedenkfeier an die Mohácser Schlacht von 1526. **Pécs:** Juni bis August: Pécser Sommerfestspiele. Herbst/Winter: Orgelkonzerte im Dom. In verschiedenen Orten Weinlesefestivitäten.

Tips
Thermalheilbad Gunaras bei **Dombóvár**. **Orfű**: Mühlenmuseum. Naturschutzgebiet um die Höhle von **Abaliget**.

56
Sárbogárd
Siófok
Szekesf
Ta
Tb
Tc
Td
70
71
72
73
74
Nak
Nosztány
Inám-puszta
Kis-Kondai-halastavak
Felső-hetény
Cserepes-puszta
Gölle
Kisgyalán
Alsóhetény-puszta
Mászlony
Deseda-tározó
Szentiván-puszta
DOMBÓVÁR
Attala
Csoma
Kaposzpula
Nagyberki
Szabadi
Baté
Mosdós
Kisberki
Rákóczi-kastély
Homokmajor
Gólyavár
Kaposszekcső
Kercseliget
Szalacskai erdőőrház
Dániel-tanya
Jágónak
Vásárosdombó
Margit-major
Ódombó
Meződ
Meződi puszta
Zselic
Baranyajenő
Gödre-szentmárton
Baranya-szentgyörgy
Palé
Sásd
Hörnyék
Gyümölcsény
Ikotintanya
Mindszent-godisa
Tormás
Boródpuszta
Vázsnok
Felső-egerszeg
Varga
Tarrós
Tékes
Gerényes
Ág
Kisvaszar
Hegyhát
Vöröségyháza
Alsóleperd
Kétvizközi tanya
Nagykonda
Szarvasd
Kurd
Csibrák
Cservölgy
Halálosmalom
Düzs
Szállaspuszta
Kapos
Csurgópuszta
Döbrököz
Gunarasfürdő
Erdészlak
Raffaitanya
Györgyipuszta
Szalaytanya
Kis puszta
Nagyhajmás
Miklósmajor
Mekényes
Lengyel
Mucsi
Sándormajor
Szállás-major
Hertelend-puszta
Grízenvald
Kalaznó-puszta
Murga
Felsőnána
Kéty
Ódány-puszta
Tevel
Závod
Hidasi-víz
Kisvejke
Nagyvejke
Kisdorog
Bonyhád-varasd
TABÓD
Tabód-szerdahely
Zomba
Alsópatlan
Janyapuszta
Farkasvölgy
Andormajor
Harc
Sióagárd
Szentgál-puszta
Lencsepuszta
Szemeti-csárda
Medina
Mucsfa
Kakasd
Széptölgyes
Sötét-völgy
Bonyhád-szerdahely
Ladomány
Óriás-h.
Csikóstőttős
Magocs
Völgység
Köveskútitanya
Szárász
Egyházas-kozár
Bikal
Alsó-mocsolád
Hegyhát-maróc
Győzsán-tanya
Győrepuszta
Izmény
Aparhant
Csöcske-puszta
BONYHÁD
Tófű
Szalatnak
Köblény
Györe
Nagymányok
MAJOS
Istvánmajor
Hőnigpuszta
Börzsöny
Gráboc
Kismányok
Hidas
Mőcsény
Szálka
Alsónána
Magyaregregy
Kárász
Vékény
Nyárádi turistaház
Váralja
Máza-szászvár
Tolna megye
Baranya megye
Lukactelep
Liget
Mecsek-pölöske
Kisbattyán
Máre-csárda
Várvölgytelep
Várlajai erdészház
Dobogó
Mecsek-nádasd
Berekalja-puszta
Cikó
Palatinca
Zsibrik
Kismórágy
Várd
Ófalu
Halászcsárda
Máre-vár
Krémertanya
Réka-vár
Óbánya
Kelet-Mecsek
Bátapáti
Mórány
Vitéztelep
Oroszló
Szatina
Bakóca
Kishajmás
Kisbeszterce
Kishertelend
Schmelzer-malom
Magyarszék
KOMLÓ
Kisújbánya
Vadász-csárda
Rudicspuszta
Üveghuta
Kiskővesd
Bodolyabér
Karácodfa
Képes-puszta
Szent-katalin
Husztót
Herman O.-tó
Kovács-szénája
Magyar-hertelend
Mecsek-szakál
Barátúr
SIKONDA
MÁNFA
BUDAFA
ZOBAK-PUSZTA
Arborétum
Püspök-szentlászló
Zengő-várkony
Zengő
Mecsek TVT
Apátvarasd
Puszta-kisfalu
Erdősmecske
István-kunyhó
Leperdpuszta
Kán
Szabadság-major
Okorvölgy
Tekeres
Pécsi-tó
Vágotpuszta
Bános
Petőfiakna
Hosszú-hetény
Pécsvárad
Vár-múzeum
Lovász-hetény
Feked
Cigánytelep
Véménd
Gorica
Abaliget
Mecsekrákos
Kadosa-múzeum
Meleg-mányi völgy TVT
Józsefháza
Rückerakna
VASAS
Hetvehely
Orfű
Malom Múzeum
Kozári-vadászház
SOMOGY
Nagy-pall
Fazekasboda
Karasica
Szebény
Kisgeresd
Palotabozsok
Bükkösd
Szentdomján
Erdészlak
Mecsek
Castrum
Vidám Park
Műemlék-templomrom
MECSEK-SZENTKÚT
Martonfa
Szilágy-puszta A.G.
Szilágy
HIRD
Pereked
Erzsébet
Kékesd
Geresdlak
Szűr
Cserdi
Boda
Bakonya
Kővágó-szőlős
Kővágó-tőttős
PÉCS
Misina
Dóm tér
Bogád
Romonya
Himesháza
Somberek
Malom
Markó-csárda
Cserkút
Fenyős-puszta
Berkesd
Szellő
Maráza
Táncsics-tanya
Gőrcsöny-doboka
Szentlőrinc
NAGY-ÁRPÁD
Nagykozár
Kátoly
Erdősmárok
Ellend
Bajermalom
Liptód
Kisnyárád
Székely-szabar
Tarcsapuszta
Pellérd
Újtelep
Szentkút-puszta
Kozár-misleny
Magyar-sarlós
Hásságy
Mária-kéménd
Vaskapu
FELSŐMEZŐ
Bicsérd
Pázdány
Baranyai-dombság
Szabad-szentkirály
Zók
Aranyos
Keszü
Pécsudvard
Szemely
Józsefmajor
Pekemüle
Olasz
Monyoród
Lánycsók
MOHÁCS
Gadány
Gyód
Kökény
Lothárd
Szederkény
Versend
Szajk
Babarc
Gerde
Pécsbagota
Keresztes-puszta
Biriján
Téglagyár II.
Ottmajor
Pogány
Gyulapuszta
Bácsfa-puszta
Velény
Görcsöny
Regenye
Egerág
Belvárd-gyula
Peterd
Békáspuszta
Bóly
Lajosmajor
Baksa
Szilvás
Szőke
Szőkéd
Kisherend
Pécsdevecser
Kisasszonyfa
Téseny
Bosta
Németi
Kiskassa
Mohácsi Történelmi Emlékhely
Kisder
Szalánta
Áta
Újpetre
Nagybudmér
Szíebertpuszta
Nagynyárád
Sátorhely
Ózdfalu
Ócsárd
Ivánszőlős
Borjád
Újistálló-puszta
Tengeri
Siklós-bodony
Alsó-egerszeg
Garé
Katalinpuszta
Alsómalom
Grécipuszta
Radaháza
Borzatanya
Bogád-mindszent
Monyorósd
Hegy-szentmárton
Babarc-szőlős
Túrony
Bisse
Kistót-falu
Vokány
Iván-battyán
Kisbudmér
Kisjakab-falva
Tőttős
Majs
Udvar
Pócsa
Szava
Csarnóta
Pogány-víz
Palkonya
Villány-kövesd
Szentmárton-puszta
Ormány-puszta
Pápréd
Alsószentmárton
Villányi-hegység
Tenkes
MÁRIAGYŰD
Erdészlak
Alsópalaj-puszta
Szekerek-puszta
Kiságpuszta
Sámod
Túskés
Diósviszló
Rádfalva
Kórós
Villány
Virágos
Bormúzeum
Márok
Erdőföld-puszta
Adorjás
Márfa
Nagytótfalu
Kisharsány
Szoborpark
Szársomlyó
Lippó
Bezedek
Baranya-hidvég
Drávapiski
Dráva-szerdahely
Harkány
SIKLÓS
Sáripuszta
Nagyharsány
Magyarbóly
Sárok
Kneževo
Hirics
Dráva-csepely
Kovács-hida
Ipacsfa
Császárhomok
Kis-szentmárton
Kémes
Szaporca
Cún
Tésenfa
Drávacsehi
Dráva-szabolcs
Egyházas-harasztí
Siklós-nagyfalu
Kistapolca
Püspökbóly
Lapáncsa
Kislippó
Ivándárda
Popovac
Dráva-palkonya
Matty
Ó-Dráva-Meder
Ó-Dráva-Meder TVK
Mailáth-puszta
Ilmapuszta
Donji Miholjac
Gordisa
Alsó-szentmárton
Old
Beremend
Idamajor
Karasica
Illocska
Branjin Vrh
Dráva
Viljevo
Žestilovac
Ribnjak
DRÁVA
Gátőrház
Keselyősfa-puszta
Gyűrűs-puszta
Tótokföldje
Livada-puszta
Kásád
Lúc
Šumarina
Beli Manastir
Torjánci
Baranjsko Petrovo Selo
Đurađ
Podravski Podgajci
Torjanski rid
Novi Bezdan
Sarajevo
JUGOS
Nagykanizsa
Barcs
E 73
17-2

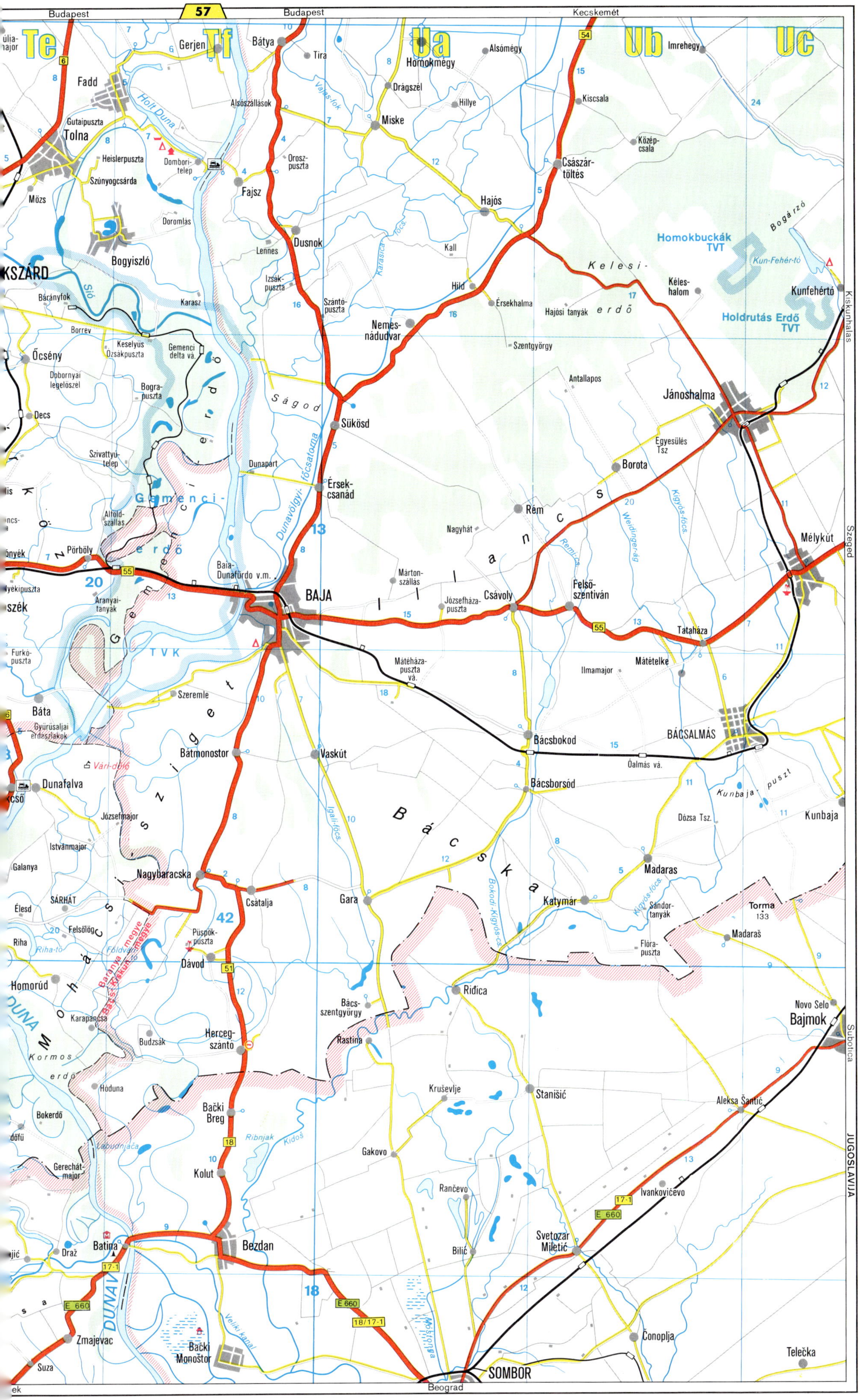
57
Budapest
Budapest
Kecskemét
Te
Tf
Ua
Ub
Uc
Gerjen
Bátya
Tira
Homokmegy
Alsómégy
Imrehegy
Fadd
Holt Duna
Alsószállások
Drágszél
Hillye
Kiscsala
Gutaipuszta
Tolna
Miske
Közép-
csala
Heislerpuszta
Dombori-
telep
Orosz-
puszta
Császár-
töltés
Szúnyogcsárda
Fajsz
Hajós
Mözs
Doromlás
Bogyiszló
Lennes
Dusnok
Kall
Homokbuckák
TVT
Bogárzó
Kun-Fehér-tó
KSZÁRD
Izsák-
puszta
Hild
Kelesi-
erdő
Bárányfok
Sió
Karasz
Szántó-
puszta
Érsekhalma
Hajósi tanyák
Kéles-
halom
Kunfehértó
Holdrutás Erdő
TVT
Borrev
Keselyus
Ózsákpuszta
Gemenci
delta vá.
Nemes-
nádudvar
Szentgyörgy
Kiskunhalas
Őcsény
Dobornyai
legelőszel
Bogra-
puszta
Antallapos
Jánoshalma
Decs
Ságod
Sükösd
Egyesülés
Tsz
Szivattyú-
telep
Dunapart
Borota
Gemenci
Érsek-
csanád
Dunavölgyi-főcsatorna
Rém
Weidinger-ág
Kígyós-főcs.
Alföld-
szállás
Nagyhát
Mélykút
Szeged
Pörböly
erdő
Baja-
Dunafürdő v.m.
Márton-
szállás
Remi-cs.
Felső-
szentiván
BAJA
Józsefháza-
puszta
Csávoly
Aranyai-
tanyak
Tataháza
Furkó-
puszta
TVK
Mátéháza-
puszta
vá.
Ilmamajor
Mátételke
Szeremle
Báta
Gyürüsaljai
erdészlakok
Bácsbokod
BÁCSALMÁS
Batmonostor
Vaskút
Óalmás vá.
Vári-dűlő
Bácsborsód
Dunafalva
Kunbaja-puszt
Józsefmajor
Bácska
Dózsa Tsz.
Kunbaja
Istvánmajor
Galanya
Nagybaracska
Igali-főcs.
Madaras
Sárhát
Csátalja
Gara
Bokodi-Kígyós-cs.
Katymár
Torma
Élesd
Kígyós-főcs.
Sándor-
tanyák
Madaraš
Felsőlőg
Riha
Riha-tó
Földvári-tó
Püspök-
puszta
Baranya megye
Bács-Kiskun megye
Flóra-
puszta
Dávod
Homorúd
Riđica
Duna
Mohácsi-sziget
Karapancsa
Bács-
szentgyörgy
Novo Selo
Bajmok
Herceg-
szántó
Subotica
Budzsák
Rastina
Kormos
erdő
Hoduna
Kruševlje
Stanišić
Aleksa Šantić
Bokerdő
Bački
Breg
Ribnjak
Kidoš
Labudnjača
Gakovo
Gerechát-
major
Kolut
Rančevo
Ivankovićevo
JUGOSLAVIJA
Batina
Draž
Bezdan
Bilić
Svetozar
Miletić
DUNAV
Veliki kanal
Mostonga
Bački
Monoštor
Čonoplja
Zmajevac
Telečka
Suza
SOMBOR
Beograd
E 660
17-1
18/17-1
51
55
54
6
18

DIE STÄDTE

Eine Welt für sich ist Budapest. Die ungarische Metropole ist so ganz anders als die Provinz. Dort sind die Städte – obwohl auch sie ein Jahrtausend Geschichte und mehr erlebten – von barocken Bauwerken geprägt. Nur einzelne Spuren hinterließen die Römer und die Türken. Später wurde das Erscheinungsbild vom Klassizismus, vom historisierenden Stil der Jahrhundertwende und gelegentlich wunderschön vom Jugendstil ergänzt.

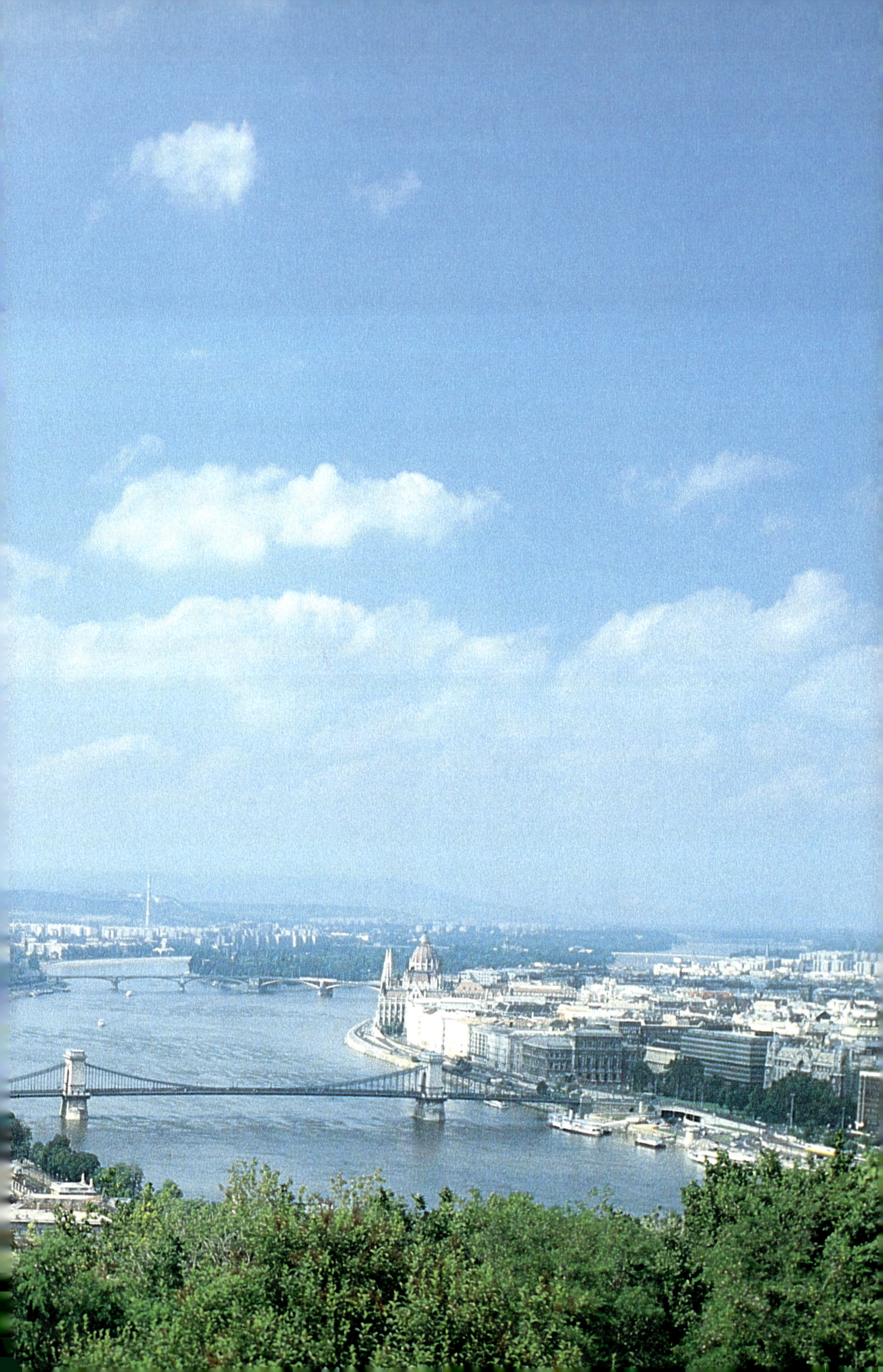

DIE STÄDTE

Budapest
Eine Welt für sich

„Eine der reizendst situirten Städte der Welt" nannte im Jahre 1896 ein Reiseführer die ungarische Metropole, die damals – wenn man einmal von London absieht – auch die umfangreichste Stadt Europas war. Budapest hat jenen Charme der Jahrhundertwende bis heute bewahrt.

Budapest – eine Welt für sich? In der Tat! Man muß lediglich eine halbe Stunde aus der Zweimillionenstadt hinausfahren, um festzustellen, daß die Provinz (also alles, was außerhalb von Budapest liegt und geschieht) eine ganz andere, weit entfernte Welt ist, die mit der Hauptstadt zuweilen nur die Sprache gemein hat. Der Moloch an der Donau will das übrige Ungarn verschlingen und bringt gleichzeitig die notwendige Distanz zwischen Stadt und Land hervor. Jeder fünfte Ungar lebt in der Metropole. Budapest beansprucht für sich alle Superlative, die vergeben werden. Es ist die größte Industriestadt, die Stadt mit den meisten Autos, den meisten Theatern und Museen, und selbstverständlich finden alle großen Sportveranstaltungen auch hier statt.

Geschichte

Will man die Geschichte einer solch aufregenden Stadt im Vorübergehen kennenlernen, empfiehlt sich ein Gang durch zwei Museen: durch das **Nationalmuseum** und vor allem durch das **Historische Museum** in der Burg. Funde aus prähistorischer Zeit zeigen, daß die Vorgängerstädte schon früh besiedelt waren. Es ist angebracht, von drei autonomen Städten zu sprechen, denn Budapest existiert erst seit 1873 als *eine* Gemeinde.

Die Drei bildeten die neue Hauptstadt: **Óbuda**, oft deutsch Altofen genannt (Das ist übrigens keine Übersetzung aus dem Ungarischen: *búda, bouda* bedeutet in slawischen Sprachen *Hütte* – beide Namensversionen weisen auf die Kalkhütten, Kalköfen hin, wie man sie in den Budaer Bergen unweit der Stadt sieht.), **Buda** (Ofen) und **Pest** – sprachlich vielleicht ebenfalls deutschen Ursprungs.

Pests Geschichte ist relativ rasch erzählt: Der sumpfige Ort begann sich im 18. Jh. barock zu entwickeln, und ein Aufschwung kam dann im vorigen Jahrhundert – im Zeitalter des Klassizismus. Daran ändert der Fund von Ruinen der Festung **Contra Aquincum** am Pester Kopf der Elisabethbrücke kaum etwas. In Óbuda, dessen Ortskern hübsch restauriert wurde, hatten sich die Römer angesiedelt: **Aquincum** lag am Limes, war eine der wichtigen Grenzstädte. Neben dem Legionslager entwickelten sich zwei separate Orte mit je einem Amphitheater für die Zivilbevölkerung und für die Soldaten.

Während der Völkerwanderungszeit durchstreiften verschiedene Stämme und Völkerschaften das heutige Gebiet. Im 10. Jh. – die Ungarn datieren ihre Ankunft auf das Jahr 896, obwohl dies kaum zu beweisen ist – ließen sich die Magyaren nieder, die von hier aus ihre berüchtigten Ausflüge bis an den Lech (955) unternahmen. Im 12. und 13. Jh. sind in Buda deutsche Siedler beurkundet. Im 13. Jh. war Altbuda bereits königliche Residenz, die König Béla IV. noch weiter ausbauen ließ. Nach dem Aussterben der Árpáden (1301), ein wichtiges Datum in der Landesgeschichte, wurde der Sitz des Königs kurzfristig nach Visegrád verlegt. Die beiden Könige von Böhmen und Ungarn, Sigismund von Luxemburg und Matthias

BUDAPEST

Hunyadi, residierten wieder in Buda, das hohes Ansehen bei den anderen Höfen Europas genoß. In jener Zeit wurde Pest mit einer Mauer umgeben. Buda wurde 1541 von den Türken eingenommen, die erst 1686 Burg und Stadt verließen. Der Regierungssitz kam deshalb im Jahre 1563 nach Pozsony (Preßburg, heute Bratislava/ČSFR), Buda verlor an Bedeutung. Erst Maria Theresia verhalf im 18. Jh. den Städten zu einer Wiederbelebung, wobei die Burg zu einem mächtigen Schloß um- und ausgebaut wurde. Das größte zusammenhängende Gebäude des Landes entstand.

Ein Markstein in der Historie ist das Hochwasserjahr 1838. Pest hatte damals 4255 Häuser, von denen die meisten beschädigt wurden. Ein Wiederaufbau ungeahnten Ausmaßes begann, der in der Folge mit Nationalisierungstendenzen einherging. 1873, bei der Vereinigung der drei Städte, hatte die neue Hauptstadt 302 000 Einwohner, 1909 bereits 823 000, im Ersten Weltkrieg war eine Million erreicht; Budapest war die größte Stadt Europas.

Eingeteilt ist die heutige 2,2-Millionen-Stadt in 22 Bezirke (I - XXII, stets mit römischen Buchstaben bezeichnet), wobei Pest schon wegen seiner topographischen Lage wesentlich größere Entfaltungsmöglichkeiten hat als die beiden hügeligen Stadtteile. Budapest, wie wir es heute vor allem in Pest vorfinden, entstand in den letzten 120 Jahren. Die meisten Gebäude stammen aus der Periode um das Milleniumsjahr 1896, als sich die Residenzstadt, in der der österreichische Kaiser niemals seine Königsrolle ausübte, mit Pomp und Prunk selbst feierte. Sehr zur Freude der Nachkommen.

Sehenswürdigkeiten

Um die Jahrhundertwende nahm die Hauptstadt zahlreiche Superlative für sich in Anspruch. Daran hat sich wohl nichts geändert. Unverändert jedenfalls kann sich heute noch „der Fremde am leichtesten orientiren, wenn er sich die Lage und Richtung jener Hauptlinien und Straßen merkt, die sich fast durch die ganze Innenstadt ziehen. Am geeignetesten ist es, immer den Donaustrom im Augenmerk zu halten", empfiehlt der Reiseführer von 1896 als goldene Regel. Man könnte das Buch in der City weitgehend auch noch heute, wenn man von ein paar Straßennamen absieht, benützen. In der Tat sind die Ringstraßen, beginnend bei der Margaretenbrücke und am Donaukai endend, nach

Synagoge in der Dohány utca (links außen).

Donau und Parlamentsgebäude bei Nacht (Mitte).

Pester Seite der Kettenbrücke (rechts innen).

Váci utca, die berühmte Fußgängerzone (rechts außen).

73

DIE STÄDTE

wie vor die wichtigsten Einkaufs- und Flanierstraßen zugleich. Sie sind es trotz der regen Verkehrs, worin die Stadt, wenn sie sich weiterhin planungslos dem alles verschlingenden Moloch Auto ausliefert, demnächst ersticken wird. Entlang dieser Boulevards liegen einige Theater, ein paar große Hotels und noch größere Kaufhäuser, Restaurants und Cafés, Museen und Antiquitätenläden, Plattengeschäfte und Kirchen, die eine intakte, außerordentlich logisch aufgebaute, deshalb gut überschaubare City bilden, wenn sie nur nicht von den Abgasen des mehr stehenden als fließenden Durchgangsverkehrs bedroht wäre. Die Haupt-Umweltsünder: Busse, Diesellastwagen, Trabis.

Die berühmte **Váci utca**, die in ihrer Fortsetzung zur Markthalle noch heute Hunderte Einschußstellen von 1944/45 und 1956 aufweist, wurde bereits vor Jahren zur Fußgängerzone umgestaltet. Vom **Vörösmarty tér** ausgehend ist sie nicht nur das Aushängeschild der Stadt, sondern das repräsentativste Schaufenster des ganzen Landes – und man sagt, des gesamten früheren Ostblocks. Hier, wo Antiquarisches neben Aktuellem von Yves Saint-Laurent oder Pierre Cardin erworben werden kann, wo Cafés und Folkloregeschäfte neben eleganten Friseursalons und Boutiquen, Blumengeschäfte neben den Stadtbüros großer Fluggesellschaften oder in der Nachbarschaft von Galerien stehen, – blüht eine lebhafte, lebendige Oase innerhalb des Ringstraßensystems. Wie urban der gerade Straßenzug von ein paar hundert Metern Länge ist, beweisen tagtäglich Portraitmaler, Straßenmusikanten und Zauberkünstler aus aller Welt, aber auch jugendliche Skateboardfahrer und Radfahrer, die am Vörösmarty tér ihre waghalsigen Kunststücke vorführen. Das Café Gerbeaud, für die meisten Ungarn unerschwinglich, ist fest in Hand ausländischer Touristen. Apropos ausländische Touristen: Der Schwarzmarktgeldhandel ist hier neuerdings in arabischer Hand. Die Internationalisierung der Stadt – nicht nur im Halb- und Unterweltmilieu – nimmt zu: Zahlreiche Banken und Büros von ausländischen Vertretungen siedeln sich in der City an. 1995 wollen Budapest und Wien gemeinsam die Weltausstellung ausrichten.

Anfang 1988 entschied die UNESCO in Paris, das Budaer **Burgviertel** mit dem Pester Donaupanorama sowie das Dorf Hollókő (siehe S. 22) auf die Liste des schützenswerten kulturellen Erbes der Menschheit zu setzen. Damit wurden die beiden Pole des ungarischen Lebens – die einzigartige Hauptstadt und die oft noch ursprüngliche Provinz – ausgezeichnet. Zum anderen wurde der als vorbildlich geltende Denkmalschutz Ungarns gewürdigt. Ungarn schlug der UNESCO auch das ehemalige Pester Ghetto in der Dohány utca (Tabakgasse) mit der größten Synagoge der Welt vor, doch das Burgviertel erhielt den Vorzug. Allerdings bemängelte die Kommission an dem der Burg gegenüberliegenden Pester Donauufer die Ausmaße der drei Luxushotels. Natürlich hat deshalb niemand die Fünf-Sterne-Häuser abgerissen oder abgetragen. Trotzdem wurde die Auszeichnung verliehen – gewiß auch eine politische Konzession der UNESCO an das liberale Ungarn.

Die Budaer **Burg** selbst ist in ihrer barockisierten Form mit einer Länge von über 200 m die Dominante der Donaustadt. Seit dem Mittelalter – ihre Anfänge reichen bis ins 13. Jh. – war sie die Residenz der ungarischen Könige. Die im Zweiten Weltkrieg zerstörte Königsburg (Burgschloß) wurde in jahrzehntelanger Kleinarbeit sorgfältig restauriert. Der ehemalige Burgpalast beherbergt die Nationalgalerie, die Ungarische Nationalbibliothek und das Historische Museum; unweit steht das restaurierte spätbarocke **Burgtheater**, das in einem ehemaligen Klosterbau untergebracht ist. Das Repertoire kann aber mit jenem der Pester Theater nicht Schritt halten. In den drei Gebäuden B, C und D des Burgschlosses sind die Exponate der **Ungarischen Nationalgalerie** untergebracht. Manche der wechselnden Ausstellungen (wie beispielsweise die aufsehenerregende Schau *Macht und Gold – Spanien in der Neuen Welt*) zählen zu den bedeutendsten des Kontinents. Zwei Mitglieder des Grafengeschlechts Széchenyi trugen zum kulturellen Aufbau von Pest und Buda bei: István, der große Reformator der Wissenschaft und der Technik, und dessen Vater Ferenc, der sich eine Generation davor als Mäzen betätigte. Ferenc Széchenyi ermöglichte Anfang des vorigen Jahrhunderts die Gründung der **Ungarischen Nationalbibliothek** (die seinen Namen trägt). 1990 wurden dort die aus aller Welt ausgeliehenen, herrlich illustrierten *Corvinen* (benannt nach dem Renaissancekönig Matthias Hunyadi, *Corvinus*) gezeigt.

Reiterstatue König Stephans (links außen).

Matthiaskirche (Mitte).

Matthiaskirche, Blick zum Altar (rechts innen).

Freiheitsstatue vor Zitadelle (rechts Mitte).

Detail der Fischerbastei mit Durchblick auf das Parlamentsgebäude (rechts unten).

BUDAPEST

Im **Historischen Museum**, das an drei verschiedenen Stellen im Stadtgebiet ausstellt, ist vor allem die in der Burg sehr geschmackvoll präsentierte Kollektion sehenswert. Die mittelalterlichen Zeugnisse sind in die Originalräumlichkeiten integriert.

Burgviertel – dazu gehören als berühmte Sehenswürdigkeiten auch die **Matthiaskirche** und die **Fischerbastei**. Dem Namen des Architekten Frigyes (Friedrich) Schulek wird man in Budapest öfters begegnen. Rechtzeitig zu der grandiosen Landesschau *Milleniumsfeier 1896* aus Anlaß der angenommenen tausendjährigen Anwesenheit der Magyaren im Donauraum begann der Baumeister mit dem Umbau der mittelalterlichen Burgmauern zu einer neoromanischen Bastei. Diese Kulisse, von der man den vielleicht schönsten Blick in Richtung Pest hat (das Parlamentsgebäude liegt direkt gegenüber), könnte in jeder Walt-Disney-Produktion eingesetzt werden. Die **Reiterstatue** des **Königs Stephan** (1906) von Alajos Stróbl ergänzt dieses fotogene Ensemble, dem die Matthias- bzw. **Liebfrauen-** bzw. **Krönungskirche** die Krone aufsetzen. Die der Jungfrau Maria (der Patronin der Ungarn) geweihte Kirche war eine Gründung deutscher Kaufleute in Buda, die seit dem 12./13. Jh. das rechte Donauufer bewohnten. Zum ersten Mal ist sie 1247 erwähnt; 1867 wurden darin Kaiser Franz Joseph und die Kaiserin Elisabeth zu Königen von Ungarn gekrönt. Seine heutige Form erhielt das Gotteshaus nach dem Zusammenschluß der drei Orte Óbuda, Buda und Pest. Im Jahre 1896 konnte Baumeister Schulek dann den Vollzug des Umbaus an den Wiener Hof melden.

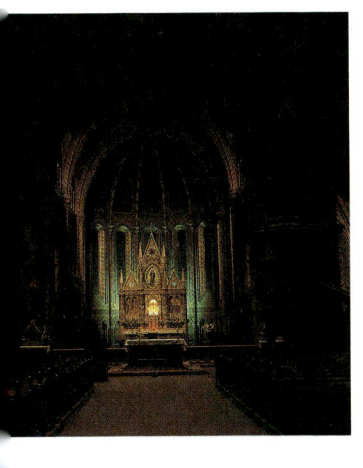

Denkmäler wie die **Pestsäule** aus dem Jahre 1714 verleihen dem *Szentháromság tér* **(Dreifaltigkeitsplatz)** vor dem früheren Landtagsgebäude etwas vom Ambiente des barocken Jahrhunderts. Reste des spätgotischen Nikolausturms als Relikt eines schon im 13. Jh. erwähnten **Dominikanerklosters** innerhalb des Hilton-Hotels sowie mehrere Gebäude aus dem 15. und 16. und das Gros der Häuser und Paläste aus dem 18. und 19. Jh. gehören dazu. In der *Úri utca* (Herrengasse) prägen gotische und barocke Bauformen das Straßenbild. Reste der gotischen **Synagoge** von Buda – eines der ältesten jüdischen Gebetshäuser Europas – stehen in der *Táncsics Mihály utca*. Budapest-Kenner und erst recht die Anrainer schätzen an der Südwestseite des Burghügels die Oase des Wehrgangs. An seinem Ende liegt das **Kriegshistorische Museum**, heute auch bei einem Volk mit kriegerischer Vergangenheit, das trotz mancher unversöhnter Stimmen in Richtung Rumänien (Siebenbürgen) und Slowakei (früheres Oberungarn) von einer tiefen Friedenssehnsucht erfüllt ist, ein Relikt vergangener Zeiten.

Die **Zitadelle** hoch oben auf dem Gellértberg ist – obwohl nur in einer Höhe von 130 m über der Donau – von vielen Punkten der Stadt zu sehen. Dieses Wahrzeichen Budapests, dessen Mauern insgesamt 200 m lang und bis zu 6 m hoch sind, wirkt vor allem durch die **Freiheitsstatue** (oder auch Befreiungsdenkmal) sehr markant. Die Festung, worin heute in den ehemaligen Katakomben zu einheimischen Weinen Zigeuner aufspielen, war 1851 von den Habsburgern als Kerker für rebellische Magyaren der Revolutionskämpfe 1848/49 errichtet worden. Die Zitadelle diente niemals in großem Umfang dem vorgesehenen Zweck; nach dem politischen Ausgleich zwischen Österreich und Ungarn 1867 war sie ohnehin überflüssig. Vieles wird zur Kulisse in dieser einmaligen Stadt, die heute zu den beliebtesten Kurzreisezielen zählt.

Hier beginnen bereits die Schwierigkeiten, eine objektive Auswahl der wichtigsten und schönsten Sehenswürdigkeiten zu treffen. Es gibt einen engbedruckten Reiseführer in ungarischer Sprache, der ca. siebenhundert Seiten benötigt, um die Sehenswürdigkeiten, öffentlichen Gebäude, Bäder, Restaurants und Cafés zu beschreiben. Obwohl Budapest in den letzten Kriegsmonaten Bombardements und Verwüstungen ausgesetzt war, blieb das gesamte Stadtbild der letzten 160 Jahre weitgehend erhalten. Angenommen, jemand hätte die ungarische Metropole an der Wende zu unserem Jahrhundert letztmalig gesehen, er würde sich – die Flut von Reklameschriften ignorierend – heute überall so gut zurechtfinden wie etwa im Jahre 1895.

Information
Budapest Tourist (Adresse siehe „Reiseinformationen")

Festkalender
In der Metropole finden rund ums Jahr zahllose Veranstaltungen auf allen Gebieten der Kultur (Frühlingsfestival), des Sports (Welt- und Europameisterschaften), des Handels (Messen und Ausstellungen) statt.

Tips
Bad in einem der traditionsreichen Thermalheilbäder. – Römische Ausgrabungen in Aquincum. Burgviertel (evtl. abends). – Zahlreiche Galerien und Museen bieten ständige und temporäre Schauen. Besonders empfehlenswert sind Nationalmuseum, Ethnographisches Museum (Néprajzi) und Kunstgewerbemuseum (Iparmüvészeti) sowie das Museum der Bildenden Künste. Ein Geheimtip: Ferenc-Hopp-Museum für ostasiatische Kunst.
Private Museen in Óbuda: Vargas Skulpturen und Vasarelys Objekte. – Die Sammlung jüdischer Liturgiekunst in der Synagoge (Dohány utca). – Fresken von Maulbertsch in der Budaer Franziskanerkirche. – St.-Anna-Kirche in der Wasserstadt. – Orthodoxe Kirchen. – Besuch einer Tropfsteinhöhle in den Budaer Bergen. – Der Großzirkus.

DIE STÄDTE

Eine Möglichkeit, ein Volk näher kennenzulernen, ist der Besuch seiner Museen. Die Hauptstadt hat vier Dutzend größere Museen und Galerien, von denen mehrere zumindest europäisches Niveau aufweisen. Die Pforte zu einer jeden Nation ist traditionell das **Nationalmuseum**. Natürlich ist das *Nemzeti-múzeum* die Vorzeigestube der stolzen Ungar-Nation. Bereits äußerlich nahm von 1837 bis 1846 Mihály Pollack, der führende Architekt des Klassizismus, Maß an der Antike. Der Prunkbau kann sich in seiner Gartenumzäunung nicht so entfalten, wie ein Palast seiner Größe, seiner Bedeutung und seiner Würde dies erforderte. Dennoch: Die Ausstellungen können sich sehen lassen. Hier ist – von bewaffneten Polizisten bewacht – der 1978 von den Vereinigten Staaten von Amerika zurückgegebene **Kronschatz** Ungarns ausgestellt, der 1945 nach einer längeren Irrfahrt in den USA gelandet war. Die als **Stephanskrone** bezeichnete byzantinische Arbeit aus dem 13. Jh., die nach neuerer Erkenntnis ihre jetzige Form im 15. Jh. erhielt, ist das Pilgerziel vor allem der Einheimischen. König Stephan starb um das Jahr 1038, er trug diese Krone also nie. Dennoch gilt sie als altes Staatssymbol. Alle wichtigen Phasen der nationalen Historie ab dem 12. Jh. sind übersichtlich dokumentiert. Die Denkmäler reichen von der Steinzeit bis in unser Jahrhundert hinein. Ungarische Museumsfachleute genießen im Rahmen ihrer UNESCO-Mitarbeit internationales Ansehen.

Das ungarische Schloß Neuschwanstein könnte die **Burg Vajdahunyad** genannt werden – ein aus Teilnachbauten vieler Burgen und Schlösser des Königreichs Ungarn zusammengestelltes Phantasiegebilde. Ein architektonisches Puzzle, das zur 1000-Jahr-Feier 1896 eine verspielte Attraktion war. Sie ist aus dem **Stadtwäldchen** hinter dem Heldenplatz nicht mehr wegzudenken. Natürlich hat in der Burg niemals ein Herrscher residiert; den Großteil der Räumlichkeiten nimmt das **Landwirtschaftsmuseum** ein, das die Bedeutung des Agrarlandes Ungarn unterstreicht. Gegenüber dem Märchenschloß steht eine Kirche, deren Portal eine Nachbildung der romanischen Kirche von Ják darstellt.

Die ganze Macht und Herrlichkeit des Königreichs Ungarn vor dem Friedensvertrag von Trianon (1920) zeigt das **Ethnographische Museum** am *Kossuth Lajos tér* gegenüber dem Parlament. Auch Kenner sind erstaunt über die Fülle des Materials – von Möbeln über Arbeitsgeräte bis hin zu Stickereien. Die nationalen Sammlungen werden durch mehrere wunderbare Kollektionen aus exotischen Gegenden ergänzt, die bis zur Jahrhundertwende von weitgereisten Männern mitgebracht – und dann patriotisch-großzügig der Heimat, dem Vaterlande, dem teuren, übereignet wurden.

Viel über das Niveau in jenem Land, das damals im Norden bis zur Hohen Tatra und im Süden tief nach Rumänien und Jugoslawien reichte, verrät ein Besuch im **Kunstgewerbemuseum** (*Üllői út*). Wertvolle Kollektionen an Edelmetallarbeiten, Möbeln, Textilien, Teppichen, Keramik und Glas aus mehreren Jahrhunderten sind dort vorhanden; sie werden in wechselnden Ausstellungen gezeigt. Das Gebäude selbst wird als eine der schönsten Arbeiten des vielbeschäftigten Ödön Lechner betrachtet. Mit Majoliken der Pécser Porzellanmanufaktur Zsolnay

Der sagenhafte Vogel Turul am Burggartentor … (links außen).

… und noch ein Fabeltier (links oben Mitte).

Die Kuppel des Parlaments ist 100 m hoch (links oben innen).

Blick über die Donau zum barocken Burgschloß (links unten).

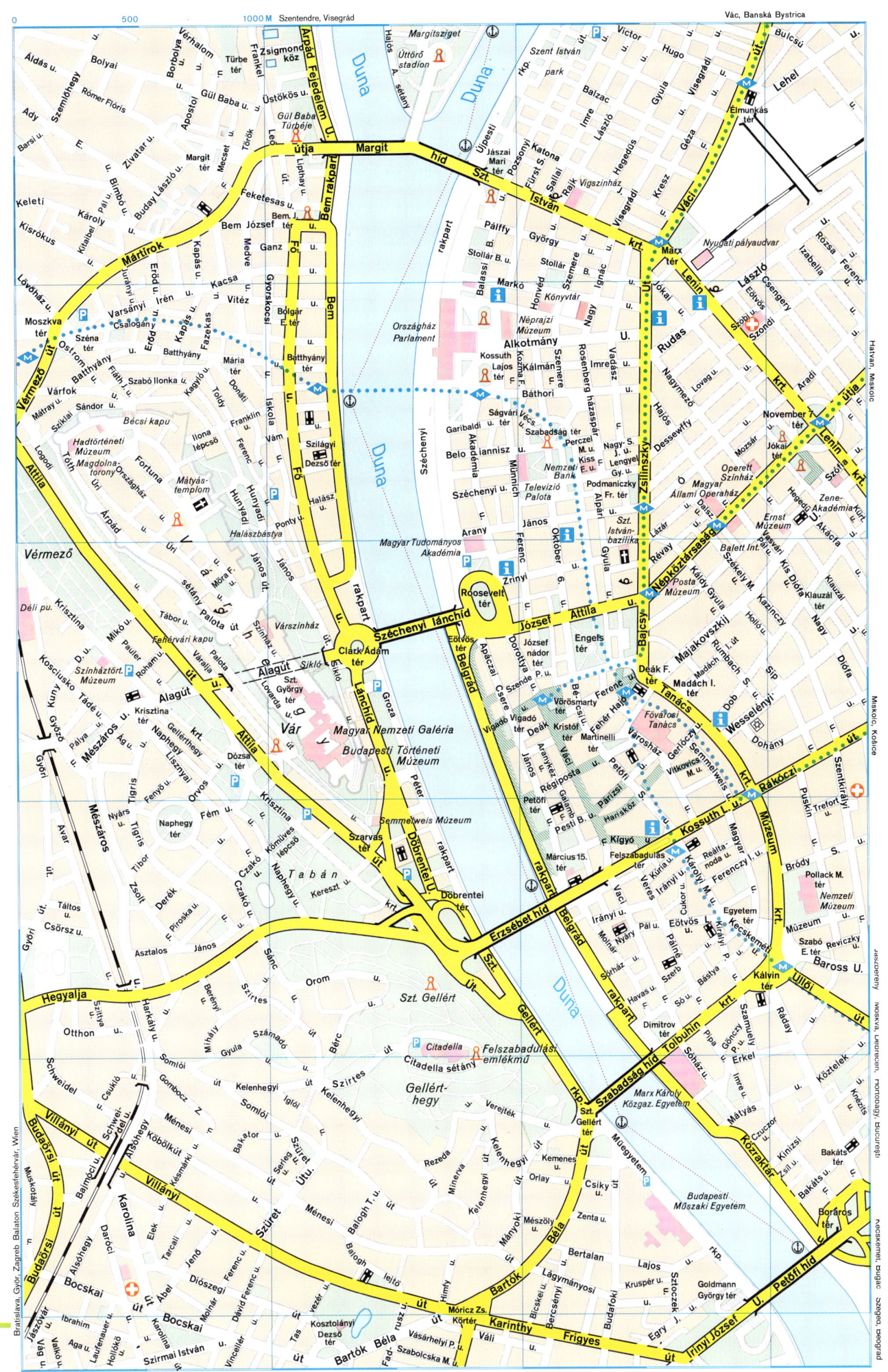

BUDAPEST

77

DIE STÄDTE

versehen, wurde es im typisch ungarisch-orientalischen Jugendstilgemisch zwischen den Jahren 1893 und 1896 erbaut.

Längst sprengen die Sammlungen eines der bedeutendsten Museen der Welt den ihnen um die Jahrhundertwende gegebenen Rahmen. Der eklektisch-klassizistische Bau des **Museums der Bildenden Künste** (im Ungarischen: der Schönen Künste) – 1906 eröffnet – enthält Kollektionen von unschätzbarem Wert. Das Hauptgewicht liegt auf der Klassik, wobei die Ägyptische Abteilung, die griechische und römische Skulpturen-Sammlung sowie die Galerie der Alten Meister absolute Vorrangstellung einnehmen. Die Namen der Künstler – wahllos herausgegriffen – lesen sich wie ein Who is Who der Kunstgeschichte: Bellini, Santi, Tiepolo, Tizian; Goya, El Greco, Murillo, Ribera, Velázquez, Zurbarán; Brueghel, Hals, Rembrandt, Rubens, van Dyck, Vermeer; Altdorfer, Cranach, Dürer, Grien, Holbein; Böcklin, Leibl, Lenbach, Menzel, Stuck; Cézanne, Corot, Delacroix, van Gogh, Manet, Monet, Picasso. Die Sammlung spanischer Gemälde gilt als die beste außerhalb des Prado zu Madrid.

Welch internationaler Geist bereits vor der Jahrhundertwende in der Donaustadt herrschte, mag die Ehrung von zwei großen Briten am **Ostbahnhof** (früher: Centralbahnhof) beweisen: Die Statuen von James Watt und George Stephenson zieren das im Jahre 1884 im Neorenaissancestil erstellte (renovierte) Gebäude. Das Portal des Keleti pályaudvar (p.u.) gleicht einem römischen Triumphbogen. Als das Pariser Ingenieurbüro Eiffel seinerzeit den **Westbahnhof** (Nyugati p.u.) konzipierte, war nicht vorauszusehen, daß 120 Jahre später die Fastfood-Kette McDonald's dort ihre Hamburger anbieten würde. Die erste Budapester Filiale des US-Konzerns in einer Seitengasse der Váci utca war zwei Jahre lang die umsatzträchtigste Zweigstelle weltweit! Deshalb ließen sich die Amerikaner den Verkehrsknotenpunkt am Rand der Innenstadt nicht entgehen. Der Westbahnhof ist ohnehin nicht mehr das, was er zu Kaisers Zeiten war, als für den Monarchen ein besonders hübscher Warteraum gebaut wurde (der übrigens auf Wunsch vom Stationsvorsteher gezeigt wird). Das Eisenbahnwesen zehrt immer noch von der Konzeption des 19. Jh., als die Trassierung der meisten Strecken vorgenommen wurde. Der Leitgedanke damals war die Ausrichtung auf die Hauptstadt. Ähnlich plante man die Straßen beim Beginn der Motorisierung. Alle bedeutenden Straßen des Landes führen von und nach Budapest. Der **Kilometerstein 0** unterhalb der **Standseilbahn** zur Burg ist der Ausgangspunkt.

Es gibt Flüsse, die trennen, und es gibt Ströme, die verbinden. Die Donau, die Budapest auf einer Gesamtlänge von 28 km ihr unvergleichliches Gepräge gibt, ließ die beiden unterschiedlichen Uferteile lange nicht „zueinander kommen". So wurde erst nach 1838, dem Jahr einer verheerenden Überschwemmungskatastrophe, mit dem Bau einer provisorischen Brücke begonnen. Die **Kettenbrücke** kam ab 1840 auf Anregung István Graf Széchenyis zustande. Die Lánchíd galt im 19. Jh. als der großartigste Brückenbau der Welt! Imposant sind die Daten: Länge 384 m, der Bogen zwischen den beiden Wasserpfeilern mißt 203 m, die ihrerseits 48 m über den Normalpegel ragen. Als die Brücke in den letzten Kriegswochen des Jahres 1945 bombardiert und dadurch unpassierbar wurde, glaubte kaum jemand, daß die als ein Wunder (bei den Ungarn sogar als achtes Weltwunder) gepriesene Konstruktion der englischen Ingenieure William T. Clark und Adam Clark jemals in alter Pracht wiedererstehen würde. Man kann Wunder wiederholen, wenn die entsprechende Energie und das Geld aufgebracht werden. Die unter Denkmalschutz stehende Kettenbrücke wurde vor einigen Jahren mit großem Aufwand völlig renoviert.

Ein Werk István Graf Széchenyis ist auch die Gründung der **Akade-**

BUDAPEST

mie der Wissenschaften am Pester Kopf der Kettenbrücke. Der Berliner Architekt Friedrich Stüler erstellte mit dessen Geldern den Neorenaissancebau innerhalb von nur drei Jahren (1862-1864). Im „Goethe-Zimmer" befand sich vor dem Krieg eine der großartigsten Goethe-Bibliotheken mit 4100 Exponaten, davon 1500 Büchern des Altmeisters.

Die verspielteste Brücke der Hauptstadt ist die **Margit-hid** (Margaretenbrücke), die nach den Plänen des französischen Ingenieurs Monsieur Gouin 1872-1876 entstand. Die Längsachse wurde mit einem Winkel angelegt, da die Absicht bestand, einen Schlenker zur Insel zu bauen (1900 eingeweiht). Im Jahre 1935 wurde die Brücke mit den schönen Pfeilerstatuen verbreitert.

Die **Margareteninsel** (*Margitsziget*), die größte Freizeitoase Budapests, kam 1/90 in den Besitz des königlichen Vertreters (Palatin), der 1831 auf der einst verwilderten Insel das Erzherzogliche Kastell erbauen ließ. 1908 wurde die Hasen- bzw. Kanincheninsel, die sich vor der Jahrhundertwende noch jenseits der Stadttore befand, an die Residenz- und Hauptstadt verkauft. Dort entstanden das elegante **Kurzentrum** mit zwei Luxushotels für die devisenbringenden Gäste aus Westeuropa sowie das riesige **Palatinus-Freibad**. Vom Heilwasser der Insel wird seit dem Herbst 1990 auch das Kurhotel Helia auf der Pester Seite im XIII. Bezirk gespeist.

Als 1903 die kühn konstruierte **Elisabethbrücke** in einem einzigen, 290 m langen Bogen gebaut wurde, bohrte man die alle Bäder versorgende Hauptquelle an. Mit großartigem technischen Aufwand gelang es, die Durchbruchstelle zu verschließen.

In unmittelbarer Nähe der *Erzsébet hid* befindet sich die **Innerstädtische Pfarrkirche** (*Belvárosi plébániatemplom*). Zu befürchten ist, daß sich die äußerst beengten Verkehrsverhältnisse dort früher oder später sehr negativ auf das Kulturdenkmal auswirken werden. In dem achthundert Jahre alten Kirchenareal sind noch Teile der romanischen und der gotischen Kirche zu sehen. Das Gotteshaus wurde 1725/26 innen, 1795 an der Fassade im Barockstil umgebaut. Sie ist die älteste Kirche des Pester Stadtteils.

Unweit von ihr, gegenüber dem **Petőfi-Denkmal**, steht die **griechisch-orthodoxe Kirche** mit einer sehr schönen Ikonostase und wertvollen Schnitzarbeiten vom Ende des 18. Jh. Eine zweite griechisch-orthodoxe (serbische) Kirche aus der gleichen Bauperiode steht in der *Szerb utca*. Als das schönste Gotteshaus von Pest gilt die Paulinerkirche, in der ersten Hälfte des 18. Jh. erbaut. Sie heißt auch **Universitätskirche**; gebaut hat sie Andreas Mayerhoffer. Wenn schon die Prädikate der schönsten Kirchen vergeben werden, so unternehmen wir einen Abstecher nach Buda. Im Zentrum der **Wasserstadt** (*Víziváros*), am *Batthyány tér* (Metro), sollte die 1740-1746 von Jesuiten erbaute Pfarrkirche zur hl. Anna (**Annenkirche**) besucht werden. Ein paar Minuten davon entfernt ist in der *Fő utca* die **Kapuzinerkirche** und in Richtung Ēbuda die von Franziskanern erstellte Kirche der **Elisabethinerinnen** (1740) mit Fresken von Franz Anton Maulbertsch sehenswert.

Zurück nach Pest: Etwa im gleichen Zeitraum entstand die **Servitenkirche** am *Martinelli tér*, wo eines der schönsten sogenannten Zinshäuser von Pest steht – das 1912 vollendete Miets- und Geschäftshaus von Béla Lajta. Der Wiener Architekt Anton Erhard Martinelli entwarf die Pläne für das **Rathaus** der Hauptstadt in der *Városház utca*. Nebenan ist das Gebäude des Rates des Komitats Pest, das lediglich den Namen mit dem Stadtteil am linken Donauufer gemein hat. Die Hauptstadt ist eine komitatsfreie, verwaltungsmäßig autonome Stadt.

Die evangelischen Kirchen setzen im ganzen Land nur selten architektonische Glanzlichter. Eine Ausnahme bildet die **reformierte Kirche** am *Kálvin tér*, die 1816 bis 1830 von József Hofrichter erbaut wurde, die Fassade schuf József Hild. Den Portalrahmen bilden vier korinthische Säulen, darüber ein Tympanon. Unter der Turmuhr befinden sich offene Erker. Das Innere der Kirche ist ein einziger großer Raum mit einer Kassettendecke. Die protestantischen Kirchen zeichnen sich eher durch die typische kalvinistische Strenge aus,

Allegorische Giebelgestaltung am Martinelli tér von 1912 (links außen).

Kuppel im Kunstgewerbemuseum (links oben).

Nachbildung der romanischen Kirche von Ják im Stadtwäldchen (links unten).

Margareteninsel – größte Oase der Metropole (rechts unten).

Impression auf dem Kerepesi-Friedhof (rechts außen).

DIE STÄDTE

wie die klassizistische, von Mihály Pollack 1809 vollendete Kirche am *Deák tér* (gegenüber der Metro) beweist. Dafür enthält das dortige Museum eine absolute Rarität: das handgeschriebene **Testament Martin Luthers**!

Auf der Straße gegenüber beginnt das ehemalige Ghetto. Obwohl es Raoul Wallenberg gab, der Hunderttausende von Juden retten konnte, wurden dennoch Hunderttausende ermordet. Der Verlust der führenden Schicht im Land ist bis heute nicht wettgemacht worden. Die jüdische Gemeinde war vor dem Krieg sehr aktiv. Trotz der Transporte nach Auschwitz und in andere KZ war die von 1854 bis 1859 gebaute **Synagoge** (heute mit einem Museum) in der *Dohány utca* (Tabakgasse) auch während des Krieges zugänglich. Sie ist das größte jüdische Gotteshaus Europas.

Das Symbol der Macht des katholischen Klerus, die im italienischen Neorenaissancestil erbaute **Basilika des heiligen Stephan**, ist nur wenige Minuten davon entfernt. Ihre Kuppel hat eine Höhe von 96 m mit einem Durchmesser von 22 m. Ihr Baumeister war (ab 1873) Miklós Ybl, der das Werk von József Hild (u. a. Basilika zu Esztergom, Dom zu Eger) vollendete, nachdem die erste Kuppel 1868 eingestürzt war.

Über den großzügig angelegten Kossuth-Platz ist nach wenigen Schritten das **Parlament** zu erreichen. Es liegt am Donaukai, der königlichen Burg auf dem gegenüberliegenden Ufer zugewandt. Emmerich (Imre) Steindl gewann 1883 den Wettbewerb, der ihm Gelegenheit gab, eines der großartigsten Gebäude des Kontinents zu erstellen, das durchaus mit dem Parlament in London konkurrieren kann. Die Grundfläche hat 15 000 Quadratmeter, der Bau kostete über 16 Millionen Gulden. „Das Gebäude", berichtet ein Zeitgenosse, „ist durchwegs aus Sandsteinquadern im edelsten gothischen Styl ausgeführt. Es hat 18 Höfe und mehr als 100 Säle, zu welchen 27 Treppen führen. Die Ornamentierung erforderte 450 allegorische Figuren. Das Gebäude ist von einer prächtigen Parkanlage umgeben, im Untergeschosse mit herrlichen Arkaden. Die Kuppel erhebt sich zu der gewaltigen Höhe von 100 Meter." Schritt für Schritt kann dies nachvollzogen werden, da in sitzungsfreien Perioden eine organisierte Besichtigung des Abgeordnetenhauses möglich ist.

In die gleiche Epoche fällt auch der Bau des **Opernhauses**, das offiziell Ungarische Staatsoper genannt wird. 1984 wurde zum 100. Jahrestag der Errichtung die musikalische Stätte in der früheren Straße der Volksrepublik (*Népköztársaság útja*) eingehend restauriert. Die baumbestande Prachtallee heißt heute wie schon zu Zeiten der Königin Elisabeth *Andrássy út*. Das Opernhaus gilt als das herausragende Werk des Architekten Miklós Ybl aus Székesfehérvár. Die Fassade wird von berühmten Komponisten geziert. Zu dem reichhaltig geschmückten repräsentativen Bau im Neorenaissancestil paßt, daß zur Premiere ein von Ferenc Erkel vertontes Drama József Katonas uraufgeführt wurde: *Banus Bánk* (Banus = balkanischer Würdenträger).

Obwohl bereits 1907 fertiggestellt, ist die **Musikakademie**, in der auch die Hochschule für Musik untergebracht ist, noch heute eines der wichtigsten Konzerthäuser der Metropole. Die Statue des Namensgebers Franz Liszt über dem Portal kündet von jenem Mann, der in Ungarn die Musikerziehung finanziell förderte wie kein Komponist vor oder nach ihm.

1865 erklang zur Eröffnung der **Pester Redoute** (*Vigadó*), des Ballhauses am Donaucorso, Liszts Oratorium *Die Heilige Elisabeth* (von Thüringen). Ihr sind in Ungarn zahlreiche Kirchen geweiht. Das elegante Gebäude wurde zwischen 1859 und 1864 von Friedrich (Frigyes) Feszl im romantisch-orientalisch-maurischen Stil gebaut. Nach der Zerstörung im Krieg mußte der Bau renoviert werden; heute ist er wie eh und je eine beliebte Konzertstätte in der Innenstadt. Eine Galerie im Erdgeschoß ist bei den Hauptstädtern ebenso populär wie seit Jahrzehnten ein Café-Restaurant.

Die beiden tüchtigsten, wahrscheinlich aber auch die besten Theater-Architekten der Monarchie, Ferdinand Fellner und Hermann Helmer, erstellten zur Milleniumsfeier das Pester **Lustspieltheater** (*Vigszínház*) am *Szent István körút*, ein bei den Budapestern außerordentlich populäres Haus. Die beiden Wiener schufen zwischen Odessa, Brünn, Hamburg und Rijeka Dutzende von Theatern und Palaisbauten sowie einige Schlösser.

Die Theatertradition ist beinahe zweitausend Jahre alt. Wer sich nicht an die Peripherie der Stadt in Richtung Szentendre begeben will, um in Aquincum das **Amphitheater** der Zivilstadt zu sehen, wer jedoch wissen will, wo sich einst die Römer amüsierten, kann in Buda das wohl besterhaltene römische Denkmal der Metropole aufsuchen: das **Freilicht-Theater der Militärstadt** aus dem 2. Jh. in der *Korvin Ottó utca*.

Ein Architekt namens Cézár Herrer baute im Jahre 1984 das Budapester **Kongreßzentrum** – einen modernen Konferenzkomplex mit einem angeschlossenen Hotel. Das sog. Convention Center ist mit dem Großsaal *Pátria* (ca.1800 Personen fassend) einer der neuen gesellschaftlichen Treffpunkte der Metropole. Wegen der hervorragenden Akustik ist der Raum auch für Konzerte geeignet.

Alle diese Kulturstätten sind Veranstaltungsorte einer Attraktion –

Typischer Wohnhof in Pest (links außen).

Stephan grüßt (links Mitte).

Sissi und Gellert (links innen).

Heldenplatz mit dem Engel über dem Platz (rechts oben).

Buda-Panorama mit Fischerbastei vor der Matthiaskirche (rechts unten).

des seit 1981 jährlich stattfindenden **Budapester Frühlingsfestivals**. Zwar sind sich westliche Kritiker einig, daß das künstlerische Niveau des zehntägigen Kulturfestivals mit den traditionsreichen Festspielen in Verona, Edinburgh, Bayreuth oder Salzburg nicht direkt zu vergleichen ist. Doch die Resonanz ist gewaltig: Zu den eintausend verschiedenen Veranstaltungen kommen innerhalb von zehn Tagen an etwa hundert verschiedenen Spielorten – außer in der Metropole auch in Kecskemét, Sopron und Szentendre – Jahr für Jahr ungefähr 750 000 Besucher.

Darin sind sowohl Besucher von Messen und Ausstellungen, Sportwettbewerben und Fotoschauen als auch zahlende Gäste von Konzerten und Theatervorstellungen enthalten. Aus Anlaß des 30jährigen Bestehens der Budapester Benkó-Dixieland-Band kamen zum Jubiläumskonzert mehr als 13 000 Musikfreunde in die hauptstädtische Sporthalle! Die populäre Band, die schon in Thailand und Mexiko gastierte, in den USA Musikpreise gewann, hat in Ungarn über 40 000 (!) computererfaßte Fans. Wo in aller Welt ist etwas Ähnliches zu registrieren?

Die Veranstaltungen des Frühlingsfestivals bieten zahllose Überraschungen. Auf dem musikalischen Sektor vor allem die Begegnung mit den besten Künstlern und Ensembles des Landes. Für die Organisatoren, das Ungarische Fremdenverkehrsamt und die Fremdenverkehrswerbung, scheint es eine Prestigeangelegenheit zu sein, die wichtigen einheimischen Interpreten zu engagieren: die namhaftesten Solisten Zoltán Kocsis, Dezső Ránki oder András Schiff zum Beispiel. Auch im Ausland lebende Ungarn werden eingeladen. Das Wort Exil ist verpönt und wird gemieden. György/Georges Cziffra, ein in Frankreich lebender Pianist ungarischer Herkunft, brachte gar seinen französischen Fanklub mit nach Ungarn. *So* läßt sich die Verbundenheit mit der Heimat, die einen Künstler in die Emigration trieb, *auch* ausdrücken. Zwei Jubiläen gaben 1986 den Anlaß dazu, das Festival Franz Liszt zu widmen. Die junge Compagnie des Győrer Balletts unter Iván Markó, der als Solist im Westen tanzte, bietet in Programmeinstudierungen höchstes europäisches Niveau.
Es gibt hier an der Donau Veranstaltungen, die in dieser Form nirgendwo anders denkbar sind. Wo

sonst als eben in Budapest ist vorstellbar, daß der fast achtzig Mitglieder umfassende Universitätschor des damaligen Kommunistischen Jugendverbandes außer der lyrischen Kantate *Der Brunnen des Heiligen Johannes* eine Stunde lang Ausschnitte aus Händels Oratorium *Messias* in Esperanto – eine Weltpremiere! – vorträgt? Es war quasi ein Ständchen für den polnischen Arzt Ludwik Zamenhof aus Bialystok, der seine künstliche Weltsprache hundert Jahre zuvor vorgestellt hatte.
Sehenswert sind die vielen Rahmenveranstaltungen. Es gab beispielsweise eine Ausstellung mit Radierungen Kokoschkas, eine Präsentation von Graphiken Picassos aus der Sammlung Ludwig (der Kölner Mäzen richtet in Budapest ein Museum moderner Kunst ein) oder eine Bauhaus-Retrospektive. Ein Konzert, eine Opern- oder Operettenvorstellung, die nicht anschließend in einem Café besprochen wird? In Budapest eigentlich unmöglich, obwohl viele populäre **Kaffeehäuser** sehr gut besuchte Tagescafés sind. Namen wie Lukács, Hauer, Gerbeaud oder Ruszwurm stehen für eineinhalb Jahrhunderte allerfeinster Konditoreierzeugnisse. Mister Joule läßt schön grüßen.

DIE STÄDTE

Ein Jahr vor der Milleniumsfeier schuf Alajos Hauszmann den Palast der New-York-Versicherungsgesellschaft (1895), der am Ring eine der traditionellen Attraktionen der Innenstadt ist. Mehr noch als durch seine historisierende, verspielte Fassade wird das Interesse des Publikums durch das **Café Hungária** geweckt, das von der Jahrhundertwende an bis zum Kriegsausbruch eines der wichtigsten literarischen Zentren des Landes war. Heutzutage ist das Restaurant mit den manchmal schlechtgelaunten Kellnern, wo noch die Budapester Aristokratie verkehrt, eine museal anmutende Reminiszenz an die früheren Zeiten, die man in Novellen und Romanen pauschal „die guten alten" zu nennen pflegt.

Ist die Vorstellung nicht reizvoll, nach *Bad Budapest* zu fahren? Noch heute sprudeln jene 130 Mineral- und Thermalquellen im Stadtgebiet, die schon die alten Römer kannten und die von den Türken eineinhalb Jahrhunderte lang geschätzt wurden. „Man muß nicht Ungar sein, um sich durch die malerisch schöne Lage der Stadt entzückt zu fühlen; nicht minder klar liegt es auch ohne eigentliche Kenntniß der Naturwissenschaften, dass die auf ihrem Gebiet zu Tage tretenden Mineralwässer einen Naturschatz von hohem Werthe darstellen. Hätte Budapest gar nichts Anderes als seine Mineralquellen", schwärmte ein Patriot vor hundert Jahren, „so wäre bereits die Entwicklung seiner Zukunft gesichert."

Budapest ging offenbar einen anderen Weg, wurde nicht zu *Bad Budapest*, es beschränkte sich nicht auf diesen Schatz, sondern trieb die Industrialisierung voran, sprengte die Stadt-Grenzen. Dennoch erfüllt Budapest alle Kriterien eines Badekurorts. Es gibt keine Stadt in der ganzen Welt, in der so viele Kurbäder eingerichtet sind wie in Ungarns Metropole. Eines der (kühleren) Mineralbäder in der Nähe der römischen Ausgrabungsstätte **Aquincum** trägt den Namen *Római fürdő*. Da fand man neben einer Markthalle und einem Tempel auch die Ruinen von mindestens zwei Bädern. Wenn schon von Wasser die Rede ist: Die im Museum in Aquincum gezeigte **Wasserorgel** ist ein besonders wertvolles Unikat.

Spätestens am Fleischtopf scheiden sich Ost und West. Hundert Jahre ist sie alt – und dennoch so populär wie am ersten Tag: die in den Jahren vor 1896 von Samu Petz erbaute **Zentrale Markthalle**, an der *Szabadság híd* bzw. der einstigen Franz-Joseph-Brücke gelegen. Seinerzeit erregte vor allem der Eisenstahlgerüstbau großes Aufsehen. Heute staunen alle über die Preise: Für die Ungarn sind sie meist unglaublich hoch, für die westlichen Besucher immer noch Anreiz genug, preiswert und billig einzukaufen.

Gerade noch erschwinglich bei den Teuerungswellen von manchmal dreißig Prozent ist zuweilen das traditionelle Vergnügen eines Zirkusbesuchs. Der **Hauptstädtische Großzirkus** gegenüber dem Széchenyibad residiert im Stadtwäldchen seit 1891. Der moderne Kuppelbau ist im Jahre 1971 erstellt worden. Die internationalen Gastspiele rund ums Jahr bewegen sich auf höchstem circensischen Niveau. Ungarische Artisten gehören bei wichtigen Festivals und Wettbewerben immer wieder zu den Publikumslieblingen und Preisträgern.

Eine verrückte Stadt, der der angesehene Reiseschriftsteller Horst Krüger eine lakonische Liebeserklärung ins Stammbuch schrieb: „Das Klischee ist die Wahrheit in dieser Stadt." Der Vielgereiste ironisch: „Die Ungarn machen sich groß, scheinbar. Sie haben eine unvergleichliche Begabung zur großen Gebärde. Das Genie der Ungarn ist ihr Sinn für die pompöse Selbstinszenierung. Sie sind Meister der großen Szene. Überall auf den Budapester Straßen kann man es schon an den Denkmälern ablesen: Künstler und Heilige, Freiheitskämpfer und Fromme, alles Helden, alles Genies und Märtyrer dazu, versteht sich. Keine Stadt der Welt hat ihren denkwürdigen Söhnen so viele Denkmäler gesetzt wie Budapest." (aus: *Kennst du das Land?* Hamburg 1987). Glänzend beobachtet! In der Tat: Allein die Namen der Boulevards entlang der Ringstraßen verraten mehr über Ungarns wechselvolle Historie als manch ein Geschichtsbuch. Ein Beispiel aus unseren Tagen, das sich mehrmals ergänzen ließe und das für das Verständnis dieser Stadt erforderlich ist: Von der **Petőfibrücke** ausgehend, benannt nach dem Dichter der 48er Revolution, passiert man zunächst den Franz-Ring, dann den Josef-Ring, der zu Kaisers und Königs Lebzeiten nach ihm monarchistisch Franz-Joseph-Ring hieß. *József körút* und *Ferenc körút* heißen sie offiziell. Der Straßenverlauf danach war viele Jahrzehnte *Lenin* gewidmet. Der Ring überquerte in Höhe des historischen Westbahnhofs den *Marx tér*, dem der Ring des Heiligen Stephan (*Szent István körút*) folgt. In Buda wird der Ring – jenseits der Margaretenbrücke, die nach der Tochter Margit des Königs Béla IV. (1235 bis 1270) benannt ist – in der *Straße der Märtyrer* fortgeführt, bevor er in den Busbahnhof an einem lebhaften Platz mündet, der lange Zeit *Moszkva tér* hieß. Interessant vielleicht in dieser Zeit, da zahllose Straßennamen geändert werden, daß auch im Jahre 1939 entlang der Prachtstraße *Andrássy út* zwei Knotenpunkte mit Verbündeten-Namen versehen waren: Es gab einen Adolf-Hitler-Platz und einen Mussolini-Platz. Der *Duce* der Italiener schenkte den Ungarn sogar eine Säule vom Forum Romanum, die einen Platz im Garten des Nationalmuseums fand.

Heilige und Revolutionäre, Monarchen, Märtyrer und Poeten haben in Ungarn also genügend Platz nebeneinander – sowohl in den Stadtplänen als auch in der Landesgeschichte. Wer diesen Umstand begreifen will und den historischen Weg Ungarns nachzuvollziehen sucht, der nehme einen detaillierten Reiseführer und gehe am **Heldenplatz** (*Hősök tere*) die illustre Reihe der überlebensgroßen Statuen unterhalb der allegorischen Gestalten von Krieg und Frieden sowie der Symbolgestalten von Wissenschaft und Kunst durch. Mann für Mann, von links nach rechts. Die Figuren sind nach nationalen und nationalistischen Aspekten ausgewählt worden, wenn ein Herrscher den später Regierenden genehm war. Die Habsburger fehlen ganz und gar, obwohl die Österreicher ein halbes Jahrtausend lang, zwischen den Jahren 1526 und 1922, die Könige von Ungarn stellten. Denkmal mag in diesem Fall auch heißen – Denk mal!

Nach dem Glauben der katholischen Kirche soll Erzengel Gabriel dem heiliggesprochenen Stephan persönlich die Königskrone gebracht haben. Deshalb thront der Engel 36 m hoch über dem **Grabmal des Unbekannten Soldaten** auf dem marmorausgelegten Heldenplatz, der sich übrigens auch als die schönste Skateboard-Piste Budapests erweist. Dahinter kann man sehen, wie **Fürst Árpád** die sechs anderen landnehmenden Magyaren-Fürsten ins Gelobte Land führt. Ein Geier begleitet die berittene Expedition, die Entschlossenheit demonstriert. Der Raubvogel kontrastiert mit dem Prunk rundherum, den Albert Schickedanz und György Zala drei Jahrzehnte lang ent- und verwarfen. Man versuchte bei der Gestaltung des **Milleniumsdenkmals**, all den wechselhaften Strömungen der Politik nachzukommen.

Der Rundgang durch Budapest könnte – zugegeben, nicht ganz gewöhnlich – auf dem **Kerepesi-Friedhof** in der gleichnamigen Straße enden oder beginnen. Warum? Hier – unweit des Ostbahnhofs – liegen von Ady bis Zichy (fast) alle berühmten Persönlichkeiten der ungarischen Historie und der Kulturgeschichte – in Mausoleen, vornehmen Familiengrüften, palastähnlichen Gräbern oder in verzierten Urnengräbern, in schlichten Zivilruhestätten oder in Sarkophagen, bekannte, prominente oder weniger bekannte Ungarn aus eineinhalb Jahrhunderten: Die Schriftsteller Endre Ady, János Arany, Mihály Babits, Mór Jókai, Attila József, Károly Kisfaludy, Gyula Krúdy, Dezső Kosztolányi, Kálmán Mikszáth, Zsigmond Móricz, Mihály Táncsics, Mihály Vörösmarty; die Politiker Graf Batthyány, Ferenc Deák, Lajos Kossuth (alle drei in Riesenmausoleen), Károly Graf Mihályi, György Klapka und János Kádár; die Maler bzw. Bildhauer Tivadar Csontváry Kosztka, Gyula Derkovits, Károly Lotz, Mihály Munkácsy, Alajos Stróbl, Mihály Zichy; die Baumeister Alajos Hauszmann, Ödön Lechner, Miklós Ybl; der Naturwissenschaftler Loránd Eötvös, der Mediziner Ignác Semmelweis; die Musiker Ferenc Erkel (der Schöpfer der Nationalhymne) und Jenő Heltai, die Meisterköche der deutschstämmigen Familie Gundel oder die äußerst beliebten Volksschauspieler Lujza Blaha und Márton Rátkay. All diesen Namen begegnet der Gast irgendwann oder immer wieder auf Straßenschildern oder in Museen, auf Schulgebäuden oder in Prospekten. Vielleicht leiten die Spuren auf dem Friedhof den Spaziergänger ein Stück in die Geschichte der Ungarn – vielleicht weiter, als es ein Reiseführer vermag?

Ballettänzer beim alljährlichen Budapester Frühlingsfestival (links außen).

Schlittschuhläufer im Stadtwäldchen (links unten).

Angebot in der Zentralen Markthalle (links oben).

Nachtleben ...
(rechts oben).

... und Kinderbelustigung (rechts unten).

Barockes Wohnhaus im Budaer Burgviertel (rechts außen).

DIE STÄDTE

Debrecen
Kalvin und Karneval

Als Hochburg des Kalvinismus vermochte die Stadt über Jahrhunderte, sich Selbständigkeit zu bewahren. Handel und Kunst waren hier stets zu Hause, aber auch die revolutionären Ideen Kossuths gingen von der Grenzstadt aus. Berühmt sind die Debreziner und der Blumenkarneval.

Geschichte

Das bereits im 14. Jh. urkundlich als ein größerer Marktflecken ausgewiesene Debrecen ist mit 446 km² die flächenmäßig zweitgrößte Gemeinde Ungarns. Zum Vergleich: Die alles überragende Hauptstadt Budapest erstreckt sich über 525 km². Die Universitätsstadt Debrecen (seit dem 16. Jh.) hat als eine von insgesamt fünf Städten das Bezirksrecht; sie ist außerdem Sitz des Komitats Hajdú-Bihar. Im 16. Jh. wurden mehr als ein Dutzend Zünfte und fast fünfzig Gewerbesparten gezählt. Aus einem bedeutenden Gewerbezentrum entwickelte sich rasch ein wichtiger Handelsplatz (u. a. für Vieh und Getreide, besonders Mais). Überhaupt erlebte Debrecen seine Blütezeit im 16. und 17. Jahrhundert. Es gelang den (protestantischen) Stadträten beinahe über eineinhalb Jahrhunderte, freilich durch die Zahlung erheblicher Beträge, eine relative Selbständigkeit gegenüber den türkischen Herren zu wahren.

Im Jahre 1693 wurde Debrecen zur königlichen Freistadt erhoben, 1715 ist diese Berufung vom Königshaus erneut bestätigt worden. Eineinhalb Jahrhunderte später, im Revolutionsjahr 1849, wurde Debrecen Schauplatz eines ungarisch-russischen Krieges. Der mit den Habsburgern verbündete Zar half den Österreichern, deren Herrschaft im Ungarland aufrechtzuerhalten. Im April desselben Jahres verkündete der beliebte Politiker und Publizist Lajos Kossuth in der protestantischen Großkirche die Unabhängigkeit Ungarns, die er auch „die Entthronung des Hauses Habsburg" nannte. Kurze Zeit danach verließ Kossuth (1802-1894), der sich im Exil Ludwig nannte, seine Heimat; er sollte sie nicht wiedersehen, doch er fand daheim seine letzte Ruhestätte. In seinen 1881 erschienenen Erinnerungen schreibt er: „Ein unsäglicher Sturm der Empfindungen durchwühlte meine Seele, als ich durch die Waffenstreckung heimatlos geworden war. Ich kenne kein Wort, welches hievon einen Begriff geben könnte. Ich warf mich auf den Boden des Vaterlandes nieder, bevor ich die Grenze überschritt, presste schluchzend den Abschiedskuss kindlicher Liebe auf denselben und nahm ein Stäubchen der heimathlichen Erde an mich; ich war dem Wrack des gestrandeten Schiffes gleich, welches der Sturm hinauswirft auf den Sand in einer Einöde."

Lajos Kossuths Denkmal unweit der Großen Kirche ist ein beliebter Treffpunkt der Debrecener Bevölkerung – ohne Altersunterschied. Die Statue liegt in der urbanen Zone mit zahlreichen Sitzbänken, umgeben von üppigen Blumenbeeten.

Ein schmerzhaftes Kapitel für alle Patrioten – Und welcher Ungar wäre keiner ?! – ist die einjährige Besatzung 1919/20 durch rumänische Truppen. 1944/45 – nach der Besetzung des Landes durch die Rote Armee – hatte die von ihr eingesetzte Provisorische Nationalregierung ihren Sitz in Debrecen. Hier wurde auch eine erste Verfassung, eigentlich ein sozialistisches Wiederaufbau-Arbeitsprogramm, verkündet.

Von ca. 75 000 Einwohnern um die Jahrhundertwende stieg die Bewohnerzahl auf etwa 220 000 in unseren Tagen an. Ende des vergangenen Jahrhunderts verlor Debrecen weitgehend seinen Agrarcharakter (Getreideanbau: Weizen, Mais), zumal sich damals mehrere moderne Industriebetriebe verschiedener Branchen ansiedelten. Heute reicht die Skala der Wirtschaftszweige von Möbelherstellung und Arzneimittelproduktion (*Helia D*) über eine Tabakfabrik bis zu Lebensmittel- und Maschinenindustrie.

Sehenswürdigkeiten

Als *Quell des ungarländischen Kalvinismus* galt Debrecen einst. Es wird im Land auch respektvoll das

Vom Handelsgeist vergangener Jahrhunderte kündet Mercurius (links außen).

Nicht nur protestantische Kirchen prägen das Stadtbild des „Kalvinistischen Roms" (links innen).

Auf der langen Hauptstraße zwischen Bahnhof und Kálvin tér spielt sich das öffentliche Leben ab (rechts oben).

Nagytemplon, das Wahrzeichen der Stadt (rechts unten).

Das Kalvinistische Kollegium mit Bibliothek und Museum (rechts außen).

DEBRECEN

Protestantische Rom genannt. Der sichtbare Ausdruck dieses Glaubens ist eines der erhabensten Kirchengebäude des Landes: **Nagytemplom** – die klassizistische **Großkirche**. Entstanden ist sie in der Bauperiode von 1805 bis 1819, nach anderen Quellen von 1802 bis 1822. Wahr ist, daß die Vorgängerkirche 1802 einem Brand zum Opfer fiel. Keinesfalls wirkt der mächtige Bau protzig, obwohl er die gesamte Innenstadt dominiert. Er ist der markante Punkt der stets belebten Hauptstraße, die beinahe wie ein riesengroßer Platz gestaltet ist. Zu beiden Seiten des Gotteshauses befinden sich zwei mit Kupferhelmen bedeckte ca. 60 m hohe Türme. Die Seitenfassaden, die von ionischen Säulen getragen werden, lassen bereits von außen erkennen, daß die Kirche die Form eines lateinischen Kreuzes hat. Durch ein Portal, das ebenfalls auf zehn schlanken ionischen Halbsäulen ruht und von einem dreieckigen Giebel gekrönt ist, führt ein dreibogiges Tor ins Kircheninnere. Darin wird auf jeden Prunk, auf alle architektonischen oder bildnerischen Zierelemente verzichtet; das Wort soll die Kraft geben, nicht die Bilder. Wenn man von den korinthischen Kapitellen der Doppelpfeiler absieht, verleiht nur die vornehm geschnitzte, vergoldete Kanzel im Empirestil dem sonst schlichten Kirchenraum eine Feierlichkeit. Das Gotteshaus bietet 3000 Personen einen Sitzplatz. Landesweit berühmt sind die Orgelkonzerte in der Großen Kirche. Jakob Deutschmann in Wien baute im letzten Jahrhundert die Orgel mit 43 Registern und knapp 4000 Pfeifen.

Diese protestantische Strenge bzw. dieser kalvinistische Puritanismus wurde auch bei der barocken **Kleinen Kirche** von 1720-1726 durchgehalten. Sie wurde dementsprechend 1876 im historisierenden Stil umgebaut. Etwas von der Macht des Protestantismus verkündet das **Kalvinistische Kolleg** (1804-1816) mit einer musealen **Bibliothek**. Im 18. Jh. war dieses Institut die wichtigste reformierte Universität des Landes überhaupt. Ihr Rang ist auch noch heute unbestritten. Der Besuch dieser Kolleg-Bücherei mit über 600 000 Bänden und des Museums für (protestantische) Kirchenkunst sind ein touristisches Muß. Von den Türken wurden Privilegien erkauft, was z. B. bedeutete: Andersgläubige, so Juden, durften sich in Debrecen nicht niederlassen. Dieses wurde in einem Stadtverordneten-Erlaß festgelegt. Um so härter traf die autonome Stadt Debrecen die Gegenreformation im 18. Jh. Die Vorrechte wurden aufgehoben, und die Protestanten waren in der Folge vielen Pressionen ausgesetzt. Fortan galt das biblische Motto: Aug' um Aug', Zahn um Zahn.

Seit den Reformationstagen war Siebenbürgen der Hort des Protestantismus, Debrecen war der geistliche und geistige Mittelpunkt des evangelischen Lebens in Ungarn. Das bereits erwähnte Kollegium und die kalvinistische theologische Universität bilden seit 1950 wieder den protestantisch-evangelischen Nachwuchs in kalvinistischer Atmosphäre aus.

Debrecen ist daneben auch der Sitz einer von mehreren Freien Sommeruniversitäten, die allen an Ungarn interessierten Ausländern offenstehen. – Die Ferenc-Liszt-Musikhochschule Budapest unterhält eine Filiale hier in Ostungarn. Bekannt ist neben der begehrten Lajos-Kossuth-Universität auch die Agrarwissenschaftliche Universität, deren Absolventen in Fachkreisen einen guten Ruf genießen.

Auf eine sehr alte Tradition blickt in Debrecen die Schauspielkunst zurück, wovon heute drei Theater – darunter das **Csokonai Színház** – zeugen. Ritter Mihály Csokonai Vitéz, 1773 in Debrecen geboren und dort 1805 gestorben, ist vielleicht der bedeutendste Sohn der Stadt. Der Adelige war trotz seines jugendlichen Alters ein namhafter Repräsentant der ungarischen Aufklärung. Seine politische Lyrik

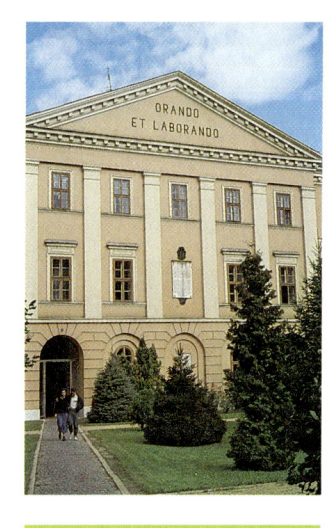

Information
Hajdútourist
(Adresse siehe „Reiseinformationen")

Festkalender
Jazzfestival im Juli. Blumenkarneval am 20. August. Orgelkonzerte von April bis Oktober.

Tips
Badekur im Thermalheilbad im Großen Wald. Kirchenkunstmuseum. Déri-Museum mit Ägyptologie-Sammlung. Postmuseum. Hortobágy-Puszta-Ausflug.

DIE STÄDTE

und Liebespoesie gehören noch heute zur Pflichtlektüre der Volks- und Mittelschulen. In seinen schwingenden, melodischen Versen verschmilzt die europäische Dichtung mit einer aufgeklärten Gesinnung und mit Elementen ungarischer Volksweisen. Kraft und Anmut, Feines und handgreiflich Derbes verbinden sich in seinen Gedichten zu einer ganz neuartigen Poesie. Der Dichter war auch ein Spracherneuerer. Schön, wie solche Lebensläufe in einheimischen Handbüchern beschrieben werden: „Csokonai war ein wenig Philosoph, ein Vagabund und Wanderprediger, ein ganzer Mann, einer, der die schwere Last der Krankheit und der Armut, die zeit seines Lebens auf ihm lastete, mit Würde zu tragen wußte." – Die Stadt ehrt ihren Sohn mit einem Denkmal, das allerdings nicht vor dem Theater placiert ist. Eine von Debrecens Sehenswürdigkeiten neber der am Kálvin tér gelegenen Großen Kirche ist das gegenüber der zehn Meter hohen Statue von Lajos Kossuth liegende **Hotel Arany Bika** (Goldener Stier bzw. Goldener Bulle). Das Hotel, das schon große Zeiten gesehen hat, wurde im Jahre 1915 von Alfréd Hajós geplant. Er hatte übrigens im Jahre 1896 in Athen die erste Goldmedaille (im Schwimmen) der Olympischen Spiele für Ungarn gewonnen.

Die weiteren Anlaufpunkte in der Stadtmitte sind das prächtige **Rathaus** (1802) mit einem schönen Stadtwappen im dreieckigen Giebel sowie das klassizistische reformierte **Gymnasium** in der *Péterfia utca* aus dem Jahre 1810. Heute befindet sich darin das **Medgyessy-Museum**. Ferenc Medgyessy wurde 1881 in Debrecen geboren (gestorben ist er 1958 in Budapest). Nach einem Medizinstudium erlernte er in Paris die Bildhauerkunst. Seine männlichen und weiblichen Akte gelten als formvollendet. Recht monumental sind seine Reiterstatuen (z. B. König Stephan in Győr). Viele seiner kleineren Skulpturen sind hier in Debrecen zu sehen.

Das vielleicht schönste Gotteshaus in der Stadt ist die barocke **St.-Annen-Kirche**. Sie wurde zwischen 1721 und 1746 nach den Plänen des Mailänder Architekten Giovanni Battista Carlone gebaut. Die Statuen stellen König István (Stephan) und seinen Sohn Imre (oft auch als Emmerich beschrieben) dar. Außerdem zeugen die zwei **Synagogen** und die **orthodoxe Kirche** von der geistlichen Vielfalt Debrecens.

Fährt man nach Ungarn, in den Osten der Großen Tiefebene, um ägyptische Mumien zu sehen? Kaum, wenn man nicht weiß, daß das **Déri-Museum** eine der besten Kollektionen altägyptischer Kunst des gesamten europäischen Kontinents beherbergt! Es sind – von ähnlich hervorragender Qualität – noch weitere umfangreiche Sammlungen antiker griechischer und römischer Funde, ostasiatischer Antiquitäten sowie schönes und reichhaltiges urgeschichtliches Material vorhanden. Dieses illustriert das menschliche Leben von der Urzeit bis zur Landnahme am Beispiel des Komitats Hajdú-Bihar. Auch einheimische Gemälde des 19. Jh. sowie eine umfassende Botanikkollektion werden in den großzügig gestalteten Räumen geschmackvoll präsentiert. Wem das alles zu verdanken ist? Einem einzigen Mann – einem Kunstmäzen im klassischen Sinn des Wortes: Friedrich (Frigyes) Déri. Der aus Baja stammende Seidenfabrikant und Kunstliebhaber machte seine Millionen mit Textilien in Wien. Liebevoll trug er jahrzehntelang die Sammlungen bis zu seinem Tod im Jahre 1924 zusammen. Er vermachte seine wunderbaren Schätze, die außerdem auch Goldschmiedearbeiten, Waffen, Porzellan und Gefäße der Völkerwanderungszeit umfassen, seiner Wahlheimatstadt. Ein Wunder, daß diese herrliche, in ihrer Art einmalige Sammlung, deren Exponate teilweise viereinhalbtausend Jahre überdauert haben, in den Wirren der Kriegsjahre unseres Jahrhunderts unversehrt blieb.

Der ganze Stolz der Debrecener Bevölkerung sind nicht etwa die Paprika-Würste, die den Namen der Stadt in Europa bekanntmachten, sondern der parkartig angelegte **Große Wald**. Mitten in der unwirtlichen Gegend der Großen Tiefebene wurde er vor einem Jahrhundert systematisch gepflanzt. Er wird seither sehr sorgfältig gepflegt. Seit 1957 gibt es dort einen **Zoo**; ein **Vergnügungspark** bietet auch Platz für Open-air-Konzerte, die sich überall im Land immer größerer Beliebtheit erfreuen. In dieser Naherholungszone von über 2300 Hektar ist neben einem hübsch gelegenen **Campingplatz** eine der

Wappen der Stadt Debrecen (links außen).

Niedrige Häuser wie in den Dörfern der Tiefebene säumen etwas außerhalb des Zentrums die Straßen (links unten).

Szene des Blumenkarnevals vor dem Turm der Kleinen Kirche (links oben innen).

Csokonai-Theater in der Kossuth u. (rechts).

86

DEBRECEN

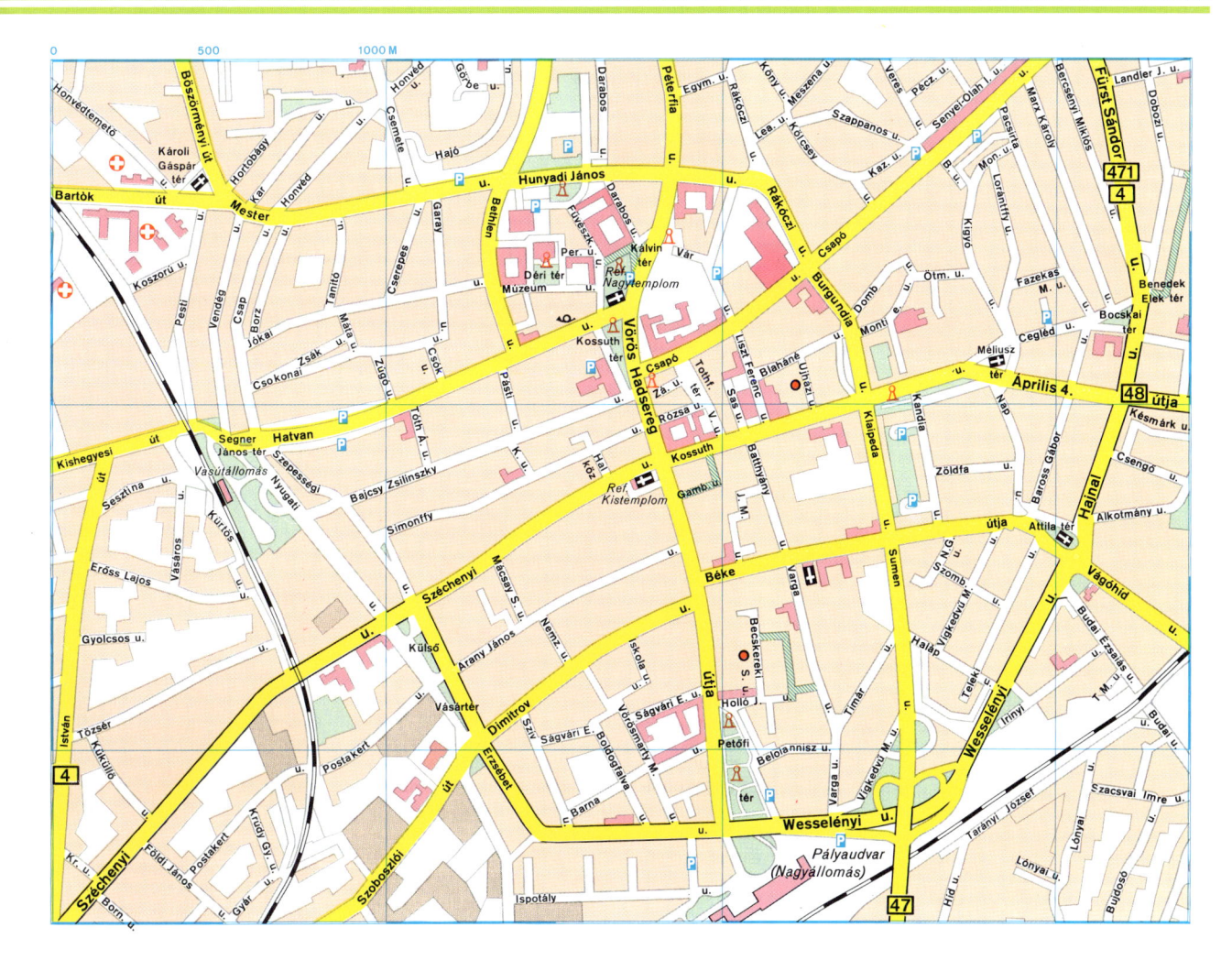

schönsten **Thermalbadeanlagen** (Quellen bis 67° C) des ganzen Landes vorhanden. Dem Heilbad ist ein Kurhotel angeschlossen, so daß sich die Gäste bequem pflegen können. Die Qualität des Wassers ist ausgezeichnet. Debrecen gehört zu den führenden Bädern Ungarns. Es gibt nicht nur Wasseranwendungen, auch der heilsame Schlamm wird therapeutisch eingesetzt.

Die ehemalige Breite Marktstraße hieß 45 Jahre lang *Vörös Hadsereg útja* – Straße der Roten Armee, jener Sowjetarmee, die zum Leidwesen der Einwohner und der Touristen jahrzehntelang rund um Debrecen, auch über dem Stadtgebiet, Tiefflüge trainierte. Die lange Einkaufsstraße vom Hauptbahnhof bis zur Großen Kirche ist alljährlich am 20. August, dem Tag der Verfassung, der Schauplatz eines sehr hübschen, zuweilen auch ideenreichen **Blumenkarnevals**. Einige Dutzend Prachtwagen werden in einem Umzug vorgeführt. Farbenprächtige, szenische Darstellungen mit Menschen- und Tierfiguren werden aus Hunderttausenden von Blumen gestaltet. Viele Motive finden sich da: Evas aus dem Garten Eden und Eisbären, lebendige Mönche blättern in überdimensional großen Blumenbüchern, ein Globus wird aus Pflanzen gezaubert; eine Hawaii-Maske aus unterschiedlichen Blumensorten gewann vor einigen Jahren den ersten Preis. Natürlich kann sich Debrecen trotz des großen Aufwands nicht mit Nizza vergleichen, aber in Mitteleuropa ist dieses heitere Sommerfest eine selten zu sehende, willkommene Abwechslung im Urlaub, zu der dann auch Zehntausende von Zuschauern aus allen Teilen des Landes strömen.

Zu Debrecens Stadtgebiet gehört seit dem letzten Jahrhundert übrigens auch die etwa 25 km entfernte, auf einer gut ausgebauten Straße innerhalb einer halben Stunde zu erreichende **Puszta Hortobágy**. Bereits im Jahre 1732 gab es schriftlich formulierte Pachtverträge mit den Pusztabauern. Dort weidete Vieh, das in ganz Europa begehrt war und das nicht nur nach Wien, sondern sogar bis zum Augsburger Viehmarkt getrieben wurde.

Am 20. August findet im **Ort Hortobágy** der landesweit berühmte **Brückenmarkt** *Hídi vásár* statt, so daß manche Besucher des Debrecener Blumenkarnevals am gleichen Tag noch eine Fahrt in die **Puszta** unternehmen. Dieses Treiben in der Nähe der Neunlöchrigen Brücke gibt es regelmäßig seit dem Jahre 1892 und erinnert heute an die großen Tiermärkte vergangener Zeiten. An kaum einem anderen Tag ist der Gegensatz zwischen der Vielfalt der Vegetation auf dem Blumenkarneval und der ausgedörrten, heißen Einöde in der Pusztalandschaft stärker zu erleben als an diesem feucht-fröhlichen Feiertag. Am 20. August wird zudem der Geburtstag des vermeintlichen Staatsgründers, des heiligen Stephan, begangen. Dies ist heutzutage keine religiöse Angelegenheit mehr, sondern eher ein weiterer Anlaß, ein großes Volksfest zu feiern. *Debreziner* sind auch dabei. Freilich werden die Würstchen dort unter der schlichten Sammelbezeichnung *kolbász* geordert ...

DIE STÄDTE

Eger
Blut und Wein

Es heißt, Blut und Wein flossen einst durch diese Stadt. Doch in Friedenszeiten spielen zum „Erlauer Stierblut" die Zigeuner auf. Hier steht eine der schönsten Barockkirchen Ungarns, und nicht nur die Fresken von F. A. Maulbertsch in der Bibliothek erinnern an die „gute alte Zeit".

Geschichte

Zwar war Eger beinahe ein Jahrhundert lang (genau von 1596 bis 1687) in türkischer Hand, doch muß die Schilderung einer Schlacht des Jahres 1562 in den meisten Reiseführern wohl in das Reich der Fabel verwiesen werden. Hierbei sollen rund 2000 Einwohner Egers, davon die meisten weiblichen Geschlechts, unter Führung von István Dobó einer Übermacht von bestausgerüsteten 200 000 bis 450 000 Türken (je nach Quelle) widerstanden haben ...

Ein anderer István, der später heiliggesprochene König Stephan, soll Eger im Jahre 1009 zum Bischofssitz gemacht haben. Erzbischofssitz ist Eger erst seit 1804. Das heute nach wie vor rege benützte barocke Erzbischöfliche Palais wurde 1844 im klassizistischen Stil umgebaut. Das Bischofslyzeum wurde nach 1945 Pädagogische Universität, später Hochschule für Lehrerausbildung.

Kilian Ignaz Dientzenhofer, einer jener Baumeister, die im 18. Jh. der Prager Kleinseite das sie noch heute prägende Bild gaben, entwarf die Pläne für die 1758 bis 1773 errichtete Minoritenkirche in Eger. Die dem hl. Antonius geweihte Ordenskirche gilt als das vielleicht schönste, formvollendetste sakrale Bauwerk der Barockarchitektur in Ungarn. Dieser Superlativ zählt viel, sind doch über ein Drittel aller unter Denkmalschutz stehenden Bauten des Landes Kirchen, und diese wiederum überwiegend Gotteshäuser der Barockzeit. Eger ist mit 66 000 Einwohnern, am gleichnamigen Flüßchen und an den Südwestausläufern des Bükk-Gebirges gelegen, übrigens auch der Sitz des Komitats Heves.

Sehenswürdigkeiten

In der Stadt der Kunstdenkmäler flossen einst, so sagt man, Blut und Wein. Aus dem Weinbauort Eger, der Heimat des dunkelroten *Egri Bikavér* (Erlauer Stierblut), stammen auch andere berühmte Weine wie *Medoc Noir*, *Cabernet Sauvignon* oder *Leányka*. – Wein und Blut: Die gotische **Burg** war lange von den Türken belagert, bevor Eger eine türkische Garnisonsstadt wurde. Die Burgkasematten sind 30 m tief unter der Erdoberfläche gegraben. Heute ist das 35 m hohe **Minarett** aus dem 17. Jh. ein fotogenes Relikt jener Zeit, die Ungarns traditionelle Geschichtsschreibung nicht ganz korrekt stets in Verbindung mit Entbehrung und Hunger bringt. Die zur Burg gehörende Kethuda-Moschee wurde 1841, am 300. Jahrestag der Einnahme von Buda, feierlich abgetragen. An die Türkenära erinnert im städtischen **Thermalheilbad** (mit radioaktiven Quellen) ein ehemaliges **türkisches Bad**. Und ein kleines, feines Restaurant unterhalb der Burg nennt sich *Tálizmán*, bietet allerdings nur ungarische Spezialitäten an. Apropos fein: Eines der besten Speiselokale im Land ist in Eger beheimatet: *Fehér Szarvas* (Weißer Hirsch).

Eger, deutsch Erlau genannt, einst ein bedeutendes Renaissance-Zentrum Ungarns, erlebte in der 2. Hälfte des 18. Jh. eine Wiedergeburt. Zahlreiche barocke Kirchen und Wohnhäuser, heute fast ohne Ausnahme unter Denkmalschutz, sind seinerzeit entstanden. In der *Alkotmány utca* (Straße der Verfassung) steht ein einstöckiges Wohnhaus aus dem Jahre 1776, in der *Arany János utca* die zwischen 1709 und 1712 errichtete **Trinitarierkirche**, der später ein

Basilika (links außen).

Die Eger durchfließt die Stadt (links unten).

Blick zur Pestkapelle (links oben innen).

Blick von der Burg auf den Dobó István tér (Mitte).

Weinlesetanz (rechts oben).

Blick zur Burg (rechts unten).

EGER

Kloster angegliedert wurde. Das Gotteshaus sei – sagen welterfahrene Fachleute – fast identisch mit der von Dientzenhofer erbauten Prager Kirche der St. Katharina. Warum auch nicht, zumal die Baumeister sich früher öfters grenzüberschreitend betätigten? In der *Bródy Sándor utca* stehen barocke, heute noch bewohnte Wohnhäuser aus dem 18. Jh. Der ***Dobó István tér*** ist durch seinen urbanen Charakter – fast ein Teil einer längeren **Fußgängerzone**. Einer der Eingänge zur modernen Markthalle ist eben an diesem städtischen Platz angebracht, der mit der aufsehenerregenden Plastik von Zsigmond Kisfaludi-Stróbl (1884-1975) als das wahre Stadtzentrum angesehen wird. Die **Minoritenkirche** prägt mit einem früheren Ordenshaus den Stadtkern. Dieses wunderschöne Gotteshaus, dessen Bau zwar 1712 begonnen, jedoch erst im Jahre 1773 vollendet wurde, ist reich ausgeschmückt. Mehrere Altäre sowie mit Rokokoschnitzereien verzierte Bänke vermitteln die Atmosphäre des 18. Jh.

Eine Straße voller Anziehungspunkte ist die *Kossuth Lajos utca*. An ihrem Anfang (Haus-Nr. 4) steht das ehemalige kleine **Propstpalais** aus dem Jahre 1758 mit einem schmiedeeisernen Balkongeländer. Gegenüber dem zweistöckigen barocken Gymnasium (Nr. 8) steht das einstige Komitatshaus (1748-1756). Die **Schmiedeeisenarbeiten** – an mehreren Gebäuden Egers zu sehen – stammen von dem Würzburger Kunstschmied Heinrich Fazola, den sie hier Henrik nennen. Der Meister baute um 1770 in *Ómassa* (ó = alt), unweit von Lillafüred, einen Hochofen, dem sein Sohn Anfang des 19. Jh. eine neue Hütte *Újmassa* (*új* = neu) angliederte, um dort das in der Umgebung geförderte Eisenerz an Ort und Stelle verarbeiten zu können. Das Haus Nr. 10 birgt ein einstöckiges Wohnhaus aus dem Jahre 1733; wenige Schritte davon entfernt erhebt sich die **Franziskanerkirche** mit dem einstigen Kloster. Der gesamte Komplex wurde in der Periode von 1714 bis 1759 erstellt.

Die Fußgängerzone *Széchenyi utca* steht nur geringfügig nach. Sehr hübsch ist das sog. **Carlone-Haus**, das den Namen des italienischen Baumeisters Giovanni Baptista Carlone trägt.

Am *Szabadság tér* dominiert die **Erzbischöfliche Basilika** den gesamten Freiheitsplatz. Die jetzige Form erhielt der Bau 1839-1846 hauptsächlich von dem Architekten József Hild. Im Kircheninnern waren mehrere Italiener am Werk: Marco Casagrande stellte die Plastiken her, seine Landsleute Busatti, Grigoletti und Schiavone schufen die Nebenaltäre. Außerordentlich sehenswert ist die bischöfliche **Schatzkammer** in der Domherrensakristei mit Kunstgegenständen aus vier Jahrhunderten (Monstranzen, Kelche, Gewänder, Gebetbücher). Dem Gotteshaus gegenüber liegt die schon erwähnte **Hochschule für Lehrerausbildung**, die in ihrer Gründungsphase als theologische und philosophische Schule diente. Das Ambiente des 18. Jh. blieb erhalten, auch wenn das Institut längere Zeit den Namen des Vietnamesen Ho Chi Minh trug. Beachtlich ist das Eichenholz-Mobiliar in der **Bibliothek** – und an gleicher Stelle ist dem Maler Johann Lucas Kracker 1778 ein raffiniert gestaltetes Deckengemälde mit der Darstellung des Tridentinischen Konzils gelungen. Es täuscht trotz der Darstellung mehrerer Dutzend Personen sehr gekonnt und geschickt eine unglaubliche Höhentiefe des Raumes vor. **Fresken** von Franz Anton Maulbertsch (1793) sowie die exakt arbeitende **Sternwarte** versetzen den Besucher in die „gute alte Zeit", an die man auch im **Erzbischöflichen Palais** am Anfang der Fußgängerzone, in der *Széchenyi utca*, erinnert wird.

Zwischen 1731 und 1743 erbauten Jesuiten eine zweitürmige **Barockkirche**, die um 1800 in den Besitz der **Zisterzienser** überging. Geht man die Straße bis zum Haus Nummer 55, so kommt man zu der **serbischen orthodoxen Kirche** (*Rác templom*) vom Ende des 18. Jh. Wertvoll ist deren Innenausstattung: eine Ikonostase, vergoldete Schnitzereien und Ikonen sind hier kaum erwartete exotische Sehenswürdigkeiten.

Da der Bau der Eisenbahn wohl aus geländetechnischen Gründen an Eger vorbeiging und die wenigen Industrien erst um die Jahrhundertwende angesiedelt wurden, konzentrierte sich die vielfach deutschsprachige Bevölkerung lange Zeit fast ausschließlich auf den Weinanbau. Den Besuchern werden in Eger und Umgebung jedenfalls zahlreiche Möglichkeiten geboten, an Weinkostproben mit oder ohne Folklore-Programmen teilzunehmen. Das **Tal der schönen Frauen** (*Szépasszonyvölgy*) wird so manch einem Besucher vermutlich eher trübe in Erinnerung bleiben. Was kaum im genossenen Wein, vielmehr in der genossenen Menge seine Gründe haben dürfte...

Information
Eger Tourist
(Adresse siehe „Reiseinformationen")

Festkalender
Agria-Spiele: Theater- und Opernaufführungen, Konzerte in der Burg, auf dem Hof des Lyzeums und in der Basilika (im Juni und August).

Tips
Serbisch-orthodoxe Kirche. Domschatz. Sternwarte im ehem. erzbischöflichen Lyzeum, Deckengemälde von Kracker in der Bibliothek. Kulinarische Delikatessen im *Fehér Szarvas* und im *Tálizmán*.
Ausflüge: nach Noszvaj zur reformierten Kirche und zum Schloß von 1778 mit gepflegtem Park. Nach Szilvásvárad ins Lipizzanermuseum.

89

DIE STÄDTE

Esztergom
Stadt am Donauknie

Bereits Anfang der sechziger Jahre, als die ausländischen Touristen wieder nach Budapest kamen, war die Bischofsstadt Esztergom das Ausflugsziel Nummer eins. Die Stadt am Donauknie ist bequem zu erreichen: mit dem Auto oder – noch schöner – im Schiff.

Geschichte

Zu manchen Zeiten in Ungarns wechselvoller Vergangenheit sind Legenden in die Geschichtsschreibung eingegangen; so auch in die städtischen Annalen von Esztergom. Einige einheimische Geschichtsschreiber versichern – allerdings ohne schlüssige Beweise –, daß der römische Staatsmann Marcus Aurelius in der zweiten Hälfte des 2. Jh. in der kleinen Limes-Befestigung *Solva* gelebt habe. Hier soll der Philosoph auf dem Kaiserthron sogar seine bis heute aktuellen *Selbstbetrachtungen* verfaßt haben. Die Funde aus der Römerzeit sind jedoch eher dürftig: einige gestempelte Ziegel mit lateinischen Inschriften, ein paar Reste ehemaliger Wachttürme, und unter dem mittelalterlichen Palast am Burghügel kamen auf einer Länge von etwa 150 m die Reste einer Mauer aus dem 2. bis 4. Jh. hervor. Einige Fundstellen befinden sich in Ufernähe der Donau, so daß angenommen werden kann, daß Hochwasser im Laufe von zwei Jahrtausenden so manches davonschwemmten.

Fraglich ist auch, ob Vajk, der Fürstensohn aus dem Árpádengeschlecht, wirklich in Esztergom/Gran als Stephan bzw. István zum König von Ungarn gekrönt wurde. Jedenfalls wird seit Beginn des vergangenen Jahrhunderts das Jahr 1000 oder 1001 als Krönungsjahr angenommen. Heute gilt István offiziell als Staats- und Kirchengründer, was kaum ein Ungar in Frage stellt. Übrigens finden sich auch über Königin Gisela, die als Tochter des bayerischen Herzogs Max nach Ungarn verheiratet wurde, und ihren angeblichen Aufenthalt in Gran, das einst offenbar eine deutsche Ansiedlung war, keine zeitgenössischen Aufzeichnungen.

Esztergom ist seit 1820 wieder die Residenz des Primas der Katholischen Kirche. Der Klerus hatte in Ungarn seit jeher große Macht und viele Befugnisse, und heute ist die Katholische Kirche für die Hälfte der Bevölkerung erneut eine wichtige politische Instanz, ja, sogar ein Kleinstaat im Staate. Im Sinne des seit dem 16. Jh. geltenden Kirchenrechts hatten die übrigen Erzbischöfe dem Primas Gehorsam zu leisten; sie durften ohne seine Einwilligung keine Bischöfe weihen; der Primas war der Richter der Bischöfe; diese durften an ihn „appellieren"; vom Primas, als dem Legaten des Heiligen Stuhls, gingen die Appellationen und alle wichtigen Akten direkt nach Rom; der Primas durfte Untersuchungen einleiten über alle römisch-katholischen Kirchen, Orden, Klöster und „jederlei privilegierte kirchliche Personen und Anstalten" mit Ausnahme der Erzabtei Martinsberg (Pannonhalma); er hatte das Recht, unter seinem Vorsitz eine nationale Synode einzuberufen; der Primas ist der einzige unter allen ungarischen Kirchenfürsten, der sich das apostolische Kreuz vortragen lassen kann. Der jeweilige Erzbischof von Esztergom (der slawische Name ist *Ostrihom*) war seit dem frühen Mittelalter gleichzeitig der Erzbischof des Landes. Ausschließlich er besaß das Recht, den König von Ungarn zu krönen. Er war zugleich auch der Steuereinnehmer des jeweiligen Herrschers. Das heißt, der Primas des Landes hielt auch den Steuersäckel in der Hand. All diese Machtfülle kommt unweit der mittelalterlichen Ruinen aus dem 12. Jh. in der klassizistischen Basilika weithin sichtbar zum Ausdruck.

Sehenswürdigkeiten

Die Proportionen der **Basilika** kommen am besten zur Geltung, wenn man sich ihr von der Donau her nähert. Die Kuppel des zwischen 1822 und 1869 gebauten Doms ist genau 100 m hoch – sie hat exakt die Höhe der Parlamentskuppel in Budapest. Die Länge des Gebäudes beträgt 107 m, die Breite des Mittelschiffs beläuft sich immerhin noch auf 48 m, bereits die Vorhalle ist 22 m

---

Information
Komturist
(Adresse siehe „Reiseinformationen")

Festkalender
Orgelkonzerte in der Basilika. Im Sommer „Historische Musik".

Tips
Außerordentlich sehenswert sind das Christliche Museum mit seiner Kunstsammlung und die Schatzkammer in der Basilika. Das Burgmuseum lohnt sich für geschichtlich Interessierte. Reizvoll ist der Blick vom Kalvarienberg. In der *Kölcsey utca* ist das Museum für Gewässerkunde beheimatet. Dort wird der „Lebensraum Donau" dargestellt, außerdem sind Exponate zu sehen, die etwas mit Wasser zu tun haben.

ESZTERGOM

hoch. József Hild, u. a. der Architekt der Kathedrale von Eger, vollendete nach beinahe einem halben Jahrhundert den Bau. Das 13 m x 6,5 m große Bild über dem Hauptaltar in dieser größten Kirche des Landes ist eine Nachbildung eines Tizian-Gemäldes, zu Ehren der Dompatronin gemalt. Das Fresko am Chorgewölbe ist das Werk des seinerzeit prominenten Münchner Malers Ludwig Moralt. Franz Liszt komponierte zur Einweihung des Kirchenbaus seine berühmt gewordene *Graner Messe*. Die Schatzkammer der Mariä-Himmelfahrt-Basilika enthält die reichhaltigste Sammlung kirchlicher Kleinodien des ganzen Landes. Die ältesten Exponate der Domsammlung – es sind wertvolle Meßgewänder – stammen aus dem frühen Mittelalter. Außerdem befindet sich dort der Goldene Kalvarienberg des Königs Matthias Hunyadi, gen.Corvinus (siehe auch „Kalvarienberge und Wallfahrten"). Diese wunderbare Goldschmiedearbeit westlicher, vermutlich französischer Künstler befand sich im 15. Jh. offenbar im Besitz des Königs, worauf das (später angebrachte) böhmisch-ungarische Königswappen mit dem Raben im Herzschild verweist, das von drei Sphinxen gehalten wird. Architektonisch sehenswert ist die in rotem Marmor gehaltene Bakócz-Kapelle aus dem ersten Jahrzehnt des 16. Jh., so benannt nach Tamás Bakócz (1442-1521). Der bedeutende Renaissance-Kirchenfürst gewann in den letzten Jahren seiner Amtsausübung solch eine Macht, daß sich Gran an Bedeutung sogar über Buda, die weltliche Hauptstadt, erhob. Gewissermaßen das Modell der Basilika, vor der eine Marienstatue steht, ist die Szent-Anna- bzw. Runde Kirche. Sie wurde nach dem Vorbild des römischen Pantheons in den zwanziger Jahren des vergangenen Jahrhunderts im erzbischöflichen Auftrag erstellt. Die reichhaltigste Kunstsammlung des Landes außerhalb der Budapester Nationalgalerie befindet sich im Esztergomer **Christlichen Museum** (heute wie einst: **Erzbischofspalais**). In den Beständen: italienische, niederländische, flämische, altdeutsche, französische und österreichische Gemälde – darunter Werke von Hans Memling, Lukas Cranach und F. A. Maulbertsch –, Plastiken, Gobelins, kostbare orientalische Teppiche und gotische Glasmalereien. Der größte Schatz des Museums ist ein Meisterstück der Holzskulptur – der *Sarg Jesu von Garamszentbenedek*.

Unweit hiervon befindet sich die barocke **Pfarrkirche der Wasserstadt** (1728-38). Etwa zu gleicher Zeit entstanden die **Franziskanerkirche** und eine Reihe von Palaisbauten, meist höhergestellten Kirchendienern gehörend. In Esztergom residierte übrigens auch Kardinal Mindszenthy. Das städtische **Rathaus** mit einem hübschen Mansardendach erhielt seine Rokokofassade während des Umbaus im Jahre 1773. Es ist für jedermann offen – also auch für Touristen zugänglich. Lohnend ist der Weg zur Kapelle und zu dem Kreuzweg (Figuren aus dem Jahre 1781) auf dem **Szt.-Tamás-hegy**, wo sich das wohl schönste Panorama auf Esztergom öffnet. Der Blick bleibt auf dem **Burgberg** haften, in dessen königlicher Kapelle byzantinische Künstler tätig waren. Die **Fresken** an den Seitenwänden des Chors mit den Löwen und dem Lebensbaum sind in Ungarn einmalig. Kunsthistoriker vermuten, daß das gotische Gewölbe von französischen Baumeistern stammt. Die Burg selbst ist die älteste steinerne Burg des Landes, wenn auch nur noch fragmentarisch in einem Museum zu besichtigen. Von dort bietet sich ein schöner Blick über die Donau. Eine Brücke, die Ungarn und die Slowakei vor dem Krieg verband, wurde nach 1945 nicht wiederaufgebaut. Wer Details liebt, sollte das **Kaneuzky-Haus** (erbaut um 1772) in der *Jókai utca* mit einem der schönsten Tore des Landes nicht versäumen. Beachtenswert ist auch das **Alte Komitatshaus** mit dem schmucken Tor.

Altes Komitatshaus (links außen).

Horn König Sigismunds aus dem Domschatz (links Mitte).

Blick hinauf zur Kuppel der Basilika (Mitte).

„Brücke der Freundschaft" hieß lange Zeit die im Krieg zerstörte Donauverbindung zur Slowakei (rechts oben).

Blick vom Burgberg; Esztergom ist die größte Stadt am Donauknie (rechts außen).

DIE STÄDTE

Győr
Urbane Augenweide

Napoleon übernachtete 1809 in der Barockstadt, nachdem er eine ungarische „Insurrektion" in die Flucht geschlagen hatte. Der gebürtige Ungar Vasarely schuf am Stadttheater eine überdimensionale Wandplastik. Und das Győrer Ballett von Iván Markó genießt Weltruf.

Geschichte

Eine Stadt, die von vielen nach Budapest eilenden Westeuropäern, wortwörtlich, links liegengelassen wird – Győr. Sehr zu Unrecht! Allein die Liste der sehenswerten Kunstdenkmäler in der Altstadt füllt einen ganzen Werbeprospekt.
Die Stadtgeschichte reicht bis in die Stein-, Bronze- und Eisenzeit zurück, wie prähistorische Funde auf dem heutigen Stadtgebiet bezeugen. Ausgestellt sind sie im János-Xantus-Museum, das nach einem namhaften Kartographen benannt wurde, der Amerika und Ostasien bereiste. Aus einer keltischen Siedlung entstand die römische Gemeinde *Arrabona*, deren Name leicht abgewandelt in der deutschen Bezeichnung *Raab* erhalten blieb. Der österreichisch-deutsche Einfluß machte sich hier in der Grenznähe zu Österreich auch noch anders bemerkbar. Der Bau des heute direkt an der Europastraße 60/75 gelegenen, stolzen, mächtigen Rathauses wurde aus dem Nachlaß des vermögenden Bürgers Josef Bisinger um die Jahrhundertwende finanziert.
Nach dem Abzug der Römer verlief die Stadtgeschichte ein Jahrtausend lang in ruhigen Bahnen. Im Jahre 1009 soll István I., der später heiliggesprochene König Stephan, Győr zu einem der zehn Bistümer bestimmt haben, die es um die Jahrtausendwende auf dem Gebiet Ungarns gab. Danach kam wieder ein halbes Jahrtausend, das in den Geschichtsbüchern nur wenige Spuren hinterließ. Einige Belagerungen und Feuersbrünste, denen der Wiederaufbau folgte, werden in den Chroniken verzeichnet. Aus dem Zeitalter der Gotik sind nur einzelne Denkmäler – wie zum Beispiel die Dóczy-Kapelle in der Bischofsburg – erhalten. Prägend für das Stadtbild war jedoch die Barockära. Győr ist nach Sopron und Budapest immerhin die an historisch wertvollen Exponaten und Baudenkmälern drittreichste Stadt des Landes.
Die Türken weilten lediglich vier Jahre (1594-1598) auf dem Territorium des Städtchens zwischen den drei Flüssen Rába, Rábca und Moson-Donau. Das Stadtbild zeigt kaum keine Spur von ihnen. Nur eine kleine Wandplastik auf dem Weg zum Dom stellt den Kampf zwischen einem Landsknecht und einem wilden osmanischen Soldaten dar. Generationen später beschrieb ein national gesinnter ungarischer Autor die Übergabe der Basteifestung an den Pascha Sinan (im Jahre 1596, ganz ohne Gegenwehr) empört so: „Damals widerhallte nicht nur unsere Heimat, sondern auch ganz Deutschland vor Entrüstung."
Eine andere Eintragung in alten Büchern spricht davon, daß die Osmanen Győr als „janik kala" – eine abgebrannte Stadt – vorfanden. Der Grund dafür: Die kaiserlich-katholischen Truppen hatten vor ihrem Abzug das Städtchen in Brand gesteckt, damit es nicht in die Hände der Gegner falle. Diese Strategie der *verbrannten Erde* zählte in jener Zeit landauf, landab zu den Mitteln des Krieges. Deshalb ist es erstaunlich, daß die Dóczy-Kapelle aus dem Jahre 1487 fast unversehrt blieb und die zwischen 1561 und 1575 errichtete Bischofsburg nur wenige Schrammen abbekam. Die Baugeschichte der Kathedrale spiegelt die Kulturgeschichte der Stadt wider: Grundstein vermutlich im 11. Jh. gelegt, im 14. Jh. erweitert, im 15. Jh. umgebaut, im 16. Jh. erneuert, im 18. Jh. ein wenig umgebaut, Anfang des 19. Jh. mit einer klassizistischen Fassade versehen. Doch im wesentlichen erhielt die Stadt ihr heutiges Antlitz im Barockzeitalter.

Ladislauskapelle, Kopfreliquiar des St. Ladislaus (links außen).

Altstädtische Szenerie (Mitte).

Janus-Xantus-Museum (rechts oben innen).

Győr und seine barocke Prägung (rechts unten).

Altstadtimpression: Maria mit dem Jesuskind (rechts außen).

GYŐR

1809 weilte Napoleon Bonaparte in der Stadt. Eine Gedenktafel am ehemaligen Palais des damaligen Gespan Ignác Bezerédy erinnert an den Aufenthalt, und zwar so, als sei der Herrscher als Tourist oder Naturforscher nach Ungarn gelangt. Mitnichten: Der Kaiser von Frankreich schlug einen kleineren Truppenverband des Erzherzogs Johann und eine „ungarische Insurrektion" in die Flucht, wie eine ältere Quelle berichtet. Gemeint war damit ein Aufstand der Bürger von Győr, die natürlich nicht den Hauch einer Siegeschance hatten. Trotz alledem: Die kleine Erinnerungstafel klagt nicht an, sie hält für die Nachkommenschaft lediglich ein schlichtes historisches Datum fest, den 31. August 1809. Im zweiten Jahr der Revolution von 1848/49 kam es in Raab wie vielerorts in Ungarn zu einem Machtkampf, der – wie so oft in der ungarischen Geschichte – mit einer Niederlage der neuen Ideen endete. Viel später erst setzten sich solche Gedanken durch – doch ihre Verwalter brachten zum Beispiel die „Schöpfungen des planmäßigen sozialistischen Städtebaus" hervor. Diese Ergebnisse können im neuen Győr – außerhalb des Stadtkerns – besichtigt werden.

Győr, das komitatsfreie Zentrum Transdanubiens, ist mit seinen knapp 130 000 Einwohnern der Sitz des Komitats Győr-Sopron. Budapest und Wien sind jeweils rund 130 km entfernt. Um die Jahrhundertwende begann die Industrialisierung der Stadt, die bereits damals eine Großstadt mit über hunderttausend Einwohnern war. „...kommen wir nach Győrszentiván und sehen schon den dichten Qualm der Fabrikanlagen von Győr", beginnt ein Chronist 1911 eine Stadtbeschreibung. Ein halbes Jahrhundert später scheint sich kaum etwas verändert zu haben, denn ein Reiseführer aus dem größten ungarischen Verlagshaus, *Corvina*, zeichnet im Jahre 1964 dieses Bild: „Von welcher Seite man sich der Stadt auch nähert, ob man mit dem Dampfer, dem Flugzeug oder aus der Richtung des fernen Bakonygebirges eintrifft, stets ist das erste, was einem in die Augen fällt, ein Wald rauchender Fabrikschlote." Das war damals natürlich noch als Metapher modernen Wohlergehens zu verstehen.

Übrigens, die seit der Jahrhundertwende bestehende Waggonfabrik trug eine Zeitlang den Namen von Wilhelm Pieck, dem ersten Staatspräsidenten der DDR.

Und heute? Wie präsentiert sich die an der Einmündung von Rába und Rábca in die Kleine Donau (Mosoni-Duna) liegende Stadt? Győr putzt sich heraus, es entstaubt sein barockes Kleid und wird von Jahr zu Jahr attraktiver!

Sehenswürdigkeiten

Das bauliche Zentrum der Stadt ist seit Jahrhunderten der *Széchenyi tér*. Er ist – wie alle übrigen Plätze dieses Namens im Land – nach dem politischen Reformer István Graf Széchenyi benannt. Dieser war unter anderem der Anreger der Akademie der Wissenschaften und der legendären Kettenbrücke, die seit eineinhalb Jahrhunderten Pest und Buda miteinander verbindet. – Hier in Győr mag der Platz vielleicht (auch) den Bischof György Széchenyi ehren, der im 17. Jh. die Abtei auf dessen Südseite erbauen ließ.

Eine alte und neue Dominante von Győr ist die fast bis zur Unkenntlichkeit restaurierte barocke **Mariensäule**, die übrigens auffallend jener auf dem Münchner Marienplatz ähnelt. Diese Statue ist der Schutzheiligen der Ungarn gewidmet. Sie wurde vom Fürstprimas Kolonics zur Erinnerung an die Eroberung bzw. Rückeroberung Budas im Jahre 1686 gestiftet. Die kaiserliche (katholische) Armee hatte damals die letzten türkischen Soldaten aus dem Gebiet Transdanubiens vertrieben. Ihr gegenüber steht die frühbarocke **St.-Ignatius-Kirche** mit der **Benediktiner-Abtei** und einem katholischen Gymnasium. Der von Jesuiten erbaute Komplex entstand 1634-1641 (Kirche), die

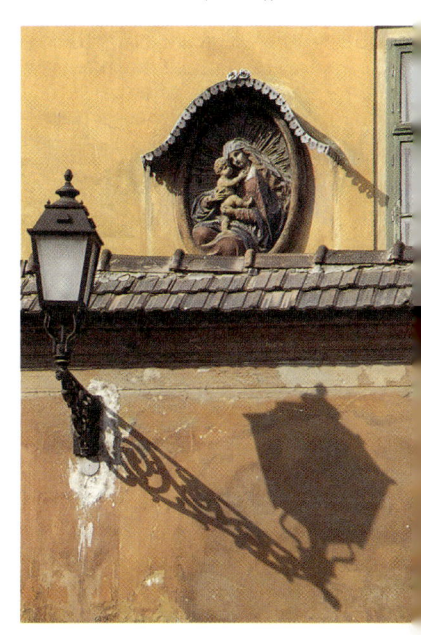

DIE STÄDTE

Abtei wurde offenbar während eines einzigen Jahres (1667) errichtet. Das Deckenfresko und das Hauptaltarbild malte Paul Troger, ein im gesamten Donauraum vielbeschäftigter Künstler des 17. Jh. Von ihm stammt übrigens auch das schöne Altarbild im Chor des südlichen Seitenschiffs der **Szent-László-Kapelle**.

Ein anderer bedeutender Maler, der ebenfalls an vielen Orten Ungarns seine wunderbar leuchtenden Farbspuren hinterließ – Franz Anton Maulbertsch – schuf innerhalb von neun Jahren die Fresken und das Hauptaltarbild des **Doms**, der auch als Kathedrale bezeichnet wird. Zudem heißt das imposante Gotteshaus *Liebfrauenkirche*. Der dreischiffige barocke Dom besitzt eine **Schatzkammer**, wie sie auch in dem an großartigen Kirchenschätzen ohnehin überreichen Ungarn nicht alltäglich ist. Wunderbare Kruzifixe, Kelche, Gebetbücher und Meßgewänder aus insgesamt fünf Jahrhunderten (14.-18. Jh.) sind dort zu sehen.

Im 17. Jh. baute man das Kircheninnere um; im Jahre 1910 wurde erstmals umfangreich restauriert. Auch Ende der sechziger/ Anfang der siebziger Jahre mußte einiges renoviert werden. Melchior Hefele (1716-1794), ein tüchtiger Künstler aus Österreich, der auch in Szombathely und Preßburg tätig war – Preßburg, ungarisch *Pozsony*, war zwischen 1563 und 1830 die Hauptstadt Ungarns –, gestaltete den Hauptaltar und die beiden Seitenaltäre der nach ihrem Stifter benannten **Héderváry-Kapelle**. Sie trägt zugleich auch den Namen des heiligen Ladislaus (László). Dessen Büste – die heutige Form ist das Ergebnis mehrerer Umgestaltungen – wird hinter Gittern und Glas aufbewahrt. Auch eine weitere wunderbare Sehenswürdigkeit sollte man sich nicht entgehen lassen: In der **Sakristei** befinden sich sehr schön geschnitzte barocke Schränke aus dem 18. Jh.

Frei zugänglich hingegen ist ein weiteres Kleinod der Stadt – das **Bundesladedenkmal** auf dem Gutenberg-Platz. Die Skulpturengruppe entstand im Jahre 1731 nach Plänen des Fischer von Erlach, eines seinerzeit außerordentlich geschätzten Künstlers. Er erstellte am Wiener Hof zahlreiche Bauten. Zwei Engel halten die aus vergoldetem Blech gefertigte Bundeslade hoch, darüber thront – oder soll man besser sagen triumphiert? – das Lamm Gottes.

Eine kleinere Kirche mitten in der City steht im Schatten der beiden erwähnten Gotteshäuser. Die recht anheimelnde **Karmeliterkirche** entstand im ersten Viertel des 18. Jh. Sie ist dem ebenfalls aus Österreich stammenden Karmelitermönch Martin Athanas Witwer zu verdanken.

Nicht zugänglich, weil sie traditionell als Hauskapelle des Bischofs von Győr dient, ist die gotische **Dóczy-Kapelle** in der Bischofsburg auf dem *Káptalan-domb*. Deren älteste Teile stammen aus dem 13. Jh., der Rest der wehrhaft anmutenden Burg entstand im 16. und 17. Jh. Besonders eindrucksvoll wirkt die Silhouette des gesamten Komplexes von einer der kleinen Inseln jenseits der Rába-Doppelbrücke aus.

Jedes Haus, so scheint es, ist mit einem in Ungarn berühmten Namen versehen: Im Bezerédy-Palais nächtigte Bonaparte, an der Ecke *Széchenyi tér/Alkotmány utca* trägt ein Palast den Namen (Gábor Graf) Esterházys.

Die meisten großbürgerlichen Häuser in der Stadtmitte haben übrigens ein charakteristisches Fassadenmerkmal: einen für das Győrer Stadtbild sehr typischen Erker (z. B. Altabak-Palais).

Eines der schönsten Gebäude der Stadt ist das ehemalige **Haus des Abts** auf dem *Széchenyi tér*. Es birgt seit 1949 eines der reichhaltigsten Museen des Landes. Es ist nach János Xantus benannt, einem weitgereisten Kartographen, der eine Zeitlang in Raab lebte. Wertvolle archäologische, ethnographische und lokalhistorische Exponate sind dort zu sehen, aber auch eine Kollektion von Kunstgewerbegegenständen sowie eine Sammlung ungarischer Gemälde finden Aufmerksamkeit. Einmalig im Land ist das Kruzifix zwischen zwei Fenstern an der Fassade des Barockpalastes. Die beiden Statuen links und rechts vom Eingang stellen die heiligen Stephan (König István I.) und Benedek dar.

Eine ganz andere Darstellung des ersten Ungarnkönigs gibt der in Debrecen geborene Bildhauer Ferenc Medgyessy (1881-1958). Seine Stephan-Reiterstatue am

Ein Hauch von Geschichte und südländischer Gelassenheit liegt in der Luft (links außen).

Das Bundesladedenkmal auf dem Gutenberg-Platz (links oben innen).

Romanische Kathedrale (links unten).

Fresko von Maulpertsch in der Kathedrale: „St. Stephan disputiert mit Hohepriestern" (rechts).

GYŐR

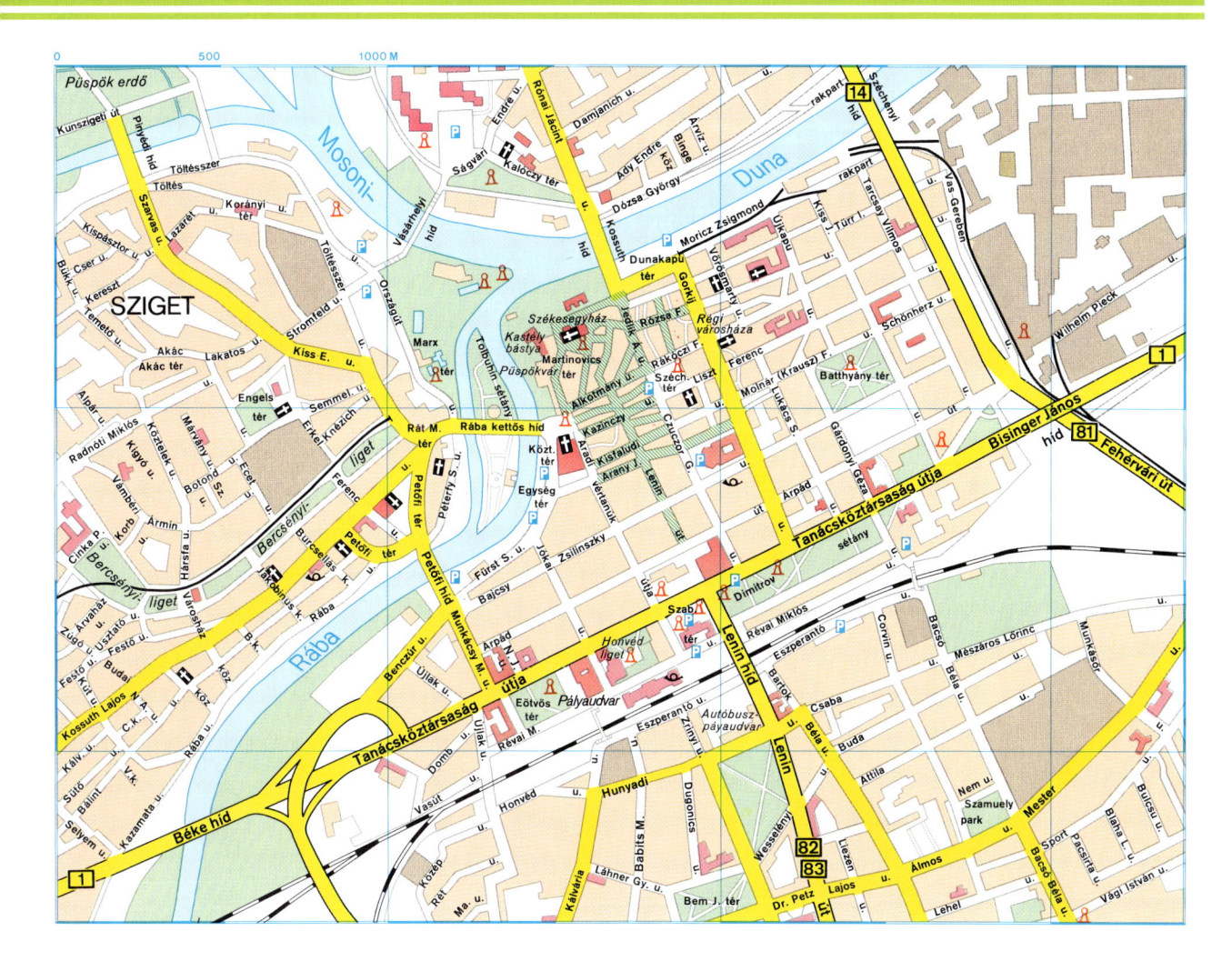

Rábaufer unterhalb der **Sforza-Bastei**, in einer der belebtesten Straßen Győrs, zeigt im Vergleich dazu eine moderne Auffassung. An der Südseite der Kathedrale, auf dem *Martinovics tér*, befindet sich eine Sankt-Michael-Statue. Das Denkmal aus dem Jahre 1764 zeigt den Erzengel mit einem Flammenschwert in der Hand, womit er das Böse zur Hölle befördert. In der *Rákóczi utca* stehen das barocke **Alte Rathaus** und das ehemalige **Ungarische Hospital** mit einer Kapelle von 1666. Diese wurde im Zweiten Weltkrieg stark beschädigt. Von der reichhaltigen barocken Einrichtung blieb – wie durch das oft beschworene Wunder – der Altar der heiligen Elisabeth erhalten, den der in Győr geborene Stephan (István) Schaller (1708-1779) um 1740 gemalt hatte. Das Krankenhaus war für betagte Bürger der Stadt eingerichtet worden, die Pflege benötigten – Anfänge sozialer Fürsorge in vergangenen Jahrhunderten.

Das kulturelle Leben spielt sich vor allem in dem modernen Theater **Kisfaludy Színház** ab. Zwei Dichter mit diesem Namen gibt es in der ungarischen Literaturgeschichte: Sándor (1772-1844) und Károly (1788-1830). Győrs Theater ist nach dem jüngeren der beiden Brüder benannt, der als Dramatiker und Maler in Erscheinung trat. Károly Kisfaludy gilt als Begründer des selbständigen ungarischen Dramas. Ein Denkmal aus dem vergangenen Jahrhundert vor der Karmeliterkirche ehrt den heute noch gespielten Schriftsteller, der ein umfangreiches Werk hinterlassen hat. Die Fassade des städtischen Theaters hier in Győr hat **Victor Vasarely** mit einer großformatigen Op-art-Komposition versehen. Vasarely, 1908 in Pécs geboren, lebt in Frankreich. Im Theater ist auch das **Győrer Ballett** von Iván Markó beheimatet, das Weltruf genießt. Markó war häufig als Solist im Westen engagiert. Vor mehreren Jahren stellte er eine junge Truppe zusammen, die alle Programme im Teamwork erarbeitet. Allen Budapester Verlockungen zum Trotz blieb das Ballett in der Provinz. Obwohl beim *Budapester Frühlingsfestival* auch ausländische Künstler auftreten, zählen die Vorstellungen dieses Balletts alljährlich zu den Höhepunkten des zehntägigen Kulturfestes.

Das großstädtische Freizeitangebot wird neben einem Stadion durch je ein **Thermal- und Strandbad** ergänzt. Győr hat einen sehr schönen Campingplatz – mit Blockhütten und allem Komfort. Einer der beliebten Beinamen von Győr ist *Wasserstadt*. In der Tat bieten die vielen Donauarme sowie die beiden Flüsse Rába und Rábca zahllose Möglichkeiten. Buchten, Inseln, Kais ziehen sich das gesamte Stadtgebiet entlang, so daß bereits vier, fünf Gehminuten vom Stadtzentrum entfernt die ersten Angler anzutreffen sind. Győr, eine städtische Augenweide, die man keinesfalls links liegenlassen sollte, birgt noch ein Kleinod: die ehemalige **Jesuitenapotheke** auf dem *Széchenyi tér*, dem alten Marktplatz. Sie ist mit einer reichverzierten Stuckdecke und Malereien bis in die Zwischenräume geschmückt. Wie landesüblich, steht in Krügen stets frisches Wasser zum Tablettenschlucken bereit. Der Patient ist hier seit mehr als zweihundert Jahren König.

Information
Ciklámen Tourist (Adresse siehe „Reiseinformationen")

Festkalender
Musiksommer – Opernaufführungen und Konzerte im Juni und Juli. Kirchenkonzerte von April bis Oktober.

Tips
Kathedrale mit Domschatz. Ausstellung der Keramikerin M. Kovács im Kreszta-Haus. Kisfaludy Színház: Ballettaufführungen von Iván Markó. Ausflug zur Benediktinerabtei Pannonhalma.

DIE STÄDTE

Kecskemét
Blüte im Pusztasand

Es war ein kühnes Unternehmen, eine Stadt in der sandigen Puszta der Großen Tiefebene aus dem Boden zu stampfen. Doch inmitten von Obst- und Weinplantagen begannen auch Handel und Kultur zu blühen. Der Komponist Zoltán Kodály machte Kecskemét in aller Welt bekannt.

Geschichte

Das 85 km von der Landesmetropole entfernte Kecskemét hat vor einigen Jahren den Status einer Großstadt mit über 100 000 Einwohnern erreicht. In Ungarn eine Seltenheit, denn außer der Millionenstadt Budapest gibt es nur einzelne Städte, die diese magische Grenze überbieten. Kecskemét, seit 1950 der Sitz des Komitats Bács-Kiskun, hat eindeutig aufstrebenden Charakter. Dabei waren und sind die äußeren Bedingungen in der trockenheißen Sanddünenlandschaft der Großen Tiefebene bzw. im Donau-Theiß-Zwischenstromland nach wie vor alles andere als ideal. Doch die Ratsherren der Pusztastadt wußten sich offenbar schon früher erfolgreich zu helfen.

Kecskemét überstand die Türkenherrschaft dank seiner Privilegien verhältnismäßig unversehrt. Der frühere Marktflecken – im Jahre 1368 erstmals als solcher beurkundet – hatte das Recht, die Steuern direkt dem Sultan und nicht den türkischen Besatzungsoffizieren zu zahlen. Der so bezeichnete Status einer Khas-Stadt war im 16. und 17. Jh. gültig. Während der gesamten Türkenära waren einheimische Beamte mit der Amtsführung betraut. Es durfte im 16. Jh. eine reformierte Kirche gebaut werden, und die Katholiken bauten um 1650 eine von Franziskanern geleitete Schule.

Gemeinsam mit Nagykőrös und Cegléd bildete Kecskemét einen Dreierbund, so daß viele Verwaltungsaufgaben geteilt werden konnten. Auch eine Art Flurbereinigung betrieb dieser Dreierzweckverband: Felder und Grundstücke wurden gemeinsam angeschafft, bewirtschaftet, der Nutzen so gemehrt. Wenn man so will, waren die drei Gemeinden die materiellen Nutznießer der Türkenbesatzung, denn die Weiden der verlassenen Dörfer in der näheren und weiteren Pusztaumgebung wurden vom Bund vereinnahmt. Rasch gewann Kecskemét Bedeutung als Markt- und Handelsplatz der Viehzüchter. In der Folge dieser Entwicklung ließen sich zahlreiche Gewerbefachleute nieder, die die Nebenprodukte der Tierhaltung verwerteten. Kürschner, Stiefelmacher und Mantelschneider sind zu erwähnen.

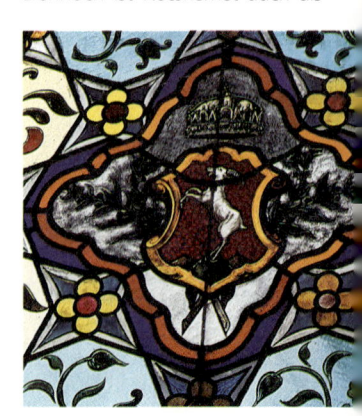

Cifra-Palais (links außen).

Die Synagoge wurde nach dem Zweiten Weltkrieg in das *Haus der Technik* verwandelt (links unten).

Das Stadtwappentier – Kecske heißt Ziege (links innen).

Das Kossuth-Denkmal, mitten in der Stadt (rechts innen).

Große Kirche und Jugendstilhäuser (rechts außen).

Kecske heißt übrigens Ziege – weshalb dieses aufrechte Tier im Stadtwappen zu sehen ist. Die vollen Stadtrechte genießt Kecskemét erst seit dem Jahre 1870. Bis zum letzten Jahrhundert war der weitgedehnte Stadtbereich vornehmlich satte Weidefläche für Rinder, doch mit dem Beginn des 19. Jh. wurde Kecskemét auch als Wein-, Obst- und Gemüseanbauort immer wichtiger. Als in der Saison des Jahres 1880 eine zerstörerische Reblausseuche in den ungarischen Weinbergen wütete, schien der Sandboden der Tiefebene gegen die drohende Vernichtung eine ungewöhnliche Widerstandskraft ausgebildet zu haben. Seither ist die Region um Kecskemét ein bedeutender Winzerplatz. Heute kommt immerhin mehr als ein Viertel der gesamten ungarischen Weinproduktion aus dem Komitat Bács-Kiskun.

Doch nicht nur Weinbau wird betrieben. Der einstmals – wie es heißt, „in grauer Vorzeit" – brachliegende Boden gleicht kilometerweit einer einzigen Obst- und Gemüseplantage. Millionen von Bäumen sind bereits im vergangenen Jahrhundert gepflanzt worden. Konsequent wurden seit der Jahrhundertwende Lebensmittelfabriken angesiedelt, die mit der Wein-, Obst- und Gemüseverarbeitung zusammenhängen: Mühlen, Schnapsbrennereien und Konservenfabriken, entsprechend auch metallverarbeitende Betriebe.

Sehenswürdigkeiten

Kecskeméts Stadtgeschichte ist eigentlich eine Geschichte der Landwirtschaft. Kecskemét ist der Sitz des größten ungarischen Komitats, wo noch die meisten *tanyas* zu sehen sind. Das sind Einzelgehöfte, in denen oftmals weder elektrischer Strom noch Leitungswasser fließen. Es soll in Ungarn – einer neueren Statistik vom Anfang der achtziger Jahre zufolge – immer noch mehrere hunderttausend dieser so romantisch anmutenden *Höfe* geben. Dennoch ist Kecskemét auch als

KECSKEMÉT

eines der wichtigen kulturellen Zentren Ungarns anzusehen. Die im Stadtbereich erwirtschafteten Gelder wurden zum Teil dort wieder angelegt – ein paar Bauten in der Innenstadt zeugen davon. Um die Jahrhundertwende entstanden mehrere bemerkenswerte Jugendstilgebäude. Von ihnen ist vor allem auf dem *Széchenyi tér* das **Cifra-Palais** eines der meistfotografierten Motive nicht nur der Großen Tiefebene. Dieses fast orientalisch anmutende Eckgebäude von 1902, heute Stätte der Städtischen Bildergalerie, wurde zeitgemäß mit Majolika-Blumenornamentik verziert. Das Museum zeigt Werke wichtiger ungarischer Maler der letzten hundert Jahre.

Gegenüber steht die ehemalige **Synagoge** im romantisch-maurischen Stil, innerhalb eines Jahrzehnts von 1862 bis 1872 erbaut. Nach der Vertreibung und Vernichtung zahlloser ungarischer Juden wurde nach 1945 das Gebetshaus zum *Haus der Technik* umfunktioniert – und damit auch ein unfreiwilliges Denkmal des Verdrängens und Vergessens geschaffen...

Das ebenfalls im historisierenden, romantisch verklärten (zumeist eklektizistisch oder auch eklektisch genannten) Stil errichtete zweistöckige **Rathaus** gibt einen Eindruck von der Baukunst der Zeit um 1896 und zeigt den Reichtum der Provinzstädte vor hundert Jahren. Damals baute das Land in der Euphorie des tausendjährigen Jubiläums der Landnahme hoch hinauf. Die Pläne stammen in erster Linie von Ödön Lechner. Sehr urban wirkt das berühmte **Glockenspiel** von Kecskemét. Zu jeder vollen Stunde erklingt eine Melodie aus dem Singspiel *Háry János* von Zoltán Kodály (1882 bis 1967). Und dreimal am Tage sind neben den ungarischen Volksweisen auch noch Melodien von Beethoven, Mozart, Händel und Erkel zu hören.

Kodálys Namen begegnen wir in seiner Geburtsstadt öfters. Der Gassenname *Két templom köz* verrät es: Zwischen zwei Kirchen ist das nach ihm benannte **Institut für Musikpädagogik** untergebracht. Es genießt in Fachkreisen Weltruhms. Das Institut ist in ein ehemaliges Franziskanerkloster eingezogen, einen Barockbau aus den Jahren 1702-1736. In dieser Umgebung kommen mehrmals im Jahr Studenten aus allen Teilen der Welt zusammen. Daneben gibt es die Zoltán-Kodály-Gesangs- und Musikschule.

So gesehen ist es fast selbstverständlich, daß in dieser musikalischen Stadt seit Jahren Veranstaltungen des *Budapester Frühlingsfestivals* stattfinden, die *Kecskeméter Frühlingstage*. Nach Möglichkeit werden in dieses Programm auch das **Museum der naiven Künstler** sowie das einzige **Spielzeugmuseum** des Landes mit Sonderausstellungen einbezogen.

Die beiden Wiener Architekten Helmer und Fellner, die in Europa mehrere Dutzend Theater entwarfen, erbauten das städtische **Katona-Theater** innerhalb von zwei Jahren (1895-1896). Es trägt den Namen eines für Ungarns Kulturgeschichte bedeutenden Künstlers – des in Kecskemét geborenen und dort auch verstorbenen Dramatikers József Katona (1792-1830). Sein Theaterstück *Banus Bánk* wurde von Ferenc Erkel, dem Komponisten der Nationalhymne, vertont und verschaffte Katona (übersetzt: Soldat) den Ruhm, ein Nationaldrama geschrieben zu haben.

Alles, was typisch für die ungarische Architektur bis etwa 1910 ist, kann an der **Evangelischen Kirche** in der *Arany János utca* abgelesen werden, die 1861-1863 in Form eines griechischen Kreuzes von Miklós Ybl verwirklicht wurde. Neoromanische und romantische Stilelemente wechseln einander mit dem Zopfstil ab; Porzellan aus der Zsolnay-Manufaktur in Pécs vervollständigt das Gesamtbild, das man durchaus unübersichtlich finden kann.

Solche Kritik trifft gewiß nicht die **griechisch-orthodoxe Kirche**, die in den zwanziger Jahren des 19. Jh. errichtet wurde. Ihre Exotik wirkt immer anziehend.

Die älteste Kirche am Ort ist **St. Nikolaus** geweiht. Ihre Anfänge reichen bis ins 13. Jh., eine Erweiterung erfolgte im 15. Jh.; im 18. Jh. wurde sie zu einer Barockkirche umgebaut. So präsentiert sie sich heute noch weitgehend.

Ebenfalls der Barockära zuzurechnen ist die **Piaristenkirche** mit einem Ordenshaus. Ihr Baumeister ist weit über die ungarische Landesgrenze hinaus berühmt geworden: Andreas Mayerhoffer errichtete sie zwischen 1724 und 1730. Sehenswert sind auch die Ältare und die von Leopoldo Antonio Conti gestaltete Fassade. Von ihm stammen zudem die Figuren der **Dreifaltigkeitssäule** in der Nähe des Katona-Theaters. Sie wurde im Jahre 1742 von dankbaren Überlebenden einer Pest-Epidemie (1739) gestiftet.

Information
Pusztatourist
(Adresse siehe „Reiseinformationen")

Festkalender
Kecskeméter Frühlingstage im März. Reitertage in Borbáspuszta im Mai. *Hírős*-Tage im September.

Tips
Ráday-Museum. Spielzeugmuseum. Weinbaumuseum in Miklóstelep. Thermalbad in Széktó-Bad. Ausflüge zum Nationalpark Kiskunság und in die Ortschaften des Kumanenlandes: Soltvadkert, Kiskőrös, Kiskunhalas, Kiskunfélegyháza, Kiskunmajsa.

DIE STÄDTE

Kőszeg
Kleinod der Provinz

Eine Stadt, die sich rühmt, Wien vor den Türken gerettet zu haben, müßte wohl ein Bollwerk sein. Doch das Städtchen an der österreichischen Grenze gilt wegen der baukünstlerischen Geschlossenheit seines Stadtkerns als Schmuckstück der Provinz.

Geschichte

Zu einer Zeit, als noch *Vizinalbahnen* fuhren, um das Jahr 1880 herum, war Kőszeg, deutsch Güns, eine rein österreichische bzw. deutschsprachige Stadt. In Ungarn läßt sich vielerorts nachvollziehen, wie wichtig für die Entwicklung der einzelnen Gemeinden der Eisenbahnbau war, den bereits István Graf Széchenyi anregte. Zwischen Kőszeg und der wesentlich größeren, 18 km entfernten Hauptstadt des Komitats Vas – Szombathely, das im deutschen Sprachgebrauch Steinamanger heißt – verkehrte eine Vizinalbahnlinie. Das Fremdwort aus dem Lateinischen bedeutet „nachbarlich" und bei der Bahn etwa „Nebenstrecke".

Knapp 8000 Einwohner zählte Güns vor der Jahrhundertwende, rund 14 000 Menschen leben heute innerhalb der Stadtgemarkung. Der gemütliche Grenzort ist eine der kleinsten ungarischen Gemeinden mit Stadtrecht.

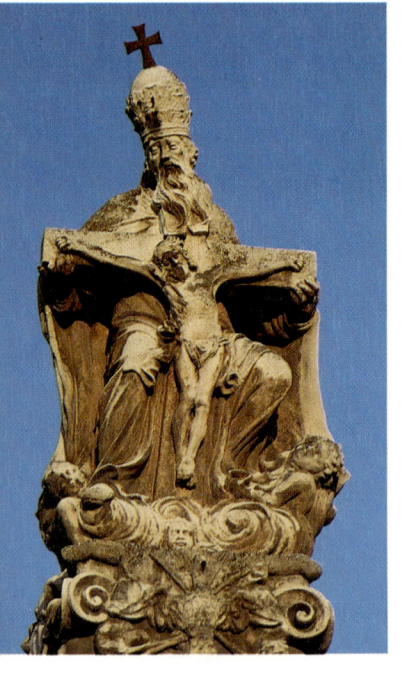

Etwas anderes als der Pfiff von Dampflokomotiven gemahnt – deutlich hörbar – an die Stadtgeschichte: Um elf Uhr schlagen die Glocken. Warum? Im Jahre 1532 zog ein größeres türkisches Heer unter dem Großwesir Ibrahim Pascha in Richtung Wien, um die Hauptstadt des (katholischen) Erzfeindes zu erobern. Ein bescheidener Günser Truppenverband unter dem Kommando des Stadthauptmanns Nikola Jurišić, eines kroatischen Offiziers, stellte sich dem osmanischen Heer entgegen. Dabei starben mindestens vierhundert Bürger der Stadt. Der an sich ungleiche Kampf soll die von weit her gekommenen Türken von einem Weitermarsch nach Wien abgehalten haben. Seither halten sich die Kőszeger für die Retter von Wien. Das gratförmige Mittelgebirge des *Kőszegi-hegység* mit dem 883 m hohen *Írottkő* wird den Orientalen zusätzlich den Mut geraubt haben, weiter in Richtung Wien vorzudringen. Da der Rückzug des Türkenheeres laut Überlieferung eine Stunde vor Mittag begann, erklingen seit der Rekatholisierung des Landes täglich um 11 Uhr die Glocken.

Dieses Geschehen war sicherlich das bedeutendste Ereignis der Stadtgeschichte. Die anderen markanten Daten davor sind das Jahr 1328, als Güns zur freien königlichen Stadt ernannt wurde, sowie das Jahr 1647, als Güns wieder zu Ungarn kam. Beinahe 600 Jahre nach dem königlichen Erlaß aus dem 14. Jh. wurde Kőszeg wieder zur Grenzstadt, was dem Städtchen heute offenbar sehr gelegen kommt. Zuweilen sind in Kőszeg

Barocke Dreifaltigkeitssäule von 1713 (links außen).

Jurisics tér mit dem Heldentor (links unten).

Vas heißt Eisen, wie auch das Komitat (links innen).

Barocke Wohnformen prägen das Stadtbild (rechts innen und unten).

KŐSZEG

eben soviele österreichische und deutsche Laute zu hören wie ungarische ...

Sehenswürdigkeiten

An das Ereignis von 1532 erinnert das **Heldentor** in der *Városház utca*, das zum 400. Jahrestag der Schlacht errichtet wurde.

Die ganze Kleinstadt ist eine Art Freilichtmuseum. Der Schriftzug MŰEMLÉK zeigt an vielen Gebäuden den Denkmalschutz an; der Stadtkern insgesamt ist geschützt. Aus dem glorreichen kroatischen Stadthauptmann Nikola Jurišić wurde *Jurisics Miklós*, ein ungarischer Held. Nach ihm sind heutzutage sowohl die **Burg** als auch der städtische Hauptplatz *(Jurisics tér)* mit den wichtigsten Sehenswürdigkeiten benannt. Übrigens begegnet man an zahlreichen Orten immer wieder slawischen Namen. Die Burg stand im 15. Jh. weitgehend so da wie heute. Sie hatte stets den Charakter einer Festung, zumal sie mit einer mächtigen Steinmauer umgeben war. Ein Vierteljahrtausend gehörte sie der Familie Eszterházy, bevor sie im Jahre 1931 an das ungarische Militär veräußert wurde. Heute ist darin ein stadtgeschichtliches **Museum** untergebracht.

Für die Ungarn ein bekannter Name ist übrigens **Chernel**: In einem **Barockhaus** in der gleichnamigen Straße wohnten Vater Kálmán (Historiker) und Sohn István (Vogelkundler).

Zahlreiche interessante Gebäude liegen rund um den **Jurisics tér**, dessen baukünstlerische Geschlossenheit besticht. Die schönsten Häuser in numerischer Folge:

Nr. 2: Das **Arkadenhaus** von 1774, das ursprünglich als Ballhaus errichtet wurde. Heute befindet sich darin das Stadtarchiv.

Nr. 5: Ein **Wohnhaus** aus der zweiten Hälfte des 15. Jh., dessen Umbau im 17. Jh. abgeschlossen wurde.

Nr. 6: Sog. **Generalshaus**, heute ein kombiniertes Wohn- und Geschäftshaus, Ende des 16. Jh. erbaut, im 18. Jh. barock modernisiert. Darin wohnte der jeweilige Chef der städtischen Reiterwache.

Nr. 7: Ein barock überformtes **Renaissance-Wohnhaus** – reichlich mit Sgraffiti geschmückt, Baujahr 1570. An der Fassade ist eine freigelegte Inschrift von 1668 zu erkennen.

Nr. 8: Das **Rathaus** der Stadt Kőszeg, dessen Fassade von 1701 ein kleines Lesebuch der lokalen sowie der ungarischen Geschichte darstellt. Die Fassadenfresken stammen aus unterschiedlichen Perioden: Die letzten beiden (Schutzpatronin Maria und König Stephan) wurden Ende des 19. Jh. angebracht, die drei übrigen sollen aus dem Jahre 1712 stammen.

Nr. 9: Das **Wohnhaus** der Familie Batthyány wurde Ende des 15. Jh. erbaut, später ebenfalls umgestaltet.

Nr. 11: Eine prächtige barocke **Apotheke** des ehemaligen Jesuitenordens namens „Goldenes Einhorn". Die Inneneinrichtung fand über das Budapester Museum für Kunstgewerbe, wo sie seit der Jahrhundertwende ausgestellt war, 1980 wieder den Weg nach Kőszeg zurück.

Nr. 12: Seit zweihundert Jahren das **Pfarrhaus** der römisch-katholischen Kirchengemeinde, zwar im Barockstil umgebaut, aber die ältesten Teile stammen aus dem 15. Jahrhundert.

Noch älter ist das einstöckige **Barockhaus** (Haus Nr.14), dessen eine Hälfte ins 14. Jh. datiert wird. An der Dachkonstruktion aus der Renaissancezeit konnten die Restauratoren erkennen, daß dieses Gebäude **(Ambrózy-Haus)** aus der Verbindung von drei nebeneinander stehenden Bauten entstanden sein mußte.

Immer noch am *Jurisics tér*, jedoch ohne Hausnummer: die **St.-Jakobs-Pfarrkirche**, die Anfang des 15. Jh. gebaut wurde. Sie war im Besitz mehrerer Orden und wurde jedesmal ein wenig umgebaut. Ursprünglich eine Minoritenkirche, dann in der Reformationszeit (1554) protestantisch geworden, gehörte sie nacheinander den Jesuiten, den Piaristen und zuletzt den Benediktinern. Besonders schön sind die Fresken aus dem 15. Jh., die die heilige Elisabeth von Thüringen darstellen.

Ebenfalls am *Jurisics tér*, und auch ohne Hausnummer, steht die **Pfarrkirche St. Emmerich** *(Szent Imre templom)*, die zwischen 1615 und 1618 von den Bürgern der evangelischen Stadtgemeinde erbaut wurde. Bereits 1673 wurde sie jedoch katholisch. Das Hauptaltarbild schuf Stephan Dorffmeister der Jüngere.

Nicht zu übersehen sind auf dem Hauptplatz, der auch als Ensemble denkmalgeschützt ist, die barocke **Marienstatue** aus dem Jahre 1739 sowie der **Stadtbrunnen**, der in seiner Form eines Häuschens aus dem Jahre 1766 stammt.

Die wunderbar gewundene **Pestsäule** mit Putten und den vier Statuen am Sockel auf dem „Platz der Republik" *(Köztársaság tér)* ist typisch für Transdanubien. Während in den östlichen Landesteilen die Darstellung der Dreifaltigkeit meistens gröber wirkt, erscheint sie im Westen ziselierter.

Bei soviel Frömmigkeit innerhalb der Stadtmauern ist auch der letzte Weg noch mit Heiligenfiguren geschmückt. Die aus der ersten Hälfte des 18. Jh. stammende **Kalvarienkirche** hoch über der Stadt ist ebenso erhalten wie einige barocke Statuen davor. Original sind allerdings nur noch die Reliefs an der Kirchenwand.

Überrascht es, daß in diesem geschlossenen kleinstädtischen Ensemble das älteste Gasthaus des Landes besteht? Es existiert seit 1660 als **Gasthaus Strucc**. Sein Name ist eine mundartlich-volkstümliche Abwandlung des deutschen *Strauß*. Kőszeg – Schritt für Schritt ein Freilichtmuseum.

Information
Savaria Tourist
(Adresse siehe „Reiseinformationen")

Festkalender
Burgtheater: im Juli: Aufführungen ungarischer Dramen. Im Herbst: Winzerfest mit Umzügen.

Tips
Alte Apotheke (Jurisics tér 11), wie sie von 1775 bis 1910 in Funktion war.
Ausflüge zum Írottkő, 883 m hoch, mit herrlichem Ausblick; nach Bad Bük mit seinen Kuranlagen.

DIE STÄDTE

Geschichte

Die zweitgrößte Stadt des Landes hat heute annähernd so viele Einwohner (215 000) wie um die Jahrhundertwende das gesamte Komitat Borsod. Einiges über die frühere Bedeutung und das geschichtliche Werden der Industriemetropole verrät eine Beschreibung aus dem Buch über *Die österreichisch-ungarische Monarchie in Wort und Bild*, das um das Jahr 1900 in Wien „auf Anregung und unter Mitwirkung weiland Seiner kaiserlichen und königlichen Hoheit des durchlauchtigsten Kronprinzen Erzherzog Rudolf" erschien. (Übrigens, charmant die Sprache jener Zeit, an die der Gast auch noch heute in manchen einheimischen Reiseprospekten erinnert wird.) Der Autor Benjamin Hidvégy wußte damals zu berichten: „Der Ursprung von Miskolc fällt in die Zeit vor der Landnahme, die Ende des 9. Jh. erfolgte; sein Name geht auf das Geschlecht Miskoucz aus der Verwandtschaft des Heerführers Bors zurück. Die Könige Sigismund und Matthias I. verliehen ihm zwar verschiedene

Information
Borsod Tourist
(Adresse siehe „Reiseinformationen")

Festkalender
Musiksommer im Juli und August mit Programmen in der reformierten Kirche auf dem Avas, in der Burg Diósgyőr, im sog. Musizierenden Hof und in der serbisch-orthodoxen Kirche.

Tips
Serbisch-orthodoxe Kirche mit herrlicher Ikonostase.
Ottó-Hermann-Museum.
Thermalhöhlenbad in Miskolctapolca.
Ausflug nach Lillafüred zum Hámori-See, dort Besuch der Tropfsteinhöhlen.

Miskolc
Zwischen den Bergen

Die hübsche Umgebung der Industrie- und Hüttenstadt mit dem verkarsteten Zempléngebirge und dem nahen Bükkgebirge ist außerordentlich einladend. Doch auch die städtischen Sehenswürdigkeiten aus einem halben Jahrtausend verdienen Aufmerksamkeit.

Vorrechte, allein, es blieb trotzdem lange Zeit unter der gutsherrlichen Jurisdiction der Herrschaft Diósgyőr. Seitdem es die Selbstverwaltung besitzt, entwickelt es sich äußerst rasch. Es hat beinahe 40 000 Einwohner, lauter Magyaren. Zur Schönheit der Stadt trägt der sich an der Südseite entlangziehende Avasberg nicht wenig bei. Als Vereinigung von fünf verschiedenen Eisenbahnen hat Miskolc in Handel und Gewerbe eine bedeutende Zunahme zu verzeichnen. Der Productenhandel, die Pferde- und Wollmärkte sind sehr besucht. In der Széchenyistraße, der Hauptader der Stadt, sieht man elegante Schaufenster. In älterer Zeit hatte Miskolc den Spottnamen *Csizmenmacherstadt* (Stiefelschuster), weil die Zunft 999 Mitglieder gehabt haben soll ...

Jetzt ist diese Zahl auf ein Drittel heruntergegangen und auch die Grobtuchmantel-Industrie ist, jedenfalls durch Veränderung der Volkstracht, im Niedergang begriffen. Dafür sind die übrigen Industriezweige in Zunahme, wenn auch insbesondere die Schmiede und Schlosser, statt ihr Gewerbe selbständig zu betreiben, in den Privatfabriken oder in der Maschinenwerkstätte der Staatsbahnen und im nahen Diósgyőrer Eisenwerke Arbeit suchen. Dieses Eisenwerk, dessen Bau im Jahre 1868 begann, ist Eigenthum des Staates. Den Anstoß zur Gründung gab das Vorhandensein der Braunkohlen- und Eisensteinlager, sowie ausgedehnter Waldungen im Borsoder Comitat, die ausgiebig verwertet werden mußten. Das Werk erforderte große Investitionen, hob sich aber dann stufenweise auf seine jetzige Höhe. Seine Eisen- und Stahlgießereien, nebst der zugehörigen Ziegelei und Steinkohlegrube, sowie verschiedenen Eisenindustrieanlagen und Maschinenwerkstätten befähigen es jetzt zur Herstellung von Eisenartikeln aller Art. Es ist für die Fabrication von Eisenbahnschienen und Dampfmaschinen, eisernen Brücken, Schrauben, Nägeln und Stiften, Stahlrädern, Schnitt-, Mäh- und Dreschmaschinen, aller Arten von Schiffsbestandtheilen, geschmiedet und in Stahlguß, Stahlgeschossen (Kanonenkugeln) u.s.w. auf das vollkommenste eingerichtet und beschäftigt 5000 Arbeiter. Anfangs waren diese zum großen Theil Ausländer, jetzt machen die Fremden nur noch 10 Procent aus. Die Werkstätten haben elektrische Beleuchtung und Dampfheizung. Die Angestellten und Arbeiter genießen neben guter Besoldung und Pension die Vorteile aller Anstalten für Gesundheitspflege, gesellschaftliches Leben, Wohlthätigkeit und Cultur."

So also stellte sich das geschichtliche Heranwachsen von Miskolc aus dem Blickwinkel der Jahrhundertwende dar, in der Zeit einer wirtschaftlichen Blüte der Stadt. Vor dem Hintergrund einer so detaillierten Skizze der Stadtgeschichte liest sich die Einleitung in einem *Kunstführer durch Ungarn* aus unseren Tagen lapidar: „Die Stadt am Fuße des Bükkgebirges, an der Hauptstraße 3, ist nicht nur

MISKOLC

das Zentrum der Schwerindustrie, sondern auch der Ausgangspunkt für Touren zu zahlreichen Kunstdenkmälern."

Zu Zeiten des Sozialismus wurde Miskolc seit 1952 zu einem wichtigen Produktionszentrum ausgebaut, drei Jahre zuvor wurde dort bereits die Technische Hochschule für Schwerindustrie (Metallurgie) eingerichtet. Wie rasch dieser Ausbau erfolgte, mögen zwei Zahlen veranschaulichen: Noch im letzten Vorkriegsjahr hatte die heutige Partnerstadt von Aschaffenburg im bayerischen Mainfranken 29 größere Industrieanlagen, heute sind es gut viermal soviel. Selbstverständlich konnte dieser neue Schub der Industrialisierung – Smog ist nur das äußere, sichtbare Zeichen – an der Stadt nicht spurlos vorbeigehen.

Kenner Ungarns wissen, daß es eine Reihe größerer Städte im Land gibt, die an historischen und kulturellen Attraktionen mehr zu bieten haben. Doch in Miskolc finden sich durchaus einige versteckte Anziehungspunkte, auch wenn sie sich dem flüchtigen Besucher nicht sofort offenbaren.

Sehenswürdigkeiten

Wie präsentiert sich das komitatsfreie Miskolc, das 1875 bei einem Sturm erheblich beschädigt wurde, heute? In vielem könnte der oben zitierte Zeitzeuge Benjamin Hidvégy auch in den neunziger Jahren des 20. Jh. ein zuverlässiger Reisebegleiter durch die Stadt sein, obwohl er seine Beobachtungen vor beinahe einem Jahrhundert notiert hat. Der Vergleich mit den eigenen Eindrücken ist reizvoll, und amüsant und lehrreich ist der antiquierte Text allemal. „Die Straßen Miskolcz' sind mit schönen Gebäuden geschmückt, der Localverkehr wird durch die elektrische Straßenbahn zwischen den beiden Eisenbahnstationen belebt. Die Verkehrswege sind zweckmäßig. Unter den zehn Kirchen ist die alte gothische reformirte Kirche am Avas die interessanteste. Unter den übrigen öffentlichen Gebäuden bemerkt man den groß angelegten neuen Justizpalast, das neue reformirte Obergymnasium, das ungemein schmucke Gebäude der Handelskammer, das gut eingerichtete Elisabethbad, das Theater und das musterhafte neue Comitats-Krankenhaus. Größere Gebäude sind noch das Comitatshaus, das Rathhaus, das Ordenshaus der Minoriten, die erzbischöfliche Mädchenschule, das Zinshaus der evangelischen Kirche A.C., das Gebäude der Geschäftsleitung der ungarischen Staatsbahnen, die staatliche Bürgerschule, mehrere elegant eingerichtete Hotels. Auffallend sind ferner die durch Comitat und Staat errichteten großen Kasernen für Infanterie, Cavallerie, Artillerie und die Honvéds. Die zahlreichen culturellen und humanitären Anstalten bekunden den regen Sinn der Bevölkerung für Bildung und Wohlthätigkeit. Es gibt in der Stadt u. a. 37 gesellige, culturelle und wohlthätige Vereine."

Die erwähnte Ader der Stadt, die *Széchenyi utca*, ist nach wie vor die wichtigste Einkaufsstraße, wenn auch die Schaufenster gewiß nicht jene Eleganz wie zur Jahrhundertwende ausstrahlen. Die meisten Geschäfte verkünden eher die triste Zweckmäßigkeit der nachsozialistischen Gesellschaft. Daran können auch manche vom westlichen *way of life* animierten Namensgebungen kaum etwas ändern – das provinzielle Ambiente, das ja mancherorts wohltuend sein kann, bleibt. In dieser vom Durchgangsverkehr seit Jahren freigehaltenen Straße, einer knapp einen Kilometer langen Einkaufspromenade, stehen einige zum Teil restaurierte, zum Teil frischgestrichene barocke, klassizistische, romantische und eklektische Wohn- und Geschäftshäuser.

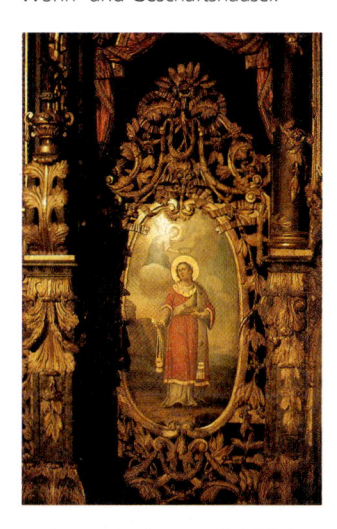

Das klassizistische **Nationaltheater** – es ist eines von vieren im Land, die sich auf Grund kulturhistorischer Verdienste als „national" bezeichen dürfen – sollte besonders erwähnt werden. Es war 1823 das erste ständige, aus Ziegeln massiv erbaute Theater des Landes, in dem seinerzeit – neben deutschsprachigen Vorführungen – auch Vorstellungen in ungarischer Sprache gegeben wurden. Heutzutage erstreckt sich das Repertoire des hauseigenen Ensembles vom Musical über Operette bis hin zum anspruchsvollen Kammerspiel. Der vielleicht einzige Nachteil des Sprechtheaters für Ausländer: Wie kann die Barriere einer der schwierigsten, flüssigsten, interessantesten, zugleich auch ursprünglichsten Sprachen Europas überwunden werden? Wer lernt sie schon?!

Einen Blick zurück in die Geschichte der Stadt ermöglicht das **Hermann-Ottó-Museum**. Die Kollektionen der ethnographischen und stadthistorischen Abteilung informieren über vergangene Epochen der nordungarischen

Was braucht ein Huszár außer einem Säbel? Brot und Wein (links außen).

Burgruine Diósgyőr (Mitte).

Franziskaner- bzw. Minoritenkirche von 1740 (rechts unten).

Detail der Ikonostase in der serbisch-orthodoxen Kirche (rechts oben).

Luther-Skulptur an einem City-Wohnhaus (rechts außen).

DIE STÄDTE

Metropole und ihrer nächsten Umgebung. Außerdem ist reichhaltiges Fundmaterial der Urzeit ausgestellt: Steinwerkzeuge der Eiszeit, neolithische Keramik sowie Urnen aus der Bronzezeit.

Die Begegnung mit einer in Ungarn kaum vermuteten Kultur – der Orthodoxie – ermöglicht die in einem verwilderten Garten fast versteckte **serbische orthodoxe Kirche** am *Deák tér*, wobei der Eingang in der *Kossuth Lajos utca* erfragt werden muß. Der Pope – mit einem Bart wie aus einem Bilderbuch – gewährt gern Einlaß. Er freut sich über jeden Besuch, da er auch von bescheidenen Spenden lebt. Jeder Betrag in einer der beiden heimlichen Währungen Schilling oder Mark ist willkommen... Die barocke, sehr gut erhaltene **Ikonostase** aus dem letzten Jahrzehnt des 18. Jh., mit mehreren Dutzend Heiligenbildern, sucht in ihrem Ausmaß auch in Ungarns griechisch-orthodoxen Kirchen ihresgleichen. Recht sehenswert sind die Chorgestühle im landestypischen Zopfstil.

Für Liebhaber alter Begräbnisstätten lohnt sich der Abstecher zum **jüdischen Friedhof** – die Synagoge ist zerstört und wird nicht wiederaufgebaut – und auch zum ältesten Friedhof der Stadt mit Gräbern aus dem 17. und 18. Jh. Dieser befindet sich auf dem **Avas-Hügel**, der Dominante der Stadt. Das Gros der älteren Grabsteine stellen prunkvolle Sarkophage und Mausoleen aus dem vergangenen Jahrhundert dar. Auf der Avas-Anhöhe überragt ein **Fernsehturm** den sechseckigen hölzernen **Glockenturm**. Der Avas-Hügel wird gekrönt von der dreischiffigen spätgotischen **reformierten Kirche**, die eine Hallenkirche mit sehenswertem Chorumgang ist. Das denkmalgeschützte Gotteshaus wurde nach einem Brand weitgehend im 16. Jh. wiederaufgebaut. Wie fast überall, wurden auch hier später einige gravierende Veränderungen vorgenommen. Sehr schön ist die Holzkassettendecke, die ebenso intensiv restauriert werden mußte wie Teile der Möbel. Das Chorgestühl ist offenbar eine italienische Arbeit vom Ende des 15. Jahrhunderts.

Ein barockes Kleinod – mit interessantem barockem Mobiliar – ist die frühere **Minoritenkirche** mit einem Kloster. Beide wurden in der ersten Hälfte des 18. Jh. nach den Plänen von Giovanni Battista Carlone gebaut. Von dem Italiener stammt auch die **Pfarrkirche der Unterstadt**. Der Besuch dieser beiden Gotteshäuser ist ein touristisches Muß. Dazu belohnt die Aussicht von der Avas-Anhöhe.

Die außerhalb der City gelegene, im Grundriß quadratische **Burg von Diósgyőr** (*dió* = Nuß; *győr* wird djöhr ausgesprochen), deren Vorburg aus dem 14. Jh stammt, soll einige Male König Sigismund von Luxemburg beherbergt haben. Während der Regentschaft des Königs Matthias Hunyadi, bekannt als Corvinus, erhielt die Burg einen Renaissanceanstrich; bis zum Ende des 16. Jh. wurde sie mehrfach umgebaut. Danach verfiel sie für längere Zeit. Nach älteren Chroniken sollen die Burg und die ihr angeschlossene St.-Georgs-Kapelle ihre Funktionen zum letzten Mal in der zweiten Hälfte des 18. Jh. ausgeübt haben. Zweihundert Jahre später, von 1962 bis 1968, wurde das Baudenkmal aufwendig restauriert, seither zeigt sich eine der ältesten erhaltenen Burganlagen des Landes im neuen Gewand. Eine kleine Ausstellung gibt einen guten Einblick in ihre Geschichte und präsentiert Funde vom Burgareal. Die romantische Burg von Diósgyőr ist alljährlich die Stätte der gleichnamigen Miskolcer Open-air-Sommerfestspiele, eines der kulturellen Hauptereignisse der gesamten Region.

Der Ort selbst ist im Laufe dieses Jahrhunderts zur Wohnperipherie von Miskolc geworden, zugleich ist er auch der Ausgangspunkt für Wanderungen im Bükk-Gebirge, wo man zuweilen noch Holzköhler antrifft. Gleich vor den Toren der Stadt gibt es steile Kletterwände für angehende Bergsteiger, unter den Felsen befinden sich mehrere Tropfsteinhöhlen (István-Höhle, Szeleta-Höhle). In unmittelbarer Umgebung der Stadt liegen einige Seen, wobei sich der Stausee **Hámori-tó** der größten Popularität erfreut. Das am Zusammenfluß der Bäche Szinva und Garadna angesiedelte **Lillafüred** ist seit über einem Dreivierteljahrhundert ein äußerst populärer und vielbesuchter klimatischer Heilkurort. In der Nähe befand sich auch die Urhütte (Őskohó) von Újmassa, woher der aus Mainfranken stammende Erzgießer Heinrich (Henrik) Fazola und dessen Sohn Friedrich, den sie Frigyes nennen, Eisen für ihre Schmiedeeisenarbeiten bezogen. Die Hütte war in den Jahren von 1813 bis 1866 in Betrieb. Welch wunderbare Werke die beiden Deutschen schufen, zeigen ihre kunstvollen Arbeiten am Komitatshaus in Eger oder an dem lange Zeit brachliegenden Schloß Edelény (auch ein Projekt Carlones). Dieses gehörte zuletzt einem Zweig der Fürsten von Coburg-Gotha, bevor es allzu lange Zeit dem Verfall preisgegeben war.

MISKOLC

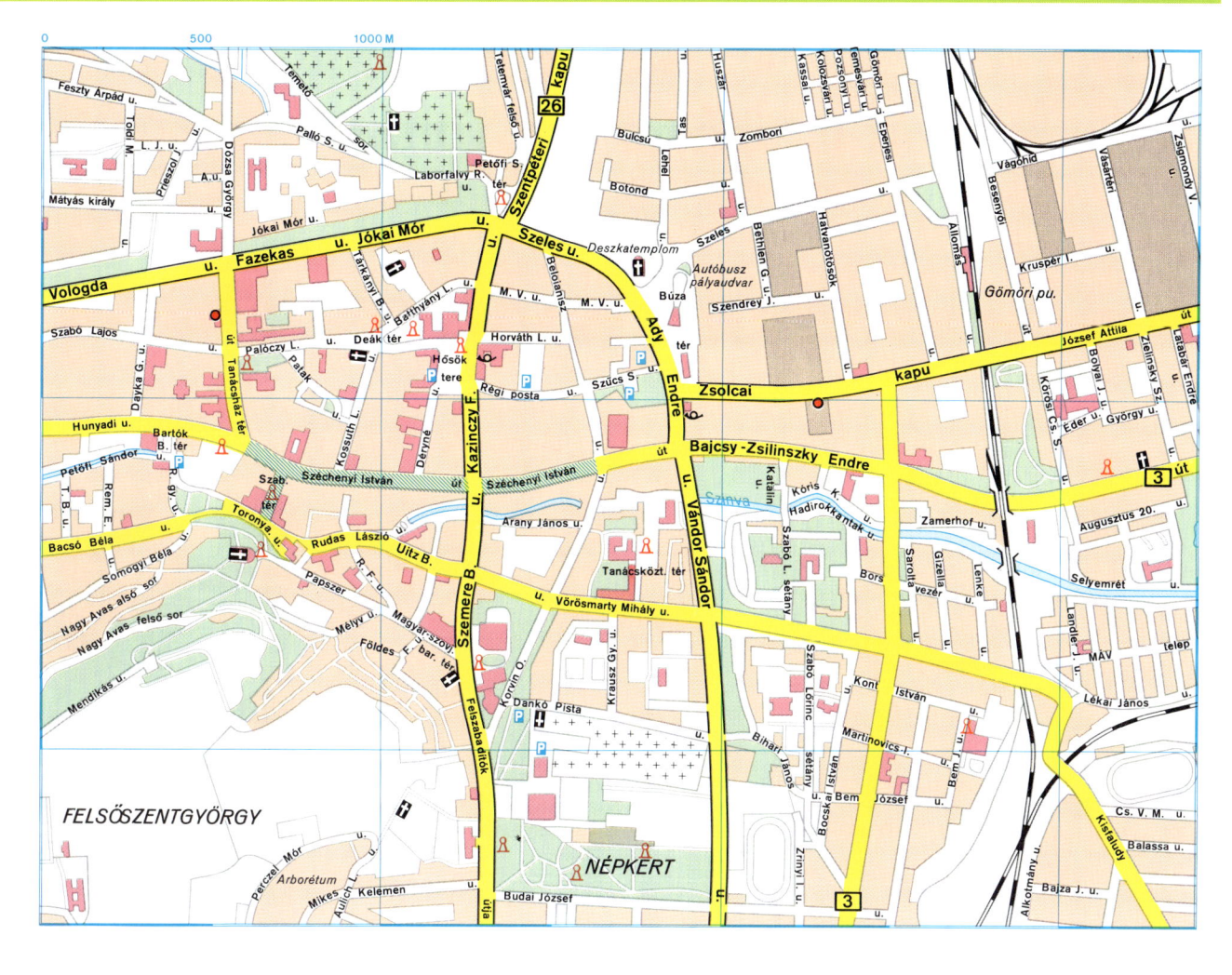

Etwas außerhalb der Innenstadt von Miskolc liegt die **Allerheiligenkirche**, deren Äußeres nicht sofort verrät, daß sie um das Jahr 1735 im Barockstil errichtet wurde. Die **Marienstatue** wurde zum Dank für die Überwindung der Choleraepidemie im Jahre 1739 aufgestellt.

Die größte Attraktion ist zweifelsohne das 7 km vom Zentrum entfernte, ebenfalls eingemeindete Tapolca, seither **Miskolctapolca** genannt. Nahe beim Hotel Juno liegt inmitten eines 1200 Hektar großen Parkgeländes ein **Heilbad** mit mehreren Thermalbecken. Neben einem Freigelände erfreut sich das 1959 eröffnete **Höhlenbad** größter Beliebtheit. Das Freibad bietet sich bei Durchschnittstiefen von 130 bis 140 cm geradezu als Familienbad an. Das labyrinthartige Bad unterstützt die Heilung von Erkrankungen des vegetativen Nervensystems, von Herzneurosen und von nervösen Magen- und Darmleiden, und es hilft vor allem bei der Behandlung von asthmatischen Beschwerden und Bronchialkatarrh. Gewiß ein Widerspruch in einer Stadt, in der mehr als hundert Fabriken Riesenmengen giftiger, ungefilterter Schadstoffe in die meist smogverhangene Luft hinausblasen. Dennoch: Hier ist Ganzjahresbadebetrieb möglich. Die Quellen dieses in Mitteleuropa einmaligen Thermalbades sind gut verträglich, sie erreichen Temperaturen von etwa 29 bis 31° C. Es ist also keineswegs verwunderlich, daß sich neben fröhlich-ausgelassenen Kindern in den Felsenecken auch ältere Menschen zum Plaudern verstecken – nur Platzangst darf man nicht mitbringen!

Abendpanorama (links oben).

Avas-Kirche (links unten).

Blick über die Innenstadt vom Fernsehturm aus (Mitte).

Typische Wohnlandschaft in städtischen Außenbezirken, hier in Diósgyőr (rechts außen).

103

DIE STÄDTE

Geschichte

Pécs gehört nicht nur wegen des mediterranen Klimas zu jenen Städten Ungarns, in denen man – ähnlich wie in Debrecen, Eger, Győr, Szeged, Székesfehérvár – eine Zeitlang leben könnte, vorausgesetzt, man hätte dort einen Job – oder sonst etwas zu tun. Pécs ist eine Mischung aus ungarischen, deutschen, türkisch-orientalischen, serbischen und kroatischen Elementen, die sich auf die Entwicklung der Stadt positiv ausgewirkt haben. Hier befinden sich einige der bedeutendsten Kunstdenkmäler Ungarns aus der Römerzeit und dem Mittelalter, aus der Ära der Türkenherrschaft – bis hin zum historisierenden Stil des ausgehenden 19. Jh. und zum Jugendstil Anfang dieses Jahrhunderts. Ein geflügeltes Wort hieß: „Dem Deutschen Bécs (= Wien), dem Ungarn Pécs (Fünfkirchen)."
Sopianae nannten die Römer eine der wichtigsten Städte Unter-Pannoniens, bestimmten sie sogar zu dessen Hauptstadt. Sie lag im Mittelpunkt einiger bedeutender römischer Heer- und Handelsstraßen. Diese Mittlertätigkeit prägte das Antlitz von Sopianae deutlich. Allein auf Grund seiner geographischen Lage war dieser Ort dazu bestimmt, sich nach dem Süden, zum Meer hin, zu orientieren. Noch zu Zeiten der Monarchie war Pécs dem österreichisch-ungarischen *Littorale* zugerechnet worden, der Linie Pécs-Zagreb-Fiume. Der letztere italienische Name gehörte damals jener Stadt, die heute auf jugoslawisch Rijeka heißt. Mag sogar sein, daß sich die Römer wegen des milden Klimas – an den Hängen des Mecsek wach-

Pécs
Von Römern und Türken

Feigen blühen im Stadtgebiet, vorzüglicher Wein wächst unweit von Pécs. Ist es ein Wunder, daß sich im einstigen „Sopianae" sowohl die Römer als auch zwei Jahrhunderte lang die Türken wohl fühlten? Nur Budapest besitzt mehr Museen als die Stadt am Südhang des Mecsek-Gebirges.

sen sogar delikate Feigen – hier ähnlich wohl fühlten wie daheim auf der Halbinsel. Vieles spricht dafür, daß die Römer Sopianae bis zum endgültigen Zerfall des Römischen Reiches bewohnten. Es gibt nicht viele Orte in Europa, meinen einige Archäologen, wo so viele und auch so unterschiedliche römische Altertümer zu finden sind wie in Pécs. Noch um die Jahrhundertwende ging man teilweise auf Pflastersteinen, die von den Römern verlegt worden waren, und Wasserleitungen aus der Römerzeit waren im Stadtbild für jedermann zu sehen. Das *Lapidarium*, die Steinsammlung des **Janus-Pannonius-Museums**, bewahrt die römischen Funde und Ausgrabungen für die Öffentlichkeit und die Nachwelt auf. Das Gebäude auf dem Domplatz wurde nach dem Vorbild eines römischen Hauses angefertigt; von dort führen auch zwei Eingänge zur Unterkirche des Doms.

Als sensationell gelten die altchristlichen **Grabkammern**, die ins 4. Jh. datiert werden. Nur in den Katakomben von Rom gibt es ähnlich gut erhaltene Fresken mit Motiven aus dem frühen christlichen Leben. Ein Christus-Monogramm, Bildnisse der Apostel Petrus und Paulus, diverse biblische Szenen, Tier- und Pflanzendarstellungen wurden auf den Wänden in einer 10 Quadratmeter großen resp. kleinen Kammer unversehrt vorgefunden. Diese Malereien können im Rahmen musealer Pflege besichtigt werden. Eine im vergangenen Jahrhundert entdeckte zweite Grabkammer ist geschlossen; sie dient ausschließlich Forschungszwecken. Die **Grabkapelle** wird oft auch unter dem lateinischen Namen *cubiculum* erwähnt. Und es gibt noch mehr erhaltene Überreste des Altertums: Vom Hof der Komitatsbibliothek gelangt man zu einer Ausgrabungsstätte, wo über einhundert Gräber aus dem 4. Jh. freigelegt wurden. Lateinisch wurde die Siedlung am Abhang des bis zu 700 m hohen Mecsek-Gebirges *quinque ecclesiae* genannt, woraus im deutschen Sprachgebrauch die Bezeichnung *Fünfkirchen* entstand. Es soll, sagen die Geschichtsschreiber, deutsche Urkunden aus dem 9. Jh. geben, die das ursprüngliche Pécs betreffen.
Ähnliche Dokumente deuten auf die Gründung eines Bistums hin, und zwar im Jahre 1009 durch König Stephan, der später zum heiligen István wurde. Es bleibt jedoch unsicher, wann die erste mittelalterliche Basilika tatsächlich

Einstige Hauptmoschee am Széchenyi tér (links außen).

Blick von der einstigen Hauptmoschee über den Széchenyi tér (links unten).

Zsolnay-Brunnen (links oben).

Minarett aus dem 16. Jh. (rechts oben).

Der Dom überragt die Stadt (rechts unten).

PÉCS

gebaut worden ist. Die frühesten bislang aufgefundenen Teile der romanischen Basilika in der Kathedrale von Pécs stammen aus dem 12. Jahrhundert.

Die zahlreichen Umbauten in den darauffolgenden Jahrhunderten haben so manch einen Bau völlig verändert. Dabei gingen vor allem die historisierenden Architekten nach 1867, nach dem politischen Ausgleich mit Österreich, im ganzen Land besonders radikal vor. Der Dom zu Pécs wurde im 19. Jh. beispielsweise dreimal im neoromanischen Stil umgestaltet, um so dem vermeintlichen Original möglichst nahezukommen. Die letzten Umbauten erfolgten noch in diesem Jahrhundert. Freilich waren dies alles friedliche Eingriffe; die Perioden davor waren mehr vom Schwingen der Schwerter als von jenem der Maurerkellen bestimmt. Die Türken haben's sich hier bereits zwei Jahre nach der Eroberung Budas (1543) gemütlich eingerichtet. Sie tauften die Stadt *Pecavi*, woraus später Pécs wurde. Haben sich die Orientalen an der Südseite des Mecsek mit dessen mildem Klima vielleicht ähnlich wohl gefühlt wie die Römer eineinhalb Jahrtausende davor? Statt der fünf Kirchen beherrschten fortan mehrere Moscheen und Minarette das Stadtbild. Die einzige unversehrt erhaltene **Moschee mit Minarett** auf dem gesamten Gebiet des Landes steht in der Pécser Rákóczi-Straße. Die Ungarn hegen heute keinen Groll gegen die Türken, deren Vorfahren fast 160 Jahre im Land blieben. Eine Ausstellung – ein Geschenk der türkischen Regierung – weckt Interesse für die Kultur und die Religion des Landes am Bosporus. Ein Rest islamischer Präsenz aus dem 16. Jh. nimmt noch heute einen zentralen Platz im Stadtbild ein: Die damalige **Hauptmoschee** wurde zur **Innerstädtischen Pfarrkirche**.

Nach dem Abzug der Türken aus Ungarn (1686) brandschatzten offenbar die Kurutzen Stadt und Land. Was übrigblieb, rafften Pest und Cholera dahin. „Versenke es in die Tiefe, schöner taucht es wieder auf", sagte man einst mit Blick auf Rom; Fünfkirchen wollte dem nicht nachstehen. Den Bischöfen kommt nach Ansicht mancher Historiker das größte Verdienst um Pécs' Aufstieg zu. In ihren Reihen wechselten Gelehrte, Diplomaten und Feldherren einander ab, einige sind heilig-, andere seliggesprochen worden. Ein bedeutender Zeitgenosse war **Janus Pannonius** (1434-1472), dessen Name heute so manch ein Institut der Stadt ziert. Der Poet wurde nach Studien in Italien mit 24 Jahren Domherr in Großwardein, kurze Zeit darauf Bischof von Pécs. Wichtige diplomatische Missionen führten ihn nach Rom, dort sogar zum Heiligen Vater. Zudem hinterließ er ein reiches poetisches Werk, wobei seine Gedichte so manche erotische Anspielung enthalten. Pécs besaß bereits im 14. Jh. (1367) eine **Universität**, die heute den Namen des Pannonius trägt. Während der türkischen Ära kam die Universität nach Oberungarn – nach Preßburg. Die heutige Uni bildet unter anderem die Lehrer für die Nationalitätenschulen der deutschen Minderheit in Ungarn aus – auch Pécs besitzt ein deutsches Gymnasium.

Noch ein paar markante Daten aus der Stadtgeschichte: 1780 wurde Pécs von Joseph II. zur freien Königsstadt erklärt. Die Quellen vermerken im 19. Jh. die Gründung eines ständigen Theaters, das neben deutschsprachigen Aufführungen auch Vorstellungen in ungarischer Sprache gab. Pécs war bereits im Mittelalter eine lebhafte Handels- und Gewerbestadt. Einige Zweige des alteingesessenen Handwerks, die die lokal bzw. regional gewonnenen Rohstoffe verarbeiteten, konnten sich nach der Entdeckung umfangreicher Kohlelager im Mecsekgebirge zu Großindustrien weiterentwickeln (Leder, Möbel, Porzellanmanufaktur bzw. -fabrik für industrielle Produktion, Bierbrauerei, Spiritusbrennerei, Tabakmanufaktur sowie eine Sektkellerei). Die Gruben gehörten bis zur Verstaatlichung der Donau-Dampfschiffahrtsgesellschaft, und diese verfrachtete die abgebaute Kohle auf einer eigenen Bahnlinie vor allem von Mohács aus. Die Stadt profitiert wirtschaftlich, mit allen sich daraus ergebenden Problemen, auch von den Uranerzvorkommen, die in Kővágószőlős erschlossen wurden.

Sehenswürdigkeiten

In keiner anderen Stadt Ungarns (außer der Hauptstadt) gibt es so viele und so unterschiedliche **Museen** wie in Pécs. Von diesen tragen mehrere seit langem den Namen von Janus Pannonius: die archäologische Abteilung am *Széchenyi tér*, das Lapidarium am *Dóm tér*, die ethnographische Abteilung in der *Rákóczi út*, die

DIE STÄDTE

Moderne Ungarische Galerie in der Straße der Freiheit sowie benachbart in der *Szabadság utca* die naturwissenschaftliche Abteilung. Erwähnt werden müßte dazu noch die Pannonius-Statue auf dem Spazierweg vor der Barbakán-Bastei.

In der Janus *Pannonius utca* ist die ständige **Ausstellung** des weitgereisten Malers Tivadar **Csontváry Kosztka** (1853-1919) untergebracht. Naivität und Mystik prägen seine Werke; der originelle Künstler war mit den Expressionisten geistesverwandt. Die Frage nach der künstlerischen Qualität seiner Bilder ist in ungarischen und europäischen Fachkreisen immer wieder für eine Kontroverse gut. **Victor Vasarely** wurde von Frankreich aus vor einem halben Jahrhundert zu einem Pionier der Op-art. Wer weiß schon, daß der prominente Künstler 1908 als Győző Vásárhelyi in Pécs geboren wurde? In seiner Heimatstadt ist in seinem Geburtshaus, einem klassizistischen Gebäude, ein Museum mit seinen Werken eingerichtet (ein zweites Vasarely-Museum befindet sich in Budapest – im Stadtteil Óbuda).

Mit Pécs untrennbar verbunden ist der Name **Zsolnay**. In einem der schönsten Gebäude, womöglich dem ältesten Wohnhaus der Altstadt, sind zahlreiche Arbeiten der Porzellanmanufaktur ausgestellt. „Mit dem Steine wetteifert der Thon," schrieb Sándor Baksay in einem Reisebuch im Jahre 1896. „Das der Erde und dem Erdensohn zunächst stehende und älteste Gewerbe, das in seinem primitiven Zustande auf dem Mecsekrücken seit vorgeschichtlichen Zeiten und bis auf den heutigen Tag eine weit verbreitete Beschäftigung des niederen Volkes ist, hat sich diesseits des Mecsek unter die schönen Künste aufgeschwungen. Heute blüht sie als herrschende Kunst in der Fabrik Zsolnay, deren Zierstücke auf den Landes- und Weltausstellungen zu den blendendsten gehören, in den westlichen und in den überseeischen Culturländern die Pracht der reichen und vornehmen Häuser steigern, im Vaterlande aber auch zu den Monumentalbauten der ersten Baukünstler das Ornament geliefert haben." Dafür gibt es in Pécs augenscheinliche Beweise! Seit 1904 zieren wunderbare Kachelmosaike Zsolnays das **Hauptpostgebäude** sowie den aufwendig renovierten Bau der ehemaligen **Sparkasse** auf dem Széchenyi-Platz.

Vor der **Barmherzigkeitskirche** steht an der Ecke der *Munkácsy Mihály utca* und des *Széchenyi tér* ein im Sezessionsstil gefertigter **Zsolnay-Brunnen**, der einen stilisierten goldgebrannten Ochsenkopf zeigt – in Anlehnung an den in Wien aufbewahrten Goldschatz von Nagyszentmiklós.

Pécs scheint eine Stadt der Brunnen, Büsten und Statuen zu sein. Eine ist Leonardo da Vinci gewidmet, ein bronzenes Reiterdenkmal zeigt János Hunyadi, und natürlich kommt auch Vilmos (Wilhelm) Zsolnay zu Ehren, der Gründer der Porzellanmanufaktur (die sich übrigens aus einer Ziegelei entwickelte). Eine durchaus ungewöhnliche Statue aus dem Jahre 1860 stellt zwei Musikanten dar: den Flötisten Prosper Amtmann und den blinden Fagottspieler Emmerich Weidinger.

Von den weltlichen Gebäuden sei das **Rathaus** erwähnt, das in den dreißiger Jahren des vorigen Jahrhunderts in einer Mischung aus Neobarock und Eklektizismus entstand. Ebenfalls aus der ersten Hälfte des 19. Jh. stammt das **Hotel Nádor**, lange Zeit das erste Haus am Platz.

Kurz vor der Jahrhundertwende wurde das **Nationaltheater** im Neorenaissancestil errichtet. Es bietet Sprechstücke, Opern, Operetten und Musicals; die Ballettcompagnie ist landesweit berühmt.

Drei Religionen haben ihre Gotteshäuser in Pécs, obwohl aus der Hauptmoschee des Pascha Gasi Kasim in der Periode der Rekatholisierung des Landes im 18. Jh. die **Innerstädtische Pfarrkirche** geworden ist. Die 28 m hohe Kuppel, die einen Durchmesser von 17 m hat, wurde erst in diesem Jahrhundert wieder freigelegt. Nicht nur weil so manche Verzierung aus dem 16. und 17. Jh. erkennbar ist: Die ganze Anlage der Kirche deutet auf die frühere Moschee hin – trotz der nachträglichen Veränderungen im christlichen Sinne. Die Moschee und Kirche wurde im Laufe der letzten drei Jahrhunderte immer wieder umgebaut. Die jetzige äußere Form darf – wenn man sie mit Fotos bzw. früheren Zeichnungen vergleicht – als die gelungenste betrachtet werden. Das Minarett ist nach dem Abzug der Osmanen abgerissen worden. Die nach Osten ausgerichtete Betnische *Mihrab* wurde restauriert. Das Kreuz auf der Kuppel wurde symbolisch *auf* den Halbmond gesetzt. Die einstige Moschee gilt als der höchste klassische Bau der Türken in Europa überhaupt.

Klein, aber recht sehenswert ist die Ausstellung in der **Jakovali-Hassan-Moschee**, dem schönsten Pécser Denkmal aus der Türkenzeit, dessen schlankes, zwölfeckiges Minarett sehr foto-

Plastik von Victor Vasarely (links oben).

Gittertor eines Bankhauses (links unten außen).

Die Synagoge, erbaut 1869-1870 (links innen).

Zsolnay-Jugendstilkeramik am Hauptpostgebäude (rechts).

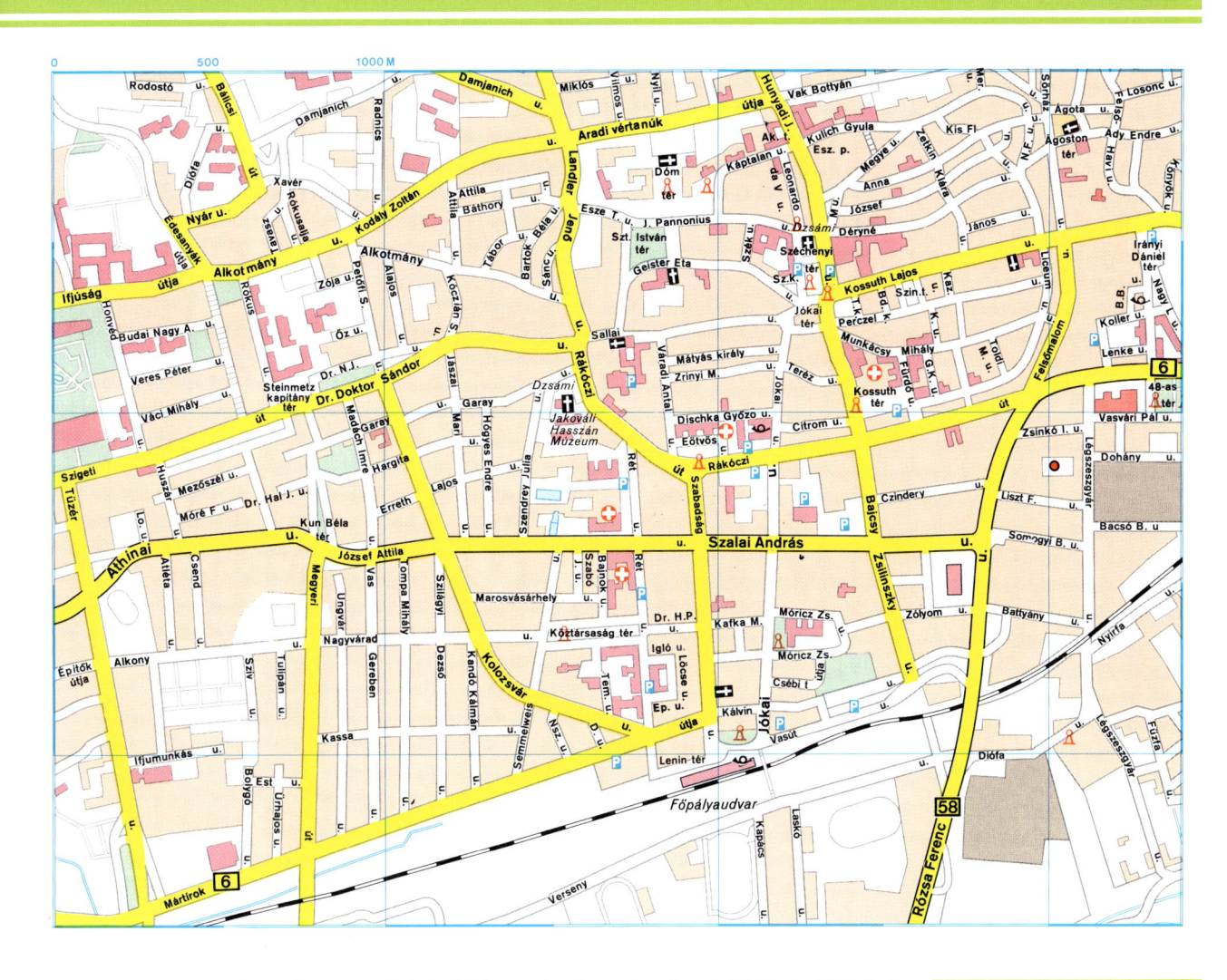

gen wirkt. Der Vollständigkeit halber sei erwähnt, daß in der *Nyár utca* die **Grabkapelle des Idris Baba** aus dem Jahre 1591 sowie ein unversehrter türkischer Brunnen jederzeit der Öffentlichkeit zugänglich sind. Die massive **Barbakán-Bastei** aus dem 15. Jh. ist eines der Wahrzeichen der Großstadt am Südhang des Mecsek, übrigens der einzigen größeren Stadt im Süden Transdanubiens. Gut restauriert wurde am *Kossuth tér* die im romanischen Stil erbaute **Synagoge** (1869-1870) für tausend Personen. In Pécs gab es eine blühende jüdische Gemeinde. „Doch was ist die Kuppel der Moschee im Vergleich mit den Maßen des vierthürmigen Domes? Er blickt nicht nur auf den Platz, sondern auf halb Baranya, ja auf ganz Ungarn, und hinaus bis an das Meer – erst in Venedig und Dijon findet er seine Brüder", schwärmte ein Autor vom Pécser **Dom**. Unter den christlichen Gotteshäusern ragt diese Kathedrale heraus, deren Chor und Unterkirche im 11. oder 12. Jh. entstanden sind, was durch den späteren Anbau der vier Türme (60 m hoch) nicht zu vermuten ist. 70 m ist der dreischiffige Dom lang, 22 m breit. Die Ausstattung stammt überwiegend vom Ende des 19., Anfang des 20. Jh. Die Kirchen der Stadt entstanden fast alle im Barock – ob die **Allerheiligen-Kirche**, die **St.-Augustinus-Kirche** (beide jeweils erste Hälfte des 18. Jh.), die **Barmherzigkeitskirche** (1727 bis 1731) oder die **Heilig-Franz-Kirche** (1718-1758). Ihre Baumeister und Maler waren nicht so prominent wie anderswo, doch ihre Arbeit ist solide, gediegen – im tiefen Glauben mit Liebe gemacht. Das Stadtbild wird abgerundet durch einige barocke und klassizistische Paläste sowie hübsche Bürgerhäuser. Das **Domherrenhaus** in der *Janus Pannonius utca* hat sehr schöne Rokokoverzierungen. Der **Bischofspalast** auf dem Domplatz birgt ein Geschenk der Königin (und Kaiserin) Maria Theresia – einen schönen flämischen Gobelin. Sehenswert ist das hölzerne Portal in vollendetem klassizistischen Stil. In der alten **Mohrenapotheke**, die Ende des 17. Jh. gegründet wurde, ist eine Inneneinrichtung zu bewundern, die zum 200jährigen Jubiläum angefertigt wurde.

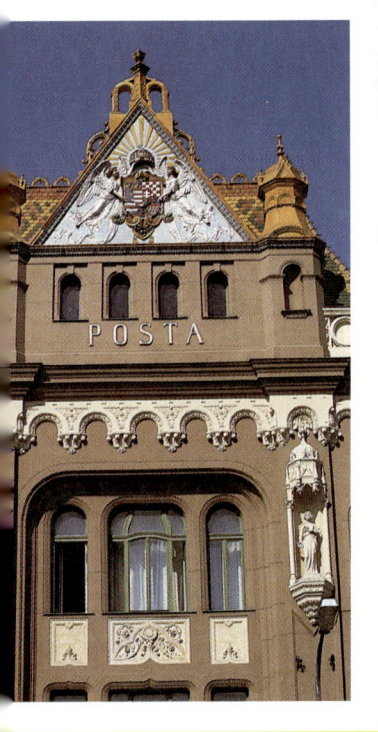

In der Industriestadt Pécs wird auch die Freizeit großgeschrieben: Das Mecsek-Gebirge bietet Erholung im Freien. Für die Kleinen gibt es das anspruchsvolle **Bóbita-Puppentheater**, und die Sommerbühne (**Nyári Színház**) bietet für jedes Alter etwas.

Information
Mecsek Tourist

Festkalender
Sommertheater im Juni/Juli. Orgelkonzerte im Dom von April bis Oktober.

Tips
Im Csontváry-Museum Begegnung mit einem Künstler-Unikum. Im Vasarely-Museum Begegnung mit einem etablierten Künstler der Moderne (Op-artist). Für Porzellan-Liebhaber: Zsolnay-Museum. Ein Muß auf den Spuren ungarischer Geschichte: Jakovali Hassan-Moschee. Ausflüge: nach Bad Harkány ins Thermalheilbad; nach Siklós zur Burg aus dem 14./15. Jh.; nach Mecseknádasd ins ungarndeutsche Dorf mit Museum; nach Villány ins Weinbauzentrum mit Museum.

DIE STÄDTE

Sopron
Unter Denkmalschutz

Denkmalgeschützte Gebäude aus sieben Jahrhunderten, die geschlossenste Altstadt Ungarns, eine der ältesten Synagogen Europas – das ist das unverwechselbare Ambiente Soprons, zu dem auch der „Ödenburger Blaufränkische" zählt, der an den Hängen am Rand der Stadt gedeiht.

Geschichte

Es ist schon eine Zeitlang her, Mitte der siebziger Jahre, als die westungarische Stadt Sopron (Ödenburg), in der noch vielfach deutsch gesprochen wird, von der FVS-Stiftung aus der Hansestadt Hamburg die Goldmedaille des Europapreises für Denkmalpflege erhielt. Auch ein angesehener ungarischer Denkmalschützer, der in Sopron oft seinen Rat erteilte, ist von einem internationalen Gremium geehrt worden: Géza Entz. Er erhielt 1983 den üppig ausgestatteten Herderpreis. Dieser wird an Architekten, Bildhauer, Historiker, Dichter und Maler verliehen, die Brücken zwischen Ost und West schlagen. Géza Entz, dessen Fachgebiet die ungarische Architektur der Gotik ist, wurde als die wohl prominenteste Persönlichkeit des ungarischen Denkmalschutzes ausgezeichnet. In einigen seiner Schriften untersuchte Géza folgende Frage: Warum brachte es die geschichtliche Entwicklung in Ungarn mit sich, daß der größte Teil der Baudenkmäler in den nördlichen und westlichen Regionen erhalten ist? Einer der Hauptgründe mag sein, daß das Flachland im Osten und Süden weniger natürlichen Schutz bot als der gebirgige Norden und Westen. Bei kriegerischen Auseinandersetzungen in den Ebenen konnten die Anlagen der feindlichen Kräfte also schon aus Gründen der natürlichen Beschaffenheit leichter und öfter zerstört werden.

Immerhin hat das Ungarische Denkmalamt mehr als 8700 Objekte zu geschützten Baudenkmälern erklärt. Das Wort *Műemlek* begegnet dem Besucher deshalb an allen Straßenecken, nicht nur in Sopron.

Hier am Beispiel Sopron, der an Denkmälern reichsten Stadt des Landes, sollen einige Informationen über den Denkmalschutz gegeben werden. Er betrifft im einzelnen nicht nur die ausgewiesenen Gebäude, sondern auch die zu den Bauten gehörenden Einrichtungen, Gemälde und Skulpturen. Auch die Umgebung eines Kunstdenkmals ist in Ungarn gesetzlich geschützt. Das Landesamt für Denkmalschutz ist nicht nur eine bürokratische Behörde, sondern verfügt auch über wissenschaftlich geschulte Arbeitsteams sowie über eine eigene Projekt- und Ausführungsgruppe. Die rechtlichen Befugnisse des Landesamtes für Denkmalschutz sind weitreichend, bis zur Genehmigung neuer Gebäude. Die Hälfte aller denkmalgeschützten Objekte Ungarns ist noch im Staatsbesitz, dreißig Prozent sind Eigentum der Kirchen, und der Rest, immerhin jedes fünfte Objekt, ist in Privatbesitz. Die Zentren von fast zwanzig Städten stehen neben einigen Dörfern unter Denkmalschutz. Eine dieser Städte ist Sopron; das ganze Ensemble des Stadtkerns ist geschützt. Manche Landeskenner favorisierten Sopron sogar für die Aufnahme in die *UNESCO-Liste des Kulturerbes der Menschheit*. Die Pariser Hauptverwaltung der UN-Organisation entschied sich jedoch für das Budaer Burgviertel mit dem Donaupanorama und für das Palóczen-Dorf Hollókő in Nordungarn.

Dabei wimmelt es in Sopron nur so von Sehenswürdigkeiten. Seit Mitte der siebziger Jahre unseres Jahrhunderts wurden in dem ehemaligen Handels- und Weinbauzentrum, in dem sich erst in der zweiten Hälfte des 19. Jh. eine bescheidene Industrie (Textil, Holz, Maschinenbau) ansiedelte, wichtige archäologische Entdeckungen gemacht. Es steht fest, daß das 55 000 Einwohner zählende Sopron die wohl geschlossenste Altstadt aller größeren ungarischen Städte hat.

Zahlreiche denkmalgeschützte Gebäude bestimmen das Bild im Stadtkern. Dieser wird von freigelegten Stadtmauern umgeben, wobei die ältesten Teile neben den römischen Quadern aus dem 14. Jh. stammen dürften. Die mittelalterliche Stadtmauer weist Spuren mehrerer Bauepochen auf. Recht eindrucksvoll ist das Große Rondell, eine Wehranlage aus der zweiten Hälfte des 16. Jh. Dieser Verteidigungsbau hat vier Schießscharten, die übrigen Basteien kamen mit drei Öffnungen aus. Im Mittelalter war die Stadt von einem dreifachen Mauerring umgeben, wie einige Funde verraten. Die Stadttore sind allerdings nicht erhalten. Lediglich der Feuerturm, der mehrere Bauschichten aus vier Jahrhunderten aufzuweisen hat, erinnert mit einigen Details an einen alten Stadtzugang. Der 1969 bis 1973 restaurierte Zwiebelturm ist zu einem Wahrzeichen der Stadt geworden. Die besondere Attraktion des Gebäudes ist die Galerie unterhalb des Uhrturms von 1735; der Aufstieg wird durch einen sehr guten Rundblick über die Stadt belohnt.

Auf dem Areal des heutigen Stadtgebiets befand sich bereits im 1. Jh. die Römerstadt *Scarbantia*. Sie war damals ein wichtiger Versorgungs- und Stützpunkt an einer der römischen Handelsstraßen, der *Bernsteinstraße*, die das Mutterland mit der Ostsee verband. Die gemeinsame römische Vergangenheit führte unter anderem die Städte Sopron und Kempten im Allgäu (einst das römische *Cambodunum*) zusammen, die im Jahre 1987 eine Städtepartnerschaft eingingen.

Für die jüngere Stadtgeschichte war von weitreichender Bedeutung, daß sich Sopron im Jahre 1921 bei einer Volksabstimmung für die Wiedereingliederung nach Ungarn entschied. Das burgenländische Eisenstadt dagegen, das von den Ungarn *Kis-Márton* genannt wird, wählte Österreich zu seiner neuen Heimat.

„Sopron", schrieb ein Historiker nach der Jahrhundertwende, „war niemals, wie dies vielfach angenommen wird, eine par excellence deutsche Stadt; ein Stadtteil war stets von einer rein ungarischen Bevölkerung bewohnt, die ihr Brot zumeist mit gewerblicher Arbeit verdiente. In letzter Zeit hat sich die ganze Stadt stark magyarisiert. Sopron betreibt trotz der Nähe von Wien einen lebhaften selbständigen Handel." Achtzig Jahre später ist Sopron auf Grund des vorteilhaften Wechselkurses wieder ein Einkaufsparadies geworden – vor allem für Österreicher, die im regionalen Grenzverkehr ihre Butter, ihre Getränke, ihre Benzinvorräte und vieles mehr einkaufen. Manche haben hier auch ihren billigen Friseur oder sind sogar bei einem preisgünstigen Zahnarzt in Behandlung.

Sehenswürdigkeiten

Wie zahlreich die Funde aus der römischen Zeit sind, wird im **Fabricius-Haus** deutlich, das eigentlich aus zwei Gebäuden besteht. Das der Straße zugekehrte Haus stammt aus dem 18. Jh., das dahinter liegende Patrizierhaus dürfte schon im 15. Jh. gebaut worden sein. In dessen gotisch gewölbtem Keller ist das reichhaltige römische **Lapidarium** (*lapidarius* = Stein-, zu den Steinen gehörig) des Museums untergebracht. Weitere Funde sind in einem Haus am Feuerturm und im **Ruinengarten** zu besichtigen.

Sopron muß einst eine blühende jüdische Gemeinde gehabt haben, wovon zwei großartige Funde in der *Új utca*, der Neuen Gasse, künden. Gleich zwei **Synagogen** wurden in ihren früheren Zustand versetzt. Erst vor wenigen Jahren ist in einem Innenhof (Hausnummer 11) ein Synagogenbau mit mehreren Trakten vom Ende des 13. Jh. gefunden und sorgfältig restauriert worden. Er war in einem barocken Wohnhaus versteckt, weshalb die Konservierung so lange anhielt. Neben einem frühgotischen Tor wurden die Konturen eines Frauenbetsaals, eines Ritualbads und eines mittelalterlichen Spitals erkennbar.

Ein paar Schritte weiter, Hausnummern 22-24, ist die **älteste Synagoge** Ungarns ausgemacht worden. Darin war auch eine Bäckerei untergebracht, zu der eine komplette Wohnung gehörte. Der ursprüngliche Bau aus der Zeit um 1290-1300 konnte rekonstruiert werden. Diese Soproner Synagoge gilt heutzutage neben der in Prag als die älteste in Mitteleuropa, nachdem die Fürther im Jahre 1938 zerstört wurde.

Freilich haben auch die christlichen Gemeinschaften äußerst wertvolle Denkmäler aufzuweisen. Mehrere **Kirchen** im Stadtkern sind markante Anlaufstationen, die oft nur wenige Gehminuten voneinander entfernt liegen. Dazwischen: bürgerliche Gebäude, Wohnhäuser vermögender Bewohner, ganze Paläste. Außerdem: Einblicke in den Alltag früherer Jahrhunderte. Das wirkt gar nicht allzu museal, zum Beispiel die **ehemalige Backstube** aus dem 18. Jh. in der *Bécsi út*. Dazu paßt auch ein sehr geschmackvoll eingerichtetes **Apothekenmuseum** am Hauptplatz (*Fő tér*).

Das populärste zivile Gebäude Soprons dürfte in dieser traditionsreichen Winzerstadt das **Ponczichterhaus** (Verballhornung des deutschen Wortes Bohnenzüchterhaus) sein. Dieser Ausdruck soll daher stammen, daß die Weinbauern zwischen den Rebstöcken auch noch grüne Bohnen gepflanzt haben. Das Haus in der *Fővényverem utca*, von einer Madonna des frühen 18. Jh. geziert, wurde allerdings von einem Maurermeister erbaut. In einer Ausstellung wird hier die landwirtschaftliche Bedeutung Soprons und seiner Umgebung dokumentiert. Trotz des bereits erwähnten wunderschönen Fabricius-Hauses und des benachbarten **Storno-Hauses**, das der bekannten einheimischen Künstlerfamilie Storno gehörte und worin heute eine herrliche Privatsammlung zu sehen ist, und trotz des vornehmen **Caesar- bzw. Grünen Hauses** in der *Hátsókapu utca* galt das **Haus zu den zwei Mohren** in der *Pozsonyi út* lange Zeit als das schönste weltliche Gebäude der ganzen Stadt.

Wie fromm die Stadt zur Zeit der Gegenreformation war, beweist die Tatsache, daß die auf dem *Fő tér* im Jahre 1701 plazierte **Drei-**

Hauptplatz Fő tér mit der Dreifaltigkeitssäule (links).

Blick zum Feuerturm, Wahrzeichen der Stadt (Mitte).

Marienstatue am Ponczichterhaus (rechts oben innen).

Der Umgang des Feuerturms bietet einen herrlichen Blick über das Altstadtensemble (rechts Mitte).

Stets zu Diensten: Butler am Hoteleingang (rechts außen).

DIE STÄDTE

faltigkeitssäule von einem mehrheitlich protestantischen Stadtrat in Auftrag gegeben wurde. Sie ist das älteste bekannte Denkmal dieser Art und gilt bei Kennern als die schönste Trinitätssäule des ganzen Landes. Eineinhalb Jahrhunderte davor, von 1565 bis 1605 benutzten Protestanten und Katholiken sogar in einträchtiger Abwechslung das Gotteshaus St. Michael, die städtische Pfarrkirche. Aber Transdanubien wurde später streng katholisch, was auch die vielen Kalvarienkapellen und Kalvarienberge bezeugen.

Die städtische **Pfarrkirche St. Michael** in der *Pozsonyi út*, eine dreischiffige gotische Hallenkirche, wurde erstmals um 1280 erwähnt. Damals hatte man offenbar bereits frühromanische Teile eingegliedert. Aus dem 13. Jh. stammen neben dem Kirchturm auch das Portal und die Fenster sowie die Umfassungsmauern. Im Original sind zudem die Innenrundpfeiler und die Halbsäulen, die das Gewölbe tragen, erhalten. Die **Sakristei** mit barocken Möbeln stammt aus dem Jahre 1482, und in der gleichen Zeit muß auch die Kreuzigungsszene angefertigt worden sein. Viele Details zeigen, daß die Kirche im wesentlichen Ende des 15. Jh. ihr heutiges Antlitz erhielt. Allerdings wurden auch hier einige Ergänzungen im vergangenen Jahrhundert angebracht, als es vielerorts galt, historisierende Motive aus dem kirchlichen und politischen Leben herauszustellen. Unweit der Michael-Kirche befindet sich zudem die frühgotische **St.-Jakobs-Grabkapelle**, die im Jahre 1960 wiederhergestellt wurde. Obwohl die ersten Dokumente vom Ende des 14. Jh. stammen, dürfte die Kapelle älteren Datums sein, da sie zahlreiche Elemente der Romanik und Gotik aufweist. Das Portal zeigt ein Relief, worauf Drachen einen Lebensbaum umranken.

Die einschiffige **St.-Georgs-Kirche** in der gleichnamigen *Szent György utca* wurde im Krieg erheblich beschädigt, jedoch schon 1948 restauriert. Seinerzeit legte man gotische Fresken frei, die bewiesen, daß an der Kirche schon im 14. und 15. Jh. – zunächst in Form einer Kapelle – gebaut wurde. Sie gehörte lange Zeit den Johannitern, die sie selbstverständlich dem heiligen Johannes geweiht hatten. Ende des 17. Jh. ging dann die St.-Georgs-Kirche in den Besitz der Jesuiten über, nach deren Auflösung übernahm das St.-Georg-Kapitel die Dienste. Das prachtvolle Mobiliar und die wertvollen sakralen Gegenstände sollen ebenfalls erwähnt werden.

An den Vorbildern der Liebfrauenresp. der Matthiaskirche in Buda sowie am Wiener Stephansdom orientierten sich die Baumeister der dreischiffigen gotischen **Franziskanerkirche** in der *Templom utca*. Erst später wurde diese großartige Hallenkirche in Marienkirche umgetauft, zu Ehren der Schutzpatronin der Ungarn. Die Kirche gehörte zuletzt den Benediktinern. Der (deutschsprachige) Volksmund Ödenburgs nannte sie **Ziegenkirche**, nach der Familie Gaisel, die wesentlich zum Aufbau des so prächtigen Gotteshauses beigetragen hatte. Die ersten Teile stammen aus dem 13. Jh., in den beiden folgenden Jahrhunderten sind noch zahlreiche Änderungen und Ergänzungen angebracht worden. Die mit einer üppigen barocken Kanzel und ebenso reichen barocken Altären ausgestattete Kirche war im 17. Jh. Stätte einiger wichtiger historischer Ereignisse – Ort dreier Krönungen von König(inn)en und eines ungarischen Landtags. Sehenswert ist auch das benachbarte einstige **Franziskanerkloster**. Dessen Kapitelsaal stammt vermutlich aus dem Mittelalter.

Prächtige Altäre hat die ehemalige **Dominikanerkirche** vom Anfang des 18. Jh. am *Széchenyi tér* aufzuweisen. Das Innere der **Heiliggeistkirche** in der gleichnamigen *Szentlélek utca* ist vom Österreicher Stephan Dorffmeister ausgemalt worden.

Ein ungewöhnlich angeordneter Platz ist der Ursulaplatz – *Orsolya tér*, wobei ihm die neogotische **Kirche der Ursulinen** aus der ersten Hälfte des 19. Jh. mit dem angeschlossenen Kloster und einer Schule den Namen gab. Ein belieb-

Hoftor in der Pozsonyi út beim Haus zu den zwei Mohren (links außen).

Fassade des ehemaligen Palais von Eszterházy – heutiges Bergbaumuseum (Mitte).

Lange Zeit galt das Haus zu den zwei Mohren als schönstes in der Stadt (links oben).

SOPRON

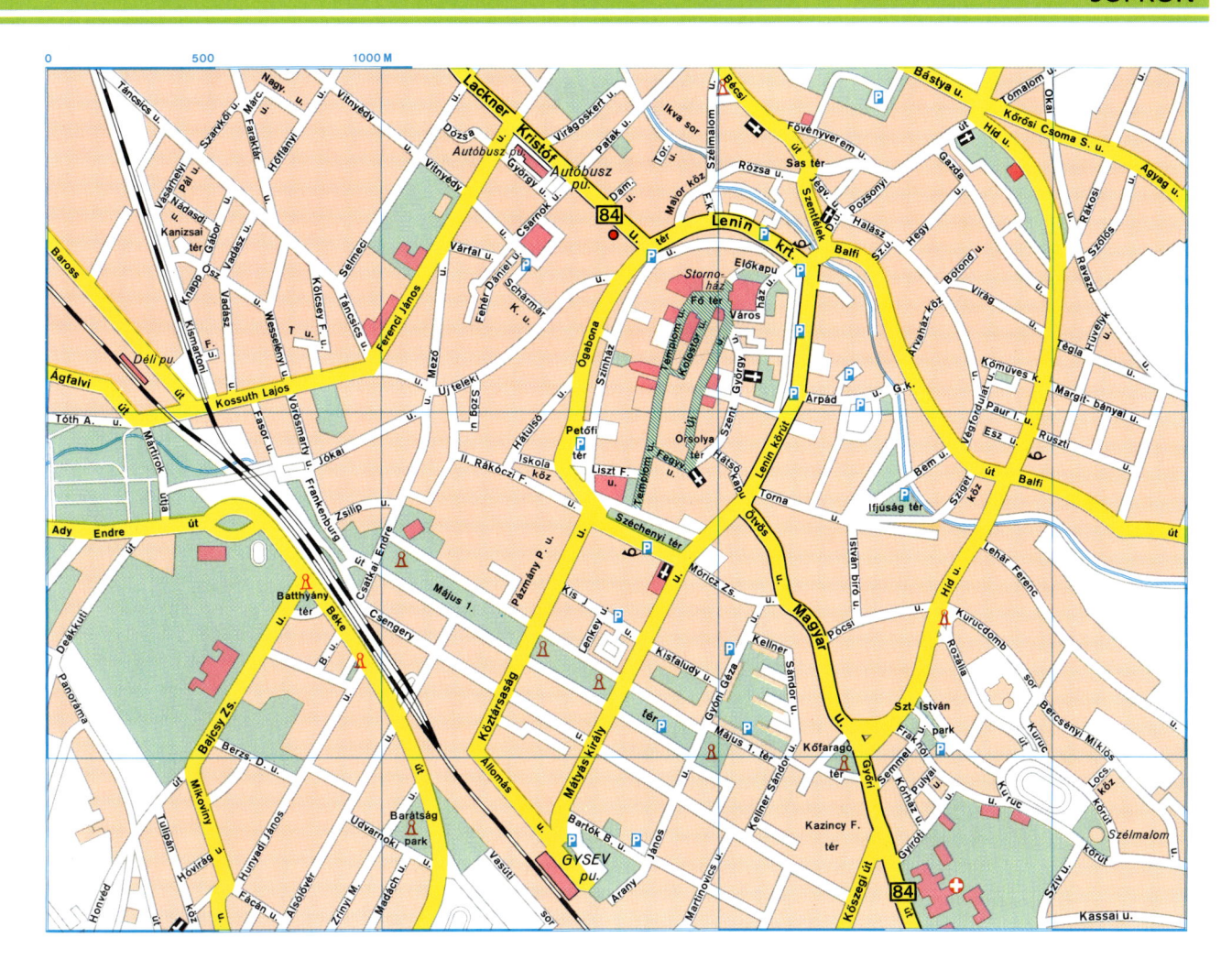

ter Anlaufpunkt an der Stirnseite des Platzes ist die Kunstgalerie im Arkadenhaus **Lábasház**, wobei *láb* Fuß oder Bein bedeutet.
Sopron, immerhin 210 Kilometer von der Landeshauptstadt und lediglich eine knappe Autostunde von Wien entfernt, ist der ideale Ausgangspunkt für Ausflüge nach Westungarn. Der warme **Neusiedler See** liegt direkt vor der Haustür, angelehnt ist Sopron an die Ausläufer der Ostalpen, so daß bereits an den Hängen des Stadtrands ein vorzüglicher Wein – vor allem der „Ödenburger Blaufränkische", *kékfrankos* – gedeiht. Nahe der Stadt beginnt ein Naturschutzgebiet mit Mischwäldern aus Edelkastanien, Hagebuchen, Lärchen, Tannen und Eichen, wo auch die Flora der Ostalpen gedeiht: Frauenmantel, Mönchswurz, Goldkraut und die Kratzdistel. Seltene Vögel wie Kreuzschnabel und Schopfmeise sowie Haselhühner sind hier zu Hause. Dagegen ist wohl eher nur für Einheimische bedeutsam, daß die Lővér-Hügel bescheidene Skimöglichkeiten bieten.
Der Sopron eingemeindete Bergbauort **Sopronbánfalva** besitzt zwei Kleinodien – je eine Kirche aus der ersten und zweiten Hälfte des 15. Jh.: die **Maria-Magdalena-Kirche** und die **Paulinerkirche**, die heute der ungarischen Schutzpatronin Maria geweiht ist. An der Inneneinrichtung beider Gotteshäuser kann man Spuren nachvollziehen, die religiöse und politische Wirren der letzten fünfhundert Jahre hinterlassen haben. Zerstörungen und zeitlicher Verfall machten Restaurierungsarbeiten dringend erforderlich. Die zwei Fresken aus dem 13. bzw. 15. Jh. in der Paulinerkirche sind nur noch Fragmente eines einst wesentlich größeren Wandgemäldes.
Vor den Toren der Stadt liegt am Neusiedler See **Fertőrákos**. Aus der Römerzeit soll der an ägyptische Monumentalgräber erinnernde, inzwischen stillgelegte Kalksteinbruch stammen. Darin finden seit Jahren beliebte Höhlenkonzerte bei guten akustischen Verhältnissen statt. Einige Archäologen vermuten hier ein Mithras-Heiligtum aus dem 3. Jh. Weiteres Bemerkenswertes: Der Pranger ist eine Schöpfung des 16. Jh., das Bischofspalais ist im Rokokostil erbaut; die im Barockstil gehaltene katholische Pfarrkirche wurde im Jahre 1694 erstellt.

Information
Ciklámen Tourist
(Adresse siehe „Reiseinformationen")

Festkalender
Soproner Frühlingstage im März. Festwochen im Juni/Juli. Orgelkonzerte in der Dominikanerkirche und in der evangelischen Kirche von April bis Oktober.

Tips
Besuch der beiden mittelalterlichen Synagogen. Bergbau-Museum im Eszterházy-Palais. Storno-Privatsammlung. Besuch einer typischen Weinstube. Ausflüge ins Thermalheilbad Balf; zum Neusiedler See; zum Eszterházy-Schloß in Fertőd.

DIE STÄDTE

Geschichte

Zwar wird manch einer Szeged (sprich: *Beged* und keineswegs *scheged*) mit dem nach der Stadt benannten Paprikagulasch oder den Krautwickerln in Verbindung bringen, doch die größte Ansiedlung der gesamten südlichen Theißgegend verdankt ihre Entwicklung natürlich der günstigen Lage an einer Flußübergangsstelle und ihrer Funktion als Verkehrsknotenpunkt. Doch obwohl die alte Stadt während der Türkenherrschaft nicht zerstört wurde, blieb sie in ihrer Entwicklung zunächst zurück. Erst im 19. Jh. wuchs sie zum kulturellen und wirtschaftlichen Mittelpunkt im Süden der Tiefebene heran. Seit der Jahrhundertwende sind die Lebens- und Genußmittelindustrie (Salami, Gewürzpaprika, Tabak, Konserven), die Holz- und die Textilindustrie (Hanf- und Baumwollspinnereien) sowie die Bekleidungsindustrie zu wichtigen Wirtschaftszweigen geworden. Szeged, mit

Szeged
Königin der Theiß

Die Bändigung der Theiß war in Szeged stets die Überlebensfrage. Der Strom, der Ungarn auf einer Länge von über fünfhundert Kilometern durchfließt, brachte der Stadt Wohlstand, aber auch die größte Katastrophe – die Stunde Null der Szegeder Stadtgeschichte im Jahre 1879.

181 000 Einwohnern Sitz des Komitats Csongrád, ist eine von fünf kreisfreien Städten, mittlerweile die drittgrößte Gemeinde Ungarns. Eine Zeitlang, bis 1879, rangierte Szeged mit knapp 100 000 Bewohnern sogar direkt hinter Budapest an zweiter Stelle.

Zur Erklärung des Ortsnamens gibt es mindestens zwei Versionen. Die erste Möglichkeit: *szeg, szeglet* bedeutet im Ungarischen Winkel, Eck; die Theiß bildet mit dem in sie hineinfließenden Fluß Maros einen beinahe rechten Winkel. Da die alten Magyaren sehr genaue Beobachter der Natur und der sie umgebenden Landschaft waren, was sich auch in ihrer Sprache außerordentlich intensiv ausdrückt, ist diese Lesart sehr plausibel. Die zweite Möglichkeit: Der Ort hat seinen Namen von dem Wort *sziget* (Insel) abgeleitet, da die ursprüngliche Ortschaft auf einer kleinen Aufschüttung mitten in der Theiß errichtet war. *Szeg* oder *sziget*: Funde in der Umgebung der Stadt beweisen, daß schon in der Steinzeit kleinere Siedlungen vorhanden gewesen sein müssen. Wegen der Furt durch die Theiß war hier stets eine wichtige Übergangsstelle, die von zahlreichen Völkern in den Zeiten ihrer europäischen Wanderungen geschätzt wurde.

Im letzten Jahr des 12. Jh. erscheint in einem Brief des römischen Papstes Innozenz III. der Name des Fleckens als ein Vorratsort von Salz. Getrocknete gesalzene Fische waren einst vornehme Geschenke oder auch Reisemitbringsel. Zum Salzamt, das offenbar gute Geschäfte machte, gesellt sich bald eine Münzstätte hinzu. In der ersten Hälfte des 13. Jh. entsteht am Theißufer eine kleinere Burg. Ihre Reste sind noch zu besichtigen. Der Demetriusturm am Domplatz ist ebenfalls ein Überbleibsel jenes Jahrhunderts.

König Sigismund erläßt dann einige Privilegien, wonach die Szegediner (so abgeleitet vom altdeutschen Namen Szegedin) im gesamten Königreich weder Maut

Domplatz mit Votivkirche, davor die Aufbauten der Freilichtfestspiele (links außen).

Das Schwarze Haus (links innen).

Löwenskulptur vor dem Ferenc-Móra-Museum (rechts oben).

Das Rathaus, entworfen von Ödön Lechner (rechts innen).

Detailansicht einer Jugendstilfassade (rechts außen).

SZEGED

noch Zoll zu zahlen haben. Gewerbliche Erzeugnisse (Seile; Rohrmatten, worin das Salz transportiert wurde), aber auch Naturprodukte werden in Szeged umgeschlagen. Bald kommen Viehzucht und Fischerei hinzu. Während sich anderswo die Streithähne noch die Köpfe einschlagen, tragen die Szegediner ihren Hader schon vor dem Richter aus. Im Jahre 1444 unterzeichnet König Wladislaw I. hier seinen Friedensvertrag mit den Osmanen, der allerdings nicht von langer Dauer war.

Der Erzähler Kálmán Mikszáth (1847-1910) charakterisierte die Szegediner einmal so: „Wie bei den meisten in der Ebene wohnenden Völkern ist auch hier weniger Poesie zu finden als in den Bergen. Selbst in der Liebe zeigt sich weniger Schwung. Der Klang der Lieder ist nicht so melancholisch, schmerzlich, wehmutsvoll vibrierend; sie sind die farbigen Seifenblasen der guten Laune oder die Ausbrüche eines wilden Empfindens. Der Szegediner ist im Allgemeinen von edlem Charakter, nicht ganz offen, aber großmütig, gutherzig und gerecht, zäh, aber nicht halsstarrig, stark und groß, aber nicht roh. Sein demokratisches Bewußtsein ist aufrichtig, sein Magyarentum natürlich und frei von aller Affektion."

Alte Geschichtsbücher rühmen die Anpassungsfähigkeit der Einwohner im späten Mittelalter; jedenfalls: Szeged verstand es während einiger Jahrhunderte, sich zu arrangieren. Es gelang den Stadtoberen, weder einen Krieg zu beginnen noch sich in kriegerische Handlungen verwickeln zu lassen. Das wurde oftmals erkauft, und vieles konnte auf Grund des wirtschaftlichen Wohlergehens erworben werden.

König Matthias Hunyadi, genannt Corvinus, rief zwei Reichstage nach Szeged ein, um die Bedeutung des Ortes zu unterstreichen. Am Ende seiner Amtszeit entstand die gotische Franziskanerkirche der Unterstadt, der einige Jahre später ein Kloster angeschlossen wurde. Heute ist dort ein Altersheim untergebracht. Matthias war ein Förderer der Theißstadt, getreu seinem Motto: „Ruhm und Kraft der Länder bestehen im Reichtum und in der Wohlfahrt der Städte." Das heutige Szeged ehrt den populären König mit einer Skulptur, deren Kopie an der Fassade der Dominikanerkirche angebracht ist. Übrigens, das Original befindet sich in Bautzen.

Seit Mitte des 15. Jh. sollen Ländereien aufgekauft worden sein, die gegen Ende des letzten Jahrhunderts eine Größenordnung von rund 870 km² erreichten. Das ist ein Gebiet, das zweimal größer war als Groß-Budapest von heute. Der größte Teil wurde nach 1945 an mittellose Landwirte vergeben, bevor das Land dann verstaatlicht wurde. In der Reformationszeit waren Studenten aus Szeged an vielen Universitäten Europas eingeschrieben.

Es gibt eine interessante Beobachtung seit der Reformation: Die Theiß bildet eine Art Glaubensgrenze. Das westliche Ufer der Theiß, wo fast alle Festungen und Burgen errichtet wurden, war oder blieb streng katholisch, das östliche Ufer des mächtigen Stromes wurde nach Luther protestantisch, zum großen Teil kalvinistisch-puritanisch. Das ist ein Phänomen, das sich auch heute noch gut nachvollziehen läßt.

Die Szegediner konnten sich lange nicht entscheiden, ob sie die Partei der Protestanten oder der Katholiken ergreifen sollten, so daß die Stadt bald Opfer der beiden Kontrahenten wurde. Als dann die Türken kamen, wurde der Entschluß rasch gefaßt: Szeged ergab sich kampflos. Blutvergießen wurde vermieden, die Helden waren müde. Doch die Stadt verkam zusehends. Zahllose Bürger wanderten aus, Feldarbeiter suchten sich anderswo neue Arbeitgeber, Theiß-Überschwemmungen taten ein übriges. Von der Anwesenheit der Türken zeugen in der Architektur genauso wenige Spuren wie von jener der Römer 1500 Jahre zuvor. Nach dem Abzug der Türken (1686) gab es zunächst keine Besserung. Vier Pest- bzw. Cholera-Epidemien rafften die Bewohner ganzer Straßenzüge dahin.

Nach 1687 wanderten Serben und Kroaten ein, die bald im Handel mitmischten. Die von ihnen erbaute spätbarocke orthodoxe Kirche entstand fast ein Jahrhundert später – 1778. Die Vorrechte im Fischfang und Holzhandel sowie bei der Schiffahrt mußten seit dem 18. Jh. geteilt werden. Man kooperierte und konkurrierte, doch der Ort machte damals wohl eher einen ärmlichen Eindruck, die Kultur lag völlig darnieder. Aus Szeged kommt weder ein namhafter Philosoph noch ein Dichter, diese Tradition wurde hier kaum gepflegt. In den fünfziger Jahren des 19. Jh. entstanden dann die ersten Banken und Kreditinstitute,

---

Information
Szeged Tourist (Adresse siehe „Reiseinformationen")

Festkalender
Freilichtspiele vor dem Dom im Juli und August.

Tips
Serbisch-orthodoxe Kirche mit schöner Ikonostase. Gotische Franziskanerkirche in der Unterstadt. Móra-Ferenc-múzeum.
Ausflug: Schiffahrt auf der Theiß.

DIE STÄDTE

die Handelshäuser vergrößerten ihr Sortiment, die Eisenbahn und die damit zusammenhängende Industrialisierung brachten einige neue Impulse. Einen großen Teil der Einnahmen mußte die Stadtverwaltung auf die Sicherung der Dämme verwenden, die von den legendären Lohnerdarbeitern namens *kubikos* errichtet wurden. Diese Arbeiter wurden nach der Menge der beförderten Kubikmeter bezahlt, daher ihr sonderbar klingender Name.

Ungarn wird im geographischen Fachjargon und im Landessprachgebrauch in *Dunántúl* (jenseits der Donau) und *Tiszántúl* (jenseits der Theiß) geteilt. In der Tat ist das Donauland vor allem von der Tisza geprägt, die Ungarn auf einer längeren Strecke durchfließt als die Donau. In Szegeds Stadtgeschichte existieren zwei entscheidende Sätze: „Vor dem Hochwasser" und „nach dem Wasser". Der 12. März 1879 ist ein Datum, das die Geschichte der Stadt zweigeteilt hat. In jener Nacht werden die Bewohner von den Fluten überrascht, die Theiß zerstört bis auf ein paar (Gottes-)Häuser wahrhaftig alles. Was ist die Erklärung für die ungeheure Wucht? Die Theiß wird weder von Gletschern noch von Seen gespeist, lediglich von kleineren Flüssen. In der Großen Tiefebene, im *Alföld*, hat sie ein außerordentlich geringes Gefälle. Auf einer Strecke von über 1200 km betrug es seinerzeit 44,6 m. Im Durchschnitt pro Kilometer 3,7 cm. Das Gefälle von Szeged bis zur Mündung, damals immerhin noch 253 km, war mit 4,6 m angegeben, 1,8 cm auf tausend Meter. Es kam zu Stauungen: Die Donau staute damals noch bei hohem Wasserstand regelmäßig, so daß die Fluten der trägen Theiß bis Szeged, teilweise bis zur ehemaligen Komitatshauptstadt Csongrád reichten.

Der Bau von Dämmen war in Szeged stets eine Überlebensfrage. Zwar schuf Ingenieur Pál Vásárhelyi im Auftrag des Palatins Erzherzog Joseph Mitte des 19. Jh. einen Plan zur Regulierung der Theiß; István Graf Széchenyi gab zusätzliche Anregungen, dennoch konnten bis dahin die zahlreichen Windungen, die der Fluß nahm, technisch nicht überwunden werden. Es mußte zu einer Katastrophe kommen, obwohl die Meinung vorherrschte: „Die Tisza ist der wahre Genius des ungarischen Volksstammes. Ihre Bedeutung ist noch größer, als sie der Nil für seine Uferbewohner hat. Sie zerstört, aber sie befruchtet. Den Schaden, welchen sie in einem Jahre anrichtet, bringt sie im nächsten Jahre zehnfach ein."

Bis auf 300 Gebäude wurden die übrigen der insgesamt 6000 Häuser, zumeist allerdings armselige Holzhütten, zerstört. Die Stadt wurde „begradigt". Die Naturkatastrophe wurde zur günstigen Gelegenheit für die Architekten: Innerhalb eines Jahrzehnts entstand eine Stadt, wie sie in ihrem Grundriß auch heute noch besteht. Alle namhaften Großstädte Europas – von London über Brüssel, Berlin bis hin zu Moskau und Wien – spendeten erhebliche Summen für den Wiederaufbau. Und so überquert man heute auf der Ringstraße die Abschnitte *Bécsi kőrút* (Wiener Ring), *Moszkvai kőrút*, *Londoni kőrút*, *Párizsi kőrút*, *Berlini kőrút* und *Brüsszeli kőrút*. Zwangsläufig hat Szeged nur wenige alte Sehenswürdigkeiten aufzuweisen. Zu den neueren zählen einige Wohnhäuser und prunkvolle öffentliche Gebäude in dem typischen ungarischen Sezessionsstil der Jahrhundertwende.

Sehenswürdigkeiten

Der **Domplatz** ist seit Jahrzehnten im Sommer ein beliebter Tummelplatz für Tausende von Besuchern der Freilichtfestspiele. Er war beispielsweise die Stätte der Uraufführung vieler wichtiger Musicals – auch aus der Feder ungarischer Autoren.

An der **Votivkirche**, dem mit zwei 91 m hohen Türmen bestückten **Dom** (die Kuppel ist 54 m hoch), wurde fast zwei Jahrzehnte lang (1912-1929) gebaut. Die Inneneinrichtung steckt voller Anspielungen auf Legenden, biblische Begebenheiten und städtische Ereignisse. Die Orgel mit über 10 000 Pfeifen verdient Aufmerksamkeit. Aus dem 13. Jh. stammt der **Demetrius-Turm** gegenüber, eines der wenigen Überbleibsel aus der Zeit vor dem Hochwasser.

Ein paar Schritte vom Domplatz entfernt, der lange den Namen des griechischen Studenten Belojannis trug, steht die **serbisch-orthodoxe Kirche**, die vielleicht schönste Kirche Szegeds. Ihre Einrichtung, die **Ikonostase** mit achtzig Bildern vor allem, ist außerordentlich sehenswert.

Ein markantes Gebäude im Stadtbild ist die großartige **Neue Synagoge** aus der Bauperiode nach der Jahrhundertwende, die in den späten achtziger Jahren sorgfältig restauriert wurde. Das Gebetshaus ist eines der größten jüdischen Gotteshäuser Europas. Die **Alte Synagoge** wurde im klassizistischen Stil erbaut.

Zwei historisch bedeutsame Gebäude sind die gotischen **Kirchen St. Michael** (*Tápé*) und die Maria geweihte frühere **Franziskanerkirche** am *Mátyás Király tér* (= König-Matthias-Platz). Das schlichte Äußere dieser Kirche in der Unteren Stadt verhüllt den reichhaltigen Schmuck ihrer barocken Innengestaltung aus dem 15./16. Jh. In der **Sakristei** befinden sich schöne barocke Schränke, im angeschlossenen Museum wird eine Fülle wertvoller Exponate (Monstranzen, Kelche) aufbewahrt. Die Nachbildung der Schwarzen Madonna von Tschenstochau entstand vor genau 250 Jahren. Sehenswert sind auch die Altäre. An der Fassade ist ein Relief des Königs Matthias Corvinus eingelassen.

Das drei Kilometer von Szeged entfernte **Tápé** hat eine schöne Wallfahrtskirche aus dem 14. Jh. aufzuweisen, die im Barockstil umgebaut wurde. Die Fresken aus der Bauepoche sind nur fragmentarisch erhalten. Außerhalb der Innenstadt sind in den Vorstädten

Glasmalerei im Dom (links außen).

Ferenc-Móra-Museum (links innen).

Demetrius-Turm aus dem 13. Jh. (rechts innen).

Ein Sonnenstrahlenhausgiebel (rechts außen).

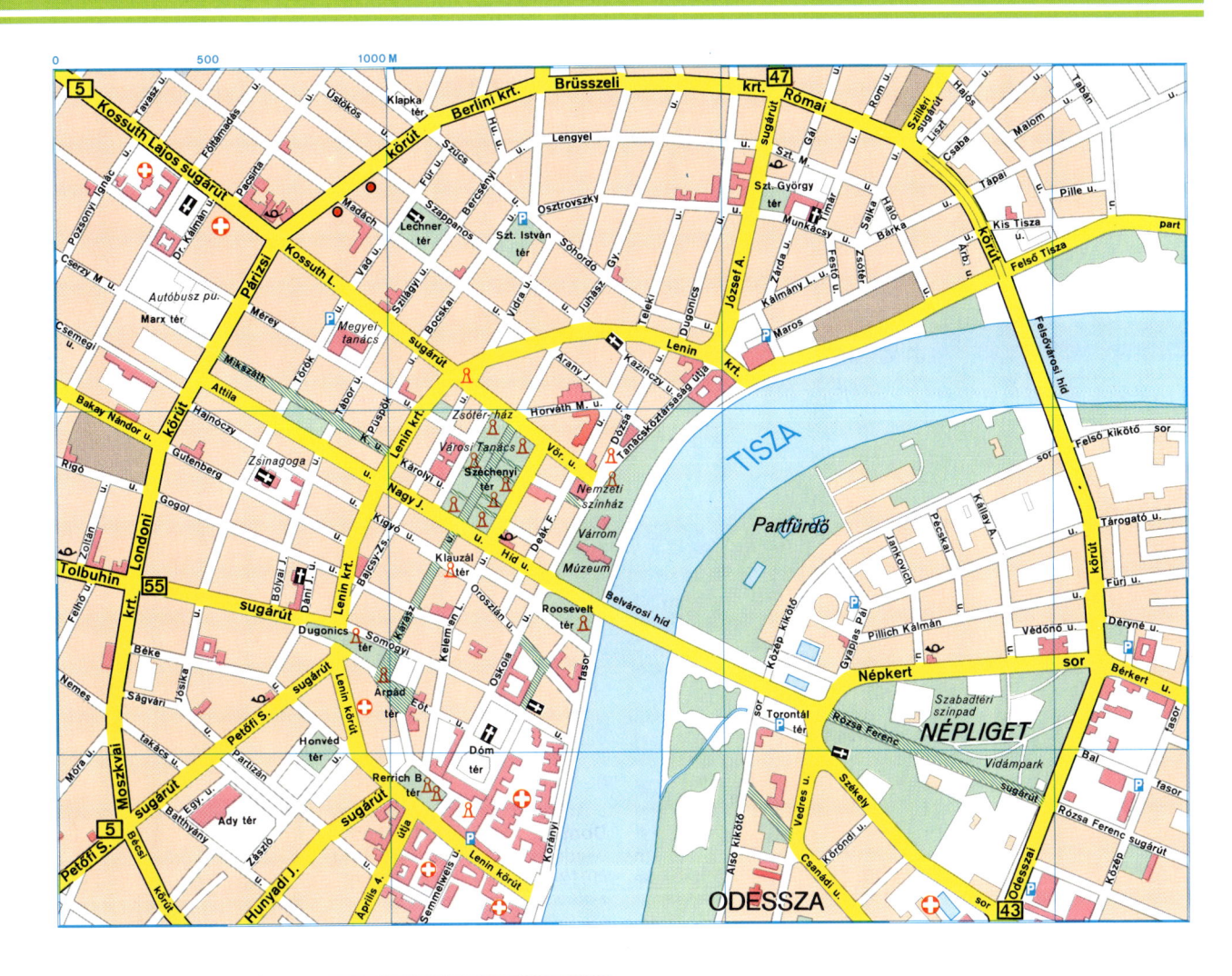

SZEGED

Klauzál tér (mit einer der obligaten Statue von Lajos Kossuth). Hier trifft sich (nicht nur) die Jugend von Szeged auf ein Eis oder an der Ecke gegenüber auf ein Bier – je nach Gusto. Ähnliches gilt für den musischen Geschmack: Man wählt zwischen zwei **Theatern**, zwischen dem *Nemzeti Színház* und dem Kammertheater. Das erste führt den Zusatz National- im Namen, als eines von vier Theatern im Land. Im großen Haus wurde sogar das Musical *Hair* gespielt.
Rechtzeitig zum Millenium, dem tausendjährigen Jubiläum der Landnahme (1896), wurde das **Ferenc-Móra-Museum** errichtet. Es ist der *Kultur des Volkes* gewidmet: Neben einer großartigen archäologischen Kollektion ist eine Sammlung von Trachten und Bauernmöbeln des Komitats interessant. Der Sammler Móra war eine Zeitlang Direktor des Museums, wo neben einer ständigen Ausstellung von Kunstschmiedewerken eine ansehnliche **Bibliothek** untergebracht ist. Unweit davon – im Burggarten – befindet sich das **Lapidarium**, eine Sammlung von über vierhundert steinernen Dokumenten aus den ersten vier Jahrhunderten des zweiten Jahrtausends unserer Zeitrechnung.
Zum Freizeitangebot zählen das Mehrzweckschiff „Szöke Tisza", tagsüber zum Baden, abends zum Tanzen, und das traditionsreiche Hallen-Thermalheilbad. Aber auch jenseits der Tisza, in Új-Szeged (*új* = neu), ist eine Erholungszone mit einem weiteren Thermalbad geschaffen worden. Die Geschichtsschreiber berichten, daß sich die Szegediner dort schon seit mehr als einhundert Jahren amüsieren.

Bauernhäuser zu sehen, deren Giebel-Frontseiten wunderbare Verzierungen in Form von holzgeschnitzten Sonnenstrahlen aufweisen. Eine Bauernarchitektur, wie sie so nur in der Großen Tiefebene vorkommt.
Das moderne Szeged schuf sich im Stadtgebiet einige Oasen, von denen der parkartige ***Széchenyi tér*** mit über 50 000 m³ sicherlich zu den schönsten Plätzen in ganz Europa zählt. Das **Rathaus** wurde nach der Flut von Ödön Lechner entworfen.
Viel, viel kleiner – und deshalb wesentlich intimer – ist der im klassizistischen Stil gehaltene

DIE STÄDTE

Székesfehérvár
Im Banne Istváns

Ungarns erster König István soll hier begraben sein, Dutzende Herrscher wurden hier gekrönt. Székesfehérvár, ursprünglich auf sumpfigem Gelände erbaut, war eine der ersten Städte des Landes und beeindruckt durch barocken Glanz und die reizvolle Lage zwischen Balaton und Velenceer See.

Geschichte

Wenn eine Stadt auf fünf Hügeln – auch wenn es hier nur Hügelchen sind – erbaut wurde, dann sinnt man in Ungarn sofort über Vergleichsmöglichkeiten nach. Nein, mit Rom ist die Stadt keinesfalls zu vergleichen, obwohl die Römer in der Nähe der Siedlung *Alba Civitas* bald den Kelten folgten. *Gorsium* war nach Aquincum im heutigen Alt-Buda die bedeutendste Stadt der Römer auf dem gegenwärtigen Gebiet Ungarns. Was jedoch die etwa 181 000 Einwohner zählende Stadt Székesfehérvár, deutsch Stuhlweißenburg genannt, reizvoll an den Ausläufern des Bakony-Gebirges zwischen dem Velenceer See und dem Plattensee gelegen, auszeichnet, ist ihre Beständigkeit über tausend Jahre.

Székesfehérvár, Sitz des Komitats Fejér, gilt manchen Historikern und Geschichtsschreibern als die älteste ungarische Stadt. Warum? Der legendäre István – im deutschen Sprachgebrauch also der heilige Stephan – ließ sich Überlieferungen zufolge im Jahre 1001 zwar in Esztergom zum König krönen, bestimmte aber angeblich die zwischen 1010 und 1018 erbaute Basilika in Fehérvár (*fehér* = weiß, *vár* = Burg) zur Krönungsstadt aller nachfolgenden ungarischen Könige. 972 soll Stephans Vater, Fürst Géza, auf einer sumpfigen Insel die Stadt angelegt haben. Er soll auch hier beigesetzt worden sein. Hierüber liegen allerdings keine schriftlichen Aufzeichnungen vor, und kein Dokument belegt zuverlässig die Gründung der zehn Bistümer im Jahr 1009, unter denen auch das heutige Székesfehérvár gewesen sein soll. Der lange als der Steinsarg Stephans I. angesehene römische Sarkophag stammt aus späteren Jahren, in ihm kann der Leichnam des ersten christlichen Königs von Ungarn also nicht bestattet worden sein. Während eines halben Jahrtausends – etwa bis zum Jahre 1563, als Preßburg/Pozsony (heute Bratislava) für das Haus Habsburg die Rolle der Krönungsstadt der ungarischen Könige übernahm – wurden in Fehérvár an die drei Dutzend Könige gekrönt und etwa eineinhalb Dutzend Herrscher begraben. Wenige sterbliche Überreste blieben erhalten, wobei nur zwei Gräber nicht geplündert worden sind. Später wurde nur noch der (protestantische) König Johannes Szapolayi aus Siebenbürgen in Weißenburg zum Gegenkönig gekrönt (Mitte des 16. Jh.).

Die romanischen und gotischen Reste der ersten Basilika sind im Ruinengarten (*Romkert*) hinter dem Bischofspalast unter freiem Himmel zu sehen. Viel ist es nicht mehr: ein paar Säulenstümpfe und Steinornamente. Der Ortskern wuchs später um diesen Platz herum, der Sumpf selbst wurde erst um das Jahr 1800 entwässert.

Die Bedeutung der Stadt stieg an, ist in einigen Quellen zu lesen. „Es entstanden prächtige Paläste und Kirchen, leider bestehen über die meisten von ihnen nur schriftliche Aufzeichnungen. Ihre Standorte lassen sich nur annähernd feststellen", sagen manche Historiker und Archäologen. Aber wo ist das alles geblieben? Die ersten Türken kamen 1543, siebzehn Jahre nach der Schlacht bei Mohács und zwei Jahre nach der Eroberung Budas, in die Stadt. Die sumpfige Lage schien ihnen nicht besonders zu behagen, so daß der Ort bis Ende des 17. Jh. allerlei verschiedene Herren und Befehlshaber hatte. Nach dem Ende der Belagerungen siedelten sich deutsche Kolonisten an. Sie kultivierten und bewirtschafteten das unwirtliche Land. Das deutschsprachige Stuhlweißenburg entstand in dieser Periode. Um die Jahrhundertwende war Székesfehérvár dann wieder eine fast völlig ungarisch geprägte Stadt mit etwa 35 000 Einwohnern, die allerdings noch zu einem guten Teil Deutsch sprachen.

Historische Apotheke Schwarzer Adler (links außen).

Landesreichsapfel auf dem Fő tér (links oben innen).

Bischofsbrunnen an der Stadtmauer (links innen).

Stephan-Gedenkspiele im Ruinengarten (rechts innen).

Hiemer-Rokokohaus (rechts außen oben).

Erzbischofspalais (rechts außen unten).

SZÉKESFEHÉRVÁR

Sehenswürdigkeiten

Der Wiederaufbau nach dem Abzug der Türken ging mit der Bestimmung Székesfehérvárs zum Bischofssitz einher: Seit 1777 ist die Stadt Residenz eines geistlichen Oberhaupts. Das schöne **Erzbischöfliche Palais** ist für die Öffentlichkeit nicht freigegeben. Für das Publikum verschlossen ist auch die **Bibliothek** mit ihren 40 000 Bänden. Der Palast ist ein markantes Beispiel für den typischen, so oft erwähnten ungarischen Zopfstil. Hübsch ist der dreieckige Giebel der Hauptfassade mit dem Wappen des Bischofs und einigen sakralen Figuren.

Die meisten Gebäude des überschaubaren Ortskerns sind im Barockstil gehalten. Es sind mehrere Attraktionen vorhanden, die Beachtung verdienen. Zum Beispiel der **Dom** – auf der höchsten Erhebung der Stadt gebaut. Das Gotteshaus wurde zwar den heiligen Peter und Paul geweiht, es wird jedoch St.-Stephan-Kirche genannt. Sie stammt aus dem 18. Jh. und hat einen von Franz Anton Hillebrandt entworfenen Altar. Eine gute Idee ist es, durch Steine im Straßenpflaster vor dem Dom den Grundriß einer romanischen Kapelle einzuzeichnen, die einst an dieser Stelle gestanden hatte. Zugänglich ist die Krypta des Doms, der außerdem eine beliebte **Konzertstätte** ist.

Die benachbarte, um das Jahr 1470 erbaute, schmucke **St.-Annen-Kapelle** diente den Türken als Bethaus. Es ist übrigens das einzige Gebäude aus dem Mittelalter, das erhalten blieb; original ist das Steintor. Das Eckhaus in der *Zalka utca* fällt auf, weil in seiner architektonischen Gestaltung verschiedene Stile vereint wurden.

Die **Kirche des Heiligen Johannes Nepomuk** in der Hauptstraße *Március 15. utca* (Fußgängerzone) entstand in der ersten Hälfte des 18. Jh. Ab 1813 gehörte sie den Zisterziensern. Neben den wunderbaren Deckenfresken (von dem Wiener Künstler Caspar Franz Sambach) und der herrlich gearbeiteten steinernen Kanzel (von K. Bebo) ist vor allem die Rokoko-Einrichtung in der Sakristei aus bestem Eichenholz bemerkenswert. Die von dem Jesuitenpater Paumgartner zwischen 1764 und 1767 geschnitzten, reichverzierten Schränke und Beichtstühle sind einen Besuch wert.

Nur auf besondere Anfrage kann man in einer der Nebenkapellen der ehemaligen **Karmeliterkirche** (*Petőfi utca*) einige Fresken des österreichischen Malers Franz Anton Maulbertsch aus dem Jahre 1770 sehen. In dem ehemaligen Ordenshaus wohnen heute betagte Geistliche aus ganz Ungarn. Dagegen ist das ebenfalls mit Wandgemälden von Maulbertsch geschmückte Innere der Hauptkirche jederzeit zu besichtigen. Dieses Kleinod entstand in der ersten Hälfte des 18. Jh. Der aus Bayern stammende Bildhauer Hauser schuf sowohl den Hochaltar mit dem Gnadenbild der Madonna als auch die Kanzel.

Was bietet die Stadt Székesfehérvár an nichtkirchlichen Sehenswürdigkeiten? Im einstigen **Zichy-Palais** ist heute das Fremdenverkehrsamt untergebracht. Davor steht der **Landesreichsapfel** mit den wichtigsten Daten der Stadtgeschichte. Das **Rathaus** wurde im Jahre 1690 erbaut, inzwischen ist es mehrfach renoviert und erweitert worden. Der *Fehérvárer Reiter* von Pál Pátzay entstand 1939 in zeittypischer Manier.

Im Jahre 1988 begingen Staats- und Kirchenführung gemeinsam den 950. Todestag von König Stephan. Seit 1990 ziert eine Stephan-Wandplastik auch die Fußgängerzone; bis dahin war das recht düster wirkende Reiterdenkmal vor dem Komitatshaus der Ort von Ehrungen.

Eine Ergänzung dazu bildet das **István-Király-múzeum** (König-Stephan-Museum) an jenem Platz, der jahrzehntelang nach dem ersten sowjetischen Astronauten im Weltall *Gagarin tér* hieß. Das Fehérvárer Museum ist nach dem Nationalmuseum in Budapest das reichhaltigste Museum zum Bereich der Vor- und Frühgeschichte. Besonders aus der prähistorischen Zeit und der Römerzeit (Ausgrabungsstätte in der Nähe: *Gorsium* bei *Tác*) sind wertvolle archäologische und ethnographische Exponate zu sehen.

Das **Budenz-Haus**, benannt nach einem Sprachforscher des Finnougrischen, zeigt eine Sammlung zur Stadtgeschichte. Die Kollektion gehörte einst der Familie Ybl, deren prominentester Vertreter der vielbeschäftigte Architekt Miklós Ybl (1814-1891) war.

Auf ein Detail im Stadtzentrum sei noch hingewiesen: Am **Hiemer-Haus**, einem hübschen Rokokohaus, gibt es eine Nische, in der ein heiliger Sebastian leidet – in einer Darstellung, die an eine Theaterlogenszene erinnert. Apropos Theater: Das Kulturprogramm bietet neben Fußball und Reitmöglichkeiten im Schloß Seregelyés auch ein eigenes **Theater** (*Vörösmarty Színház*), das im Sommer auf einer Freilichtbühne spielt. Die Wochenenden verbringen die Fehérvárer am Plattensee oder am Velenceer See. Das Wasserparadies, in das halb Europa von weitem anreisen muß, liegt vor ihrer Haustür.

Information
Albatours
(Adresse siehe „Reiseinformationen")

Festkalender
Sommertheater im Pelikán-Hof.

Tips
Historische Apotheke *Fekete Sas*. Serbisch-orthodoxe Kirche mit Ikonostase. Budenz-Museum.
Ausflug: röm. Ausgrabungsstätte bei *Gorsium*/Tác.

DIE STÄDTE

Szombathely
Isis und Sankt Martin

Szombathely kann seinen Stadtkern als römisches Freilichtmuseum ausgeben. Die Geburtsstadt des heiligen Martin ist Ungarns erstes archäologisches Museum und besitzt viele barocke Gotteshäuser. Sie wurde von den Römern Savaria und während der Donaumonarchie Steinamanger genannt.

Geschichte

Zwar ist die Stadt – als *Colonia Claudia Sabaria* – seit der Römerzeit bekannt, ihre Glanzzeit jedoch begann erst in der zweiten Hälfte des 19. Jh. Sie war der Zielort einer von der ehemaligen ungarischen Hauptstadt Preßburg ausgehenden Eisenbahnlinie. *Steinamanger* war zur Zeit der Monarchie der geläufige deutsche Name Szombathelys, und heute nennen die österreichischen Besucher die Stadt immer noch so. Was ist über die zweitausend Jahre bekannt, seit **Savaria**, der römische Verkehrsknotenpunkt wichtiger Handelsstraßen, darunter der Bernsteinstraße, erstmals in den Geschichtsbüchern erschien?

Nun, über die Anwesenheit der Römer gibt es mehr Dokumente als über manche spätere Epochen. So ist beispielsweise verbrieft, daß die nach Sopron bedeutendste Stadt Westungarns zunächst ein römisches *municipio* war, bevor Kaiser Claudius im Jahre 43 unserer Zeitrechnung ihm die Rechte einer *colonia* verlieh. Die Handelssiedlung nahm sogar den Namen des Herrschers in Rom an, als sie sich fortan *Claudia Sabaria* nannte. Sie wurde das religiöse und administrative Zentrum der Provinz *Pannonia superior*. Welches Gewicht Savaria (aus dem b wurde vielfach ein v) hatte, mag jene Tatsache erhärten, daß der römische Kaiser Septimus Severus sich hier im Westen des heutigen Ungarn zum Kaiser ausrufen ließ.

Etwas vom Prunk jener Zeiten ist im **Savaria-Museum** nachzuvollziehen, wo archäologische Funde gezeigt werden. Die einstige Anwesenheit der Römer ist noch – sogar wortwörtlich zu nehmen – im Straßenbild zu finden; direkt in der Stadtmitte, wenige Gehminuten von der Fußgängerzone. Im *Romkert*, dem **Ruinengarten**, der eine Art Open-air-Museum ist, trifft man auf die Kreuzung zweier guterhaltener römischer Straßen im Originalzustand. Der ehemalige Fahrdamm besteht aus großen Basaltquadern, die ihm die enorme Haltbarkeit auch nach fast zweitausend Jahren verleihen.

Archäologen haben hochgerechnet, daß ein wunderschöner **römischer Mosaikfußboden** einst wohl die Fläche von etwa 600 Quadratmetern bedeckte. Er ist zwar nur noch in Fragmenten erhalten, dennoch hat man einen ausgezeichneten Eindruck von seiner früheren Schönheit und Perfektion.

Vor über dreißig Jahren machte man mitten im Stadtgebiet eine sensationelle Entdeckung. In einem Ausgrabungsfeld wurde ein **Isis-Heiligtum** entdeckt, das größte außerhalb Italiens. Die Reste des Tempels waren mit großartigen Reliefs und Marmortafeln geziert. Das **Iseum** ist heute vor der Kulisse der frühchristlichen **Quirinus-Basilika** aus dem 3. Jh., die aus einem römischen Palast entstand, die Stätte pathetischer Freilicht-Opernaufführungen. Auf der Straßenseite gegenüber liegt eines der moderneren Stadthotels, und in der Nähe sind auch Wohnhäuser und die Zwiebeltürme der ehemaligen Synagoge von Steinamanger zu sehen. Sie dient heute als Kulturzentrum und Konzerthalle. Die Annalen vermerken übrigens in den Jahren 316/317 die Geburt des heiligen Martin, der Bischof von Tours wurde.

Irgendwann soll dann – die Ungarn mögen es dramatisch – ein Erdbeben die Stadt zerstört haben, so daß über gut eintausend Jahre nur wenig in den Geschichtsbüchern zu lesen steht. Die Erinnerung setzt im Jahre 1578 wieder ein, als der Marktflecken zum Sitz des Komitats Vas (zu deutsch: Eisen) gekürt wurde. Diese Aufgabe hat der Ort mit seinen 60 000 Einwohnern heute noch. *Szombathely* heißt übersetzt Samstagplatz (*szombat* = Samstag, *hely* = Platz, Ort – wobei hely stets als *hej* ausgesprochen wird); keineswegs heißt es etwa *Steinamanger*. Der ungarische Name deutet also auf Markttage, die am Sonnabend, an Samstagen, am Sabbat also, stattfanden, er

Moderner Wassergießerbrunnen im Zentrum (links außen).

Isis-Heiligtum und ehemalige Synagoge (links innen).

Blick hinauf zu den Türmen der Domkirche (rechts oben).

Blick zum Dom, einem Barockbau aus dem späten 18. Jh. (rechts unten).

Das Denkmal der Befreiung (rechts außen).

SZOMBATHELY

weist auch auf die Bedeutung des Ortes als Marktplatz hin. Der Name des ihn durchfließenden bedeutungslosen Baches Gyöngyös (*gyöngy* = Perle) erscheint dagegen nur auf Landkarten.

Szombathely wurde von den Türken umgangen, die vor allem das nahe Österreich und Wien im Visier hatten. Das Grenzland erwies sich als neutrale Pufferzone. Eine neue Epoche begann im Jahre 1777, als Szombathely von der Kaiserin (zugleich der ungarischen Königin) Maria Theresia zum Bischofssitz ernannt wurde. Dies – so scheint es – war die Stunde des Tiroler Baumeisters **Melchior Hefele** (1716-1794), der auch in Preßburg und Győr bedeutende Bauten hinterlassen hat. In Szombathely gestaltete er den Bischofspalast und das Komitatshaus, ferner entwarf er den Bau des Szegedy-Hauses, des Eölbey-Haus und des Seminars. In der **Franziskanerkirche** wurde Hefele bestattet. Die Eisenbahnlinie durch Szombathely brachte neuen Schwung, die Stadt weitete sich aus. Damals haben sich verschiedene Industriezweige angesiedelt (Maschinen, Textilien, Schuhe), und Steinamanger wurde eine wichtige Drehscheibe im Westen Transdanubiens – ein Einkaufszentrum auch für die Nachbarn aus Österreich. Bezeichnend: Während es von/nach Budapest immerhin 222 km sind, beträgt die Entfernung nach Wien nur 135 km. Kein Wunder, daß zuweilen österreichische Käufer das Stadtbild während der Geschäftszeiten bevölkern.

Am Abend freilich sind die Angehörigen der beiden Nationen meistens unter sich: Die Österreicher nehmen das Abendessen noch in Ungarn ein, na klar, denn so preiswert können sie daheim nirgendwo mehr speisen. Und die Ungarn? Sie nehmen eher das vielfältige Kulturangebot wahr, nicht nur während des *Savaria-Herbstfestivals*. Die Konzerte in der ehemaligen Synagoge sowie die Veranstaltungen im städtischen Kulturhaus gehören ebenso dazu wie die Ausstellungen mehrerer Museen, von denen das schon erwähnte **Savaria-Museum** eines der reichhaltigsten des ganzen Landes ist.

Sehenswürdigkeiten

Ein Kleinod ist der **Bischofspalast** mit seiner Ausstattung. Er beherbergt mit der *Sala terrena* Ungarns erstes archäologisches Museum. Stephan Dorffmeister schmückte den Saal aus, die Fresken im Obergeschoß stammen von Maulbertsch. Der von ihm bemalte Hauptaltar im **Dom** wurde bei einem Bombenangriff im März 1945 völlig zerstört; die von Hefele entworfene Kanzel in diesem Gotteshaus, in einer der größten Barockkirchen des Landes, konnte restauriert werden. Die zwischen 1791 und 1814 gebaute Domkirche hat den Grundriß eines lateinischen Kreuzes. Davor befindet sich das einstige **Priesterseminar** aus der Zeit von 1777 bis 1780.

In der gotischen, dann barock umgestalteten **Franziskanerkirche** ist ein Panoramabild Szombathelys aus dem Jahre 1749 zu sehen, das der schon öfters erwähnte Stephan Dorffmeister malte. Das ehemalige Kloster wurde nach 1945 zum Blindenheim.

Von den Museen sei das **Dorfmuseum** des Komitats Vas erwähnt, das an längst vergangene Zeiten auf dem Land erinnert. Und die vergangene Atmosphäre großbürgerlicher Stadthäuser wird sichtbar im **Smidt-Museum** (*s* ist im Ungarischen stets ein sch). Ein Arzt namens Lajos S(ch)midt trug im Lauf von Jahrzehnten wunderbare Sammlungen zusammen, die er seinem Heimatort vermachte. Sehenswert sind vor allem die kunstgewerblichen Exponate aus den letzten drei Jahrhunderten, aber auch die exotischen Mitbringsel aus aller Welt finden in der Regel reges Interesse.

Das Andenken des in Szombathely geborenen Malers Gyula **Derkovits** (1894-1934) wahrt ein nach ihm und seinem Kollegen Dési Huber benanntes **Museum**. Der Bildhauer Imre Varga widmete Derkovits in seinem Budaer Privatmuseum eine ausdrucksvolle Statue. Derkovits stieß zu Lebzeiten in seiner Heimat auf Unverständnis und Ablehnung – wie schon viele andere Künstler weltweit.

Information
Savaria Tourist
(Adresse siehe „Reiseinformationen")

Festkalender
Ende Mai/Anfang Juni: „Internationaler Tanzwettbewerb Savaria". Savaria-Herbstfestival.

Tips
Savaria-Museum mit prähistorischen und römischen Sammlungen. Smidt-Museum: private ethnographische Kollektion. Freizeitmöglichkeit im Kámoner Arboretum.
Ausflug: nach Ják zur romanischen Kirche.

DIE STÄDTE

Veszprém
Am barocken Burgberg

Der Burgberg steht voller sakraler Gebäude aus acht Jahrhunderten. Die fromme Bischofsstadt sei Lieblingsstätte der bayerischen Herzogstochter und Königin Gisela gewesen, meinen Historiker. Veszprém mutet auch durch die Nähe des Bakonygebirges besonders attraktiv an.

Geschichte

Wenn man in den Geschichtsbüchern der Stadt blättert, bemerkt man erstaunt, daß Veszprém seine jahrhundertealte Bedeutung als Stadt im Schnittpunkt wichtiger Handelsverbindungen in der Zeit des Eisenbahnbaus verlor. Während andere Städte nicht nur in Transdanubien von der technischen Neuerung profitierten und einen bis dahin ungeahnten Aufschwung erlebten, lag Veszprém plötzlich im Abseits. Warum hier der Bahnbau stocken mußte, vermitteln zwei Standorte: entweder der Panoramablick vom Kalvarienberg aus oder, noch besser, der Ausblick von der zweibogigen Brücke über den Fluß Séd. Diese überwindet das hemmende Tal als Bestandteil der Staatsstraße Nr. 8 in Richtung Körmend in einer Höhe von 46 m und auf einer Länge von 150 m. Die Eisenbetonkonstruktion trägt den Namen des allgegenwärtigen heiligen Königs Stephan – *Szent István híd.*

So beschränkte sich die bereits im 9. Jh. erwähnte Stadt, die offenbar eine der Residenzen großmährischer Fürsten war, schon sehr früh auf die Frömmigkeit. *Ora et labora, Beten und Arbeiten,* galt – auch in dieser Reihenfolge – in der Stadt zahlreicher Kirchen und Klöster eigentlich noch bis tief in unser Jahrhundert hinein. Und bis auf den Bergbau in naher Umgebung und die Errichtung einiger Industriebetriebe in der Zeit des Sozialismus (Metall, Holz, Chemie, Lebensmittel, Baustoffe, Mühlen) muß für die Sparte Arbeitsplatzbeschaffung weitgehend Fehlanzeige gemeldet werden.

Dafür wurde scharf geschossen: Unweit von Veszprém, im Dorf Hajmáskér, lag einst der größte k.u.k. Artillerie-Übungsschießplatz. Und noch 1990 drehten an gleicher Stelle – von der Nationalstraße Nr. 8 im Staub mehr zu erahnen als zu sehen – sowjetische Panzer ihre Übungsrunden.

Lebhaft war die Geschichte der zwischen dem Bakony-Gebirge und dem Plattensee auf mehreren Hügeln gelegenen Bischofs- und Universitätsstadt durchaus. In der Nähe, in **Balácapuszta**, fand man Reste römischer Besiedlung. Der vollkommenste Fund aus Baláca zeigt auf einem großen, wunderbar erhaltenen Mosaikbild Fasane unter Apfelsinenbäumen. Zu sehen ist es im Bakony-Museum. In der Stadt selbst gibt es allerdings keinerlei Spuren einer römischen Besiedlung.

Um die Jahrtausendwende soll König Stephan hier eines der zehn legendären Bistümer errichtet haben. Im 19. Jh. entdeckte man auch noch, daß Veszprém Anfang des 11. Jh. der Lieblingsaufenthaltsort der aus Bayern stammenden Königin Gisela gewesen sei. Die bairische Herzogstochter ist populär bei den Ungarn und beliebt bei den Geschichtsschreibern. Man hat ihr lange Zeit die zweigeschossige Kapelle auf dem Burgberg zugeschrieben, die jedoch erst im 13. Jh. entstand. Auch die byzantinisch anmutenden Fresken stammen frühestens aus dieser Bauperiode. Zum 900. Todestag von Szent István im Jahr 1938 wurde die Kapelle restauriert.

Bis zum Ende des 17. Jh. wechselten immer wieder die Herren der Stadt. Im 18. Jh. erlebte Veszprém eine neue Blüte. In der zweiten Hälfte entstand das geistliche Zentrum auf dem Burgberg, wie es

Wahrzeichen Feuerturm (links außen).

Zweimal der markante Burgberg – hoch oben auf einem Felsen gelegen (links oben und unten).

Das restaurierte Stadttor (rechts unten).

Der Eingang zum Bischofspalais (rechts oben).

VESZPRÉM

noch heute zu sehen ist. Im letzten Jahrhundert verfiel das Städtchen in einen Dornröschenschlaf, aus dem es erst durch die Kriegsereignisse erwachte.

Sehenswürdigkeiten

Veszprém, Sitz des gleichnamigen Komitats, das um die Jahrhundertwende lediglich 14 000 Einwohner hatte, besitzt überwiegend sakrale Sehenswürdigkeiten. Die Straße zum **Burgberg**, auf dem fast ein Dutzend kirchlicher Gebäude einschließlich des Bischofspalais und des Doms liegen, hieß fast ein halbes Jahrhundert hindurch *Tolbuhin marsall út*, nach dem Kommandanten der sowjetischen Truppen, die im April 1945 nach Veszprém gelangten. Heute heißt die Burggasse wieder so wie früher – *Vár utca*. Manche Namensgebungen nach 1945 wirken aus heutiger Sicht kurios: Die Ruinen eines Dominikanerklosters aus dem 13. Jh. waren durch die *Traktor utca* zu erreichen! Nun ist man – im ganzen Land – wieder dabei umzutaufen ...

Der mehrfach erwähnte **Bischofspalast** wurde zwischen 1765 und 1776 von Jakob Fellner erbaut, die wichtigsten Fresken im Hausinnern stammen von dem österreichischen Maler Johann Cimbal. Die Bischofsresidenz mit einem ansehnlichen **Domschatz** ist leider nicht öffentlich zugänglich. Die dort untergebrachte Kirchenkunstsammlung beherbergt neben Gemälden sakrale Gegenstände wie Monstranzen, Kelche, Kruzifixe und Meßgewänder. Der Giebel des Palastes wird von einem Vordach bekrönt, worauf zwei Putten eine Vase stemmen. Jakob Fellner, ein in Ungarn vielbeschäftiger Baumeister deutscher Abstammung, baute 1772 in der **Gizella-Kapelle** das Eingangsportal um, wie wir es heute sehen können. Direkt an die Kapelle schließt die **Großpropstei** an, die in der ersten Hälfte des 18. Jh. aus zwei nebeneinanderstehenden Gebäuden entstand.

Die **Piaristenkirche** und das angeschlossene Ordenshaus sind Schöpfungen des 18. Jh. Bemerkenswert sind die Nischen mit Fresken zur Straße hin. Die klassizistisch umgebaute Kirche repräsentiert im Barockensemble des Burgbergs eine architektonische Besonderheit, wie auch der neoromanisch umgestaltete **Sankt-Michael-Dom**. Von der ursprünglich romanischen **Basilika** blieb nur wenig übrig. Die Unterkirche aus dem 14. Jh. konnte über die Jahrhunderte gerettet werden. In der zweiten Hälfte des 17. Jh. wurden die Burgmauern erweitert, worunter die Basilika litt. Ein Um- und Ausbau war notwendig geworden. Noch im ersten Viertel des 18. Jh. wurde mit Änderungen begonnen, die der Kirche bald ein barockes Aussehen gaben; zudem wurde sie mit einem barocken Altarbild ausgestattet. Als sich der historisierende Stil in Ungarn durchsetzte und viele alte Bauwerke überformt wurden, nahm man im ersten Jahrzehnt unseres Jahrhunderts auch einen gründlichen Umbau des Doms vor. Seither zeigt sich das Gotteshaus in einem neoromanischen Kleid. Eine optische Wohltat ist es auf jeden Fall, die dreischiffige **Krypta** mit ihrem herrlichen spätgotischen **Kreuzgewölbe** vorzufinden.

An das **Heldentor** aus dem Jahre 1936 schließt sich das **Burgmuseum** an, das nur von Frühjahr bis Herbst geöffnet ist.

Schön ist der Blick von der Aussichtsbastei, an deren Brüstung 1938 Skulpturen des heiligen Stephan und seiner Frau, Königin Gisela, aufgestellt wurden.

Eines der ältesten Gotteshäuser Veszpréms ist das **Kloster der Griechischen Nonnen**. Die Stiftungsurkunde aus dem Jahre 1102 soll erhalten sein. Aus dem Osten, aus Byzanz, kam auch die Reliquie des heiligen Georg, zu dessen Ehre die achteckige gotische Kapelle wahrscheinlich im 13. Jh. erbaut wurde. Vermutlich schon im 15. Jh. wurde sie zerstört, doch im Jahre 1957 ist sie dann vollständig restauriert worden.

Besonders eindrucksvolle zivile Gebäude – wie etwa das **Alte Rathaus** – sind eher Ausnahmen. Als das schönste profane Barockgebäude der Stadt wird das **Dubniczay-Haus** in der Burggasse mit seinem beachtenswerten Giebel angesehen, das sich ein vermögender Offizier um die Mitte des 18. Jh. erbauen ließ.

Der rund 50 m hohe **Feuerturm** – das Wahrzeichen der Stadt – ist im unteren Teil der Rest eines türkischen Minaretts, der obere Teil wurde Anfang des vorigen Jahrhunderts aufgesetzt. Veszpréms urbane Atmosphäre hat in den letzten Jahren viel gewonnen, seit eine großzügige Fußgängerzone mit Sitzoasen und Erfrischungskiosken entstanden ist.

Ergänzend zum musealen Angebot in den Kirchen entdeckt der Besucher im **Bakony-Museum** Funde der Bronze- und Eisenzeit. Die Exponate aus der römischen Ausgrabungsstätte in Balácapuszta wurden schon erwähnt. Das Museum befindet sich in einem Waldpark, der lange Zeit den Namen Lenins trug.

Zwei Ausflüge seien empfohlen: nach **Nemesvámos** (5 km) und nach **Bakonybél** (40 km). Wenn eine Csárda in Ungarn sehenswert ist, dann ist es die **Vámosi-csárda** aus dem 18. Jh. – zweistöckig, mit schilfbedecktem Dach.

Das ehemalige Benediktinerkloster Bakonybél (Mitte des 18. Jh.) dient heute als Altersheim, kann aber auf Wunsch besichtigt werden. Dies trifft für die dazugehörige schöne barocke Kirche ohne jede Beschränkung zu.

Information
Balatontourist
(Adresse siehe „Reiseinformationen")

Festkalender
„Musizierende Höfe" – Konzerte im Sommer. Anfang August: Töpfer- und Folkloremarkt.

Tips
Bakony-Museum. St.-Michaels-Dom mit gotischer Krypta. Römisches Mosaik in Balácapuszta (Caesariana). Ausflüge nach Nemesvámos zur Vámosicsárdaund und zur Porzellanfabrik Herend.

REISEZIELE

Auf den Spuren der Römer, der Türken und der Habsburger wird die Geschichte des Landes lebendig. Schlösser, Kirchen und Museen zählen zu den kulturellen Attraktionen, aber auch mit herrlichen Naturlandschaften wie der Puszta, dem Donauknie und dem Plattensee ist Ungarn reich gesegnet. Ob heilende Quellen, bizarre Höhlen oder farbenprächtige Folklorefestivals – jeder Geschmack findet sein besonderes Reiseziel!

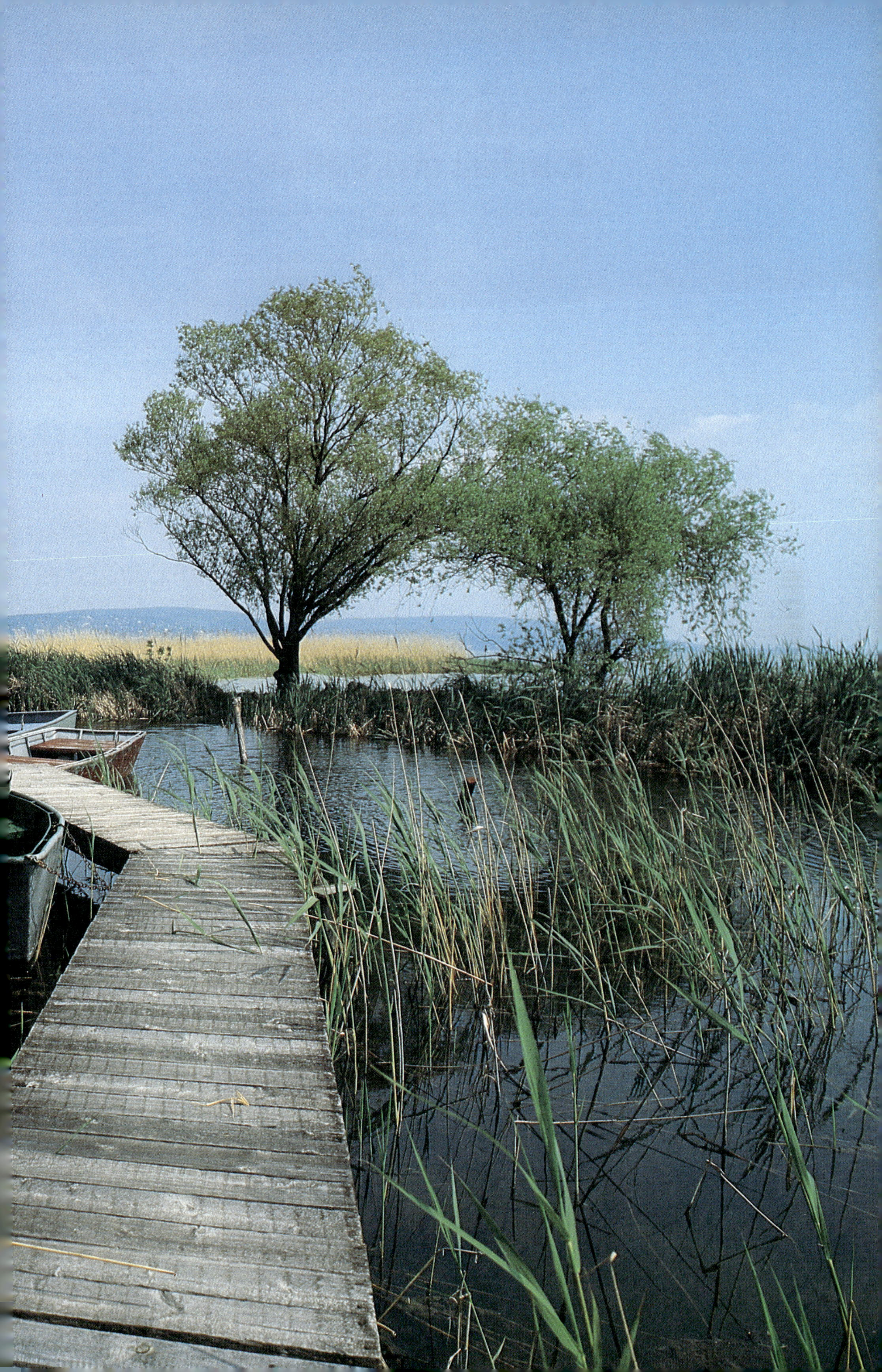

REISEZIELE

Die Puszta
Kargheit und Vielfalt

Kaum eine Region Europas ist von ähnlich vielen Vorurteilen geprägt wie die Puszta – und speziell die Hortobágy. Die Übersetzung des romantischen Operettenbegriffs besagt, sie sei öde, verlassen, entvölkert. Doch ihre Fauna und Flora sind einmalig – die Puszta lebt!

■

„Mit der berühmten Filmkulisse," kommentierte 1985 der Essayist H. M. Enzensberger eine Neuauflage des Romans *Die Puszta* von Gyula Illyés, „mit dem musealen Naturschutzpark, den man den Touristen zeigt, einschließlich Ziehbrunnen, Zigeunermusik und Reiten, hat die Welt der Puszta nichts zu tun." Illyés schildert aus eigenem Erleben und eigenen Erfahrungen die *Seele der Landschaft* und ihrer Bewohner. Die Pusztas (Puszten) waren gemeinsamer Besitz von Städten oder größeren Dörfern. Illyés' Sozialroman, 1936 erstmalig erschienen, ergänzt so manchen Reiseprospekt, der das immer noch karge Pusztaleben mit feucht-fröhlichen Gulaschpartys verklärt. Die Puszta ist ein von den meisten Bewohnern verlassenes, ländliches Dorf, ein Landstrich mit einer ganz eigenen Hierarchie der Übriggebliebenen.

Für *puszta* gibt es im Deutschen mehrere Entsprechungen: öde, leer, nackt, wüst, blank, verlassen, entvölkert bzw. Heide, Heidegegend, Steppe; Einödhof. „Puszta", falls von Deutschen (und nicht nur von Schwaben) *„puschta"* statt *„pußta"* ausgesprochen, klingt in ungarischen Ohren schauderhaft. Wer weiß schon, daß es in Ungarn fast hundert Ortschaften gibt, die den Zusatz Puszta in ihrem Ortsnamen führen? Die Namensgebung ist sonderbar: Einmal war es ein Vorname, den man einer Siedlung gab, andere Einödgehöfte trugen die Zusatzbezeichnung eines besonderen Baumes oder eines Vogels, irgendeine Puszta bekam den Namen von Allerheiligen oder wurde nach ihrer Funktion als Zoll-, Bischofs-, Kloster- oder Grobschmiedepuszta benannt. Nur **Hortobágy**, die wahrscheinlich berühmteste Steppe der Welt, verzichtet im Ortsnamen auf das Anhängsel.

Das Herz des Magyarenlandes nannte ein ungarischer Dichter die Hortobágy – in älteren Reisebüchern findet man noch den männlichen Artikel vor dem Wort Hortobágy. Sie erstreckt sich über 2300 km², der 1973 zum Nationalpark bestimmte Teil nimmt 630 km² ein. Minimal sind die Höhenunterschiede auf dieser Riesenfläche: Die gesamte Steppe liegt zwischen 88 und 92 Metern über Meereshöhe! Die Heide war einst besiedelt, durchzogen von Wäldern und Mooren. Vor einem halben Jahrtausend war sie sogar noch fruchtbares Erwerbsland. Die Theiß-Regulierung im 19. Jh. verwandelte die einst feuchten Weidegründe nach und nach in sodahaltige Trockenweiden.

In vielen Reiseprospekten gilt die Puszta als Inbegriff der Reitkunst. Neben der strapazierfähigen *Nonius*- Rasse (Gestüt Máta) werden hier auch die aussterbenden Tierarten des Ungarischen Rinds, des Zackelschafs und der uralten Hunderassen Kuvasz, Komondor, Puli, Pumi und Mudi gezüchtet.

Der Nationalpark umfaßt Wälder, Weiden, Wiesen, Fischteiche und Sümpfe. Gehöfte, die sich den besonderen Umständen angepaßt haben, können durchaus Erträge erwirtschaften. Ornithologen haben zweihundert Vogelarten registriert, insgesamt Tausende von Vögeln, die der Puszta Leben einhauchen. Kiebitze, Nacht- und Purpurreiher, Stockenten, Bläßgänse, Großtrappen, Seggenrohrsänger, Löffler, Kurzzehenlerchen, Rotfußfalken, Ziesel sowie der selten gewordene Fischotter leben in den sumpfigen Gebieten. Zu den seltenen Arten gehören der Schwarze Storch, der Kranich, die Feldlerche, weißgeflügelte Wasserschwalben und der Säbelschnäbler sowie der Seeregenpfeifer. Immer seltener wird auch der Fischadler, obwohl er hier immer noch überwintert. Man trifft zudem auf Fasane, Rehe und Wildschweine.

Sumpfpflanzen in der Hortobágy (links außen).

Störche finden gute Bedingungen vor (links oben).

Aus sieben Teilen besteht ein Pusztabrunnen (links unten).

Musizierende Hirten beim Brückenmarkt (rechts innen).

Zackelschafe (rechts oben).

Reitervorführungen (rechts unten).

DIE PUSZTA

Außerordentlich reich ist die Flora des Nationalparks. In den Auenwäldern wachsen Eichen und Ahornbäume, am Boden sieht man charakteristische Steppenblumen wie Marsilie, lila Wollblume, Schwimmblatt, Feldaster, Vielgut. Zahlreiche Heilpflanzen wie Baldrian oder Salbei werden für industrielle Verarbeitung geerntet. Jedoch auch Wassernuß, Seerosen und Seekannen, Strandaster, Kampferkraut, Widerstoß gedeihen prächtig. Schön ist die Puszta in der Blütezeit...

Die Sehenswürdigkeiten der zu Debrecen gehörenden Hortobágy sind rasch erwähnt. Die windgehärteten Pferde- und Schafhirten, die am 19./20. August beim traditionellen **Brückenmarkt** in ihren bunten Lodenmänteln die populärsten Fotoobjekte sind, finden immer noch Gefallen an der Freiheit (oder vielleicht nur an der grenzenlosen Weite). Ihr Hauptcharakterzug – trotz des kargen Lohns – ist die schon oft zitierte Liebe zur Landschaft, zu den Tieren und zur Natur. Das Klima ist äußerst trocken – mit jährlichen Niederschlagsmengen von nur 400 bis 500 mm; die Temperaturunterschiede sind extrem, die Winter rauh; hier ist eines der trockensten und heißesten Gebiete der gesamten Tiefebene. Berüchtigt sind die Nord- und Nordostwinde.

Außerordentlich sehenswert ist das neben der Brücke gelegene **Hirtenmuseum**. Die Exponate veranschaulichen die Vielfalt der Hirtenkunst, die gelegentlich zwar eher schlicht wirkt, jedoch stets authentisch ist. „Hier werden die Volkslieder geboren, die weder Vater noch Mutter kennen und die auf der Hirtenflöte aus klagendem Weh, aus ungestillter Sehnsucht entstehen. Ich wünsche jedem", schreibt der Autor eines illustrierten Reisebegleitbuchs der Jahrhundertwende, „der in das Tiefland kommt, es mögen ihm gegeben sein: ein warmes Empfinden und ein sehendes Auge." Die Puszta ist *Unendlichkeit*, meint ein Poet.

Die meisten Touristen kommen im Hochsommer, in Air-condition-Bussen bei 40 Grad im Schatten, den es in der baumlosen Öde allerdings nur unter einigen Kastanienbäumen in den wenigen Csárda-Gaststätten gibt... Viele Besucher sind am Ende der Durchfahrt ein wenig enttäuscht. Für die Puszta muß man reif sein. Das Problem des Verständnisses liegt in der Zeit, die man sich nimmt, sagen nicht nur die Einheimischen. Die Wege im Nationalpark dürfen – um die Tierwelt zu schützen – privat nicht befahren werden.

So hat die Romantik zwei Seiten. Wie mühsam die Einöde zu kultivieren ist, davon könnten die Landwirtschaftsingenieure erzählen, die sich anschicken, sie trotz der oft widrigen Witterung, die beispielsweise schon bei der Aussaat große Verluste herbeiführt, fruchtbar zu machen. Es werden in großangelegten Teichen Fische gezüchtet, aber auch Weizen, Mais, Obst, Wein und sogar Reis angebaut; der vorbeieilende Besucher wird vermutlich immer etwas längst Vergangenes suchen.

Information

Hajdútourist
Pusztatourist
(Adressen siehe „Reiseinformationen")

Tips

Der ideale Standort für den Besuch der Puszta Hortobágy mit Pferdeschauen im Gestüt Máta ist wohl Debrecen, das selbst kulturelle Abwechslung und ein Thermalheilbad bietet. Außerordentlich anschaulich ist das Hirtenmuseum im Ort Hortobágy.

In der Bugacpuszta sind im Rahmen organisierter Ausflüge ebenfalls Pferdevorführungen zu sehen. Ein Museum, eine kräftige Mahlzeit, eine der regionalen Weinsorten gehören obligatorisch dazu. Der musikalischen Begleitung, meist von Zigeunern, wird man ohnehin nicht entgehen.

Lektüreempfehlung: *Die Puszta*, ein Roman von Gyula Illyés, 1985 in deutscher Sprache neu aufgelegt.

REISEZIELE

Der Plattensee
Am Ungarischen Meer

Nur eine Autostunde von Budapest entfernt liegt der Plattensee. Er lockt Touristen und Devisen an: Ein Drittel aller Umsätze im Fremdenverkehr werden am Balaton erzielt. Der größte See Mitteleuropas ist ein Wasserparadies und bietet Kultur aus zweitausend Jahren.

Wahrscheinlich haben nur wenige Landschaften in Europa in den letzten Jahrzehnten solch einen radikalen Wandel mitgemacht wie die Plattensee-Region. Noch in den sechziger Jahren – Luftbildaufnahmen aus jener Zeit wirken schon antiquiert – waren die Sanatorien, Wochenendhäuser, Villen, Häuschen und Hotels recht bequem zu zählen. Die Ferienzone rund um den Balaton – *bolotó*, *blato*, *bláto* bedeutet in slawischen Sprachen Sumpf, Morast – wurde zunächst zu einem sozialistischen Familienbadeparadies ausgebaut, und schon bald erkannte man hier das Potential eines devisenträchtigen Wirtschaftsfaktors für den Haushalt des hochverschuldeten Landes. Doch auch am dichtbesiedelten Balaton traten schnell die ökologischen Probleme zutage.
Im Gegensatz zum eher schroffen Nordufer, der Ausdruck Balaton-Riviera täuscht über die wirklichen Verhältnisse hinweg, ist das Südufer extrem seicht: Man kann Hunderte von Metern hinauswaten. Das Nordufer hat zahlreiche natürliche Attraktionen zu bieten: erloschene Vulkankegel und schöne Basaltformationen, auf der Halbinsel Tihany alte Geysirkrater, im Hinterland Karsthöhlen und sogenannte Steinmeere, aber auch Hänge, auf denen Wein und Obst gedeihen. Teile der Region stehen unter Natur- und Landschaftsschutz, zudem sind viele Gebäude denkmalgeschützt.
Und was kann man vom größten See Mitteleuropas noch erwarten? Unter den zahlreichen Bootsveranstaltungen im Laufe des Jahres gilt die *Regatta um das Blaue Band des Plattensees* als herausragendes sportliches – und gesellschaftliches – Ereignis. Schon den ganzen Winter über fiebern die Wasserratten der Saisoneröffnung im Mai entgegen. In **Balatonfüred** und in **Siófok** finden jeweils bunte Bootsparaden statt, die auch den Zaungast erfreuen.
Die Kulturlandschaft am Balaton war bereits in der Bronzezeit besiedelt, die Römer streiften sie. Awarengräber sind Zeugnisse früher Besiedlung, im 10. Jh. eroberten dann Magyarenstämme das Land. In einigen Orten sind romanische und gotische Bauten anzutreffen; doch die schönsten Denkmäler – wie in **Keresztúr** – stammen aus dem Barock. In **Balatongyörök** sind einige Bauernhäuser denkmalgeschützt. Herrenhäuser, Burgen und Schlösser vergangener Zeiten kontrastieren mit den oft tristen, einförmigen Gewerkschaftsheimen und langweiligen Hotelbauten der siebziger Jahre. Es gibt eine Fülle von Sehenswürdigkeiten rund um den See. In **Felsőörs** ist eine dreischiffige Basilika aus dem 13. Jh. zu sehen. Leider nicht zu besichtigen ist das im Jahre 1861 fertiggestellte Schloß des Bischofs Ranolder in **Csopak**, wo heute eine Pflanzenschutzstation untergebracht ist. Guten Ruf genießen Csopaks Weine. Von den Zehntausenden, die schon in **Balatonfüred** kurten, war der indische Literatur-Nobelpreisträger Rabindranath Tagore wohl der prominenteste Patient. Das kohlensäurehaltige Wasser eignet sich zur Behandlung von Herz- und Gefäßerkrankungen.
Obwohl Ungarn eine Art Bäder-Weltmacht ist, gibt es am Plattensee nur wenige Heilbäder. Eine heiße Quelle sprudelt in **Bad Hévíz**: In Europas größtem Thermalsee werden Erkrankungen der Bewegungsorgane und Rheuma behandelt. Die Ungarn haben der Pariser UNESCO-Kommission

Der Plattensee, größte Urlaubsregion des Landes, zog auch die Kultur an; weithin sichtbar: die Abtei von Tihany (links außen, rechts oben).

Fährbetrieb am Balaton (links innen).

Riesenrutsche heißt: Riesenspaß (links unten).

Abendstimmung in Siófok (rechts unten).

126

DER PLATTENSEE

vorgeschlagen, der Welt zweitgrößten Wärmeteich in die *Liste des Naturerbes der Menschheit* aufzunehmen.

Ein landschaftliches Kleinod, seit 1952 unter Naturschutz, ist die **Halbinsel Tihany**. Sie bietet auf nur 1100 Hektar eine Fülle botanischer und geologischer Überraschungen, darunter mehr als hundert alte Geysirkegel. Neben dem blühenden Lavendel sei auch der Fischreichtum des Inneren Sees (*Belsö tó*) erwähnt. Die Benediktinerabteikirche ist die Dominante der ganzen Region – von beiden Ufern des Plattensees weithin sichtbar. In der Barockkirche von 1719, deren Altäre und Holzschnitzereien besonders wertvoll sind, finden häufig Orgelkonzerte statt. Sehenswert ist die Krypta mit dem Sarkophag des Árpádenkönigs András I. – vermutlich aus dem 12. Jh. Einmalig in ganz Ungarn sind die herzförmigen Grabsteine. Sie stammen aus der ersten Hälfte des 19. Jh. auf dem Friedhof von **Balatonudvari**, unweit der Halbinsel.

Bereits vor unserer Zeitrechnung gab es am **Badacsony-Berg** keltische Siedlungen. Die Weinkultur besitzt dort eine zweitausendjährige Tradition. Ein beliebtes Fotoobjekt sind die bis zu 30 m hohen Basaltorgeln im Naturschutzgebiet **Szent-György-Berg**. Die Vegetation des längst erloschenen Vulkans, höchster Punkt etwa 400 m ü. M., zeichnet sich durch Hagebuchen-, Eichen- und Zerreichenwälder aus. Die Karst- und Strauchwälder sind z. T. naturgeschützt. Raubvögel leben auch dort: Wander-, Gier-, Baum- sowie Turmfalken. Das gesamte Bakony-Gebirge eignet sich hervorragend für ausgedehnte Wanderungen. Zahlreich und vielfältig sind die architektonischen Zeugen der Vergangenheit. In **Balatonszentgyörgy** ist ein sehr hübsches Bauernsäulenhaus zu sehen. In **Szántódpuszta** ist eine ehemalige Meierei mit mehreren Dienstgebäuden ein vielbesuchter Anlaufpunkt des Südufers. Rund um den Balaton kann man Folklore vor allem im Rahmen von Brauchtumspflege und Museen bewundern, nachdem auch hier die Jeans den Alltag erobert haben. Dennoch steht so manche Csárda aus dem 19. Jh. am Plattensee oder im unmittelbaren Hinterland (Vámosicsárda in **Nemesvámos**).

Tradition wird großgeschrieben: Die geklöppelten Spitzen von **Balatonendréd** sind im ganzen Land bekannt. Als interessantes Zeitdokument sollte man die alten Postkutschen in **Balatonszemes** betrachten. Sehr schön wurde die romanische Kirche von **Egregy** bei Hévíz restauriert. Die dreischiffige Propsteikirche in **Felsöörs** stammt ebenfalls aus dem 13. Jh. Am Westufer steht die Kirche von **Zalaszántó**. In **Örvényes**, noch im Umfeld des Sees, findet man eine Ruine aus dem gleichen Zeitraum. Eines von Dutzenden ehemaliger Eszterházy-Schlösser befindet sich in **Szigliget**. Nach 1945 wurde es als *Haus der Schriftsteller* genutzt.

Schließlich ist die wunderbare Helikon-Bibliothek mit sehr schönen Empiremöbeln im Schloß Festetics in **Keszthely** zu sehen. Reizvoll ist der Schloßpark. Im Jahre 1797 wurde in der größten Stadt des Westufers auch die inzwischen älteste Agrarhochschule der Welt gegründet. Das noch heute tätige *Georgikon* nahm seinen Lehrbetrieb im Jahre 1798 auf. Es wäre damit älter als die Landwirtschaftliche Hochschule in Stuttgart-Hohenheim. Keszthely ist der Geburtsort des Opernkomponisten Carl Goldmark (*Königin von Saba*). Und in **Siófok**, dem hektisch-lebhaften Zentrum des Südufers, wurde 1882 Emmerich/Imre Kálmán, Schöpfer berühmter Operettenmelodien, geboren. Liegt über dem Balaton womöglich auch Musik?

Information
Balatontourist
Siotour
Zalatour
(Adressen siehe „Reiseinformationen")

Tips
Weinlese in **Badacsonytomaj**. Im Mai: Saisoneröffnung mit einer Bootsparade in **Balatonfüred** und **Siófok**. Im Juli: Annen-Ball mit einer Miss-Wahl in Balatonfüred. Kammerkonzerte, zeitweise bei Kerzenschein, im Schloß Festetics in **Keszthely**; *Helikon*-Musikfestival. Im Sommer Reitervorführungen und Reitturniere in **Szántódpuszta**; im Juni: Kirmes zum Jakobstag. Csillagvár (Sternburg) mit Landschaftsmuseum in **Balatonszentgyörgy**.
Landschaftsschutzgebiete: das *Steinmeer* Kővágóörs und Nagybereki Fehérvíz (Sumpf- und Moorlandschaft); im Sommer Kleinbahnfahrt nach **Csisztapuszta** (Thermalheilbad).

REISEZIELE

Das Donauknie
Wendung nach Süden

Zwischen zwei Mittelgebirgen vollführt die Donau eine dramatische Wende: Urplötzlich verändert der Strom seinen Lauf und folgt einer neuen Himmelsrichtung. Volksmund wie Reiseveranstalter nennen diesen Donau-Abschnitt einträchtig und sehr einprägsam „Das Donauknie".

Die in Sichtweite der Slowakei gelegene Stadt **Esztergom** ist der Sitz des römisch-katholischen Klerus, seit annähernd tausend Jahren ein Zentrum der kirchlichen Macht, das auf die weltlichen Herrscher oft genug Einfluß ausübte. Der Name des legendären József Kardinal Mindszenthy war in den fünfziger Jahren international bekannt. Er galt damals als Symbol für den Widerstand der Kirche gegen die kommunistische Regierung, die sich erst später mit den Christen aussöhnte.

Esztergom wurde nicht nur zum Pilgerort der Katholiken; durch die erste Burg im Land, durch die Annahme, daß der Kirchen- und Staatsgründer Stephan dort geboren wurde, erlangte Gran, wie die Ortschaft seit der Gründung hieß, auch eine nationale Bedeutung. Landschaftlich herrlich gelegen, um das nebenbei zu betonen, ist Esztergom ohnehin. (Zu Esztergom siehe die Seiten 90/91)

Der Ort **Visegrád** entfaltete sich etwas später. Die erste mittelalterliche Burg oberhalb der Donau hatte einen Vorläufer in einem römischen *castrum*. In der zweiten Hälfte des 13. Jh. entstand der Salomonturm. Ihre Blütezeit erlebte die befestigte Anlage dann während der Regentschaft von König Matthias Hunyadi, genannt Corvinus (1458-1490). Unter ihm wurde der Palast von Visegrád zu einem angesehenen Zentrum des geistigen und musischen Lebens. Matthias' Bibliothek mit den *Corvinen* – zu einem Großteil ein Mitbringsel seiner Ehefrau Beatrix von Aragonien – stellte seinerzeit eine wunderbare Sammlung von illustrierten Handschriften dar. Die 1990 in der Budaer Burg gezeigten Prachtexemplare kamen aus aller Welt, denn sie waren inzwischen in verschiedenste Bibliotheken verstreut worden.

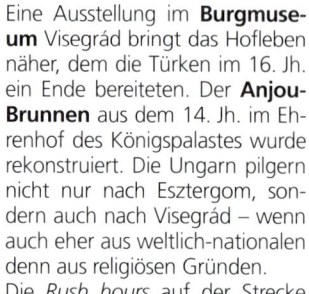

Eine Ausstellung im **Burgmuseum** Visegrád bringt das Hofleben näher, dem die Türken im 16. Jh. ein Ende bereiteten. Der **Anjou-Brunnen** aus dem 14. Jh. im Ehrenhof des Königspalastes wurde rekonstruiert. Die Ungarn pilgern nicht nur nach Esztergom, sondern auch nach Visegrád – wenn auch eher aus weltlich-nationalen denn aus religiösen Gründen.

Die *Rush hours* auf der Strecke Vác – Budapest und abends in der Gegenrichtung sind gefürchtet: Die Barockstadt ist längst zu einem Vorort der Hauptstadt geworden. 36 000 Einwohner hat **Vác**, unzählige Pendler sind in der Metropole beschäftigt. Dabei verfügt Vác über mehrere große Betriebe. Gleich neben dem Gefängnis, das schon zu Zeiten der k. u. k. Monarchie berüchtigt war, steht Ungarns einziger **Triumphbogen** – 1764 vom Vácer Erzbischof zu Ehren Maria Theresias errichtet. Tradition ganz anderer Art stellt das 1802

Information
Dunatours
Komturist
(Adressen siehe „Reiseinformationen")

Tips
Schatzkammer der Basilika in **Esztergom**, außerdem das Christliche Museum – die zweitbedeutendste Sammlung der Bildenden Kunst im Land. Burgmuseum im Wohn- bzw. Salomonturm in **Visegrád**. Lapidarium (Sammlung römischer Steine und Skulpturen) in **Szentendre**, außerdem serbisch-orthodoxe Blagoveštenska-Kirche, Sammlung serbisch-orthodoxer Kirchenkunst. Das Margit-Kovács-Keramikmuseum ist das meistbesuchte Museum Ungarns. Der Botanische Garten in **Vácrátot** ist einer der schönsten im Land. In der Kathedrale von **Vác** sind großartige Fresken von Franz Anton Maulbertsch zu sehen.

DAS DONAUKNIE

gegründete, bis heute fortbestehende erste Taubstummeninstitut Ungarns dar. Untergebracht sind dessen Schüler in einem der schönsten Gebäude der Stadt – im ehemaligen **Bischofspalais** aus der ersten Hälfte des 18. Jh. Es liegt innerhalb eines denkmalgeschützten Ensembles, wozu auch das frühere Kloster der Barmherzigen Brüder, heute Krankenhaus, sowie das barocke Rathaus und mehrere einstöckige Wohnhäuser gehören – allesamt Bauten des 18. Jh. Ein Unikat landesweit ist am *Szentháromság tér* (Dreifaltigkeitsplatz) zu sehen: In der **Piaristenkirche** wird ein mit biblischen Motiven geschmückter Tabernakel aus geschliffenem Spiegelglas gezeigt. Zu den weiteren Sehenswürdigkeiten zählen mehrere Kirchen und Kapellen sowie ein Ruinengarten. Auf Weisung des Bischofs Károly Eszterházy baute Franz Anton Pilgrim die erste frühklassizistische **Kathedrale** des Landes. Die sehenswerten Fresken gestaltete ein vielerorts tätiger österreichischer Künstler: Franz Anton Maulbertsch.

Szentendre hat alles, was die Romantik der Kleinstädte Ungarns ausmacht: die Donau vor sich, das Pilisgebirge im Rücken, Galerien, Weinstuben, Cafés und Speiselokale im Ortszentrum. Die steingepflasterte Piazetta, jahrzehntelang nach *Marx Károly* genannt, möge dafür den Beweis antreten! Die Häuser mit den Nummern 2 bis 5, zwischen 1720 und 1730 erbaut, sind heute Galerien; das Haus Nr. 6, das **Károly-Ferenczy-Museum**, wurde in den Jahren 1793 bis 1797 als serbische Schule erstellt; Nr. 7 ist ein Frühbarockbau, das Gebäude mit der Haus-Nr. 8 entstammt dem Jahr 1737, Haus Nr. 11 ist von 1780, die Häuser mit den Nummern 12, 17 und 22 entstanden zwischen 1780 und 1790 im Zopfstil; im Jahr 1770 ist das Haus Nr. 13 errichtet worden, die Nr. 18 wurde um 1800 erstellt, und das Haus Nr. 19 auf dem behaglichen Platz, dessen Mitte ein ikonenbesetztes steinernes **Gedenkkreuz** der Serbischen Privilegierten Gesellschaft von 1763 ziert, ist ein Rokokogebäude – drei Jahre davor gebaut. Unweit steht die **Preobraženska-Kirche**, heute ein sehr stimmungsvolles serbisch-orthodoxes Museum.

Szentendre (19 000 Einwohner), bereits in der Römerzeit als *Ulcisia Castra*, später *Castra Constantiã* bewohnt, ist die meistbesuchte Stadt Ungarns außer Budapest. Die denkmalgeschützten Kirchen und Wohnhäuser sind hauptsächlich *einem* Baustil zuzuordnen – dem Barock. Und die Kirchen wiederum gehörten einst allesamt einer rührigen kleinen Glaubensgemeinschaft: der serbisch-orthodoxen Gemeinde. Ein Gotteshaus erhebt sich auf dem Burghügel hoch über dem Städtchen: Die katholisch gewordene **Parochialkirche** ist ursprünglich im romanischen Stil erstellt, später im gotischen Stil umgebaut worden, bevor sie im Barock entscheidend vergrößert wurde. Die bis zum Jahre 1913 griechisch-orthodoxe **Opovačka-Kirche** – 1746 erbaut – gehört seither der Reformierten Gemeinde. Den Südslawen gehörte auch die **Čiprovačka-Kirche** aus dem Jahre 1791, die zuweilen auch Peter-Paul-Kirche genannt wird. Sehr schön ist das Tor aus rotem Marmor.

Szentendre ist seit langem das Verwaltungszentrum der im Land lebenden Prawoslawen, wiewohl der zuständige Bischof seit siebzig Jahren in Belgrad sitzt. Die **Blagoveštenska-Kirche** (auch Mariä-Verkündigungs- oder Griechenkirche genannt) wurde im Jahre 1752 von Andreas Mayerhoffer erbaut. Die letzte im Reigen der herrlichen Kirchen ist die **Požarevačka-Kirche**, die mit sehr schönen Bildern auf einer großartigen Ikonostase ausgestattet ist. Sie kann an orthodoxen kirchlichen Feiertagen besichtigt werden.

Ein Kontrast zum Prunk des Barocks bietet sich außerhalb des Zentrums im **Skanzen**, in Ungarns größtem ethnographischen Freilichtmuseum: Dort überwiegt das ländliche Element, das ursprüngliche Bild Ungarns rechts und links der Donau – sowie der Theiß (Tisza), die das Land bekanntlich auf einer wesentlich längeren Strecke durchquert als die Donau.

Statue vor einer Galerie in Szentendre (links oben).

Freilichtmuseum Skanzen (links innen).

Verwinkelte Gasse in Szentendre (rechts oben).

Uferlandschaft (links unten).

Fähre in Vác vor der Kathedrale (rechts unten).

Putte in Vác (rechts außen).

REISEZIELE

Bäder in Budapest
Gesundheit und Genuß

Noch heute sprudeln jene Mineral- und Thermalquellen, insgesamt 130 im Stadtgebiet, die schon die alten Römer kannten. Die Türken wußten sie ganz besonders zu schätzen. Einige ihrer Bäder aus dem 16. und 17. Jahrhundert sind heute noch in Betrieb.

„Hinsichtlich der Bäder zählt Budapest zu den gesegnetesten Städten des Continents. Die Budapester Bäder sind keine Bäder im gewöhnlichen Sinne, welche ihre Entstehung dem Speculationsgeiste zu verdanken haben," bemerkt der Autor eines *illustrirten Reiseführers* aus dem Jahre 1896, „sie sind nahezu ausnahmslos wirksame Heilquellen, welche den verdienten Weltruf theils schon errungen haben, theils noch erringen werden."
Wenn nach Tradition und Beständigkeit gesucht wird, dann ist die Budapester Badekultur ein treffliches Beispiel. Die in dem zitierten Reiseführer vorgestellten Bäder lassen sich fast alle so vorfinden, wie sie damals, vor der Jahrhundertwende, beschrieben wurden. Natürlich gibt es im „angenehmsten und bequemsten Bad der Hauptstadt", im Kaiserbad, keine Porzellanwannen mehr, auch wird man nicht mehr „mittelst Pferdebahnen" vorfahren können, die Atmosphäre jedoch blieb erhalten. Nur das Publikum hat sich mit den Zeitläuften gewandelt.
„Die Vorsehung hat diese Stadt mit beispielloser Freigebigkeit mit Thermen verschiedenen Wärmegrades und verschiedener Zusammensetzung gesegnet, die Budapest auch als Bäderstadt eine sehr hervorragende Rolle im internationalen Fremdenverkehr sichern", erwähnt vierzig Jahre später ein anderer Budapester Reiseführer, worin die Metropole als Bäderstadt gepriesen wird. Die Regierung brachte 1929 ein Gesetz ein, in dem der Charakter der Bäderstadt Budapest – man könnte also nach internationalen Kriterien auch von *Bad Budapest* sprechen – festgelegt wurde. Welche Parallelen zur jüngeren Zeit: Die ungarische Regierung förderte in den Bäderzentren durch „große Steuer- und Gebührenbegünstigungen" die Bäder- und Hotelneubauten. Inzwischen werden die neuen Kurhotels wie Hélia und Aquincum durch Joint-ventures finanziert.
Man könnte sagen, Budapest sei über einem großen Thermalwasserbehälter angesiedelt, aus dem die Warmwasserquellen mit Temperaturen zwischen 30° und 80° C sprudeln. Während in Buda die Quellen auf natürliche Art emporschießen, wurden sie in Pest künstlich angebohrt. Einige von ihnen sind radiumhaltig oder radioaktiv, ein Teil enthält Schwefel, ein anderer kalkhaltige Stoffe, ein dritter Teil wird zu den magnesiumsulfathaltigen Bitterwässern gezählt. Der Qualität nach sind sie europäische Spitze. Die hauptstädtischen Quellen eignen sich sowohl für Trink- als auch für Badekuren während des ganzen Jahres; der Kur- und Badegast ist also nicht von der Hauptsaison abhängig.
Ungarn, das größte Bäderland Europas, ist auch in der begleitenden kurmedizinischen Forschung führend. Im Jahre 1929 wurden in Budapest drei große Bäderzentren gebildet, die auch heute noch bestehen; einige Quellen in Pest wurden seither zusätzlich erschlossen. Auf der Pester Seite ist das Bäderzentrum des **Stadtwäldchens** nach wie vor intakt. Das **Széchenyibad**, im historisierenden Stil des ausgehenden 19. Jh. errichtet, ist auch architektonisch ein Kleinod; es ist heute eines der beliebtesten Thermal- und Freibäder der Hauptstadt. Es wird von artesischen Brunnen unterschiedlichen Wärmegrades gespeist. Wie fast alle älteren Bäder Budapests ist auch **das Széchenyi** – den Zusatz -bad erspart man sich – vor allem für den Sprachunkundigen ein Labyrinth. Dafür aber ist es – wie alle Bäder im Land – mit einem Imbißstand oder einem Schnellrestaurant ausgerüstet. Das Baden ist nicht nur in Budapest eine Ganztagsbeschäftigung. *Das Széchenyi*, jeweils einen Steinwurf entfernt vom Schloß Vajdahunyad, dem

Votivtafel in Lukasbad (links außen).

Széchenyibad, Zentralkuppel (links innen).

Dauergäste als Schachspieler (rechts oben innen).

Eingangshalle im Széchenyibad (rechts Mitte).

Das Királybad in Buda aus der Türkenzeit (rechts unten).

Außenbecken im Széchenyibad (rechts außen).

BÄDER IN BUDAPEST

Restaurant Gundel, dem hauptstädtischen Großzirkus, liegt in einem Park. Die gelbe Metrolinie hält direkt vor dem Seiteneingang. Man kann schmunzeln bei dem Hinweis, daß das Stadtwäldchen, beginnend beim *Hősök tere* (Heldenplatz), vor einhundert Jahren noch am Stadtrand lag.

Die Fahrt zur **Margareteninsel** (*Margitsziget*) war einst auch ein Ausflug vor die Stadt. Dort ist das zweite Bäderzentrum angelegt. Dazu gehören: einmal auf der Insel selbst das elegante Heilbad mit zwei Luxuskurhotels (Thermal- sowie Ramada Grand Hotel) für die devisenträchtige Kundschaft, zudem das riesengroße **Palatinus**-Freibad und unterhalb der Árpádbrücke das **Dagályfürdő**, die zwei größten Freibäder Budapests. In einer Hochhaussiedlung im Pester XIII. Bezirk ist seit Herbst 1990 das Luxuskurhotel *Hélia Thermal* mit einem modernen Kurzentrum in Betrieb. Jedes Freibad wird *strand(fürdő)* genannt.

Zum unterirdischen, natürlichen Bereich sind die Budaer Zwillingsbäder **Kaiserbad** (*Császárfürdő*) und **Lukasbad** (*Lukácsfürdő*) zu zählen. Das Kaiserbad war bereits den Römern bekannt, und im Mittelalter wurde es offenbar auch benutzt. Aber erst die Türken machten dann während ihrer 150jährigen Anwesenheit in Buda ein Badeheiligtum daraus. Es wurde in der ersten Hälfte des 16. Jh. ausgebaut – und so präsentiert es sich nach ein paar Renovierungen noch heute. In unmittelbarer Nähe befindet sich im Sankt-Lukas-Bad das Rheumazentrum des Landes. Es war eine Zeitlang im Besitz einer Aktiengesellschaft, die eine Kurklinik mit 150 Zimmern einrichtete. Doch das eigentliche Baden läuft heute noch genauso ab wie vor hundert Jahren. Ein paar Votivtafeln im Garteninneren bezeugen in mehreren Sprachen, auch in arabischer, die Heilwirkung der Quellen. Wo ein Kaiser ist, hat ein König sein Daseinsrecht nicht verloren: Das **Királybad**, nach einem früheren Besitzer so benannt, ist das älteste türkische Bad in Buda. Die vier Kuppeln in der Budaer *Fő utca* rufen bereits im Vorüberfahren orientalische Eindrücke hervor, und im Badinneren erfreut das ausgeprägte türkische Ambiente. Seit dem Frühjahr 1991 gibt es übrigens auch das behindertengerechte Kurhotel Aquincum in Buda.

Römischer und türkischer Zeiten erinnert sich auch das **Rudasfürdő** in Buda unterhalb der Elisabethbrücke (*Erzsébet hid*). Das Hauptbecken wird von einer prächtigen, bunten, moscheeartig anmutenden Kuppel – angeblich um 1560 erbaut – mit geringem Lichtdurchlaß überwölbt.

Dreihundert Jahre später entstand das **Rácfürdő** jenseits der Elisabethbrücke, beinahe versteckt in einem kleinen Park im früheren türkischen Stadtteil *Tabán*. Es ist kein Zufall: Das Raitzenbad (*rác* = Ableitung für Serben) ist einfacher eingerichtet, deshalb von ausländischen Gästen kaum besucht.

Alle Annehmlichkeiten eines weitverzweigten Kurhauses hat das traditionsreiche **Gellértbad** im gleichnamigen Hotel am gleichnamigen Berg zu bieten. Die Gesundheitspflege im *Gellért* wird wohl kaum versickern, solange die heißen Devisenquellen sprudeln.

Information
Budapest Tourist
(Adresse siehe „Reiseinformationen")

Tips
Die Bäder sind zum Teil auch großartige architektonische Denkmäler (Széchenyi, Gellért). Die Budaer Bäder Rudasfürdő und Királyfürdő sind Zeugen türkischer Badekultur. Den Bädern in Pest fehlen die Therapiemöglichkeiten (außer Hélia). Krankheiten der Bewegungsorgane können behandelt werden im Rudas, Lukács, Király, Császár (Kaiserbad), Rácz, Aquincum, Széchenyi, Gellért und auf der Margareteninsel. In den vier letztgenannten werden auch Frauenleiden kuriert. Gegen Darm- und Magenbeschwerden kurt man im Rudas, Széchenyi und Lukács. Zahnfleischerkrankungen werden im Rudas und auf der Margareteninsel behandelt.

Heilbäder – Quellen – Kuren

Ungarn ist in Europa das reichste Land an Mineralquellen und Heilbädern. Die weltberühmten Gesundheitswässer werden von Ärzten, Geologen und Heilquellenkundlern umsorgt. Viele der rund 600 Quellen wurden durch Bohrungen erschlossen.

Ungarn ist eine Weltmacht der Bäder. Und die Arbeiten ungarischer Balneologen (Bäderkundler) gelten etwas – nicht nur in der Welt der Wissenschaft. Den Stellenwert der Bäder kann man auch schon beim Schweifen über die Landkarte erahnen: Die Zusätze *-füred* oder *-fürdő* in Ortsnamen verweisen immer auf ein Bad (Balatonfüred, Mátrafüred, Bükfürdő, Harkányfürdő).

Die zahlreichen Quellen und Wässer werden fachlich nach ihrer Zusammensetzung unterschieden: Es gibt kohlensäurehaltige, alkalische, schwefelhaltige, kalkhaltige, eisen-, jod- und bromhaltige, außerdem radiumführende Quellen sowie Salz- und Bitterwässer.

Die Kohlensäuredurchbrüche sind oft die Folge nachvulkanischer Bewegungen. Solche Vorkommen finden sich überwiegend am Plattensee (Balatonfüred) und im Mátragebirge. Alkalische Heilwässer haben ihr wertvolles Salz zumeist durch die Zersetzung vulkanischer Gesteine unter der Einwirkung von kohlensäurehaltigem Grundwasser gewonnen.

Die alkalireichen Heilwässer enthalten beträchtliche Mengen Kohlensäure und vor allem Kochsalz. Die heilkräftigsten Quellen in der Großen Tiefebene und in Transdanubien wurden durch Tiefbohrungen erschlossen. Schwefelhaltige Heilwässer, wie zum Beispiel die Heilquellen des Mátra- und des Zempléner Gebirges, sind zumeist nachvulkanischen Ursprungs. An anderen Orten entsteht der Schwefel durch die Zersetzung von Pyrit. Als Getränk begünstigt schwefelhaltiges Mineralwasser den Stoffwechsel und die Darmtätigkeit. Als Ganz- oder Teilbad bringt es den Rheumatikern Heilung und Regeneration. Übrigens sind die beiden berühmtesten und meistbesuchten Schwefelbäder **Bad Hévíz** und **Bad Harkány**.

Der größte Teil der lauwarmen und warmen Quellen Ungarns sind kalkhaltige Heilwässer, so zum Beispiel fast alle Quellen in Budapest. Die besondere Bäderkultur der Hauptstadt wird als Reiseziel „Bäder in Budapest" (S.130/131) hervorgehoben.

In Niederungen mit Tonböden, wo es keine oder nur geringe Grundwasserströmungen gibt, entstehen durch die Zersetzung des im Ton enthaltenen Pyrits die Bitterwässer. Ihre verschiedenen Lösungen gelten als vorzügliche Natur-Heilmittel bei Erkrankungen der Verdauungsorgane.

Kochsalzhaltige Heilwässer sind vor allem das 65° C heiße artesische Thermalwasser im Großen Stadtwald von **Debrecen** oder die 75° C heiße Quelle von **Hajdúszoboszló**, beide mit bestem Ruf. Eine weitere Gruppe sind die jod-, eisen- und alkalihaltigen Heilwässer. In den Badeorten der Tiefebene sprudelt oft Wasser mit jodhaltigen Salzen. Das Jod stammt aus abgestorbenen Organismen der Meere. Diese Quellen sind vor allem bei hohem Blutdruck und Arterienverkalkung wirkungsvoll. **Parád**, im Mátragebirge gelegen, besitzt eisen- und alaunhaltige Heilbäder. Hier behandelt man vor allem Anämie.

In den letzten Jahren sind in der Provinz zahlreiche leistungsfähige Heilbäder entstanden, die zum Teil auch dem internationalen Standard durchaus gerecht werden. Viele von ihnen bieten in Spezialkurkliniken oder in angeschlossenen Hotels komplettten Kurbetrieb. Man kann jedoch auch unterwegs eine wunderbare Entdeckung machen – und dann vielleicht einige erholsame Tage *auf dem Land* verbringen. Der

Information
OIH Budapest
Ungarisches Fremdenverkehrsamt in Frankfurt
(Adressen siehe „Reiseinformationen")

Tips
Der Ausdruck Thermalbad täuscht ein wenig, obwohl er eigentlich genau ist. Die Wässer enthalten wertvolle Mineralien; sie sprudeln heiß aus der Erde, und sie müssen abgekühlt werden, um verträglich zu sein. Milliarden von Kubikmetern speisen die vielen Bäder im Land. Man muß also weder krank sein noch eine Kur absolvieren, wenn man ein *fürdő* aufsucht. Das Naturwasser wird auch in die Freibäder (in Ungarn stets: *strand*) eingelassen. Unabhängig von ihrer Heilwirkung sind manche Bäder auch als architektonische „Schmankerl" sehenswert.

HEILBÄDER – QUELLEN – KUREN

Ausdruck *Heilbad* sollte dabei übrigens nicht verwirren. Er deutet auf natürliche Quellen hin, die überall in den Hallen- und Freibädern freigebig sprudeln.

Mehrere Kassen in den deutschsprachigen Ländern übernehmen die Kosten einer Kur, wenn sie unter ärztlicher Aufsicht stattfindet. Und falls die Heilbehandlung nicht voll bezahlt wird, werden oft zumindest die Arztkosten übernommen. Weckt es nicht reizende Vorstellungen: *Im Land der Puszta auf Bäderreise*?

Ein besonders gesundes Gewässer, radioaktiv und schwefelhaltig, ist der in der Nähe des Plattensees liegende Thermalsee beim Kurort **Bad Hévíz**, der sich vor allem bei den Gästen aus den westlichen Ländern größter Beliebtheit erfreut. Der Teich mit einer Ausdehnung von 4,4 Hektar wird als der größte Thermalsee Europas und als der zweitgrößte Thermalsee auf der ganzen Welt bezeichnet. Die Temperatur weist im Sommer ca. 36° C auf, im Winter kühlt das Wasser bis auf 30° C ab, was das Badevergnügen jedoch keineswegs beeinträchtigt. In diesem Mekka der Rheumakranken ist Deutsch fast schon zur Amtssprache erhoben worden.

Die vielleicht schönsten Thermalbadeanlagen des Landes bieten die Städte **Debrecen** und **Gyula**.

Bad Harkány südlich von Pécs ist das Hausbad für Tausende von Nachbarn aus Jugoslawien, die das schwefelhaltige Wasser zu schätzen wissen; ähnlich sind **Balf**, **Bad Bük** und **Sárvár** in Westungarn oder etwa **Zalakaros** im Südwesten *Heimbäder* der Österreicher, Mosonmagyaróvár der Tschechoslowaken. In Eger, Miskolctapolca oder Kisvárda sind überwiegend Besucher aus der Slowakei anzutreffen.

Überall – ob in Jászberény, Szolnok, Nyíregyháza, Igal, Hajdúszoboszló, Szeged, Csongrád, Dombóvár, Szigetvár, Győr, Mezőkövesd oder in dem neuen Bad von Kiskunmajsa – begegnet man ausländischen Gästen, die den hohen Erholungswert der Heilquellen zu schätzen wissen. Man muß einmal, auch wenn man kein Wort versteht, die Atmosphäre dieser Bäder erleben. Das Schachspielen in den Becken gehört zu den obligaten Beschäftigungen der Männer, wobei sich immer sechs, acht Kiebitze einfinden. Da gibt es die notorischen Spieler, die sich mehrere Stunden im Bad aufhalten, mit Schachuhren und Gummischachbrettern bestens ausgerüstet. In Budapest ist ein Künstler unterwegs, der Kostproben seines Varieté-Programms im Bassin zum besten gibt, anderswo erklingen Volkslieder im Gemeinschaftsbecken. Das Baden ist der Spaß mehrerer Generationen. Nirgendwo anders, abgesehen von den romanischen Ländern, haben Großeltern so reichlich Verfügungsgewalt über ihre Enkelkinder wie in Ungarn. Übrigens: Hemmungen aus Gründen der modischen Optik sind den vergnügten Badenden fremd...

Ungarn läßt seine Gäste – vielerorts während des ganzen Jahres – für ein paar Forint an einem Geschenk teilhaben, das die Natur in diesem Land außergewöhnlich verschwenderisch vergeben hat. Wo in aller Welt ist Gesundes noch so billig zu haben?

Obwohl das Nacktbaden offiziell verboten ist und es nur wenige ausgewiesene FKK-Gelände gibt, findet man zuweilen noch ein Plätzchen für paradiesische Genüsse ... Die bei Bohrungen angezapfte Quelle von Egerszalók ist naturbelassen (links oben).

Nymphen lockten um die Jahrhundertwende in das Tisza-Bad in Szolnok, dem seinerzeit ein mondänes Kurhotel angeschlossen war (links unten).

Eines der begehrtesten Bäder außerhalb der Landeshauptstadt ist Bad Hévíz mit seinem Thermalteich (rechts unten).

Eine Indische Seerose im Thermalteich von Bad Hévíz (rechts oben).

Ein Sonnenbad gehört dazu (rechts außen).

REISEZIELE

Karst und Tropfsteinhöhlen

Schon wenige Schritte von der Budaer Fischerbastei und der Matthiaskirche entfernt kann ein zehn Kilometer langes Höhlensystem betreten werden. Karstlandschaften mit Tropfsteinhöhlen zählen im ganzen Land zu den bewundernswerten Naturschönheiten.

So schön Tropfsteinhöhlen sein mögen, in Ungarn bringen die Karstgebiete auch Probleme mit sich. Die heimischen Kohlengruben z. B. liegen in unmittelbarer Nähe von Gebirgen, die aus leicht verkarstendem Kalkstein aufgebaut sind. Der Bergbau ist deshalb ständig durch Einbrüche des unberechenbaren Karstwassers bedroht. Durch die zahllosen Risse, Spalten und Aushöhlungen versickert ein Großteil der Niederschläge, die in Gebirgsgegenden öfter auftreten als in der Tiefebene. Das mit Kohlensäure angereicherte Wasser löst den Kalkstein, und entlang der Risse können durch ständige Aushöhlung ausgedehnte Grotten und Höhlen entstehen. Etwa 70 km nördlich von Miskolc liegt ein Kleinod der Natur – die Karsthöhle **Aggtelek**. Die Slowaken sind felsenfest davon überzeugt, daß ihr Teil dieses langgestreckten Höhlensystems mit dem Namen *Domica* der schönere ist. Die Ungarn halten die Grotten für so wichtig, daß sie sogar der UNESCO-Kommission vorschlugen, diese auf die *Liste des Naturerbes der Menschheit* zu setzen. Das kilometerlange Kalksteingebiet ist von zwei Orten aus gut zu erreichen: einmal von **Aggtelek**, wo ansonsten eine hübsche barocke Reformiertenkirche und ein interessanter Dorffriedhof mit namenlosen Holzkreuzen sehenswert sind, außerdem von **Jósvafő**, wo ebenfalls eine reformierte Kirche sehenswert ist. Die verzweigten Karsthöhlen, eines der größten Höhlensysteme unseres Kontinents, sind seit dem 18. Jh. bekannt; ihre systematische Erforschung begann erst in unserem Jahrhundert. Hunderte der von den Kräften der Natur geformten Figuren tragen Namen aus dem Zauber- und Märchenreich, wobei Phantasie vom Betrachter gefordert wird. Im *Riesen-Saal* ist ein zehn Meter hoher Leuchtturm die Sensation. Der Gesamteindruck wird durch das Spiel der Lichter und Geräusche verstärkt. In der **Baradla-Höhle** finden in einem Tropfsteintrakt gelegentlich Konzerte statt. Im unterirdischen *Sanatorium* von Jósvafő werden Erkrankungen der Atmungsorgane geheilt. Die natürlichen Heilfaktoren sind – neben feuchten Boden- und Schimmelpilzen – eine ausgeglichene Temperatur und die relative Luftfeuchtigkeit von 100 Prozent. Die seit dem Jahr 1942 geschützte Doppel-Grotte von **Tapolca** nördlich des Balatons erlitt vor mehreren Jahren durch einen Einsturz und durch natürliche Ausdörrung einen herben Rückschlag. Die vier Kilometer weit begehbare Grotte war lange Zeit hindurch eine der größten Karstquellen des Landes: sie spendete bis zu 32 Millionen Liter Wasser pro Tag! Beide Teile – die Spitalsgrotte und die Teichgrotte – eigneten sich vorzüglich zur Heilung von Erkrankungen der Atmungsorgane. Erfolgsquoten von 60, 70 Prozent bei Asthma und Bronchitis waren die Regel; maximal fünf Stunden konnten die Patienten an jedem Behandlungstag in der feuchten, staubfreien Grotte verweilen. Platzangst darf man in diesem Irrgarten allerdings nicht haben.

Mit dem Vorortbus von Pécs aus bequem zu erreichen ist die Tropfsteinhöhle von **Abaliget**. Sie ist einen halben Kilometer lang. Entdeckt wurde sie in der zweiten Hälfte des 18. Jh. Die *Ruinen von*

Steppenartige Landschaft im Zempléngebirge (links außen oben).

Landschaftsformationen bei Aggtelek (links außen unten und links innen).

Kletterei in verkarstetem Kalkgestein (rechts oben).

Bizarre Formen in der István-Höhle bei Lillafüred (rechts unten innen) und in der Höhle von Aggtelek.

134

KARST UND TROPFSTEINHÖHLEN

Karthago können hier besichtigt werden, die *Niagara-Fälle* und der *Schiefe Turm von Pisa* entstehen in der Phantasie, wenn man die Stalagmiten und die Stalaktiten länger betrachtet. Für Lungenkranke ist die Höhlenluft ein ähnliches Labsal wie in Tapolca.

Reich an Höhlen ist das Naturschutzgebiet von **Vertés**, wo u. a. Fossilien längst ausgestorbener Muscheln, Schnecken und anderer Weichtiere entdeckt wurden. Für die Naturschützer sind dort der Dolomitenfelsenrasen und die mit Felsengras bedeckten Abhangsteppen sowie Karststrauch- und Eichenwälder interessant. Im Fáni-Tal, in einer Meereshöhe von 200 bis 300 m, wachsen sogar alpine Pflanzen. In diesem Naturschutzgebiet, das sich teilweise über die Komitate Komárom und Fejér erstreckt, kommen immer noch Kaiseradler, der Gierfalke, der Wespen- und der Schlangenbussard vor; und von den Singvögeln sind Drosseln und Spechte gut vertreten. In den letzten Jahren wurden im Vertés wieder Mufflons ausgesetzt, die neben Hirschen, Rehen und Wildschweinen zuweilen auch von Wanderern gesichtet werden können.

Erst nachdem der größte Teil einer römischen Villa unweit der durch ihr bekömmliches Mineralwasser berühmten Ortschaft **Kékkút** (dt. Blaubrunn) von Planierraupen der regionalen Landwirtschaftsproduktionsgenossenschaft zerstört worden war, erklärte das Landesamt für Umwelt- und Naturschutz das **Káler Becken** zum Landschaftsschutzbezirk. In diesem uralten Wohngebiet nördlich des Plattensees wurden sogar Spuren aus der Zeit der Neolithikums gefunden.

Die berühmtesten Formationen der Gegend sind die **Steinmeere**, die – so die Definition – „aufgrund der Einwirkung nachvulkanischer Aktivitäten als durch Kiesel zementierte Sandschichten des einstigen Pannonischen Meeres entstanden sind". Nach Ansicht von Experten ist das Steinmeer bei **Szentbékkálla** das an ungewöhnlichen Figuren reichste und dabei vom Gesteinsabbau am wenigsten bedrohte Gebiet dieser Art. Etwas weiter westlich, im Keszthelyer Gebirge, sind an der Ostseite des **Biked-Berges** vor Jahren respektable Ockervorkommen erschlossen worden – ein devisenträchtiger, für das hochverschuldete Land nicht unwichtiger Exportartikel. Für engagierte Naturschützer ein delikates Problem, ausgerechnet da den Protest anzusetzen.

Auf dem durch Gesteinsabbau bereits zur Hälfte abgebrochenen Kegel des **Hegyestü-Berges** ist das klar gegliederte, säulenförmig abgesonderte Basaltgestein, typisch für die vulkanischen Berge in der Plattenseegegend, gut zu beobachten. Hier kann man nachvollziehen, wie sich durch Lavaausbruch und Erstarrung einst die Form des Berges herausbildete.

Sehr schöne Basaltformationen vulkanischen Ursprungs, sogenannte **Steinsäcke**, haben sich oberhalb der Ortschaft **Kapolcs** am *Királykő* (Königsfelsen) und am *Ördöggatja* (Teufelsdammfelsen) des *Fekete-hegy* ausgestaltet, der als der schönste Punkt des Káler Beckens bezeichnet wird. Immer wieder gibt es da – während man zwischen Teichen und Quellbrunnen wandelt – herrliche Ausblicke und wunderbare Aussichten auf die Umgebung. Eine Wanderung, die auch für Tagestouristen mit entsprechendem Schuhwerk zu empfehlen ist. Nur für geübte Bergsteiger eignet sich die kahle Spitze des 347 Meter hohen **Tóti-Bergkegels** als Ziel, wo ein wunderschönes Panorama genossen werden kann. Den besten Überblick über das gesamte Becken vor der Kulisse der Wälder und Berggipfel des Bakonygebirges, der nahen Weiden und der Weingärten in der Ferne hat man am Rande von **Kővágóörs**.

Information
Balatontourist
Borsod Tourist
Budapest Tourist
Mecsek Tourist
Zalatour
(Adressen siehe „Reiseinformationen")

Tips
Budapest hat auf der Budaer Seite einige Höhlen, die in bequemen Straßenschuhen begangen werden können. Die bekannteste ist die Pálvölgyer Tropfsteinhöhle im III. Bezirk. Die Gänge der nach der Jahrhundertwende entdeckten Höhle sind fast einen Kilometer lang. Der *Theatersaal* und das *Krokodil* sind die beliebtesten Formen im Kalkgestein.

Der Besuch von **Abaliget** kann mit einem Badeaufenthalt im Freizeitzentrum Orfű verbunden werden.
Von **Aggtelek** sind es ein paar Gehminuten in die Südslowakei.
In **Tapolca** dürfte die zum Hotel umgebaute Wassermühle Interesse erwecken.
Die zahlreichen Gesteinsformationen nördlich des Plattensees sind alle einen Ausflug wert.

REISEZIELE

Naturparks und Reservate

Man muß es sich vor dem historischen Hintergrund klarmachen: Ein Land, das 1920 nach dem Zerfall der Monarchie siebzig Prozent seines früheren Staatsgebietes verlor, weist ein halbes Jahrhundert später beachtliche fünf Prozent der Staatsfläche als naturgeschützte Gebiete aus!

Seit den siebziger Jahren werden auch in Ungarn die Aufgaben des Natur- und Umweltschutzes strenger wahrgenommen und von einer kritischen Öffentlichkeit kontrolliert. Wie wichtig die gesunde Natur allein für den nationalen Fremdenverkehr ist, veranschaulicht schon eine Zahl: Jede dritte der 153 Balaton-Gemeinden ist offiziell ein *Erholungsort*. Und Wassersportler kommen besonders gern nach Ungarn. Neben den drei großen Seen (Balaton, Stausee Tisza-tó, Velencei-tó) ermöglichen die Flüsse Theiß und Donau, die Raab, die drei Körös-Flüsse, die Donauarme von Ráckeve und von Moson ausgedehnte Touren. Mit dem Boot kann man das Land auf der Donau bei Komárom erreichen.

Es geht überall um den Schutz von Fauna und Flora – zumal die Luftverunreinigung und der saure Regen auch dieses Land nicht verschonen. Diejenigen, die sich für den Umweltschutz einsetzen, müssen noch zähe Überzeugungsarbeit verrichten, auch wenn einige staatliche Maßnahmen durchaus hoffen lassen.

Vier Nationalparks (**Hortobágy**, **Kiskunság** mit sechs Regionen, **Bükk** und **Aggtelek**), über dreißig Naturschutzregionen, mehr als hundert Naturschutzgebiete von landesweiter Bedeutung und etwa 600 lokal geschützte Gebiete zeugen von großer natürlicher Vielfalt. Erwartet man dieses im Land der Puszta? Wohl kaum. Denn es ist nur zu einem Sechstel bewaldet: 60 Prozent des Landes liegen unter 200 m, 30 Prozent sogar unter 100 m über der Meereshöhe!

In den beiden nördlichen Komitaten Borsod-Abaúj-Zemplén und Heves steht ein Gebiet von insgesamt 40 000 Hektar unter Naturschutz, dem die häufigste Baumart Buche (*bükk*) den Namen gab. Besonders charakteristisch ist ein etwa 850-900 m hoch gelegenes Plateau, das von Wäldern mit Lichtungen und Wiesen gesäumt wird.

Eine herrliche Gegend, in der das traditionsreiche Lipizzanergestüt von Szilvásvárad seinen edlen Pferden die erforderliche Zuchtfreiheit gewähren kann.

Bükk ist ein Gebiet, in dem es einige hundert Tropfsteinhöhlen gibt. Rund 400 sind bekannt, doch die wenigsten erschlossen. Am Schnittpunkt der Täler Horotna und Szalajka zeigt ein Freilichtmuseum die Arbeit von Holzfällern, Kalk- und Holzkohlebrennern.

Am Abhang des **Virágossárhegy** liegt ein ca. 24 ha großer Urwald mit zweihundertjährigen Baumriesen. Die Gewässer im Nationalpark Bükk sind Heimat für Forellen und Feuersalamander. Im Fluß Szalajka, der ein herrliches Wandertal durchfließt, werden alljährlich unzählige Laiche ausgesetzt. Besonders schön ist das Gebiet im Spätsommer und im Herbst.

Im Bükk leben Edelhirsche, Wildschweine und sogar Mufflons; zu den nur noch selten zu sehenden Tieren zählen Raben, Haselhühner und Gierfalken. Charakteristische Bergpflanzen sind die Gebirgsrose, der Traubenholunder und die Schlüsselblume. Die Alpenzwiebel ist ein Überbleibsel der Eiszeit. Im Bükk kommen auch einige nur hier lebende Pflanzenarten vor: die Siebenbürgische Kichererbse, der Bükker Bärlapp und die sogenannte Teleki-Blume.

Lebensraum Naturpark – Vorführplatz Kirchenturm von Villány (links außen).

Zweimal Bükk-Gebirge: Ein kapitaler Hirsch (links unten) scheint keine Scheu zu zeigen; die Weide des berühmten Lipizzanergestüts von Szilvásvárad auf einem Hochplateau (rechts unten außen).

Begegnung im Gemencer Wald (links oben innen).

Toter Arm der Theiß (rechts innen).

Panorama des Mátra-Gebirges mit Ungarns höchstem Gipfel Kékes (rechts oben).

NATURPARKS UND RESERVATE

Eine landschaftliche Spezialität Ungarns scheinen die **Arboreten** zu sein. Ein *Arboretum* (arbor = lat. Baum) ist eine „Sammelpflanzung von lebenden Gehölzen zu Studienzwecken". Mehrere Arboreten sind naturgeschützt: **Jeli** bei Kám, das Arboretum von **Szarvas**, im Komitat Szolnok jenes von **Cserkeszőlő**. Bekannt ist das Arboretum von **Vácrátót**, in dessen Botanischem Garten rund 15 000 Straucharten und anderen Pflanzen studiert und bewundert werden können. Hübsch ist das Arboretum von **Zirc** im Schloßgarten eines ehemaligen Eszterházy- Besitzes. Generell kann gesagt werden, daß überall in diesen *Sammelpflanzungen* Bäume, Sträucher und Zierpflanzen aus allen fünf Kontinenten gehegt und gepflegt werden – je nach den Vorlieben des Begründers, etwa eines Landgrafen, eines begüterten Landschaftsgärtners oder eines Weltreisenden, der sie aus fernen Ländern heimbrachte.

Nicht nur deshalb, weil Ungarn viel Holz importieren muß, werden Jahr für Jahr bis zu 30 000 Hektar aufgeforstet. Wertvoll sind die Eichenwälder in der Tiefebene und ein Großteil der Wälder entlang der Donau und der Theiß. 30 000 Hektar Fläche wurden von der Internationalen Union für Naturschutz zu *Naturwerten von internationaler Bedeutung* erklärt. Ein besonderes Naturschutzgebiet ist auch das von **Szent-Györgyhegy**: Die Vegetation des erloschenen Vulkans, etwa 400 m ü. M., in der Nähe des Plattensees gelegen, mit den Basaltsäulen (bis zu 30 m hoch), zeichnet sich durch Hagebuchen-, Zerreichen- und Eichenwälder aus, und auch die Karst- und Strauchwälder sind geschützt. Die Lumnitzer Nelke sowie der mediterrane Pelzfarn gehören zu den Raritäten im Tapolca-Becken. Rund 180 Vogelarten wurden hier beobachtet, davon hält sich ein Fünftel nur zeitweilig am Nordufer auf. Von den Raubvögeln leben hier Wander-, Gier- und Baum- sowie Turmfalken. Auch Steinschmätzer, Wendehälse und Balkanspechte bewohnen den *Szent-Györgyhegy* (Heiliger-Georg-Berg).

Charakteristisch für das Naturschutzgebiet **Hanság** in der Dreiländerecke von Ungarn, Österreich und der Slowakei sind die auf Moorwiesen wachsenden Bachweiden- und Erlenmoorwälder. Streng geschützt sind die Erlenwälder von **Királytó** und **Csikós**. Der Mooreichenfarn ist eine botanische Seltenheit. Im nördlichen Teil treffen Naturschützer die Feldotter an. Feldweihen, Trappen und der Purpurreiher sind ständige Bewohner dieser Moorlandschaft.

Mehr als 30 000 Hektar wurden 1975 im Zwischenstromland von Donau und Theiß als Nationalpark **Kiskunság** ausgewiesen. Die Hälfte davon kann wegen des „geologischen, hydrologischen, botanischen und zoologischen Wertes" nur mit Genehmigung betreten werden, der Rest steht mit gewissen Beschränkungen jedermann offen. Sehenswert sind der **Tős-Wald** und der tote Theißarm bei **Tiszaug**, der sich vor hundert Jahren bei der Regulierung des Stromes gebildet hat. Wichtig für Land- und Devisenwirtschaft: die Pferde- und Viehzucht in der legendären **Bugac**-Puszta.

In den Sandhügeln – die trotz aller Kultivierung immer noch vom Wind getrieben werden – kommen der Sandschwingel, die Igeldistel, das Pusztamariengras und die Spätnelke vor. Im moorhaltigen Wildwasserreservat des **Kolon-See** (bei Izsák) leben zwei seltene Fischarten: der Hundsfisch und der Schlammbeißer. Kenner begegnen der Rohrdommel und einigen Reiherarten, so dem Seiden- und dem Schmuckreiher.

Für das 9000 Hektar große Naturschutzgebiet von **Zselic** zwischen den Komitaten Baranya und Somogy ist die mediterrane Flora charakteristisch. An den Abhängen wachsen Nelke, Zyklamen, Zehrwurzel, Kichererbse und Mäusedorn – für jeden Geschmack ist also etwas dabei!

> **Information**
> OIH Budapest
> Ungarisches Fremdenverkehrsamt in Frankfurt (Adressen siehe „Reiseinformationen")
>
> **Tips**
> Im **Bakony-Gebirge** sieht man noch Holzfäller und Kalkbrenner, im **Bükk-Gebirge** können Holzköhler bei der Arbeit beobachtet werden. Für Familien-Wanderungen eignen sich die Hügellandschaften von **Tolna** und **Göcsej** (Komitat Zala) besonders gut. Ein relativ unberührtes Stück Land ist die **Őrség** mit den vielen Weilern. Klassische Wandergebiete in Nordungarn sind das **Mátra**-, das **Cserhát**- und das **Zemplén-Gebirge**.
> Erlebnisse besonderer Art sind die Landschaft des Nationalparks **Kiskunság** und die einmalige Höhlenwelt des Naturparks **Aggtelek**.

REISEZIELE

Volkskunst und Folkloretraditionen

Kein Komitat, wo nicht herrliche Folkloresammlungen gezeigt werden. Töpferei, Schnitzerei, Weberei, Stickerei und Volkstracht – die bunten Traditionen der Kunst vom Volk fürs Volk sind sehr lebendig, auch wenn sich nicht selten industriell gefertigter Kitsch dazugesellt.

„Auch heute sind die Sonn- und Feiertage in **Hollókő** interessant und sehenswürdig, besonders wenn die Mädchen und Frauen – hauptsächlich für die verschiedenen Folkloreprogramme – ihre farbenprächtige Volkstracht zur nicht geringen Freude der herkommenden Touristen anziehen." So beschreibt der regionale *Nógrád Tourist* die nordungarische Palóczen-Ortschaft im Cserhátgebirge, die Anfang des Jahres 1988 wegen ihrer Darstellung des Dorfbilds von der UNESCO in die *Liste des Kultur- und Naturerbes der Menschheit* aufgenommen wurde. „Im dem Dorfe", verkündet das deutsch radebrechende Werbeblättchen, „können wir die Fortführer alter Volkshandwerke treffen – Webekunst, Holzschneidekunst und Korbflechten, und wenn jemand dazu Lust hat, kann an den durch das Fremdenverkehrsbüro organisierten Lehrkurse teilnehmen und die grundlegenden Elemente der verschiedenen Gewerben zu erlernen".

Vielfältig sind die Bemühungen, die Traditionen der Volkskunst zu beleben oder sie am Leben zu erhalten, was gelegentlich Blüten oder auch Stilblüten treibt. Trachten werden im Alltag nur noch selten und nur in wenigen Landstrichen getragen – vor allem von älteren Personen (zum Beispiel in Tolna, Baranya von Deutschstämmigen). Man muß sehen, mit welchem Zeitaufwand und welcher Sorgfalt die Hochzeitshauben oder die Totenkissen angefertigt werden. Die Stuben *daheim* waren der Quell der Volkskunst, die heute eine Renaissance erlebt. Es gibt kaum ein Komitat, in dem nicht mindestens eine große Sammlung die reiche Tradition der Folklore dokumentieren würde.

Weit über die Grenzen des Komitats Somogy hinaus sind die Stickereien aus **Buzsák** bekannt. Das volkskundliche Landschaftshaus *(Tájház)* zeigt die einheimischen Handarbeiten. Sogar die barocke Ortskirche ist entsprechend geschmückt: Die Meßgewänder und die Altardekorationen sind mit Blumenmotiven bestickt. In jedem Reiseführer wird die **Matyó**-Stickerei erwähnt, die in zwei Museen in **Mezőkövesd** ausgestellt wird. Von *gotischer Linienführung* sprechen Fachleute bei der Frauentracht der *matyó*. Als besonders wertvoll galten einst die Blaufärbertextilien. Und berühmt sind die geklöppelten Spitzen aus **Kiskunhalas** in der Tiefebene.

Im Süden Transdanubiens wurden die schönsten Möbel geschnitzt, wobei sich dort deutschstämmige Handwerker in **Hartau** hervortaten. Ein eigenes Kapitel könnte der Töpfereikunst gewidmet werden. Die Zentren liegen in Nádudvar, Mezőtúr, Mezőcsát, Magyarszombatfa, Hódmezővásárhely, Gyöngyös, Pásztó, Kalocsa, in Sárospatak und im Landstrich Sárköz.

Von den ethnographischen Dorfmuseen (Skanzen genannt) und Heimatmuseen (die beim Ort oder unterm Reiseziel der „schönsten Museen" vorgestellt werden) seien hier nur die wichtigsten aufgezählt: Balassagyarmat (Komitat Nógrád) – Békés – Békéscsaba – Bugac-Puszta – Decs (Tolna) – Hódmezővásárhely – Hortobágy – Magyaregregy (Baranya) – Mikófalva und Parád (beide Heves) – Szenna (Somogy). Das bekann-

Information
OIH Budapest
Ungarisches Fremdenverkehrsamt in Frankfurt
(Adressen siehe „Reiseinformationen")

Tips
Volkstracht: Buják - Frauenkleidung mit mehreren kurzen Röcken. Mezőkövesd: Frauenkleidung der *matyó* (Stickerei). Donaulandstrich Sárköz: Kleider aus schwerem Brokat – mit Tüll, Spitzen und Schmuck verziert. Stickerei: Leinen Hódmezővásárhely und Orosháza. Buzsák-Blumenmotive. Kalocsa – blumenbestickte Kleider und Blusen, Blumenmuster auf Frauenkleidung in Sióagárd. *Halaser Spitzen* aus Kiskunhalas. Webkunst: Palóczenland (Komitat Nógrád) und Sárköz. Töpferei: Sárköz-Region – auf dunklem Grund Blumen- und Vogelmuster. Mezőtúr, Sárospatak, Magyarszombatfa, Gyöngyös, Pásztó, Hódmezővásárhely, Mezőcsát sind Zentren der Töpfereikunst. Folklore-Kurse gibt es in verschiedenen Orten des Landes, wobei auch der Tanz nicht zu kurz kommt.

VOLKSKUNST UND FOLKLORETRADITIONEN

teste und repräsentativste aller Freilichtmuseen befindet sich zweifelsohne in **Szentendre**.

Das Folklore-Jahr beginnt in Ungarn in einigen Ortschaften mit den Hausbesuchen der „Heiligen Drei Könige", daran anschließend gibt es Fastnachtsumzüge (im südungarischen **Mohács** sowie in den Komitaten Fejér, Somogy und Hajdú-Bihar). Ihnen folgen zuweilen noch ältere Osterbräuche, die offenbar slawischen Ursprungs sind, obwohl das Wasser auch bei den alten Magyaren durchaus seine mystische Rolle spielte. Ein überkommener Brauch wird wie folgt ausgeübt: Junge Mädchen werden mit einer aus Trauerweidezweigen enggeflochteten Rute gehauen. Das Geflecht wird zu diesem Zwecke in Wasser geweicht, um Elastizität zu erzielen. Zudem werden die Mädchen mit Eimern kalten Wassers übergossen, wofür die Jünglinge dann aus der Nachbarschaft buntbemalte Ostereier (von Huhn, Ente oder Gans) erhalten. Die Verwandtschaft steuert etwas Bargeld bei, überall gibt's ein Schnäpschen.

In **Körmend** wird um den Maibaum getanzt. In vielen Orten gibt es im Frühjahr eine Kirmes, die den Absatz von Haushaltswaren, Süßigkeiten, Spielzeugen, Modeartikeln und Alkoholika erhöht. In Baja, Szekszárd, Decs und anderswo in Südungarn finden von Frühjahr bis Herbst inszenierte Bauernhochzeiten statt, bei denen auch Touristen willkommen sind. In **Kalocsa**, der Paprikastadt mit ihrem wunderschön bemalten Bahnhof, findet ein vielbesuchter Pfingstjahrmarkt statt.

Eine hundertjährige Tradition besitzt der **Hortobágyer Brückenmarkt**, der seit einigen Jahren an zwei Tagen – am 19./20. August – abgehalten wird. Begegnungen mit originalen und zugleich originellen Pusztahirten in ihrer Festtagskleidung sind möglich. In **Debrecen**, wozu die Puszta Hortobágy gehört, ist der Blumenkarneval der Höhepunkt der Saison: Am 20. August (dem Tag der Verfassung) werden die phantasievoll gestalteten Prunkwagen in einem ausgedehnten Festzug präsentiert. Die oft meterhohen Dekorationen werden tagelang davor aus Hunderttausenden von Blumen gestaltet.

Unabhängig vom Ernteergebnis wird alljährlich das Ernteankfest gefeiert – mit festlichen Umzügen (zum Beispiel in **Kőszeg**). Ebenso unabhängig von den Erträgen der jeweiligen Jahreslese hat man stets einen Grund, in allen vierzehn Weingegenden des Landes ein zünftiges Weinlesefest zu begehen (von Badacsony, Boglárlelle über Eger, Kecskemét, Hajós, Szekszárd bis Villány).

Wein und Weib – und kein Gesang, kein Tanz? In Ungarn so gut wie unmöglich! Zahllose Volkstanzgruppen, davon viele Jugendgruppen, pflegen und beleben die alten Volkstänze.

Der Sommer – das ist in Ungarn auch eine ganze Serie von ausgelassenen Folklorefestivals. Kaum ein Erholungsort, kaum eine Region, wo nicht die bunten Röcke fliegen, die blankpolierten Stiefel stampfen und der Staub aufwirbelt. Doch so schön die ursprüngliche Volkskunst auch sein mag, die Vermarktung so mancher Handarbeit, ob Stickereien oder Töpferwaren, nimmt teilweise Züge des industriellen Kommerzes an.

Fast so populär wie gute Volkskunst ist das Porzellan der Manufaktur **Herend**, die seit dem Jahre 1839 besteht. Manche alten Stücke werden heute weltweit zu Liebhaberpreisen gehandelt. Etwas anders gestaltet ist das Porzellan aus der **Zsolnay**-Fabrik in **Pécs**, die aus einer Ziegelei entstand und die sich unter anderem auf großformatige Majolikaarbeiten spezialisierte. Schönes Porzellan kommt auch aus Hollóháza und aus Kalocsa.

Kunst vom Volk fürs Volk – dieses Prädikat gilt einem Folklore-Prunkstück im Paprika-Städtchen **Kalocsa**. Zwei Künstlerinnen (Vén und Szvétek) der lokalen LPG (Landwirtschaftsproduktionsgenossenschaft) haben die einmaligen Blumenmuster als Wandmalereien am Bahnhofsgebäude angebracht. Der ganze Bahnhof wurde auf diese Weise innen und außen zu einem lieblichen Knusperhäuschen ausgemalt!

Vielfältige Äußerungsformen der Volkskunst: Hawaii-Masken beim Blumenkarneval im Debrecen (links oben), Muster der Blaufärber im Komitat Baranya (links unten), Pelzjacke aus Mohács (rechts innen), Detail der Bahnhofsmalerei in Kalocsa (rechts Mitte), Rohporzellanbearbeitung in Herend (rechts außen unten), und überall werden Volkstänze gezeigt, wie hier in Öcsény (rechts außen oben).

REISEZIELE

Das musikalische Ungarn

Die Vorliebe der Ungarn für Musik ist berühmt. Zwar wird ungarische Volksmusik oft mit gängigen Zigeunerweisen gleichgesetzt, doch die musikalische Vielfalt von Franz Liszt bis zu den Csardásfürstinnen ist groß. Zahlreiche Festivals bieten Ohren- und Augenschmaus zugleich.

Üppiges Essen und Musik gehören, zumal in Ungarn, beinahe untrennbar zusammen. Gut speisen und gute Musik hören – das allerdings ist im Magyarenland zur Rarität geworden, obwohl inzwischen viele private Restaurants entstehen. Der Mut zu Neuerungen fehlt den meisten Wirten, man verläßt sich auf das Gewohnte. Womit wir auch schon beim Thema wären. Dies trifft für eine bestimmte Art obligatorischer Zigeunerweisen zu, die von manchen schon für das ganze Musik- und Folkloreprogramm gehalten werden. Doch diese Art der Unterhaltungsmusik bietet kaum originelle Kompositionen – meistens wird das Immergleiche wiederholt. Was Fohlen in einem guten Stall, sind die *rajkós* bei den Zigeunern. Die Jugendorchester der Sinti musizieren teilweise virtuos; sie genießen bei gutem Talent eine mehrjährige Ausbildung am Konservatorium. Übrigens: Es wird in Ungarn nicht als abwertend empfunden, wenn man Sinti und Roma *Zigeuner* nennt.

Der Text der Nationalhymne entstand vor 150 Jahren. Der Poet Ferenc Kölcsey begann mit einem frommen Wunsch: „Isten áldd meg a magyart!" – „Herr, beschütze den Ungarn!" Die erste Zeile ist am Geburtsort des Komponisten Ferenc Erkel in Gyula eingemeißelt (links oben).

Bronzedenkmal des Volksliedersammlers und Komponisten Zoltán Kodály (links unten).

Nationalmuseum: Franz Liszt mal ohne Notenblatt und ohne Klavier (rechts oben).

Musikanten in Aszód (rechts unten).

Statue des Minnesängers Sebestyén Tinódy Lantos (1505-1556) von István Kiss in Nyírbátor (rechts außen).

Die Ursprünge der musikalischen Traditionen reichen – wie im übrigen Europa – bis ins Mittelalter zurück, als in Buda, Visegrád, Diósgyőr, Tata, Kisvárda und den anderen Zentren mit Burgen höfische Musik erklang. Choräle und Volksgesänge aus dem 17. und 18. Jh. wurden vielfach bewahrt. Musikhistoriker und Bibliothekare entdecken dennoch immer wieder wunderbare spielbare Stücke in den Archiven.
Ungarn scheint ein guter Platz zum Musizieren gewesen zu sein. Joseph Haydn wirkte gut 25 Jahre im Schloß Fertőd der Eszterházys, woran neben einer Gedenktafel die wiederkehrenden Musiktage im *Ungarischen Versailles* erinnern. Im neogotischen Schloß der Familie Brunswick in Martonvásár musizierte einige Male Ludwig van Beethoven, was Anlaß zu einem alljährlichen Sommerfestival im Schloßgarten bietet.
Lang ist die Liste jener Komponisten, die Hymnen auf und für die Ungarn schrieben. Hector Berlioz und der Norddeutsche Johannes Brahms sind die prominentesten. Vom Operettenkönig Johann Strauß stammt die Polka „*Éljen a Magyar!*" – „Es lebe der Ungar!". Ja, warum auch nicht?

Als Schöpfer der Nationalmusik im 19. Jh., die ihre Wurzeln in der sogenannten *Werbungsmusik* der Militärverbände hatte, gilt **Ferenc Erkel**, der die ungarische Nationalhymne (Text von Ferenc Kölcsey) vertonte: „*Isten áldd meg a magyart!*" – „Herr, beschütze den Ungarn!". Von Erkel stammt auch das zur Nationaloper erklärte Musikdrama *Banus Bánk* aus dem Jahre 1861 (Text: Jószef Katona). Der wohl bedeutendste Komponist des Landes ist **Franz Liszt**, der die Budapester Musikakademie (Zweigstelle in Debrecen) ins Leben rief. Sie trägt den Gründernamen seit einem Jahrhundert; seine Statue thront über dem Haupteingang. Ferenc Liszt studierte und lebte lange Zeit im Ausland: in Paris und länger als ein Jahrzehnt in Weimar. Doch durch die Gründung der Musikhochschule und ihre finanzielle Förderung erwarb sich der geniale Klaviervirtuose unschätzbare Verdienste um die Musikerziehung in Ungarn. Franz Liszt (übersetzt heißt sein Name desillusionierend *Mehl*) wurde im Doppeljubiläumsjahr 1986 ausgiebig gewürdigt. Das zehntägige *Budapester Frühlingsfestival*, das mit eintausend Veranstaltungen an einhundert Schauplätzen größte Frühjahrskulturfestival der Welt, stand voll im Zeichen der Huldigung des Meisters.
Die beiden bedeutendsten ungarischen Komponisten unseres Jahrhunderts sind der 1882 geborene **Zoltán Kodály**, zu dessen Ehren in seiner Geburtsstadt Kecskemét ein namhaftes Musikinstitut gegründet wurde, sowie der ein Jahr jün-

DAS MUSIKALISCHE UNGARN

gere, 1945 im amerikanischen Exil verstorbene **Béla Bartók**. Der Ehrendoktor der Columbia University starb völlig verarmt. Bartók wurde zu einem Favoriten der Musikliebhaber, neben Dvořák ist er einer der meistgespielten Komponisten der deutschen Rundfunkanstalten. Kodály und Bartók traten nicht nur mit eigenständigen Werken hervor, sie waren auch wichtige Sammler ungarischer und europäischer Folklore, ja sogar der Folklore des Vorderen Orients. Oft werden noch Jenő Hubay und Ernst von Dohnányi erwähnt. Und dann die Liste der Operettenkomponisten, die in aller Welt gespielt werden: **Paul Ábrahám, Emmerich Kálmán, Franz Lehár**.

Außerordentlich rege ist das Musikleben in der *Provinz*, womit stets alles *jenseits von Budapest* gemeint ist. In Miskolc, Szeged, Pécs, Győr und Debrecen existieren eigene Opernensembles und Symphonieorchester, Pécs und Győr haben zudem je eine eigene, angesehene Ballettcompagnie. Vor allem die Truppe des Győrer Balletts unter **Iván Markó** genießt unter Kennern Weltruf.

Die alljährlichen, traditionsreichen Freilichtfestspiele vor dem Dom in Szeged können in puncto Publikumsresonanz durchaus mit den Festspielen von Verona oder Salzburg konkurrieren. Freilich mangelt es noch an einer entsprechenden PR-Strategie, dieses Sommerfestival international berühmt werden zu lassen. – In vielen Orten gibt es in jedem Jahr Musiktage, oft auch Sommertage genannt, mit durchaus anspruchsvollen Programmen (so z. B. Győr, Kisvárda, Diósgyőr/Miskolc, Szentendre, Nyíregyháza, Sopron, Pécs, Tata, Veszprém, Székesfehérvár).

Ungarn *exportiert* nicht nur Dirigenten von Weltruf. Sir Georg/György **Solti**, von den Nationalsozialisten rassistisch verfolgt, ist vielleicht das prominenteste Beispiel. Ganze Orchester und Kammerensembles, Folklore- und Popgruppen, zahlreiche Instrumental- und Gesangssolisten, vereinzelte Jazzmusiker und natürlich Zigeunerprimase mit dem Diplom eines Konservatoriums und in ihrem Gefolge die alterslosen *Csárdásfürstinnen* mit rotem Perückenhaar künden weltweit vom musikalischen Ruhm Ungarns.

Das ungarische Musikleben ist außerordentlich vielfältig. Herausragend ist die Folklore. Gesang, Tanz und Musik sind wohl ungarisches Lebenselixier. „Himmelhoch jauchzend, zu Tode betrübt" beschrieb der Schwabe Ludwig Uhland dieses Lebensgefühl, das im Csárdás, dem ungarischen Nationaltanz, erwacht. Die Volkstanzfestivals in der Provinz sind stets rauschende Feste, Ohren- und Augenschmaus zugleich.

Information
OIH Budapest
Ungarisches Fremdenverkehrsamt in Frankfurt (Adressen siehe „Reiseinformationen")

Tips
Während der gesamten Hochsaison finden in zahllosen Orten des Landes größere, oft regional oder nur lokal bedeutende, jedoch interessante Musikveranstaltungen statt. Für Touristen ist im März das **Budapester Frühlingsfestival** die große Hauptattraktion. Gleichzeitig bieten **Sopron, Kecskemét** und **Szentendre** sowie in Zukunft auch **Debrecen** Zusatzprogramme: U- und E-Musik, musikalische Erbauung für alle Geschmäcker und Altersschichten. Ähnliches gilt für viele Sommerfestivals in der Provinz, wobei oft Burgen die romantische Kulisse bilden.

REISEZIELE

Burgen – Schlösser – Residenzen

Die Republik Ungarn hat mehr als 9000 geschützte Kunstdenkmäler aus zweitausend Jahren ausgewiesen. Arbeiten ungarischer Restauratoren werden weltweit geschätzt. In vielen der einstigen Adelssitze ist heute die Möglichkeit eines Urlaubsaufenthalts für jedermann gegeben.

In der ungarischen Geschichte der letzten zweihundertfünfzig Jahre wimmelt es nur so von Grafen und Baronen. Ein ganzes Alphabet mit Adelsfamilien von Aponyi bis Zichy könnte aufgezählt werden. Die ehemaligen Herrenhäuser und Schlösser des Adels wurden im sozialistischen Ungarn enteignet und neuen Zwecken zugeführt. In mehreren Barockschlössern wurden nach 1945 Krankenhäuser, heilpädagogische Anstalten oder Pflegeheime untergebracht. Das Schloß des legendären Prinzen Eugen von Savoyen in Ráckeve, ein Entwurf von Johann Lucas von Hildebrandt, beherbergt heute das *Haus des Schaffens für Architekten*, anderswo wurden Sonderschulen, Institute oder Erholungsheime für Werktätige oder auch Schloß- und Reithotels für ausländische Gäste eingerichtet. Im einstigen Schloß Esterházy in Pápa gibt es ein Museum, im Schloß der Festetics in Keszthely eine Bibliothek. In dem prachtvollen Barockschloß von Aszód der Grafen Podmaniczky befindet sich heutzutage eine Schule.

Das Landesamt für Denkmalschutz führt eine Liste mit mehr als 50 geschützten Palästen, die zu Schloßhotels ausgebaut werden oder umgestaltet werden sollen. Es sind Häuser in allen Komitaten – unterschiedlich in Bausubstanz, Erhaltung und Verfall. Auch Ausländer können Anteile erwerben. Stellvertretend für alle sei das *Ungarische Versailles* vorgestellt, das Schloß Eszterházy in **Fertőd**. Schloß und Garten geben einen ungefähren Eindruck von der einstigen Größe der gesamten Anlage im 18. Jh., bevor Esterháza nach dem Tod des Fürsten Nikolaus Eszterházy 1790 in Richtung Kis-Márton (heute Eisenstadt) fast fluchtartig verlassen wurde. Es gehörten seinerzeit ein kleines Opernhaus dazu, ein Musikhaus, eine Einsiedelei, ein künstlicher Wasserfall sowie ein reizvolles Puppentheater. Der Englische Garten war hier, in der sumpfigen Landschaft am Neusiedler See (ungarisch: *Fertő-tó*), ein Prunkstück. Für alle Künstler, die je in Esterháza wirkten, sei stellvertretend Joseph Haydn genannt, der genau ein Vierteljahrhundert lang hier für den Herrn musizierte. Von den Architekten (Grundsteinlegung 1720) seien A. E. Martinelli und Melchior Hefele erwähnt.

Und heute? Im Jahre 1960 wurde in einem Trakt ein Internat, in einem anderen ein Touristenhotel eingerichtet. Während der *Soproner Festwochen* ist das Schloß eine beliebte Konzertstätte. Das aufwendig restaurierte Museum mit einst über 120 Räumen ist relativ karg möbliert, wenn man die einstige Rokokopracht zugrunde legt. Es gehört zu den meistbesuchten Schloßanlagen des Landes. Nach dem Willen westlicher Geldgeber soll Fertőd zu einem Schloßhotel umgestaltet werden. Es soll den musealen Teil des denkmalgeschützten Baus jedoch nicht beeinträchtigen.

Heute also können Urlauber in vielen der alten Adelsresidenzen absteigen und die Vorzüge der Schloßanlagen selbst einmal testen und genießen – oder sich sonst einen Reim drauf machen. Bei Bedarf jedenfalls vermitteln die ungarischen Fremdenverkehrsämter landesweit Unterkünfte und Aufenthalte in Burgen, Schlössern und Residenzen, die sich in Hotels und Pensionen diverser Kategorien verwandelt haben. Fast überall ist die Möglichkeit gegeben, zu reiten oder Tennis zu spielen; in manchen Regionen kann auch geangelt oder, ganz in Herrenmanier, gejagt werden. Fast immer wird eine ruhige Umgebung versprochen oder ein Park in der Nähe garantiert.

Im folgenden wird eine ganze Reihe dieser Reiseziele aufgeführt: Unweit von Pécs liegt in **Úszögpuszta** das frühere Schloß Batthyány-Strattmann. Das Burghotel in **Pécsvárad** trägt den Namen König Stephans (*István király szálloda*). Die romanische Kirche im Hof stammt aus dem 12. Jh. Im historischen Kellerrestaurant des Hotels Tenkes in der Burg **Siklós** war 1986 der deutsche Bundespräsident Richard von Weizsäcker zu Gast. In der Nähe eines Reitklubs liegt in **Lajosmizse** das Geréby-Schloßmotel. Das Hotel Apaj in **Bankháza** bietet ein Restaurant, einen Weinkeller und

Schloß Keszthely, Detail im Inneren (links außen).

Tor der Budaer Burg mit Turul, dem Sagenvogel (links unten).

Schloß Keszthely vom Park gesehen (links innen oben).

Burg Sümeg (rechts oben).

Schloß Fertőd (rechts unten).

Einzige Ziegelburg der Tiefebene: Gyula (rechts außen).

BURGEN – SCHLÖSSER – RESIDENZEN

eine überdachte Reithalle. Gegenüber dem 1789 gegründeten *Nonius*-Gestüt in **Mezőhegyes** liegt ein gleichnamiges Hotel.
Ein verspieltes Palasthotel von 1929/30 im stilisierten Neobarock liegt in **Lillafüred** am beliebten Hámori-See. Hier im Bükk-Gebirge sind Wanderungen möglich, das Höhlenbad von Miskolctapolca ist nicht weit. In der Nähe des Grundstücks befinden sich Eingänge zu zwei Tropfsteinhöhlen. Ebenfalls im Bükk-Gebirge gibt es in **Tibolddaróc** in einem kleineren Park das klassizistische Bottlich-Schloß. In den zwanziger Jahren des 19. Jh. wurde in **Seregelyés** für König Franz I. ein Schloß angelegt, weil er in der Nähe von Székesfehérvár/Stuhlweißenburg jagen wollte. Heute ist das Taurus-Hotel beliebte Tagungsstätte. Aus einer ehemaligen Wasserburg ging das Schloßhotel in **Mihályi** hervor. Zahlreiche Baustile treffen da aufeinander: Barock, romantischer und englischer Gotikstil bestimmen das Aussehen. **Nagycenk**, nahe der österreichischen Grenze gelegen, war ein beliebter Aufenthaltsort des Grafen Széchenyi. Dort gibt es ein Hotel im klassizistischen Stil. Die Nähe Soprons macht den Standort interessant. In **Bad Bük** gibt es die Hotelpension Kúria. Ende des 18. Jh. wurde in **Noszvaj** ein hübsches Schlößchen im Zopfstil mit sehr schönen Innenwandgemälden errichtet. Ein Englischer Garten und die Nähe Egers machen diesen Standort attraktiv. Ein intimes Jagdschloß des Eszterházy-Clans bei **Tata-Remetségpuszta**, heute Hotel Diana, liegt in einem großen Naturpark mit See. In der ersten Hälfte des 18. Jh. entstand in **Szirák** das Teleki-Degenfeld-Schloß, wo Reitmöglichkeiten bestehen. Auf kleinere Ansprüche ist das 1910 erbaute Schloßhotel in **Acsa** vorbereitet. Die südlichen Hänge des Cserhát-Gebirges machen es für Wanderer recht anziehend. Ebenfalls für Naturfreunde ist das Schloßgasthaus **Sitke** am Südhang des Hercseg-Gebirges geeignet. Anfang des 18. Jh. wurde die ehemalige Wehrburg **Egervár** umgestaltet; heute dient auch sie als Hotel. In **Váchartyán** bei Budapest gibt es eine barocke Hotelpension, in deren Nähe der herrliche Botanische Garten von Vácrátot liegt. Südlich des Plattensees ist in **Gálosfa** das ehemalige Gutsbesitzerhaus der Grafen Festetics zu einem Hotel umgestaltet worden. In **Balatonederics** gibt es das Schloßgasthaus Fekete. Die Anlage des Wilden Gartens (*Vadkert*) in **Sárvár** ist wegen des Thermalbades reizvoll. Das ehemalige Markusovszky-Schloß in **Vasegerszeg** bietet viele Freizeitmöglichkeiten. Zwei Schlösser gibt es in **Vasszéchény**: ein privates in **Óebergény**, ein feudales in **Újebergény**, dessen holzgetäfelte Schwimmhalle eine besondere Attraktion ist. Das sogenannte Zichy-Schloßlotel (*ló* = Pferd) in **Nagyvázsony** ist für sein Reitprogramm bekannt. Und wer sich zwei Wochen lang im Barockschloß in **Ráckeve** auf der Donauinsel Csepel aufhalten mag, wird dort insgesamt mehr Tage verbringen als im 17. Jh. der Bauherr Prinz Eugen von Savoyen!

Information
OIH Budapest
Ungarisches Fremdenverkehrsamt in Frankfurt (Adressen siehe „Reiseinformationen")

Tips
Die feudale Namensvielfalt erinnert an vergangene Zeiten: Rudnyánszky und Zichy, Patay, Hadik und Podmaniczky, Teleki-Degenfeld, Batthyány und Beniczky, Wenckheim und Kacskovics, Lichtenstein und Mocsáry, Vécsey und Dőry, Jeszenszky und Kégl – hoher und niedriger Adel, vermögend und verarmt. Seine bauliche Hinterlassenschaft ist enorm.
Burgen, Schlösser, Residenzen, alle einstigen Herrenhäuser und Paläste, Hunderte von Gebäuden mit Parks und Englischen Gärten wurden 1945 enteignet und in Krankenhäuser, heilpädagogische Anstalten und Pflegeheime verwandelt, sie wurden zu Schulen, Instituten und Erholungsheimen. Inzwischen sind in vielen geschützten Anlagen Hotels eingerichtet worden.

REISEZIELE

Kirchen – Klöster – Synagogen

Während sich die Kirchen der Reformierten in kalvinistischer Strenge oder in herrlicher Folklore zeigen, sind die katholischen Gotteshäuser fast alle üppig ausgestattet; barocke Kleinodien sind die orthodoxen Kirchen. Die meisten Synagogen wurden nach 1945 in Kulturzentren verwandelt.

Die **Jüdische Gemeinde** im Land ist heute klein. Nur wenige Juden in Ungarn überlebten den *Holocaust*, viele Synagogen der einst blühenden Minderheit wurden nach dem Zweiten Weltkrieg in Freizeitzentren oder Konzertsäle verwandelt. Während die Synagogen-Ruine in **Tokaj** vier Jahrzehnte lang nur Störchen Raum bot, gestaltete man die Synagoge in **Kecskemét** zu einem *Haus der Technik*. In **Baja** hingegen wurden darin eine wunderbare Bibliothek und ein Konzertsaal errichtet, in **Szombathely** dient sie als städtisches Kulturzentrum. Eine der größten Synagogen der Welt, die Neue Synagoge in **Szeged**, ist aufwendig restauriert worden; die Synagoge im ehemaligen Ghetto zu **Pest** war sogar während des Zweiten Weltkriegs ununterbrochen zugänglich. Sehr unterschiedliche Schicksale erlebten die Bethäuser also. Gemeinsam erinnern sie an eine nicht wiederkehrende Vergangenheit.

Kein anderes Gotteshaus im Karpatenbecken lasse sich mit **Pannonhalma** vergleichen, sagen die Ungarn. Sie möchte die UNESCO davon überzeugen, daß es auf die Liste des *Kulturerbes der Menschheit* gehöre. Es sei wichtig, zu retten, was „in dieser zugigen Region Europas von den stürmischen Zeitläufen verschont" wurde. Die berühmte Benediktinerabtei will im Jahre 1996 ihr tausendjähriges Jubiläum feiern.

Auf noch ältere Quellen beruft sich die mehrfach gespaltene **Orthodoxe Kirche** in Ungarn, doch nur fünfzehntausend Gläubige der Elf-Millionen-Nation bekennen sich zu ihr. Die kleine *bulgarische Griechisch-Orthodoxe Kirche* gehört zum Metropoliten in Sofia und hat lediglich einen Administrator in Budapest. Etwa 4000 Seelen zählt die verwaltungsmäßig zu Rumänien gehörende Gemeinschaft der *rumänischen Griechisch-Orthodoxen Kirche* – mit dem Zentrum Gyula. Die zum Moskauer Patriarchat gehörende kleine Gruppe der *ungarischen Griechisch-Orthodoxen Kirche*, als einzige mit der Kirchensprache Ungarisch, hat ca. 5000 Bekennende. Exakte Angaben fehlen – wie in allen anderen Fällen auch. Das Primat des Papstes erkennt die *Ukrainisch-Orthodoxe Kirche* mit dem Zentrum Hajdúdorog und einem eigenen Landesbischof an.

Obwohl in Ungarn weit über hunderttausend Südslawen leben, wird die Zahl der Mitglieder der *serbischen Griechisch-Orthodoxen Kirche* auf höchstens 5000 geschätzt. Die Landesadministration sitzt trotz des Titels *Bischof von Buda* unweit davon – in **Szentendre**, dem geistlichen Mittelpunkt des serbisch-orthodoxen Lebens in Ungarn. Gottesdienste werden auch noch in Battonya, Szeged, Budakalász, Szigetcsep, Pomáz, Mohács, Deszk und Medina abgehalten. Die drei letztgenannten Orte gelten offiziell als zweisprachig (Mohács ist sogar dreisprachig). Deshalb ist die Ortstafel zunächst in kyrillischer Schrift gehalten, da die Serben die Mehrheit stellen, dann erst kommt der ungarische Name in lateinischer Schrift. Zwei sehr schöne orthodoxe Kirchen gibt es in **Baja**. Szentendre erlebte im 17. Jh. eine zweite Einwanderungswelle der Serben. Die einstigen Holzkirchen wurden in der zweiten Hälfte des 18. Jh. aus beständigem Material im Barockstil umgebaut und entsprechend reichlich ausgeschmückt. Die Bischofskirche – **Beogradkirche** – mit einer herrlichen Ikonostase (1777-1781) ist ebenso sehenswert wie die in Ungarn einmalige **Serbische Kirchengeschichtliche Sammlung**. Die Kollektion enthält bedeutende Exponate aus fünf Jahrhunderten: Hausaltäre und Ikonen, Codices und Ornate, liturgische Gegenstände, Kreuze sowie Heilige Schriften in der altslawischen Kirchensprache.

Vier Dutzend griechisch-orthodoxer Sakralgebäude gibt es in

Orthodoxe Ikonostase in Ráckeve (links außen). – Pilgerin in Esztergom (links oben). – Geistlichkeit vor dem Pécser Dom (links unten). – Seit dem Krieg verwaister Synagogenturm in Győr (rechts innen). – Mosaik an der Fasade der Benediktinerabteikirche von Pannonhalma (rechts oben). – Romanische Rundkirche in Öskü zwischen Veszprém und Várpolta (rechts unten).

144

KIRCHEN – KLÖSTER – SYNAGOGEN

Ungarn: Manche sind zu Museen umgewandelt worden, sind reizvolle Sehenswürdigkeiten. Von dieser Fülle in allen Teilen des Landes zwischen Miskolc und Mohács werden viele Besucher aus dem Ausland völlig überrascht. Der sozialistische Staat brachte hohe finanzielle Mittel für die Restaurierung und Instandhaltung von Kirchengebäuden aller Religionsgemeinschaften auf. So zuletzt in dem reizvollen Städtchen **Baja**, so in **Székesfehérvár**, in **Grábóc** – über einen lohnenden Umweg von Szekszárd aus zu erreichen. Dort war noch das letzte serbisch-orthodoxe Kloster in Funktion. Dessen Gründung jährte sich 1987 zum 400. Male, das Jubiläum wurde feierlich begangen.
Serbische Kaufleute schlugen schon früh die Brücken zwischen Ungarn und Südslawen. Besondere Privilegien ermöglichten ihnen die Ansiedlung meist in der Nähe wichtiger Übergangsstellen der Ströme Donau und Theiß: in Tolna, Dunaföldvár, Vác, Pest, Buda, Ráckeve, Szentendre. Im 17. und 18. Jh. entstanden außerdem serbische Stadtviertel in Komárom, Esztergom, Tata, Debrecen, Kalocsa, Pápa, Győr und Szombathely. In der ersten Hälfte des 15. Jh. erlaubte König Wladyslaw I. von Polen und Ungarn den von den Türken vertriebenen serbischen Bewohnern der Donaustadt Kevi, sich auf der Königsinsel Csepel bei Pest neu anzusiedeln.

Rác, rácz, rai(t)z sind abgeleitete Ausdrücke für das latinisierte Rascia für Serbien; in Ráckeve stand im Jahre 1725 offenbar der Geist der Toleranz recht hoch im Kurs: „Da die Stadt aus drei Religionen, d. h. aus Römisch-Katholischen, Reformirten und Raizen besteht, so möge die Gerichtsbarkeit eine den Angehörigen aller drei Religionen oder Bekenntnisse gemeinsame sein. Die Ratsbrüder sind Söhne einer Stadt, die auch fortan gegenseitig in Ehren zu halten mögen und Niemand den Glauben und Stamm des Anderen zu schmähen, zu beschmutzen oder falsch zu nennen bei schwerer Ahndung sich unterfange".
Die spätgotische Kirche in **Ráckeve** aus dem Jahre 1487 überstand unversehrt alle Plünderungen. Eine wunderbare, mit spätgotischem Netzgewölbe überdachte Saalkirche präsentiert sich als ein Kleinod der von Byzanz inspirierten Kunst. Die hervorragend erhaltene Ikonostase, die geschnitzten Stühle und der Bischofsstuhl stammen aus dem 18. Jh. Die originalen Bilder wurden im Jahre 1771 übermalt. Unter diesen Fresken vermuten Kunsthistoriker Malereien aus dem 15. Jh., da die einschiffige Kirche von Anfang an nach orthodoxem Ritus genutzt wurde. Die Fülle der Motive ist überwältigend. Es galt für all diese Baumeister, Handwerker, Wand- und Ikonenmaler, deren Identität oft in der Anonymität blieb, offenbar ein Grundsatz, den der Erzbischof Danilo II. bei der Erweiterung des serbischen Patriarchalkomplexes von Peó im 14. Jh. seinem Biographen diktierte: Sein Wunsch war damals, „dem Nachruf würdig zu bauen".

Information
Fremdenverkehrsämter für das jeweilige Gebiet (Adressen siehe „Reiseinformationen")

Tips
Kirchenbauten dieses Jahrhunderts gibt es in den Budapester Stadtteilen Pasarét und Városmajor zu sehen. Die protestantische Kirche in **Szamoskér** (1975) gilt als ein großer Wurf der Moderne. Die Pfarrkirche in **Kőbánya** von Ödön Lechner (1845 bis 1914) ist ein Sinnbild für die eigenwillige ungarisch-orientalische Architekturauffassung.
Einige herrlich ausgestaltete Dorfkirchen lohnen auch größere Umwege: Csaroda, Csengersima, Gyüngye, Nemeskér, Rakacaszend, Szalonna, Szenna, Tiszacsécse, Tákos. Architektonische Kleinodien sind die beiden Kirchen von **Nyírbátor**. Zwei Synagogen ragen heraus: jene in der Dohány utca in **Pest**, die womöglich größte Synagoge der Welt, sowie die Neue Synagoge in **Szeged** – ebenfalls eines der größten jüdischen Bethäuser.

REISEZIELE

Kalvarienberge und Wallfahrten

Wer aufmerksam übers Land fährt, entdeckt vor allem in Transdanubien zahlreiche Kreuzwegstationen und Kalvarienberge. Ungarn ist das einzige Land im früheren Ostblock, das die oft schlichten religiösen Denkmäler und Kapellen nach 1945 unversehrt bewahrte.

Ein gewisser Vertrag trägt neben den Namenszügen des Erzherzogs Matthias von Habsburg (im Namen von Kaiser und König Rudolf II.) und des siebenbürgischen Fürsten István/Stephan Bocskay noch 36 (!) weitere Unterschriften und nicht weniger als 19 kleinere Siegel: Damit wurde im Jahre 1606 den *nicht*katholischen Ungarn (dem Adel, den Städten und den Königlichen Marktflecken) im *Wiener Friedensabkommen* Glaubensfreiheit zugesichert. Der 23. Juni jenes Jahres ist ein wichtiges Datum der ungarischen Landesgeschichte. Was war diesem Zugeständnis, der Gewährung von Glaubensfreiheit, vorausgegangen?

Große Teile des ungarischen Adels hatten sich während der Reformation dem Kalvinismus angeschlossen. Die im Fürstentum Siebenbürgen lebenden Deutschen und Ungarn waren (strenggläubige) Lutheraner geworden. Die magyarischen Protestanten leisteten immer wieder erbitterten Widerstand gegen die Habsburger. Anfang des 17. Jh. griffen die Türken als Beschützer aller Andersgläubigen ein. Die kaiserlichen Truppen wurden schließlich ganz aus dem Land vertrieben.

Die neuen Herrscher, die Osmanen, haben dann für eineinhalb Jahrhunderte eine Öffentlichkeit des christlich-katholischen Glaubens weitgehend unterbunden, Glaubenszeugnisse größtenteils vernichtet oder anderen Zwecken zugeführt. Deshalb sind heutzutage nur noch wenige steinerne Zeugen aus der Zeit *vor Mohács* – dem als Schicksalsjahr bezeichneten 1526 – anzutreffen.

Die Ära der Türkenherrschaft auf ungarischem Territorium ging mit der Räumung Budas (1686) zu Ende. Man sagt, das Land stieg nach dem Abzug des osmanischen Heeres wie jener sagenhafte Phönix aus der Asche hervor. Es suchte und fand nationale Werte, zu denen sich auch der wiedererstarkte Katholizismus gesellte. Dieser kam in zahlreichen religiössymbolischen Werken zum Ausdruck, die noch heute in einer Fülle unversehrt erhalten sind wie sonst kaum irgendwo in Europa.

Eine fromme Äußerung im Zeichen des Kreuzes ist auch eine Wallfahrt. Heute gewinnen traditionsreiche Wallfahrtsorte etwas von ihrer früheren Bedeutung zurück. Im September ist **Csatka** ein populärer Treffpunkt von Pilgern. In Őriszentpéter treffen sich nicht nur Gläubige aus dem westlichen Ungarn, sondern auch aus den benachbarten österreichischen Gemeinden. Der weithin bekannte Wallfahrtsort **Máriapócs** (übersetzt: Mariaelend) in Ostungarn ist der Schutzpatronin der Ungarn geweiht. Zahllos sind die Glaubensbeweise, die im Auftrag des Klerus oder der ihm nahestehenden weltlichen Herren – vermögender Bauern, Kaufleute, Landadeliger – installiert wurden: Heiligenfiguren sind aufgestellt worden, Kapellen und Kirchen wurden gebaut. Prominente Architekten, Bildhauer und Maler, darunter Fischer von Erlach, Lucas von Hildebrandt, Franz Anton Maulbertsch, Andreas Mayerhoffer, Stephan Dorffmeister, Jakob Fellner und andere erhielten mitunter Gelegenheitsaufträge, neben Kirchengebäuden auch Kalvarienkapellen auszustatten.

Seit dem Ende des 18. Jh. entstanden Kreuzwegdarstellungen an allen Ecken und Enden im Ungarland. Man trifft sie, entweder verwittert oder als bedeutende Denkmäler der Volkskunst renoviert, teilweise denkmalgeschützt, fast überall im Land an, vor allem in

Kalvarienberge sind im transdanubischen Ungarn ein Teil der Landschaftsarchitektur, wie die Stationen in den Komitaten Baranya (rechts unten) und Veszprém (links unten) beweisen. – Kreuzweg bei Pécs (links oben) und ein Detail daraus (links außen). – Jedes Jahr am 8. September gibt es die Prozession nach Csatka (rechts oben).

146

KALVARIENBERGE UND WALLFAHRTEN

Transdanubien sowie in Nord- und Südungarn, selten hingegen in den Ostgebieten zwischen Donau und Theiß. Das Material der Kreuzwegstationen ist meistens Stein, nur sehr selten noch Holz, das immer wieder Feuersbrünsten zum Opfer fiel. Grundsätzlich überwiegen volkstümliche Darstellungen der Leiden Christi, die oft mit stark betontem Schmerzensausdruck wiedergegeben werden. Sie sind manchmal schlicht, oft jedoch ergreifend dramatisch gestaltet. Die am Ortsrand oder außerhalb der Gemeinden gelegenen Kreuzwege hat man häufig als symbolbeladene, schmerzensreiche Wege zur religiösen *und* zur nationalen Identität empfunden.

Im folgenden eine kleine Auswahl eindrucksvoller Kalvarienberge – alphabetisch aufgelistet, mit Angabe des jeweiligen Komitats *(megye)* als Orientierungshilfe und mit genauer Jahresangabe der Errichtung bzw. Bauphase der jeweils ältesten Teile der Kreuzigungsgruppe, sofern es zu ermitteln war:

– Baja (Bács-Kiskun; 1795)
– Bátaszék (Tolna; zweite Hälfte des 18. Jh.)
– Bodajk (Fejér; 1736)
– Bóly (Baranya; 1821)
– Budaőrs (Komitat Pest; Kapelle 1817, Stationen 1852)
– Dunabogdány (Komitat Pest; spätbarocke Kapelle um 1800)
– Esztergom (Komárom; 1781)
– Fertőszéplak (Győr-Sopron; 1736)
– Gödöllő (Komitat Pest; 1771)
– Gyulafirátót/auch Veszprémfajsz (Veszprém; zweite Hälfte 19. Jh.)
– Győr (Győr-Sopron; 1736)
– Hajós (Bács-Kiskun; 1881)
– Kaposvár (Somogy; Ende 18. Jh.)
– Kőszeg (Vas; 1726), die vielleicht schönste Passionsdarstellung
– Magyarpolány (Veszprém; 1839)
– Mecseknádasd (Baranya; 1815 bis 1816)
– Mezőkövesd (Borsod-Abaúj-Zemplén; 1887)
– Pápa (Veszprém; Ende des 17. Jh/1740)
– Pécs (Baranya; 1701/1763)
– Szajk (Baranya; 1861)
– Szekszárd (Tolna; 1741-1778)
– Tata (Komárom; 1755)
– Tolna (Tolna; 19. Jh.)
– Zalaegerszeg (Zala; 1756)

Der mit Abstand schönste Kalvarienberg Ungarns ist lediglich 72,5 cm groß und zerlegbar. Obwohl das Objekt an mehreren Stellen beschädigt ist, obwohl die Spruchbänder der Propheten beinahe vollständig abgeblättert sind, ist der in mehreren Goldschmiedewerkstätten gearbeitete *Kalvarienberg des Königs Matthias Corvinus* (1458-1490) ein außerordentlich wertvolles sakrales Kunstwerk, das sich seit Jahrhunderten im Domschatz von **Esztergom** am Sitz des ungarischen Episkopats befindet. Das Kleinod ist aufwendig – in Gold und Edelsteinen – gestaltet, wobei das Prunkkreuz hervorragt. Beeindruckend wirken auch die übrigen Details, etwa der Faltenwurf des Gekreuzigten oder die plastische Gestaltung des Kalvarienfelsenhügels mit den Gebeinen Adams. Dabei handelt es sich um ein Meisterstück gotischer Kunst, das etwas von der alten Macht der Kirche und der wechselhaften Geschichte des Glaubens aufscheinen läßt.

Information
Fremdenverkehrsämter in Transdanubien
(Adressen siehe „Reiseinformationen")

Tips
Lediglich vier Orte der Großen Tiefebene besitzen erwähnenswerte Kreuzwegdarstellungen, ein halbes Dutzend gibt es im Norden Ungarns, alle übrigen Kalvarienberge befinden sich in Transdanubien, westlich der Donau also. Diese Verteilung spiegelt die historisch gewachsene Teilung Ungarns in einen kalvinistisch-lutherischen protestantischen Osten und einen teilweise streng katholischen Westen wider.

REISEZIELE

Auf den Spuren der Habsburger

Die oft mystifizierte Historie zwischen den Ungarn und den Österreichern kann man nüchtern so beschreiben: Die Habsburger stellten 400 Jahre lang die Könige von Ungarn. In dieser Zeit gab es Perioden absolutistischer Unterdrückung, aber auch fruchtbare Epochen.

„Gödöllő ist seit 1867 eine Krondomäne. Der zum königlichen Schloß gehörige Park steht dem Publikum offen. Die Jagd in den Gödöllőer Forsten ist aber nur Mitgliedern der königlichen Familie oder geladenen Gästen gestattet. In der Nähe pürschte König Franz Joseph gerne auf die sehr berühmten Eber. – Viele Budapester Familien verbringen den Sommer in Gödöllő wegen der guten Luft und der waldigen Umgebung des Ortes", beschrieb um 1911 ein Fotobuchautor die Idylle.

Gödöllő, nach 1945 mehrere Jahrzehnte Standort der sowjetischen Armeeverbände, deshalb für Touristen nicht zu betreten, war einst der Lieblingsaufenthaltsort der österreichischen Kaiserin Elisabeth, die als ungarische Königin Erzsébet bis heute von zahllosen Ungarn verehrt wird. 1987, also noch zur Zeit der sozialistischen Volksrepublik, wurde im Schloßpark Sissis lebensgroßes Denkmal wiederaufgestellt. Die Hilferufe, das ehemalige Schloß Grassalkovich (1744-1750) zu retten, sind in Kulturkreisen unüberhörbar. Das teilweise als Altersheim genutzte Schloß soll in ein Luxushotel umgewandelt werden.

Es ist paradox, daß die beliebteste Österreicherin Ungarns eine – Bayerin ist. Die Münchnerin, eine *Kaiserin wider Willen*, machte sich 1867 für den politischen Ausgleich Österreichs mit Ungarn stark. Das Andenken an sie wahren nicht nur mehrere Denkmäler, sondern auch Parks, Straßen und ein Stadtviertel (*Erzsébetváros*) in der Hauptstadt. Übrigens: Stets wird die *junge* Königin porträtiert, deren Schönheit von Zeitgenossen gerühmt wurde. In Budapest trägt eine der längsten Straßen den Namen der *Királyné* (*király* = König, *né* = Frau), die kühne pfeilerlose weiße Brücke (*hid*) im Zentrum ist nach Elisabeth benannt. Ein renoviertes Hotel in der Innenstadt heißt – wie einst – *Erzsébet*. Frische Blumen schmücken ihr Denkmal am Budaer Kopf der Elisabethbrücke, wo ein beliebter Treffpunkt junger Hauptstädter ist. In der Liebfrauen-/Matthiaskirche werden immer noch einige der Krönungsutensilien aufbewahrt.

Doch die Beziehungen zwischen Ungarn und Österreich, repräsentiert durch das Haus Habsburg, waren in der langen gemeinsamen Geschichte nicht immer so unproblematisch. *Habsburg* war lange Zeit *die* Metapher für die Unterdrückung einer freiheitsliebenden Nation aus purem Machtstreben. Daran ändert auch der Triumphbogen in **Vác** für Maria Theresia nichts, der ihr vom Waitzener Bischof errichtet wurde. Dabei war die Kaiserin der nachtürkischen Ära beim ungarischen Adel sogar mit Respekt geduldet. So manch ein Baron und Graf verdankte ihr seinen Aufstieg. Aber die Inschriften am Burgpalast oder auf den Brücken, die unter Kaiser Franz Joseph gebaut wurden, verraten wenig über die tatsächlichen Gefühle der Magyaren.

Für manche Geschichtsschreiber ist schon die Thronbesteigung der Habsburger ein Anlaß für lange Abhandlungen. Der in Spanien geborene Erzherzog Ferdinand, ein Bruder des mächtigsten Regenten jener Zeit, Karl V., in dessen Reich bekanntlich niemals die Sonne unterging, erwarb Ungarn (und Böhmen) per Erbvertrag. Als der Pole Ludwig II. auf dem unga-

Womöglich mehr Verehrer als in Österreich oder in Bayern hat Sissi, Königin Elisabeth, in Ungarn (links außen).

Triumphbogen für Kaiserin Maria Theresia in Vác (links Mitte).

Prinz Eugen – vor dem Budaer Burgschloß (rechts oben innen) – ließ sich auf der Königsinsel Csepel in Ráckeve ein prächtiges Barockschloß erbauen (rechts unten).

Jagdszene der Jahrhundertwende im Burghof zu Buda (rechts oben Mitte).

AUF DEN SPUREN DER HABSBURGER

rischen Thron im Jahre 1526 bei Mohács gegen die Türken Schlacht und Leben verlor, schuf Ferdinand jenes Reich, in dem gewisse Toleranz gegenüber Andersdenkenden herrschte. Andere, Nationalgesinnte etwa, meinen, daß mit ihm eine lange Reihe von Monarchen begann, die das Magyarenland ausbluten ließen und die es in kriegerischen Auseinandersetzungen als Pufferzone vor Wien nutzen wollten. Aus vielen Zeugnissen geht jedenfalls hervor, daß man sich als *die unterdrückte Nation* empfand. Es galt, die Vorherrschaft abzuschütteln. Lajos Kossuth erklärte 1849 in Debrecen die Habsburger für abgesetzt, was Wien mit militärischer Gewalt (und russischer Waffenhilfe) beantwortete. Die oft zu lesende Straßentafel *Aradi vértanúk* kündet davon, daß in Arad (heute Oradea/Rumänien) dreizehn rebellierende Offiziere den später sogenannten Heldentod starben. Kossuth, der 45 Jahre lang im Exil lebte, prophezeite 1866: „Ungarn wird der Scheiterhaufen sein, auf dem die unerbittliche Logik der Geschichte den österreichischen Adler verbrennt." Unter den vielen Helden auf dem Budapester Heldenplatz ist bezeichnenderweise kein Platz für einen der österreichischen Könige; jahrelang waren ihre Statuen im Schloß Kiscell in Altbuda deponiert, einschmelzen wollte man die Büsten freilich nicht.

Die wechselvolle Historie zwischen den Ungarn und den Österreichern ist weder eine Geschichte von Mißverständnissen noch eine Story von Kain und Abel. Die jeweiligen Herrscher der ungleichen Völker verfolgten ihre persönlichen und politischen Ziele, und die Bewohner der beiden Länder selbst hat eigentlich niemand nach ihrer Meinung gefragt. So nüchtern muß man dies heute sehen. Es gab durchaus fruchtbare Epochen, als im 17./18. Jh. das Land wiederaufgebaut und kultiviert wurde; ihnen stehen im 19. Jh. Perioden absolutistischer Unterdrückung mit Folter, Zensur, Vertreibung entgegen. Und es gab dann auch Zeiten, als man in Reiseführern die Habsburg-Statthalter als *blutige Hunde* bezeichnete. Doch das ist Vergangenheit. Man muß ja sehen, daß beispielsweise der populäre Palatin (Vizekönig) Joseph in der zweiten Hälfte des vergangenen Jahrhunderts den Ausbau von **Pest** und **Buda** recht erfolgreich vorantrieb. Der ihm gewidmete Platz *József nádor tér* in der Nähe des Cafés Gerbeaud zeugt von dieser alten Verbundenheit. Müssen die Franz-Joseph-Ringstraßen *Ferenc kőrút* und *József kőrút* besonders erwähnt werden? Auf den Spuren der Habsburger in Ungarn zu wandeln bedeutet stets, alles zu berücksichtigen, was bis 1918 im Land entstand, was an architektonischen Glanzpunkten errichtet wurde – und dies ist nicht wenig. Auch wenn das Wapperl Habsburg nicht immer draufklebt. Das heutige Ungarn hat den Österreichern, die ihrerseits ihr Habsburg-Problem zu lösen hatten, längst *verziehen*. Die letzte ungarische Königin (Ex-Kaiserin) Zita, die sogar den Kommunisten János Kádár überlebte, wurde im Jahre 1989 in der Matthiaskirche mit einem pompösen Requiem geehrt. Ihr Sohn Otto von Habsburg hielt ein Jahr davor – in ungarischer Sprache – einen Vortrag an der Budapester Karl-Marx-Universität. Als sein Referat zu Ende war, erhoben sich die Zuhörer spontan zum Singen der Nationalhymne: *„Isten álld meg a magyart"* – „Herr, beschütze den Ungarn ..."

Information
OIH Budapest
Ungarisches Fremdenverkehrsamt in Frankfurt
(Adressen siehe „Reiseinformationen")

Tips
Eigentlich ist jedes Palais, das bis 1918 entstand, jede katholische Kirche, die bis dahin gebaut wurde, mit dem Namen der Habsburger verbunden. Während ihrer Herrschaft entstand vor allem das historische Budapest der Jahrhundertwende, dem man heute auf Schritt und Tritt begegnet, angefangen beim Burgschloß, endend bei den Museen in Pest. Einmalig im Land ist der Triumphbogen in Vác, der zu Ehren von Kaiserin (und ungarischer Königin) Maria Theresia errichtet wurde.

REISEZIELE

Auf den Spuren der Türken

Hundertsechzig Jahre (1526-1686) dauerte die türkische Herrschaft in Ungarn. Alles begann mit der Schlacht von Mohács im Jahre 1526. Spuren der Osmanen sind nur noch vereinzelt übriggeblieben. Einige Bäder, Minarette, Moscheen, Basteien und Grabsteine gehören dazu.

Wer durch Ungarn reist, gelangt früher oder später in die *Schwäbische Türkei*, ein von den Ungarndeutschen besiedeltes Gebiet. Teile Süd-Transdanubiens wurden nach dem Abzug der Osmanen gegen Ende des 17. Jahrhunderts vor allem von deutschsprachigen Siedlern bevölkert. Die dünne architektonische Spur der türkischen Anwesenheit im Land läßt sich bis in die erste Hälfte des 16. Jahrhunderts zurückverfolgen. So manch eine Kirchenhalle diente im Lauf jener eineinhalb Jahrhunderte, von 1526 bis 1686, als Stall oder wurde als Getreide- oder Pulverlager genutzt. In **Palkonya** (Komitat Baranya) ragt eine (evangelische deutsche) Kirche mit einem Glockenturm in die Hauptstraße hinein. Die Konturen einer ehemaligen Moschee und eines Minaretts sind erkennbar. In **Pécs** wurden die beiden Moscheen von außen belassen bzw. weitgehend in ihren ursprünglichen Zustand versetzt. Die einstige Hauptmoschee, das markanteste Gebäude aus der Ära der Osmanen, die *Dschamija des Gasi Pascha Kasim*, wurde zur Innerstädtischen Pfarrkirche bestimmt. Die christlichen Malereien nehmen sich sehr trotzig aus gegenüber dem filigranen Schmuck der Moschee, woran noch der Mihrab, die gegen Mekka gerichtete Gebetsnische, erinnert. Ein völlig erhaltenes Beispiel der türkischen Architektur ist die *Dschamija des Hassan Pascha Jakowali*. Das 23 m hohe Minarett schmiegt sich an die quadratische Moschee, in der heute eine von Ankara initiierte Ausstellung zu sehen ist. Unweit des einzigen türkischen Brunnens steht am Stadtrand von Pécs die Türbe (Grabkapelle) des *Idris Baba*, Ende des 16. Jh. für den islamischen Propheten und Arzt erbaut.

Weitaus bekannter ist die Grabkapelle des *Gül Baba* in **Alt-Buda**, Pilgerziel von Touristen aus aller Welt. Eine kleine Ausstellung erinnert an den Namensgeber. Die heilige Stätte wurde wenige Jahre nach der Besiedlung Budas für den Derwisch eines islamischen Ordens errichtet. Die Bezeichnung Rosenhügel *(Rózsadomb)* für das Budaer Luxuswohnviertel wird übrigens von diesem Grab des *Vaters der Rosen* abgeleitet.

Zwei Bäder veranschaulichen die charakteristische Bauweise: das Rudasbad sowie das Königsbad *(Királyfürdő)* mit einer großen und zwei kleineren Kuppeln und dem Halbmond als eindeutigem Zeichen. Auch im Inneren herrscht orientalische Atmosphäre. Den schummrigen Eindruck, den türkische Bäder vermitteln, hat man auch in einem der ältesten Bäder der Hauptstadt, im Rudasfürdő. *Mustafa Pascha Sokoli* ließ ein vorhandenes Bad umbauen; das große Becken ist original. Die männlichen Badegäste, die sich hier stundenlang auf- und unterhalten, sind zwar sehr gegenwärtig, vermögen aber durchaus eine Vorstellung vom Badebetrieb im 17. Jahrhundert zu erwecken.

Nur auf ärztliche Weisung kann das türkische Bad in der Winzerstadt **Eger** benutzt werden. Eger war eng in die türkisch-ungarischen Beziehungen verwickelt. Ein mächtiges Türkenheer ist 1552 von einer kleinen einheimischen Truppe der Burgverteidiger, unter ihnen viele Frauen, nach erbitterter Schlacht *beinahe* geschlagen worden – überliefern einige Geschichtsbücher, wobei natürlich der Burgkommandant István Dobó heroisiert wird. Ähnliches wird von den Schlachten bei Kőszeg, Mohács und Szigetvár berichtet.

Information
Budapest Tourist
Dunatours
Eger Tourist
Mecsek Tourist
(Adressen siehe „Reiseinformationen")

Tips
Was an Bauwerken aus der Türkenzeit noch zu sehen ist: in der Landeshauptstadt, jeweils im Stadtteil **Buda**: im I. Bezirk das Rudas- und das Rácbad, im II. Bezirk das Királyfürdő in der Fő utca; Grabmal (Türbe) des Derwischs Gül Baba (Vater der Rosen). **Eger**: Minarett aus dem 17. Jh.; ein Minarett steht auch in **Érd**. **Pécs**: Hassan-Jakowali-Moschee mit einem Minarett; ehemalige Hauptmoschee des Kasim Gasi; Türbe des Idris Baba. **Sátorhely** bei Mohács: Gedenkpark. **Szigetvár**: Burg, Moschee, das Fragment eines Minaretts und eine ehemalige Koranschule und Karawanserei.

AUF DEN SPUREN DER TÜRKEN

Was blieb in **Eger** von den Türken? Ein Minarett, 37 m hoch. Doch die hundert Stufen dürfen aus Sicherheitsgründen nicht erklommen werden. Übrigens war der Konflikt Türken – Ungarn im wesentlichen religiös (Katholizismus contra Islam) motiviert.

Auf einer Straße in **Érd** steht einsam und verlassen inmitten von Wohnhäusern und Gärten ein steinernes Minarett herum. Es wurde bereits im 17. Jh. errichtet, ist aber vielleicht das unbekannteste türkische Denkmal des Landes.

Nur noch ein Fragment ist das Minarett von **Szigetvár**. Doch auch das übrige Drittel weckt eine Vorstellung, wie der zwölfeckige Turm einst ausgesehen haben mag. In der Basteigasse gibt es das sogenannte Türkenhaus, das als Koranschule diente und auch als Karawanserei benutzt wurde. Die kleine Moschee zu Ehren Suleimans II. soll innerhalb von drei Wochen erbaut worden sein. Die Burg von Szigetvár gilt vielen Ungarn als Symbol des Widerstandes, obwohl sie 1677 erfolglos gegen die Türkenbelagerung verteidigt wurde. Der (kroatische) Befehlshaber Nikola (Miklós) Zrínyi ging dennoch als *ungarischer Held* in die Historie ein.

In aller Munde, in allen Büchern findet sich, wenn in Ungarn von den Türken die Rede ist, das Stichwort **Mohács**. Sogar Meisterkoch Károly Gundel schrieb 1934 in seinem Kochbüchlein, das in sieben Weltsprachen insgesamt 38 Auflagen erlebte, von dieser Niederlage der Ungarn bei Mohács. Für die Orientalen dagegen war Mohács ein Intermezzo, wie eine lapidare fünfzeilige Eintragung im Tagebuch des Sultans am Tag der Schlacht (29. August 1526) verrät. König Ludwig II. (Lajos), der junge Pole auf dem ungarischen Thron, vermochte kein Heer auf die Beine zu stellen, denn die Adeligen seines Reiches waren zerstritten. Zusätzlich machte sich der Religionsstreit bemerkbar. Lediglich neun Kanonen kamen auf der Donau aus Wien; jene 50 000 Dukaten, die der Papst schickte, reichten gerade aus, um ein paar Söldner aus Westeuropa anzuwerben. Mehrere tausend Tote seien zu beklagen gewesen, heißt es in überlieferten Quellen, der Sultan habe rund um sein Prunkzelt die Köpfe von hundert Edelleuten auf Pfähle stecken lassen, dazu die Häupter von 28 höheren Adeligen sowie von fünf oder sechs Bischöfen. Glaubhafte Angaben über Tote, Verwundete, Gefangene oder Verschleppte gibt es allerdings nicht, denn die Beweiskraft der Zahlen aus jener Epoche ist mit Skepsis zu beurteilen.

Bereits am 10. September 1526 erreichte das türkische Heer Buda: Die Königsburg wurde aber ohne Widerstand und Blutvergießen übergeben. Etwa zweitausend Mann blieben als Besatzung dort, während berittene Soldaten der türkischen Truppe in Transdanubien umherstreiften, bevor sie heimwärts kehrten.

Erst *nach Mohács* wandte sich der im Jahre 1528 in Székesfehérvár zum Gegenkönig gekrönte Siebenbürger Fürst Johann Zápolyai mit der Bitte um Hilfeleistung an den Sultan. Die Osmanen kamen im Jahre 1541 bereitwillig mit einem schlagkräftigen Heer ins Land. Die *zweite Schlacht von Mohács*, am 12. August 1687, als Buda bereits geräumt war, wurde von Prinz Eugen von Savoyen gewonnen. Die Schlacht von Mohács 1526 fand bei **Sátorhely**, sieben Kilometer von Mohács entfernt, statt, woran heute ein besonders sehenswerter Gedenkpark mit geschmackvollen Holzfiguren erinnert; die *zweite Schlacht von Mohács* ereignete sich bei Nagyharsány – immerhin einen Tagesmarsch entfernt.

Was blieb von den Türken außer den Problemen der Geschichtsdeutung noch? Neben den aufgeführten Bauwerken und einigen Motiven in Volksmusik und Folklore zumindest etwa 300 türkische Lehnwörter in der ungarischen Alltagssprache.

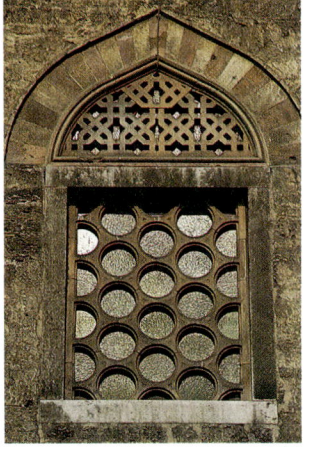

Von den drei erhaltenen Minaretten ist jenes von Érd das unbekannteste (links außen).

Schönstes Ensemble aus der Türkenära: die Jakowali-Moschee in Pécs (links innen).

Relief an einem Bürgerhaus in Buda (rechts Mitte).

Detail des Denkmals auf dem Dobó István tér in Eger – an die Schlacht von 1552 erinnernd (rechts unten).

Detail im Gedenkpark von Sátorhely unweit von Mohács, wo 1526 das Osmanenheer siegte (rechts außen oben).

Fassadendetail der einstigen Hauptmoschee und heutigen Innerstädtischen Pfarrkirche in Pécs (rechts außen unten).

REISEZIELE

Auf den Spuren der Römer

Vierhundert Jahre lang erstreckte sich das Römische Reich bis nach Pannonien. Die Epoche kann in Budapest und in Transdanubien besichtigt werden. Ausgrabungsstätten und Museen erteilen Anschauungsunterricht in Geschichte und – in Vergänglichkeit.

■

„Göttin Fortuna Nemesis mit Fakkel und Erdkugel – aus dem Stadtpalast des römischen *Aquincum* am Rande von Budapest – gibt zur Zeit ein Gastspiel in der Residenz von Kempten", so überschrieb eine süddeutsche Zeitung den vorübergehenden Aufenthalt einer zweitausend Jahre alten *jungen Dame* von der Donau im Allgäu. Das erwähnte Gastspiel galt nicht etwa einer Opern- oder Operettendiva, sondern war einer der zahlreichen Funde aus einer Stadt, die – in ein Militärlager und eine Zivilstadt aufgeteilt – im 2. und 3. Jh. 60 000 Bewohner gehabt haben soll. Ihre Schätze wurden in Kempten, im westfälischen Münster, danach im Schloß Schallaburg bei Melk und auch in München präsentiert.
Auf welchen Wegen gelangte die Göttin aus *Aquincum* nach *Campodonum*, wie Kempten in den römischen Annalen genannt wird? Es ist ein überlieferter Zufall aus den Tagen des Römischen Reiches, das sich bekanntlich von Britannia bis Armenia erstreckte: Der erste namentlich bekannte Bürger von Kempten – pardon: von *Campodonum* –, ein gewisser Tiberius Claudius Cato, war seinerzeit ausgewandert. Wohin, wußte keiner – bis unlängst sein reichverzierter Grabstein eben in *Aquincum* aufgefunden wurde. Natürlich war das für Kempten ein sensationeller Aufhänger für eine Ausstellung.
Die Brücke vom bayerischen Allgäu nach Ungarn wurde schon vor einigen Jahren geschlagen; zunächst entstand eine Städtefreundschaft, die im Jahre 1987 als Städtepartnerschaft zwischen Kempten und dem westungarischen Sopron, deutsch Ödenburg, besiegelt wurde. Und wie sich gezeigt hat, standen die Freunde schon vor zweitausend Jahren im Römischen Reich miteinander in gewisser Verbindung.
Die denkmalgeschützte Innenstadt von **Sopron**, der kulturhistorisch wertvollste und geschlossenste Stadtkern des Landes, erhielt vor einigen Jahren den *Europapreis für vorbildliche Restaurierung*. Sopron wurde auf den Grundmauern des *municipiums Scarbantia* gebaut, das ursprünglich auf einem trockengelegten Sumpffeld angelegt worden war. Mehr als drei Dutzend Römerstätten sind auf ungarischem Territorium bekannt. Mehrere davon sind freigelegt, in einigen anderen – wie zum Beispiel in **Balácapuszta** im Komitat Veszprém – wird immer noch fleißig gebuddelt. Gut erschlossen ist das ehemalige *Gorsium* bei **Tác**, unweit von **Székesfehérvár**. Und dieses wiederum ist eine der ältesten ungarischen Städte, die als *Alba Regia* in die Geschichte einging. In Gorsium wird schon seit 1958 regelmäßig gegraben. Im ersten Jahrhundert unserer Zeitrechnung war Gorsium lediglich ein Camp, vom 2. bis 5. Jh. bereits eine Stadt und zugleich das kultische Zentrum der Provinz *Pannonia inferior* – mit einem Forum, einem Palast des Statthalters, mit altchristlichen Basiliken, Wohnhäusern und gepflasterten Straßen. Gorsium, das im 3. Jh. den Namen *Herculia* erhielt, lag am Schnittpunkt zweier wichtiger Handels- und Heerstraßen. Diese gingen beide von *Sopianae* aus, dem heutigen **Pécs**, und führten nach *Brigetio*, der heute zwischen der Tschechoslowakei und Ungarn zweigeteilten Donaustadt Komárno/**Komárom**, sowie nach *Aquincum* im heutigen **Óbuda** (Budapest). Die in Gorsium gefundenen Überreste zeugen davon, daß die römischen Städte in der pannonischen Provinz *Valeria* Baumeister und Künstler von hohem Niveau beschäftigten. Wertvolle Aufschlüsse über das damalige Alltagsleben geben zum Beispiel die Töpferarbeiten: Fläschchen, grünglasierte Gefäße sowie Schüsseln. Die Römer verehrten in ihrem Städtchen, auch dies ist belegt, die Götter Jupiter, Juno und Minerva. Die Kopie einer Jupiter-Säule aus dem 3. Jh. grüßt vor dem Museum in Aquincum auf dem Weg nach **Szentendre** (die ehemalige *Ulcisia castra*). Die beiden Siedlungen waren auf der Straße entlang der Donau angelegt, die dann weiter nach *Pone Navata* (**Visegrád**) resp. nach *Solva* (**Esztergom**) führte.
Welche Bedeutung *Aquincum* für die Römer hatte, beweist die persönliche Anwesenheit Kaiser Hadrians. Dieser erhob die Zivilsiedlung im Jahre 124, nachdem er dort ein Jahrzehnt zuvor noch als

Gorsium, seit vielen Jahrzehnten die nach *Aquincum* zweitwichtigste römische Ausgrabungsstätte des Landes, birgt auf dem ausgedehnten Areal wertvolle Skulpturen und Fresken, die zum Teil noch unter freiem Himmel gezeigt werden (jeweils rechts: unten, Mitte, außen, und links außen). Das Museum in *Aquincum* bewahrt architektonische und künstlerische Fragmente (links unten und rechts innen) von solch ausgezeichneter Qualität, daß sie teilweise sogar im Ausland gezeigt wurden.

AUF DEN SPUREN DER RÖMER

Statthalter gewirkt hatte, zum *municipium*. Jenseits der Donau, im heutigen Pest, gab es lediglich das Römercamp *Contra Aquincum*. Die Ausgrabungen in *Aquincum* und alle übrigen Funde auf dem Gebiet der heutigen Stadtteile Óbuda und Buda beweisen, daß hier eine vollständige Stadt am Limes entlang angelegt war, die über einen längeren Zeitraum ein bedeutendes Legionslager an der Donau bildete und zeitweilig sogar das militärische Oberkommando im pannonischen Verwaltungsbezirk *Valeria* beherbergte. Mosaikböden, Freskenfragmente, Grabbeigaben und Münzen sowie Schmuck ergänzen das heutige Wissen darüber. Einen guten Eindruck von der Militärstadt im III. Stadtbezirk vermittelt das Amphitheater mit seiner Gladiatorenschule; ebenfalls in Bp. III (wie Budapest stets abgekürzt wird, wobei die Bezirke in römischen Ziffern angegeben werden) ist die Herkules-Villa aus dem 3. Jh. eine beliebte Besucherattraktion.

Das Ende der römischen Besatzung und überhaupt der römischen Anwesenheit im Donaubecken liest sich wie die meisten Rückzugsgeschichten: „Die Wehranlagen und die inneren Gebäude trugen sichtbar die Spuren der Zerstörung. Wer nur konnte, verließ die unruhig und gefährlich gewordenen Grenzen. Zuallererst entfernten sich die Angehörigen der von weither nach Pannonien bzw. Aquincum versetzten Staatsbeamten. Auch die einheimische städtische Führungsschicht zog sich von der Donau, und damit von der direkten Grenze, zurück, eventuell auf ihre Güter auf dem Lande." Weiter schreibt die Budapester Archäologin Klára Póczy im Ausstellungskatalog *Das römische Budapest* (Lengerich 1986), „daß schließlich auch die verarmte Handwerkerschicht die Zivilstadt verließ, obwohl sie am neuen Standort kaum bessere Lebensbedingungen erhoffen konnte. Diese noch immer beträchtliche Bevölkerung entfernte sich offenbar nicht allzu weit, denn sie zog wohl mehrheitlich in das benachbarte *castrum*."

Information
Albatours
Balatontourist
Budapest Tourist
Ciklámen Tourist
Dunatours
Komturist
Mecsek Tourist
Savaria Tourist
Tolna Tourist
(Adressen siehe „Reiseinformationen")

Tips
In der römischen Provinz *Pannonia* bildete die Donau die Grenze des Imperiums. Am rechten Ufer verlief eine Heerstraße, bezeugt durch Meilensteine. Spuren der Besiedlung finden sich entlang dem gesamten Donauverlauf. Teilweise entstanden prächtige Siedlungen, wovon in Mosonmagyaróvár, Komárom, Győr, Szentendre, Buda, Dunaföldvár, Dunaújváros, aber auch abseits dieser antiken Hauptstraße in Szekszárd, Pécs, Sopron, Veszprém, Szombathely oder Székesfehérvár zahlreiche Funde zeugen.
Noch in unserer Zeit machen die Limes-Forscher immer wieder neue Entdeckungen, die in interessanten Ausstellungen zur Veranschaulichung des römischen Lebens in Pannonien gezeigt werden.

REISEZIELE

Die schönsten Museen

Die Weltstadt Budapest besitzt natürlich alle denkbaren Museen und Galerien. In der Provinz bietet Pécs die reichhaltigsten Sammlungen. Auch rund um den Plattensee erwarten den Besucher viele Museen – und oft gibt's Überraschungen und unverhoffte Entdeckungen.

In Fachkreisen zählen die ungarischen Museen zu den international führenden. Hunderte gibt es – landauf, landab.

Wunderschöne, meist barock oder klassizistisch eingerichtete **Apothekenmuseen** gibt es in mehreren Städten: Buda, Debrecen, Eger, Felhévíz, Győr, Mohács, Mosonmagyaróvár, Nádudvar, Nagykanizsa, Pápa, Pécs, Pécsvárad, Pest, Sárospatak, Sopron, Sopronbánfalva, Székesfehérvár, Szolnok und Zalalövő.

Bibliotheken: Eine der schönsten Bibliotheken *(Helikon)* ist im Schloß Keszthely zu sehen. – Zirc: Die nach dem Sprachforscher Antal Reguly benannte Bücherei umfaßt rund 40 000 Bände. – Sehr sehenswert sind die Museen der Reformierten Kollegien in Debrecen und in Sárospatak. – Eger: herrliche Bücherei der Erzbischöflichen Diözese in der Pädagogischen Hochschule. – In Esztergom befindet sich die älteste Bibliothek des Landes (Bálint-Balassi-Museum).

Literarische Museen: Im Jókai-Gedenkmuseum in Balatonfüred wird an den Erzähler Mór Jókai (1825-1904), den man den *ungarischen Balzac* nannte, erinnert. – Sümeg: Dort ist dem Dichter Sándor Kisfaludy ein Gedenkmuseum gewidmet, worin auch Dokumente des Reformationszeitalters zu sehen sind. – Das Attila-József-Gedenkmuseum in Balatonszárszó wahrt das Gedenken an den proletarisch-revolutionären Lyriker der dreißiger Jahre.

Burgmuseen: Csillagvár bei Balatonszentgyörgy (Thema der Ausstellung: Leben in alten Wehrburgen); Diósgyőr; Esztergom (Königsburg des Árpádengeschlechts); Gyula; Kisnána; Kisvárda; Kőszeg; Sárospatak; Sárvár; Siklós; Simontornya; Sümeg; Szigetvár; Szerencs, Veszprém (mit römischen Funden aus Balácapuszta); Visegrád. – Im früheren Zichy-Schloß von Várpalota ist das Artillerie-Museum mit einer militärgeschichtlichen Ausstellung eingerichtet. – Das Kinizsi-Burgmuseum in Nagyvázsony präsentiert neben archäologischen Funden und alten Möbeln spätmittelalterliche Waffen. – Im Palóczenmuseum von Balassagyarmat findet man neben Keramiken und einer Archäologiesammlung auch alte Waffen.

Ethnographische Museen: Im Tihanyer Freilichtmuseum sind neben Bauernhäusern und Folkloreexponaten auch Fischfang- und Landwirtschaftsgeräte ausgestellt. – Das Bakony-Haus in Veszprém ist ein originaleingerichtetes Bauernhaus vom Balaton-Nordufer. – Orosháza: János-Szántó-Kovács-Museum. – Göcsej Freilichtmuseum in Zalaegerszeg. – Die deutsche Minderheit wird in zwei Museen vorgestellt: im Dorfmuseum von Mecseknádasd und vor allem im Nationalitätenmuseum in der Miklósmühle von Tata.

Im 200 Jahre alten Talpasház von Balatonszentgyörgy werden Volkskunst und Folklore gezeigt. – In Mezőkövesd machen gleich zwei Museen mit der *matyó*-Volkskunst bekannt.

Landschafts- und **Regionalmuseen**: Das Bakony-Museum von Veszprém veranschaulicht die Geschichte des Komitats von der Urzeit über die Römerepoche bis zur Nachkriegshistorie. Das Balaton-Museum in Keszthely zeigt archäologische und naturwissenschaftliche Kollektionen der Plattenseegegend. – In Zamárdi wird im *tájház*, so heißt ein Landschaftshaus in der ungarischen Sprache, eine Volkskunstausstellung präsentiert. – Dráva-Museum in Barcs; Slowakisches Dorfhaus in Békéscsaba; János-Damjanich-Museum in Szolnok. – Szatmármuseum in Mátészalka.

Handwerk: In Hódmezővásárhely und in Mezőtúr sehr schöne Keramikkollektionen aus drei Jahrhunderten. Bäckermuseum in Sopron. Herrliche Fayencen werden im Kuny-Domokos-Museum in Tata gezeigt (auch römische Funde und regionale Folklore). – Zahlreiche Unikate aus der Produktion der Porzellanmanufaktur Herend gibt es im Werksmuseum, Keramiken der Porzellanfabrik Zsolnay im eigenen Museum in Pécs.

Historische Museen: Die Geschichte des Balaton-Oberlandes wird in Tihany gezeigt. Respektabel ist auch das Lapidarium mit Steindenkmälern der Römerzeit. – Stadtgeschichtliches im *Budenzház* in Székesfehérvár; ebendort eines der bedeutendsten Museen der Provinz: István-Király-múzeum (König-Stephan-Museum). – Jász-Museum in Jászberény mit regio-

Das Ferenc-Móra-Museum in Debrecen (links außen).

Margit-Kovács-Museum in Szentendre, Detail (links innen).

Skulpturen von Imre Varga in Óbuda (rechts innen oben).

Das Lehel-Horn in Jászberény (rechts innen unten).

Deutsch-Ungarisches Museum in Tata, Detail (rechts außen).

DIE SCHÖNSTEN MUSEEN

nalhistorischer Schau und vor allem mit dem legendären *Lehel-Horn*. – In Vác besitzt das Vak-Bottyán-Museum Bestände aus der Gotik und der Renaissance.

Kunst: Déri-Museum von Debrecen – das schönste, vielfältigste und wohl reichhaltigste Museum Ungarns. – Das Smidt-múzeum in Szombathely ist eines der schönsten Privatmuseen des Landes.

Maler: Das József-Egry-Museum in Badacsony zeigt eine ständige Ausstellung aus dem Nachlaß. – Balatonboglár/Boglárlelle: Wechselnde Galerieausstellungen in der Blauen und in der Roten Kapelle. – Kaposvár: Dem populären József Rippl-Rónai (1861-1927) ist eine Schau seiner Werke im gleichnamigen Museum gewidmet. Das Gros der Exponate zählt zu den Abteilungen Archäologie, Ethnographie, Naturwissenschaft und regionale Geschichte. – Mihály Zichy war im vergangenen Jahrhundert einer der namhaftesten Maler und Graphiker Europas, der auch in München ein angesehenes Atelier unterhielt. Sein Wirken wird in Zala dokumentiert. – In Pécs sind zwei Museen (Csontváry Kosztka sowie Victor Vasarely) und eine Galerie malenden Künstlern gewidmet. – Etwas für Fans: das Museum der Naiven Künstler in Kecskemét. – In Békéscsaba macht das gleichnamige Museum mit dem umfangreichen Werk von Mihály Munkácsy (1844-1900) bekannt. – Gemäldegalerie István Csók in Székesfehérvár. – Mehrere Galerien gibt es in Szentendre.

Musik: Dem Operettenkomponisten Jenő Huszka (1875-1960) ist die Ausstellung in dessen Balaton-Sommerhäuschen in Fonyód gewidmet. – Unweit davon, in Siófok, gibt es das Emmerich-Kálmán-Gedenkzimmer für den dort 1882 geborenen Operettenkomponisten. – In Gyula wird der Schöpfer der Melodie der ungarischen Nationalhymne, Ferenc Erkel, gewürdigt. Zudem gibt es dort einen Gedenksaal für Albrecht Dürer, dessen Vorfahren aus Gyula stammen.

Landwirtschaftsmuseen: Alte landwirtschaftliche Geräte werden in Keszthely im Rahmen einer Ausstellung über die Agrarwissenschaftliche Hochschule *Georgikon* gezeigt, Ende des 18. Jh. das erste Institut dieser Art in Europa. – Die frühere Meierei in Szántódpuszta gibt einen guten Eindruck von einem herrschaftlichen Hof des 18./19. Jh. – Sümeg: In einem denkmalgeschützten Stall ist eine Ausstellung von alten Sätteln und Pferdegeschirr eingerichtet. – Lipizzanermuseum in Szilvásvárad, Pferdemuseum in Mezőhegyes. – Parádfürdő: Kutschenmuseum in einem denkmalgeschützten Stall. Ein besonders hübsches Museum: das Paprikamuseum in Kalocsa. – Das nach dem Globetrotter-Offizier István Türr benannte Museum in Baja zeigt eine sehr schöne Ausstellung des Fischereiwesens an der Donau. – Gemencer Jagdmuseum in Szekszárd. – Ferenc-Kubinyi-Museum im Schloß von Szécsény. – Hirtenmuseum in Hortobágy und in Bugacpuszta. – Weinbaumuseen in Badacsony (mit Geschichte der Weinkultur am Balaton seit der Römerzeit), in Sárospatak (Geschichte des Weinbaus in der Zemplénregion) und in Tokaj (in einem Handelshaus aus dem 18. Jh.), ferner in Eger und Szekszárd.

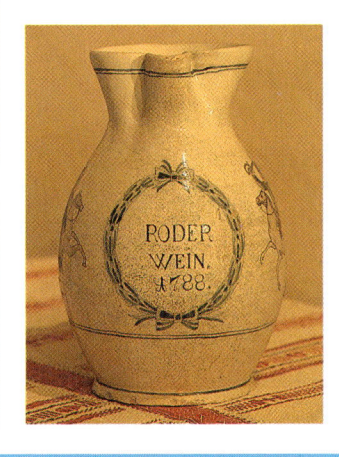

Naturwissenschaftliche Museen: In Zirc werden Funde aus dem Bakony-Gebirge ausgestellt. – In Miskolc ist im Ottó-Hermann-Museum eine bedeutende prähistorische Kollektion zu sehen. – Győr: mehrere Sammlungen im János-Xantus-Museum. – Bergbaumuseen in Sopron und in Salgótarján, Geschichte des Bergbaus in Tatabánya. – István Graf Széchenyi war ein Wegbereiter des Verkehrswesens, woran im Schloß Nagycenk erinnert wird. Außerdem werden dort Prunkkutschen und Uniformen gezeigt. – Postmuseen in Nagyvázsony und in Balatonszemes, worin die Geschichte der Post sowie ungarische Briefmarken gezeigt werden. – Und noch einen Extratip: In Eger ist *hoch oben* ein kleines faszinierendes Sternwartenmuseum versteckt.

Information
OIH Budapest
Ungarisches Fremdenverkehrsamt in Frankfurt (Adressen siehe „Reiseinformationen")

Tips
Einige Museen, die zu besuchen sich auf einer Reise durch Ungarn unbedingt lohnt: Schloß Keszthely; Pécs: Csontváry-Museum; Sátorhely bei Mohács: Gedenkstätte; Kalocsa: Paprikamuseum; Baja: István-Türr-Museum; Tokaj: Regionalmuseum; *Gorsium*/Tác: römische Ausgrabungsstätte; Székesfehérvár: István-Király-Museum; Debrecen: Déri-Museum; Eger: Erzbischöfliche Bibliothek; Szombathely: Savaria-Museum und Smidt-(Privat-)Museum; Parádfürdő: Kutschenmuseum; Lipizzanermuseum Szilvásvárad; Esztergom: Christliches Museum; Tata: Deutsches Nationalitätenmuseum; Szentendre: Serbisch-Orthodoxe Kirchenkunstsammlung; Mezőtúr: Badár-Museum (Keramik); Herend: Museum der Porzellanmanufaktur; Göcsej-Dorfmuseum in Zalaegerszeg.
Budapest: Ethnographisches Museum; Jüdische Religions- und Historische Landessammlung; Kunstgewerbemuseum; Museum der Bildenden Künste; Nationalgalerie und natürlich das Nationalmuseum.

KÜCHE UND KELLER

Die ungarische Gastronomie genießt einen legendären Ruf. Dennoch: Der Paprika ist kein ungarisches Gewächs, wie schon Károly Gundel in seinem berühmten Kochbuch betonte. Eines ist sicher: Der König der Weine gedeiht in Nordungarn. Franz Schubert komponierte eine Hymne auf den Tokajer Wein.

TÓS

KÜCHE UND KELLER

Genüsse

„Die Budapester Hotels sind durchwegs rein, bequem, solid und billig", schrieb G. E. Winterstein 1896 in seinem Geleit- und Gedenkbuch *Illustrirter Führer durch Budapest*. Und die hauptstädtischen Restaurants? „Sie sind rühmlichst bekannt durch ihre Reinlichkeit, durch die vorzügliche ungarische Küche, unverfälschte, gute Getränke und durch ihre fabelhafte Billigkeit. In allen namhaften Hotels werden auch Speisen verabreicht, bevorzugt werden jedoch die Restaurants, weil die Küche nicht minder gut, aber viel billiger ist. – Eine Spezialität von Budapest bilden die Kaffeehäuser. Sie sind zumeist luxuriös ausgestattet und die beliebtesten Rendez-vous-Plätze, zumal in einigen – allerdings in den weniger feinen – Zigeunermusik spielt. In allen belebteren Straßen und Gassen findet der Fremde mehr oder weniger elegante Cafés, in der Andrássy-Strasse und auf dem Grossen Ring in auffallend grosser Zahl, so dass er sich mit Recht darüber wundern kann, woher diese enorm vielen Kaffeehäuser ihre Gäste bekommen! Und doch sind fast sämtliche Kaffeehäuser bis spät in die Nacht geöffnet und mit Gästen dicht gefüllt! Wir bemerken, dass alle Hotels Restaurationen und Kaffeehäuser haben."

Küche und Keller
Der Paprika sei mild

Eine weitverbreitete Meinung ist: Die Speisen der ungarischen Küche sind immer scharf. Richtig ist: Sie sind kalorienreich, und Kenner fügen hinzu: Der Paprika ist am besten mild. Es heißt auch, die Ungarn würden im Wein schwimmen. Doch: Der Ungar trinkt mehr Bier als Wein!

Fast einhundert Jahre später ließe sich vieles wiederholen: Die *fabelhafte Billigkeit* ist für westliche Besucher des Landes nach wie vor gegeben, nicht jedoch für die meisten Einheimischen, denn das Lohnniveau ist außerordentlich niedrig. Die Konsumlust mancher Ungarn nahm im vergangenen Jahrhundert freilich kaum ab – zu groß sind die Verlockungen. Franz Fühmann, der verstorbene DDR-Schriftsteller, unternahm einmal folgenden Gaumenspaziergang, den er dann detailliert zum besten gab: Apfelkuchen – Cognac-Krapfen – Eisbombe – Erdbeerkorb – Erdbeerkrapfen – Französische Cremeschnitte – Grillage-Muschel – Himbeerkorb – Kaffeesahnentorte – Kastanienkorb – Kastanienpüree mit Sahne – Kastanienkrapfen – Krokantbombe – Mandelkipfel – Mandelschnitte – Nougatschnitte – Obstkrem – Obsttorte – Orangenschnitte – Parfaitschnitte mit Sahne – Punschtorte – Preßburger Mohnkipfel – Preßburger Nußkipfel – Sachertorte – Schokoladenbombe – Schokoladenpunschdessert – Schokoladentorte – Wiener Würfel.

Lebt der Mensch vom Brot allein?

Die Szene entbehrte nicht einer gewissen Ergriffenheit: Da hält ein Minister vor Zehntausenden von Zuhörern und vor Millionen von Fernsehzuschauern eine Rede und spricht – vom Brot. Nein, es war nicht etwa der Minister für Landwirtschaft, sondern der Minister für Landesverteidigung! Ein Kabinettsmitglied, das sonst eher mit Waffen und Feinden zu tun hat, redet – vom *neuen Brot*. Der ungarische Verteidigungsminister, ein altgedienter Kommunist, sprach am Tag der (sozialistischen) Verfassung, dem 20. August, vor Tausenden von Rekruten, die vor dem Parlament auf dem Kossuth-Lajos-tér in einer mehrstündigen Zeremonie feierlich vereidigt wurden. Auf einem Silbertablett wurde ein frischer Brotlaib serviert. Der 20. August wird in Ungarn seit langem als der Tag des neuen Brotes begangen. Gemeint ist symbolisch der Zeitpunkt der Ernteeinbringung. *Das neue Brot*: Das ist wahrhaftig eine Staatsaktion. Lan-

Viel mehr als im Westen ist das Fahrrad – vor allem auf dem Land – ein tagtäglich benutztes Transportfahrzeug.

Für die Autofahrer auf Urlaubsreise heißt es deshalb spätestens nach Einbruch der Dunkelheit – Vorsicht!

DIE GENÜSSE UND DAS BROT

ge vor dem 20. August hängen überall im Land Plakate mit den Ziffern 2 und 0 und einem stilisierten Symbol für Weizen, Getreidehalm oder Ähre, immer mit der ungarischen Trikolore Rot-Weiß-Grün verbunden – ob in Porzellangeschäften oder in der Disko, in Eisenwarenhandlungen oder Weinstuben, in Spielzeugwarengeschäften, sogar an Nachtclubeingängen oder in der Metro. Brot ist für die Ungarn – zumindest dem Volksmund nach – das Allerwichtigste, und der Staat subventioniert bis heute das Grundnahrungsmittel Nummer eins. Allerdings wird Brot auch als beliebtes Futtermittel für Hühner und Schweine, Truthähne und Rindvieh verwendet. Es klafft also ein erheblicher Widerspruch zwischen der alltäglichen Praxis und der Verehrung für „unser täglich Brot". Auf dem Land ist es vielfach Brauch, daß ausschließlich die Hausfrau oder aber das Familienoberhaupt das frische Brot anschneiden darf.

Ohne Brot – Weißbrot versteht sich, den populären Dickmacher – scheint es in Ungarn keine Mahlzeit zu geben. Zugegeben: Ein Streifen Speck schmeckt mit frischem Weißbrot eben besser; und frische Walnüsse mit einer Schnitte Brot – gibt es etwas Leckereres? Hm – und Butterbrot mit hausgemachter Aprikosenmarmelade drauf: fein! Zur Blut- und Leberwurst, im Stehen verzehrt, paßt noch besser als Kartoffeln ein Stück Weißbrot, womöglich hausgebackenes Bauernbrot ... Die Ungarn essen sogar zu mancher Suppe ein Stück Brot, sie bröckeln es ins Gemüse und natürlich in die zahlreichen Eintopfgerichte.

„Kein Wort der ungarischen Sprache hat einen größeren Gehalt als *das ungarische Brot*", sagt in einer gleichnamigen Erzählung der bekannte Schriftsteller Renő Erdős. Es sei ein heiliger Augenblick, wenn das erste Brot aus dem neuen Mehl angeschnitten werde. „Sprechen wir es einmal aus: *kenyér*! (ny wie in cognac – also *kenyijehr*). Es ist unmöglich, die Erhabenheit dieses sanft-wohllautenden, ganz weich anklingenden und hart endenden, tief melodischen Wortes, das zu Gott emporsteigt, nicht zu fühlen: *Gib uns heute unser täglich Brot...* Die landläufige Redensart der Bauern jenseits der Theiß: *Wenn nur das Brot im Hause nicht ausgeht,* beweist die tiefe Bescheidenheit dieses Menschenschlages; wenn diese Gefahr, der Mangel an Brot, dieses furchtbare Unglück, nicht droht, dann ist der Mensch zufrieden."

Ein Standardwerk der ungarischen Ethnographie verrät, wie vielfältig *kenyér* die tägliche Umgangssprache beeinflußte. Von den 13 670 Redewendungen, die Gábor O. Nagy im Laufe eines langen Sammlerlebens aufzeichnete, sind siebzig dem Brot gewidmet. Zum Vergleich: Das großartige, fünfbändige *Deutsche Sprichwörterlexikon* (1866) von Karl Friedrich Wilhelm Wander mit über 200 000 Sprichwörtern führt aus dem gesamten deutschen Sprachraum 410 Nennungen zum Stichwort Brot auf.

Die Bedeutung von *Aller Anfang ist schwer* wird im Ungarischen gelegentlich mit *Zuerst muß man die Rinde aufessen, erst dann kommt das Brotinnere* umschrieben. Alt oder besser gesagt nicht mehr jung ist derjenige, *der schon den größten Teil seines Brotes verzehrt hat*. Ein großes Lob zollt man jemandem, wenn man von ihm sagt, *er sei so gut wie ein Bissen Brot*. Ironisch sagt man: *Wenn's dich – und das Brot nicht gäbe*. Wenn jemand sehr müde ist, scherzt man: *Du würdest bis zum neuen Brot dösen*. Zum Heiraten sagt man in ländlichen Gegenden: *Mit Hausbrot fangen. Wir werden noch ein weiches Brot verzehren* meint ein gnädig erhofftes Schicksal. Jemanden *mit weichem Brot erwarten* bedeutet, ihn mit Liebe empfangen.

Viel Brot muß man miteinander essen, bevor man einander kennenlernt bedarf wohl keiner weiteren Erläuterung. *Ist es sehr weit ohne Brot?* ist eine sehr poetische Umschreibung der Frage nach der Entfernung. Im übrigen sei bemerkt: Der Ungar arbeitet nicht, er *verdient* das Brot – und wenn man es wörtlich übersetzt: Er *sucht* sich sein Brot.

KÜCHE UND KELLER

Der Wein

Von den vierzehn Weinbaugebieten Ungarns liegen dreizehn in Berg- oder Hügellandschaften. Nur eine einzige Anbauregion, Kiskunság, zugleich die größte, ja größer als alle übrigen zusammen, ist Flachland. Dort in der Tiefebene gedeihen aufgrund des milden Klimas sogar verschiedene Weinsorten. Die meisten der im Inland angebotenen Marken sind jedoch keineswegs wertvolle Jahrgangsweine, sondern in der Regel Verschnitte aus mehreren Ernten. Eine kleine Auswahl besonderer ungarischer Weine gefällig? *Egri Bikavér (Erlauer Stierblut)*: Dieser renommierte Rotwein wird in Eger gekeltert – aus ca. 60% der aromatischen Kadarka-Rebe, 20% Blaufränkischem, je 10% Cabernet und des Portugieser (Oporto). Die dunkelrote Farbe erhält der Wein vom Farbstoff der Beerenschalen. Fachleute meinen, man sollte seine Haltbarkeit nicht überschätzen. Eine Delikatesse aus Eger ist der koschere *Cabernet Sauvignon*. Dieser köstliche Rotwein – ebenfalls von den Hängen des Mátra-Gebirges – wird unter der Aufsicht des Budapester Oberrabbinats gekeltert.
Kadarka: Die beste Sorte wird um Szekszárd geerntet.
Fehér Burgundi (Weißer Burgunder): Diesen nur in kleinen Mengen angebotenen Wein aus dem Mecsek-Gebiet, der aus Chardonnay- und Melontrauben gepreßt wird, zeichnet ein äußerst intensives Bukett aus.

Harslevelű (Lindenblättriger): Kein Tafelwein, sondern eher ein Wein für Feinschmecker. Der Lindenblättrige wird so wegen der Blattform der Traube genannt. Experten schätzen an ihm seine unvergorene natürliche Restsüße sowie die delikate Blume – und seine Haltbarkeit. Harslevelű wird leicht von der Edelfäule befallen, weshalb er sich ausgezeichnet zu Beerenauslesen eignet. Im Tokajer gibt er beispielsweise der gut haltbaren, herberen Furminttraube die zarte Süße. Der bekannteste Lindenblättrige – grüngelb, hellgolden – wird in Feldebrő im Mátra-Gebirge gelesen (Debrői Harslevelű).
Leányka (Mädchentraube; leány = Mädchen): Trotz relativ geringer Säure hat dieser vor allem am nördlichen Plattensee wachsende Weißwein eine gute Haltbarkeit von mehreren Jahren. Er gehört zu den bevorzugten milden, süffigen, mit natürlicher Restsüße gesegneten Weinen.
Móri Ezerjó (Moorer Tausendgut): Rund um das deutschsprachige Städtchen Mór (dt. Moor) wächst an den Vertés-Hängen der als Ezerjó angebotene Weißwein. Er wird als ein von fränkischen Weinbauern, die sich im 18. Jh. im Komitat Fejér ansiedelten, nach Ungarn *verschleppter* Zierfandler bezeichnet. Er ist ein extrakt- und alkoholreicher aromatischer Wein, kräftiger als beispielsweise der mildere Gumpoldskirchner. Drei bis vier Prozent Restsüße und eine angenehme Säure machen ihn zu einem beliebten Wein mit einem typischen Bukett. Experten und Feinschmecker sind sich in diesem Fall ganz einig und verleihen ihm sogar die Krone unter allen ungarischen Weißweinen.
Oporto (Portugieser): Diese Rebsorte brachten deutsche Winzer im 18. Jh. nach Wieland (Villány), wo sie kultiviert wurde, bevor sie fast alle Rotweingegenden des Landes bereicherte. Der ausdrucksvolle Wein wird von den Kennern mit Hinweis auf seine samtige Vollmundigkeit charakterisiert.
Szürkebarát (Grauer Mönch): Unter dieser frommen Bezeichnung wird ausschließlich der am nördlichen Plattensee, an den vulkanischen Hängen des Badacsony-Berges wachsende Pinot gris abgefüllt. 5-6% Restzucker und 12 bis 14% Alkohol sowie eine tiefgoldene Farbe sind die Merkmale dieses halbsüßen Weins von guter bis ausgezeichneter Qualität.
Auch nicht zu verachten: der Badacsonyer *Blaustengler (Kéknyelű)*, den eine elegante Säure, ein hoher Alkoholgehalt und ein besonders feines Aroma charakterisieren.
Tokajer! – „Der König der Weine – Der Wein der Könige": Davon gibt es mehrere Sorten, darunter auch einen elfprozentigen, harmonischen, an Duft und Aroma reichen Wein: den *Tokajer Furmint*. Vorgestellt werden sollen die zwei meistverlangten Sorten: *Tokaji Aszú* und *Tokaji Szamorodni*. Aszú ist der Ausdruck für Ausbruch – ein Wein, den es nur in alle Schaltjahre gibt. Konkret: Im letzten halben Jahrhundert gab es ihn nur etwa ein dutzendmal. Von den beiden edlen Rebsorten Furmint und Lindenblättriger werden in den trockeneren Jahren am Stock die Trockenbeeren, in den etwas feuchteren die von der Edelfäule befallenen Edelbeeren ausgebrochen. Die Mischung besteht aus 70-75% Furmint, 25-20% Lindenblättrigem, dazu kommen 5% geschrupfter Trauben (Ausbruchtrauben). Eine Eigenheit des Tokajers ist jeweils die Bezeichnung der

Die ältesten Weinkeller gibt es in Tokaj (aus dem 16. Jh.), Sopron und Eger, in den alten traditionsreichen Weinregionen. Der Gärschimmel ist ein wichtiger Faktor bei der Herstellung bestimmter Sorten. Die Fotos entstanden in Tokaj (Keller), am Balaton (Korbflasche), bei Sopron (Traubenernte), in Eger (Faß) und in Veszprém (Tänzerin).

Mischmenge. Je nachdem, wie viele Bütten der edelfaulen Beeren (zu 15 kg) mit dem Mostinhalt des geeichten 135-Liter-Fasses vermengt werden, spricht man von 3 und 4- bzw. 5-*puttonyos*-Weinen. Die Menge bedingt auch den Reifeprozeß: Drei oder vier Bütten benötigen drei oder vier Jahre zur volle Reife. Der Spitzenwein lagert fünf Jahre, bis er auf 13-14% Alkoholgehalt vergärt, 6-12% Restzucker und 7 bis 8 Promille Säure hat. Die besten Lagen der jeweiligen Sorte werden wie kostbare Antiquitäten gehandelt ...

Beim *Tokaji Szamorodni* wird auf auf die Trockenbeer- und Beerenauslese verzichtet. Die Trauben werden gepreßt, wie sie gewachsen sind. Dies besagt auch der slawische Ausdruck *szamorodni* für selbstgewachsen. *Édes* (süß) im Zusatz deutet auf sonnigere Jahrgänge, *száraz* (trocken) auf feuchtere Herbsttage hin. Der *szamorodni száraz* ist ein Appetitanreger vom trockenen Sherry-Typ.

Franz Schubert komponierte ein Loblied auf diesen Dessertwein, wie er – trotz der Namensanlehnungen in Frankreich, Südafrika oder Italien und in der Südostslowakei – so unnachahmlich nur in Nordungarn wächst.

O köstlicher Tokajer, du königlicher Wein!
Du giessest Kraft und Feuer durch Mark und Gebein.
Ich fühle neues Leben durch meine Adern sprühn,
und deine Nektarreben in meinem Busen glühn.

Die Tokajer Weine können auch als seriöse Arzneimittel gelten, wie Miklós Pap aus Tokaj in seinem international oft prämiierten Buch *A tokaji* seitenweise berichtet. Sie enthalten diverse Säuren, Fette, Vitamine, Enzyme, Säfte und auch mehrere für den Gesamtorganismus des Menschen wichtige Mineralstoffe. Der Autor, der wohl prominenteste Kenner der Tokajer Weine, führt eine ganze Anzahl von Daten auf, die die wohltuende Wirkung begründen und erklären. Die von Miklós Pap in Auszügen zitierte Kundenliste liest sich wie ein *Who is Who* des europäischen Adels vom 17. bis zum 19. Jahrhundert. Auch der Spruch *Wein der Könige, König der Weine* galt einst als Adelsprädikat.

Wie ein Blitzschlag traf landesweit alle ungarischen Winzer und Weingroßerzeuger Gorbatschows Antialkoholkampagne in der Sowjetunion: Seit den Zarenzeiten wissen die Russen und auch die sowjetischen Konsumenten die Qualität der Ungarnweine zu schätzen. Es gilt, mittel- und langfristig nach neuen Märkten Ausschau zu halten. Die Qualität wird dafür ausreichen, aber es gibt Probleme mit der Europäischen Gemeinschaft, da Frankreich, Italien und die Bundesrepublik ebenso namhafte Weinproduzenten sind wie Griechenland, Portugal und Spanien. Man müsse unbedingt mit Qualitätserzeugnissen auf den Markt kommen, schlagen die Fachleute zwischen Sopron und Pécs vor. „Im Preis sollten wir aber auch nicht die Letzten sein", heißt es. „Wir wissen, wie schwer es ist, im Westen Fuß zu fassen, nicht zuletzt wegen der hohen Mittel, die für die Einführung neuer Produkte und für die PR aufgewendet werden müssen."

Wie schwierig die Marktsituation im Land der sprichwörtlichen Weinseligkeit ist, mag jene Tatsache beweisen, daß von Jahr zu Jahr wesentlich mehr Bier konsumiert wird als Wein. Dies, obwohl es teurer ist, von der Qualität gar nicht zu reden. Die meisten Alkoholiker sind Konsumenten von Bier und harten Alkoholika.

Dabei ist die Tradition des Weinanbaus sehr alt. *Schon die alten Römer...* Sie gründeten Pannonien, an mehreren Orten kultivierten sie den Weinanbau. Die Weinindustrie heutzutage versucht, den Anbau in verschiedene Hände zu legen. Teile der dem Staat oder den diversen Genossenschaften gehörenden Anbauflächen werden mittelfristig zu recht günstigen Zinsen und fairen Konditionen an private Winzer verpachtet, die sich vertraglich verpflichten müssen, als Gegenleistung alle Tätigkeiten im Weinberg zu besorgen: Jäten, Reben schneiden und die Lese selbst vornehmen. Die großen Firmen sorgen ihrerseits für die Parzellierung – und wo erforderlich – für die Umzäunung des Geländes, sie beschaffen Masten und Weinstöcke, sie veranlassen die Bodenkultivierung und die Unkrautbekämpfung – zum Teil mit Charterflugzeugen; sie bearbeiten auch die Anbaufläche mit Maschinen. Größere Investitionen für Fuhrpark oder Kellerräume sind für den Genossen nicht erforderlich, denn die Firma nimmt – je nach Vertrag – bis zu achtzig Prozent des Ertrags ab. So manch ein Winzer beliefert, oft exklusiv, irgendein Speiselokal oder einen Weinkeller in der Hauptstadt oder in einer weinarmen Gegend des Landes. Der Nebenerwerb ist, trotz der manuellen Tätigkeit, die nach Feierabend und an den Wochenenden manchmal von der ganzen Familie vorgenommen werden muß, recht lukrativ. Die Winzer haben mit der Lese – im Gegensatz zu den größeren Firmen, die Aushilfskräfte für Tausende von Hektar benötigen – anscheinend keine Probleme. Ein Winzer, der zwei Anbauflächen von je 0,3 Hektar gepachtet hat, verrät das Erfolgsrezept: „Die meisten haben eine große Verwandtschaft; einige kommen sogar aus Budapest angereist. Da wird ein Kesselgulasch gekocht, es gibt ein paar Gläschen Schnaps, und an einem Tag ist die gesamte Lese vorbei."

Die Preß ist prächtig, nur der Wein
soll gerathen,
dan wünsch ich mir, als dausent
Dukaten,
jetzt seh ich dem Weinstok, o welches Vergnügen,
jetzt du ich voll Freude mein Hut her ab ziehen,
ich betracht dieses Gewächs, und die große Almacht,
die oft aus traurigen lustigen macht.

Diese Inschrift, die auf einer Weinpresse im Weinmuseum von Villány (Wieland) zu lesen ist, brannte Márton Gerner 1883 ein.

KÜCHE UND KELLER

Spezialitäten

Man muß einmal auf einen Jahrmarkt, auf ein Dorffest gehen, um zu sehen, wie hier – bei Bier und/oder Glühwein, der in Ungarn manchmal auch aus Weißwein zubereitet wird, bei Blut- und/oder Leberwürsten, einheitlich *hurka* genannt, wie hier beim Zigeunerbraten – *pecsenye* – und bei dünnen Pfannkuchen – *palacsinta* – gefüllt mit Aprikosenmarmelade und Zucker oder mit gemahlenen Walnüssen und Zucker oder mit gemahlenem Mohn und Zucker oder mit Zimt und Zucker oder mit süßem Topfen und Zucker – eine Lebenshaltung, ja etwas wie ein Lebensgefühl veranstaltet und gefeiert und zelebriert wird.

„Will jemand ganz genau den Geschmack der ungarischen Gerichte erzielen, dann muß er sich ungarisches Schmalz, ungarische Paprikaschoten, ungarischen Gewürzpaprika, ungarische Tomaten und ungarische Zwiebeln beschaffen", diktierte vor einem halben Jahrhundert der Meisterkoch Károly Gundel ins Vorwort seines Kochbuchs, das seit 1934 in sieben Sprachen, darunter in Japanisch, fast vierzig Auflagen erlebte. Gundel, Inhaber eines renommierten Budapester Lokals in der Nähe des Heldenplatzes, des Nationalmuseums, des Großzirkus im Vergügungspark mit Zoo sowie in unmittelbarer Nähe des Széchenyibads, betrieb auch ein bißchen Landesgeschichte: „Die ungarische Küche wurde von den Türken beeinflußt, die nach der Niederlage bei Mohács 1526 anderthalb Jahrhunderte einen großen Teil des Landes besetzt hielten." Und dann wendet er sich wieder den Delikatessen zu, wie seiner Kreation der Palatschinken, seinem eigentlichen Metier. Unter den Vorspeisen, meint der Stargastronom, sei die Gänseleber zu erwähnen. „In Ungarn werden die Gänse im Freien gemästet, dadurch entwickelt sich die Leber zu besonderer Größe; sie schmeckt kalt und warm

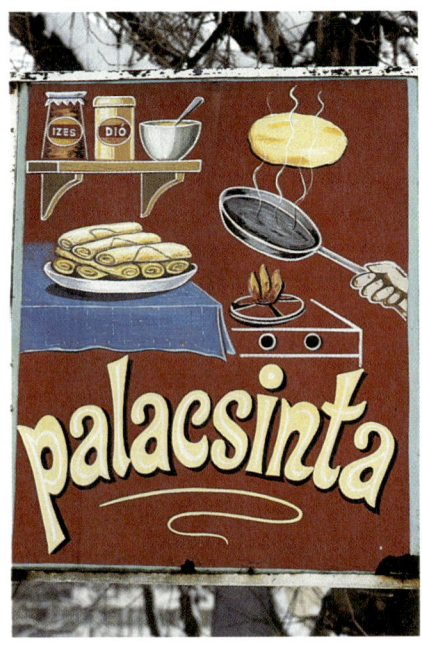

Lecsó / Letscho

Zutaten für 4 Personen:
750 g grüne Paprikaschoten
400 g Tomaten
150 g Zwiebeln
30 g geräucherter Speck
30 g edelsüßer Paprika
70 g Fett
3 - 4 Knoblauchzehen; Salz

Speck in kleine Würfel schneiden und braun werden lassen, dann das Fett und die feingeschnittenen Zwiebeln zugeben, kurz bräunen. Die Tomaten kurz abbrühen, die Haut abziehen und vierteln. (Auch die Paprikaschoten können, falls sie scharf sind, abgebrüht werden.) Wenn die Zwiebeln geröstet sind, die in längliche Stücke geschnittenen Paprikaschoten und Tomaten hinzufügen, Paprikapulver darüberstreuen und alles langsam weichdünsten. Serviert wird zum *lecsó* entweder ein Kotelett oder fette Wurst (*kolbász*), dazu Salzkartoffeln oder – ursprünglicher – frisches Brot.

SPEZIALITÄTEN UND PAPRIKA

gleichermaßen ausgezeichnet. Es muß auch", erinnert Gundel, „auf den Ferkelbraten hingewiesen werden, der in Ungarn, rotbraun und knusprig gebraten, häufiger auf den Tisch kommt als in Westeuropa. Die ungarische Pute ist weltberühmt. Das ungarische Obstangebot ist einmalig. Farbe, Geschmack und Aroma der Früchte verdienen den Ruhm des Dichters. Pfirsiche, Aprikosen und die geschätzten ungarischen Weintrauben finden nicht ihresgleichen", schwärmt der berühmte Ungar fränkischer Herkunft von der ungarischen Küche, die er wesentlich beeinflußte. Nun, die Marketing-Aktion *Gutes aus Ungarn* macht es möglich, in (fast) jedem westeuropäischen Kaufhaus Lebensmittel aus Ungarn zu erwerben. Jedoch Vorsicht – (er)mahnt noch einmal Meisterkoch Gundel: „Butter, Margarine oder Öl ergeben keinesfalls die gewünschte Geschmacksnote. Und bei Schweineschmalz darf es ausschließlich das bei starker Hitze ausgelassene, nach Grieben schmeckende Schmalz sein! Auch die Farbstoffe des Gewürzpaprikas lösen sich am besten im Schweineschmalz. Bei der Verwendung des Paprikas sollten wir uns nicht fürchten, den Gerichten die angegebene Menge zuzufügen, auch wenn sie uns übermäßig hoch erscheint! Sie ist für die entsprechende Geschmackswirkung erforderlich. Beim ersten Ausprobieren können wir natürlich mit etwas weniger experimentieren", rät er, dessen Name zu Budapest gehört wie Sacher zu Wien oder Kempinski zu Berlin. Der Meister selbst korrigiert die weltweit verbreitete Meinung, Paprika sei ein *echt ungarisches* Gewürz. „Noch in den ungarischen Kochbüchern aus der ersten Hälfte des 19. Jh. wird Paprika kaum erwähnt, vor zweihundert Jahren war er noch unbekannt."

Paprika & Co.
Gegenwärtig werden – in der Reihenfolge der Qualität – nachstehende Gewürzpaprikapulversorten angeboten: Delikateß-, edelsüßer, halbsüßer, milder, Rosen-, scharfer und Spezial-Paprika. Neben dem Gewürzpaprika wird als zweite Gattung der Gemüsepaprika angebaut: Dessen frische Schoten sind grün oder hellgelb, die auch roh verzehrt werden. Ausgereift bekommen alle Gemüsepaprikaschoten ihre intensive rote Farbe.

Es gilt also, so manche Meinung zu revidieren. Dazu gehört das Vorurteil, jedes mit Paprika zubereitete Mahl sei ein Gulasch. *Guylás* ist ein mit reichlich Brühe, Zwiebeln und Paprika zubereitetes Suppengericht, in dem in Würfel geschnittene Kartoffeln mitgekocht und zu dem gezupfte Nockerln, eine Art handgemachter Spätzle, gereicht werden. Ebenfalls mit Paprika zubereitet wird *pörkölt*, dessen Saft saucenartig ist. Die Zwiebeln sind feingeschnitten. Pörkölt gleicht einem Ragout. Vom pörkölt unterscheidet sich *paprikás* (sprich: paprikahsch) im wesentlichen darin, daß es ausschließlich aus weißem Fleisch unter Zugabe von saurer und/oder süßer Sahne, allerdings mit weniger Zwiebeln und weniger Paprika zubereitet wird. Rahm bzw. saure Sahne wird übrigens in der ungarischen Küche reichlich und oft verwendet. Zum Thema *paprikás* könnte man auch sagen, es sei die feinere, sozusagen die salonfähigere Variante von pörkölt. Den beiden erwähnten Gerichten ähnelt *tokány* (sprich: tokahny; ny wie gn in cognac), jedoch wird das Fleisch nicht in Würfel, sondern in dünne Streifen geschnitten. Der Paprika spielt dabei nur eine kleine Rolle, er kann sogar wegbleiben. Aber dafür kommen neben kräftigen Gewürzen wie Pfeffer und Majoran Zutaten wie Räucherspeck, Pilze und Tomaten hinein.

Tips

Ein paar Buchtips zur Appetitanregung:
Zoltán Balász: Das Buch vom Ungarwein, Stuttgart 1981.
Károly Gundel: Kleines ungarisches Kochbuch, 1986.
Albert Vajda: Paprika, Paprika, München 1979.
József Venesz: Ungarische Kochkunst, Budapest o. J.

Wenn Sie zum Essen gehen: Die durchschnittliche Speisekarte enthält folgende Kapitel: *Levesek* (Suppen), *Köretek* (Beilagen), *Salátak* (Salat, zumeist süßsauer eingelegter), *Tésztak* (Kuchen), *Készételek* (fertige Speisen), *Frissensültek* (frisch Gebratenes) und *Különlegességek* (Spezialitäten).
Wenig Gemüse wird angeboten, nicht weil Mangel herrscht, sondern weil es wohl als zu minderwertig gilt. Und der ungarische Kaffee: meist klein und unglaublich stark; Filterkaffee gibt es nur in den Urlauberhochburgen.

163

KÜCHE UND KELLER

Ein recht sympathisches Gewächs – dieser Paprika! Seinetwegen haben weder die Portugiesen Asien noch die Spanier Amerika erobern wollen, seinetwegen sind auch nicht – wie einst wegen Seide oder wegen des *richtigen* Pfeffers – Handelskriege geführt worden. Dennoch ist die Bedeutung des Paprikas enorm, und vieles bleibt bei dieser *typischen* ungarischen Frucht im dunkeln. Besorgte Patrioten stellen sich sogar die Frage, was Ungarn ohne Paprika wäre.

Historische Quellen aus früheren Jahrhunderten verraten, daß der *indische* Pfeffer, den die europäischen Eroberer aus der Neuen Welt mitgebracht haben, eigentlich der Vorläufer des heutigen Paprikas gewesen sein *muß*. Im selben Jahr, als Ungarns Heer bei Mohács gegen die Türken fiel, 1526, trat der Paprika über den Atlantik seinen Siegeszug durch die (Alte) Welt an. In der *Historia generaly natural de las Indias,* die im selben Jahr erschien, berichtet der spanische Kolonisator Oviedo über diese Pflanze, die sich in Südamerika und in der Karibik schon vor der Conquista allergrößter Beliebtheit erfreute.

Die südslawischen Händler – Serben vor allem –, die seit dem 17. Jh. den Handel mit Gewürzen in Ungarn beherrschten, machten den Paprika dort heimisch. *Papar* ist der serbische Ausdruck für Pfeffer; abgeleitet wurde er von *Paprika* – am Wortende mit einem gehauchten O. Von Chili bis zum sogenannten Nepalpfeffer hat der Paprika weltweit viele Namen: indischer, türkischer, spanischer und natürlich ungarischer Pfeffer.

Zu welcher Zeit entstand die Paprikaindustrie in Ungarn? Noch in der zweiten Hälfte des vorigen Jahrhunderts wurde Paprika außerordentlich sparsam verwendet. Mag sein, daß die deftigen Speisen des Volkes – wie man zu sagen pflegte –, denen Paprika in größeren Mengen beigefügt wird, von den Damen der feinen Gesellschaft, die damals die Kochbücher verfaßten, einfach nicht berücksichtigt wurden. Heute ist der Paprika in seiner industriellen Verarbeitungsform, in dem Folklore-Musterstädtchen Kalocsa und vor allem in Szeged, ein wichtiges Exportgut der Republik Ungarn. Die hübsch eingerichteten Museen in Kalocsa und in Mihálytelek bei Szeged vermitteln einen Eindruck von diesem Exportartikel, der in mehr als hundert Länder der Welt verkauft wird. Der Paprikaanbau macht heute ein Fünftel der gesamten Gemüseproduktion aus. Es überrascht den Besucher wohl keineswegs, im Frühherbst ganze Schulklassen und Kasernenbesatzungen bei der Paprikaernte zu sehen.

Pilzpörkölt
Zutaten für 4 Personen:
600 g Pilze
120 g Zwiebeln
100 g Schweinefett
300 g grüne Paprikaschoten
100 g Tomaten
30 g Edelsüßpaprika
1 - 2 Knoblauchzehen; Salz

Die Pilze waschen, zerkleinern. Die feingehackten Zwiebeln im Fett rösten, die in Streifen geschnittenen Paprikaschoten, Tomaten, den Knoblauch und die Pilze zugeben, danach mit Paprikapulver bestreuen, mit ein wenig Wasser gardünsten. Vor dem Anrichten salzen. Das Kochwasser kann mit einem kräftigen Schuß Rotwein ergänzt werden, um so den Geschmack der Soße zu verfeinern.
Serviert wird dieses Pilz„gulasch" mit *galuska*, einer Art handgemachter Spätzle. Alternativ – mit Brot. Und wenn schon für die Soße Wein verwendet wird, wer wird auf ihn zur Mahlzeit verzichten wollen?

DER PAPRIKA

Der Paprikaanbau – Farbgehalt, Geschmack und Aroma sind für den Fachmann die drei wichtigsten Kriterien – ist eine Wissenschaft für sich. Daß er lohnt, beweist unter anderem der höchste internationale Preis, der für wissenschaftliche Forschung verliehen wird: Albert Szent-Györgyi (1893-1986) extrahierte im Jahre 1932 aus der Paprikaschote das Vitamin C; fünf Jahre später nahm der Szegeder Professor für seine Entdeckung den Nobelpreis für Medizin entgegen. Der Paprika – lateinischer Name *Capsicum anuum L.* – enthält auch das wichtige (relativ seltene) Vitamin P sowie Karotin. In seiner nicht veredelten Form wurde Paprika seit 1600 als Arzneimittel und Aphrodisiakum verwendet. Und seit dem 18. Jh. braute man Paprikaextrakt zur Herstellung von Rheumaheilmitteln.

Professor Szent-Györgyi lebte dann fast vier Jahrzehnte im Exil in in Amerika, auf dem gleichen Kontinent, von dem wahrscheinlich Kolumbus den Paprika herübergebracht hatte. Was mag der große Entdecker wohl mit der Tagebucheintragung vom 22. Dezember 1492 gemeint haben? „Die Indios haben für zahlreiche Dinge ganz andere Wörter. Sie gaben alles, was die Spanier begehrten. An diesem Tag kamen einhundertzwanzig mit Menschen überladene Kanus zu den Schiffen und alle brachten etwas mit, hauptsächlich von ihrem Brot und Fisch und dazu Wasser in kleinen Tonkrügen und mancherlei Samen von guten Pflanzensorten."

Apropos Fisch und Wasser. Aus dem reizvollen Donaustädtchen Baja in Südungarn stammt ein Rezept für eine *halászlé*, eine kräftige Fischsuppe, die als die beste Ungarns gilt. Es sei in aller Kürze verraten: Drei Kilogramm verschiedener Fische – Hecht, Karpfen, Schill, Wels, Aal, Schleie – werden filettiert, in Würfel geschnitten und gesalzen. Schwanzstück, Kopf, Flosse und Gerippe werden in zwei Liter Salzwasser mit mindestens 300 g geschnittenen Zwiebeln (auf)gekocht. In das siedende Wasser fügt man etwa 40 g edelsüßen und einen halben Teelöffel scharfen Paprika hinzu. Eineinhalb Stunden läßt man diesen Sud kochen, passiert (siebt) die Brühe dann, gießt sie auf den Fisch und läßt ihn nochmals, unter häufigerem Rütteln des Topfes, ungefähr 15 Minuten ziehen. Nicht umrühren! Die angegebene Menge reicht für mindestens vier Personen. Diese Fischsuppe ist nur dann richtig kraftvoll, wenn sie aus den sechs erwähnten Fischsorten zubereitet wird. Servieren kann man sie so, wie es Kolumbus in jenem anderen Zusammenhang beschrieben hat: In kleinen Tonkrügen – mit hausgebackenem Weißbrot und mit Wein.

Der Paprika ist für Ungarn so typisch wie die Csárdásfürstinnen und Zigeunerprimase. Über die Operette – Stichwort: Temperament – schlich sich der Paprika auch in die Gastronomie ein. Im Süden des Landes sind zur Erntezeit manche Häuser voll mit Paprika behängt, der luftgetrocknet werden soll. Danach wandert er in die Fabrik, um zum Pulver zu werden, das wiederum mehrere Güteklassen aufweist. Der Paprika ist eine Wissenschaft – und ein Genuß, sofern er vernünftig angewendet wird. Ungarische Mahlzeiten verlangen zwar oft den Paprika, aber nicht in jenen Mengen, wie ihn miserable Köche oder unqualifizierte Kochbuchautoren zuweilen empfehlen.

Ob mit oder ohne Paprika: Leicht verdaulich sind alle diese Speisen nicht. Die Ungarn wissen schon, warum sie einen *barack*, den allgegenwärtigen Aprikosenschnaps also, oder einen Sliwowitz vor, während und nach jeder Mahlzeit so sehr schätzen.

Eine Vorwarnung sei in diesem Zusammenhang noch mit auf die Urlaubsreise gegeben: Hüten Sie sich, nüchtern oder angeheitert, ohne gewisse ungarische Sprachkenntnisse, auf Ungarisch „Zum Wohlsein!" zu wünschen. Warum? Nur die geringste falsche Betonung jenes Wortes „Egészségedre!", und es ist auf durchaus anstößige Weise von ganz anderen Dingen die Rede...

165

LAND UND LEUTE

Bereits das sozialistische Ungarn war stolz auf seine Gesetze, die den Minderheiten gewisse Rechte einräumten. Die relativ freie Entfaltung in den letzten Jahrzehnten brachte kulturelle Vielfalt. „Eine Heimat kann es nur dort geben, wo das Recht gilt!", schrieb der Poet und Revolutionär Sándor Petőfi seinen Landsleuten ins Stammbuch.

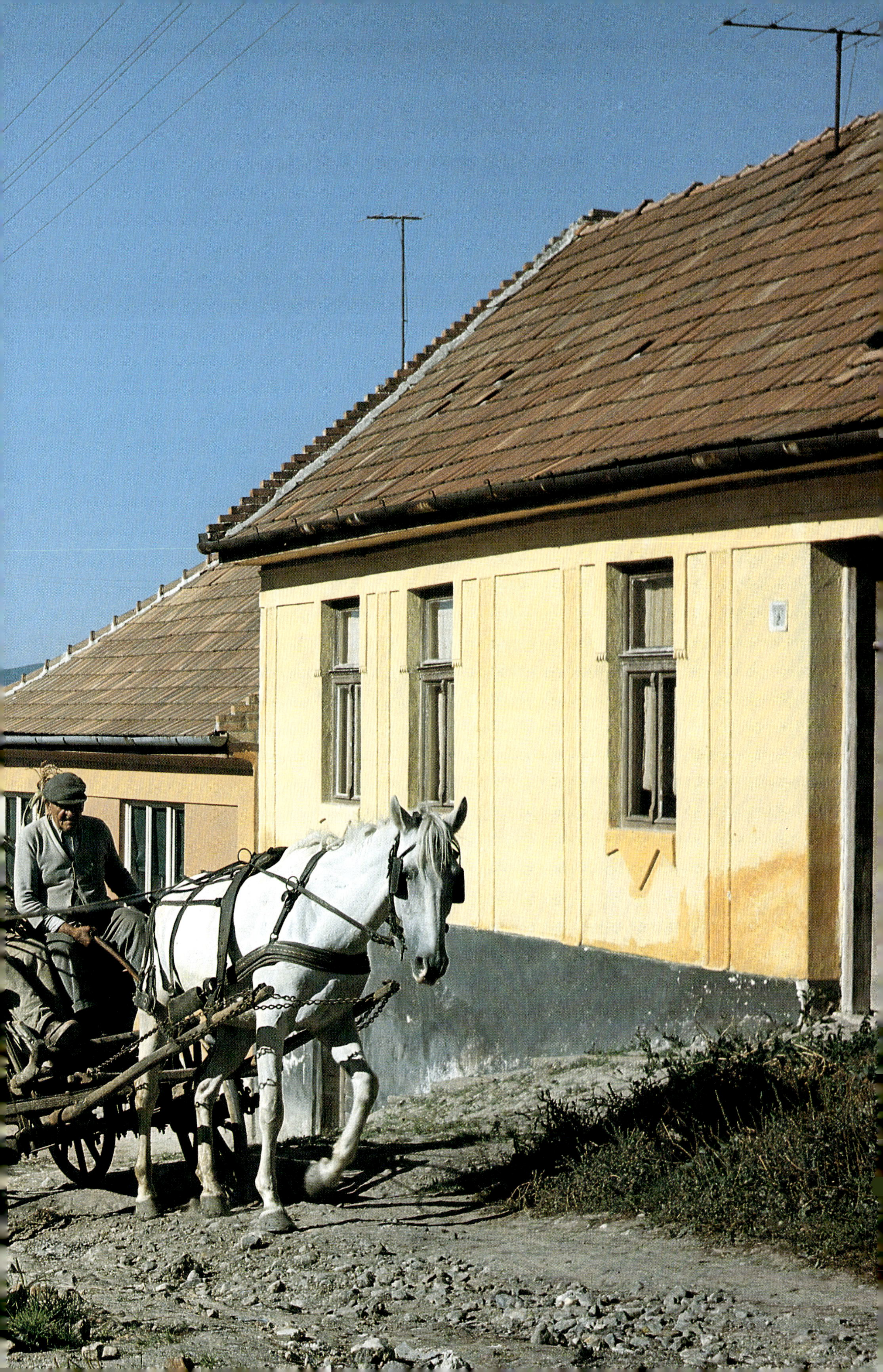

LAND UND LEUTE

Land und Leute
Traditionen im Alltag

Woher stammen die Ungarn, deren Sprache erst 1844 das Lateinische im offiziellen Sprachgebrauch ablöste? Was sind das für Blüten, die der István-Kult treibt? Die erfolgreichen Musicals? Die Masken von Mohács? Die Wunderelf? Geschichte und Alltag im Magyarenland ...

Die Sprache

Woher kommen die Ungarn, ein Volk, das seit nunmehr tausend Jahren in Mitteleuropa beheimatet ist? *Verstehen* Finnen und Ungarn einander? Nein, überhaupt nicht. Die Gesamtheit der finno-ugrischen Sprachen ist das Ergebnis mehrerer Sprachspaltungen. Die erste kam durch die Trennung des Urvolkes in zwei Volks- und Sprachgemeinschaften zustande. Eine Gruppe waren die Ugrier: Ihre Sprache lebt fort im Ungarischen sowie im Wogulischen und im Ostjakischen. Aus dieser Sprachgemeinschaft sonderte sich wiederum durch das Verlassen des angestammten Gebiets das Ungarische zuerst ab. Ein Teil der Eigenheiten der finno-ugrischen Sprachen ist auf die Spezifika der Mundarten der Grundsprache zurückzuführen. Das ungarische Sprachgebiet zerfällt in acht größere Mundartgebiete, wobei die Mundarten nicht so sehr voneinander abweichen, als daß Ungarn, die aus entlegenen Mundartregionen stammen, einander nicht verstehen würden. Das Ungarische erfuhr in früherer Zeit bei weitem nicht solche bedeutende Veränderungen wie beispielsweise in demselben Zeitraum die deutsche, die französische oder die englische Sprache.

Das älteste Dokument in ungarischer Sprache stammt aus dem 11. Jh.; eine aus dreihundert Wörtern bestehende Leichenrede wurde Anfang des 13. Jh. verfaßt. Umfangreichere Schriften und Codices stammen aus dem 15. Jh., die meisten Dokumente – oft sind es Abschriften älterer Codices – entstanden im 16. Jh., als auch das älteste ungarische Buch (Bibel) erschien. Der ursprüngliche Wortschatz des Ungarischen ist im Lauf der Zeit durch Entlehnungen aus verschiedenen Sprachen bereichert worden. In den Jahrhunderten vor der Landnahme (zumeist wird dafür das Ende des 9. Jh., das Jahr 896, angegeben) kamen die Magyaren offenbar mit einem in der Wolgagegend seßhaften bulgarisch-türkischen Volksstamm in Berührung, von dem sie Ackerbau und Viehzucht erlernten. Dessen Mundart übte einen sehr starken Einfluß auf den Wortschatz der ungarischen Sprache aus. Auch altslawische, vor allem altrussische Entlehnungen erfolgten vor der Ansiedlung in Europa. Die in den Jahrhunderten danach aufgenommenen Bestandteile des Wortschatzes sind zum Teil der Altkirchenslawischen, teils der serbischen, zum Teil der kroatischen Sprache entlehnt. Nicht minder stark war der Einfluß der deutschen Sprache, der bereits zur Zeit König Stephans (um das Jahr 1000) begann. Istváns Frau Gisela war die Tochter des bayerischen Herzogs Max. Die Vermittler der deutschen Lehnwörter waren bayerische, österreichische oder fränkische Mönche und Ansiedler. Aus den ersten Jahrhunderten des Königtums stammen auch ältere italienische Entlehnungen, welche durch den regen Handelsverkehr und durch zahlreiche Ansiedlungen erfolgten. Das Lateinische, das in Ungarn bis zum Jahr 1844 (!) die Sprache der Kirche, des Unterrichts, der Wissenschaft, der Gesetzgebung und der Rechtspflege war, hinterließ nur vereinzelte Spuren. Dazu gesellte sich türkischer Einfluß: durch die angesiedelten Petschenegen, Kumanen und Tataren zwischen dem 10. und 13. Jahrhundert und zudem durch die Osmanen während der Türkenanwesenheit im 16. und 17. Jahrhundert.

In den nördlichen Regionen kommen slowakische, in den östlichen rumänische Lehnwörter vor. Diese blieben jedoch – mit Ausnahme einiger weniger Ausdrücke – den anderen Mundarten und der Schriftsprache fremd. Sowohl die ungarische Schriftsprache als auch die Umgangssprache sind im 18.

Eine Anregung für den fröhlichen Urlaub: das Sammeln von Stilblüten auf Speisekarten, entlang den Straßen und in Prospekten.

Verehrung und Kult: István-Relief in Esztergom (links innen); Stephanskrone aus Pappmaché in Székesfehérvár (rechts).

SPRACHE UND NATIONALE TRADITIONEN

und 19. Jahrhundert nachhaltig durch zahlreiche Neubildungen der sogenannten Sprachneuerer bereichert worden. Nun, so unverständlich Ungarisch für deutsche Ohren auch klingen mag, und so schwer es für deutsche Zungen auszusprechen ist, eines läßt sich leicht merken: Die Betonung liegt (fast) immer auf der ersten Silbe.

István-Kult

Etwas vom Umgang mit der Geschichte in Ungarn vermittelt der Kult um den Kirchen- und Staatsgründer König Stephan (István), von dem weder Geburts- noch Sterbeort bekannt sind. Die *Stephanskrone* ist heute wieder das offizielle Staatssymbol. Das Original stammt aus dem 12., womöglich dem 13. Jh. Und auch die *Heilige Rechte* (Hand) gilt als eine nationale und religiöse Reliquie, ein Symbol des Ungarntums. Dies, obwohl bekannt ist, daß das Stück nicht von Stephan stammt; eine solche Reliquie wurde erstmals im 15. Jh. erwähnt. Im Zeichen von politischen, gesellschaftlichen und wirtschaftlichen Reformen brauche das Land eine starke Hand, lautete immer wieder die Devise derjenigen, die am Ruder saßen. Der namhafteste István-Forscher, György Györffy, sieht den historischen Stephan in einer 200seitigen Biographie weitaus differenzierter: „Das in der allgemeinen Vorstellung vorhandene Bild einer geschichtsmächtigen Persönlichkeit ändert sich unter der Wirkung von Propaganda und Gegenpropaganda – und was das Lebenswerk anbelangt, wird es danach beurteilt, ob es den eigenen Bestrebungen dienlich oder hinderlich ist." Der Professor, Träger des Herderpreises 1988, verweist auf Stephans „Züge der Grausamkeit", als es darum ging, die neue Religion bei seinem nomadischen Volk durchzusetzen.

Sei's drum – zum 950. Todestag wurde 1988 in der Basilika zu Székesfehérvár ein Oratorium aufgeführt; im Zeichen Stephans wurden Briefmarken und Poster, Keramikvasen, Münzen und Medaillen, Wandbehänge und Schmuckkästchen sowie andere Devotionalien angeboten. Die größte Brauerei des Landes klebte ein knallrotes Etikett auf ihre Flaschen mit dem Hinweis *Heiliger-Stephan-Spezial-Bier* und verkaufte das ohnehin nicht billige Getränk gleich um 50 Prozent teurer. Ebenso um die Hälfte teurer als normale Sorten waren sechs Weinmarken, denen nur das Etikett *Sankt-Stephan-Krone* gemeinsam war. Ein auf István getaufter Sekt war doppelt so teuer wie die gängigen Marken – István war *das* Geschäft des Jubiläumsjahres 1988! Ein illustriertes Kinderbüchlein kostete das Doppelte eines gewöhnlichen Jugendbuches. Der Zrínyi-Militärverlag gab eine Würdigung heraus, und die Ungarische Szent-István-Gesellschaft beim Verlag des Heiligen Stuhls publizierte ein *Gesangs- und Gebetbuch zu Ehren Istváns*.

Lyrisch wandte sich der Popsänger János Bródy schon im Jahre 1983 an seine Landsleute, als er zum 900. Gedenktag der hundertfach angenommenen Heiligsprechung in der populären Rockoper *István a Király* dichtete: „Das Schicksal verhielt sich oft stiefmütterlich zu uns, jedoch: wir könnten neu das Land erobern. Ich frage nicht, wie lange noch unter uns umhergehen werden Heuchler, Augenverdreher, falsche Priester. Nur soviel frage ich – auf Antwort wartend: Wollen wir Sklaven sein oder frei?"

Nationalitäten

In Traditionen tief verwurzelt ist das Volk der Sinti. Sie werden in Ungarn noch Zigeuner genannt, ohne daß dieses als beleidigend empfunden wird. Aber: In welcher bedrängten und problematischen Situation die große Minderheit der Sinti bzw. Roma im ungarischen Staat lebt, kann hier nur angedeutet werden; die Geschichte dieses Volkes ist geprägt von Verfolgung und Diskriminierung. Ihre sozialen Probleme im heutigen Ungarn sind enorm; die schulische Ausbildung der Kinder kommt vielfach zu kurz, sie lernen die ungarische Sprache oft nur mangelhaft. Die Wohnungs- und die Arbeitsmisere der Sinti bzw. Roma ist auch in der Zeit des Sozialismus nicht gelöst worden. Die gewisse Lagerfeuerromantik existiert nur in historisierenden TV-Produktionen. Obwohl es Hunderte von Amateurmusik- und Tanzgruppen gibt, gehören Zigeuner vergleichsweise selten dazu. Sie bilden eine völlig in sich geschlossene Gruppe. Als Musiker schließen sie sich untereinander zusammen, vielleicht streben sie in das bekannte 100-köpfigen-Zigeunerorchester ... Niemals sind Zigeuner in Sportmeldungen zu finden; es gibt zwar einen prominenten Geschichtenerzähler und einen einzigen bekannteren Maler, ansonsten kommen Zigeuner im öffentlichen Leben der Ungarn und auch in den Statistiken einfach nicht vor, obwohl sie als ethnische Minderheit mindestens 4 % der Gesamtbevölkerung ausmachen. Sie sind im Film wie im Fernsehen sowie in der Politik bestenfalls Objekte der Darstellung.

Dem Schicksal der Ungarndeutschen zugewandt, sagte György Aczél 1983 in einer Rede auf dem 6. Kongreß des (damals sozialistischen) Demokratischen Verbandes der Ungarndeutschen: „Wir bedauern sehr, daß auch unschuldige, ja sogar fortschrittliche Menschen für Verbrechen büßen mußten, die nicht *sie* begangen hatten. Die Geschichte hat bewiesen, daß man innere Probleme nirgendwo dadurch lösen kann, indem man

---

Tips

Ein paar Buchtips für Interessierte, die ihr Wissen über Land und Leute noch vertiefen wollen: Ein Standardwerk: Südosteuropa-Handbuch V: Ungarn, Göttingen 1987. – Die Geschichte Ungarns. Von den Anfängen bis zur Gegenwart, Budapest 1988. – Peter Hanák: Ungarn in der Donaumonarchie, 1984. – Tekla Dömötör: Volksglaube und Aberglaube der Ungarn, Budapest 1981. – Gy. Györffiy: König Stephan der Heilige, Budapest 1988. – Ein Bildband für Kunstfreunde: Károly Szelényi: Ungarn, Budapest 1986. – Für Freunde der Märchen: Der himmelhohe Baum. Ungarische Volksmärchen, Budapest 1984. – Ein einfühlsames Reiselesebuch: Gerda Rob: Unbekannter Nachbar Ungarn, Aarau 1983. – Außerdem sei darauf hingewiesen, daß der Autor dieses Reisebuchs bereits mit einem Ungarn-Bildband (Luzern 1988) hervorgetreten ist.

LAND UND LEUTE

Nationalitäten- oder Religionsgruppen zum Sündenbock stempelt und Rassenhaß oder nationale Gegensätze schürt. Diese Erkenntnis war die Voraussetzung dafür, daß wir zu den edlen Traditionen des Deutsch-Ungarntums zurückkehren konnten. Dabei prägte sich uns die Lehre ins Bewußtsein, daß es auch aus einem so vielfach zerstörten und vergifteten Verhältnis, wie es die Beziehungen zwischen dem ungarischen Volk und der deutschen Minderheit waren, einen normalen Ausweg gibt." Die in Ungarn lebenden Deutschen seien mit ihrem Fleiß und ihrer hohen Arbeitskultur geachtete Menschen, lobte György Aczél, Abgeordneter des Komitats Baranya/Branau, in dem die meisten Deutschstämmigen leben. „Ein Land verleiht keine Rechte, wenn es die Möglichkeiten für die Gleichberechtigung schafft, sondern es erfüllt seine Pflicht", meinte das prominente Mitglied des Ministerrats. Die Partei beschloß damals, daß die Nationalitätenpolitik von der Zahl der Staatsbürger, die einer Nationalität angehören, unabhängig sein muß. Die Pflege der Muttersprachenkultur, der Volkssitten und die Entwicklung der eigenen Schulen hätten einen wichtigen Platz einzunehmen. Die Partei setze sich dafür ein, daß die Angehörigen der fünf Nationalitäten (Deutsche, Slowaken, Serben, Rumänen, Kroaten – 3,4 Prozent der Bevölkerung) neben ihrer Mundart auch die literarische Sprache weitergeben bzw. sich aneignen. Übrigens, etwa eine Viertelmillion Bewohner bekennt sich zur deutschen Nationalität. Und eine Handvoll von ihnen *schreibt* in deutscher Sprache. Nach dem absoluten Verbot zwischen 1945 und 1955 erlebte die deutschsprachige Nationalitätenliteratur eine Renaissance in den sechziger Jahren. 1974 trat sie mit zwei Sammlungen an die Öffentlichkeit, ein halbes Jahrzehnt später folgten *Bekenntnisse – Erkenntnisse*. Valeria Koch, Jahrgang 1949, gab ihrer zweisprachigen Gedichteauswahl den Titel *Zuversicht*. Im übrigen spielt die ungarndeutsche Literatur, also die von Ungarndeutschen verfaßte Lyrik und Prosa, innerhalb der *ungarischen* Literatur von heute keine Rolle. Eine Kostprobe von Engelbert Rittinger, Jahrgang 1929, der ein *Lied der Ungarndeutschen* dichtete: „Deine Kinder deutscher Zunge/ hegen dich mit braver Hand/ deine Luft nährt unsre Lunge/ Ungarn, liebes Vaterland."
Immerhin ist an der Janus-Pannonius-Hochschule für Lehrerbildung in Pécs ein Lehrstuhl der deutschen Sprache eingerichtet, und der Pécser Regionalrundfunk von Fünfkirchen strahlt Sendungen in deutscher Sprache aus.

Neues Kulturgut drang einst in die Siedlungsgebiete kaum ein. In den einzelnen deutschen Dörfern wurde jeweils eine andere Mundart gesprochen, die Kommunikation beschränkte sich auf wenige Kontakte. Umgangssprachen, vom Hochdeutschen ganz zu schweigen, wurden kaum gepflegt. Beinahe jedes Dorf bildete eine geschlossene Einheit. Der überwiegende Teil der Siedler war in der Landwirtschaft, im Wein- oder im Bergbau tätig. Und so reflektiert auch die ungarndeutsche Literatur meist die dörfliche Umwelt, die in fröhlich-kitschiger Mundartprosa geschildert wird. Manchmal sind es anekdotisch pointierte Dorfgeschichten und Kalenderstories ohne höheren literarischen Anspruch – nichts Weltbewegendes also, aber die ländliche Welt umfassend. Versuche, dieser Tradition zu entfliehen, unternehmen einzelne Schriftstellerinnen der Nachkriegsgeneration.

Für die ungarländischen Deutschen spielt es eine wichtige Rolle, aus welcher Region ihre Vorfahren eingewandert sind. Sie brachten Sitten und Bräuche aus der alten Heimat mit – Sprüche, Lieder und Tänze sowie die religiösen Traditionen. Die Trachten waren damals Gebrauchsgegenstände. Noch vor zwei Generationen war das Tragen der Volkstracht in den deutschen

Sinti bzw. Roma (links außen und oben) gehen ihren traditionellen Berufen nach, betätigen sich zum Beispiel im Pferdehandel. In Ungarn spricht man in der Umgangssprache nach wie vor von Zigeunern; sie selbst nennen sich *cigány* (sprich tzighani). In ernsteren Debatten oder in wissenschaftlichen Abhandlungen ist von Sinti bzw. Roma die Rede. Doch kein Wirt engagiert eine Sintikapelle, die Romaklänge spielt. – Beim Weinlesefest in Eger (links unten). – Drei-Nationalitäten-Denkmal (Ungarn, Deutsche, Südslawen) in Mohács (rechts innen). – Ungarndeutsche in Pécsvárad (rechts außen).

170

BRAUCHTUM UND KUNST

Gemeinden weit verbreitet. Heute sieht man jedoch nur noch vereinzelt in manchen alteingesessenen Ortschaften bei gesellschaftlichen Anlässen – Taufe, Firmung, Konfirmation, Hochzeit, Begräbnis – vor allem (ältere) Frauen in den traditionsreichen Originaltrachten. Allerdings erlebt die Volkstracht als Schaustück gegenwärtig im ganzen Land eine Renaissance in den Folkloregruppen der fünf Nationalitäten. Eine Übersicht der historischen Herkunft nach Regionen mag die Siedlungsvielfalt von 250 Jahren zeigen. Bekannt sind (in alphabetischer Folge): Altenburger Tracht – badische – Bamberger – bayerische – Elsässer – fränkische – hessische – Lausitzer – mecklenburgische – österreichische – ostpreußische – pommersche – rheinische – Schaumburger – schlesische – schwäbische – Schweizer – siebenbürgische – Thüringer – Vierländer – westfälische und württembergische Tracht.

Eine eher kleine Rolle im Kulturbetrieb spielen Slowaken und Südslawen, wobei in der südöstlichen Tiefebene (Komitat Békés) sowie in Nordungarn einige slowakische Kulturhäuser lokal oder regional von Bedeutung sind. Die Serben besitzen zudem mehrere herrliche orthodoxe Kirchen.

Ein uralter slawischer Brauch hält sich in Mohács: *busójárás* (sprich: *buschoh-jah-rahsch*). Heute ist dieses Ritual eine touristische Attraktion ersten Ranges. Zehntausende von Besuchern kommen in die Baranya. Sie reisen an, um ausgelassen vom Winter Abschied zu nehmen. Der kultische Gedanke, „das Unfruchtbare zu beseitigen und das keimende Leben zu fördern", dürfte ihnen eher unwichtig scheinen, wichtig sind heutzutage vor allem Speis und Trank in großen Mengen.

Vieles an dieser originellen Tradition ist ungeklärt. Sie erinnert an ein Naturvolk, dessen Ursprünge fast so mythisch und so mystisch sind wie der Name der Maskierten. Ihre Vorfahren – die sogenannten Schokatzen – gehören einem südslawischen Volksstamm an, der kaum in den Lexika erwähnt wird. Die *busó* tradieren einen heidnischen Brauch, der im Berchtesgadener Land und in der Schweiz etwa ähnlich vorkommt (Perchten, Kläuse). Die Masken von Mohács, eine furchterregender und häßlicher als die andere, sind phantastische Objekte aus Holz, Schafspelz, Stoff und Hörnern. Nur erwachsene Männer durften ursprünglich die handgeschnitzten Holzmasken tragen.

Die Larventräger schlendern nur stumm durch die Gassen. Ein Festzug bildet am Nachmittag den Höhepunkt des melancholischausgelassenen Faschingssonntags. Die Musik ist an diesem Tag rein südslawischen Charakters. Wie magisch zieht in der Abenddämmerung der meterhohe Scheiterhaufen die Besucher an, die sich vom nahenden Frühling etwas von jener Wärme erhoffen, die das lichterloh brennende Feuer auf dem Platz an der moscheenartigen Stadtkirche und vorm Rathaus ausstrahlt. Der ursprünglich von Männern gestaltete Kreistanz *kolo* läßt einen Tag lang den *csárdás* vergessen, und wenn es nicht der Carnevale in Venedig oder der Karneval in Rio sein muß: Ein Ausflug könnte am letzten Faschingssonntag an die südliche Donau, nach Mohács, führen.

Bildende Kunst

Die Welt reißt sich um Victor Vasarely; der gebürtige Ungar lebt seit mehr als einem halben Jahrhundert in Frankreich – nun auf seine alten Tage kehrt er in die Heimat zurück. Er kommt nicht mit leeren Händen: Seiner Geburtsstadt Pécs schenkte er bereits vor Jahren 150 seiner bunten Kunstwerke. Der Metropole Budapest vermachte er bereits 1982 rund 400 seiner Werke aus sechs Jahrzehnten. Fünf Jahre später richtete die Hauptstadt dem bekanntesten zeitgenössischen Künstler Ungarns großzügig und geschmackvoll das ehemalige Barockschloß der Grafen Zichy in Óbuda als Museum ein. Der Publikumszulauf ist enorm.

Übrigens, gleich in der Nachbarschaft ist auch ein bedeutendes privates Museum zu finden, das sich der prominente Bildhauer Imre Varga gönnt.

Vasarelys Schicksal, außerhalb der Heimat Erfolg zu haben, teilten in der Vergangenheit zahlreiche ungarische Künstler. Einer von ihnen war der populäre Genre- und Historienmaler Gyula Benczúr, der vier Jahrzehnte seines Lebens in Ambach am Starnberger See verbrachte und 1876 sogar Professor an der Münchner Akademie wurde. Sein Münchner Atelier befand sich in der Nachbarschaft Arnold Böcklins. Eines seiner Ölgemälde aus dieser Zeit, *Lesende im Wald*, erwarb die Nationalgalerie Budapest im Jahre 1961 bei einer Auktion in München. Auch Mihály Zichy, ein Maler und Graphiker, unterhielt im München der Jahrhundertwende ein gesellschaftlich angesehenes Atelier.

Als einer der Pioniere der Landschaftsmalerei gilt Géza Mészöly, der in Wien und München studierte und danach in der Münchner Künstlerkolonie lebte. An der Isar entstand im Jahre 1877 eines seiner schönsten Gemälde mit einem typischen Heimatmotiv: *Fischerlager am Balaton*, Öl auf Leinwand, 140 cm x 226 cm.

Karl (Károly) Lotz, der zahlreiche Gebäude der Hauptstadt (die Oper, das Nationalmuseum, mehrere Kirchen und Profanbauten) mit monumentalen Fresken versah, arbeitete längere Zeit in Wien.

Ein Gang durch die Sammlungen der Nationalgalerie bringt die Begegnung mit einem der größten

LAND UND LEUTE

ungarischen Maler, mit Mihály Munkácsy, der seinen ersten Erfolg mit 26 Jahren in Düsseldorf erzielte; auf dem Pariser Salon 1870 bekam sein auf Holz gemaltes Ölbild *Der letzte Tag eines Verurteilten* sogar die Goldmedaille. Die Reihe der Künstler ließe sich bis zu zeitgenössischen Malern und Bildhauern fortsetzen (Amerigo Tot, Endre Szász), die sich im Westen Inspiration und Ideen holen, um sie daheim in lebendigsten Farben auf Wände und Leinwand zu bannen. Melancholisch werden sie immer dann, wenn sie die Landeshistorie – meist auf Monumentalgemälden von mehreren Quadratmetern – darstellen.

Die Vorkriegsgeneration konnte sich – wie ihre Radierungen, Aquarelle, Feder-, Bleistift- und Kreidezeichnungen oder Ölgemälde vielfach veranschaulichen – davon befreien. Nach dem Zweiten Weltkrieg, den manche Künstler in der Emigration erlebten, wandten sich viele mit Kreide und Pinsel der neuen Ära zu: *Komsomolzen gehen an die Front* oder *Proletariermutter* lauteten fortan die typischen Titel der Werke in der sozialistischen Aufbauphase.

Heutzutage zeigen die Künstler das ganze Spektrum der modernen Kunst – freilich, wie alles, was die Ungarn in die Hand nehmen, mit einer sehr eigenen, eigenwilligen Note. Die aktuellen Kunsttendenzen werden in den Galerien und vor allem in der Kunsthalle Műcsarnok am Heldenplatz in Budapest gezeigt.

Musik

Vor einem Jahrzehnt haben die Ungarn das Musical entdeckt – und nun kultivieren sie diese Ausdrucksform auf mehreren Bühnen. In Pécs wurde Will Russels Musical *Die Blutsbrüder* gespielt; in Szeged lief *Hair*, zwar den Umständen angepaßt, aber so gut, daß das junge Ensemble damit auf Landestournee ging. Noch immer zündet diese Musik – und man kann sich fragen, inwiefern sich die Welt seither verändert hat. Viele haben resigniert, für andere ist der Heiland die Hoffnung. Die ungarische Version von *Jesus Christ Superstar* war der große Renner, ein Hit auch auf Platte. Das populäre Budapester Rock-Színház – seit Jahren eine feste Kultureinrichtung der Hauptstadt – brachte das Musical mit erstklassigen Sängern, Schauspielern, Tänzern und Musikern zur Aufführung. Dieses Rock-Theater ist eine in dieser Form in Europa einmalige Musikbühne, die zudem zu einer Konstante im ungarischen Musikleben wurde. Es gibt jährlich etwa 130 Vorstellungen, pro Spielsaison werden zwei originale Aufführungen einstudiert. Das Ensemble zählt rund 30 Schauspieler bzw. Sänger. Jede Produktion, jede Vorstellung wird live von einer Band begleitet, Playback soll auch in Zukunft ein Fremdwort bleiben. Die Themen sind immer aktuell, auch wenn sie manchmal – wie im Musical *König Stephan* – in antike oder historisierende Handlungen eingebettet sind.

Vor einigen Jahren war die Truppe mehrere Wochen lang mit *Evita* – gesungen in deutscher Sprache – in der Bundesrepublik und in Österreich unterwegs. Übrigens, obwohl in Budapest so herausragende Musicals wie die *West Side Story* aufgeführt wurden, so richtig populär wurde diese Gattung erst mit der Rockoper *König Stephan* – und mit den *Cats*. Weitere Programme: Der Renner *Les Miserables* von Claude-Michel Schönberg, dessen Vorfahren übrigens einstmals aus Ungarn

Imre Vargas Liszt-Skulptur auf dem Domplatz in Pécs (links außen).

Die Holzmasken der *busó* durften früher nur erwachsene Männer tragen. Heute ist der Faschingssonntag in Mohács vor allem ein Fest der Jugend (jeweils innen).

KUNST, MUSIK UND SPORT

emigrieren mußten, ist nach einer Romanvorlage von Victor Hugo entstanden. Zum 100. Geburtstag von Oscar Wilde brachte 1990 das Rock-Theater mit Erfolg die Rockoper *Dorian Gray* des Stuttgarter Lyrikers Gunnar Braunke und des Rock-Theater-Hauskomponisten Mátyás Várkonyi heraus. Und: Ein modernes, *echt* ungarisches Stück fabrizierten der Autor Tibor Miklós und die Komponisten Gábor Kemény und Tibor Kocsáb, nämlich die Rockoper *Der Chronist*. Die Handlung ist in Jerusalem angesiedelt – im Israel vor der Vertreibung der Juden. Beschrieben wird ein autoritärer Kleinstaat. „Stickig ist die Luft hier", klagt der Chronist Ethan. Die flotten Songs behandeln Charaktereigenschaften des Menschen: Heuchelei, Mißgunst, Neid, Neigungen zum Heldentum, Bereicherung, Korruption, Lüge, Angst, Verrat – Eigenschaften also, die oft genug unschuldige Opfer fordern. Die Texte karikieren Profiteure und Karrieristen, die im Namen irgendeiner Religion, irgendeiner Glaubensrichtung oder irgendeines Dogmas einer höheren Weisung blind folgen. Die Chroniken der Menschheitsgeschichte sind voll davon. Die musikalisch verpackte Botschaft dieser biblischen Parabel lautet: „Man muß endlich den Menschen sehen und nicht die Legende." Der dargestellte Chronist ist ein redlich um Objektivität bemühter, unerbittlicher, unbestechlicher Beobachter, einer, der Wahrheiten sucht und der nicht bereit ist, Verrat zu üben.

Die Vorlage stammt übrigens von Stefan Heym, dem in Chemnitz geborenen Romancier und Essayisten, dessen *König David Bericht* beim ersten Erscheinen (1972) große Zustimmung fand. Ein Buch voller Könige und Krieger, Priester und Propheten, falscher und wahrer, ein Bericht von weitreichender Gültigkeit, eine ironisch-geschärfte Abrechnung mit dem totalitären Staat: „Die Zahl der Unzufriedenen mehrte sich ständig. Da war die Jugend, die in diese Welt hineinwuchs und die nur Hohn übrig hatte für die Lehren der Väter und die verheißene große Veränderung." Die darauf basierende Rockoper *A Krónikás* wurde vor allem von Menschen angenommen, die mit Vorliebe auf die feinen Zwischentöne achten.

Sport

Als der 24jährige Lajos Détári, der teuerste Fußballspieler, der je von einem Bundesligaverein bis dahin erworben wurde (rund 3,5 Millionen DM im Einkauf, 15 Millionen beim Verkauf nach Athen), bei der Frankfurter Eintracht sein Debüt gab, durfte der große Star des Armee-Klubs Honvéd Budapest auf ein fruchtbares Feld treten. Denn noch immer sind die ungarischen Kicker im Westen außerordentlich populär und begehrt. Daß es der legendären bundesdeutschen Fußballelf 1954 in Bern gelang, die bis dahin über Jahre hinweg unbesiegten Magyaren mit 3 : 2 zu bezwingen, grenzte seinerzeit an ein (Fußball-)Wunder. Die Älteren erinnern sich: Ungarns Fußballteam – im eigenen Land nur die *Wunderelf* genannt – besiegte 1953 das bis dahin auf heimischem Boden 90 Jahre lang ungeschlagene England im Wembley-Stadion mit 6 : 3, wenig später deklassierten die entfesselten Ungarn die Engländer im Népstadion von Budapest sensationell mit 7 : 1 Toren.

Dann kam das Jahr 1956, und die *Wunderelf* zerfiel. Mehrere Superspieler gingen in den Westen (Ferenc Puskás wurde ein Star bei

Skulptur im Stil des Sozialistischen Realismus in Nyíregyháza (rechts außen).

LAND UND LEUTE

Real Madrid, Sándor Kocsis kickte beim FC Barcelona, Gyula Lórant wurde später Trainer in der Bundesliga). Puskás' Portrait zierte im Jahr 1987 so manch ein Titelbild der einheimischen Illustrierten. Wohlbeleibt feierte er seinen 60. Geburtstag. Auf tragische Weise hingegen schieden mehrere Mitglieder der Elf aus dem Leben: Palotás verstarb früh, mit 38 Jahren; Zakariás, Lórant und Budai starben an Herzversagen; Kocsis, dem im Jahre 1954 erfolgreichsten WM-Torschützen, mußte wegen Gefäßverengung ein Bein amputiert werden; er wählte schließlich den Freitod. Und Teamkapitän Jószef Bozsik, der mehrfach in der Weltauswahl spielte, starb im Alter von 53 Jahren an Herzinfarkt – während der Fußballweltmeisterschaft 1978 in Argentinien ...

Welche Züge mögen sich wohl in den weiteren populären Sportarten der Ungarn widerspiegeln? Schaut man sich die Sieger- und Medaillengewinnerlisten aller Olympischen Spiele seit 1896 an, zeigt sich, in welchen Disziplinen die Ungarn meistens sehr gute, wo eher schlechte und wo sie oft herausragende Leistungen boten. Nur selten stellten sie – von einigen berühmten Ausnahmen abgesehen eigentlich niemals – Sieger in solchen Sportarten, die entweder Ausdauer oder Eleganz erforderten. Zwar verlangt eine Disziplin wie das Turnen vollendete Körperbeherrschung, jedoch ist nur ein extrem kurzer Einsatz erforderlich, um eine Höchstleistung zu erzielen. Nie gab es Sieger aus Ungarn im Marathonlauf. Und das vielleicht interessanteste Phänomen: Niemals wurde ein Angehöriger dieses fast legendären Reitervolkes, das ganze Husárenregimenter in diversen Armeeverbänden stellte, Sieger im Dressurreiten. Nie gewann ein Ungar das Springreiten, obwohl wilde Pusztareiter in Zirkusarenen, in Filmen, Fernsehspielen, Operetten und Romanen immer noch viel Staub aufwirbeln. Hingegen sind die Magyaren im Modernen Fünfkampf, bei dem ja eine der Wettbewerbsdisziplinen das Geländereiten ist, stets außerordentlich erfolgreich, sowohl als Einzelkämpfer als auch in der Mannschaft.

Seit Jahrzehnten holen ungarische Gespannfahrer Medaillen bei internationalen Meisterschaften, ungarische Jockeys sind weltweit begehrt. Nicht selten haben ungarische Olympioniken ihre herausragenden Leistungen durch Geschmeidigkeit und Kraftakte erzielt. Sie sind traditionell ausgezeichnet in den leichtathletischen Wurfdisziplinen – also im Kugelstoßen und im Diskus-, Speer- und Hammerwerfen. Für Gewichtheben und Ringen (griechisch-römisch und Freistil) gilt Ähnliches, wobei besonders viele Sieger in den niedrigeren Gewichtsklassen vorkamen. Ein ugrisch-finnisch-persisch-türkisch-asiatisches Erbe dieses tapferen Volkes aus dem Osten.

Auch in den Ruderwettbewerben schneiden die Ungarn traditionell gut ab, und die Kanu-Siegerlisten weisen gleich mehrere ungarische Namen auf; respektabel sind die internationalen Erfolge auch im Kajakfahren. Viele Jahre lang dominierten Ungarns Wasserballer den olympischen Wettbewerb; gut sind die Ergebnisse im Schwimmen. Die ersten beiden Olympia-

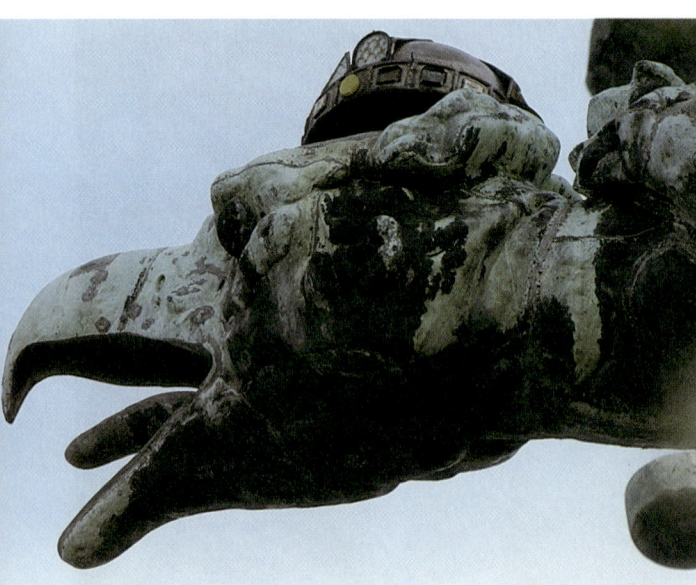

Humor à la Hungaria. In Ungarn sind Scherzfragen sehr beliebt: Sitzt auf grünem Zweig und ist kein Vogel und schläft in vier Stübchen? *Die Nuß.* Der Vogel links außen ist übrigens der legendäre Turul in Tata. – Wo wird Heu gemäht? *Nirgends, gemäht wird Gras.* – Wer spinnt und ist kein Leinenweber? *Die Spinne.* – Wie kann man Wasser in einem Sieb davontragen? *Wenn es gefroren ist.* – Welches ist der kleinste Fisch in der Theiß? *Dessen Kopf dem Schwanz am nächsten ist.* – Wer ruht nie in seinem Bett? *Der Fluß.* – Was ist das? Es hat hundert Glieder und bewegt sich doch nicht? *Die Kette.*

174

SPORT

sieger im Freistilschwimmen kamen aus dem Königreich Ungarn. Und stets, wenn es um List, schnelles Reagieren und überlegtes Handeln geht, erweisen sich ungarische Sportler als Weltmeister! Lang ist die Liste der Fechter, die Gold, Silber oder Bronze gewannen. Selten hat eine Nation eine Sportart so beherrscht wie die Magyaren den Mannschaftswettbewerb bei den Säbelfechtern: Von 1908 bis 1960 haben sie mit zwei Ausnahmen alle Goldmedaillen gewonnen – die Ungarn haben offensichtlich das Zeug, auch unter widrigen und gefährlichen Umständen zu überleben! Einer der legendärsten Sportler im Land ist der dreifache Olympiasieger im Boxen, László Papp (Jahrgang 1926). Er gewann in den Jahren 1948, 1952 und 1956 die Goldmedaille in einer Sportart, in der sich die Magyaren olympisch besonders erfolgreich (9 x Gold) hervortaten.

Hätte es olympisches Gold auch im Tischtennis gegeben, so hätte Ungarn sein Konto von über 120 Goldmedaillen seit 1896 noch höher schrauben können. Wie kontinuierlich erfolgreich die ungarischen Sportler, die 1896 mit dem Schwimmer Alfréd Hajós einen der ersten Olympiasieger stellten, über all die Jahrzehnte waren, zeigt ein Blick in die Statistik von 1956 in Melbourne: Wo seinerzeit die gesamtdeutsche Mannschaft 6 x Gold, 13 x Silber, 7 x Bronze gewann, lautete die Bilanz der Magyaren: 9 goldene, 10 silberne, 7 bronzene Medaillen! Nur die Sowjets, die USA und die Gastgeber waren in jenem politischen Schicksalsjahr sportlich erfolgreicher als die Ungarn. Überrascht deshalb, daß Ungarn nach den drei Großen des Sports, den USA, der Sowjetunion und Deutschland (West plus Ost), bereits den folgenden Rang in der ewigen Statistik der Olympiaden belegt?

Die Politik machte den Magyaren nicht nur 1984 einen Strich durch die olympische Rechnung; 1920 waren die Ungarn gar nicht zu den Spielen in Antwerpen eingeladen worden, weil der Nachfolgestaat der Donaumonarchie von den Siegerstaaten und seinen Nachbarn geächtet war. Zuletzt machte das Land 1988 olympische Politik: Ungarn gab als erstes Noch-Ostblockland seine Teilnahme an den Sommerspielen im südkoreanischen Seoul bekannt. Ein Jahr später verkündete das Ministerium für Handel in Budapest, daß eine südkoreanische Automobilfirma beabsichtige, eine Produktionsstätte in Ungarn zu errichten ...

175

REISEINFORMATIONEN

MIT DEM AUTO UNTERWEGS

Alkohol
In Ungarn besteht absolutes Alkoholverbot: 0,0 Promille! Daran sollte man sich auch als Tourist peinlichst halten, da ein Verstoß nicht selten mit der Beschlagnahmung des Fahrzeugs endet. Straßenkontrollen werden häufig durchgeführt, deshalb sollte man es auf einen Versuch nicht ankommen lassen.

Einreise
Für die Einreise deutscher Staatsbürger genügt der Personalausweis. Führerschein und Fahrzeugschein sind vorgeschrieben. An der Rückseite des Fahrzeugs und des Wohnwagens muß das Nationalitätskennzeichen angebracht sein. Als Nachweis einer Haftpflichtversicherung ist für Kraftfahrzeuge die Internationale Grüne Versicherungskarte erforderlich. In Ungarn besteht Versicherungspflicht für PKWs.

Geschwindigkeit
Soweit nicht anders ausgeschildert, beträgt die zulässige Maximalgeschwindigkeit für PKWs auf Autobahnen 120 km/h, auf Landstraßen 100km/h, in geschlossenen Ortschaften 60 km/h. Es empfiehlt sich, die vorgegebenen Höchstgeschwindigkeiten einzuhalten, da Radarkontrollen keine Seltenheit sind und Überschreitungen von der Polizei (rendőrség) rigoros bestraft werden. Das gilt auch für alle anderen Verkehrsverstöße. Ausnahmen für Touristen gibt es nicht! In Ungarn besteht Anschnallpflicht, Motorradfahrer müssen einen Helm tragen.

Mietwagen
In Budapest und in einigen anderen großen Städten kann man Autos leihen. Die bekannten Mietwagenfirmen bieten sowohl einheimische als auch deutsche Modelle an. Die Voraussetzung für das Mieten eines Wagens sind die Vollendung des 21. Lebensjahrs und ein Führerschein, der älter als ein Jahr ist. Bei der Anmeldung muß eine recht hohe Kaution hinterlegt werden. Das Mieten eines Autos mit Fahrer ist ebenfalls möglich.

Parken
Die Suche nach einem Parkplatz bereitet eigentlich nur in Budapest Sorgen. In allen anderen Städten - vielleicht mit Außnahme einiger Touristenzentren am Balaton - läßt sich ohne weiteres überall ein Platz finden. Allerdings sollte man auch im kleinsten Ort die Verkehrshinweise beachten. Das Parken auf dem Bürgersteig ist nur dann erlaubt, wenn ein Schild darauf hinweist. In Budapest gibt es mehrere Parkhäuser und große Parkplätze mit Parkuhren. Die Preise sind sehr verschieden. Bei Falschparken kann der Wagen von der Polizei abgeschleppt werden. In Budapest empfiehlt es sich, den Wagen stehenzulassen, da dem rassigen Fahrstil der Ungarn nur wenige deutsche Gemüter gewachsen sind.

Reparaturwerkstätten
In Ungarn sind Reparaturwerkstätten nicht allzu häufig zu finden. Es ist deshalb durchaus ratsam, Werkzeuge und die wichtigsten Ersatzteil (Keilriemen, Schläuche, Sicherungen, etc.) selbst mitzubringen.

Tanken
Das Tankstellennetz in Ungarn ist relativ breit gestreut. Vor allem die AVOR-Tankstellen sind fast überall zu finden. Sie haben in der Regel bis 18 Uhr, manche auch bis 22 Uhr geöffnet. An internationalen Verkehrsstraßen haben sie sogar durchgehend geöffnet. Es gibt keine Mengenbeschränkung beim Tanken. Bezahlt wird mit Forint, Benzingutscheine braucht man nicht. Der Treibstoff ist in drei verschiedenen Qualitäten zu bekommt. Es gibt Normal (86 Oktan), Plus (92 Oktan) und Super (98 Oktan). Häufig werden nicht alle Sorten an einer Tankstelle vertrieben. Bleifreies Benzin bekommt man inzwischen in fast allen größeren Städten und in den Urlaubsorten. Dieselöl ist nur gegen Coupons zu erhalten, die an den Grenzübergängen und in manchen IBUZ-Büros verkauft werden. Dabei sollte man die benötigte Menge genau kalkulieren, da die Dieselcoupons nicht zurückgenommen werden. Verboten ist es, Benzin in Kanistern einzuführen. Autozubehör und Erfrischungen verkaufen nur die wenigsten AVOR-Tankstellen. Einen Kiosk und Toiletten findet man aber bei den Filialen der bekannten westlichen Mineralölgesellschaften. Selbstbedienung ist bei den meisten Tankstellen untersagt, bisweilen wird es jedoch toleriert. Es ist übrigens üblich, ein kleines Trinkgeld zu geben.

Unfall und Pannenhilfe
Gleichgültig, ob man in einen schweren oder leichten Unfall verwickelt ist: Es ist ratsam, am Unfallort zu bleiben und die Polizei zu verständigen (Tel. 07). Der Rettungsdienst ist unter der Nummer 04 zu erreichen. Handelt es sich nur um eine Panne am Wagen, kann der Straßendienst herbeigeholt werden. Fahrzeuge der Pannenhilfe sind an Stützpunkten zusammengefaßt und jederzeit dienstbereit. Um aber eine Pannenhilfe in Anspruch zu nehmen, braucht man bislang eine Notrufkarte, die an Grenzübergängen, Tankstellen und beim ungarischen Automobilclub erhältlich ist. Diese Notrufkarte wird bei Bedarf ausgefüllt und einem vorbeikommenden Kraftfahrer mitgegeben, der sie beim nächsten Pannendienststützpunkt abgibt. Mitglieder der ausländischen Auto- und Touring-Clubs brauchen dem Hilfsdienst normalerweise nur die Anfahrt und die Ersatzteile zu bezahlen. In den Sommermonaten ist mit einer Wartezeit zu rechnen. Tankstellen verfügen in der Regel über keinerlei Werkstattservice.

Adressen der Fremdenverkehrsämter
Im folgenden sind Adressen aufgeführt, unter denen dem Ungarnreisenden bei Fragen zu seinem Aufenthalt in einer besonderen Region weitergeholfen wird. Genannt werden die jeweils zuständigen Fremdenverkehrsämter, die Auskünfte über touristische Attraktionen in ihrem Komitat (megye) erteilen und sonstige Informationen zu den einzelnen Städten geben. In der Regel verschicken sie kostenlos deutschsprachige Prospekte und helfen bei Buchungen. Im Register dieses Reisebuchs finden Sie hinter jedem aufgeführten Ortsnamen ein Komitats-Kürzel, mit dessen Hilfe Sie in der folgenden Liste die Adresse des zuständigen Fremdenverkehrsamts finden können.

Bar = Baranya
MECSEK TOURIST
Széchenyi tér 9
7621 Pécs

BAZ = Borsod-Abaúj-Zemplén
BORSOD TOURIST
Széchenyi utca 35
3525 Miskolc

Bék = Békés
BÉKÉS TOURIST
Tanácsköztársaság út 10
5600 Békéscsaba

Bkk = Bács-Kiskun
PUSZTATOURIST
Szabadság tér 2
6000 Kecskemét

Cso = Csongrád
SZEGED TOURIST
Hugo Victor utca 1
6720 Szeged

Fej = Fejér
ALBATOURS
Fő tér 6
8000 Székesfehérvár

GyS = Győr-Sopron
CIKLAMEN TOURIST
Aradi vértanúk útja 22
9021 Győr

HB = Hajdú-Bihar
HAJDÚTOURIST
Kálvin tér 2/A
4026 Debrecen

Hev = Heves
EGER TOURIST
Bajcsy-Zsilinszky utca 9
3300 Eger

Kom = Komárom
KOMTURIST
Ady Endre utca 24
2890 Tata II

Nóg = Nógrád
NÓGRÁD TOURIST
Palócz Imre tér 3
3100 Salgótarján

Pest = Pest
DUNATOURS
Bajcsy-Zsilinszky út 17
1065 Budapest

BUDAPEST TOURIST
Roosevelt tér 5
1051 Budapest

Som = Somogy
SIOTOUR
Szabadság tér 6
8600 Siófok

Szo = Szolnok
TISZATOUR
Ságvári körút 32
5000 Szolnok

SzSz = Szabolcs-Szatmár
NYÍRTOURIST
Dózsa György utca 3
4400 Nyíregyháza

Tol = Tolna
TOLNA TOURIST
Széchenyi utca 38
7100 Szekszárd

Vas = Vas
SAVARIA TOURIST
Mártírok tere 1
9700 Szombathely

Vesz = Veszprém
BALATONTOURIST
Münnich Ferenc tér 3
8200 Veszprém

Zala = Zala
ZALATOUR
Kovács Károly tér 1
8900 Zalaegerszeg

Falls Sie weitere Adressen oder Informationen benötigen, wenden Sie sich an eine der folgenden Stellen:

NÜTZLICHE HINWEISE VON A BIS Z

Ärztliche Notdienste und Gesundheit

Die medizinische Betreuung ist für ungarische Staatsbürger kostenlos. Erste Hilfe wird auch ausländischen Touristen jederzeit unentgeltlich geleistet. Längerfristige Behandlungen, fachärztliche Untersuchungen, Tabletten etc. müssen in Forint oder in Devisen bezahlt werden.
Auch bei kürzeren Aufenthalten in Ungarn sollte man die Reiseapotheke nicht vergessen. Das ungarische Essen ist zwar sehr gut, aber für viele auch ungewohnt fett.
Apotheken haben in der Woche von 8 - 20 Uhr geöffnet, an Samstagen von 8 - 14 Uhr. In Budapest gibt es einige Apotheken, die werktags und sonntags rund um die Uhr dienstbereit sind.
Verschreibungspflichtige sowie rezeptfreie Medikamente müssen in Forint bezahlt werden.

Diplomatische Vertretungen

Botschaft der Bundesrepublik Deutschland:
NSzK-nagykövetség
1024 Budapest (II.)
Ady Endre utca 18
Tel. 150-644, 358-368
Konsularabteilung:
1126 Budapest (XIV.)
Izsó utca 5
Tel. 225-895, 225-277

Zentraler Verband der regionalen Fremdenverkehrsämter:
HUNGAROTOURS
Akácfa utca 20,
1072 Budapest

In Deutschland:
OIH Ungarisches Fremdenverkehrsamt
Berliner Str. 72
6000 Frankfurt 1
Tel.069-20 929
FAX 069-29 28 08

In Ungarn:
OIH Landesverkehrsamt
Dorottya utca 4
Budapest V.

Da zur Zeit in Ungarn das Kommunikationsnetz verbessert wird, ändern sich manche Telefonnummern, die in den Prospekten und in diesem Reisebuch angegeben sind. Ähnliches gilt in der Zeit des gesellschaftlichen Umbruchs auch für die Namen von Straßen, Plätzen und teilweise auch Museen. Alle Angaben werden nach bestem Wissen und so vollständig wie möglich, jedoch ohne Gewähr gegeben.

Botschaft der Republik Österreich:
Ausztria-nagykövetség
1068 Budapest (VI.)
Benczúr utca 16
Tel. 229-467, 229-266, 229-691

Botschaft der Schweiz:
Svájci nagykövetség
1143 Budapest (IV.)
Népstádion út 107
Tel. 229-491, 229-492, 426-721

Einkaufen

Die meisten Lebensmittelgeschäfte haben von morgens 7 Uhr bis 18 Uhr geöffnet. Allerdings muß man mit örtlich bedingten Abweichungen rechnen. Warenhäuser öffnen meistens erst um 10 Uhr und schließen um 18 Uhr. In der Hauptsaison und in touristischen Ballungsgebieten haben die Läden auch noch abends und sonntags geöffnet. Samstags schließen sie um 15 Uhr.
Für das westliche Portemonnaie erscheint das Leben in Ungarn außerordentlich preiswert. Besonders günstig sind die Grundnahrungsmittel. Beliebte Souvenirs sind die typischen Erzeugnisse des Landes, wie ungarische Salami, getrocknete Paprikaschoten, Knoblauch und die berühmten Tokajer Weine. Daneben sind aber auch die kunstgewerblichen Arbeiten aus Porzellan und die Stickereien und Webarbeiten geschätzte Mitbringsel.

Feiertage

Folgende gesetzliche Feiertage gibt es bislang, wobei einige zumindest umgewidmet werden dürften: den 1. Januar (Neujahrstag), den 4. April (Tag der Befreiung), den Ostersonntag und Ostermontag, den 1. Mai (Tag der Arbeit), den 20. August (Tag der Verfassung) und die Weihnachtstage am 25. und 26. Dezember. Behörden und Geschäfte haben an diesen Tagen geschlossen.

Geld

Die Landeswährung ist der Forint (Ft). Ein Forint hat 100 Fillér (f). Es gibt Münzen zu einem, zwei, fünf, zehn und zwanzig Forint und zu zehn, zwanzig und fünfzig Fillér und Banknoten zu zwanzig, fünfzig, hundert und tausend Forint.

Museen

Die meisten Museen haben in der Zeit von 10 Uhr bis 17 Uhr geöffnet. An den Samstagen ist fast überall in Ungarn der Eintritt frei.
Insbesondere in Budapest gibt es ein reichhaltiges Angebot aktueller Ausstellungen und Museen. Den Besuch in der Ungarischen Nationalgalerie sollte sich kein Kunstliebhaber entgehen lassen.

Öffentlicher Nahverkehr

Mit Bus, Metro (U-Bahn) und Straßenbahn zu fahren, ist in Ungarn äußerst billig. Vor allem in Budapest empfiehlt es sich, auf öffentliche Verkehrsmittel umzusteigen. Die Fahrscheine muß man in jedem Fall im voraus kaufen. Sie sind in Tabakgeschäften, bei fliegenden Händlern, in Unterführungen, an den Endstationen von Bus und Straßenbahn und an den Bahnhöfen erhältlich. Jedes Ticket berechtigt nur zu einer Fahrt und ist an entsprechenden Automaten zu entwerten. In Budapest gibt es auch Tageskarten, die wie die Einzelkarten nur in der Stadt gelten. Kinder fahren bis zum sechsten Lebensjahr umsonst. Nachtschwärmer müssen aber aufpassen: Metro, Busse und Straßenbahnen fahren selbst in der Metropole Budapest nur bis 23 Uhr! Erst um 4.30 Uhr besteht wieder die Möglichkeit, ins Bett zu kommen.

Post

In der Regel sind die Postämter an den Werktagen durchgehend von 9-18 Uhr geöffnet, samstags von 8-14 Uhr. In Budapest, auf den Postämtern am Westbahnhof und Ostbahnhof, ist durchgehend Schalterstunde. In der Provinz schließen manche Postämter aber schon nachmittags. Die Postverbindung funktioniert in Ungarn gut. Man erkennt die Briefkästen an ihrer roten Farbe, sie werden täglich ein- bis zweimal geleert. Briefmarken erhält man zusammen mit den Ansichtskarten meistens auch an den zahlreichen Kiosken und in den Tabakläden.

Taxi

Taxis sind in Ungarn eine bequeme, schnelle und für westliche Touristen sehr preisgünstige Möglichkeit der Fortbewegung. Sie sind in Budapest und meistens auch in den Städten der Provinz mit Taxametern ausgestattet. Taxistände gibt es in Budapest an allen Verkehrsknotenpunkten, an Bahnhöfen, Hotels, populären Lokalen usw. Empfindsame Zeitgenossen seien aber vorgewarnt: Die Budapester Taxifahrer scheuen weder Tempo noch Gefahr, um den verehrten Fahrgast pünktlich an den gewünschten Ort zu bringen. Man sollte es jedenfalls nicht versäumen, dem Fahrer 10 - 15 % des Fahrpreises als Trinkgeld zu überlassen.

Telefonieren

Wichtige Telefonnummern:
Rettungsdienst Tel. 04
Polizei Tel. 07

Die Vorwahl von Ungarn aus:
Deutschland 00 49
Österreich 00 43
Schweiz 00 41

Die Vorwahlnummer für Ungarn von Deutschland aus lautet 00 36.

Telefonieren führt in Ungarn des öfteren zu den kleinen Katastrophen des Alltags. Das Telefonnetz gehört zu den schlechtesten in Europa, obwohl es anscheinend beständig ausgebaut und modernisiert wird. Manche Ungarn warten über zehn Jahre lang auf ihren Anschluß. Das bestehende Fernsprechnetz ist hoffnungslos veraltet; viele Gebiete, darunter auch Ferienorte, sind nicht an das Hauptnetz angeschlossen. In Budapest und in den meisten Großstädten kann man aus öffentlichen Telefonzellen internationale Gespräche führen. Für Ferngespräche eignen sich nur die roten Automaten, die gelben und die grauen sind nur für Ortsgespräche bestimmt. Nur wenn es unbedingt sein muß, sollte man sich auf das Abenteuer des selbstgewählten Ferngespräches einlassen, denn es kostet Zeit und Nerven. Bei einem internationalen Ferngespräch geht man am besten folgendermaßen vor: Hörer abnehmen, 5-, 10-, oder 20-Forint-Münzen einwerfen, 00 wählen, Pfeifton abwarten, Vorwahl des Landes wählen, dann Vorwahl des Ortes ohne Null und schließlich die Teilnehmernummer wählen.
Allerlei Verdruß kann man sich aber sparen, wenn man die Verbindung auf dem Postamt oder durch den Portier des Hotels herstellen läßt. Auf eine Wartezeit von einer halben bis zu einer Stunde sollte man sich dennoch einstellen.
In Budapest erhält man über die Nummer 17 22 00 Auskünfte über in- und ausländische Rufnummern in deutscher Sprache.

Trampen

Die Bereitschaft der Ungarn, Tramper mitzunehmen, ist relativ groß. Allerdings sollte man sich die Route vorher genau anschauen, da es viele Straßen mit wenig Verkehr gibt. Auf den Autobahnen ist das Trampen verboten. Wenn man die Mühen aber nicht scheut und Geld sparen will, können sich beim „Reisen per Daumen" viele nette Kontakte mit Einheimischen ergeben.

Trinkgeld

Dienstleistungen werden in Ungarn häufig mit Trinkgeldern honoriert oder durch diese erst möglich gemacht. In den Rechnungen der Hotels und Restaurants sind sie zwar im Betrag enthalten, trotzdem wird mit einem kleinen Aufgeld von ca. 10 % des Gesamtbetrages gerechnet. Bei besonders einkommensschwachen Berufsgruppen wie Ärzten und Friseuren gilt ein Trinkgeld von 20 % als durchaus angemessen.

Zeit

Die mitteleuropäische Zeit gilt auch für Ungarn. Reisende aus deutschsprachigen Ländern brauchen ihre Uhren also nicht umzustellen. Mit der deutschen identisch ist auch die Regelung der Sommerzeit.

REISEINFORMATIONEN

Reisewörterbuch

Ungarisch-Deutsch

állomás	Haltestelle, Station
ár	Preis
áruház	Warenhaus
asszony	Frau
bal; balra	links; nach links
bejárat	Eingang
benzinkút	Tankstelle
bolt	Laden
cseresznye	Kirsche
csuka	Hecht
dohány(bolt)	Tabak(laden)
étel	Speise
étlap	Speisekarte
étterem	Restaurant
férfiak	für Männer
Fürödni tilos!	Baden verboten!
gyógyszertár	Apotheke
hajó	Schiff
híd	Brücke
hús	Fleisch
idő	Zeit
igen	ja
indulás	Abfahrt
ital	Getränk
jegy	Ticket
jó	gut
kenyér	Brot
kérem	bitte
könyv(esbolt)	Buch(handlung)
levél	Brief
levelezőlap	Postkarte
ma	heute
megállóhely	Haltestelle
meleg	warm
menetrend	Fahrplan
nagy	groß
nem	nein
német	deutsch
nőknek	für Frauen
nyitott	geöffnet
óra	Stunde; Uhr
orvos	Arzt
pálinka	Schnaps
pénz	Geld
pénztár	Kasse
posta	Post
reggeli	Frühstück
rendőr	Polizist
rendőrség	Polizei
segítség	Hilfe
sonka	Schinken
sör	Bier
szoba	(ein) Zimmer
szobámba	auf mein Zimmer
szőlő	Weintrauben
tilos	verboten
Tilos a dohányzás!	Rauchen verboten!
tönkrement	kaputt
trafik	Tabakladen
újság	Zeitung
úr	Herr
uszoda	Schwimmbad
vacsora	Abendessen
vám	Zoll
vendéglő	Gasthaus
veszélyes	gefährlich
vészkijárat	Notausgang
villamos	Straßenbahn
Viszontlátásra!	Auf Wiedersehen!
zárva	geschlossen
zene	Musik

Häufig wiederkehrende Wörter in den Landkarten

alföld	Tiefebene
apátság	Abtei
autópálya	Autobahn
barlang (bg.)	Höhle
csárda	Schenke, Raststätte
csatorna	Kanal
domb	Hügel
emlékmű	Denkmal
erdő	Wald
falu	Dorf
forrás	Quelle
föld	Feld, Land
fürdő	Bad, Badeort
gyógyfürdő	Heilbad, Kurort
halom	Hügel
hát	(Berg-)Rücken
ház(a)	Haus
hegy	Berg
hegység	Gebirge
híd	Brücke
kápolna	Kapelle
kastély	Schloß
kert	Garten
kis	klein
kolostor	Kloster
kórház	Krankenhaus
kő	Stein
körút	Ringstraße
liget	Au, Wäldchen
kút	Brunnen
malom	Mühle
mező	Feld, Wiese
műemlék	Denkmal
nemzeti	national
országhatár	Landesgrenze
pályaudvar (pu.)	Bahnhof
patak	Bach
rakpart	Ufer, Kai
rét	Wiese
rom	Ruine
síkság	Ebene
strand	Strand, Bad
szálloda	Hotel
szent	heilig
sziget	Insel
szikla	Felsen
színház	Theater
tájvédelmi	Landschaftsschutz-
templom	Kirche
tér	Platz
tető	Gipfel
tó	See, Teich
torony	Turm
út	Straße, Chaussee, Boulevard
utca	Gasse, Straße
vár	Burg, Festung
város	Stadt
völgy	Tal

Deutsch-Ungarisch

Allgemeines

Herr Ober!	Pincér!
Abschleppdienst	mentőszolgálat
Wie bitte?	Tessék?
Bitte!	Kérem!
Danke!	Köszönöm!
Verzeihung!	Bocsánat!
ja	igen
nein	nem
Guten Morgen!	Jó reggelt!
Guten Tag!	Jó napot!
Guten Abend!	Jó estét!
Gute Nacht!	Jó éjszakát!
Sonntag	vasárnap
Montag	hétfö
Dienstag	kedd
Mittwoch	szerda
Donnerstag	csütörtök
Freitag	péntek
Samstag	szombat
Feiertag	ünnep
Wie spät ist es?	Hány óra van?
Sekunde	másodperc
Minute	perc
Stunde; Uhr	óra
Morgen	reggel
Tag	nap
Mittag	dél
Nachmittag	délután
Abend	este
heute	ma
gestern	tegnap
morgen	holnap
Woche	hét
Monat	hónap
Jahr	év
Frühling	tavasz
Küß die Hand!	Kezét csókolom!

Zahlen

null	nulla
eins	egy
zwei	kettő; két
drei	három
vier	négy
fünf	öt
sechs	hat
sieben	hét
acht	nyolc
neun	kilenc
zehn	tíz
zwanzig	húsz
dreißig	harminc
vierzig	negyven
fünfzig	ötven
sechzig	hatvan
siebzig	hetven
achtzig	nyolcvan
neunzig	kilencven
hundert	száz
tausend	ezer

Lebensmittel

Brot	kenyér
Brötchen	zsemlye
Fleisch	hús
Wurst	kolbász
Käse	sajt
Milch	tej
Ei	tojás
Hühnchen	csirke
Fisch	hal
gekocht	főtt
gebacken	sült
geräuchert	füstölt
roh	nyers
Öl	olaj
Essig	ecet
Salz	só
Pfeffer	bors
Gemüse	főzelék
Kartoffel	burgonya
Obst	gyümölcs
Wasser	vís
Mineralwasser	ásványvíz
Wein	bor
Bier	sör
Speiseeis	fagylalt/fagyi

Entfernungen

BUDAPEST   KM

Amsterdam	1434	Firenze	985	Leipzig	801	Napoli	1479	Stockholm	1830
Athina	1632	Frankfurt/M.	977	Lisboa	3363	Nice	1340	Strasbourg	1076
Barcelona	2093	Genève	1313	London	1714	Nürnberg	754	Stuttgart	924
Basel	1086	Göteborg	1415	Luxembourg	1299	Oslo	1741	Torino	1132
Beograd	390	Hamburg	1166	Lyon	1471	Palermo	2214	Trieste	599
Berlin	881	Hannover	1064	Madrid	2733	Paris	1565	Tromsø	3468
Bern	1138	Helsinki	1925	Marseille	1541	Praha	528	Trondheim	2303
Bordeaux	2030	Istanbul	1347	Milano	1002	Roma	1262	Warszawa	678
Bruxelles	1463	København	1169	Moskva	2038	Salzburg	562	Wien	258
Calais	1603	Köln	1169	München	703	Sevilla	3240	Zürich	1003

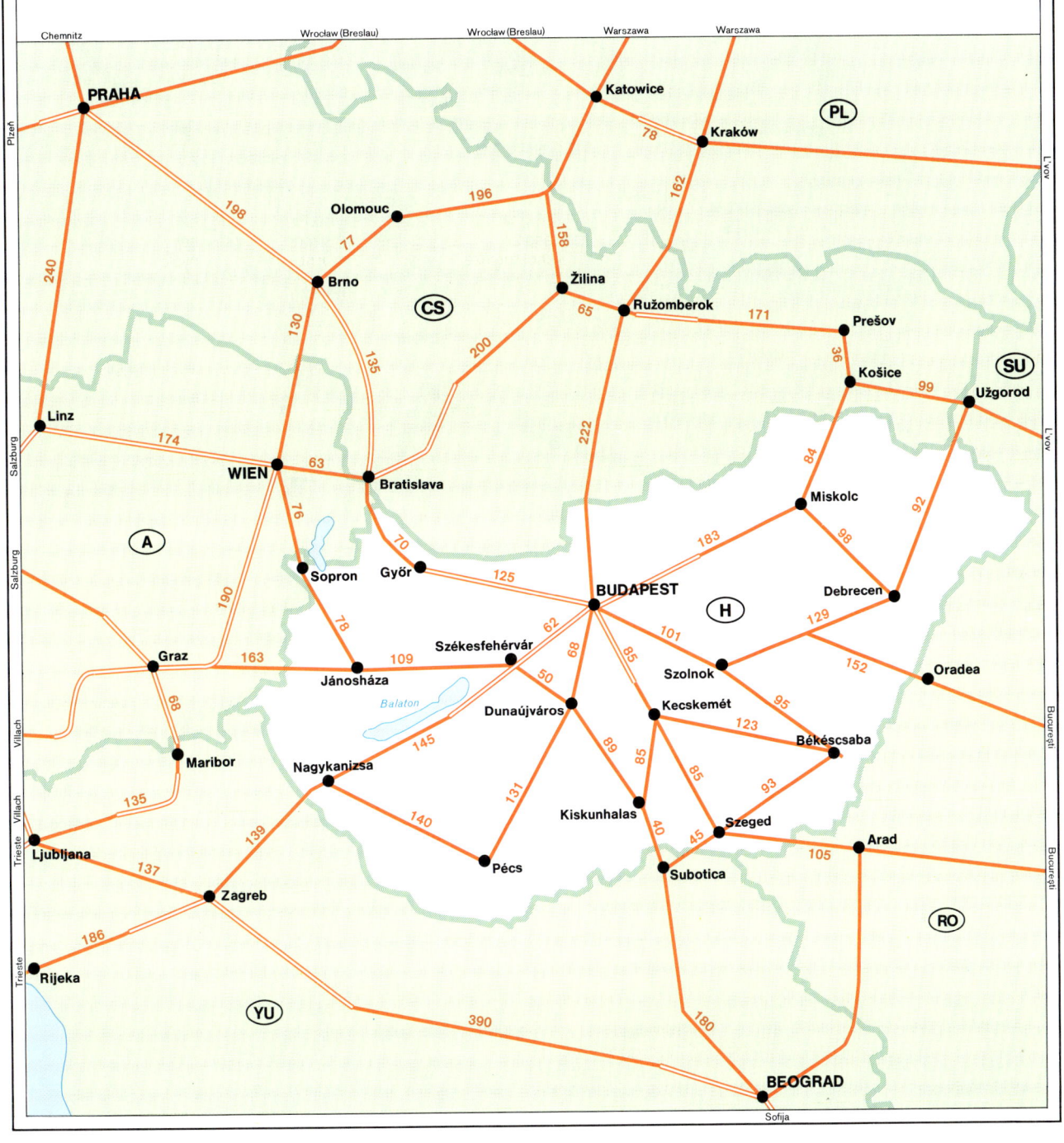

Politische Gliederung

	km²	👥
Baranya (Pécs 145 335)	4 533	424 857
Bács-Kiskun (Kecskemét 77 963)	8 362	574 009
Békés (Békéscsaba 57 060)	5 632	446 405
Borsod-Abaúj-Zemplén (Miskolc 172 383)	7 247	779 424
Csongrád (Szeged 145 413)	4 262	441 399
Fejér (Székesfehérvár 73 949)	4 373	390 655
Győr-Sopron (Győr 100 108)	4 012	403 860

	km²	👥
Hajdú-Bihar (Debrecen 156 685)	6 211	531 508
Heves (Eger 45 236)	3 637	347 270
Komárom (Tatabánya 65 274)	2 250	301 760
Nógrád (Salgótarján 40 095)	2 544	240 129
Pest (Budapest)	6 393	875 462
Somogy (Kaposvár 58 524)	6 082	363 075
Szabolcs-Szatmár (Nyíregyháza 73 013)	5 936	590 211

	km²	👥
Szolnok (Szolnok 61 559)	5 607	449 001
Tolna (Szekszárd 24 364)	3 608	258 789
Vas (Szombathely 64 485)	3 336	280 125
Veszprém (Veszprém 36 938)	5 186	412 298
Zala (Zalaegerszeg 39 252)	3 288	266 779

Register der Ortsnamen
Benutzungshinweise

Balatonfüred **Vesz** 40 Sf 67
① ② ③ ④

① Ortsname   ② Verwaltungseinheit („Megye")   ③ Seitenzahl   ④ Suchfeldangabe

Bar	Baranya	**HB**	Hajdú-Bihar	**SzSz**	Szabolos-Szatmár
BAZ	Borsod-Abaúj-Zemplén	**Hev**	Heves	**Tol**	Tolna
Bék	Békes	**Kom**	Komáron	**Vas**	Vas
BKk	Bács-Kiskun	**Nóg**	Nógrad	**Vesz**	Veszprém
Cso	Csongrád	**Pest**	Pest	**Zala**	Zala
Fej	Fejer	**Som**	Somogy		
GyS	Győr-Sopron	**Szo**	Szolnok		

A

Aba **Fej** 41 Td 66
Abádszalók **Szo** 48 Vd 64
Abaliget **Bar** 56 Ta 72
Abapuszta **SzSz** 32 Wf 62
Abasár **Hev** 28 Va 62
Abaújalpár **BAZ** 13 Wb 59
Abaújdevecser **BAZ** 13 Wa 58
Abaújkér **BAZ** 13 Wb 59
Abaújlak **BAZ** 12 Vf 58
Abaújszántó **BAZ** 13 Wb 59
Abaújszolnok **BAZ** 13 Vf 58
Abaújvár **BAZ** 13 Wb 57
Abda **GyS** 20 Sd 62
Abod **BAZ** 12 Ve 58
Abony **Pest** 45 Va 65
Ábrahámhegy **Vesz** 40 Sd 68
Ábrándtanya **SzSz** 32 Xa 61
Ács **BKk** 57 Ub 69
Ács **Kom** 21 Ta 62
Acsa **Pest** 25 Uc 62
Acsád **Vas** 36 Re 65
Acsalag **GyS** 20 Sb 62
Acsaújlak **Pest** 25 Uc 62
Ácsteszér **Kom** 40 Ta 64
Adács **Hev** 28 Uf 62
Ádánd **Som** 40 Ta 67
Ádánytanya **HB** 49 We 65
Adolfmajor **Zala** 37 Sa 66
Adony **Fej** 41 Tf 66
Adorjánháza **Vesz** 37 Sb 65
Adorjás **Bar** 68 Ta 73
Ág **Bar** 56 Tb 71
Á.G. B-major **HB** 49 Wc 64
Á.G. Gyümölcsös **SzSz** 32 Wf 61
Á.G. szőlőtelep **BAZ** 29 Vf 61
Á.G. új központ **HB** 29 Wb 61
Agárdpuszta **Fej** 41 Td 65
Ágasegyháza **BKk** 44 Uc 67
Ágfalva **GyS** 17 Rd 62
Aggtelek **BAZ** 12 Vd 58
Ágostonpuszta **Fej** 41 Tb 67
Agostyán **Kom** 24 Tc 62
Agráregyetem **HB** 32 Wd 63
Á.G.-üzemegység **HB** 49 Wc 65
Agyagosszergény **GyS** 20 Rf 63
Ajak **SzSz** 32 Xa 59
Ajka **Vesz** 40 Sd 66
Ajkarendek **Vesz** 40 Sd 66

Aka **Kom** 40 Ta 64
Akalacspuszta **Tol** 57 Te 69
Akasztó **BKk** 57 Ub 68
Akdály **Szo** 45 Va 66
Akli **Vesz** 40 Sf 65
Akóhegy **Fej** 41 Tf 67
Alacska **BAZ** 29 Vd 59
Aladár **Tol** 56 Tb 68
Alap **Fej** 41 Te 68
Alatkacsárda **Hev** 28 Vb 63
Albert Kászmér puszta **GyS** 20 Sa 61
Albertirsa **Pest** 44 Ud 65
Alcsútdoboz **Fej** 41 Td 64
Aldebrő **Hev** 28 Vb 62
Alföldszállás **Tol** 57 Te 71
Algyő **Cso** 61 Vb 70
Alibánfa **Zala** 37 Rf 67
Aligvári **Fej** 41 Tc 65
Aligvári **Fej** 41 Td 66
Alivárpuszta **Som** 53 Sb 70
Állami Erdőgazdaság **SzSz** 32 Wf 60
Almahegy **Som** 40 Sf 68
Almamellék **Bar** 56 Sf 71
Almásfüzítő **Kom** 21 Tb 62
Almásháza **Zala** 37 Sa 67
Almáskamarás **Bék** 63 Wa 70
Almáskeresztúr **Bar** 53 Sf 72
Almásneszmély **Kom** 24 Tc 62
Almáspuszta **Kom** 21 Tb 62
Almástanya **HB** 49 Wc 65
Álmosd **HB** 49 Wf 64
Álomzug **HB** 48 Wb 63
Alpár **BKk** 60 Uf 68
Alsóapáti **Tol** 57 Te 70
Alsóberecki **BAZ** 13 We 58
Alsóbesnyő **Fej** 41 Te 66
Alsóbikád **Tol** 56 Tc 69
Alsóbogárd **Fej** 41 Tc 68
Alsóbogát **Som** 53 Se 69
Alsócéce **BAZ** 13 Wb 58
Alsódabrony **Zala** 37 Sa 67
Alsódobsza **BAZ** 29 Vd 59
Alsóegerszeg **Bar** 68 Ta 73
Alsóerdőpuszta **Vesz** 40 Se 66
Alsógagy **BAZ** 13 Wa 58
Alsógalla **Kom** 24 Tc 63
Alsógyócs **Som** 53 Sd 71
Alsóhahót **Zala** 52 Rf 69
Alsóhegy **Som** 56 Sf 68
Alsóheténypuszta **Tol** 56 Ta 70
Alsóhídvég **Tol** 57 Td 69
Alsó-Janka **Zala** 37 Sa 67

Alsóleperd **Tol** 56 Tb 70
Alsólög **Bar** 69 Te 73
Alsómajor **Som** 56 Ta 70
Alsómalom **Bar** 68 Tb 73
Alsómégy **BKk** 57 Ua 70
Alsómesterszállas **Szo** 45 Vc 67
Alsómocsolád **Bar** 56 Tb 71
Alsómonostor **BKk** 60 Ue 68
Alsónána **Tol** 57 Td 71
Alsónémedi **Pest** 44 Ub 65
Alsónemesapáti **Zala** 37 Rf 67
Alsónyék **Tol** 57 Te 71
Alsónyírespuszta **Som** 53 Sd 70
Alsónyomás **Cso** 61 Vb 70
Alsóörs **Vesz** 40 Sf 67
Alsóórspuszta **Fej** 24 Te 63
Alsópáhok **Zala** 53 Sb 68
Alsópakony **Pest** 44 Ub 65
Alsópalajpuszta **Bar** 68 Ta 73
Alsópatlan **Tol** 57 Tc 70
Alsópél **Tol** 56 Td 69
Alsóperepuszta **Vesz** 40 Sf 65
Alsópetény **Nóg** 25 Ub 61
Alsórácegres **Tol** 57 Td 68
Alsórajk **Zala** 52 Rf 69
Alsóregmec **BAZ** 13 Wd 58
Alsóréti tanyák **HB** 29 Wa 61
Alsóréttanya **BAZ** 29 Wb 60
Alsósarlóspuszta **Nóg** 25 Uc 62
Alsósinatelep **Fej** 41 Tf 65
Alsósomlyó **Fej** 41 Tc 66
Alsószállások **BKk** 57 Tf 70
Alsószapudpuszta **GyS** 20 Sc 63
Alsószemenye **Zala** 52 Rd 70
Alsószenterzsébet **Zala** 52 Rc 68
Alsószentiván **Fej** 57 Te 68
Alsószentmárton **Bar** 68 Tb 74
Alsószenttamás **BKk** 44 Ua 67
Alsószölnök **Vas** 36 Rb 67
Alsószuha **BAZ** 12 Vd 58
Alsótanya **BAZ** 29 Wa 59
Alsótapazd **Som** 53 Sd 71
Alsótekeres **Fej** 40 Tb 67
Alsótelekes **BAZ** 12 Vd 58
Alsótold **Nóg** 25 Ud 61
Alsóújlak **Vas** 37 Rf 66
Alsóvadász **BAZ** 29 Vf 59
Alsózsolca **BAZ** 29 Vf 60
Alttyán **Szo** 45 Va 64
Alukohólakótelep **Vesz** 40 Tb 65
Ambrózfalva **Cso** 61 Ve 70

Amerikaipuszta **GyS** 20 Sc 63
Anarcs **SzSz** 32 Xa 59
Anasztáziapuszta **Pest** 41 Tf 64
Andaházapuszta **HB** 49 Wc 65
Andocs **Som** 56 Sf 69
Andormajor **Som** 53 Sb 69
Andormajor **Tol** 56 Td 70
Andornaktálya **Hev** 28 Vc 61
Andrásfa **Vas** 37 Re 67
Andráshida **Zala** 36 Re 67
Andráspuszta **Tol** 57 Tf 68
Andrástanya **BAZ** 12 Ve 58
Angyalföld **Pest** 24 Ua 63
Angyalór **Bar** 65 Sf 73
Angyalostanya **BAZ** 29 Vf 62
Annaliget **Fej** 41 Te 66
Annamajor **Tol** 56 Tc 69
Annamajor **Tol** 57 Te 70
Antali erdészház **Fej** 41 Td 64
Antallapos **BKk** 57 Ub 71
Antalmajor **BAZ** 12 Vf 57
Antfapuszta **Vesz** 37 Sb 65
Anyácsapuszta **Pest** 24 Te 63
Ányássziget **Cso** 61 Vb 70
Apácatorna **Vesz** 37 Sb 66
Apagy **SzSz** 32 Wf 61
Aparhant **Tol** 56 Tc 70
Apaj **Pest** 44 Ua 66
Apátfalva **Cso** 61 Vd 71
Apátipuszta **Kom** 21 Ta 63
Apátistvánfalva **Vas** 36 Rb 67
Apátszállás **Fej** 41 Tf 67
Apátvarasd **Bar** 56 Tc 71
Apc **Hev** 25 Ue 62
Aporka **Pest** 37 Sa 66
Apostag **BKk** 41 Tf 67
Arács **Som** 53 Se 68
Aradványpuszta **HB** 32 Wf 63
Arak **GyS** 20 Sc 61
Aranyaitanyák **Tol** 57 Te 71
Aranykalász Tsz II. **Bék** 48 Wa 67
Aranyos csárda **HB** 49 Wc 64
Aranyosapáti **SzSz** 33 Xb 61
Aranyosgadány **Bar** 68 Ta 72
Aranyos szőlőtelep **SzSz** 32 Wf 61
Aranyospuszta **BAZ** 13 Wb 59
Aranyospuszta **Fej** 41 Tc 67
Aranyospuszta **Som** 65 Sd 72
Arda **Vesz** 40 Sd 65
Arka **BAZ** 13 Wb 58
Árkipuszta **Fej** 40 Tb 64
Árkus **HB** 29 Wa 63

Arló **BAZ** 28 Vb 59
Arnót **BAZ** 29 Vf 60
Árokhátimajor **Vas** 37 Sa 64
Árokospuszta (39-es major) **Bék** 63 Vf 71
Ároktő **BAZ** 29 Vf 62
Árontanya **SzSz** 33 Xb 61
Árpádhalom **Cso** 61 Vd 69
Árpádszállás **BKk** 60 Uf 67
Árpádtelep **BKk** 60 Uf 67
Árpás **GyS** 20 Sc 63
Ártánd **HB** 49 We 66
Ásotthalom **Cso** 60 Ue 71
Asszonyfapuszta **Vesz** 37 Sc 64
Asszonyrész **HB** 32 Wf 63
Ásványigátörház **GyS** 37 Sc 64
Ásványráró **GyS** 20 Sc 62
Aszaló **BAZ** 29 Vf 59
Aszalvölgyi vízmű **Fej** 41 Tc 65
Ászár **Kom** 21 Sf 63
Ászári keményitőgyár **Kom** 21 Ta 63
Aszód **Pest** 25 Uc 63
Aszófő **Vesz** 40 Sf 67
Asztalostanya **SzSz** 32 Wd 60
Áta **Bar** 68 Tb 73
Átány **Hev** 28 Vc 63
Atkár **Hev** 28 Uf 62
Attala **Tol** 56 Ta 70
Attilapuszta **Fej** 40 Tb 67
Attilatelep **HB** 29 Vf 63
Attyapuszta **Vesz** 37 Sd 65
Avas **Tol** 56 Ta 68

B

Baántanya **GyS** 20 Sc 61
Babarc **Bar** 68 Td 72
Babarcpuszta **Bar** 68 Td 72
Babarcszőlős **Bar** 68 Ta 73
Babócsa **Som** 65 Sc 72
Babósdobréte **Zala** 36 Re 68
Bábolna **Kom** 21 Sf 63
Bábonymegyer **Som** 56 Ta 68
Babót **GyS** 20 Sa 63
Bacónak **Zala** 52 Sa 69
Bácsalmás **BKk** 57 Ub 72
Bácsbokod **BKk** 57 Ua 72
Bácsborsód **BKk** 69 Ua 72
Bácsfapuszta **Bar** 68 Td 72

BÁCSIDŰLŐ

Bácsidűlő **Vesz** 37 Sd 67
Bacsótanya **Fej** 41 Td 66
Bácsszentgyörgy **BKk** 69 Ua 73
Bácsszőlős **BKk** 60 Uc 72
Badacsonytördemic **Vesz** 37 Sc 68
Badacsonytomaj **Vesz** 37 Sd 68
Badicztag **GyS** 20 Sc 63
Bag **Pest** 25 Uc 63
Bagamér **HB** 49 Wf 64
Bagditanya **HB** 48 Wa 65
Bagiszeg **SzSz** 33 Xc 60
Baglad **Zala** 52 Rc 68
Baglyashegy **Som** 53 Sc 69
Baglyastanya **BAZ** 29 Ve 62
Bagod **Zala** 36 Re 67
Bagóhegy **Som** 40 Sf 68
Bagola **Zala** 52 Sa 70
Bagolyirtás **Hev** 28 Uf 61
Bagópuszta **Bar** 65 Se 73
Bagota **HB** 29 Wb 62
Bágyog **GyS** 20 Sc 63
Bágyogszovát **GyS** 20 Sc 63
Baj **Kom** 24 Tc 62
Baja **BKk** 57 Tf 71
Bajánsenye **Zala** 36 Rc 68
Bajcsa **Zala** 52 Rf 70
Bájermalom **Bar** 68 Tc 72
Bájibokor **SzSz** 32 Wd 61
Bajna **Kom** 24 Td 63
Bajorhegy **SzSz** 32 Wf 60
Bajot **Kom** 24 Td 62
Bak **Zala** 52 Re 68
Bakaszállás **Tol** 57 Tf 68
Bakháza **Som** 53 Sc 72
Bakóc **HB** 29 Wc 63
Bakóca **Bar** 53 Sf 71
Bakóhát **HB** 32 Wc 62
Bakonszeg **HB** 49 Wc 65
Bakonya **Bar** 68 Ta 72
Bakonybánk **Kom** 40 Sf 64
Bakonybél **Vesz** 40 Se 65
Bakonycsernye **Fej** 40 Ta 65
Bakonygyepes **Vesz** 40 Sd 66
Bakonygyirót **Vesz** 40 Se 64
Bakonyjákó **Vesz** 40 Sd 65
Bakonykoppány **Vesz** 40 Se 65
Bakonykúti **Fej** 40 Tb 65
Bakonykútipuszta **Fej** 41 Tb 65
Bakonynána **Vesz** 40 Sf 65
Bakonyoszlop **Vesz** 40 Sf 64
Bakonypéterd **Vesz** 40 Se 64
Bakonypölöske **Vesz** 37 Sc 65
Bakonyság **Vesz** 40 Sd 64
Bakonyszentiván **Vesz** 40 Se 64
Bakonyszentkirály **Vesz** 40 Sf 64
Bakonyszentlászló **Vesz** 40 Se 64
Bakonyszombathely **Kom** 40 Sf 64
Bakonyszücs **Vesz** 40 Se 64
Bakonytamási **Vesz** 40 Se 64
Bakonytanya **Vesz** 40 Tb 66
Bakonyújvárirom **Vesz** 40 Se 65
Bakópuszta **Nóg** 25 Ub 60
Bakótanya **SzSz** 33 Xd 61
Bakráktanya **BAZ** 29 Wa 61
Baks **Cso** 61 Va 69
Baksa **Bar** 65 Ta 73
Baktakék **BAZ** 13 Wa 58
Baktalórántháza **SzSz** 32 Xa 61
Baktatanya **SzSz** 15 Xc 59
Baktüttös **Zala** 52 Re 68
Balajt **BAZ** 12 Ve 59
Balassagyarmat **Nóg** 25 Ub 60
Balástya **Cso** 60 Va 70
Balaton **Hev** 28 Vb 60
Balatonakali **Vesz** 40 Se 67
Balatonalmádi **Vesz** 40 Ta 66
Balatonberény **Som** 53 Sb 68
Balatonbozsok **Fej** 40 Tb 67
Balatoncsicsó **Vesz** 40 Se 67
Balatonederics **Vesz** 37 Sc 68
Balatonendréd **Som** 40 Sf 67
Balatonfenyves **Som** 53 Sc 68
Balatonföldvár **Som** 40 Sf 67
Balatonfőkajár **Vesz** 40 Tb 66
Balatonfüred **Vesz** 40 Sf 67
Balatonfűzfő **Vesz** 40 Ta 66
Balatongyörök **Zala** 53 Sc 68
Balatonhenye **Vesz** 40 Sd 67
Balatonhidvégpuszta **Zala** 53 Sb 69
Balatoni Úttörőváros **Vesz** 40 Se 67
Balatonkenese **Vesz** 40 Ta 66
Balatonkeresztúr **Som** 53 Sc 68
Balatonkiliti **Som** 40 Ta 67
Balatonmagyaród **Zala** 53 Sb 69
Balatonmáriafürdő **Som** 53 Sc 68
Balatonőszöd **Som** 40 Se 68
Balatonszabadi **Som** 40 Ta 67
Balatonszárszó **Som** 40 Sf 67
Balatonszemes **Som** 40 Se 68
Balatonszentgyörgy **Som** 53 Sb 68
Balatonszepezd **Vesz** 40 Sd 67
Balatonszőlős **Vesz** 40 Se 67
Balatonudvari **Vesz** 40 Se 67
Balatonújlak **Som** 53 Sc 68
Balatonvilágos **Vesz** 40 Tb 67
Balázs **BKk** 44 Uc 67
Balázspuszta **HB** 49 Wc 66
Balázsszállás **Bar** 69 Te 73
Balázstelek **HB** 29 Wb 61
Balf **GyS** 17 Re 63
Balinka **Fej** 40 Tb 65
Balkány **SzSz** 32 Wf 62
Ballatelep **Szo** 45 Vc 65
Ballószög **BKk** 44 Ud 67
Balmazújváros **HB** 29 Wc 63
Baloghtag **GyS** 21 Sf 63
Baloghtanya **SzSz** 32 We 62
Baloghtanya **SzSz** 33 Xb 60
Balogitanya **Fej** 41 Td 66
Balogunyom **Vas** 36 Rd 66
Balotaszállás **BKk** 60 Ud 70
Balozsameggyes **Vas** 37 Rf 66
Balsa **SzSz** 32 Wd 59
Bálványos **Som** 56 Sf 68
Bana **Kom** 21 Sf 63
Banai út **GyS** 21 Se 62
Bánd **Vesz** 40 Se 66
Bánfa **Bar** 65 Sf 72
Bánfi szivattyútelep **HB** 48 Wa 65
Bánhalma **Szo** 48 Vd 65
Bánhalmapuszta **Vesz** 37 Sb 65
Bánháza **HB** 32 Xa 63
Bánhida **Kom** 24 Tc 63
Bánhidy csárda **Bék** 63 Wb 70
Bánhorváti **BAZ** 28 Vd 59
Bánk **Nóg** 25 Ub 61
Banka **BAZ** 29 Wb 59
Bankháza **Pest** 44 Ua 65
Bankrész **Tol** 57 Tf 69
Banksismánd **Fej** 41 Te 67
Bánkúti turistaház **Hev** 28 Vc 60
Bánkút-Rózsamajori Á.G. **Bék** 63 Wa 69
Bánokszentgyörgy **Zala** 52 Re 69
Bánomkert **HB** 32 Wf 63
Bánomtanya **SzSz** 32 Wf 60
Bános **Bar** 56 Ta 71
Bánréve **BAZ** 12 Vc 59
Bánszállás **BAZ** 28 Vc 59
Bántapolcsány **BAZ** 28 Vc 59
Bánya **Som** 53 Sd 71
Bányahegy **BAZ** 28 Vd 60
Bányatelep **Fej** 41 Tc 64
Bányatelep **Nóg** 25 Uc 61
Bányavölgy **Fej** 41 Te 64
Bányitelek **HB** 29 Wb 62
Bár **Bar** 68 Te 72
Barabás **SzSz** 33 Xc 59
Baracs **Fej** 41 Tf 67
Baracska **Fej** 41 Te 65
Baráka **Fej** 41 Te 66
Báránd **HB** 48 Wb 65
Bárándpuszta **Zala** 53 Sa 69
Baranyahidvég **Bar** 68 Ta 73
Baranyajenő **Bar** 56 Ta 71
Baranyaszentgyörgy **Bar** 56 Ta 71
Bárányház **SzSz** 32 Wf 59
Bárányjárás **Fej** 41 Te 66
Bárányszeg **SzSz** 29 Wa 60
Baráti **Pest** 24 Tf 60
Baratinpuszta **Som** 53 Sb 72
Barátúr **Bar** 56 Tb 71
Barbacs **GyS** 20 Sb 63
Barcika **BAZ** 29 Vd 59
Barcs **Som** 65 Sc 73
Barczatanya **Pest** 41 Te 64
Bárdahát **Bék** 48 Wb 66
Bárdudvarnok **Som** 53 Se 71
Bárhely **Zala** 52 Rd 69
Barkonysárkány **Kom** 40 Ta 64
Barlahida **Zala** 52 Re 68
Barlangszálló **BAZ** 12 Vd 58
Bárna **Nóg** 28 Uf 60
Barnag **Vesz** 40 Se 67
Barnahátpuzsta **Tol** 56 Ta 69
Barnakpuszta **Zala** 52 Rf 68
Bárómajor **BKk** 57 Ub 68
Baromlak **SzSz** 32 Wf 62
Bárótagtanya **BAZ** 29 Vf 62
Barsai gátőrház **HB** 49 Wc 66
Bársonyos **Kom** 21 Sf 63
Bársonytanya **BAZ** 29 Ve 62
Bartusekpuszta **Kom** 21 Ta 62
Basa **HB** 29 Wa 62
Basagödör **Bar** 56 Tb 71
Basaharc **Kom** 24 Tf 62
Basal **Bar** 65 Se 72
Bashalom **SzSz** 32 Wd 60
Baskó **BAZ** 13 Wb 58
Báta **Tol** 57 Te 72
Bátaapáti **Tol** 57 Td 71
Bátaszék **Tol** 57 Te 71
Baté **Som** 56 Sf 70
Batida **Cso** 61 Vc 70
Bátmonostor **BKk** 69 Tf 72
Bátonyterenye **Nóg** 25 Ue 61
Bátor **Hev** 28 Vb 61
Bátori út **SzSz** 32 Xa 61
Bátorliget **SzSz** 33 Xb 62
Battonya **Bék** 63 Wa 71
Battyánpuszta **Som** 53 Sb 68
Bátya **BKk** 57 Tf 70
Batyk **Zala** 37 Sa 67
Báza **Zala** 52 Re 69
Bázakerettye **Zala** 52 Re 69
Bazaltbánya **Vesz** 37 Sb 67
Bazita **Zala** 36 Re 68
Bazsi **Vesz** 37 Sb 67
Béb **Vesz** 40 Sd 64
Bechmajor **Pest** 44 Ue 65
Beckpuszta **Fej** 41 Tf 65
Becsehely **Zala** 52 Re 70
Becsepuszta **Vesz** 37 Sd 65
Becske **Nóg** 25 Uc 61
Becskeháza **BAZ** 12 Vf 57
Becsvölgye **Zala** 52 Re 68
Bédai szivattyú **Bar** 69 Te 73
Bedegkér **Som** 56 Ta 69
Bedő **HB** 49 We 66
Békás **Vesz** 37 Sc 64
Békásmegyer **Pest** 24 Ua 63
Békáspuszta **Bar** 68 Tc 73
Béke Tsz közp. major **HB** 32 We 63
Bekecs **BAZ** 29 Wb 60
Békemajor **Fej** 41 Te 66
Békepuszta **Fej** 41 Te 65
Békepuszta **Som** 65 Sd 72
Békepuszta **Zala** 37 Rf 67
Békés **Bék** 63 Wa 68
Békéscsaba **Bék** 63 Wa 68
Békési tábla **Bék** 49 Wc 67
Békésitanya **Tol** 56 Tc 70
Békéssámson **Bék** 61 Vd 70
Békésszentandrás **Bék** 45 Vc 67
Béketanya **SzSz** 32 Wf 61
Béketelep **Szo** 45 Vb 67
Bekölce **Hev** 28 Vb 60
Bélamajor **GyS** 37 Sa 64
Bélamajor **Zala** 52 Rf 68
Bélapátfalva **Hev** 28 Vc 60
Bélapuszta **Kom** 21 Tb 62
Bélavár **Som** 53 Sb 72
Belecska **Tol** 56 Tc 69
Beled **GyS** 37 Sa 64
Beleg **Som** 53 Sc 71
Belegrád **SzSz** 32 Wd 60
Belenfűz **Bar** 65 Se 72
Belényesitanya **GyS** 21 Se 63
Belezna **Zala** 37 Sa 66
Bellatanya **Kom** 21 Tb 63
Belmajor **Fej** 41 Tc 67
Bélmegyer **Bék** 48 Wb 67
Beloiannisz **Fej** 41 Te 65
Belsőbáránd **Fej** 41 Td 66
Belsőmántelep **Pest** 44 Ub 65
Belsősárd **Zala** 52 Rc 69
Belsősáripuszta **Fej** 56 Tc 68
Belsőújtelep **Bék** 61 Vd 70
Belvárdgyula **Bar** 68 Tc 73
Benczúrfalva **Nóg** 25 Ud 60
Benk **SzSz** 15 Xb 59
Bénye **Pest** 44 Ud 64
Bér **Nóg** 25 Uc 61
Bérbaltavár **Vas** 37 Rf 66
Bercel **Nóg** 25 Uc 61
Bereczpuszta **Vesz** 40 Se 65
Beregdaróc **SzSz** 33 Xd 59
Beregsurány **SzSz** 33 Xd 60
Beregtanya **SzSz** 32 Wf 61
Berek **Bék** 48 Vf 66
Berekaljapuszta **Bar** 56 Td 71
Berekböszörmény **HB** 49 We 66
Berekfürdő **Szo** 48 Vf 64
Beremend **Bar** 68 Tc 74
Beréndpuszta **Vesz** 37 Sd 66
Berente **BAZ** 29 Ve 59
Bérestanya **Fej** 41 Tf 67
Beret **BAZ** 13 Wa 58
Berettyóújfalu **HB** 49 Wd 65
Berettyóújszentmárton **HB** 49 Wd 65
Beretváspuszta **Nóg** 25 Ud 60
Berhida **Vesz** 40 Ta 66
Berkenye **Nóg** 24 Ua 61
Berkesd **Bar** 68 Tc 72
Berkesz **SzSz** 32 Wf 60
Bernecebaráti **Pest** 24 Tf 60
Bersekbánya **Kom** 24 Td 62
Bertalanffypuszta **Vesz** 40 Se 64
Bertalanmajor **Pest** 44 Ue 65
Berzék **BAZ** 29 Vf 60
Berzence **Som** 53 Sa 71
Besence **Bar** 65 Sf 73
Besenyőd **SzSz** 32 Xa 61
Besenyőtelek **Hev** 28 Vc 62
Besenyszög **Szo** 45 Vb 65
Besnyő **Fej** 41 Te 65
Beszterec **SzSz** 32 Wf 60
Betekincspuszta **Tol** 57 Te 71
Betyárcsárda **Vesz** 40 Sf 66
Bezedek **Bar** 68 Td 73
Bezenye **GyS** 20 Sb 61
Bezeréd **Zala** 37 Sa 67
Bezi **GyS** 20 Sc 62
Bezzegpuszta **Tol** 57 Te 69
Biatorbágy **Pest** 41 Tf 64
Bibic **Fej** 41 Tf 68
Bicsérd **Bar** 68 Ta 72
Bicske **Fej** 41 Td 64
Bihardancsháza **HB** 49 Wb 65
Biharikút **SzSz** 33 Xd 61
Biharkeresztes **HB** 49 We 66
Biharnagybajom **HB** 48 Wb 65
Bihartorda **HB** 49 Wc 65
Biharugra **Bék** 49 Wd 67
Bikács **Tol** 57 Td 68
Bikal **Bar** 56 Tb 70
Bikolpuszta **Kom** 24 Tc 62
Billegpuszta **Kom** 21 Tb 62
Biri **SzSz** 32 Wf 62
Birító **Tol** 57 Te 69
Birján **Bar** 68 Tc 72
Bisse **Bar** 68 Tb 73
Bivalyhalom **HB** 29 Wa 62
Bize **Som** 53 Sc 69
Bő **Vas** 37 Re 64
Boba **Vas** 37 Sb 65
Bocfölde **Zala** 52 Re 68
Boconád **Hev** 28 Vb 63
Bőcs **BAZ** 29 Vf 60
Bócsa **BKk** 60 Uc 69
Bocska **Zala** 52 Rf 69
Bocskai Tsz tanya **HB** 49 We 65
Bocskaitanya **SzSz** 32 Wd 60
Boda **Bar** 68 Ta 72
Bodajk **Fej** 40 Tb 65
Bodakajtori Á.G. **Fej** 41 Tc 66
Bodaszőlő **HB** 32 Wd 63
Bodenhely **GyS** 20 Sc 63
Bodmér **Fej** 41 Td 64
Bodócsimalom **Bar** 65 Sf 72
Bodoglár **BKk** 60 Ud 69
Bodolyabér **Bar** 56 Ta 71
Bodony **Hev** 28 Va 61
Bodorfa **Bar** 65 Sf 72
Bodorfa **Vesz** 37 Sc 66
Bodrog **Som** 53 Sd 70
Bodroghalom **BAZ** 13 We 59
Bodrogkeresztúr **BAZ** 29 Wc 60
Bodrogolaszi **BAZ** 13 Wd 59
Bodrogszegi **BAZ** 29 Wc 59
Bódvalenke **BAZ** 12 Ve 57
Bódvarákó **BAZ** 12 Ve 57
Bódvaszilas **BAZ** 12 Ve 57
Bodzás **BAZ** 15 Xa 59
Bodzástanya **SzSz** 32 We 60
Böcörpuszta **Som** 53 Sd 71
Böde **Zala** 36 Re 67
Bödeháza **Zala** 52 Rc 69
Bödnagymajor **BKk** 57 Tf 69
Bödönhát **HB** 29 Wa 62
Bögöt **Vas** 37 Rf 65
Bögöte **Vas** 37 Sa 66
Böhönye **Som** 53 Sc 70
Bökény **Cso** 61 Ve 72
Bököny **SzSz** 32 We 62
Bölcske **Tol** 57 Tf 68
Börcs **GyS** 20 Sd 62
Böröndi **Zala** 36 Re 67
Börvelyi úti tanyák **SzSz** 33 Xd 62
Bösztör **BKk** 44 Ua 67
Bogács **BAZ** 28 Vd 61
Bogád **Bar** 68 Tb 72
Bogádmindszent **Bar** 65 Ta 73
Bogaros **Tol** 56 Tc 69
Bogdása **Bar** 65 Se 73
Boglárlelle **Som** 53 Sd 68
Boglyasi-szölőhegy **Fej** 41 Tc 65
Boglyasiszőlőhegy **Fej** 41 Tc 65
Bograpuszta **Tol** 69 Tf 71
Bogyiszló **Tol** 57 Tf 70
Bogyoszló **GyS** 20 Sb 63
Bojár **HB** 48 Wb 64
Bojt **HB** 49 We 65
Bókaháza **Zala** 53 Sa 68
Bóka-tag **Vesz** 37 Sc 64
Bokerdő **Bar** 69 Te 73
Bokod **Kom** 40 Tb 64
Bokod **Tol** 56 Tb 68
Bokor **Nóg** 25 Ud 61
Bokoritanyák **HB** 49 Wd 65
Bokortanya **Cso** 60 Ue 72
Bokortanya **SzSz** 32 Wd 60
Bokros **Bék** 48 Vf 66
Bokros **Cso** 60 Va 68
Boldog **Hev** 25 Ue 63
Boldogasszonyfa **Bar** 53 Se 71
Boldogasszonypuszta **Kom** 21 Tb 62
Boldogkőújfalu **BAZ** 13 Wb 59
Boldogkőváralja **BAZ** 13 Wb 58
Boldva **BAZ** 29 Ve 59
Bolgánypuszta **GyS** 20 Sd 62
Bolhás **Som** 53 Sb 71
Bolhó **Som** 65 Sb 72
Bóly **Bar** 68 Td 73
Bolyok **BAZ** 28 Vb 59
Bolzatanyák **Bék** 63 Wb 70
Boncodfölde **Zala** 36 Re 67
Boncsodpuszta **Vesz** 40 Se 66
Bonnyapuszta **Som** 56 Sf 69
Bonvhád **Tol** 56 Td 71
Bonya **Som** 56 Sf 69
Bonyhádszerdahely **Tol** 56 Td 70
Bonyhádvarasd **Tol** 56 Tc 70
Bőnyrétalap **GyS** 21 Sf 63
Bordány **Cso** 60 Uf 71
Borgáta **Vas** 37 Sa 66
Bőrgönd **Fej** 41 Td 65
Borhyalsótanya **Hev** 28 Va 62
Borhytanya **Hev** 28 Uf 62
Boritanya **Hev** 28 Vb 61
Borjád **Bar** 68 Tc 73
Borjád **Tol** 56 Ta 69
Borjád **Tol** 57 Td 69
Bormászpuszta **GyS** 20 Sc 62
Boródpuszta **Bar** 56 Ta 71
Boronka **Som** 53 Sc 69
Borostyánpuszta **Bar** 65 Sf 73
Borota **BKk** 57 Ub 71
Borrév **Tol** 57 Te 70
Borsfa **Zala** 52 Re 69
Borsodbóta **BAZ** 12 Vc 59
Borsodgeszt **BAZ** 29 Ve 61
Borsodi Ércelőkészítő Mű **BAZ** 29 Ve 60
Borsodivánka **BAZ** 29 Vd 62
Borsodnádasd **BAZ** 28 Vb 60
Borsodpuszta **Vesz** 40 Sd 66
Borsodszentgyörgy **BAZ** 12 Vb 59
Borsodszirák **BAZ** 12 Ve 59
Borsodymajor **GyS** 20 Sa 63
Borsosberény **Nóg** 25 Ua 61
Borsosgyőr **Vesz** 37 Sc 65
Borszörcsök **Vesz** 37 Sc 66
Borzatanya **Bar** 68 Td 73
Borzavár **Vesz** 40 Sf 65
Borzi szivattyútelep **Bék** 48 Vf 65
Borzönce **Zala** 52 Rf 69
Borzóspuszta **BAZ** 12 Vc 59
Borzsovatanya **SzSz** 32 Wf 60
Bősárkány **GyS** 20 Sb 62
Bosta **Bar** 68 Tb 73
Bőszénfa **Som** 56 Sf 71
Botfa **Zala** 52 Re 68
Botpalád **SzSz** 33 Xe 60
Botykapeterd **Bar** 65 Sf 72
Bozitag **GyS** 20 Sc 61
Bozsérmalom **Bar** 57 Td 72
Bozsok **Vas** 36 Rd 65
Bózsva **BAZ** 13 Wc 58
Bozzai **Vas** 36 Re 65
Bredacstanya **BAZ** 12 Vf 59
Brennbergbánya **GyS** 17 Rd 63
Brumártanya **HB** 49 Wc 65
Buchweintag **SzSz** 32 Wd 60
Bucka **Pest** 41 Tf 66
Bucsa **Bék** 48 Wa 65
Bucsu **Vas** 36 Rd 65
Bucsuszentlászló **Zala** 37 Rf 68
Bucsuta **Zala** 52 Re 69
Buda **Vas** 37 Sa 65
Budafa **Zala** 36 Rd 67
Budafok **Pest** 41 Ua 64
Budajenő **Pest** 24 Te 63
Budakalász **Pest** 24 Ua 63
Budakeszi **Pest** 24 Tf 63
Budaörs **Pest** 41 Tf 64
Budapest **Pest** 41 Ub 63
Budapest **Pest** 44 Ub 64
Budatétény **Pest** 41 Ua 64
Budzsák **BKk** 69 Tf 73
Bük **Vas** 36 Re 64
Bükkábrány **BAZ** 29 Ue 61
Bükkaranyos **BAZ** 29 Ve 61
Bükkmogyorósd **BAZ** 28 Vc 60
Bükkösd **Bar** 56 Sf 72
Bükkpuszta **Som** 53 Sb 71
Bükkszék **Hev** 28 Vb 61
Bükkszenterzsébet **Hev** 28 Va 60
Bükkszentkereszt **BAZ** 29 Vd 60
Bükkszentlászló **BAZ** 29 Ve 60
Bükkszentmárton **Hev** 28 Vb 60
Bükkzsérc **BAZ** 28 Vd 61
Bürüs **Bar** 65 Se 73
Büssü **Som** 56 Sf 70
Büttös **BAZ** 13 Wa 58
Bugac **BKk** 60 Ue 68
Bugacpusztaháza **BKk** 60 Ud 68
Bugyi **Pest** 44 Ua 65
Buj **SzSz** 32 Wd 60
Buják **Nóg** 25 Ud 61
Burjaspuszta **Nóg** 25 Uc 60
Búslakpuszta **Zala** 52 Rf 69
Bütelektanya **Hev** 28 Vb 63
Butyka **SzSz** 32 We 61
Buzita **HB** 32 Wf 63
Buzsák **Som** 53 Sd 69

C

Cák **Vas** 36 Rd 64
Cakó **Bék** 48 Wa 66
Cakóháza **GyS** 20 Sb 62
Cece **Fej** 57 Td 68
Cédulaház **Pest** 44 Ub 64
Cégénydányád **SzSz** 33 Xd 61
Cegléd **Pest** 45 Ue 65
Ceglédbercel **Pest** 44 Ue 65
Ceglédpuszta **Bar** 53 Se 72
Cekeházimajor **BAZ** 12 Ue 58
Celldömölk **Vas** 37 Sa 65
Center **BAZ** 28 Vc 59
Cered **Nóg** 28 Uf 60

ENDRÉDPUSZTA

Cerija **Som** 53 Sd 69
Cibakháza **Szo** 45 Vb 67
Cibakpuszta **Pest** 44 Ub 65
Cicemalom **Fej** 41 Tb 65
Ciframajor **BKk** 44 Uc 71
Ciframajor **Vesz** 37 Sc 68
Ciframalom **Som** 53 Sc 70
Cigánd **BAZ** 15 Wf 59
Cigánysor **SzSz** 32 Xa 62
Cigánytelep **Bar** 57 Td 71
Cigánytelep **Som** 53 Sc 72
Cigánytelep **Vesz** 37 Sc 66
Cikkelytanya **HB** 32 We 63
Cikó **Tol** 56 Td 71
Cikolasziget **GyS** 20 Sc 61
Cilipuszta **Som** 53 Sc 70
Cinetanya **SzSz** 33 Xc 61
Cinkota **Pest** 44 Ub 63
Cirák **GyS** 37 Sa 64
Cirkópuszta **HB** 49 Wc 66
Cobérpuszta **GyS** 20 Sc 62
Colhánypuszta **Nóg** 25 Uc 61
Concóhát **Kom** 21 Ta 62
Corzsai **Cso** 61 Vc 70
Csabacsűd **Bék** 61 Vd 68
Csabaszabadi **Bék** 63 Vf 69
Csabberekpuszta **Vesz** 37 Sd 66
Csabberekpuszta **Vesz** 40 Se 66
Csabdi **Fej** 24 Td 63
Csabpuszta **Vesz** 37 Sc 66
Csabrendek **Vesz** 37 Sb 66
Csács **Zala** 37 Rf 67
Csadó-tanya **Nóg** 24 Ua 60
Csáford **Zala** 37 Sa 67
Csáfordjánosfa **GyS** 37 Rf 64
Csaholc **SzSz** 33 Xe 61
Csajág **Vesz** 40 Tb 66
Csajágitanya **Vesz** 40 Se 65
Csajkástanya **Fej** 41 Tf 65
Csákány **Som** 53 Sb 69
Csákánydoroszló **Vas** 36 Rc 67
Csákányospuszta **Kom** 24 Tc 63
Csákberény **Fej** 41 Tc 64
Csákhegy **Pest** 24 Tf 61
Csákszegpuszta **Som** 53 Sc 70
Csákvár **Fej** 41 Tc 64
Csala **Fej** 41 Tc 65
Csalaikastély **Fej** 41 Td 65
Csámpa **Tol** 57 Te 69
Csanádalberti **Cso** 61 Ve 71
Csanádapáca **Bék** 63 Vf 69
Csanádfehéregyháza **BKk** 44 Ua 67
Csanádikert **Bar** 69 Te 72
Csanádpalota **Cso** 61 Ve 71
Csanádpuszta **BKk** 41 Ua 67
Csándortető **Zala** 53 Sb 68
Csánig **Vas** 37 Sa 64
Csány **Hev** 25 Ue 63
Csányoszró **Bar** 65 Sf 73
Csánytelek **Cso** 61 Va 69
Csapi **Zala** 53 Sa 69
Csapod **GyS** 20 Rf 63
Csapópuszta **Tol** 57 Te 69
Csapótanya **Zala** 52 Rf 70
Csárda **Tol** 56 Tb 69
Csárdagát **HB** 49 Wc 64
Csárdaháttanya **HB** 49 Wc 65
Csárdaszállás **Bék** 48 Vf 67
Csarnapuszta **Pest** 24 Tf 60
Csarnavölgy **Pest** 24 Tf 61
Csarnóta **Bar** 68 Tb 73
Csaroda **SzSz** 33 Xc 60
Császár **Kom** 40 Ta 64
Császárhomok **Bar** 68 Tb 74
Császárrét **GyS** 20 Sb 62
Császártöltés **BKk** 57 Ub 70
Császló **SzSz** 33 Xe 61
Császtapuszta **BAZ** 12 Ve 59
Csátalja **BKk** 69 Tf 72
Csatár **Zala** 52 Rf 68
Csatárimajor **GyS** 20 Sb 63
Csatárpuszta **Kom** 40 Sf 64
Csataszög **Szo** 45 Vc 65
Csatka **Kom** 40 Sf 64
Csatornaőrház **BAZ** 29 Vf 62
Csatornaőrház **Bék** 48 Wa 66
Csávoly **BKk** 57 Ua 71
Csebény **Bar** 53 Sf 71
Csébisziget **HB** 49 Wc 66
Csécse **Nóg** 25 Ud 61
Csegöld **SzSz** 33 Xe 61
Csehbánya **Vesz** 40 Se 65
Csehi **Vas** 37 Rf 66
Csehimindszent **Vas** 37 Rf 66
Csehipuszta **BAZ** 12 Ve 58
Csehipuszta **Tol** 56 Ta 68
Csehipuszta **Zala** 53 Sa 70
Csehtanya **HB** 49 We 65
Cséke **BAZ** 15 Wf 58
Csekepuszta **Som** 53 Sa 71
Csekés **Fej** 41 Te 65
Csém **Kom** 21 Ta 62
Csemec **Zala** 52 Rd 70
Csementekert **BAZ** 29 Vf 61
Csemeztanya **GyS** 20 Sa 61
Csemő **Pest** 44 Ue 66
Csempeszkovács **Vas** 37 Re 66
Csengele **Cso** 60 Uf 69
Csenger **SzSz** 33 Xe 61
Csengersima **SzSz** 33 Xe 61
Csengerújfalu **SzSz** 33 Xd 62
Csengőd **BKk** 57 Ub 68
Csengőrét **SzSz** 32 Wf 61
Csénye **Vas** 37 Rf 65
Csenyéte **BAZ** 13 Wa 58
Csép **Kom** 21 Ta 63
Csépa **Szo** 61 Va 68
Csépánytanya **SzSz** 32 Wf 61
Csepel **Pest** 44 Ua 64
Csepreg **Vas** 36 Re 64
Csér **GyS** 37 Rf 64
Cseralja **Tol** 56 Tb 69
Cserdi **Bar** 65 Sf 72
Cserebökeny **Cso** 61 Vc 68
Cserebókpuszta **Som** 53 Sd 70
Cserekert **HB** 49 Wf 65
Cserénfa **Som** 56 Sf 71
Cserepes **HB** 29 Wa 62
Cserepespuszta **Som** 56 Ta 70
Cserepestanya **SzSz** 33 Xb 62
Cserépfalu **BAZ** 28 Vd 61
Cserépváralja **BAZ** 28 Vd 61
Cseresnyés **Tol** 57 Te 69
Cserespuszta **Nóg** 25 Ub 61
Cseresznyefa **Som** 53 Sc 72
Csergőtelep **Cso** 61 Vb 71
Cserhágó **SzSz** 32 Xa 62
Cserháthaláp **Nóg** 25 Uc 61
Cserháti erdészlak **Tol** 56 Ta 69
Cserhátpuszta **Nóg** 25 Ud 61
Cserhátpuszta **Som** 53 Sc 69
Cserhátsurány **Nóg** 25 Uc 61
Cserhátszentiván **Nóg** 25 Ud 61
Cserirész **Som** 53 Sd 70
Cserkeszőlő **Szo** 45 Vb 67
Cserkút **Bar** 68 Ta 72
Csermajor **Som** 53 Sb 72
Csermajor **Vas** 37 Sb 64
Csernely **BAZ** 28 Vc 60
Cserpuszta **Som** 53 Sa 71
Cserpuszta **Vas** 37 Sa 65
Cserpuszta **Zala** 53 Sa 70
Cserszád **Bék** 48 Wb 67
Cserszegtomaj **Zala** 37 Sb 68
Csertakalos **Zala** 52 Rf 69
Csertő **Bar** 53 Se 72
Cservölgy **Kom** 24 Td 62
Cservölgy **Tol** 56 Tc 70
Cservölgymajor **Vesz** 40 Se 67
Cseszmeerdészház **Som** 56 Ta 69
Csesznek **Vesz** 40 Sf 64
Csészta **Som** 56 Sf 68
Csesztreg **Zala** 52 Rd 68
Csesztve **Nóg** 25 Ub 60
Csesztve **Nóg** 25 Ub 61
Csete **Bék** 48 Vf 67
Csetény **Vesz** 40 Sf 65
Csetnekitelep **Pest** 44 Ud 65
Csévharaszt **Pest** 44 Uc 65
Csevicekút **Nóg** 25 Ue 59
Csibrák **Tol** 56 Tc 70
Csicsatér **Cso** 61 Vd 69
Csicsketanya **BAZ** 29 Vf 61
Csicsóhegy **Bar** 68 Tb 73
Csicsói erdészlak **Vesz** 40 Sd 67
Csiffi **HB** 49 Wb 66
Csiffihidi gátőrház **HB** 49 Wc 66
Csihár **Zala** 37 Sa 67
Csikéria **BKk** 60 Uc 72
Csikómajor **Tol** 57 Te 71
Csikorgódűlő **Bar** 68 Ta 73
Csikóslapos **SzSz** 32 Wf 61
Csikóspuszta **Cso** 61 Vd 71
Csikóstőttős **Tol** 56 Ta 70
Csikotapuszta **Som** 53 Sc 70
Csikótelep **Pest** 44 Ua 66
Csikvánd **Vesz** 37 Sc 64
Csillagcsárda **Som** 65 Sd 72
Csillaghegy **Pest** 24 Ua 63
Csillagmajor **Fej** 41 Tf 67
Csillagpuszta **Fej** 57 Te 68
Csillagpuszta **Som** 53 Se 68
Csillagtanya **BAZ** 29 Vf 60
Csillagtanya **HB** 48 Wb 65
Csillagtó **GyS** 20 Sd 63
Csillapuszta **Kom** 21 Sf 62
Csincsetanya **BAZ** 29 Ve 61
Csiósház **Som** 53 Sb 69
Csipak **Cso** 60 Uf 71
Csipkerek **Vas** 37 Rf 66
Csipőtanyák **HB** 29 Vf 63
Csiribpuszta **Fej** 41 Td 66
Csiritanya **SzSz** 32 Xa 63
Csiszári erdészház **Som** 56 Se 68
Csisztafürdő **Som** 53 Sd 68
Csitár **Nóg** 24 Ua 60
Csitár **Nóg** 25 Uc 60
Csizmaszártanya **HB** 32 Wf 63
Csobád **BAZ** 13 Wa 59
Csobaj **BAZ** 29 Wb 60
Csobánc **Vesz** 37 Sc 67
Csobánka **Pest** 24 Tf 63
Csobokapuszta **Bar** 65 Sf 73
Csócskepuszta **Tol** 56 Tc 71
Csöde **Zala** 36 Rd 67
Csög **Vesz** 37 Sb 65
Csögle **Vesz** 37 Sb 65
Csökmő **HB** 49 Wb 66
Csököly **Som** 53 Sd 71
Csölösztősziget **GyS** 20 Sb 61
Csömend **Som** 53 Sc 69
Csömödér **Zala** 52 Rd 69
Csömör **Pest** 25 Ub 63
Csönge **Vas** 37 Sa 64
Csöngetmajor **Zala** 37 Rf 67
Csörötnek **Vas** 36 Rc 67
Csohostó **HB** 49 Wf 64
Csókakő **Fej** 40 Tb 64
Csókáspuszta **Hev** 28 Uf 62
Csókástanya **BAZ** 29 Vf 59
Csokonya Királyrét **Som** 65 Sc 72
Csokonyavisonta **Som** 65 Sc 72
Csokva **BAZ** 28 Vc 59
Csokvaomány **BAZ** 28 Vc 60
Csollányospuszta **Tol** 56 Tc 68
Csollányostanya **Tol** 56 Tc 68
Csolnok **Kom** 24 Te 62
Csólyospálos **BKk** 60 Uf 70
Csoma **Som** 56 Ta 70
Csomád **Pest** 25 Ub 63
Csomapuszta **Nóg** 25 Ud 60
Csombárd **Som** 53 Se 70
Csongrád **Cso** 61 Va 68
Csonkahegyhát **Zala** 36 Re 68
Csonkamindszent **Bar** 65 Sf 72
Csopak **Vesz** 40 Sf 67
Csór **Fej** 40 Tb 65
Csorbalok **Som** 53 Sd 70
Csordakút **Fej** 24 Td 63
Csorna **BKk** 57 Ub 69
Csorna **GyS** 20 Sb 63
Csorvás **Bék** 63 Vf 69
Csősz **Fej** 41 Tc 66
Csőszpuszta **Vesz** 40 Ta 65
Csót **Vesz** 40 Sd 64
Csóvár **Pest** 25 Ub 62
Csővár **Pest** 25 Uc 62
Csukma **Bar** 68 Tb 73
Csurgó **Som** 53 Sa 71
Csurgónagymarton **Som** 52 Sa 71
Csurgópuszta **Tol** 56 Tb 70
Cuhapuszta **Vesz** 40 Sd 64
Cún **Bar** 68 Ta 74
Czagatanya **GyS** 20 Sb 62
Czifratanya **BAZ** 29 Vf 59

D

Dabas **Pest** 44 Ub 65
Dabasiszőlők **Pest** 44 Uc 65
Dabroka Csárda **Vesz** 37 Sb 66
Dabronc **Vesz** 37 Sb 66
Dabrony **Vesz** 37 Sb 65
Dad **Kom** 21 Tb 63
Dág **Kom** 24 Te 63
Dáka **Vesz** 37 Sc 65
Dallapuszta **Hev** 28 Va 61
Dallárrész **HB** 32 Xa 63
Dalmand **Tol** 56 Tb 70
Dámóc **BAZ** 15 Xa 58
Dámvadas **Kom** 24 Td 62
Dánieltanya **Som** 56 Sf 70
Dankótanya **SzSz** 29 Wb 61
Dánszentmiklós **Pest** 44 Ud 65
Dány **Pest** 44 Ud 63
Daraboshegy **Vas** 36 Rd 67
Darány **Som** 65 Sd 73
Darányitanya **Pest** 44 Ub 66
Darassai iskola **HB** 29 Wb 62
Darnak **BAZ** 12 Ve 59
Darnó **SzSz** 33 Xd 61
Darnózseli **GyS** 20 Sc 61
Dárodpuszta **Som** 53 Se 70
Daruhegy **Fej** 41 Tf 67
Darumajor **Fej** 41 Te 66
Daruszállás **BAZ** 13 Wa 58
Darvas **HB** 49 Wc 66
Darvaspuszta **Som** 53 Sb 70
Dávidmajor **Fej** 41 Te 64
Dávod **BKk** 69 Tf 72
Deákipuszta **Vesz** 37 Sc 67
Debercsény **Nóg** 25 Ub 61
Debrecen **HB** 49 Wd 63
Debréte **BAZ** 12 Vf 58
Decs **Tol** 57 Te 71
Dédes **BAZ** 28 Vc 59
Dédestapolcsány **BAZ** 28 Vc 59
Dedőhát **HB** 29 Wb 62
Dég **Fej** 41 Tc 67
Dejtár **Nóg** 25 Ub 60
Délegyháza **Pest** 44 Ua 65
Délimjr. **Pest** 44 Ub 64
Demecser **SzSz** 32 Wf 60
Demjén **Hev** 28 Vc 62
Dencsháza **Bar** 65 Se 73
Dénesfa **GyS** 37 Sa 64
Dénesmajor **Bék** 63 Wc 69
Dénesmajor **GyS** 17 Re 63
Dénesmajor **Som** 53 Sd 72
Dénesmajor **Vesz** 40 Tb 66
Derecske **HB** 49 Wd 64
Derekegyház **Cso** 61 Vc 69
Derékhegy **Tol** 56 Td 68
Dergecspuszta **Vesz** 37 Sb 66
Deszk **Cso** 61 Vb 71
Deszkásürbő **Pest** 44 Ub 65
Detek **BAZ** 13 Wa 59
Detk **Hev** 28 Va 62
Dévaványa **Bék** 48 Vf 66
Devecser **Vesz** 37 Sc 66
Dezsőpuszta **Nóg** 25 Ub 60
Dézsytanya **HB** 32 We 63
Dicháza **BAZ** 12 Vf 59
Dimitrovpuszta **Nóg** 25 Ub 60
Dinnyeberki **Bar** 53 Sf 72
Dinnyés **Fej** 41 Td 65
Dinnyésdűlő **BKk** 57 Ub 69
Dinnyéshát **Hev** 48 Vd 64
Diósberény **Tol** 56 Tc 69
Diósd **Pest** 41 Tf 64
Diósgyőr **BAZ** 29 Ve 60
Dióshegy **BAZ** 29 Wb 59
Diósjenő **Nóg** 24 Ua 61
Dióskál **Zala** 52 Sa 68
Dióspuszta **Bar** 53 Se 72
Dióspuszta **Kom** 21 Tb 63
Dióspuszta **Vesz** 40 Sd 64
Dióstanya **BAZ** 29 Vf 59
Diósviszló **Bar** 68 Ta 73
Diszel **Vesz** 37 Sc 67
Doba **Vesz** 37 Sc 66
Dobaipuszta **HB** 49 Wc 67
Dobapuszta **Szo** 45 Vc 65
Dobódél **BAZ** 12 Ve 58
Dobogókő **Pest** 24 Tf 62
Dobornyai legelőszél **Tol** 57 Te 71
Dobospuszta **Vesz** 37 Sd 67
Dobostanya **BAZ** 29 Vf 62
Doboz **Bék** 63 Wb 68
Dobozi **BAZ** 29 Wb 59
Dobri **Zala** 52 Rd 69
Dobronhegy **Zala** 36 Re 68
Dobronyapuszta **BAZ** 28 Vb 60
Dobsza **Bar** 65 Sd 72
Dóc **Cso** 61 Va 70
Döbörhegy **Vas** 36 Re 67
Döbröce **Zala** 37 Sb 67
Döbrököz **Tol** 56 Tb 70
Döbrönte **Vesz** 40 Sd 65
Döbrönteszőlőhegy **Tol** 56 Tc 68
Döge **SzSz** 15 Xa 59
Dögtér **BAZ** 12 Ve 59
Dömös **Kom** 24 Tf 62
Dömsöd **Pest** 41 Ua 66
Dör **GyS** 20 Sb 63
Dörgicse **Vesz** 40 Se 67
Döröske **Vas** 36 Re 66
Dörzeménypuszta **Vesz** 37 Sc 64
Dötk **Zala** 37 Sa 67
Dövény **BAZ** 12 Vd 58
Dolinapuszta **Tol** 57 Te 72
Dollártanya **BAZ** 29 Vf 61
Dolosd **Fej** 40 Ta 64
Domaháza **BAZ** 28 Va 59
Domaszék **Cso** 60 Va 71
Dombegyház **Bék** 63 Wa 70
Dombegyházi Á.G. II. üzemegysége **Bék** 63 Wa 70
Dombiratos **Bék** 63 Wa 70
Domboctanya **SzSz** 32 Wf 59
Domboritelep **Tol** 57 Tf 70
Dombóvár **Tol** 56 Ta 70
Dombrád **SzSz** 32 Wf 59
Domonkospuszta **Kom** 24 Td 62
Domony **Pest** 25 Uc 63
Domoszló **Hev** 28 Va 62
Dormánd **Hev** 28 Vc 62
Dorog **Kom** 24 Te 62
Dorogháza **Nóg** 28 Uf 61
Doromlás **Tol** 57 Tf 70
Dozmat **Vas** 36 Rd 65
Dózsa Tsz **BKk** 69 Ub 72
Dózsa Tsz **HB** 29 Wc 61
Dózsaföld **HB** 49 Wc 65
Dózsamajor **GyS** 21 Se 62
Dózsatag **GyS** 21 Se 62
Drágszél **BKk** 57 Ua 70
Drávacsehi **Bar** 68 Ta 74
Drávafok **Bar** 65 Se 73
Drávagárdony **Som** 65 Sd 73
Drávaiványi **Bar** 65 Se 73
Drávakeresztúr **Bar** 65 Se 73
Drávapalkonya **Bar** 68 Tb 74
Drávapiski **Bar** 68 Ta 73
Drávaszabolcs **Bar** 68 Tb 74
Drávaszentes **Som** 65 Sc 72
Drávaszerdahely **Bar** 68 Ta 73
Drávasztára **Bar** 65 Se 74
Drávatamási **Som** 65 Sd 73
Drégelypalánk **Nóg** 24 Ua 60
Drvacsepely **Bar** 68 Ta 73
Dubicsány **BAZ** 12 Vc 59
Dudar **Vesz** 40 Sf 65
Dugótanya **SzSz** 32 Wf 62
Duka **Vas** 37 Sa 66
Dűltfás **Fej** 40 Ta 65
Dunabogdány **Pest** 24 Ua 62
Dunaegyháza **BKk** 41 Tf 68
Dunafalva **Bar** 69 Te 72
Dunaföldvár **Tol** 57 Tf 68
Dunaharaszti **Pest** 44 Ua 64
Dunakeszi **Pest** 25 Ua 63
Dunakiliti **GyS** 20 Sb 61
Dunakömlőd **Tol** 57 Tf 68
Dunanagyvarsány **Pest** 44 Ua 65
Dunapart **BKk** 57 Tf 71
Dunapart **Kom** 24 Tf 62
Dunapataj **BKk** 57 Ua 69
Dunaremete **GyS** 20 Sc 61
Dunasor **Pest** 41 Tf 65
Dunaszeg **GyS** 20 Sd 62
Dunaszekcső **Bar** 69 Te 72
Dunaszentbenedek **BKk** 57 Tf 69
Dunaszentgyörgy **Tol** 57 Te 69
Dunaszentmiklós **Kom** 24 Tc 62
Dunaszentpál **GyS** 21 Sd 62
Dunasziget **GyS** 20 Sc 61
Dunatetétlen **BKk** 57 Ua 68
Duna-Tiszaközi Kisérleti Intézet Lakótelepe **BKk** 60 Ue 67
Dunaújváros **Fej** 41 Tf 67
Dunavarsány **Pest** 44 Ua 65
Dunavecse **BKk** 41 Tf 67
Dusnok **BKk** 57 Tf 70
Dusnok **Zala** 52 Rf 69
Dúzs **Tol** 56 Tc 70
Duzzogó **Fej** 41 Tb 65

E

Ebédvesztőpuszta **Som** 53 Se 70
Ebergény **Zala** 36 Re 68
Ebergőc **GyS** 17 Re 63
Ebes **HB** 49 Wc 64
Ebesi Á.G. **HB** 49 Wd 64
Ebszőnybánya **Kom** 24 Td 62
Ebüllő-puszta **Bék** 49 Wb 67
Écs **GyS** 21 Se 63
Ecséd **Hev** 25 Ue 62
Ecseg **Nóg** 25 Ud 61
Ecsegfalva **Bék** 48 Vf 66
Ecseny **Som** 56 Sf 69
Ecser **Pest** 44 Ub 64
Ecsimajor **Fej** 41 Tc 67
Edde **Som** 53 Se 69
Edelény **BAZ** 12 Ve 59
Edve **GyS** 37 Sa 64
Egecseipuszta **BKk** 44 Ua 67
Eger **Hev** 28 Vc 61
Egerág **Bar** 68 Tb 73
Egeraracs **Zala** 53 Sa 68
Egerbakta **Hev** 28 Vb 61
Egerbocs **Hev** 28 Vb 60
Egercsehi **Hev** 28 Vb 60
Egerfarmos **Hev** 28 Vd 62
Egerlövő **BAZ** 29 Vd 62
Egerszalók **Hev** 28 Vb 61
Egerszög **BAZ** 12 Vd 58
Egerszólát **Hev** 28 Vb 61
Egervár **Zala** 37 Rf 67
Egervölgy **Vas** 37 Rf 66
Egetthézpuszta **Tol** 56 Tc 68
Égettvágás **Hev** 28 Va 61
Egreskáta **Pest** 44 Ue 64
Egrestanya **Fej** 40 Ta 64
Egrestanya **SzSz** 33 Xc 61
Egyed **GyS** 20 Sc 63
Egyek **HB** 29 Vf 63
Egyesülés Tsz **BKk** 57 Ub 71
Egyetértés Tsz Lakótelepe **BKk** 45 Uf 67
Egyházapuszta **Kom** 21 Ta 63
Egyházasdengele **Nóg** 25 Ud 62
Egyházasfalu **GyS** 36 Re 64
Egyházasgerge **Nóg** 25 Ud 59
Egyházasharaszti **Bar** 68 Tb 74
Egyházashetye **Vas** 37 Sa 65
Egyházashollós **Vas** 36 Re 66
Egyházaskesző **Vesz** 37 Sb 64
Egyházaskozár **Bar** 56 Tb 70
Egyházasrádóc **Vas** 36 Rd 66
Elek **Bék** 63 Wb 69
Elekpuszta **Bar** 65 Sf 73
Elemérpuszta **Vesz** 37 Sd 65
Elep = Hortobágyi Á.G. **HB** 29 Wb 63
Élesd **Bar** 69 Te 72
Ellend **Bar** 68 Tc 72
Előhátitanya **HB** 29 Wc 61
Elősár **Som** 53 Sd 71
Előszállás **Fej** 41 Te 68
Elvirapuszta **Pest** 41 Tf 64
Elzamajor **Fej** 41 Td 66
Emilháza **Vesz** 37 Sc 64
Emlékmajor **Som** 65 Sd 72
Emmamajor **BAZ** 12 Vf 58
Emőd **BAZ** 29 Ve 61
Encs **BAZ** 13 Wa 59
Encsencs **SzSz** 32 Xa 62
Endrédpuszta **Vas** 37 Rf 66

ENDREFALVA

Endrefalva **Nóg** 25 Ud 60
Endrőc **Bar** 65 Se 73
Endrőd **Bék** 48 Ve 67
Enese **GyS** 20 Sc 63
Enying **Fej** 40 Tb 67
Eperjes **Cso** 61 Vd 68
Eperjeske **SzSz** 15 Xb 58
Eperjestanya **BAZ** 29 Vf 62
Eplény **Vesz** 40 Sf 65
Epöl **Kom** 24 Td 63
Epresmajor **Nóg** 25 Uc 61
Ercsi **Fej** 41 Tf 65
Érd **Pest** 41 Tf 64
Erdérttelep **SzSz** 15 Xa 59
Erdészet **Nóg** 24 Ua 61
Erdészház **Bar** 65 Se 73
Erdészház **Fej** 57 Te 68
Erdészház **HB** 49 Wb 65
Erdészlak **Bar** 53 Sf 72
Erdészlak **Bar** 56 Ta 72
Erdészlak **Bar** 56 Tb 70
Erdészlak **Bar** 68 Ta 73
Erdészlak **BAZ** 15 Xa 59
Erdészlak **BAZ** 29 Vf 59
Erdészlak **BAZ** 29 Wb 60
Erdészlak **Fej** 41 Tc 66
Erdészlak **Fej** 41 Td 66
Erdészlak **GyS** 20 Sb 61
Erdészlak **GyS** 37 Sb 64
Erdészlak **Nóg** 25 Ub 60
Erdészlak **Pest** 24 Te 63
Erdészlak **Pest** 24 Tf 63
Erdészlak **Pest** 44 Ub 64
Erdészlak **Som** 53 Sb 70
Erdészlak **Som** 56 Sf 69
Erdészlak **SzSz** 33 Xb 62
Erdészlak **Tol** 56 Td 68
Erdészlak **Tol** 57 Td 71
Erdészlak **Tol** 57 Tf 69
Erdészlak **Vesz** 37 Sc 65
Erdészlak **Vesz** 40 Sd 67
Erdészlakás **Vas** 37 Sa 66
Erdliget **Pest** 41 Tf 64
Erdőbénye **BAZ** 13 Wc 59
Erdőmajor **Fej** 41 Te 64
Erdőföldpuszta **Bar** 68 Td 73
Erdőfű **Bar** 69 Te 73
Erdőgazdaság **Pest** 44 Ub 65
Erdőhát **Fej** 41 Te 64
Erdőhelynyésta **HB** 49 Wc 66
Erdőhorváti **BAZ** 13 Wc 59
Erdőkertes **Pest** 25 Ub 62
Erdőkövesd **Hev** 28 Va 60
Erdőkürt **Nóg** 25 Uc 62
Erdőmajor **Bar** 56 Tb 71
Erdőmajor **Fej** 41 Te 67
Erdőőrház **Bék** 61 Ve 70
Erdősmárok **Bar** 68 Td 72
Erdősmecske **Bar** 56 Td 71
Erdőtanya **BAZ** 29 Wa 59
Erdőtarcsa **Nóg** 25 Ud 62
Erdőtelek **BKk** 57 Ub 69
Erdőtelek **Hev** 28 Vb 62
Erdőtelep **GyS** 21 Se 62
Érdparkváros **Pest** 41 Tf 64
Erk **Hev** 28 Va 63
Ernőmajor **Fej** 41 Td 66
Erőműlakótelep **Kom** 40 Tb 64
Érpatak **SzSz** 32 We 62
Érsekcsanád **BKk** 57 Tf 71
Érsekhalma **BKk** 57 Ua 70
Érsekvadkert **Nóg** 25 Ub 61
Értény **Tol** 56 Ta 69
Erzsébet **Bar** 68 Tc 72
Erzsébet **Cso** 61 Vd 70
Erzsébet erdészlak **Pest** 24 Tf 63
Erzsébetmajor **BKk** 44 Ub 66
Erzsébetmajor **Fej** 41 Td 66
Erzsébetpuszta **Pest** 24 Tf 63
Erzsébetpuszta **Som** 53 Sc 71
Erzsébettanya **BAZ** 15 Wf 59
Erzsébettér **Hev** 28 Vb 62
Esisziktanya **HB** 49 Wc 66
Esőpuszta **Pest** 44 Uc 66
Eszenyőtelep **SzSz** 33 Xd 60
Esztár **HB** 49 We 65
Esztergápuszta **Bar** 68 Tb 73
Eszteregnye **Zala** 52 Rf 70
Esztergályhorváti **Zala** 53 Sa 68
Esztergom **Kom** 24 Te 62
Esztergom-Kertváros **Kom** 24 Te 62
Esztermajor **Fej** 24 Td 63
Eszterpuszta **Tol** 56 Td 71
Ete **Kom** 21 Ta 63
Etes **Nóg** 25 Ue 60
Etyek **Fej** 41 Te 64

F

Fábiánháza **SzSz** 33 Xc 61
Fábiánsebestyén **Cso** 61 Vc 68
Fábrikapuszta **Som** 56 Sf 68
Fácánház **GyS** 37 Sa 64
Fácánkert **Kom** 24 Tc 63
Fácánkert **Tol** 57 Te 70
Fácános **Hev** 28 Vc 63
Fadd **Tol** 57 Te 70
Fáj **BAZ** 13 Wa 58
Fajsz **BKk** 57 Tf 70
Fajzat **Hev** 25 Uf 61
Fakospuszta **Zala** 52 Rf 68
Fallóskút **Hev** 25 Uf 61
Faluhely **Tol** 57 Tf 69
Falusziget **HB** 49 Wc 66
Falutag **BAZ** 29 Ve 62
Faluvéghalma **HB** 29 Wa 63
Fáncs **Fej** 57 Td 68
Fancsal **BAZ** 13 Wa 58
Farád **GyS** 20 Sb 63
Farkaserdő **Vas** 37 Rf 66
Farkaserdőtanya **Tol** 57 Te 68
Farkasfa **Vas** 36 Rb 67
Farkasgaz **HB** 49 We 64
Farkasgyepű **Vesz** 40 Sd 65
Farkashát **SzSz** 29 Wb 61
Farkaskút **Kom** 21 Ta 63
Farkaslyuk **BAZ** 28 Vc 59
Farkassziget **HB** 48 Wa 64
Farkastanya **BAZ** 29 Ve 62
Farkastanya **Cso** 61 Va 70
Farkastanya **Tol** 57 Td 70
Farkastorokpuszta **Kom** 40 Ta 64
Farkasvölgy **Tol** 56 Td 70
Farkasvölgytanya **Nóg** 25 Ub 61
Farmos **Pest** 45 Uf 64
Farmositanya **BAZ** 28 Vd 62
Fás **Bék** 48 Wb 67
Fásértanya **BAZ** 29 Vf 62
Fáytanya **BAZ** 29 Ve 62
Fazekasboda **Bar** 56 Tc 72
Fazekasdencs **Som** 53 Sa 70
Fedémes **Hev** 28 Vb 60
Fegyvernek **Szo** 45 Vd 64
Fehérgyarmat **SzSz** 33 Xd 61
Fehérháti csatornaőrház **Bék** 48 Wa 67
Fehérlótanya **BAZ** 29 Ve 62
Fehérmalom **Vesz** 37 Sc 65
Fehértó **GyS** 20 Sc 62
Fehérvári út **Fej** 41 Td 64
Fehérvárcsurgó **Fej** 40 Tb 65
Fejércse **SzSz** 33 Xc 60
Feked **Bar** 56 Td 71
Feketeerdő **GyS** 20 Sb 61
Feketehalom **BKk** 44 Ua 67
Feketehegy **Fej** 41 Tc 65
Feketemajor **GyS** 21 Sd 63
Feketesár **Hev** 28 Vc 60
Feketetanya **BAZ** 29 Vd 61
Feketetanya **Cso** 61 Va 70
Feketevizpuszta **Kom** 40 Sf 64
Felcsút **Fej** 41 Td 64
Feldebrő **Hev** 28 Vb 62
Felgyő **Cso** 61 Va 68
Félhalom **HB** 29 Vf 63
Felpéc **GyS** 21 Sd 63
Felsőbabád Újtelep **Pest** 44 Ub 65
Felsőbadony **Nóg** 25 Ub 61
Felsőberecki **BAZ** 13 We 58
Felsőberkifalu **Vas** 36 Rd 66
Felsőbesnyő **Fej** 41 Te 65
Felsőbesnyő **Pest** 44 Ub 65
Felsőbikád **Tol** 56 Tc 69
Felsőbogátpuszta **Som** 53 Sc 70
Felsőboldogkáta **Pest** 44 Ue 64
Felsőborsfa **Zala** 52 Re 69
Felsőcikolapuszta **Fej** 41 Te 66
Felsőcsatár **Vas** 36 Rc 65
Felsőcsernyed **Tol** 56 Tc 69
Felsőcsurgó **Tol** 56 Tc 70
Felsődobos **Fej** 40 Ta 64
Felsődobsza **BAZ** 13 Wa 59
Felsődörgicse **Vesz** 40 Se 67
Felsőbesnyő **Pest** 41 Ub 65
Felsőegerszeg **Bar** 56 Ta 71
Felsőegrespuszta **Nóg** 25 Uc 61
Felsőerek **BKk** 57 Ua 69
Felsőfarkasd **Pest** 44 Ud 64
Felsőföld **Bék** 48 Vf 67
Felsőgagy **BAZ** 13 Wa 58
Felsőgyánt **Tol** 56 Tc 68
Felsőgyörgyös **Som** 65 Sc 72
Felsőhahót **Zala** 52 Rf 69
Felsőhetény **Tol** 56 Ta 70
Felsőiszkáz **Vesz** 37 Sb 66
Felsőjánosfa **Vas** 36 Rd 67
Felsőkakpuszta **Som** 53 Sd 70
Felsőkanda **Bar** 69 Te 72
Felsőkéked **BAZ** 13 Wc 57
Felsőkelecsény **BAZ** 12 Vd 58
Felsőkölked **Som** 53 Sd 69
Felsőkövesd **Bar** 53 Sf 71
Felsőlajos **BKk** 44 Uc 66
Felsőlegencse **Bar** 65 Se 73
Felsőleperd **Tol** 56 Ta 69
Felsőlög **Bar** 69 Te 72
Felsőmagyalos **Tol** 57 Te 69
Felsőmajor **Fej** 41 Td 64
Felsőmajor **Fej** 41 Td 66
Felsőmalom **Bar** 68 Tb 73
Felsőmalom **Zala** 53 Sb 68
Felsőmarác **Vas** 36 Rd 67
Felsőmező **Bar** 68 Te 72
Felsőmocsolád **Som** 56 Se 69
Felsőmolyó **Fej** 41 Tb 66
Felsőnádasd **Nóg** 25 Ud 61
Felsőnána **Tol** 56 Td 70
Felsőnyárád **BAZ** 12 Vd 59
Felsőnyáregyháza **Pest** 44 Uc 65
Felsőnyék **Tol** 56 Tb 68
Felsőnyírespuszta **Som** 53 Sd 70
Felsőnyomási Á.G. **Bék** 63 Wa 68
Felsőörs **Vesz** 40 Sf 66
Felsőpáhok **Zala** 53 Sa 68
Felsőpakony **Pest** 44 Ub 64
Felsőpaty **Vas** 36 Rf 65
Felsőpázsit **SzSz** 32 We 61
Felsőpél **Tol** 56 Td 69
Felsőpeszér **BKk** 44 Ub 66
Felsőpetény **Nóg** 25 Ub 61
Felsőpuszta **Fej** 41 Tc 65
Felsőrácegres **Tol** 57 Td 68
Felsőrajk **Zala** 52 Rf 68
Felsőregmec **BAZ** 13 Wd 58
Felsőrévbér **BKk** 57 Tf 68
Felsőrzer **Vas** 36 Rc 67
Felsősima **SzSz** 32 Wd 61
Felsőszenterzsébet **Zala** 52 Rc 68
Felsőszentiván **BKk** 57 Ub 71
Felsőszentiván **Pest** 44 Ua 66
Felsőszentiván = Bodakajtori Á.G. **Fej** 41 Tc 66
Felsőszentmárton **Bar** 65 Se 73
Felsőszölnök **Vas** 36 Rb 67
Felsőszőlők **Kom** 21 Sf 62
Felsőtábpuszta **Nóg** 25 Uc 60
Felsőtárkány **Hev** 28 Vc 61
Felsőtelekes **BAZ** 12 Vd 58
Felsőtelep **BKk** 44 Uc 69
Felsőtelep **Kom** 40 Tb 64
Felsőtengelic **Tol** 57 Te 69
Felsőtöbörzsök **Fej** 41 Td 67
Felsőtold **Nóg** 25 Ud 61
Felsőutaspuszta **Nóg** 28 Va 60
Felsővadász **BAZ** 12 Vf 58
Felsővasdinnyepuszta **Kom** 21 Ta 63
Felsőzsolca **BAZ** 29 Vf 60
Felszabadulás Tsz **GyS** 20 Sb 63
Felszabadulástelep **SzSz** 32 Wf 62
Fendudatanya **BAZ** 29 Ve 62
Fenékpuszta **Zala** 53 Sb 68
Fényeslitke **SzSz** 15 Xa 59
Fényestelep **HB** 32 We 63
Fenyőfő **Vesz** 40 Se 64
Fenyőharaszt **Pest** 25 Ud 62
Fenyőlak **SzSz** 32 Xa 61
Fenyőmajor **GyS** 20 Sb 61
Fenyőspuszta **Bar** 68 Ta 72
Fenyves **Kom** 24 Tc 63
Fenyveslak **Nóg** 24 Ua 61
Fenyvespuszta **Nóg** 25 Ue 61
Ferencházapuszta **GyS** 20 Sc 63
Ferencmajor **Vas** 37 Sa 66
Ferencszállás **Cso** 61 Vc 71
Ferenctanya **SzSz** 32 Wd 61
Ferenctelep **Som** 65 Sc 73
Ferencztanya **SzSz** 33 Xe 61
Fertőboz **GyS** 17 Re 63
Fertőd **GyS** 20 Rf 63
Fertőendréd **GyS** 20 Rf 63
Fertőhomok **GyS** 17 Re 63
Fertőrákos **GyS** 17 Rd 62
Fertőszentmiklós **GyS** 20 Rf 63
Fertőszéplak **GyS** 20 Rf 63
Fészerlakpuszta **Som** 56 Sf 70
Fiad **Som** 56 Sf 69
Figulatanya **SzSz** 33 Xb 62
Fischerbócsa **BKk** 60 Ud 69
Fiytanya **Vas** 37 Rf 66
Flórapuszta **BKk** 69 Ub 72
Flóratanya **SzSz** 32 Xa 61
Fodortanya **Bar** 56 Ta 71
Földeák **Cso** 61 Vd 71
Földes **HB** 49 Wc 65
Földespuszta **Tol** 57 Te 69
Földestanya **Fej** 41 Tc 66
Foktő **BKk** 57 Tf 69
Folyás **HB** 29 Wa 62
Folyás **HB** 29 Wa 62
Fónagyság **BAZ** 28 Vd 60
Fonó **Som** 56 Sf 70
Fony **BAZ** 13 Wb 58
Fönyed **Som** 53 Sb 69
Fonyód **Som** 53 Sd 68
Forna **Fej** 41 Tc 64
Fornádpuszta **Tol** 56 Tb 68
Forráskút **Cso** 60 Uf 70
Forrásmajor **Tol** 57 Te 69
Forráspuszta **Fej** 41 Tc 64
Forrástanya **SzSz** 32 Wf 62
Forrásvölgy **BAZ** 12 Vc 59
Forraytanya **BAZ** 29 Ve 61
Forró **BAZ** 13 Wa 59
Fót **Pest** 25 Ub 63
Fővenyi csárda **Fej** 41 Tc 66
Frigyesmajor **BKk** 44 Ub 66
Fuditelep **GyS** 20 Sc 63
Fügeditanya **BAZ** 15 Wf 58
Fügöd **BAZ** 13 Wa 59
Füle **Fej** 40 Tb 66
Fülecspuszta **Som** 53 Sc 71
Fülekytanya **GyS** 21 Se 62
Fülemező **SzSz** 33 Xb 62
Fülesd **SzSz** 33 Xe 60
Fülöp **HB** 32 Xa 63
Fülöpháza **BKk** 44 Uc 67
Fülöpjakab **BKk** 60 Ue 67
Fülöpszállás **BKk** 57 Ub 68
Fülpösdaróc **SzSz** 33 Xc 61
Fürdőtelep **BAZ** 28 Vd 62
Fürdőtelep **Szo** 48 Vf 64
Fürged **Tol** 56 Tb 68
Füzér **BAZ** 13 Wc 57
Füzérkajata **BAZ** 13 Wc 57
Füzérkomlós **BAZ** 13 Wc 57
Füzérradvány **BAZ** 13 Wd 58
Füzesabony **Hev** 28 Vc 62
Füzesgyarmat **Bék** 48 Wb 66
Füzestanya **BAZ** 12 Vf 58
Füzvölgy **Zala** 52 Rf 69
Fulókércs **BAZ** 13 Wa 58
Fűrésztelep **Bar** 53 Sf 71
Fűrésztelep **Kom** 24 Td 62
Furkópuszta **Tol** 57 Te 72
Furkótelep **Tol** 57 Te 72
Furta **HB** 49 Wc 66
Fűtelekpuszta **Vas** 36 Rd 65
Fűzikutaktanya **Vesz** 40 Se 66
Fűztőpuszta **Vesz** 37 Sb 65

G

Gaáltanya **HB** 49 Wf 64
Gabonás **Tol** 57 Tf 68
Gáborján **HB** 49 Wd 65
Gáborjánháza **Zala** 52 Rc 69
Gábortelep **Bék** 63 Vf 69
Gacsály **SzSz** 33 Xe 61
Gadács **Som** 56 Ta 69
Gadány **Som** 53 Sc 69
Gadna **BAZ** 12 Vf 58
Gádoros **Bék** 61 Vd 68
Gagyapáti **BAZ** 13 Wa 58
Gagybátor **BAZ** 12 Vf 58
Gagyvendégi **BAZ** 13 Vf 58
Gajcspuszta **Som** 53 Sc 69
Gajdospuszta **Cso** 61 Vc 70
Galabárdpuszta **Som** 53 Sd 70
Galambok **Zala** 53 Sa 69
Galambos **Bar** 65 Se 73
Galambospuszta **Fej** 41 Tf 66
Galanya **Bar** 69 Te 72
Galgaguta **Nóg** 25 Uc 61
Galgagyörk **Pest** 25 Uc 62
Galgahéviz **Pest** 25 Ud 63
Galgamácsa **Pest** 25 Uc 62
Gálháza **BKk** 44 Ua 68
Gallapuszta **Pest** 24 Te 61
Gálosfa **Som** 56 Sf 71
Gáltanya **HB** 49 Wc 66
Galvács **BAZ** 12 Ve 58
Gálvölgytanya **Bar** 53 Se 71
Galyatető **Hev** 28 Uf 61
Gamás **Som** 53 Se 69
Ganádpuszta **Pest** 24 Te 61
Ganajospuszta **Som** 53 Sc 71
Ganna **Vesz** 37 Sd 65
Gánt **Fej** 41 Tc 64
Gara **BKk** 69 Ua 72
Garáb **Nóg** 25 Ud 61
Garabonc **Zala** 53 Sa 69
Garadna **BAZ** 13 Wb 58
Garadnapuszta **BAZ** 12 Ve 58
Garbolc **SzSz** 33 Xf 61
Gárdony **Fej** 41 Td 65
Gárdospuszta Sporttelep **Som** 53 Sb 70
Garé **Bar** 68 Tb 73
Gasstanya **HB** 32 Wf 63
Gastanya **HB** 32 We 63
Gasztony **Vas** 36 Rc 67
Gátér **BKk** 60 Uf 68
Gátőrház **Vas** 37 Rf 65
Gátőrház **Bar** 68 Tb 74
Gátőrház **Cso** 61 Va 71
Gátőrház **HB** 29 Vf 62
Gátőrház **HB** 29 Wa 61
Gátőrház **HB** 48 Wa 65
Gátőrház **HB** 48 Wb 64
Gátőrház **SzSz** 15 Xa 59
Gátőrház **SzSz** 32 Wc 60
Gátőrház **SzSz** 33 Xc 60
Gátőrház **SzSz** 33 Xd 60
Gátőrház **SzSz** 33 Xe 61
Gátőrtanya **Hev** 28 Vc 63
Gáva **SzSz** 32 Wd 60
Gávavencsellő **SzSz** 32 Wd 60
Géberjén **SzSz** 33 Xc 61
Gecse **Vesz** 37 Sd 64
Gecseg **Fej** 41 Te 66
Géderlak **BKk** 57 Tf 69
Gégény **SzSz** 32 Wf 60
Gelegenyés **GyS** 40 Sf 64
Gelej **BAZ** 29 Ve 62
Gelénes **SzSz** 33 Xc 59
Gellénháza **Zala** 52 Re 68
Gelse **Zala** 52 Rf 69
Gelsesziget **Zala** 52 Rf 69
Gemzse **SzSz** 33 Xb 60
Gencsapáti **Vas** 36 Rd 65
Gencsháti Á.G. **Cso** 61 Vc 71
Gérce **Vas** 37 Sa 65
Gercsi-földek **Szo** 45 Vc 66
Gerde **Bar** 68 Ta 73
Gerechátmajor **Bar** 69 Te 73
Gerecsetanya **BAZ** 15 Wf 59
Gerencepuszta **Vesz** 40 Se 65
Gerencsérpuszta **Vesz** 40 Se 64
Gerendás **Bék** 63 Vf 69
Gerenyáspuszta **Tol** 56 Tc 69
Gerényes **Bar** 56 Tb 71
Geresdlak **Bar** 56 Td 72
Gerézdpuszta **Som** 56 Sf 69
Gergelyiugornya **SzSz** 33 Xc 60
Gerjen **Tol** 57 Tf 70
Gerla **Bék** 63 Wb 68
Geszt **Bék** 49 Wd 67
Gesztely **BAZ** 29 Vf 60
Gesztenyés **Pest** 41 Te 64
Gesztenyés **Zala** 52 Sa 69
Geszteréd **SzSz** 32 We 62
Gesztesivár **Kom** 41 Tc 64
Gétye **Zala** 53 Sa 68
Gézaháza **GyS** 20 Sc 63
Gézamajor **Fej** 40 Tb 64
Ghiczipuszta **Kom** 21 Ta 63
Gibárt **BAZ** 13 Wa 59
Gic **Vesz** 40 Se 64
Gigánytelep **Zala** 52 Rf 69
Gige **Som** 53 Sd 71
Gillapuszta **Som** 53 Se 69
Girincs **BAZ** 29 Vf 61
Gliptanya **BAZ** 29 Wa 59
Göbölyjárás **Pest** 45 Ue 64
Göbölyjárás **Pest** 45 Ue 64
Göbosmajor **GyS** 20 Rf 63
Göd **Pest** 25 Ua 62
Gödöllő **Pest** 25 Uc 63
Gödörháza **Zala** 52 Rc 68
Gödre **Bar** 56 Sf 71
Gödreszentmárton **Bar** 53 Sf 71
Gölle **Som** 56 Ta 70
Gömörszőlős **BAZ** 12 Vc 58
Gönc **BAZ** 13 Wb 58
Göncruszka **BAZ** 13 Wb 58
Göncsegpuszta **Vas** 37 Sa 66
Gönyű **GyS** 21 Se 62
Görbehalomtelep **GyS** 17 Rd 62
Görbeháza **HB** 29 Wb 62
Görbeháza **Pest** 44 Ub 65
Görbő **Tol** 56 Tc 68
Görcsöny **Bar** 65 Ta 73
Görcsönydoboka **Bar** 68 Td 72
Göröcpuszta **Nóg** 25 Ub 60
Görögszó **Tol** 57 Te 71
Görögtanya **BAZ** 12 Ve 58
Görömböly **BAZ** 29 Ve 60
Görösgalpuszta **Bar** 65 Se 72
Gógánfa **Vesz** 37 Sb 66
Golop **BAZ** 29 Wb 59
Gólyástanya **BAZ** 29 Ve 62
Gólyástanya **BAZ** 29 Vf 62
Gólyástanya **HB** 32 We 63
Gomba **Pest** 44 Ud 64
Gombáspuszta **Vesz** 40 Se 66
Gombosszeg **Zala** 52 Re 68
Gonozdpuszta **Tol** 56 Tb 69
Gór **Vas** 37 Re 64
Gordisa **Bar** 68 Tb 74
Gorica **Bar** 53 Sf 72
Goricatanya **Bar** 53 Sf 72
Gősfa **Zala** 37 Rf 67
Gosztola **Zala** 52 Rd 69
Gosztonyitanya **Hev** 28 Va 63
Gőzhát **HB** 49 Wf 64
Gráboc **Tol** 57 Td 70
Grébicspuszta **Kom** 21 Tb 62
Grécipuszta **Bar** 68 Tc 73
Griesenwald **Tol** 56 Tc 70
Gubacor **Tol** 57 Te 71
Gulács **SzSz** 33 Xc 60
Gulyaállás **GyS** 20 Sb 62
Gulyamajor **Fej** 41 Tf 67
Gulyástanya **SzSz** 33 Xd 60
Gulyásvölgy **Tol** 57 Td 70
Gunyakút **BAZ** 13 Wc 58
Gurgatómajor **Vas** 37 Rf 67
Gusztuspuszta **Fej** 40 Tb 65
Gutaipuszta **Tol** 57 Te 70
Gutatöttös **Vas** 37 Re 66
Güti erdészet **HB** 32 Wf 63
Gútkúttanya **SzSz** 32 Xa 60
Gutorfölde **Zala** 52 Re 69
Güttamási **Fej** 40 Tb 65
Gvirmót **GyS** 21 Sd 63
Gyál **Pest** 44 Ub 64
Gyálarét **Cso** 61 Va 71
Gyalóka **GyS** 36 Re 64
Gyanogeregye **Vas** 36 Re 66

KACSAVÁRTANYA

Gyapa **Tol** 57 Te 68
Gyaporvölgy **Nóg** 25 Ud 60
Gyármajor **BKk** 44 Ua 67
Gyarmat **Vesz** 37 Sc 64
Gyarmatpuszta **Kom** 24 Td 63
Gyártelep **SzSz** 32 Wf 60
Gyékényes **Som** 52 Sa 71
Gyeneitanya **Fej** 41 Tf 66
Gyenesdiás **Zala** 53 Sb 68
Gyermeküdülő őrház **SzSz** 32 Xa 61
Gyermely **Kom** 24 Td 63
Gyertyános **Tol** 57 Td 70
Gyertyánospuszta **Som** 53 Sb 71
Gyód **Bar** 68 Tb 72
Gyömöre **GyS** 20 Sd 63
Gyömrő **Pest** 44 Uc 64
Gyöngyfa **Bar** 65 Sf 73
Gyöngyös **Hev** 28 Uf 62
Gyöngyösfalu **Vas** 36 Rd 65
Gyöngyöshalász **Hev** 28 Uf 62
Gyöngyösmellék **Bar** 65 Se 73
Gyöngyösoroszi **Hev** 28 Uf 62
Gyöngyöspata **Hev** 25 Ue 62
Gyöngyöspuszta **Som** 53 Sd 71
Gyöngyöstarján **Hev** 28 Uf 62
Gyönk **Tol** 56 Tc 69
Györe **Tol** 56 Tc 71
Györepuszta **Tol** 56 Tc 70
Györgyipuszta **Bar** 56 Tb 70
Györgyliget **SzSz** 32 Xa 61
Györgymajor **Fej** 41 Te 66
Györgytarló **BAZ** 32 Wd 59
Györköny **Tol** 57 Te 69
Györszentiván **GyS** 21 Se 62
Gyógyfürdő **Som** 53 Sc 72
Gyoma **Bék** 48 Ve 67
Gyomaendrőd **Bék** 48 Ve 67
Győr **GyS** 21 Sd 62
Győrasszonyfa **GyS** 40 Se 64
Győrimajor **Tol** 57 Te 68
Győritag **GyS** 20 Sc 62
Győrladamér **GyS** 20 Sd 62
Győró **GyS** 20 Sa 64
Győröcske **SzSz** 15 Xa 58
Győrság **GyS** 21 Se 63
Győrsámoly **GyS** 21 Sd 62
Győrszemere **GyS** 20 Sd 63
Győrtelek **SzSz** 33 Xc 61
Győrújbarát **GyS** 21 Sd 63
Győrújfalu **GyS** 21 Sd 62
Győrvár **Vas** 37 Rf 67
Gyótapuszta **Som** 53 Sc 69
Gyótapuszta **Zala** 52 Rf 70
Győzelem Tsz **Bék** 48 Vf 67
Gyózsántanya **Bar** 56 Tc 70
Gyřzamoly **GyS** 21 Sd 62
Gyügye **SzSz** 33 Xd 61
Gyügypuszta **Som** 40 Sf 68
Gyümölcsény **Bar** 56 Ta 71
Gyümölcsöskert **BAZ** 29 Vf 62
Gyüngyössolymos **Hev** 28 Uf 62
Gyüre **SzSz** 33 Xb 59
Gyüreszőlő **SzSz** 15 Xa 59
Gyugy **Som** 53 Se 68
Gyula **Bék** 63 Wb 69
Gyulafirátót **Vesz** 40 Sf 66
Gyulahalom **HB** 32 Wd 62
Gyulaháza **SzSz** 32 Xa 60
Gyulahegy **Tol** 41 Tf 67
Gyulaj **Tol** 56 Tb 69
Gyulakeszi **Vesz** 37 Sc 67
Gyulamajor **Fej** 57 Td 68
Gyulamajor **Vesz** 37 Sc 65
Gyulapuszta **Bar** 68 Tc 73
Gyulatanya **Fej** 41 Td 65
Gyulatanya **SzSz** 32 Wd 60
Gyulavári **Bék** 63 Wc 69
Gyurgyáncpuszta **Zala** 52 Rf 70
Gyúró **Fej** 41 Te 64
Gyúróipuszta **Fej** 41 Te 64
Gyűrűfű **Bar** 53 Sf 72
Gyűrűs **Zala** 37 Rf 67
Gyűrűsaljai erdészlakok **Tol** 57 Te 72
Gyűrűspuszta **Bar** 68 Tb 74
Gyuszipuszta **Bar** 53 Se 71

H

Hács **Som** 53 Se 69
Hadházytanya **SzSz** 32 Wf 62
Hadnagypuszta **Fej** 41 Td 68
Haesz **Szo** 61 Vb 68
Hagyárosböröndi **Zala** 36 Re 67
Hahót **Zala** 52 Rf 69
Hajdúbagos **HB** 49 We 64
Hajdúböszörmény **HB** 32 Wd 62
Hajdúdorog **HB** 32 Wc 62
Hajdúhadház **HB** 32 We 62
Hajdúhadháztéglás **HB** 32 We 62
Hajdúnánás **HB** 32 Wc 62
Hajdúsági Á.G.-erdészet **HB** 49 Wd 64
Hajdúsámson **HB** 32 We 63
Hajdúszoboszló **HB** 49 Wc 64
Hajdúszovát **HB** 49 Wc 64
Hajdútanya **Fej** 41 Te 65
Hajdúvid **HB** 32 Wd 62
Hajmás **Som** 56 Sf 71
Hajmáskér **Vesz** 40 Ta 66
Hajmáspuszta **Vesz** 40 Sf 64
Hajóállomás **Tol** 57 Tf 68
Hajós **BKk** 57 Ua 70
Hajósi tanyák **BKk** 57 Ub 70
Haladás Tsz **Bék** 63 Wb 70
Halálosmalom **Tol** 56 Tb 70
Halasi Á.G. **Bék** 48 Wb 66
Halastanya **SzSz** 32 We 60
Halastelek **Cso** 60 Ue 71
Halastó **HB** 29 Wa 62
Halastó **Vas** 36 Re 67
Halastói útőrház **HB** 29 Wa 63
Halastópuszta **Vesz** 37 Sc 67
Halászház **Som** 53 Se 69
Halászi **GyS** 20 Sb 61
Halászótanya **Hev** 28 Vb 61
Halásztelek **Pest** 41 Tf 64
Halesztanya **Pest** 25 Ub 63
Halimba **Vesz** 37 Sd 66
Hallád **Som** 53 Sb 69
Halmaj **BAZ** 29 Wa 59
Halmajugra **Hev** 28 Va 62
Halmostanya **SzSz** 33 Xc 62
Halogy **Vas** 36 Rd 67
Halom **Bék** 48 Vf 67
Halompuszta **Fej** 56 Tc 68
Halomrét **GyS** 20 Sc 62
Halomzug **HB** 48 Wa 64
Hámor **BAZ** 29 Vd 60
Hangács **BAZ** 12 Ve 59
Hangony **BAZ** 28 Vb 59
Hangospuszta **Fej** 41 Tf 66
Hanságfalva **GyS** 20 Sa 62
Hansági TVK **GyS** 20 Sa 62
Hanságnagyerdő **GyS** 20 Sb 62
Hánta **Kom** 40 Ta 64
Hantháza **Cso** 61 Va 70
Hantos **Fej** 41 Te 67
Hantospuszta **Kom** 24 Td 62
Hantostelep **Fej** 41 Te 66
Haragistya erdészlak **BAZ** 12 Vd 57
Haraszt **GyS** 20 Sd 63
Haraszt **Pest** 24 Tf 60
Haraszti **Pest** 24 Te 61
Harasztifalu **Vas** 36 Rd 66
Harc **Tol** 57 Td 70
Harkakötöny **BKk** 60 Ud 70
Harkány **Bar** 68 TB 73
Hármassziget **HB** 32 Xa 63
Hármastarján **GyS** 40 Se 64
Háromfa **Som** 53 Sb 72
Háromhuta **BAZ** 13 Wc 58
Háros **Pest** 44 Ua 64
Harsány **BAZ** 29 Ve 61
Hársastelep **Bar** 56 Tc 72
Hárserdőtelep **Som** 53 Se 71
Hárskút **Vesz** 40 Se 65
Hárs-sár **Zala** 37 Sa 67
Harta **BKk** 57 Ua 68
Hásságy **Bar** 68 Tc 72
Hasznos **Nóg** 25 Ue 61
Határszél **BAZ** 15 We 59
Határvölgy **Vesz** 37 Sd 66
Hathalompuszta **Kom** 21 Ta 62
Hátihegy **Som** 53 Sc 69
Hatkerekűmalom **Vesz** 37 Sd 65
Hatrongyos **Hev** 45 Vc 64
Hátsódűlő **Tol** 56 Td 71
Hatvan **Hev** 25 Ue 63
Hatvanorr **SzSz** 32 We 59
Hatvanpuszta **Fej** 41 Td 67
Hédervár **GyS** 20 Sc 62
Hedrehely **Som** 53 Sd 71
Hegyesd **Vesz** 37 Sd 67
Hegyeshalom **GyS** 20 Sa 61
Hegyfalu **Vas** 37 Rf 64
Hegyháthodász **Vas** 36 Rd 67
Hegyhátmaróc **Bar** 56 Tc 71
Hegyhátsál **Vas** 36 Rd 67
Hegyhátszentjakab **Vas** 36 Rd 67
Hegyhátszentmárton **Vas** 36 Rc 67
Hegyhátszentpéter **Vas** 37 Re 67
Hegyikastély **Fej** 24 Td 63
Hegykő **GyS** 17 Re 63
Hegyközség **Vas** 37 Rf 66
Hegymagas **Vesz** 37 Sc 67
Hegymeg **BAZ** 12 Vf 59
Hegymegpuszta **Hev** 25 Ue 62
Hegyszentmárton **Bar** 68 Ta 73
Hehalom **Nóg** 25 Ud 62
Heislerpuszta **Tol** 57 Te 70
Heiterpuszta **Vesz** 40 Sd 64
Hejce **BAZ** 13 Wb 58
Hejőbába **BAZ** 29 Vf 61
Hejőcsaba **BAZ** 29 Ve 60
Hejőkeresztúr **BAZ** 29 Vf 61
Hejőkürt **BAZ** 29 Vf 61
Hejőpapi **BAZ** 29 Vf 61
Hejőszalonta **BAZ** 29 Vf 61
Hékútpuszta **Som** 56 Ta 69
Helesfa **Bar** 65 Sf 72
Helvécia **BKk** 44 Ud 67
Hencida **HB** 49 We 65
Hencse **Som** 53 Sd 71
Henész **Som** 53 Sc 71
Hercegkút **BAZ** 13 Wd 59
Hercegszántó **BKk** 69 Tf 73
Hercegtag **Hev** 28 Vb 63
Herebtanya **BAZ** 29 Vf 62
Heréd **Hev** 25 Ud 62
Hereg **Kom** 24 Td 63
Herencsény **Nóg** 25 Uc 61
Herend **Vesz** 40 Se 66
Heresznye **Som** 53 Sb 72
Hereszyne **Som** 65 Sb 72
Hermannpuszta **Vesz** 40 Se 66
Hermánszeg **SzSz** 33 Xd 61
Hernád **Pest** 44 Uc 65
Hernádbűd **BAZ** 13 Wa 59
Hernádcéce **BAZ** 13 Wb 58
Hernádkak **BAZ** 29 Vf 60
Hernádkércs **BAZ** 29 Wa 59
Hernádnémeti **BAZ** 29 Vf 60
Hernádpetri **BAZ** 13 Wa 58
Hernádszentandrás **BAZ** 13 Wa 59
Hernádszurdok **BAZ** 13 Wb 58
Hernádvécse **BAZ** 13 Wb 58
Hernyék **Zala** 52 Rd 69
Hertelendpuszta **Tol** 56 Tc 70
Hertelendyújhely **Vesz** 37 Sb 64
Hét **BAZ** 12 Vc 59
Hete **SzSz** 33 Xc 60
Hetefejércse **SzSz** 33 Xc 60
Hetényegyháza **BKk** 44 Ud 67
Hetes **Som** 53 Se 70
Hétházpuszta **Fej** 40 Ta 65
Hetvenely **Bar** 68 Ta 72
Hetyefő **Vesz** 37 Sb 66
Hevértanya **Hev** 28 Vb 62
Heves **Hev** 28 Vb 63
Hevesaranyos **Hev** 28 Vb 60
Hevessvezekény **Hev** 28 Vc 63
Hevesvezekény **Hev** 28 Vc 63
Hévíz **Zala** 37 Sb 68
Hévízgyörk **Pest** 25 Ud 63
Hidas **Bar** 56 Td 71
Hidasháti Á.G. **Bék** 48 Wb 68
Hidasnémeti **BAZ** 13 Wb 58
Hidastanya **Fej** 41 Tf 65
Hideghegy **Pest** 24 Tf 61
Hidegkút **Hev** 25 Ue 61
Hidegkút **Vesz** 40 Sf 66
Hidegkut **Zala** 37 Sb 67
Hidegkútidűlő **Bar** 68 Tb 73
Hidegpatak **BAZ** 28 Vd 60
Hidegség **GyS** 17 Re 63
Hídláb **HB** 48 Wa 64
Hidvégardó **BAZ** 12 Vf 57
Hillye **BKk** 57 Ua 70
Himesháza **Bar** 68 Td 72
Hímód **GyS** 20 Sa 63
Hippolytpuszta **Fej** 41 Te 66
Hird **Bar** 56 Tc 72
Hirics **Bar** 65 Sf 74
Hobol **Bar** 65 Se 72
Hodály **BKk** 44 Ua 67
Hodász **SzSz** 33 Xb 61
Hódmezővásárhely **Cso** 61 Vc 70
Hodoscsépány **BAZ** 28 Vb 59
Hódosház **Som** 53 Sd 69
Hódostanya **BAZ** 29 Wb 60
Hóduna **BKk** 69 Tf 73
Hövej **GyS** 20 Sa 63
Hofmannkunyhó **Kom** 24 Tf 62
Hőgyész **Tol** 56 Tc 69
Hőgyészmajor **GyS** 20 Sb 63
Hókamalom **Som** 65 Sb 71
Hollóháza **BAZ** 13 Wc 57
Hollókő **Nóg** 25 Ud 61
Hólyapuszta **Nóg** 25 Ud 59
Homokbödöge **Vesz** 40 Sd 65
Homokkomárom **Zala** 52 Rf 69
Homokmajor **Cso** 61 Va 70
Homokmajor **Tol** 56 Ta 70
Homokmégy **BKk** 57 Ua 70
Homokpuszta **BKk** 44 Ua 67
Homokszentgyörgy **Som** 53 Sd 72
Homoktag **SzSz** 32 Wf 62
Homoktanya **SzSz** 32 We 60
Homokterenye **Nóg** 28 Uf 60
Homoród **Bar** 69 Te 73
Homrogd **BAZ** 12 Vf 59
Hónigpuszta **Tol** 57 Td 71
Hont **Nóg** 24 Ua 60
Hőnyék **Bar** 56 Ta 71
Hordóskút **SzSz** 32 Wf 62
Horgosi gátőrház **HB** 49 Wc 65
Horpács **Nóg** 25 Ua 61
Hort **Hev** 25 Ue 62
Hortobágy **HB** 29 Wa 63
Hortobágyi Á.G. **HB** 29 Vf 63
Horváthertelend **Bar** 53 Sf 71
Horvátkút **Som** 53 Sc 69
Horvátlövő **Vas** 36 Rc 65
Horvátzsidány **Vas** 36 Rd 64
Hosszúberek-Péteri **Pest** 44 Uc 64
Hosszúfoki gátőrház **Bék** 48 Wb 67
Hosszúfoki szivattyútelep **Bék** 48 Wa 67
Hosszúhát **HB** 48 Wa 65
Hosszúhetény **Bar** 56 Tc 72
Hosszúmezőpuszta **Vesz** 40 Ta 66
Hosszúpályi **HB** 49 We 64
Hosszúpereszteg **Vas** 37 Sa 66
Hosszúrét **Pest** 41 Tf 64
Hosszúsziget **Bék** 48 Wb 66
Hosszútelki Á.G. **Bék** 48 Vf 67
Hosszúvíz **Som** 53 Sc 69
Hosszúvölgy **BAZ** 28 Vd 60
Hosztót **Vesz** 37 Sb 66
Hottó **Zala** 36 Re 67
Hugyag **Nóg** 25 Uc 60
Hunya **Bék** 63 Vf 68
Hunyadfalva **Szo** 45 Vc 65
Huszárokelőpuszta **Vesz** 40 Se 65
Husztót **Bar** 68 Ta 71
Huttertanya **HB** 29 Wb 62
Hutyantanya **Nóg** 25 Ub 60

I

Ibafa **Bar** 56 Sf 72
Iborfia **Zala** 52 Re 68
Ibrány **SzSz** 32 We 60
Ifigéniamajor **Tol** 56 Td 69
Igal **Som** 56 Sf 69
Igalpuszta **Vesz** 37 Sd 65
Igar **Fej** 56 Td 68
Igrici **BAZ** 29 Vf 61
Iharkút **Vesz** 40 Sd 65
Iharos **Som** 53 Sa 70
Iharosberény **Som** 53 Sa 70
Ikervár **Vas** 37 Rf 65
Iklad **Pest** 25 Uc 63
Iklódbördőce **Zala** 52 Rd 69
Ikotintanya **Bar** 56 Ta 71
Ikrény **GyS** 20 Sd 63
Ildamajor **Kom** 40 Ta 64
Iliny **Nóg** 25 Uc 60
Ilk **SzSz** 33 Xb 60
Ilkamajor **Nóg** 25 Ud 62
Ilkapuszta **Bar** 65 Sd 73
Ilkapuszta **Vesz** 40 Sd 65
Illancsmajor **Som** 53 Sc 69
Illocska **Bar** 68 Td 74
Ilmamajor **BKk** 69 Ub 72
Ilmapuszta **Bar** 68 Ta 73
Ilonamalom **Vesz** 40 Sd 67
Ilonkapuszta **GyS** 40 Sd 64
Imola **BAZ** 12 Vd 58
Imrehegy **BKk** 57 Ub 70
Imremajor **Som** 53 Sc 68
Ináncs **BAZ** 13 Wa 59
Inámpuszta **Som** 56 Ta 70
Inárcs **Pest** 44 Ub 65
Inérhát **BAZ** 29 Wa 61
Inke **Som** 53 Sb 70
Inoka **Tol** 56 Tb 69
Inota **Vesz** 40 Ta 65
Inotapuszta **Fej** 40 Ta 65
Intaháza **Vas** 37 Sa 65
Ipacsfa **Bar** 68 Tb 73
Ipolydamásd **Pest** 24 Tf 61
Ipolyszög **Nóg** 25 Ub 60
Ipolytarnóc **Nóg** 25 Ud 59
Ipolyvece **Nóg** 25 Ua 60
Iregszemcse **Tol** 56 Tb 68
Irénmajor **GyS** 20 Sa 61
Irinyitanya **SzSz** 32 Wf 61
Irmamajor **Cso** 61 Vb 70
Irota **BAZ** 12 Vf 58
Irsapuszta **Zala** 36 Rd 68
Irtásmajor **GyS** 37 Sb 64
Isaszeg **Pest** 25 Uc 63
Iskolatanya **Som** 52 Sa 71
Ispánk **Vas** 36 Rc 67
Istenmezeje **Hev** 28 Va 60
Istvánbokor **SzSz** 32 Wd 61
Istvándi **Som** 65 Sd 72
Istvánháza **Szo** 45 Vb 67
Istvánkunyhó **Bar** 57 Td 71
Istvánmajor **Bar** 69 Te 72
Istvánmajor **BAZ** 29 Ve 61
Istvánmajor **Pest** 24 Te 61
Istvánmajor **Tol** 56 Td 71
Istvánmajor **Vesz** 37 Sd 64
Istvánmajor **Vesz** 40 Se 64
Istvánpuszta **GyS** 20 Sb 62
Istvántanya **SzSz** 32 Xa 62
Istvánvölgypuszta **Som** 56 Sf 71
Iszkaszentgyörgy **Fej** 41 Tb 65
Iszkáz **Vesz** 37 Sb 66
Isztimér **Fej** 40 Tb 65
Itató **Tol** 57 Tf 68
Ivád **Hev** 28 Va 60
Iván **GyS** 37 Rf 64
Ivánbattyán **Bar** 68 Tc 73
Iváne **Vas** 36 Rd 67
Iváncsa **Fej** 41 Te 66
Iváncsótanya **BAZ** 12 Ve 58
Ivándárda **Bar** 68 Td 73
Ivánháza **GyS** 21 Se 62
Ivánkamajor **BKk** 44 Uc 71
Ivánszőlős **Bar** 68 Tc 73
Iványpuszta **Nóg** 28 Uf 61
Izmény **Tol** 56 Tc 71
Izsák **BKk** 60 Uc 68
Izsákpuszta **BKk** 57 Tf 70
Izsófalva **BAZ** 12 Vd 59

J

Jáditanya **Som** 53 Sb 72
Jágónak **Tol** 56 Ta 71
Jajhalom **BAZ** 29 Wa 60
Ják **Vas** 36 Rd 66
Jakabdomb **Hev** 28 Vb 61
Jakabszállás **BKk** 60 Ud 68
Jakabtanya **Cso** 60 Ue 71
Jákfa **Vas** 37 Rf 64
Jákfalva **BAZ** 12 Vd 59
Jákó **Som** 53 Sd 70
Jakobháza **Vas** 36 Rc 67
Jancsimajor **GyS** 20 Sa 62
Jánd **SzSz** 33 Xc 60
Janitsárypuszta **Fej** 41 Tf 67
Jánk **SzSz** 33 Xd 61
Jankapuszta **Zala** 52 Rf 70
Jánkmajtis **SzSz** 33 Xd 61
Jánosármajor **Kom** 24 Td 63
Jánoshalma **BKk** 57 Ub 71
Jánosháza **GyS** 21 Se 63
Jánosháza **Vas** 37 Sa 66
Jánosházapuszta **Som** 53 Sb 72
Jánoshegy **Fej** 24 Te 63
Jánoshida **Szo** 45 Va 64
Jánosmajor **Fej** 41 Te 66
Jánosmajor **Som** 53 Sd 72
Jánosmajor **Tol** 57 Te 69
Jánossomorja **GyS** 20 Sa 62
Jánostanya **Fej** 41 Td 65
Jánosvölgy **BAZ** 13 Wa 58
Janyapuszta **Tol** 57 Td 70
Járdánháza **BAZ** 28 Vb 60
Jármi **SzSz** 33 Xb 61
Járnokfőitanya **BAZ** 28 Vb 60
Járóháza **Vesz** 40 Sd 64
Jásd **Vesz** 40 Ta 65
Jászágó **Szo** 28 Uf 63
Jászalsószentgyörgy **Szo** 45 Va 64
Jászapáti **Szo** 45 Va 63
Jászárokszállás **Szo** 28 Uf 63
Jászberény **Szo** 45 Uf 64
Jászboldogháza **Szo** 45 Uf 64
Jászdózsa **Szo** 28 Va 63
Jászfalu **Pest** 24 Te 63
Jászfelsőszentgyörgy **Szo** 45 Ue 63
Jászfényszaru **Szo** 25 Ue 63
Jászivány **Szo** 45 Vb 63
Jászjákóhalma **Szo** 45 Uf 63
Jászkarajenő **Pest** 45 Va 66
Jászkisér **Szo** 45 Vb 64
Jászladány **Szo** 45 Va 64
Jászszentandrás **Szo** 28 Vb 63
Jászszentlászló **BKk** 60 Ue 69
Jásztelek **Szo** 45 Uf 64
Jásztelep **SzSz** 32 We 59
Jávorkút **BAZ** 28 Vd 60
Jazvinapuszta **Som** 53 Se 69
Jegespuszta **Kom** 21 Sf 62
Jéke **SzSz** 33 Xa 59
Jenő **Fej** 40 Tb 66
Jenőmajor **Bék** 48 Wa 65
Jenőmajor **Fej** 41 Te 65
Jenőtelekpuszta **Vesz** 37 Sc 66
Jezsuita-erdő **Zala** 52 Sa 68
Jobaháza **GyS** 20 Sb 63
Jobbágyi **Nóg** 25 Ue 62
Jónap **BAZ** 29 Wb 59
Jóskamajor **Som** 53 Se 69
Jósvafő **BAZ** 12 Vd 58
Józsefmajor **Fej** 41 Td 67
Józsa **HB** 32 Wd 63
Józsefbenedek **Bék** 63 Wb 69
Józsefháza **Bar** 56 Tb 72
Józsefháza **SzSz** 29 Wb 61
Józsefházapuszta **BKk** 57 Ua 71
Józsefmajor **Bar** 68 Tc 72
Józsefmajor **Bar** 69 Te 72
Józsefmajor **GyS** 37 Sa 64
Józsefmajor **Vesz** 37 Sb 66
Józseftanya **SzSz** 33 Xa 62
Juhászföld **Pest** 44 Ub 66
Juhhodály **Kom** 24 Td 63
Júliatanya **BAZ** 29 Vf 60
Juta **Som** 53 Se 70
Jutompuszta **Som** 56 Sf 69

K

Kaba **HB** 48 Wb 64
Kacoba **SzSz** 32 We 60
Kacorlak **Zala** 52 Rf 69
Kács **BAZ** 29 Vd 61
Kacsavártanya **SzSz** 32 Wf 59

KÁCSIKPUSZTA

Kácsikpuszta **BAZ** 13 Wa 57
Kacsóta **Bar** 65 Sf 72
Kadafalva **BKk** 44 Ud 67
Kadarcshát **HB** 29 Wb 63
Kadarkút **Som** 53 Sd 71
Kádárta **Vesz** 40 Sf 66
Kajánújfalu **Cso** 61 Vc 68
Kajárpéc **GyS** 37 Sd 64
Kajászó **Fej** 41 Te 65
Kajdacs **Tol** 57 Td 69
Kajmádpuszta **Tol** 57 Te 70
Kakasd **Tol** 57 Td 70
Kakasmajor **Vesz** 37 Sc 66
Kákics **Bar** 65 Sf 73
Kakucs **Pest** 44 Uc 65
Kál **Hev** 28 Vb 62
Kalaznó **Tol** 56 Tc 69
Kalaznópuszta **Tol** 56 Tc 70
Káld **Vas** 37 Sa 66
Káldytanya **Nóg** 25 Ub 61
Kalimajor **BKk** 57 Ua 68
Kálistapuszta **Som** 53 Sc 71
Kall **BKk** 57 Ua 70
Kálló **Nóg** 25 Uc 62
Kallósd **Zala** 37 Sa 67
Kállósemjén **SzSz** 32 Wf 61
Kálmáncsa **Som** 65 Sd 72
Kálmáncspuszta **Zala** 52 Rf 69
Kálmánczkitanya **SzSz** 32 Xa 60
Kálmánháza **SzSz** 32 Wd 61
Kálmánozhelyitanya **SzSz** 32 We 62
Kálmánpuszta **GyS** 20 Sc 63
Kálócfa **Zala** 52 Rd 68
Kalocsa **BKk** 57 Tf 69
Káloz **Fej** 41 Tc 67
Kálvinháza **SzSz** 29 Wb 61
Kám **Vas** 37 Rf 66
Kamaraerdő **Pest** 41 Ua 64
Kamaráspuszta **Bék** 63 Vf 70
Kamond **Vesz** 37 Sb 66
Kamut **Bék** 63 Vf 68
Kamutpuszta **Bék** 63 Vf 68
Kán **Bar** 56 Ta 72
Kanacspuszta **Tol** 57 Te 68
Kandó **BAZ** 29 Vd 59
Kánictanya **Fej** 41 Tf 66
Kánó **BAZ** 12 Vd 58
Kántorjánosi **SzSz** 33 Xa 62
Kány **BAZ** 13 Wa 57
Kánya **Som** 56 Ta 68
Kányáspuszta **Nóg** 25 Ue 61
Kányavár **Zala** 52 Re 69
Kapberekpuszta **Kom** 24 Tc 63
Kapolcs **Vesz** 40 Sd 67
Kápolna **Hev** 28 Vb 62
Kápolnapuszta **Bar** 65 Sf 73
Kápolnapuszta **Fej** 41 Tc 64
Kápolnásnyék **Fej** 41 Te 65
Kápolnatanya **SzSz** 32 Xa 61
Kapoly **Som** 56 Sf 68
Kapolypuszta **Som** 56 Sf 68
Kaposfő **Som** 53 Sd 70
Kaposfüred **Som** 53 Se 70
Kaposgyarmat **Som** 56 Sf 71
Kaposhomok **Som** 56 Sf 70
Kaposkeresztúr **Som** 56 Sf 70
Kaposmérő **Som** 53 Se 70
Kapospula **Tol** 56 Ta 70
Kaposszekcső **Tol** 56 Ta 70
Kaposszerdahely **Som** 53 Se 71
Kaposújlak **Som** 53 Se 70
Kaposvár **Som** 53 Se 70
Káposztásmegyer **Pest** 25 Ua 63
Káptalantóti **Vesz** 37 Sc 67
Kaptártanya **BAZ** 29 Wa 59
Kapuvár **GyS** 20 Sa 63
Kára **Som** 56 Ta 69
Karácodfa **Bar** 56 Ta 71
Karacsatanya **BAZ** 29 Wa 62
Karácsond **Hev** 28 Va 62
Karád **Som** 56 Sf 68
Karakó **Vas** 37 Sb 66
Karakószörcsök **Vesz** 37 Sb 66
Karancsalja **Nóg** 25 Ue 60
Karancsberény **Nóg** 25 Ue 59
Karancskeszi **Nóg** 25 Ue 60
Karancslapujtő **Nóg** 25 Ue 60
Karancsság **Nóg** 25 Ud 60
Kárász **Bar** 56 Tb 71
Karasz **Tol** 57 Tf 70
Kárászpuszta **Bar** 65 Sf 73
Karcag **Szo** 48 Vf 65
Karcsa **BAZ** 15 We 59
Kardin **Bék** 48 Wa 66
Kardos **Bék** 61 Ve 68
Kardoskút **Bék** 61 Ve 69
Karmacs **Zala** 37 Sb 67
Károlyderék **Bék** 48 Wa 66
Károlyderéki Á.G. **Bék** 48 Wa 66
Károlyfalva **BAZ** 13 Wd 58
Károlyháza **Vesz** 40 Sf 64
Károlyi tanyák **Cso** 61 Va 70
Károlytáró **Hev** 28 Uf 61
Károlytelep **Pest** 44 Uc 65
Karos **BAZ** 15 We 59
Karpatuspuszta **Kom** 40 Tb 64
Kartal **Pest** 25 Ud 63
Kásád **Bar** 68 Tc 74
Kásipuszta **Som** 56 Ta 68
Kaskantyú **BKk** 60 Uc 68
Kastélyosdombó **Som** 65 Sd 73
Kaszaháza **Zala** 36 Re 67
Kaszaper **Bék** 63 Ve 70
Kászo puszta **Som** 53 Sb 71
Kaszópuszta **Som** 53 Sb 71
Katádfa **Bar** 65 Sf 72
Katafa **Vas** 36 Rd 67
Katalinmajor **BAZ** 12 Vf 57
Katalinpuszta **Bar** 68 Tb 73
Katalinpuszta **Fej** 41 Td 64
Katalinpuszta **Nóg** 25 Ua 61
Katalinpuszta **Som** 52 Rf 71
Kátoly **Bar** 68 Tc 72
Katonatelep **BKk** 60 Ue 67
Kátpuszta **Kom** 40 Sf 64
Katymár **BKk** 69 Ub 72
Kauzsaitanya **SzSz** 32 Wf 61
Káva **Pest** 44 Ud 64
Kávás **Zala** 36 Re 67
Kazár **Nóg** 28 Uf 60
Kazincbarcika **BAZ** 29 Vd 59
Kázsmárk **BAZ** 13 Vf 59
Kazsok **Som** 56 Sf 70
Kecel **BKk** 57 Ub 69
Kecsegepuszta **Tol** 56 Tb 68
Kecskemét **BKk** 44 Ue 67
Kecskés **HB** 29 Wa 63
Kecskéstanya **Bék** 48 Wa 65
Kehidakustány **Zala** 37 Sa 67
Kék **SzSz** 32 Wf 60
Kékcse **SzSz** 15 Xa 59
Kéked **BAZ** 13 Wc 57
Kékestető **Hev** 28 Va 61
Kékkút **Vesz** 40 Sd 67
Kékmező **BAZ** 29 Ve 60
Kéksd **Bar** 68 Tc 72
Kelebia **BKk** 60 Ud 71
Kelecsénypuszta **Nóg** 25 Uc 61
Keléd **Vas** 37 Sa 66
Kelemenliget **Bar** 68 Ta 73
Kelemenzug **Bék** 48 Vf 66
Kelemér **BAZ** 12 Vc 58
Kelenföld **Pest** 44 Ua 64
Kéleshalom **BKk** 57 Ub 70
Keleviz **Som** 53 Sc 69
Kemecse **SzSz** 32 We 60
Kemence **Pest** 24 Tf 60
Kemend **Zala** 37 Rf 67
Kemendollár **Zala** 37 Rf 67
Kemeneshőgyesz **Vesz** 37 Sb 64
Kemeneskápolna **Vas** 37 Sa 65
Kemenesmagasi **Vas** 37 Sb 65
Kemenespálfa **Vas** 37 Sa 66
Kemenespuszta **Vas** 37 Sb 64
Kemenesszentmárton **Vas** 37 Sa 65
Kemenesszentpéter **Vesz** 37 Sb 64
Keménfa **Zala** 36 Rd 67
Kémes **Bar** 65 Ta 74
Kemestaródfa **Vas** 36 Rd 67
Kemse **Bar** 65 Sf 74
Kenderes **Szo** 48 Ve 65
Kenderföldtanya **HB** 29 Wa 61
Kendergyár **Bar** 68 Tb 74
Kendergyár **BKk** 61 Ve 71
Kendergyár **Cso** 61 Vb 70
Kendergyár **Cso** 61 Ve 71
Kendergyár **GyS** 20 Sa 62
Kenderhelytanya **SzSz** 32 Xa 62
Kenéz **Vas** 37 Re 65
Kenézd **HB** 49 Wd 66
Kenézlő **BAZ** 32 Wd 59
Kengyel **Szo** 45 Vc 67
Kenyeri **Vas** 37 Sa 64
Képespuszta **Bar** 56 Ta 71
Kér **Som** 56 Ta 69
Kercaszomor **Zala** 52 Rc 68
Kercseliget **Som** 56 Ta 70
Kerecsend **Hev** 28 Vc 62
Kerecseny **Zala** 52 Sa 69
Kerekalja **Bar** 68 Ta 73
Kerekdomb **BKk** 60 Va 67
Kerekegyháza **BKk** 44 Uc 67
Kerek-Haraszt **Hev** 25 Ud 63
Kereki **Som** 56 Sf 68
Kereki Á.G. **Bék** 63 Wa 69
Kerékpuszta **Som** 53 Sd 71
Kerékteleki **Kom** 21 Sf 63
Kerepes **Pest** 24 Ub 63
Kerepestarcsa **Pest** 25 Ub 63
Keresztespuszta **Bar** 68 Ta 72
Keresztéte **BAZ** 12 Vf 58
Kereszttipuszta **Nóg** 25 Ud 60
Keresztpataktanya **BAZ** 12 Vf 59
Keresztúr **Vesz** 40 Sf 64
Kerkabarabás **Zala** 52 Rd 68
Kerkafalva **Zala** 36 Rc 68
Kerkakutas **Zala** 52 Rd 68
Kerkáskápolna **Zala** 36 Rc 68
Kerkaszentkirály **Zala** 52 Rd 69
Kerkateskánd **Zala** 52 Rd 69
Kérpuszta **Som** 53 Se 69
Kérsemjén **SzSz** 33 Xc 60
Kerta **Vesz** 37 Sb 66
Kertesko **Vesz** 40 Se 65
Kertészház **Bar** 65 Se 72
Kertészsziget **Bék** 48 Wa 66
Kertváros **GyS** 17 Rd 62
Kertváros **Kom** 24 Tc 63
Kesellődűlő **Tol** 57 Te 71
Keselyősfapuszta **Bar** 68 Tb 74
Keselyűhalom **BAZ** 29 Vf 62
Keselyűs **Tol** 57 Tf 70
Keserűtanya **BAZ** 28 Vb 60
Keserűviztelep **Kom** 21 Tb 63
Keskeny **Tol** 56 Tb 69
Keszeg **Nóg** 25 Ub 61
Készenléti lakás **Fej** 40 Tb 64
Kesznyéten **BAZ** 29 Wa 61
Keszőhidegkút **Tol** 56 Tc 69
Keszthely **Zala** 53 Sb 68
Kesztölc **Kom** 24 Te 62
Keszü **Bar** 68 Tb 72
Kétbodony **Nóg** 25 Ub 61
Kétegyháza **Bék** 63 Wb 69
Kétérköz **SzSz** 32 We 59
Kéthely **Som** 53 Sc 69
Kétiháztanya **SzSz** 33 Xb 60
Kétpó **Szo** 45 Vc 66
Kétsoprony **Bék** 63 Vf 68
Kéttornyúlak **Vesz** 37 Sc 65
Kettőscsárda **Hev** 28 Uf 62
Kettőstanya **HB** 49 Wd 65
Kétújfalu **Bar** 65 Se 73
Kétútköz **Hev** 28 Vd 62
Kétvízközi tanya **Tol** 56 Tb 70
Kétvodony **Nóg** 25 Ub 61
Kétvölgy **Vas** 36 Rb 67
Kéty **Tol** 56 Td 70
Kevermes **Bék** 63 Wb 70
Kienitzpuszta **BKk** 44 Ua 67
Kígyósgárgyán **BKk** 60 Uc 70
Kígyósgárgyán **BKk** 60 Ue 70
Kígyószögtanya **BAZ** 12 Ve 58
Kilián **BAZ** 29 Ve 60
Kilimán **Zala** 52 Rf 69
Killertanya **Fej** 41 Td 67
Kimle **GyS** 20 Sc 62
Kincsédpuszta **Vas** 36 Re 64
Kincsepuszta **BKk** 44 Ua 67
Kincsesbánya **Fej** 40 Tb 65
Királd **BAZ** 12 Vc 59
Királyegyháza **Bar** 65 Sf 72
Királyerdő **Pest** 44 Ua 64
Királyháza **Pest** 41 Tf 61
Királyhegy **BAZ** 29 Ve 60
Királyhegyes **Cso** 61 Vd 71
Királykapu **Vesz** 40 Se 65
Királykunyhó **Pest** 24 Tf 62
Királykút **BAZ** 12 Vf 58
Királyrét **Pest** 24 Tf 61
Királyszállás **Fej** 40 Ta 65
Királyszentistván **Vesz** 40 Ta 66
Királytói erdészlak **GyS** 20 Sa 62
Kis Zakariás tanya **Fej** 41 Tf 66
Kiságerdő **SzSz** 33 Xc 62
Kiságpuszta **Bar** 68 Ta 73
Kisalpár **BKk** 60 Va 67
Kisapáti **Vesz** 37 Sc 67
Kisapostag **Fej** 41 Tf 67
Kisar **SzSz** 33 Xd 60
Kisasszond **Som** 53 Sd 70
Kisasszonyfa **Bar** 68 Ta 73
Kisbabod **Som** 53 Se 68
Kisbabot **GyS** 20 Sc 63
Kisbácsa **GyS** 21 Sd 62
Kisbágyon **Nóg** 25 Ud 62
Kisbajcs **GyS** 21 Se 62
Kisbajom **Som** 53 Sc 71
Kisbaksaháza **Nóg** 25 Ue 60
Kisbánháza **HB** 32 Xa 63
Kisbárapti **Som** 56 Sf 69
Kisbarca **BAZ** 28 Vd 59
Kisbárkány **Nóg** 25 Ue 60
Kisbáróczhegy **Vesz** 37 Sd 64
Kisbattyán **Bar** 56 Tb 71
Kisbér **Kom** 40 Ta 64
Kisberény **Som** 53 Sd 69
Kisberki **Som** 56 Ta 70
Kisberzseny **Vesz** 37 Sb 66
Kisbeszterce **Bar** 56 Ta 71
Kisbodak **GyS** 20 Sc 61
Kisbogárdpuszta **Fej** 41 Tc 67
Kisbogdány **Vesz** 37 Sc 66
Kisbozsód **HB** 49 Wc 66
Kisbózsva **BAZ** 13 Wc 58
Kisbucsa **Zala** 37 Rf 68
Kisbudmér **Bar** 68 Tc 73
Kisbüstanya **SzSz** 32 Wf 60
Kiscsákó **Bék** 61 Ve 68
Kiscsala **BKk** 57 Ub 70
Kiscsécs **BAZ** 29 Wa 61
Kiscsehi **Zala** 52 Rd 69
Kiscsémpuszta **Kom** 21 Ta 62
Kiscserepes **HB** 29 Wa 62
Kiscséripuszta **Fej** 41 Tc 66
Kiscsősz **Vesz** 37 Sb 65
Kisdémpuszta **Vesz** 40 Se 64
Kisdér **Bar** 68 Ta 73
Kisdörgicse **Vesz** 40 Se 67
Kisdombegyház **Bék** 63 Wa 70
Kisdorog **Tol** 56 Tc 70
Kisecsértanya **BAZ** 29 Ve 62
Kisecset **Nóg** 25 Ub 61
Kiserdő **Pest** 57 Te 68
Kiserdő puszta **Som** 53 Sb 70
Kiserdőpuszta **Tol** 57 Te 69
Kisérletigazdaság **SzSz** 32 We 61
Kisérletitelep **Pest** 24 Tf 63
Kisérzug **HB** 49 Wc 66
Kisfakos **Zala** 52 Sa 70
Kisfalud **Fej** 41 Tc 65
Kisfástanya **SzSz** 32 Wc 61
Kisfüzes **Hev** 28 Va 61
Kisgajla **BAZ** 29 Ve 61
Kisgéc **Nóg** 25 Ud 60
Kisgecseny **Vas** 37 Rf 66
Kisgeresd **Bar** 56 Td 72
Kisgörbő **Zala** 37 Sa 67
Kisgyalán **Som** 56 Sf 70
Kisgyanté **Bék** 49 Wc 67
Kisgyónbánya **Fej** 40 Ta 65
Kisgyőr **BAZ** 29 Ve 60
Kishajdatanya **BAZ** 29 Vf 62
Kishajmás **Bar** 68 Ta 71
Kishalom **Fej** 41 Te 65
Kishalompuszta **Fej** 41 Tf 66
Kishantos **Fej** 41 Te 67
Kishárságy **Bar** 53 Se 71
Kisharsány **Bar** 68 Tc 73
Kishartyán **Nóg** 25 Ue 60
Kishenye **Tol** 56 Tb 69
Kisherend **Bar** 68 Tb 73
Kisherkály **Kom** 21 Ta 62
Kishída **Tol** 57 Te 69
Kishódos **SzSz** 33 Xf 61
Kishörcsökpuszta **Fej** 41 Tc 67
Kishortobágyi csórda **HB** 29 Wb 62
Kishuta **BAZ** 13 Wc 58
Kisibafa **Bar** 53 Sf 72
Kisigmánd **Kom** 21 Ta 63
Kisinoci turistaház **Pest** 24 Tf 61
Kisirtáspuszta **Pest** 24 Tf 61
Kisiszák **BKk** 44 Ub 67
Kisjakabfalva **Bar** 68 Tc 73
Kisjegespuszta **Kom** 21 Sf 62
Kiskajár **GyS** 40 Sd 64
Kiskajdacs **Tol** 57 Td 69
Kiskanizsa **Zala** 52 Rf 70
Kiskapornak **Zala** 37 Rf 67
Kiskapros **HB** 29 Wb 62
Kiskarácsonyszállás **Fej** 41 Te 67
Kiskassa **Bar** 68 Tc 73
Kiskecskemégy **BKk** 57 Ua 69
Kiskeresztúr **Nóg** 25 Ue 60
Kiskeszthely **Zala** 53 Sb 68
Kiskinizs **BAZ** 29 Wa 59
Kiskirályság **Cso** 61 Vd 68
Kisköre **Hev** 45 Vc 63
Kiskokasd **Fej** 41 Te 67
Kiskőrös **BKk** 57 Ub 69
Kiskorpád **Som** 53 Sd 70
Kiskovácsimajor **Vesz** 40 Tb 66
Kiskundorozsma **Cso** 61 Va 71
Kiskunfélegyháza **BKk** 60 Uf 68
Kiskunhalas **BKk** 60 Uc 70
Kiskunlacháza **Pest** 41 Ua 65
Kiskunmajsa **BKk** 60 Ue 70
Kiskutas **Zala** 36 Re 67
Kiskúti csárda **Vesz** 40 Sf 66
Kiskútujsor **HB** 29 Wc 63
Kislábod **Som** 53 Sc 71
Kisláng **Fej** 41 Tc 67
Kislengyel **Zala** 52 Re 68
Kisléta **SzSz** 32 Xa 62
Kislippó **Bar** 68 Td 73
Kislőd **Vesz** 40 Sd 66
Kislók **Fej** 41 Te 67
Kislókpuszta **Fej** 41 Te 67
Kismacs **HB** 32 Wd 63
Kismákfa **Vas** 36 Re 66
Kismányok **Tol** 56 Tc 71
Kismarja **HB** 49 We 65
Kismarton **Fej** 41 Tf 65
Kismező **Tol** 56 Tb 69
Kismező **Vas** 37 Sb 65
Kismogyorós **SzSz** 32 Wf 62
Kismohács **Bar** 68 Te 73
Kis-Nagy-Narda **Vas** 36 Rc 65
Kisnamény **SzSz** 33 Xe 61
Kisnána **Hev** 28 Va 61
Kisnémedi **Pest** 25 Ub 62
Kisnyárád **Bar** 68 Td 72
Kisnyék **Bék** 49 Wc 67
Kisorosipuszta **Bék** 49 Wc 67
Kisoroszi **Pest** 24 Ua 62
Kispalád **SzSz** 33 Xf 60
Kispáli **Zala** 36 Re 67
Kispazsag **BAZ** 28 Vd 60
Kisperjesi majorság **Som** 53 Sc 69
Kisperkáta **Fej** 41 Te 66
Kispervat **GyS** 21 Sf 63
Kispest **Pest** 44 Ua 64
Kispeterd **Bar** 65 Sf 72
Kispiricse **SzSz** 33 Xa 62
Kispirit **Vesz** 37 Sb 65
Kispodárpuszta **Vesz** 37 Sc 65
Kispóka **HB** 32 Wf 63
Kispúposhalom **SzSz** 32 Wd 61
Kispuszta **Bar** 56 Tb 70
Kispuszta **Bar** 68 Tc 72
Kispuszta **Fej** 41 Tc 66
Kispuszta **Som** 53 Sc 71
Kispuszta **Som** 53 Sd 71
Kispuszta **Zala** 52 Rf 68
Kisrada **Zala** 53 Sa 69
Kisrákos **Vas** 36 Rd 67
Kisrécse **Zala** 52 Sa 69
Kisrét **BAZ** 29 Vd 61
Kisrozvágy **BAZ** 15 Wf 58
Kissikátor **BAZ** 28 Va 59
Kissomlyó **Vas** 37 Sa 66
Kisstanya **HB** 48 Wb 65
Kisstanya **Vesz** 40 Se 66
Kisszállás **Cso** 60 Vc 71
Kisszékely **Tol** 56 Td 68
Kisszekeres **SzSz** 33 Xd 61
Kisszéksós **Cso** 60 Uf 71
Kisszentlászló **Bar** 53 Se 71
Kisszentmárton **Bar** 68 Ta 74
Kisszentmiklós **Fej** 41 Tf 67
Kisszépalmapuszta **Vesz** 40 Se 65
Kissziget **Zala** 52 Rd 69
Kisszőlős **Vesz** 37 Sb 65
Kistamási **Bar** 65 Se 72
Kistanya **BAZ** 29 Ve 61
Kistanya **Fej** 41 Tc 66
Kistanya **SzSz** 32 We 60
Kistápé **Tol** 57 Te 68
Kistapolca **Bar** 68 Tc 74
Kistarcsa **Pest** 24 Ub 63
Kistarcspuszta **Kom** 21 Sf 63
Kistarnócapuszta **Hev** 28 Vb 62
Kistavapuszta **Tol** 56 Tb 69
Kistelek **Cso** 60 Uf 70
Kistelek bányatelep **Nóg** 28 Uf 60
Kistelekibokor **SzSz** 32 We 61
Kistelep **Kom** 24 Te 63
Kisterenye **Nóg** 25 Ue 60
Kistilaj **Vas** 37 Rf 67
Kistimapuszta **Vesz** 37 Sc 65
Kistölgyes **Hev** 28 Vb 61
Kistölgyfamajor **GyS** 20 Sa 63
Kistokaj **BAZ** 29 Vf 60
Kistolmács **Zala** 52 Re 70
Kistormás **Tol** 57 Td 69
Kistótfalu **Bar** 68 Tb 73
Kisudvar **GyS** 20 Sb 62
Kisújbánya **Bar** 56 Tc 71
Kisújszállás **Szo** 48 Ve 65
Kisunyom **Vas** 36 Rd 66
Kisvárda **SzSz** 32 Xa 59
Kisvarsány **SzSz** 33 Xb 60
Kisvásárhely **Zala** 37 Sb 67
Kisvaszar **Bar** 56 Tb 71
Kisvejke **Tol** 56 Tc 70
Kisvenyimalsópuszta **Fej** 41 Te 67
Kisvid **Som** 53 Sb 69
Kisvidák **Bar** 53 Sf 71
Kiszelytanya **BAZ** 29 Vf 62
Kiszombor **Cso** 61 Vc 71
Kiszsidány **Vas** 36 Rd 64
Kivadár **Som** 53 Sc 71
Klárafalva **Cso** 61 Vb 71
Kláraháza **Pest** 25 Ub 62
Klárapuszta **Vesz** 40 Se 67
Kőbánya **Pest** 44 Ua 64
Kobókapuszta **Fej** 40 Tb 67
Kocs **Kom** 21 Tb 63
Kocsér **Pest** 45 Uf 66
Kocsola **Tol** 56 Tb 69
Kocsord **SzSz** 33 Xc 61
Kocsordos **SzSz** 29 Wa 61
Kócsújfalu **Szo** 29 Vf 63
Kődomb **HB** 49 We 65
Köbleny **Bar** 56 Tb 71
Köcsk **Vas** 37 Sa 65
Kökény **Bar** 68 Tb 72
Kökényes **HB** 32 Wf 63
Kölcse **SzSz** 33 Xe 60
Kölesd **Tol** 57 Td 69
Kölesdpuszta **Som** 53 Se 69
Kölesföld **HB** 32 Wd 62
Kölked **Bar** 68 Te 73
Kölkedi szivattyú **Bar** 69 Te 73
Kömlő **Hev** 28 Vc 63
Kömlőd **Kom** 21 Tb 63
Kömörő **SzSz** 33 Xd 60
Kömpöc **BKk** 60 Uf 70
Körmend **Vas** 36 Rb 66
Körmendipuszta **Fej** 40 Tb 64
Körmözsdpuszta **HB** 49 Wd 66
Környe **Kom** 21 Tb 63
Környebánya **Kom** 24 Tc 63
Köröm **BAZ** 29 Vf 61
Körösi Á.G. **Bék** 48 Vf 66
Körösladány **Bék** 48 Wa 67
Körösnagyharsány **Bék** 49 Wd 66
Körösszakál **HB** 49 Wd 66
Körösszegapáti **HB** 49 Wd 66
Köröstarcsa **Bék** 48 Wa 67
Köröstetétlen **Pest** 45 Va 66
Körösújfalu **Bék** 49 Wc 67
Körtvélyespuszta **Kom** 24 Tc 63
Köselyszeg **HB** 48 Wb 64
Kötcse **Som** 56 Sf 68

MESTERI

Kötegyán **Bék** 63 Wc 68
Kötelesdűlő **HB** 49 Wf 64
Kövegy **Cso** 61 Ve 71
Köves **BAZ** 12 Ve 58
Kövesgyűrpuszta **Vesz** 40 Se 66
Köveskál **Vesz** 40 Sd 67
Köveskútitanya **Bar** 56 Tb 70
Köveskútpuszta **Vesz** 40 Sf 66
Kövezsditag **HB** 49 We 64
Középbéda **Bar** 68 Te 73
Középbédai erdészház **Bar** 68 Te 73
Középbogárd **Fej** 41 Tc 67
Középcsala **BKk** 57 Ub 70
Középdűlőtanya **HB** 49 Wd 65
Középsővasdinyepuszta **Kom** 21 Ta 63
Középszenttamás **BKk** 44 Ua 67
Középtengelic **Tol** 57 Te 69
Kőhányás **Fej** 41 Tc 64
Kőhegypuszta **Vesz** 40 Sf 65
Kóka **Pest** 44 Ud 64
Kokad **HB** 49 Wf 64
Kokashegy **Som** 53 Se 68
Kőkút **Som** 53 Sd 71
Kőkútpuszta **Fej** 40 Tb 67
Kőkútpuszta **Hev** 28 Vb 61
Kőkútpuszta **Nóg** 25 Ue 60
Koldusszállás **Kom** 24 Tc 63
Kolompostanya **BAZ** 13 Wa 58
Kolontár **Vesz** 37 Sc 66
Komádi **HB** 49 Wc 66
Komádi Á.G. **HB** 49 Wc 66
Komárom **Kom** 21 Ta 62
Komjáti **BAZ** 12 Ve 57
Komló **Bar** 56 Tb 71
Komlódtófalu **SzSz** 33 Xe 61
Komlósd **Som** 65 Sc 72
Komlósfecskéspuszta **Bék** 63 Ve 70
Komlósitanya **Kom** 21 Ta 62
Komlóska **BAZ** 13 Wc 58
Komoró **SzSz** 15 Xa 59
Kompolt **Hev** 28 Vb 62
Koncztanya **Fej** 41 Tc 67
Kondorfa **Vas** 36 Rc 67
Kondoros **Bék** 63 Ve 68
Kondorpuszta **Tol** 57 Tf 69
Kóny **GyS** 20 Sc 63
Kónyar **HB** 29 Wb 63
Konyár **HB** 49 We 65
Kónyatelep **SzSz** 32 We 60
Kópháza **GyS** 17 Rd 63
Koplalótanya **BAZ** 29 Wb 60
Koppánymegyer **Som** 56 Ta 68
Koppánymonostor **Kom** 21 Ta 62
Koppányszántó **Tol** 56 Ta 69
Korlát **BAZ** 13 Wb 58
Kornispuszta **Fej** 41 Tf 67
Kőröshegy **Som** 40 Sf 68
Koromla **Kom** 40 Sf 64
Koroncó **GyS** 20 Sd 63
Kórós **Bar** 68 Ta 73
Kőrösszakál **HB** 49 Wd 66
Kórósszíget **HB** 49 Wb 66
Korpavár **Zala** 52 Rf 69
Kőrtélyesmajor **Fej** 57 Td 68
Kosd **Pest** 25 Ub 62
Kosiktanya **Nóg** 25 Ue 61
Kóspallag **Pest** 24 Tf 61
Kossuth Lajos utca **Som** 53 Sd 70
Kossuth Tsz **Bék** 61 Ve 69
Kossuthtanya **Tol** 57 Tf 68
Kossuthtelep **Bék** 63 Vf 71
Kossuthtelep **Fej** 57 Te 68
Kostkatanya **Hev** 28 Va 61
Kőszárhegy **Fej** 41 Tc 66
Kőszeg **Vas** 36 Rd 64
Kőszegdoroszló **Vas** 36 Rd 64
Kőszegfalva **Vas** 36 Rd 64
Kőszegpaty **Vas** 36 Rd 65
Kőszegszerdahely **Vas** 36 Rd 64
Kótaj **SzSz** 32 We 60
Kőtelek **Szo** 45 Vc 64
Kőtörőtanya **Bar** 53 Sf 71
Kotormány **Zala** 36 Rc 68
Kovácshida **Bar** 68 Tb 73
Kovácsi **Tol** 56 Tc 70
Kovacsicstanya **SzSz** 32 Xa 62
Kovácsszénája **Bar** 56 Ta 71
Kovácsvágás **BAZ** 13 Wd 58
Kővágóörs **Vesz** 40 Sd 67
Kővgőttős **Bar** 68 Ta 72
Kozárd **Nóg** 25 Ud 61
Kozári vadászház **Bar** 56 Tb 72
Kozármisleny **Bar** 68 Tb 72
Kozmadombja **Zala** 52 Rd 68
Kozmapuszta **Som** 53 Sc 70
Kozmatanya **Hev** 28 Uf 62
Krája **Som** 53 Se 69
Krájapuszta **Som** 53 Se 69
Krasznok **BAZ** 13 Vf 58
Krasznokvajda **BAZ** 12 Vf 58
Krémertag **GyS** 21 Sf 62
Krémertanya **Bar** 56 Tc 71
Kszelmanntanya **Fej** 41 Tc 67
Kübekháza **Cso** 61 Vb 72
Külmajoritanya **Fej** 41 Tc 67
Külsőfecskéspuszta **Bék** 63 Ve 70
Külsőhegy **Zala** 37 Sb 67
Külsőiszap **HB** 49 Wd 67
Külsőperegi iskola **Bék** 63 Vf 71
Külsőpötöllepuszta **Fej** 41 Tc 66
Külsősárd **Zala** 52 Rc 69
Külsősáripuszta **Fej** 56 Tc 68
Külsővat **Vesz** 37 Sb 65
Kültelek **Bar** 65 Se 74
Kültelek **Vesz** 37 Sc 68
Küngös **Vesz** 40 Tb 66
Kürtöspuszta **Som** 53 Sd 69
Kuhajda **Zala** 52 Sa 70
Kulapuszta **Som** 53 Sc 69
Kunadacs **BKk** 44 Ub 67
Kunágota **Bék** 63 Wa 70
Kunbábony **BKk** 44 Ub 66
Kunbaja **BKk** 69 Uc 72
Kunbaracs **BKk** 44 Uc 67
Kuncsorba **Szo** 48 Vd 66
Kundpuszta **Som** 53 Sd 69
Kunfehértó **BKk** 60 Uc 70
Kungyalu **Szo** 45 Vb 67
Kungyörgytelep **HB** 29 Wa 63
Kunhegyes **Szo** 48 Vd 64
Kunmadaras **Szo** 48 Ve 64
Kunpeszér **BKk** 44 Ub 66
Kunszállás **BKk** 60 Ue 68
Kunszentmárton **Szo** 45 Vb 67
Kunszentmiklós **BKk** 44 Ua 66
Kunsziget **GyS** 20 Sd 62
Kuntelep **Som** 53 Sc 72
Kup **Vesz** 37 Sc 65
Kupa **BAZ** 12 Vf 59
Kurd **Tol** 56 Tb 70
Kurityán **BAZ** 12 Vd 59
Kurucpuszta **Bar** 68 Tb 73
Kustánszeg **Zala** 52 Re 68
Kutas **HB** 49 Wd 66
Kutas **Som** 53 Sc 71
Kutasó **Nóg** 25 Ud 61
Kutrováczmalom **Vesz** 37 Sd 65
Kútvölgy **Cso** 61 Vc 70
Kutyakaparócsárda **Pest** 45 Uf 66

L

Lábatlan **Kom** 24 Tc 62
Lábod **Som** 53 Sc 71
Láca **BAZ** 15 Xa 58
Lácacséke **BAZ** 15 Wf 58
Lacházidunapart **Pest** 41 Tf 65
Lacitanya **BAZ** 28 Vd 59
Lad **Som** 53 Sd 72
Ladánybene **BKk** 44 Uc 66
Ládbesenyő **BAZ** 12 Ve 58
Ladomány **Tol** 57 Td 71
Lágymányos **Pest** 44 Ua 64
Lajosforrás **Pest** 24 Ua 62
Lajosháza **Bar** 65 Sf 73
Lajosháza **Hev** 28 Uf 61
Lajosháza **Som** 53 Sd 72
Lajosházimajor **Zala** 53 Sa 68
Lajoskomárom **Fej** 41 Tc 67
Lajosmajor **Bar** 68 Td 73
Lajosmajor **Bék** 48 Wa 66
Lajosmajor **Pest** 25 Ua 63
Lajosmizse **BKk** 44 Ud 66
Lájos-szénás **Bék** 61 Vd 68
Lajostelep **Bar** 53 Sf 71
Lajtapuszta Á.G. **GyS** 20 Sb 61
Lajvérpuszta **Tol** 57 Te 71
Lak **BAZ** 12 Vf 58
Lakihegy **Pest** 41 Ua 64
Lakitelek **BKk** 45 Uf 67
Lakócsa **Som** 65 Se 73
Lampertmajor **Vesz** 40 Sd 65
Landord **Som** 53 Se 68
Lángmajor **Bék** 63 Vf 68
Langtanya **Tol** 56 Ta 70
Lánkapuszta **Vas** 37 Sa 65
Lankócpuszta **Som** 52 Sa 71
Lánycsók **Bar** 68 Td 72
Lápafő **Tol** 56 Ta 69
Lapáncsa **Bar** 68 Td 74
Lapapuszta **Som** 56 Sf 69
Lapistó **Cso** 61 Vc 69
Lapostanya **Fej** 41 Tf 66
Laskod **SzSz** 32 Xa 60
Lászitanya **BAZ** 12 Vd 58
Lászlóháza **HB** 29 Wb 62
Lászlómajor **Bék** 63 Wa 70
Lászlómajor **GyS** 20 Rf 63
Lászlómajor **Som** 53 Sc 70
Lászlótanya **BAZ** 13 Wc 57
Lászlótanya **BAZ** 29 Vf 59
Lászlótanya **BAZ** 29 Vf 61
Lászlótanya **SzSz** 32 We 61
Lászlótanya **SzSz** 33 Xb 59
Lasztonya **Zala** 52 Re 69
Látrány **Som** 53 Se 68
Lázbérc **BAZ** 28 Vc 59
Lázi **Vesz** 40 Sf 64
Leányfalu **Pest** 24 Ua 62
Leányfalutanya **BAZ** 29 Ve 61
Leányvár **Kom** 24 Te 62
Lébény **GyS** 20 Sc 62
Lébénymiklós **GyS** 20 Sc 62
Ledneczkimalom **Tol** 56 Tc 71
Legénd **Nóg** 25 Ub 61
Legyesbénye **BAZ** 29 Wa 60
Léh **BAZ** 13 Vf 59
Léhértpuszta **Vesz** 37 Sd 65
Léhnerpuszta **Som** 53 Sb 69
Lénárddaróc **BAZ** 28 Vc 60
Lénárttanya **BAZ** 29 Ve 61
Lencseerdőpuszta **Bar** 68 Te 72
Lencsenpuszta **Som** 53 Sc 70
Lencsepuszta **Tol** 57 Td 69
Lendvadedes **Zala** 52 Rd 69
Lendvajakabfalva **Zala** 52 Rc 68
Lenesi erdősház **Som** 53 Sd 71
Lengyel **Tol** 56 Tc 70
Lengyeltóti **Som** 53 Sd 69
Lenin Tsz **Bék** 63 Wa 70
Lenin Tsz központi üzem **Bék** 48 Ve 67
Lenintanya **HB** 29 Wb 61
Leninváros **BAZ** 29 Wa 61
Lenkemajor **Fej** 41 Te 67
Lennes **BKk** 57 Tf 70
Lenti **Zala** 52 Rd 69
Lentikápolna **Zala** 52 Rd 69
Lentiszombathely **Zala** 52 Rd 69
Leperdpuszta Á.G. **Tol** 57 Td 71
Lepledpuszta **Som** 65 Sb 70
Lepsény **Fej** 40 Tb 67
Lesaljamajor **Kom** 40 Sf 64
Lesencefalu **Vesz** 37 Sc 67
Lesenceistvánd **Vesz** 37 Sc 67
Lesencetomaj **Vesz** 37 Sc 67
Leshegy **Fej** 40 Tb 67
Lesvárpuszta **GyS** 20 Sc 63
Létavértes **HB** 49 Wf 64
Letenye **Zala** 52 Re 70
Letkés **Pest** 24 Te 61
Lévaitanya **SzSz** 32 We 61
Levél **GyS** 20 Sb 61
Levelek **SzSz** 32 Wf 61
Levelény **Cso** 61 Va 69
Libabokor **SzSz** 32 We 60
Libickozma **Som** 53 Sd 69
Lickópuszta **GyS** 20 Sc 62
Lickóvadamos **Zala** 52 Re 68
Liget **Bar** 68 Tb 71
Ligetfalva **Zala** 37 Sa 68
Ligettanya **BAZ** 12 Vd 59
Ligettanya **HB** 32 We 63
Ligettanya **SzSz** 32 Xa 61
Ligettanyák **HB** 49 Wf 64
Lilafüred **BAZ** 29 Vd 60
Lipoc **Som** 53 Se 69
Lipót **GyS** 20 Sc 61
Lipótfa **Som** 53 Sd 71
Lippó **Bar** 68 Td 73
Liptód **Bar** 68 Td 72
Lispe **Zala** 52 Re 69
Lispeszentadorján **Zala** 52 Re 69
Liszenkó **Pest** 24 Tf 62
Liszkópuszta **Nóg** 25 Uc 61
Liszó **Zala** 52 Sa 70
Litér **Vesz** 40 Ta 66
Litka **BAZ** 13 Wa 58
Litke **Nóg** 25 Ud 59
Líviamajor **Fej** 41 Tf 66
Líviapuszta **Fej** 41 Tb 66
Livodapuszta **Bar** 68 Tb 74
Lócs **Vas** 36 Re 64
Lőcsetanya **BAZ** 13 Wc 59
Lökösháza **Bék** 63 Wb 70
Lőrinci **Hev** 25 Ud 62
Lövő **GyS** 37 Re 64
Lövőpetri **SzSz** 33 Xb 59
Lófartanya **BAZ** 28 Vd 59
Lókút **Vesz** 40 Sf 65
Lónya **SzSz** 15 Xb 59
Lórév **Pest** 41 Tf 66
Lőrinci **Hev** 25 Ue 62
Losonctelep **Kom** 21 Sf 63
Lothárd **Bar** 68 Tc 72
Lovas **Vesz** 40 Ta 67
Lovasberény **Fej** 41 Td 65
Lovaspuszta **Vesz** 37 Sc 66
Lovászhetény **Bar** 56 Tc 72
Lovászi **Zala** 52 Rd 69
Lovászpatona **Vesz** 40 Sc 68
Lózertanya **SzSz** 33 Xb 59
Lucfalva **Nóg** 25 Ue 60
Lucskatanya **GyS** 20 Sc 61
Ludányhalászi **Nóg** 25 Ud 60
Ludas **Hev** 28 Va 62
Ludasiszőlő **HB** 49 Wf 64
Ludmilla **BAZ** 12 Ve 59
Lujzamajor **GyS** 20 Sc 62
Lukácsháza **Vas** 36 Rd 64
Lukactelep **Bar** 56 Tb 71
Lukafa **Zala** 37 Rf 67
Lulla **Som** 56 Ta 68
Lusztpuszta **Fej** 40 Ta 65
Lúzsok **Bar** 65 Sf 73
Lyukóvölgy **BAZ** 29 Ve 60
Lyukvapuszta **Hev** 28 Vb 61

M

Macs **HB** 32 Wc 63
Macskaárokpuszta **Nóg** 25 Uc 61
Macskás **Bék** 48 Wb 66
Mád **BAZ** 29 Wb 59
Madaras **BKk** 69 Ub 72
Madencia **Pest** 44 Ub 65
Madocsa **Tol** 57 Tf 68
Magasdpuszta **Som** 52 Sa 70
Maglóca **GyS** 20 Sb 63
Maglód **Pest** 44 Uc 64
Mágocs **Bar** 56 Tb 70
Mágor **Bék** 48 Wb 67
Magosliget **SzSz** 33 Xf 60
Magtermeltető Á.G **Bék** 63 Wa 69
Magy **SzSz** 32 Wf 61
Magyalospuszta **Nóg** 25 Uc 62
Magyaralmás **Fej** 41 Tb 65
Magyaratád **Som** 56 Sf 70
Magyarbánhegyes **Bék** 63 Vf 70
Magyarbóly **Bar** 68 Tc 73
Magyarcsanád **Cso** 61 Vd 71
Magyar-Csehszlov. Barátság Tsz **Bék** 63 Vf 69
Magyardombegyház **Bék** 63 Wa 70
Magyaregregy **Bar** 56 Tb 71
Magyaregres **Som** 53 Se 70
Magyarfalva **GyS** 17 Rd 63
Magyarföld **Zala** 36 Rc 68
Magyargéc **Nóg** 25 Ud 60
Magyargencs **Vesz** 37 Sb 64
Magyarhertelend **Bar** 56 Ta 71
Magyarhomorog **HB** 49 Wd 66
Magyaripuszta **Tol** 57 Tf 69
Magyarkeresztúr **GyS** 20 Sa 63
Magyarkeszi **Tol** 56 Tb 68
Magyarkút **Pest** 24 Ua 61
Magyarlak **Vas** 36 Rc 67
Magyarlukafa **Bar** 53 Se 71
Magyarmecske **Bar** 65 Sf 73
Magyarnádalja **Vas** 36 Rd 66
Magyarnándor **Nóg** 25 Uc 61
Magyaróvölgy **Som** 53 Se 70
Magyarpolány **Vesz** 40 Sd 65
Magyarsarlós **Bar** 68 Tc 72
Magyarszecsőd **Vas** 36 Rd 66
Magyarszecsőd **Vas** 36 Re 66
Magyarszék **Bar** 56 Tb 71
Magyarszentmiklós **Zala** 52 Rf 69
Magyarszerdahely **Zala** 52 Rf 69
Magyarszombatfa **Zala** 52 Rc 68
Magyar-Szovjet Barátság Tsz Lakótelepe **BKk** 60 Ue 67
Magyartés **Cso** 61 Vb 68
Mailáthpuszta **Bar** 68 Ta 73
Majos **Tol** 56 Tc 71
Majosháza **Pest** 41 Ua 65
Majs **Bar** 68 Td 73
Majtis **SzSz** 33 Xd 61
Makád **Pest** 41 Tf 66
Makárdűlő **Bar** 68 Tb 73
Makkoshotyka **BAZ** 13 Wd 58
Makkpuszta **Kom** 21 Ta 63
Maklár **Hev** 28 Vc 62
Makláritanya **Pest** 24 Te 63
Makó **Cso** 61 Vc 71
Makra **Vesz** 40 Ta 66
Makrahegy **Som** 56 Sf 68
Málom **Bar** 65 Sf 73
Málom **Bar** 68 Ta 72
Malom **GyS** 20 Sa 61
Malom **Tol** 56 Tb 69
Malom környéke **BAZ** 12 Ve 58
Malomháza **HB** 29 Wa 63
Malompuszta **Bék** 48 Wb 67
Malomsok **Vesz** 37 Sc 64
Mályi **BAZ** 29 Ve 60
Mályinka **BAZ** 28 Vc 60
Mámapuszta **Vesz** 40 Ta 66
Mamocspuszta **Som** 53 Sc 68
Mánd **SzSz** 33 Xd 61
Mandabokor **SzSz** 32 We 61
Mándok **SzSz** 15 Xb 59
Mánfa **Bar** 56 Tb 71
Mány **Fej** 24 Te 63
Marakodipuszta **Nóg** 25 Ue 59
Maráza **Bar** 68 Td 72
Marcalgergelyi **Vesz** 37 Sb 65
Marcali **Som** 53 Sc 69
Marcalmajor **Vas** 37 Sb 65
Marcaltő **Vesz** 37 Sc 64
Márfa **Bar** 68 Tb 73
Margitmajor **Zala** 52 Rd 69
Margittanya **BAZ** 29 Ve 61
Margittapuszta **Bar** 53 Se 71
Máriagyűd **Bar** 68 Tb 73
Máriahalom **Kom** 24 Te 63
Máriahalompuszta **Kom** 24 Te 63
Máriakálnok **GyS** 20 Sb 61
Máriakéménd **Bar** 68 Tc 72
Márialiget-Csikótanya **GyS** 20 Sa 61
Máriamagdolnapuszta **Kom** 21 Tb 62
Máriamajor **Fej** 40 Tb 67
Máriamajor **GyS** 20 Sc 62
Máriamajor **SzSz** 33 Xb 62
Máriamajor **Tol** 57 Tf 69
Máriamajor **Vesz** 37 Sc 66
Márianosztra **Pest** 24 Tf 61
Máriapócs **SzSz** 32 Xa 61
Máriapuszta **Kom** 21 Tb 63
Máriatelep **Cso** 61 Va 69
Máriatelep **Tol** 57 Te 69
Máriaújfalu **Vas** 36 Rb 67
Mariettapuszta **Som** 53 Sd 72
Markaz **Hev** 28 Va 62
Márkháza **Nóg** 25 Ue 60
Márkó **Vesz** 40 Se 66
Markóc **Bar** 65 Se 73
Markotabödöge **GyS** 20 Sb 62
Márkytanya **SzSz** 33 Xa 60
Maróc **Zala** 52 Rd 69
Marócsa **Bar** 65 Se 73
Márok **Bar** 68 Td 73
Márokföld **Zala** 52 Rc 68
Márokpapi **SzSz** 33 Xd 60
Maroslele **Cso** 61 Vc 71
Marótpuszta **Som** 53 Sb 69
Mártamajor **Nóg** 25 Uc 62
Mártély **Cso** 61 Vb 70
Martfű **Szo** 45 Vb 66
Martincapuszta **Tol** 56 Tc 69
Martinka **HB** 32 We 63
Martintelep **BAZ** 29 Ve 60
Martonfa **Bar** 56 Tc 72
Mártonszállás **BKk** 57 Ua 71
Martonvásár **Fej** 41 Te 65
Martonyi **BAZ** 12 Ve 58
Maszlaghalmi iskola **Cso** 61 Va 69
Máta **HB** 29 Wa 63
Mátészalka **SzSz** 33 Xb 61
Mátételke **BKk** 57 Ub 72
Matildmajor **Tol** 56 Tb 70
Mátraalmás **Nóg** 28 Uf 61
Mátraballa **Hev** 28 Va 61
Mátraderecske **Hev** 28 Va 61
Mátrafüred **Hev** 28 Uf 62
Mátraháza **Hev** 28 Uf 61
Mátrakeresztes **Nóg** 25 Ue 61
Mátramindszent **Nóg** 28 Uf 60
Mátranovák **Nóg** 28 Uf 60
Mátraszele **Nóg** 28 Uf 60
Mátraszentimre **Hev** 28 Uf 61
Mátraszentistván **Hev** 28 Uf 61
Mátraszőlős **Nóg** 25 Ue 61
Mátraterenye **Nóg** 28 Uf 60
Mátraverebély **Nóg** 25 Ue 61
Matty **Bar** 68 Tb 74
Mátyásdomb **Fej** 41 Tc 67
Mátyásföld **Pest** 44 Ub 63
Matyóföld Tsz **BAZ** 28 Vd 62
Mátyus **SzSz** 15 Xb 59
Mátyusi homok **SzSz** 15 Xb 59
Mázaszászvár **Bar** 56 Tc 71
Mecsek **Som** 56 Ta 69
Mecseknádasd **Bar** 56 Tc 71
Mecsekpölöske **Bar** 56 Tb 71
Mecsekszentkút **Bar** 56 Ta 72
Mecsér **GyS** 20 Sc 62
Medgyes **HB** 48 Wa 64
Medgyesbodzás **Bék** 63 Vf 69
Medgyesegyháza **Bék** 63 Wa 69
Medgyespuszta **Tol** 56 Tb 69
Medina **Tol** 57 Td 70
Medreszpatak **Pest** 24 Tf 61
Meggyeskovácsi **Vas** 37 Rf 66
Megyaszó **BAZ** 29 Wa 59
Megyehíd **Vas** 37 Rf 65
Megyer **Vesz** 37 Sb 66
Méhesvölgyitanya **Fej** 41 Td 66
Méhkerék **Bék** 63 Wc 68
Méhtelek **SzSz** 33 Xf 61
Meisznertanya **SzSz** 33 Xd 60
Mekényes **Bar** 56 Tc 70
Mekszikopuszta **GyS** 20 Rf 62
Melániatanya **HB** 32 Wf 63
Meleghegy **Zala** 37 Sb 68
Melkovicspuszta **Kom** 21 Sf 63
Melkovicspuszta **Kom** 21 Ta 63
Mélykút **BKk** 60 Uc 71
Mélykút **Fej** 41 Te 67
Mélykút **HB** 32 Wc 63
Mélykútpuszta **Nóg** 25 Uc 62
Mélyvölgy **Fej** 41 Te 66
Mencshely **Vesz** 40 Se 67
Mende **Pest** 44 Uc 64
Ménesjáráspuszta **Vesz** 40 Se 65
Ménfőcsanak **GyS** 21 Sd 63
Méntelek **BKk** 44 Ud 67
Méra **BAZ** 13 Wa 58
Merenye **Bar** 65 Se 72
Mérges **GyS** 20 Sc 63
Mérgesérhát **HB** 48 Wa 65
Meritőpuszta **Fej** 41 Tb 65
Mérk **SzSz** 33 Xc 62
Mernye **Som** 53 Se 69
Mersevát **Vas** 37 Sb 65
Mescértelep **Fej** 40 Ta 65
Messzelátó **HB** 49 We 64
Mesterberek **Fej** 24 Td 63
Mesterháza **Vas** 37 Rf 64
Mesteri **Vas** 37 Sa 65

MESTERSZÁLLÁS

Mesterszállás **Szo** 45 Vc 67
Meszes **BAZ** 12 Ve 58
Meszesi Dunapart **BKk** 57 Tf 69
Meszlen **Vas** 36 Re 65
Mezőberény **Bék** 48 Wa 68
Mezőcsát **BAZ** 29 Vf 62
Mezőcsokonya **Som** 53 Sd 70
Meződ **Bar** 68 Ta 71
Meződipuszta **Bar** 56 Ta 71
Meződűlő **Cso** 60 Uf 70
Mezőfalva **Fej** 41 Te 67
Mezőgyán **Bék** 49 Wd 67
Mezőhegyes **Bék** 63 Vf 70
Mezőhék **Szo** 45 Vc 67
Mezőkeresztes **BAZ** 29 Ve 62
Mezőkövesd **BAZ** 28 Vd 62
Mezőkomárom **Fej** 40 Tb 68
Mezőkovácsháza **Bék** 63 Vf 70
Mezőladány **SzSz** 15 Xb 59
Mezőlak **Vesz** 37 Sc 64
Mezőmegyer **Bék** 63 Wa 68
Mezőmegyer **Bék** 63 Wa 68
Mezőnagymihály **BAZ** 29 Ve 62
Mezőnyárád **BAZ** 29 Ve 61
Mezőörs **GyS** 21 Sf 63
Mezőpeterd **HB** 49 Wd 65
Mezősas **HB** 49 Wd 66
Mezőszemere **Hev** 28 Vd 62
Mezőszentgyörgy **Fej** 40 Tb 67
Mezőszilas **Fej** 41 Tc 68
Mezőtárkány **Hev** 28 Vc 62
Mezőtúr **Szo** 48 Vd 66
Mezőzombor **BAZ** 29 Wb 60
Miháld **Zala** 53 Sa 70
Mihályfa **Zala** 37 Sb 67
Mihálygerge **Nóg** 25 Ud 59
Mihályhalma **HB** 48 Wa 64
Mihályháza **Vesz** 37 Sc 65
Mihályházapuszta **Kom** 21 Sf 63
Mihályi **GyS** 20 Sa 63
Mihálypuszta **Som** 53 Se 70
Mihálytelep **HB** 49 Wc 67
Mihálytelep **Som** 53 Se 69
Mike **Som** 53 Sd 71
Mikebuda **Pest** 44 Ud 66
Mikekarácsonyfa **Zala** 52 Re 69
Mikepércs **HB** 49 Wd 64
Miklapuszta **BKk** 57 Ua 68
Miklapuszta **BKk** 57 Ua 68
Miklósfa **Zala** 52 Rf 70
Miklósi **Som** 56 Sf 69
Miklósmajor **GyS** 20 Sa 62
Miklósmajor **GyS** 37 Sa 64
Miklósmajor **GyS** 40 Sd 64
Miklósmajor **Tol** 56 Tc 70
Miklóspuszta **BAZ** 12 Vc 59
Miklóssytanya **SzSz** 32 Wf 62
Mikófalva **Hev** 28 Vb 60
Mikóháza **BAZ** 13 Wd 58
Mikosdpuszta **Zala** 37 Sa 66
Mikosszéplak **Vas** 37 Rf 66
Mikszáthtelep **HB** 49 We 65
Milejszeg **Zala** 36 Re 68
Milleneumtelep **Pest** 44 Ua 64
Milota **SzSz** 33 Xe 60
Mindszent **Cso** 61 Vb 69
Mindszent **Pest** 25 Ud 62
Mindszentgodisa **Bar** 56 Ta 71
Mindszentpuszta **Fej** 41 Te 67
Mindszentpuszta **GyS** 21 Se 63
Mindszentpuszta **Kom** 41 Tc 64
Misefa **Zala** 37 Rf 68
Miskahalom **BKk** 44 Ua 67
Miske **BKk** 57 Ua 70
Miskolc **BAZ** 29 Ve 60
Miskolctapolca **BAZ** 29 Ve 60
Miszla **Tol** 56 Tc 69
Mizserfa bányatelep **Nóg** 28 Uf 60
Mocsa **Kom** 21 Tb 62
Mocsárositanya **Hev** 28 Vb 60
Mocsárospuszta **Nóg** 25 Ud 61
Mőcsény **Tol** 57 Td 71
Mocsolatelep **Bar** 65 Sf 74
Mocsolyástelep **BAZ** 29 Ve 61
Mölcznertanya **GyS** 20 Sb 61
Mözs **Tol** 57 Te 70
Mogyoród **Pest** 25 Ub 63
Mogyorósbánya **Kom** 24 Td 62
Mogyoroska **BAZ** 13 Wb 58
Moha **Fej** 41 Tc 65
Mohács **Bar** 68 Te 72
Mohora **Nóg** 25 Ub 61
Mohosbokor **SzSz** 32 Wd 61
Molnári **Zala** 52 Rf 70
Molnártanya **Hev** 25 Ue 62
Molnaszecsőd **Vas** 36 Re 66
Molvány **Bar** 65 Se 72
Monaj **BAZ** 12 Vf 59
Monok **BAZ** 29 Wa 59
Monor **Pest** 44 Uc 64
Monor központ **Bék** 61 Ve 69
Monori erdő **Pest** 44 Ud 65
Mónosbél **Hev** 28 Vb 60
Monostorieről **Kom** 21 Ta 62
Monostorpályi **HB** 49 We 64
Monoszló **Vesz** 40 Sd 67
Monyha **BAZ** 15 Xa 58
Monyoród **Bar** 68 Tc 72
Mór **Fej** 40 Tb 64
Móra Ferenc Tsz **Cso** 60 Uf 70
Mórágy **Tol** 57 Td 71
Mórahalom **Cso** 60 Uf 71
Móricgát **BKk** 60 Uc 69
Mórichida **GyS** 20 Sc 63
Moriczfapuszta **Som** 53 Sb 70
Móriczmajor **Fej** 41 Tc 64
Móriczmajor **Pest** 41 Te 63
Móriczpuszta **Som** 53 Sc 71
Morotvaköz **HB** 29 Wa 61
Mosdós **Som** 56 Sf 70
Mosonmagyaróvár **GyS** 20 Sb 61
Mosonszentmiklós **GyS** 20 Sc 62
Mosonszolnok **GyS** 20 Sb 61
Motyói szőlők **Bék** 61 Vd 68
Mozsgó **Bar** 56 Sf 72
Mucsfa **Tol** 56 Tc 70
Mucsi **Tol** 56 Tc 70
Múcsony **BAZ** 12 Ve 59
Műgát **Vas** 37 Sa 64
Muhi **BAZ** 29 Vf 61
Munkástelep **Cso** 60 Va 69
Murakeresztúr **Zala** 52 Rf 70
Muraráťka **Zala** 52 Re 70
Murga **Tol** 56 Tc 70
Murony **Bék** 63 Wa 68

N

Nábrád **SzSz** 33 Xc 60
Nácitag **SzSz** 32 Xa 62
Nadap **Fej** 41 Td 65
Nádas **SzSz** 32 We 62
Nádasd **Vas** 36 Rd 67
Nádasdladány **Fej** 40 Tb 66
Nádudvar **HB** 48 Wa 64
Nádújfalu **Nóg** 28 Uf 60
Nágelpuszta **Bék** 63 Vf 70
Nágocs **Som** 56 Sf 69
Nagvatád **Som** 53 Sc 71
Nagy Lők **Fej** 41 Td 67
Nagyacsád **Vesz** 37 Sc 64
Nagyalásony **Vesz** 37 Sc 65
Nagyállás **BAZ** 29 Wa 61
Nagyállás **Som** 53 Sd 71
Nagyar **SzSz** 33 Xd 60
Nagyaszostanya **SzSz** 33 Xb 62
Nagyatáditelep **Bar** 68 Te 73
Nagybábony **Som** 56 Ta 68
Nagybajcs **GyS** 21 Se 62
Nagybajom **Som** 53 Sd 70
Nagybakónak **Zala** 52 Sa 69
Nagybánhegyes **Bék** 63 Vf 70
Nagybaracska **BKk** 69 Tf 72
Nagybarca **BAZ** 28 Vd 59
Nagybárkány **Nóg** 25 Ue 61
Nagybátony **Nóg** 25 Ue 61
Nagyberekpuszta **Som** 52 Rf 71
Nagyberény **Som** 56 Ta 68
Nagyberki **Som** 56 Ta 70
Nagybérpuszta **Kom** 40 Ta 64
Nagybörzsöny **Pest** 24 Tf 61
Nagybozsód **HB** 49 Wc 66
Nagybózsva **BAZ** 13 Wc 58
Nagybudmér **Bar** 68 Tc 73
Nagycenk **GyS** 17 Re 63
Nagycsány **Bar** 65 Sf 73
Nagycsászta **BAZ** 12 Ve 58
Nagycsécs **BAZ** 29 Vf 61
Nagycsepely **Som** 56 Sf 68
Nagycserkesz **SzSz** 32 Wd 61
Nagycsérpuszta **Fej** 41 Tc 66
Nagycsonkás **HB** 32 Wf 63
Nagycsonkás **SzSz** 33 Xb 62
Nagydém **Vesz** 40 Se 64
Nagydobos **SzSz** 33 Xb 60
Nagydobsza **Bar** 65 Sd 72
Nagydorog **Tol** 57 Td 69
Nagyecsed **SzSz** 33 Xc 60
Nagyecsér **BAZ** 29 Ve 62
Nagyegyháza **Fej** 24 Td 63
Nagyér **Cso** 61 Ve 70
Nagyesztergár **Vesz** 40 Sf 65
Nagyfakos **Zala** 53 Sa 70
Nagyfernekág **Zala** 36 Rd 67
Nagyfüged **Hev** 28 Va 62
Nagygéc **SzSz** 33 Xe 61
Nagygeresd **Vas** 37 Rf 64
Nagygörbő **Zala** 37 Sb 67
Nagygombos **Hev** 25 Ue 62
Nagygyanté **Bék** 49 Wc 67
Nagygyimót **Vesz** 40 Sd 64
Nagyhajmás **Bar** 56 Tb 70
Nagyhalász **SzSz** 32 We 60
Nagyhalom **Bék** 63 Vf 68
Nagyhalom **Fej** 41 Te 65
Nagyhanyi **Hev** 28 Vc 62
Nagyharaszttanya **SzSz** 32 Wf 61
Nagyharsány **Bar** 68 Tc 73
Nagyhát **BKk** 57 Ua 71
Nagyhát **HB** 32 Wc 63
Nagyháztanya **BAZ** 29 Vf 62
Nagyhegy **Fej** 41 Tc 64
Nagyhegy **GyS** 21 Se 62
Nagyhegyes **HB** 29 Wc 63
Nagyhídtelep **Bar** 65 Sf 74
Nagyhódos **SzSz** 33 Xf 61
Nagyhörcsök **Fej** 41 Td 67
Nagyhomok **BAZ** 13 We 59
Nagyhomok **BAZ** 15 Wf 59
Nagyhort **HB** 29 Wb 63
Nagyhuta **BAZ** 13 Wc 58
Nagyigmánd **Kom** 21 Ta 63
Nagyirtáspuszta **Pest** 24 Tf 61
Nagyiván **Szo** 48 Vf 64
Nagykálló **SzSz** 32 Wf 61
Nagykamarás **Bék** 63 Wa 70
Nagykamond **Vesz** 37 Sb 66
Nagykanizsa **Zala** 52 Rf 70
Nagykapornak **Zala** 37 Rf 68
Nagykapros **HB** 29 Wb 61
Nagykarácsony **Fej** 41 Te 67
Nagykáta **Pest** 44 Ue 64
Nagykékes **BKk** 57 Ua 68
Nagykereki **HB** 49 We 65
Nagykeresztúr **Nóg** 25 Ue 60
Nagykinizs **BAZ** 29 Wa 59
Nagykökényes **Hev** 25 Ud 62
Nagykölked **Vas** 36 Rd 66
Nagykörű **Szo** 45 Vc 65
Nagykónyi **Tol** 56 Tb 69
Nagykopáncs **Bék** 61 Ve 70
Nagykőrös **Pest** 44 Ue 66
Nagykorpád **Som** 53 Sc 71
Nagykovácsi **Pest** 24 Tf 63
Nagykozár **Bar** 68 Tb 72
Nagykustyán **Fej** 40 Tb 67
Nagykutas **Zala** 37 Re 67
Nagylak **Cso** 61 Ve 71
Nagylapos **Bék** 48 Wa 66
Nagylapos **SzSz** 32 Wd 61
Nagylaposi újtelep **Bék** 48 Ve 67
Nagylengyel **Zala** 52 Re 68
Nagylóc **Nóg** 25 Ud 60
Nagylók **Fej** 41 Td 67
Nagylósz **GyS** 17 Re 63
Nagymágocs **Cso** 61 Vc 69
Nagymajor **BAZ** 28 Vd 61
Nagymajor **BKk** 44 Ua 68
Nagymajor **HB** 29 Vf 63
Nagymányok **Tol** 56 Tc 71
Nagymaros **Pest** 24 Tf 62
Nagymáté **Bar** 53 Sf 71
Nagymező **HB** 49 Wd 64
Nagymezőpuszta **Nóg** 25 Ud 61
Nagymizdó **Vas** 36 Rd 67
Nagymontaj **BAZ** 29 Ve 62
Nagynyárád **Bar** 68 Td 73
Nagynyék = Nyékpuszta **Bék** 49 Wc 68
Nagynyomás **HB** 49 Wc 66
Nagyoldalpuszta **Nóg** 25 Ud 60
Nagyoroszi **Nóg** 25 Ua 60
Nagypáli **Zala** 37 Rf 67
Nagypall **Bar** 68 Tc 72
Nagypáltelep **Tol** 56 Tb 70
Nagyparlag **Hev** 25 Ue 61
Nagyparnakpuszta **Kom** 21 Tb 63
Nagypeterd **Bar** 65 Sf 72
Nagypirit **Vesz** 37 Sb 65
Nagypuszta **Som** 53 Sb 71
Nagypuszta **Som** 53 Sd 71
Nagyrábé **HB** 49 Wc 65
Nagyrada **Zala** 53 Sa 69
Nagyrákos **Vas** 36 Rc 67
Nagyrécse **Zala** 52 Sa 70
Nagyréde **Hev** 28 Uf 62
Nagyrév **Szo** 45 Va 67
Nagyrozvágy **BAZ** 15 Wf 58
Nagysáp **Kom** 24 Td 62
Nagysárostó **Bar** 68 Ta 73
Nagysimonyi **Vas** 37 Sa 65
Nagysismánd **Fej** 41 Te 67
Nagyszakácsi **Som** 53 Sb 69
Nagyszállás **SzSz** 32 We 61
Nagyszekeres **SzSz** 33 Xd 61
Nagyszékely **Tol** 56 Td 69
Nagyszénás **Bék** 61 Ve 68
Nagyszentjános **GyS** 21 Sf 62
Nagyszentpál **GyS** 20 Sd 63
Nagysziget **GyS** 20 Sc 61
Nagyszög **HB** 29 Wa 62
Nagyszokoly **Tol** 56 Tb 68
Nagytagyospuszta **Kom** 21 Tb 63
Nagytálja **Hev** 28 Vc 62
Nagytanya **BAZ** 29 Ve 62
Nagytanya **BAZ** 29 Vf 59
Nagytanya **BAZ** 29 Vf 61
Nagytanya **BAZ** 29 Vf 62
Nagytanya **Fej** 41 Tb 67
Nagytanya **SzSz** 32 We 60
Nagytanya **SzSz** 32 Xa 60
Nagytanya **SzSz** 33 Xb 62
Nagytanyák **Pest** 44 Ua 66
Nagytarcsa **Pest** 25 Ub 63
Nagytarcsa **Pest** 44 Ub 63
Nagytarcspuszta **Kom** 21 Sf 63
Nagytárkánypuszta **Vesz** 37 Sc 67
Nagytelep **Vesz** 40 Sd 64
Nagytevel **Vesz** 40 Sd 65
Nagytilaj **Vas** 37 Rf 67
Nagytőke **Cso** 61 Vb 68
Nagytoldipuszta **Som** 56 Sf 69
Nagytormás **Tol** 57 Td 70
Nagytótfalu **Bar** 68 Tc 73
Nagytótitanya **HB** 49 Wd 67
Nagytótváros **Som** 56 Sf 71
Nagyút **Hev** 28 Vb 62
Nagyvarsány **SzSz** 33 Xb 60
Nagyváty **Bar** 65 Sf 72
Nagyvázsony **Vesz** 40 Se 67
Nagyvejke **Tol** 56 Tc 70
Nagyveleg **Fej** 40 Ta 64
Nagyvenyim **Fej** 41 Tf 67
Nagyvisnyó **Hev** 28 Vc 60
Nagyvőkonya **HB** 29 Wb 63
Nagyzomlin **HB** 49 We 66
Nak **Tol** 56 Ta 70
Nándorpuszta **Fej** 24 Td 63
Nándorpuszta **Fej** 56 Tb 68
Napkor **SzSz** 32 Wf 61
Narai **Vas** 36 Rd 65
Naszály **Kom** 21 Tb 62
Négyes **BAZ** 29 Ve 62
Nekézseny **BAZ** 28 Vc 60
Némediszőlő **Pest** 44 Ub 64
Nemesapáti **Zala** 37 Rf 67
Nemesbikk **BAZ** 29 Vf 61
Nemesborzova **SzSz** 33 Xd 61
Nemesbük **Zala** 37 Sa 68
Nemescsó **Vas** 36 Rd 64
Nemesdéd **Som** 53 Sb 70
Nemeserdő **SzSz** 32 Wf 62
Nemesgörzsöny **Vesz** 37 Sc 64
Nemesgulács **Vesz** 37 Sc 67
Nemeshany **Vesz** 37 Sc 66
Nemeshetés **Zala** 37 Rf 68
Nemeske **Bar** 65 Se 72
Nemeskér **GyS** 37 Re 64
Nemeskeresztúr **Vas** 37 Sb 66
Nemeskisfalud **Som** 53 Sc 70
Nemeskólta **Vas** 36 Re 66
Nemesládony **Vas** 37 Rf 64
Nemesmajor **Vas** 37 Sa 64
Nemesmedves **Vas** 36 Rc 67
Nemesnádudvar **BKk** 57 Ua 70
Nemesnép **Zala** 52 Rc 68
Nemesrempehollós **Vas** 36 Re 66
Nemesszalók **Vesz** 37 Sb 65
Nemesszentandrás **Zala** 52 Rf 68
Nemesszer **Zala** 52 Sa 68
Nemesvámos **Vesz** 40 Se 66
Nemesvid **Som** 53 Sb 70
Nemesvita **Vesz** 37 Sc 68
Németbánya **Vesz** 40 Sd 65
Németfalu **Zala** 36 Re 68
Németi **Bar** 68 Tb 73
Németkér **Tol** 57 Te 68
Németlukafapuszta **Bar** 53 Sf 71
Németsűrűpuszta **Som** 56 Sf 69
Németvölgy **Tol** 57 Te 70
Nemodatanya **Hev** 28 Uf 62
Nemti **Nóg** 28 Uf 60
Neppeltanya **Szo** 45 Va 66
Neptun horgásztanya **Pest** 41 Tf 66
Neszele **Zala** 36 Re 67
Nézsa **Nóg** 25 Ub 61
Nick **Vas** 37 Sa 64
Nógrád **Nóg** 24 Ua 61
Nógrádgárdony **Nóg** 25 Uc 60
Nógrádkövesd **Nóg** 25 Uc 61
Nógrádmarcal **Nóg** 25 Uc 60
Nógrádmegyer **Nóg** 25 Ud 60
Nógrádsáp **Nóg** 25 Uc 61
Nógrádsipek **Nóg** 25 Ud 60
Nógrádszakál **Nóg** 25 Ud 59
Noráp **Vesz** 37 Sc 65
Noszatiszta **HB** 49 Wf 64
Noszlop **Vesz** 37 Sc 65
Nosztány **Tol** 56 Ta 70
Noszvaj **Hev** 28 Vc 61
Nőtincs **Nóg** 25 Ua 61
Nova **Zala** 52 Re 68
Novaj **Hev** 28 Vc 61
Novajidrány **BAZ** 13 Wb 58
Nyalka **GyS** 21 Se 63
Nyárád **Vesz** 37 Sc 65
Nyáregyháza **Pest** 44 Uc 65
Nyáregyháza **Pest** 44 Ud 65
Nyárlőrinc **BKk** 45 Uf 67
Nyársapát **Pest** 45 Ue 66
Nyedámpuszta **Fej** 56 Tc 68
Nyékipuszta **Tol** 57 Te 71
Nyékládháza **BAZ** 29 Ve 61
Nyéknagytanya Á.G. **Bék** 63 Wa 70
Nyékpuszta **Bék** 49 Wc 68
Nyergesújfalu **Kom** 24 Td 62
Nyésta **BAZ** 12 Vf 58
Nyigetpuszta **Hev** 28 Va 62
Nyika **Kom** 24 Td 63
Nyim **Som** 56 Ta 68
Nyírábrány **HB** 32 Xa 63
Nyíracsád **HB** 32 Wf 63
Nyírád **Vesz** 37 Sc 65
Nyíradony **HB** 32 Wf 62
Nyíradony **HB** 49 Wf 62
Nyírbátor **SzSz** 33 Xa 61
Nyírbéltek **SzSz** 33 Xa 62
Nyírbogát **SzSz** 32 Xa 62
Nyírbogdány **SzSz** 32 Wf 60
Nyírcsaholy **SzSz** 33 Xc 61
Nyírcsászári **SzSz** 33 Xb 61
Nyírderzs **SzSz** 33 Xa 61
Nyíregyháza **SzSz** 32 We 61
Nyírespuszta **Vesz** 37 Sc 67
Nyírgelse **SzSz** 32 Wf 62
Nyírgyulaj **SzSz** 32 Xa 61
Nyíri **BAZ** 13 Wc 58
Nyíribrony **SzSz** 32 Wf 60
Nyírjákó **SzSz** 32 Xa 60
Nyírkahanyi-őrház **GyS** 20 Sa 62
Nyírkarász **SzSz** 32 Xa 60
Nyírkáta **SzSz** 33 Xb 61
Nyírkércs **SzSz** 32 Xa 60
Nyírlövő **SzSz** 33 Xb 59
Nyírlugos **SzSz** 32 Xa 62
Nyírmada **SzSz** 33 Xb 60
Nyírmártonfalva **HB** 32 Wf 63
Nyírmedpuszta **Nóg** 28 Uf 60
Nyírmeggyes **SzSz** 33 Xb 61
Nyírmihályi **SzSz** 32 Wf 62
Nyírparasznya **SzSz** 33 Xb 60
Nyírpazony **SzSz** 32 We 61
Nyírpilis **SzSz** 33 Xb 62
Nyírszőlős **SzSz** 32 We 60
Nyírtass **SzSz** 32 Xa 60
Nyírtelek **SzSz** 32 Wd 60
Nyírtét **SzSz** 32 Wf 60
Nyírtura **SzSz** 32 We 60
Nyírvasvári **SzSz** 33 Xb 62
Nyőgér **Vas** 37 Rf 65
Nyolcrendestanya **BAZ** 12 Vd 58
Nyomár **BAZ** 12 Ve 59
Nyomás **HB** 48 Wb 64
Nyugati telep **HB** 32 Wd 62
Nyugotszenterzsébet **Bar** 65 Sf 72
Nyúl **GyS** 21 Se 63

O

Óbánya **Bar** 56 Tc 71
Óbarok **Fej** 41 Td 64
Óberekpuszta **Tol** 57 Te 71
Obornál **Zala** 52 Rf 69
Óbuda **Pest** 24 Ua 63
Ócsa **Pest** 44 Ub 65
Ócsanálos **BAZ** 29 Vf 60
Öcsárd **Bar** 68 Ta 73
Öcsény **Tol** 57 Te 71
Odánypuszta **Tol** 56 Td 70
Ödörögd **Vesz** 37 Sc 67
Ödombó **Bar** 56 Ta 71
Odvas-kőbarlong **Vesz** 40 Se 65
Öcs **Vesz** 40 Sd 66
Öcsöd **Szo** 45 Vc 67
Ödönpuszta **Fej** 41 Tc 67
Ökördi **BKk** 57 Ub 69
Ököritófülpös **SzSz** 33 Xd 61
Ölbőpuszta **Kom** 21 Sf 63
Ömböly **SzSz** 33 Xb 62
Ördögábrány **HB** 32 Xa 63
Öregcsertő **BKk** 57 Ua 69
Öreghegy **Kom** 21 Sf 63
Öreghegy **Som** 53 Se 68
Öreghegy **Tol** 56 Tb 68
Öreghegy **Vesz** 40 Se 64
Öreglak **Som** 53 Sd 69
Öregmajor **BKk** 44 Uc 71
Öregszőlőskert **HB** 49 Wf 64
Öregtény **BKk** 57 Ua 69
Öriszentpéter **Vas** 36 Rc 67
Örkény **Pest** 44 Uc 66
Örményes **Szo** 48 Vd 65
Örménykút **Bék** 48 Ve 67
Örspuszta **Fej** 41 Td 67
Örvényes **Vesz** 40 Se 67
Örvényszög **HB** 29 Wa 62
Örvöspuszta **Som** 56 Sf 69
Öskü **Vesz** 40 Ta 66
Ötésmajor **GyS** 20 Sa 63
Öttevény **GyS** 20 Sc 62
Öttömös **Cso** 60 Ue 71
Ötvös **Vesz** 37 Sb 66
Ötvöskónyi **Som** 53 Sc 71
Ötvöspuszta **Vesz** 37 Sc 65
Ófalu **Bar** 56 Td 71
Ófalu **Bar** 68 Tb 73
Ófalu **Pest** 41 Tf 64
Ófalu **SzSz** 15 Xb 59
Ófehértó **SzSz** 32 Xa 61
Óföldeák **Cso** 61 Vc 71
Óhat = Hortobágyi Á.G. **HB** 29 Vf 63
Óhid **Zala** 37 Sa 67
Óhódospuszta **Fej** 41 Tb 67
Óhuta **BAZ** 13 Wc 58
Okány **Bék** 49 Wc 67
Okolimajor **Zala** 37 Sa 66
Okorág **Bar** 65 Sf 73
Okorvölgy **Bar** 68 Ta 72
Okrádpuszta **Som** 56 Ta 69

ROMONYA

Okrádpuszta Tol 56 Ta 68
Oláhkút BAZ 29 Ve 61
Olajhegy Som 53 Se 71
Olajtelep Fej 41 Td 64
Olasz Bar 68 Tc 72
Olaszfa Vas 37 Rf 66
Olaszfalu Vesz 40 Sf 65
Olaszliszka BAZ 32 Wc 59
Olasztanya HB 49 Wb 66
Ölbő Vas 36 Rf 65
Olcsva SzSz 33 Xc 60
Olcsvaapáti SzSz 33 Xc 60
Old Bar 68 Tc 74
Ólmod Vas 36 Rd 64
Oltárc Zala 52 Re 69
Omány BAZ 28 Vc 60
Ómassa BAZ 28 Vd 60
Ond BAZ 29 Wb 59
Ondótanya BAZ 29 Wb 60
Onga BAZ 29 Vf 60
Ónod BAZ 29 Vf 61
Ónoditanya SzSz 29 Wb 60
Ontimajor Bar 65 Se 73
Opályi SzSz 33 Xb 61
Ópusztaszer Cso 61 Va 70
Őr SzSz 33 Xb 61
Orbányosfa Zala 37 Rf 67
Őrbottyán Pest 25 Ub 62
Orci Som 56 Sf 70
Ordacsehi Som 53 Sd 68
Ordas BKk 57 Tf 69
Ordaspuszta Nóg 25 Uc 61
Orfalu Vas 36 Rb 67
Orfű Bar 56 Ta 72
Orgonás Fej 40 Tb 66
Orgovány BKk 60 Uc 68
Őrhalom Nóg 25 Uc 60
Őrhegy BAZ 15 Xa 58
Őrimagyarósd Vas 36 Rd 67
Őritanya HB 49 Wb 65
Ormándlak Zala 52 Re 68
Ormánypuszta Bar 68 Td 73
Oroklán Zala 52 Re 68
Orondpuszta Fej 41 Tb 64
Oros SzSz 32 We 61
Orosháza Bék 61 Ve 69
Orosipuszta Bék 49 Wc 67
Oroszi Vesz 37 Sc 66
Oroszipuszta Fej 40 Tb 67
Oroszlány Kom 40 Tb 64
Oroszló Bar 68 Ta 71
Oroszpuszta BKk 57 Tf 70
Oroszpuszta BKk 57 Tf 70
Orosztony Zala 52 Sa 69
Orozddűlő SzSz 32 Wf 60
Ortaháza Zala 52 Re 69
Őrtilos Som 52 Rf 71
Ősagárd Nóg 25 Ub 61
Ősi Vesz 40 Tb 66
Ósimalom Fej 41 Td 67
Ostffyasszonyfa Vas 37 Sa 65
Ostoros Hev 28 Vc 61
Őszanda Szo 45 Vb 66
Őszerdő HB 49 Wc 66
Oszkó Vas 37 Rf 66
Oszla BAZ 28 Vd 61
Oszlár BAZ 29 Wa 61
Őszőlők Bék 48 Vd 67
Osztopán Som 53 Se 69
Oszvaldmalom GyS 20 Sa 63
Ótanya SzSz 33 Xb 62
Ótompahát Cso 61 Ve 69
Ottmajor Bar 68 Tb 73
Ottómajor GyS 20 Sb 62
Ottómajor GyS 21 Se 62
Ózd BAZ 28 Vb 59
Ózdfalu Bar 68 Ta 73
Őzetanya SzSz 32 Wf 60
Ozmánbük Vas 36 Re 67
Ozora Tol 56 Tc 68
Özsákpuszta Tol 57 Tf 71

P

Pac iskola HB 49 We 64
Pácin BAZ 15 Wf 59
Pacsa Zala 52 Sa 68
Pacsérvisnye Som 53 Se 71
Pacsmag Tol 56 Tc 69
Pácsony Vas 37 Rf 66
Pádpuszta Som 53 Sa 70
Padragkút Vesz 40 Sd 66
Páhi BKk 60 Uc 68
Páka Zala 52 Rd 69
Pakac Bék 48 Wa 66
Pákozd Fej 41 Td 65
Paks Tol 57 Tf 69
Palajpuszta Som 53 Se 71
Pálcitanya SzSz 15 Xb 59
Palé Bar 56 Ta 71
Pálfa Tol 57 Td 68
Pálffymajor Vas 37 Sa 65
Pálfiszeg Zala 52 Re 68
Pálháza BAZ 13 Wd 58
Pálházapuszta Nóg 25 Ue 59
Pálházapuszta Vesz 37 Sc 64
Pálházapuszta Vesz 37 Sc 65
Pálházi menedékház Vesz 40 Se 65
Páli GyS 37 Sb 64
Pálihálápuszta Vesz 40 Se 65
Palin Zala 52 Rf 69
Palinatanya BAZ 28 Va 60
Pálinkaházpuszta Fej 41 Td 66
Pálköve Vesz 40 Sd 68
Palkonya Bar 68 Tc 73
Palkonya Zala 52 Sa 68
Pallagpuszta Nóg 25 Uc 61
Pallagpuszta SzSz 32 Wd 60
Pálmajor Fej 41 Tc 67
Pálmajor Fej 41 Td 66
Pálmajor GyS 20 Sc 62
Pálmajor Som 53 Sc 69
Pálmajor Som 53 Sd 70
Pálmonostora BKk 60 Uf 69
Pálócipuszta Szo 45 Vb 67
Palotabozsok Bar 57 Td 72
Palotás Nóg 25 Ud 62
Palotáshalom Nóg 25 Ud 62
Paloznak Vesz 40 Sf 67
Pamlény BAZ 12 Vf 58
Pamuk Som 53 Sd 69
Pánd Pest 44 Ud 64
Pankasz Vas 36 Rd 67
Pannonhalma GyS 21 Se 63
Pántlikamajor Vesz 40 Se 67
Pányok BAZ 13 Wc 57
Panyola SzSz 33 Xc 60
Pap SzSz 15 Xa 59
Pápa Vesz 37 Sc 64
Pápadereske Vesz 37 Sc 65
Pápakovácsi Vesz 37 Sc 65
Pápasalamon Vesz 37 Sc 65
Pápateszér Vesz 40 Se 64
Paphegy Pest 24 Tf 61
Papkert HB 32 Wf 63
Papkeszi Vesz 40 Ta 66
Pápoc Vas 37 Sa 64
Papos SzSz 33 Xb 61
Papptanya Fej 41 Tc 67
Pappuszta Bar 65 Se 72
Páprád Bar 68 Ta 73
Paprét HB 29 Wb 63
Paprikástanya Tol 57 Td 69
Papsziget Bék 48 Wa 66
Paptanya BKk 41 Ua 67
Paptelep Vesz 37 Sc 67
Parád Hev 28 Va 61
Paradicsompuszta Kom 21 Tb 63
Parádóhuta Hev 28 Va 61
Parádsasvár Hev 28 Uf 61
Parassapuszta Nóg 24 Ua 60
Parasza Zala 52 Re 68
Parasznya BAZ 29 Vd 60
Pári Tol 56 Tb 69
Parlag GyS 21 Sd 63
Parragpuszta Fej 41 Te 66
Paszabo SzSz 32 We 60
Paszkalinmajor Fej 41 Te 64
Pásztó Nóg 25 Ue 61
Pásztori GyS 20 Sb 63
Pásztóújtelep Szo 48 Ve 66
Pat Zala 53 Sb 70
Patak Nóg 25 Ua 60
Patakitanya BAZ 29 Vf 62
Patalom Som 56 Sf 70
Patapoklosi Bar 65 Se 72
Pátka Fej 41 Tc 65
Patkányospuszta GyS 21 Sd 62
Patosfa Som 53 Sd 72
Patpuszta Som 53 Se 70
Pátró Zala 52 Sa 71
Pátroha SzSz 32 Wf 60
Patvarc Nóg 25 Uc 60
Páty Pest 24 Te 63
Pátyod SzSz 33 Xd 61
Paulamajor GyS 20 Sb 61
Paulapuszta Fej 41 Tb 67
Paulinmajor Kom 24 Td 62
Pázmánd Fej 41 Td 65
Pázmándfalu GyS 21 Se 63
Pécel Pest 44 Uc 64
Pécs Bar 68 Tb 72
Pécsbudafa Bar 56 Tb 71
Pécsdevecser Bar 68 Tc 73
Pécsely Vesz 40 Se 67
Pécsiszállás BKk 57 Ua 69
Pécsudvard Bar 68 Tb 72
Pécsvárad Bar 56 Tc 72
Pekácsirész HB 32 Wf 63
Peke Mühle Bar 68 Tc 72
Pellérd Bar 65 Ta 72
Pélpuszta Fej 40 Tb 68
Pély Hev 45 Vc 64
Pélyihatár Hev 28 Vb 63
Penc Pest 25 Ub 62
Penészlek SzSz 33 Xa 63
Péntekhalom HB 49 Wd 65
Penyige SzSz 33 Xd 61
Pénzesgyőr Vesz 40 Se 65
Pénzpatak BAZ 28 Vd 60
Pér GyS 21 Se 63
Perbál Pest 24 Te 63
Perbáli ÁG Pest 24 Te 63
Perdócmajor Som 52 Sa 71
Pere BAZ 13 Wa 59
Pereces BAZ 29 Ve 60
Perecse BAZ 13 Vf 58
Peregi Dunasor Pest 41 Tf 66
Pereked Bar 68 Tc 72
Peremarton-Gyártelep Vesz 40 Ta 66
Perenye Vas 36 Rd 65
Perényitanya SzSz 33 Xb 60
Perespuszta Hev 28 Vb 63
Peresznye Vas 36 Rd 64
Pereszteg GyS 17 Re 63
Peresztegtacskánd Vas 37 Sa 66
Perkáta Fej 41 Te 66
Perkedpuszta SzSz 32 Wf 62
Perkedtanya SzSz 32 Wd 60
Perkupa BAZ 12 Ve 58
Pernyéspuszta HB 49 Wb 65
Pernyéspuszta HB 49 Wc 65
Pervátpuszta Kom 21 Sf 63
Pesterzsébet Pest 44 Ua 64
Pesthidegkút Pest 24 Tf 63
Pestimre Pest 44 Ub 64
Pestlőrinc Pest 44 Ub 64
Petendpuszta Zala 53 Sa 70
Peterd Bar 68 Tc 73
Péterfa Bar 65 Sf 72
Péterházapuszta GyS 20 Sc 63
Péterhida Som 65 Sc 72
Péteri Pest 44 Uc 64
Pétermonostora BKk 60 Uf 69
Pétervására Hev 28 Va 60
Pétervölgytanya BAZ 29 Ve 60
Pétfürdő Vesz 40 Ta 65
Pethőhenye Zala 37 Rf 67
Petneháza SzSz 32 Xa 60
Petőfitelep BAZ 12 Vc 59
Petőfi Tsz I. Bék 48 Wa 66
Petőfi Tsz Lakótelepe BKk 44 Ud 67
Petőfi Tsz-központ Bék 61 Ve 69
Petőfiakna Bar 56 Tb 72
Petőfibánya Hev 25 Ue 62
Petőfipuszta Bék 63 Ve 68
Petőfiszállás BKk 60 Uf 69
Petőfitanya SzSz 33 Xb 60
Petőfitelep HB 32 Xa 63
Petőfitelep SzSz 32 We 62
Petőháza GyS 20 Rf 63
Petőmihályfa Vas 36 Re 67
Petrikeresztúr Zala 52 Re 68
Petrivente Zala 52 Re 70
Pettend Bar 65 Se 72
Pettend Fej 41 Te 65
Petztanya Pest 25 Ub 63
Piliny Nóg 25 Ud 60
Pilis Pest 44 Ud 65
Pilisborosjenő Pest 24 Ua 63
Piliscsaba Pest 24 Tf 63
Piliscsév Kom 24 Te 62
Pilismarót Kom 24 Tf 62
Pilisszántó Pest 24 Tf 63
Pilisszentiván Pest 24 Tf 63
Pilisszentkereszt Pest 24 Tf 62
Pilisszentlászló Pest 24 Tf 62
Pilisszentlélek Kom 24 Tf 62
Pilisvörösvár Pest 24 Tf 63
Pillingérpuszta GyS 20 Sd 62
Pincehely Tol 56 Tc 68
Pincéshättanya HB 29 Wa 62
Pinkamindszent Vas 36 Rc 66
Pinnyéd GyS 21 Sd 62
Pinnye GyS 17 Re 63
Pintérrész Fej 41 Td 67
Piricse SzSz 33 Xa 62
Piripócs Tol 41 Tf 67
Pirtó BKk 60 Uc 69
Piskó Bar 65 Sf 74
Pitvaros Cso 61 Ve 71
Pléhestanya BAZ 13 Wa 58
Pletnicsmajor Vas 37 Sa 66
Pócapuszta Som 56 Sf 68
Pócsa Bar 68 Tc 73
Pócsaj HB 49 We 65
Pócsmegyer Pest 25 Ua 62
Pócspetri SzSz 33 Wf 61
Pölöske Zala 52 Rf 68
Pölöskefő Zala 52 Rf 69
Pölöskeitanya Vesz 40 Sd 64
Pörböly Tol 57 Te 71
Pördefölde Zala 52 Re 69
Pöstenypuszta Nóg 25 Ud 60
Pötöllepuszta Fej 41 Tc 66
Pötréte Zala 52 Rf 68
Pogány Bar 68 Tb 73
Pogánylapos HB 29 We 61
Pogányvár Fej 41 Td 64
Póhalom Bék 48 Vf 66
Pókaszepetk Zala 37 Rf 67
Poklosi Bar 65 Se 72
Pókvárpuszta GyS 20 Sd 63
Polány Som 53 Se 69
Polgár HB 29 Wa 61
Polgárdi Fej 41 Tb 66
Pomáz Pest 24 Ua 63
Porcsalma SzSz 33 Xd 61
Pornóapáti Vas 36 Rc 66
Poroszló Hev 29 Vd 63
Porpác Vas 37 Re 65
Porrog Som 52 Sa 71
Porrogszentkirály Som 52 Sa 71
Porrogszentpál Som 52 Sa 71
Pórszombat Zala 52 Rd 68
Porva Vesz 40 Se 65
Pósahalom Cso 61 Vd 69
Pósfa Vas 37 Rf 65
Potockytanya BAZ 29 Vf 60
Potony Som 65 Sd 73
Potyond GyS 20 Sb 63
Potyrózsamajor Vas 37 Rf 66
Pozsártanya Fej 41 Tc 66
Pózva Zala 37 Rf 67
Prépostságitanya SzSz 32 We 59
Présházdűlő Tol 57 Te 68
Pród HB 29 Wc 62
Prügy BAZ 29 Wb 60
Püski GyS 20 Sc 61
Püspökalap GyS 21 Sf 63
Püspökbóly Bar 68 Tc 74
Püspökhatvan Pest 25 Ub 62
Püspökladány HB 48 Wa 65
Püspökpuszta BKk 69 Tf 72
Püspökszentlászló Bar 56 Tc 71
Püspökszilágy Pest 25 Ub 62
Pula Vesz 40 Sd 66
Pulapuszta Kom 21 Ta 63
Púposhalom SzSz 32 Wd 61
Puszta HB 29 Wc 61
Pusztaapáti Zala 52 Rd 68
Pusztabábocka Szo 45 Vc 67
Pusztaberény Som 53 Sc 68
Pusztaberki Nóg 25 Ua 61
Pusztacsalád GyS 37 Rf 64
Pusztacsó Vas 36 Rd 65
Pusztadobos SzSz 33 Xb 60
Pusztaederics Zala 52 Re 69
Pusztaegres Fej 41 Td 68
Pusztafalu BAZ 13 Wc 57
Pusztaföldvár Bék 63 Vf 69
Pusztagát Som 53 Sa 71
Pusztagyimótfelső Vesz 37 Sd 64
Pusztahencse Tol 57 Te 69
Pusztakisfalu Bar 56 Tc 71
Pusztaközpont Bék 61 Vd 70
Pusztakovácsi Som 53 Sd 69
Pusztalánc Vas 37 Sa 66
Pusztalöb Pest 44 Ub 64
Pusztamagyaród Zala 52 Re 69
Pusztamarót Kom 24 Td 62
Pusztamérges Cso 60 Ue 71
Pusztamező szőlőhegy Zala 37 Sb 67
Pusztamiske Vesz 37 Sc 66
Pusztamonostor Szo 25 Ue 63
Pusztaottlaka Bék 63 Wa 69
Pusztaradvány BAZ 13 Wa 58
Pusztasándor SzSz 33 Xc 61
Pusztaszabolcs Fej 41 Te 66
Pusztaszentgyörgy Som 53 Sd 68
Pusztaszentlászló Zala 52 Re 69
Pusztaszenttornya Bék 61 Ve 69
Pusztaszer Cso 60 Uf 69
Pusztaszeri Emlékhely Cso 61 Va 70
Pusztaszőlős Bék 61 Ve 70
Pusztaszőntó Nóg 25 Ua 61
Pusztataskony Szo 45 Vd 64
Pusztaújfalu SzSz 33 Xb 59
Pusztavacs Pest 44 Ud 65
Pusztavám Fej 40 Tb 64
Pusztazámor Pest 41 Te 64
Putnok BAZ 12 Vc 59

R

Rábacsanak GyS 20 Sb 63
Rábafüzes Vas 36 Rf 66
Rábahidvég Vas 36 Re 66
Rábakecöl GyS 37 Sa 64
Rábapatona GyS 20 Sc 63
Rábapaty Vas 36 Rf 65
Rábapordány GyS 20 Sc 63
Rábasebes GyS 37 Sb 64
Rábaszentmiklós GyS 20 Sc 63
Rábatamási GyS 20 Sb 63
Rábatótfalu Vas 36 Rb 67
Rábaújfalu GyS 20 Sc 63
Rábazentandrás GyS 36 Sb 64
Rábcai gátőrház GyS 20 Sc 62
Rábcakapi GyS 20 Sb 62
RábImajor GyS 20 Sb 62
Ráboköved Vas 37 Rf 65
Rácalmás Fej 41 Tf 66
Rácegres Tol 57 Td 69
Ráckeresztúr Fej 41 Tf 65
Ráckeve Pest 41 Tf 66
Rácvölgy Tol 56 Tb 69
Rácvölgyi erdészlak Tol 56 Tb 69
Rád Pest 25 Ub 62
Radaháza Bar 68 Tc 73
Rádfalva Bar 68 Ta 73
Rádfapuszta Bar 68 Ta 73
Rádó Zala 52 Rf 68
Rádóckölked Vas 36 Rd 66
Radóháza Vas 37 Sa 65
Radostyán BAZ 29 Vd 59
Rádpuszta Som 53 Se 68
Raffaitanya Bar 56 Tb 70
Ragály BAZ 12 Vd 58
Ragyásfő BAZ 28 Va 59
Rajka GyS 20 Sb 61
Rakaca BAZ 12 Vf 58
Rakacaszend BAZ 12 Vf 58
Rakamaz SzSz 32 Wc 60
Rákhát Hev 45 Vc 63
Rákóczi Tsz HB 32 Wc 62
Rákóczifalva Szo 45 Vb 66
Rákóczikert HB 32 We 63
Rákóczitanya SzSz 33 Xb 60
Rákóczitanya SzSz 33 Xd 62
Rákóczitelep Bék 61 Vd 69
Rákóczitelep Nóg 28 Uf 60
Rákóczitelep SzSz 33 Xd 60
Rákóczíújfalu Szo 45 Vb 66
Rákópuszta Som 56 Sf 70
Rákos Cso 61 Vd 71
Rákoscsaba Pest 44 Ub 64
Rákoskeresztúr Pest 44 Ub 64
Rákosliget Pest 44 Ub 64
Rákospalota Pest 25 Ua 63
Rákosszentmihály Pest 25 Ub 63
Ráksi Som 56 Sf 69
Ráktanya Vesz 40 Se 65
Ramocsa Zala 36 Rc 68
Ramocsaháza SzSz 32 Wf 60
Rápolt SzSz 33 Xd 61
Raposka Vesz 37 Sc 67
Rárospuszta Nóg 25 Ud 59
Ráskóspuszta Vesz 40 Sd 67
Rásonysápberencs BAZ 13 Vf 59
Rátka BAZ 29 Wb 59
Rátót Vas 36 Rc 67
Ravazd GyS 21 Se 63
Rebecpuszta Fej 56 Tb 68
Recsege Zala 37 Sa 66
Recsk Hev 28 Va 61
Réde Kom 40 Sf 64
Rédics Zala 52 Rc 69
Regéc BAZ 13 Wc 58
Regenye Bar 68 Ta 73
Regöly Tol 56 Tc 69
Réhpuszta Fej 41 Te 67
Réhpuszta Vesz 40 Se 65
Rejetanya SzSz 29 Wb 61
Rekehomoka SzSz 32 Wf 59
Rém BKk 57 Ua 71
Remecse Vesz 37 Sd 66
Remete Zala 52 Rf 68
Remigpuszta Vesz 40 Sd 65
Répáshuta BAZ 28 Vd 60
Répásitanya Hev 28 Vb 61
Répáspuszta Som 56 Sf 70
Répavölgy Hev 28 Wb 60
Répcelak Vas 37 Sa 64
Répceszentgyörgy Vas 37 Rf 64
Répceszmere GyS 37 Rf 64
Répcevis GyS 36 Re 64
Resznek Zala 52 Rc 68
Rétalap GyS 21 Sf 63
Rétközberencs SzSz 32 Xa 59
Rétság Nóg 25 Ua 61
Rétszilas Fej 41 Td 67
Révfalu Bar 65 Se 74
Reviczkymajor HB 32 Wf 63
Révleányvár BAZ 15 Xa 59
Révülőp Vesz 40 Sd 68
Rezi Zala 37 Sb 67
Richárdmajor Fej 41 Te 74
Ricse BAZ 15 Wf 59
Rigács Vesz 37 Sb 66
Rigópuszta Bar 65 Sf 73
Rigótanya GyS 20 Sc 62
Rigótanya Tol 56 Ta 69
Rigyác Zala 52 Rf 70
Riha Bar 69 Te 72
Rikimajor Fej 40 Tb 67
Rimány Vas 36 Rd 67
Rimóc Nóg 25 Ud 60
Rinyabesenyő Som 53 Sd 71
Rinyakovácsi Zala 52 Sd 71
Rinyaszentkirály Som 53 Sc 72
Rinyatamási Som 53 Sc 71
Rinyaújlak Som 65 Sc 72
Rinyaújnép Som 65 Sc 72
Riticspuszta Bar 53 Se 72
Rizapuszta Vesz 37 Sd 68
Róbaszentandrás GyS 37 Sb 64
Röjtökmuzsaj GyS 20 Rf 63
Rönök Vas 36 Rc 67
Röszke Cso 60 Va 71
Rohod SzSz 32 Xa 60
Rókadűlő GyS 20 Sa 61
Rókafarm BAZ 28 Vd 60
Rókapuszta Vesz 40 Se 65
Rómaicsárda Kom 24 Td 62
Rómaifürdő Pest 24 Ua 63
Románd Vesz 40 Se 64
Romhány Nóg 25 Ub 61
Romonya Bar 68 Tc 72

RÓNAFALU

Rónafalu **Nóg** 28 Uf 60
Rondavár **Som** 53 Sd 69
Rónyápuszta **BAZ** 12 Vd 58
Rozáliamajor **GyS** 20 Sa 63
Rózsadomb **Pest** 41 Ua 63
Rózsafa **Bar** 65 Sf 72
Rozsály **SzSz** 33 Xe 61
Rózsamajor **Fej** 41 Tc 67
Rózsamajor **Vas** 37 Rf 67
Rózsás **Som** 56 Ta 69
Rózsástanya **SzSz** 32 Wd 60
Rózsaszentmárton **Hev** 25 Ue 62
Rudabánya **BAZ** 12 Vd 58
Rudabányácska **BAZ** 13 Wd 58
Rudicspuszta **Bar** 56 Td 71
Rudolfmajor **Tol** 56 Td 69
Rudolftanya **Hev** 28 Uf 61
Rudolftelep **BAZ** 12 Ve 59
Rückerakna **Bar** 56 Tb 72
Rum **Vas** 36 Rf 66
Ruzsa **Cso** 60 Ue 71

S

Saente **Nóg** 25 Ub 61
Ságod **Zala** 36 Re 67
Ságpuszta **Tol** 56 Tb 69
Ságújfalu **Nóg** 25 Ue 60
Ságvár **Som** 40 Ta 67
Sajkod **Vesz** 40 Sf 67
Sajóbábony **BAZ** 29 Ve 59
Sajóecseg **BAZ** 29 Ve 59
Sajógalgóc **BAZ** 12 Vd 59
Sajóhidvég **BAZ** 29 Vf 61
Sajóivánka **BAZ** 12 Vd 59
Sajókápolna **BAZ** 29 Ve 59
Sajókaza **BAZ** 12 Vd 59
Sajókazinc **BAZ** 29 Vd 59
Sajókeresztúr **BAZ** 29 Ve 59
Sajólád **BAZ** 29 Vf 60
Sajólászlófalva **BAZ** 29 Ve 59
Sajómercse **BAZ** 12 Vc 59
Sajónémeti **BAZ** 12 Vc 59
Sajóörös **BAZ** 29 Wa 61
Sajópálfalva **BAZ** 29 Vf 60
Sajópetri **BAZ** 29 Vf 60
Sajópüspöki **BAZ** 12 Vc 59
Sajósenye **BAZ** 29 Ve 59
Sajószentpéter **BAZ** 29 Ve 59
Sajószöged **BAZ** 29 Vf 61
Sajótanya **Pest** 25 Ub 62
Sajóvámos **BAZ** 29 Ve 59
Sajóvelezd **BAZ** 12 Vc 59
Sajtoskál **Vas** 37 Rf 64
Salamonfa **GyS** 36 Re 64
Salföld **Vesz** 37 Sd 67
Salgóbánya **Nóg** 28 Uf 60
Salgótarján **Nóg** 25 Ue 60
Saliháza **Kom** 40 Ta 64
Salköveskút **Vas** 36 Re 65
Salomvár **Zala** 36 Rd 67
Sály **BAZ** 29 Vd 61
Sámod **Bar** 68 Ta 73
Sámsonháza **Nóg** 25 Ue 61
Sáncpuszta **Fej** 41 Tf 66
Sand **Zala** 53 Sa 70
Sándorfalva **Cso** 61 Va 70
Sándorházapuszta **GyS** 20 Sc 62
Sándorkapuszta **Fej** 40 Tb 66
Sándormajor **Tol** 56 Tc 70
Sándormajor **Vesz** 37 Sb 64
Sándorszállás **Fej** 41 Tf 65
Sándortanyák **BKk** 69 Ub 72
Sántaárki cigánytelep **Som** 53 Sb 69
Sántos **Som** 56 Sf 70
Sáp **HB** 49 Wc 65
Sárállás **Tol** 56 Tc 68
Sáránd **HB** 49 Wd 64
Sáras **Kom** 24 Td 63
Sáráspuszta **GyS** 21 Sd 62
Sárazsadány **BAZ** 13 Wc 59
Sárbogárd **Fej** 41 Td 67
Sáregres **Fej** 57 Td 68
Sárfimizdó **Vas** 36 Re 67
Sárgaháza **SzSz** 33 Xb 62
Sárhát **Bar** 69 Te 72
Sárhida **Zala** 52 Rf 68
Sáripuszta **Bar** 68 Tc 73
Sáripuszta **Som** 53 Sc 69
Sáripuszta **Vesz** 40 Ta 66
Sárisáp **Kom** 24 Te 62
Sarkad **Bék** 63 Wc 68
Sarkadkeresztúr **Bék** 63 Wc 68
Sarkadtanya **BAZ** 29 Wa 60
Sárkeresztes **Fej** 41 Tc 65
Sárkeresztúr **Fej** 41 Td 66
Sárkeszi **Fej** 40 Tb 66
Sárkeszi Alsómajor **Fej** 40 Tb 66
Sarlaymajor **GyS** 20 Sb 63
Sármellék **Zala** 53 Sa 68
Sárok **Bar** 68 Td 73
Saroltamajor **Vas** 37 Rf 65
Sáros **Bar** 69 Te 73
Sárosd **Fej** 41 Td 66
Sárosfőpuszta **Vesz** 37 Sc 66
Sárospatak **BAZ** 13 Wd 59
Sárpilis **Tol** 57 Te 71
Sárrétudvari **HB** 48 Wb 65
Sárród **GyS** 20 Rf 63
Sárszentágota **Fej** 41 Td 67
Sárszentlőrinc **Tol** 57 Td 69
Sárszentmihály **Fej** 41 Tc 66
Sarud **Hev** 28 Vd 63
Sarvaly **Vesz** 37 Sb 67
Sárvár **Vas** 37 Rf 65
Sárvölgymajor **Vas** 37 Rf 66
Sásd **Bar** 56 Ta 71
Sashalom **Fej** 41 Tc 66
Sashalom **Hev** 25 Ue 63
Sashalom **Pest** 44 Ub 63
Sashegypuszta **GyS** 21 Se 63
Sáska **Vesz** 37 Sc 67
Sasos **Tol** 57 Td 69
Sáta **BAZ** 12 Vc 59
Sátoraljaújhely **BAZ** 13 Wd 58
Sátorhely **Bar** 68 Td 73
Sátorkőpuszta **Kom** 24 Te 62
Savanyútanya **Tol** 56 Ta 68
Sávoly **Som** 53 Sb 69
Schalbert sziget **Fej** 41 Tf 67
Schillmajor **Bék** 63 Wa 70
Schmelzei-malom **Bar** 68 Ta 71
Sé **Vas** 36 Rd 65
Sebesér **HB** 49 Wc 66
Sebesvíz **BAZ** 28 Vd 60
Sebron **Vesz** 37 Sc 67
Segesd **Som** 53 Sc 70
Sejce **Pest** 25 Ua 62
Sellye **Bar** 65 Sf 73
Selyeb **BAZ** 12 Vf 58
Selyemtelek **GyS** 21 Sf 63
Semjén **BAZ** 15 Wf 58
Semjénháza **Zala** 52 Rf 70
Semjéni erdőőrház **BAZ** 15 Wf 59
Sénye **Zala** 37 Sa 67
Sényő **SzSz** 32 Wf 61
Seregélyes **Fej** 41 Td 66
Serenyfalva **BAZ** 12 Vc 59
Sérsekszőlős **Som** 56 Ta 68
Sikátor **Vesz** 40 Sf 64
Sikátorpuszta **Pest** 25 Ub 63
Sikidűlő **Vesz** 37 Sc 66
Siklós **Bar** 68 Tb 73
Siklósbodony **Bar** 68 Ta 73
Siklósnagyfalu **Bar** 68 Tc 74
Sikonda **Bar** 56 Tb 71
Sikvölgypuszta **Kom** 24 Tc 63
Sima **BAZ** 13 Wb 59
Simaság **Vas** 37 Rf 64
Simasziget **Bék** 48 Wa 66
Simonfa **Som** 53 Se 71
Simonpuszta **Pest** 41 Tf 64
Simontornya **Tol** 56 Td 68
Sinatelep **Fej** 41 Tf 65
Sinkepuszta **Zala** 52 Rf 68
Sióagárd **Tol** 57 Td 70
Siófok **Som** 40 Ta 67
Siójut **Som** 40 Ta 67
Siótelep **Bar** 65 Se 73
Sirok **Hev** 28 Vb 61
Sitke **Vas** 37 Sa 65
Sobor **GyS** 37 Sc 64
Sömjénmihályfa **Vas** 37 Sa 65
Söpte **Vas** 36 Rd 65
Söptérpuszta **GyS** 21 Se 63
Söréd **Fej** 40 Tb 65
Sörnyepuszta **Som** 53 Sd 70
Sövénykútpuszta **Fej** 40 Ta 64
Sokorópátka **GyS** 40 Se 64
Soldostelep **BAZ** 12 Vc 59
Solt **BKk** 57 Ua 68
Soltszentimre **BKk** 57 Ub 68
Soltvadkert **BKk** 60 Uc 69
Sóly **Vesz** 40 Ta 66
Solymár **Pest** 24 Tf 63
Som **Som** 56 Ta 68
Somberek **Bar** 68 Td 72
Somlójenő **Vesz** 37 Sc 66
Somlószőlős **Vesz** 37 Sc 65
Somlóvásárhely **Vesz** 37 Sc 66
Somlóvecse **Vesz** 37 Sc 65
Somlyó Bánvatelep **Nóg** 25 Ue 60
Somodor **Som** 56 Sf 70
Somodorpuszta **Kom** 24 Te 63
Somodorpuszta **Som** 56 Sf 70
Somogy **Bar** 56 Tb 72
Somogyacsa **Som** 56 Sf 69
Somogyapáti **Bar** 53 Se 72
Somogyaracs **Som** 65 Sc 72
Somogyaszaló **Som** 53 Se 70
Somogybabod **Som** 53 Se 69
Somogybükkösd **Som** 52 Rf 71
Somogycsicsó **Som** 53 Sa 71
Somogydöröcske **Som** 56 Ta 69
Somogyegres **Som** 56 Ta 68
Somogyfajsz **Som** 53 Sd 69
Somogygeszti **Som** 53 Se 69
Somogyhárságy **Bar** 53 Se 71
Somogyhatvan **Bar** 53 Se 72
Somogyitanya **Vesz** 37 Sc 64
Somogyjád **Som** 53 Se 70
Somogymeggyes **Som** 56 Sf 68
Somogysámson **Som** 53 Sb 69
Somogysárd **Som** 53 Sd 70
Somogysimonyi **Som** 53 Sb 70
Somogyszentpál **Som** 53 Sc 69
Somogyszil **Som** 56 Sf 69
Somogyszob **Som** 53 Sb 71
Somogytarnóca **Som** 65 Sc 72
Somogytúr **Som** 53 Se 68
Somogyudvarhely **Som** 53 Sb 71
Somogyvámos **Som** 53 Se 69
Somogyvár **Som** 53 Sd 69
Somogyviszló **Bar** 53 Se 72
Somogyzsitfa **Som** 53 Sb 69
Somorjapuszta **GyS** 20 Sa 62
Somoskő **Nóg** 28 Uf 60
Somoskőújfalu **Nóg** 25 Ue 60
Somotanya **HB** 49 Wd 65
Sonkád **SzSz** 33 Xe 60
Soóstanya **Tol** 57 Td 70
Soponya **Fej** 41 Tc 66
Sopron **GyS** 17 Rd 62
Sopronhorpács **GyS** 36 Re 64
Sopronkövesd **GyS** 17 Re 63
Sopronnémeti **GyS** 20 Sb 63
Sőregpuszta **Pest** 44 Ue 65
Sorkifalud **Vas** 36 Re 66
Sorkikápolna **Vas** 36 Re 66
Sormás **Zala** 52 Rf 70
Sorokpolány **Vas** 36 Re 66
Sósér **BKk** 57 Ua 68
Sóshartyán **Nóg** 25 Ue 60
Sósidűlő **Bék** 63 Wc 68
Sóskás **HB** 29 Vf 62
Sóskút **BKk** 57 Ua 68
Sóskút **Pest** 41 Tf 64
Sóstófalva **BAZ** 29 Vf 60
Sóstógyógyfürdő **SzSz** 32 We 62
Sósvertike **Bar** 65 Sf 73
Sótony **Vas** 37 Rf 65
Sportpálya **HB** 49 We 66
Stellertanya **Vesz** 40 Tb 66
Stimeczház **Hev** 28 Vc 60
Stöckitanya **Pest** 44 Ub 64
Sükösd **BKk** 57 Ua 71
Sülysáp **Pest** 44 Ud 64
Sümeg **Vesz** 37 Sb 67
Sümegcsehi **Zala** 37 Sb 67
Sümegprága **Vesz** 37 Sb 67
Süttő **Kom** 24 Tc 62
Sütvénypuszta **Tol** 56 Tb 70
Sukoró **Fej** 41 Td 65
Sulymos **HB** 48 Wa 64
Sulymostanya **SzSz** 33 Xb 60
Sumony **Bar** 65 Sf 73
Súr **Kom** 40 Ta 64
Surd **Zala** 52 Rf 71
Sűrűtanya **SzSz** 33 Xc 59
Susa **BAZ** 12 Vb 59
Szabadángyád **Fej** 41 Tc 67
Szabadbattyán **Fej** 41 Tc 66
Szabadegyháza **Fej** 41 Te 66
Szabadhidvég **Fej** 40 Tb 68
Szabadi **Som** 56 Ta 70
Szabadkígyós **Bék** 63 Wa 69
Szabadrét **Pest** 44 Ub 66
Szabadsághegy **Zala** 52 Sa 70
Szabadságliget **Pest** 24 Ua 62
Szabadságmajor **Bar** 56 Ta 71
Szabadságtanya **BAZ** 29 Vf 60
Szabadságtanya **SzSz** 33 Xb 60
Szabadságtelep **Fej** 57 Te 67
Szabadságtelep **SzSz** 32 Xa 63
Szabadságtelep **Vesz** 40 Ta 66
Szabadszállás **BKk** 44 Ub 67
Szabadszentkirály **Bar** 65 Ta 72
Szabás **Bar** 53 Sf 71
Szabás **Som** 53 Sc 71
Szabatonpuszta **Tol** 56 Td 69
Szabolcs **SzSz** 32 Wc 59
Szabolcsbákás **SzSz** 32 Wf 60
Szabolcstanya **SzSz** 32 Wd 60
Szabolcsveresmart **SzSz** 15 Xa 59
Szabótanya **BAZ** 12 Ve 58
Szada **Pest** 25 Ub 63
Szágy **Bar** 56 St 71
Szajk **Bar** 68 Td 72
Szajla **Hev** 28 Va 61
Szajol **Szo** 45 Vb 65
Szák **Kom** 21 Tb 63
Szakácsi **BAZ** 12 Vf 58
Szakadát **Tol** 56 Tc 69
Szakáld **BAZ** 29 Vf 61
Szakállas **Szo** 45 Vc 65
Szakály **Tol** 56 Tc 69
Szakcs **Tol** 56 Ta 69
Szakcsi major **Tol** 56 Ta 69
Szakmár **BKk** 57 Ua 69
Szaknyér **Vas** 36 Rd 67
Szakoly **SzSz** 32 Wf 62
Szakolykert **HB** 32 Wf 62
Szakony **GyS** 36 Re 64
Szakonyfalu **Vas** 36 Rb 67
Szákszend **Kom** 21 Tb 63
Szalacskai erdőőrház **Som** 56 Ta 71
Szalafő **Vas** 36 Rc 67
Szalajkaház **Hev** 28 Uf 61
Szalajkaház **Hev** 28 Va 60
Szalánta **Bar** 68 Tb 73
Szalapa **Zala** 37 Sa 67
Szalaszend **BAZ** 13 Wa 58
Szalatnak **Bar** 56 Tb 71
Szalaytanya **Bar** 56 Tb 70
Szálka **Tol** 57 Td 71
Szálkadűlő **Vesz** 40 Sf 67
Szálkaholmi útőrház **HB** 29 Wb 63
Szalkszentmárton **BKk** 41 Ua 67
Szálláshattanya **BAZ** 29 Wa 61
Szálláskút **Fej** 41 Tc 64
Szállásmajor **Tol** 56 Tc 70
Szálláspuszta **Tol** 56 Tc 70
Szalmacsárda **Fej** 41 Tf 66
Szalmástanya **HB** 49 We 64
Szalmatercs **Nóg** 25 Ud 60
Szalmaváros Újtelep **SzSz** 33 Xd 62
Szalonka **BAZ** 28 Vd 59
Szalonna **BAZ** 12 Ve 58
Szamárhát **BAZ** 29 Wa 61
Szamárhegy **Kom** 24 Te 62
Szamosangyalos **SzSz** 33 Xd 61
Szamosbecs **SzSz** 33 Xe 61
Szamoskér **SzSz** 33 Xc 60
Szamossályi **SzSz** 33 Xd 61
Szamosszeg **SzSz** 33 Xc 60
Szamostatárfalva **SzSz** 33 Xe 61
Szamosújlak **SzSz** 33 Xd 61
Szanda **Nóg** 25 Uc 61
Szandalik **HB** 29 Wb 62
Szandaszőlős **Szo** 45 Vb 66
Szandavárálja **Nóg** 25 Uc 61
Szanisztótelep **SzSz** 15 Xb 59
Szank **BKk** 60 Ud 69
Szántópuszta **BKk** 57 Ua 70
Szany **GyS** 37 Sb 64
Szápár **Vesz** 40 Ta 65
Szaporca **Bar** 68 Ta 73
Szár **Fej** 41 Td 64
Szárász **Bar** 56 Tc 70
Szárazd **Tol** 56 Tc 69
Szárazrét **Bar** 53 Se 71
Szárföld **GyS** 20 Sa 63
Szárhegy **SzSz** 32 We 62
Szarkatanya **BAZ** 29 Wb 60
Szarkatanya **SzSz** 33 Xc 60
Szárliget **Fej** 24 Td 63
Szarvas **Bék** 48 Vd 67
Szarvasad **Tol** 56 Tb 70
Szarvasgede **Nóg** 25 Ud 62
Szarvaskend **Vas** 36 Re 67
Szarvaskő **Hev** 28 Vb 61
Szarvaspuszta **Fej** 41 Te 67
Szászberek **Szo** 45 Va 65
Szászfa **BAZ** 12 Vf 58
Szásztelek **HB** 29 Wa 63
Szatmárcseke **SzSz** 33 Xd 60
Szátok **Nóg** 25 Ub 61
Szatta **Zala** 36 Rc 68
Szatymaz **Cso** 60 Va 71
Szava **Bar** 68 Tb 73
Százhalombatta **Pest** 41 Tf 65
Szebény **Bar** 57 Td 72
Szebenye **BAZ** 13 Wa 58
Széchényi utca **Bar** 56 Tb 70
Szécsénke **Nóg** 25 Ub 61
Szécsény **Nóg** 25 Ud 60
Szécsényfelfalu **Nóg** 25 Ud 60
Szederjespuszta **Hev** 28 Va 60
Szederkény **Bar** 68 Tc 72
Szederkénypuszta **Hev** 28 Va 60
Szedres **Tol** 57 Te 70
Szeged **Cso** 61 Va 71
Szegerdő **Som** 53 Sb 69
Szeghalom **Bék** 48 Wb 66
Szeghatári iskola **HB** 48 Wb 64
Szegilong **BAZ** 32 Wc 59
Szeglepuszta **Vesz** 40 Sd 64
Szegvár **Cso** 61 Vb 69
Székely **SzSz** 32 Wf 60
Székelyszabar **Bar** 68 Td 72
Szekerekpuszta **Bar** 68 Ta 73
Székes-dűlő **Pest** 24 Ua 62
Székesfehérvár **Fej** 41 Tc 65
Székipuszta **BAZ** 12 Vc 58
Székkutas **Cso** 61 Vd 69
Szekszárd **Tol** 57 Te 70
Szelcepuszta **BAZ** 12 Vd 57
Szeleptanya **SzSz** 29 Wa 60
Szeleste **Vas** 37 Rf 65
Szelevény **Szo** 61 Vb 68
Szelidi-tópart **BKk** 57 Ua 69
Szellő **Bar** 68 Tc 72
Szellős **Som** 53 Sc 72
Szemely **Bar** 68 Tb 72
Szemenye **Vas** 37 Rf 66
Szemenyecsörnye **Zala** 52 Rd 69
Szemere **BAZ** 13 Wa 58
Szemeritag **SzSz** 32 We 62
Szemeticsárda **Tol** 57 Td 70
Szénáspuszta **Bar** 53 Sf 71
Szénásvölgypuszta **Zala** 52 Rf 68
Szendehely **Nóg** 25 Ua 61
Szendpuszta **Som** 53 Sd 71
Szendreytelep **Zala** 53 Sb 68
Szendrő **BAZ** 12 Ve 58
Szendrőlád **BAZ** 12 Ve 58
Szenna **BAZ** 28 Vb 59
Szenna **Som** 53 Se 71
Szenta **Vas** 36 Rc 68
Szentannatelep **HB** 32 Wf 63
Szentantalfa **Vesz** 40 Se 67
Szentbalázs **Som** 56 Sf 71
Szentbékkála **Vesz** 40 Sd 67
Szentborbás **Som** 65 Sd 73
Szentdénes **Bar** 65 Sf 72
Szentdomján **Bar** 56 Ta 72
Szentdomonkos **Hev** 28 Vb 60
Szente **Nóg** 25 Ub 61
Szentegát **Bar** 65 Se 73
Szentendre **Pest** 24 Ua 62
Szentes **Cso** 61 Vb 69
Szentetornya **Bék** 61 Vd 69
Szentgál **Vesz** 40 Se 66
Szentgálosкér **Som** 56 Sf 69
Szentgálpuszta **Tol** 57 Td 70
Szentgotthárd **Vas** 36 Rb 67
Szentgyörgy **BKk** 57 Ua 71
Szentgyörgypuszta **Fej** 41 Te 64
Szentgyörgyvár **Kom** 41 Tb 64
Szentgyörgyvár **Zala** 53 Sa 68
Szentgyörgyvölgy **Zala** 52 Rc 68
Szentgyörgyábrány **HB** 32 Xa 63
Szentimrefalva **Vesz** 37 Sb 66
Szentimrepuszta **GyS** 20 Sc 63
Szentimrepuszta **Vesz** 37 Sd 67
Szentimretelep **Pest** 44 Uc 65
Szentistván **BAZ** 29 Vd 62
Szentistvánbaksa **BAZ** 29 Wa 59
Szentivánfa **Vas** 37 Rf 64
Szentivánpuszta **Tol** 56 Ta 70
Szentjakabfa **Vesz** 40 Se 67
Szentkatalin **Bar** 68 Ta 71
Szentkirály **BKk** 45 Uf 67
Szentkirályszabadja **Vesz** 40 Sf 66
Szentkozmadombja **Zala** 52 Re 68
Szentkút **GyS** 37 Sc 64
Szentkút **Vesz** 37 Sc 67
Szentkútpuszta **Bar** 68 Tb 72
Szentlászló **Bar** 53 Se 72
Szentlászló **Cso** 61 Vc 68
Szentliszló **Zala** 52 Re 69
Szentlőrinc **Bar** 65 Sf 72
Szentlőrinckáta **Pest** 44 Ue 64
Szentmargitfalva **Zala** 52 Rd 69
Szentmártonkáta **Pest** 44 Ue 64
Szentmártonpuszta **Bar** 68 Td 73
Szentmihályhegy **Som** 52 Rf 71
Szentmihálypuszta **Fej** 41 Tf 66
Szentmihálytelek **Cso** 61 Va 71
Szentmiklóspuszta **Bar** 53 Se 72
Szento **Som** 53 Sa 71
Szentpál **Zala** 36 Re 67
Szentpéterfa **Vas** 36 Rc 66
Szentpéterfölde **Zala** 52 Re 69
Szentpéteri Kapu **BAZ** 29 Ve 60
Szentpéterszeg **HB** 49 Wd 65
Szentpéterúr **Zala** 52 Sa 68
Szentsimon **BAZ** 28 Vb 59
Szenttamáspuszta **Som** 53 Se 71
Szenyér **Som** 53 Sc 70
Szépalmapuszta **Vesz** 40 Se 65
Szepes **HB** 49 Wd 64
Szepetnek **Zala** 52 Rf 70
Széphalom **BAZ** 13 Wd 58
Széphegy **Pest** 25 Ub 63
Széppuszta **Vesz** 37 Sd 66
Szerdahely **Vesz** 40 Sf 67
Szerecseny **Vesz** 40 Sd 64
Szeregyháza **Bék** 63 Wb 68
Szeremle **BKk** 57 Tf 72
Szerencs **BAZ** 29 Wb 60
Szerep **HB** 48 Wa 65
Szergény **Vas** 37 Sb 65
Szesztáktanya **BAZ** 29 Wa 59
Sziágypuszta **Som** 53 Sd 72
Sziebertpuszta **Bar** 68 Td 73
Szigetbecse **Pest** 41 Tf 66
Szigetcsép **Pest** 41 Tf 65
Szigethalom **Pest** 41 Ua 65
Szigetmonostor **Pest** 25 Ua 62
Szigetor **HB** 32 Wc 62
Szigetpuszta **Tol** 57 Td 69
Szigetpuszta **Tol** 57 Tf 69
Szigetszentmárton **Pest** 41 Tf 65
Szigetszentmiklós **Pest** 44 Ua 64
Szigetújfalu **Pest** 41 Tf 65
Szigetvár **Bar** 65 Se 72
Sziglíget **Vesz** 53 Sc 68
Szihalom **Hev** 28 Vc 62
Szijártóháza **Zala** 52 Rc 69
Szikáncs **Cso** 60 Vc 70
Szikszaitanya **SzSz** 32 Wd 60
Szikszó **BAZ** 29 Vf 59
Szil **GyS** 20 Sb 63
Szilágy **Bar** 68 Tc 72
Szilágypuszta Á.G. **Bar** 56 Tc 72
Szilajatanya **HB** 49 Wb 65
Szilas **HB** 48 Wb 64
Szilaspogony **Nóg** 28 Va 60
Szilfástanya **SzSz** 33 Xd 62
Szillospuszta **Som** 53 Sb 72
Szilpuszta **BAZ** 29 Ve 62

Szilsárkány GyS 20 Sb 63
Szilvágy Zala 52 Rd 68
Szilvás Bar 68 Tb 73
Szilvásgödörpuszta Nóg 25 Ud 60
Szilváskőpuszta Nóg 28 Uf 60
Szilvásszentmárton Som 53 Se 71
Szilvásvárad Hev 28 Vc 60
Szilvásvölgy BAZ 12 Vd 58
Szin BAZ 12 Vd 58
Szinpetri BAZ 12 Vd 58
Szirák Nóg 25 Ud 62
Szirákpuszta BAZ 12 Vf 57
Szirma BAZ 29 Ve 60
Szirmabesenyő BAZ 29 Ve 60
Szirmaitanya SzSz 32 Xa 60
Szitamajor Vas 37 Sa 66
Szittyóürbő Pest 44 Ub 66
Szivattútelep Tol 69 Tf 71
Szivattyútelep Bar 69 Te 73
Szivattyútelep BAZ 15 Wf 59
Szivattyútelep BAZ 29 Wa 62
Szivattyútelep BAZ 29 Wb 60
Szluhapuszta Tol 57 Te 68
Szob Pest 24 Tf 62
Szőc Vesz 37 Sd 66
Szőce Vas 36 Rd 67
Szociális otthon Nóg 24 Ua 61
Szociálisotthon Kom 24 Tc 63
Szőcsénypuszta Som 53 Sb 69
Sződ Pest 25 Ub 62
Sződliget Pest 25 Ub 62
Szögliget BAZ 12 Ve 57
Szögyényitanya SzSz 33 Xc 60
Szörény Bar 65 Se 73
Szőgye GyS 21 Se 62
Szőke Bar 68 Tb 73
Szőkéd Bar 68 Tb 73
Szőkedencs Som 53 Sb 69
Szőkepuszta Kom 21 Ta 63
Szőketanya SzSz 29 Wb 60
Szokolya Pest 24 Ua 61
Szokony Cso 61 Va 70
Szólád Som 56 Sf 68
Szólátivölgy Hev 28 Vb 61
Szolnok Szo 45 Vb 65
Szőlőcskepuszta Hev 28 Vc 61
Szőlőhegy GyS 21 Sd 63
Szőlőhegy Kom 24 Td 63
Szőlőhegy Kom 40 Ta 64
Szőlőhegy Tol 57 Te 69
Szőlőkalja Szo 45 Va 66
Szőlőlapos SzSz 33 Xb 60
Szőlősardó BAZ 12 Vd 58
Szőlősgyörök Som 53 Se 68
Szőlőskert HB 32 Wd 62
Szőlőskert SzSz 32 Wf 60
Szőlőskislak Som 53 Se 68
Szőlőspuszta Bék 63 Ve 70
Szőlőtanya BAZ 13 Wa 58
Szőlőtelep Nóg 25 Uc 62
Szőlőujtelep Szo 45 Va 66
Szombathely Vas 36 Rd 65
Szomód Kom 24 Tc 62
Szomolya BAZ 28 Vc 61
Szomolyom HB 49 Wd 66
Szomor Kom 24 Te 63
Szőny Kom 21 Ta 62
Szőreg Cso 61 Vb 71
Szorgalmatos SzSz 29 Wc 61
Szőröspuszta Nóg 28 Uf 60
Szórópuszta Szo 45 Vb 65
Szorosad Som 56 Ta 69
Szoroslápapuszta Nóg 28 Uf 60
Szot üdülő Zala 53 Sb 69
Szúcs Hev 28 Vb 60
Szűcsi Hev 25 Ue 62
Szűcstanya Pest 41 Ua 66
Szügy Nóg 25 Ub 60
Szuha Nóg 28 Uf 61
Szuhafő BAZ 12 Vc 58
Szuhakálló BAZ 12 Vd 59
Szuhony BAZ 12 Ve 58
Szulimán Bar 53 Se 72
Szulok Som 65 Sd 72
Szúnyogcsárda Tol 57 Te 70
Szúnyogháza GyS 21 Sd 62
Szúnyogpuszta Som 56 Ta 68
Szúpatak Nóg 25 Ue 60
Szúpatakipuszta Nóg 25 Ud 60
Szűr Bar 68 Td 72
Szurdokpüspöki Nóg 25 Ue 61
Szuttaidűlő Pest 44 Ua 62

T

Tab Som 56 Ta 68
Tabajd Fej 41 Td 64
Tabdi BKk 57 Ub 68
Tábdi kolostorrom Vesz 40 Sd 67
Tabód Tol 56 Td 70
Tabódszerdahely Tol 56 Td 70
Táborfalva Pest 44 Uc 66
Tác Fej 41 Tc 66
Tagyon Vesz 40 Se 67
Tahitótfalu Pest 25 Ua 62
Takácshegy Som 53 Sd 69
Takácsi Vesz 37 Sc 64
Tákos SzSz 33 Xc 60
Taksony Pest 44 Ua 65
Taktabáj BAZ 29 Wb 60
Taktaharkány BAZ 29 Wa 60
Taktakenéz BAZ 29 Wb 60
Taktaszada BAZ 29 Wb 60
Talajjavító Vállalat Fej 40 Tb 65
Taliándörögd Vesz 40 Sd 67
Tállya BAZ 29 Wb 59
Tamankó Tol 57 Tf 68
Tamási Tol 56 Tb 69
Tamásipuszta HB 32 We 63
Tamásiút Pest 41 Ua 66
Támosmajor Som 53 Sb 69
Tanakajd Vas 36 Re 65
Táncsicstanya Bar 68 Td 72
Táncsicstelep SzSz 32 Wf 62
Tangazdaság Bék 63 Wa 69
Tangazdaság HB 32 We 63
Táp GyS 21 Se 63
Tápé Cso 61 Vb 71
Tápióbicske Pest 44 Ue 64
Tápiógyörgye Pest 45 Uf 64
Tápióság Pest 44 Ud 64
Tápiószecső Pest 44 Ud 64
Tápiószele Pest 45 Uf 64
Tápiószentmárton Pest 44 Ue 64
Tápiószőlős Pest 45 Uf 65
Tápipuszta GyS 21 Sf 63
Táplánszentkererzt Vas 36 Re 65
Tapolca Vesz 37 Sc 67
Tapolcafő Vesz 37 Sd 65
Tapsony Som 53 Sb 70
Tápszentmiklós GyS 40 Sf 64
Tar Nóg 25 Ue 61
Tarany Som 53 Sb 71
Tarányitanya SzSz 33 Xe 60
Tarcal BAZ 29 Wc 60
Tárcatanya Hev 28 Vb 60
Tarcsapuszta Bar 68 Ta 72
Tard BAZ 28 Vd 61
Tardona BAZ 28 Vd 59
Tardos Hev 28 Vb 60
Tardosbánya Kom 24 Tc 63
Tardpuszta Som 53 Se 68
Tarhos Bék 63 Wb 68
Tarján Kom 24 Td 63
Tárkány Kom 21 Ta 63
Tarnabod Hev 28 Vb 62
Tarnaleleszs Hev 28 Vb 60
Tarnaméra Hev 28 Va 63
Tarnaörs Hev 28 Va 63
Tarnaszentmária Hev 28 Vb 61
Tarnaszentmiklós Hev 28 Vc 63
Tarnazsadány Hev 28 Va 62
Tarnóca Fej 41 Tc 66
Tarnócapuszta Fej 57 Td 68
Tárnok Pest 41 Tf 64
Tárnokpuszta Fej 40 Tb 64
Tárnokréti GyS 20 Sb 62
Tarpa SzSz 33 Xd 60
Tarrós Bar 56 Ta 71
Tartalócapuszta BAZ 28 Va 59
Táska Som 53 Sd 69
Tass BKk 41 Ua 66
Taszár Som 56 Sf 70
Tát Kom 24 Td 62
Tata Kom 21 Tb 63
Tatabánya Kom 24 Tc 63
Tataháza BKk 57 Ub 71
Tatárföldmajor GyS 20 Sa 64
Tatárszentgyörgy Pest 44 Uc 66
Tátompuszta Som 56 Sf 70
Tavaszmajor Fej 41 Te 68
Tázlár BKk 60 Ud 69
Tece Pest 25 Ub 62
Teczlaktanya Nóg 25 Ud 62
Tedej Lakótelep HB 29 Wc 61
Téglagyár Bar 68 Tc 73
Téglagyár HB 48 Wb 65
Téglagyár Som 53 Se 71
Téglagyár Tol 56 Tc 68
Téglagyár Zala 53 Sb 68
Téglagyár II. Bar 68 Ta 73
Téglagyári Pest 24 Tf 63
Téglaház Bar 53 Sf 72
Téglás HB 32 We 62
Tejfalusziget GyS 20 Sb 61
Tekepuszta GyS 20 Sc 63
Tekerespuszta Som 56 Sf 68
Tékes Bar 56 Tb 71
Teklafalu Bar 65 Se 73
Telek Bék 48 Vf 66
Telek Pest 41 Tf 65
Telekes Vas 36 Re 67
Telekföld HB 32 Wc 63
Telekföld HB 32 Wd 62
Telekgerendás Bék 63 Vf 68
Telekháza HB 29 Vf 63
Teleki Som 56 Se 68
Telekmajor BKk 45 Vb 67
Telektanya Hev 28 Vb 62
Telki Pest 24 Tf 63
Telkibánya BAZ 13 Wc 58
Templomhalmi iskola Cso 60 Uf 69
Tengelic Tol 57 Te 69
Tengeri Bar 68 Ta 73
Tengőd Som 56 Ta 68
Tenk Hev 28 Vc 63
Tényő GyS 21 Sd 63
Tépe HB 49 Wd 65
Terebezdpuszta Som 53 Sc 70
Terecsenypuszta Bar 53 Sf 71
Terem SzSz 33 Xb 62
Terény Nóg 25 Uc 61
Tereske Nóg 25 Ub 61
Teresztenye BAZ 12 Vd 58
Terézmajor Fej 41 Tf 65
Terpes Hev 28 Va 61
Tés Vesz 40 Ta 65
Tésa Pest 24 Tf 60
Tésenfa Bar 68 Ta 74
Téseny Bar 68 Ta 73
Teskánd Zala 36 Re 68
Tét GyS 20 Sd 63
Tetepuszta Pest 44 Uc 64
Tetétlen HB 49 Wb 65
Tevel Tol 56 Tc 70
Thalypuszta Kom 21 Ta 63
Thomkatanya SzSz 32 Wf 60
Tibolddaróc BAZ 29 Vd 61
Tiborszállás SzSz 33 Xc 62
Tihany Vesz 40 Sf 67
Tikacs Vesz 40 Tb 66
Tikos Som 53 Sb 69
Tilaj Zala 37 Sa 68
Tilalmastanya HB 48 Wb 64
Tiltványpuszta Som 53 Sd 72
Timár SzSz 32 Wc 60
Timárpuszta Fej 40 Ta 64
Tinnye Pest 24 Te 63
Tischlertanya Fej 41 Tc 66
Tiszaadony SzSz 33 Xb 59
Tiszaalpár BKk 60 Uf 68
Tiszabábolna BAZ 29 Ve 62
Tiszabecs SzSz 33 Xe 60
Tiszabercel SzSz 32 Wd 60
Tiszabezded SzSz 15 Xa 58
Tiszabő Szo 45 Vc 65
Tiszabob SzSz 29 Wb 60
Tiszabög BKk 60 Va 67
Tiszabura Szo 45 Vc 64
Tiszacsécse SzSz 33 Xe 60
Tiszacsege HB 29 Wa 62
Tiszacsermely BAZ 32 We 59
Tiszadada SzSz 29 Wb 60
Tiszaderzs Szo 48 Vd 63
Tiszadorogma BAZ 29 Vf 62
Tiszaeszlár SzSz 32 Wc 60
Tiszaföldvár Szo 45 Vb 67
Tiszafüred Szo 29 Ve 63
Tiszagyenda Szo 45 Vd 64
Tiszagyulaháza HB 29 Wa 61
Tiszaigar Szo 29 Ve 63
Tiszainoka Szo 45 Va 67
Tiszajenő Szo 45 Va 66
Tiszakanyár SzSz 15 Wf 59
Tiszakarád BAZ 32 We 59
Tiszakécske BKk 45 Va 67
Tiszakerecseny SzSz 15 Xb 59
Tiszakeszi BAZ 29 Vf 62
Tiszakóród SzSz 33 Xe 60
Tiszakürt Szo 45 Va 67
Tiszaladány BAZ 32 Wc 60
Tiszalök SzSz 32 Wc 60
Tiszalúc BAZ 29 Wa 60
Tiszamogyorós SzSz 15 Xb 59
Tiszanagyfalu SzSz 32 Wc 60
Tiszanána Hev 28 Vd 63
Tiszántúli gátőrház SzSz 32 We 59
Tiszaörs Szo 48 Ve 63
Tiszapalkonya BAZ 29 Wa 61
Tiszapüspöki Szo 45 Vb 65
Tiszarád SzSz 32 We 60
Tiszarós Szo 48 Ve 63
Tiszaroff Szo 45 Vc 64
Tiszasas Szo 61 Va 68
Tiszasüly Szo 45 Vc 64
Tiszaszalka SzSz 33 Xb 59
Tiszaszentimre Szo 48 Ve 64
Tiszaszentmárton SzSz 15 Xb 58
Tiszasziget Cso 61 Va 71
Tiszaszőlős Szo 29 Ve 63
Tiszatardos BAZ 32 Wc 60
Tiszatarján BAZ 29 Wa 62
Tiszatelek SzSz 32 We 59
Tiszatenyő Szo 45 Vc 66
Tiszaug Szo 45 Va 67
Tiszaújfalu BKk 60 Uf 68
Tiszavalk BAZ 29 Ve 62
Tiszavárkony Szo 45 Vb 66
Tiszavasvári SzSz 29 Wc 61
Tiszavasvári Á.G. SzSz 29 Wb 60
Tiszavid SzSz 33 Xb 59
Tisztaberek SzSz 33 Xe 61
Tisztatótanya BAZ 29 Wa 62
Tivadar SzSz 33 Xd 60
Tivorány HB 32 Wf 62
Tóalmás Pest 44 Ud 63
Tök Pest 24 Te 63
Tökfalu Bék 63 Vf 69
Tököl Pest 41 Tf 65
Tölgyestanya SzSz 32 Wf 59
Tölgyfamajor Tol 57 Te 68
Tölgyfástanya Bék 49 Wc 67
Tölös GyS 21 Sd 62
Tölös Som 53 Sd 69
Tölösipuszta Zala 53 Sa 69
Töltéstava GyS 21 Se 63
Tömörd Vas 36 Re 64
Tömördpuszta Kom 21 Tb 63
Tömörkény Cso 60 Va 69
Törekipuszta Som 40 Ta 67
Törekpuszta Vesz 37 Sc 67
Törekvés Tsz Lakótelepe BKk 44 Ud 67
Töröcske Som 53 Se 71
Törökbálint Pest 41 Tf 64
Törökkoppány Som 56 Ta 69
Törökkúttanya HB 49 Wc 64
Törökmező Pest 24 Tf 62
Törökszentmiklós Szo 45 Vc 65
Töröksziget HB 49 Wc 66
Törtel Pest 45 Uf 66
Töttös Bar 68 Td 73
Töviskesi Á.G. Bék 48 Wa 66
Töviskestanya BAZ 29 Vd 61
Tófalu Hev 28 Vb 62
Tófej Zala 52 Re 68
Tófű Bar 56 Tc 71
Tóház Fej 41 Td 67
Tojó Á.G. BKk 60 Ue 70
Tokaj BAZ 32 Wc 60
Tokod Kom 24 Te 62
Tokorcs Vas 37 Sa 65
Tólágapuszta Nóg 28 Va 60
Tolcsva BAZ 13 Wc 59
Told HB 49 Wd 66
Tolmács Nóg 25 Ua 61
Tolna Tol 57 Te 70
Tolnanémedi Tol 56 Tc 68
Tomojmonostora Szo 48 Ve 64
Tomor BAZ 12 Vf 59
Tompa BKk 60 Ud 71
Tompahát Cso 61 Vc 69
Tompaládony Vas 37 Rf 64
Tompapuszta Bék 63 Vf 70
Tóniszállás Bék 48 Ve 67
Toponár Som 56 Sf 70
Tordas Fej 41 Te 64
Tormafölde Zala 52 Rd 69
Tormás Bar 53 Sf 71
Tormásliget Vas 37 Re 64
Tornabarakony BAZ 12 Ve 58
Tornakápolna BAZ 12 Vd 58
Tornanádaska BAZ 12 Ve 57
Tornaszentandrás BAZ 12 Ve 57
Tornaszentjakab BAZ 12 Vf 57
Tornyópuszta Kom 24 Tc 63
Tornyosnémeti BAZ 13 Wb 57
Tornyospálca SzSz 15 Xb 59
Torony Vas 36 Rd 65
Torvaj Som 56 Ta 68
Tószeg Szo 45 Va 66
Tótfalupuszta Som 56 Sf 71
Tóthegy Zala 37 Rf 67
Tóthtanyák Fej 41 Tf 66
Tótkomlós Bék 61 Ve 70
Tótokföldje Bar 68 Tb 74
Tótokilap Som 40 Sf 67
Tótszentgyörgy Bar 65 Se 72
Tótszentmárton Zala 52 Re 70
Tótszerdahely Zala 52 Re 70
Tóttalu Zala 52 Rd 69
Tótújfalu Som 65 Sd 73
Tóvázsony Vesz 40 Se 66
Tőzeggyármajor GyS 20 Rf 62
Transzvill-üdülőtelep Pest 24 Tf 63
Trizs BAZ 12 Vc 58
Tsz major Som 56 Sf 70
Tsz-központ HB 49 Wc 64
Tsz-Lakótelep BKk 57 Ua 68
Tsz-major Bék 48 Wb 66
Tsz-major HB 48 Wb 64
Tsz-major Vas 37 Sb 65
Tükröspuszta Fej 24 Td 63
Tükröspuszta Fej 41 Te 65
Tükrösújtelep Fej 56 Td 68
Türje Zala 37 Sa 67
Tüskés Bar 68 Ta 73
Tüskéspuszta Fej 57 Td 68
Tüskevár Vesz 37 Sb 66
Tuka HB 29 Wa 62
Tukai Kendergyár HB 29 Wa 62
Tunyogmatolcs SzSz 33 Xc 61
Tura Pest 25 Ud 63
Turistaház HB 32 Wf 62
Túristvándi SzSz 33 Xd 60
Túrkeve Szo 48 Ve 66
Túrony Bar 68 Tb 73
Túrricse SzSz 33 Xe 61
Tuskós GyS 37 Sc 64
Tuskós Tol 56 Tb 69
Tuskóspuszta GyS 40 Sf 64
Tuszkulánum Pest 41 Tf 64
Tűzköves Vesz 40 Sd 67
Tuzsér SzSz 15 Xa 59
Tyukod SzSz 33 Xd 61
Tyúktelep Fej 41 Td 66

U

Udvar Bar 68 Td 73
Udvari Tol 56 Td 69
Üdülő Nóg 25 Ud 61
Üllés Cso 60 Uf 70
Üllő Pest 44 Uc 64
Ürgehegy GyS 20 Sd 63
Ürgemajor Pest 25 Uc 63
Ürgevárpuszta Tol 56 Tc 69
Ürmöshát HB 48 Wa 65
Üröm Pest 24 Ua 63
Üveghuta Tol 57 Td 71
Ugari tanyák Bék 48 Vf 67
Ugod Vesz 40 Sd 65
Új Barázda Tsz Bék 48 Wa 65
Újbarok Fej 41 Td 64
Újberekpuszta Tol 57 Te 71
Újcsanálos BAZ 29 Wa 60
Újdalmand Tol 56 Tb 70
Újdörögd Vesz 37 Sc 67
Újdombrád SzSz 32 Wf 59
Újfalu BKk 60 Ud 71
Újfalu Som 65 Sc 72
Újfehértó SzSz 32 We 62
Újfok Bar 69 Te 73
Újgalambos Fej 41 Tf 67
Újharangod BAZ 29 Wa 60
Újhartyán Pest 44 Uc 65
Újhedrehely Som 53 Sd 71
Újhegy Pest 25 Ub 63
Újhegy Pest 41 Tf 65
Újhegy Vesz 37 Sc 67
Újhegy Vesz 37 Sd 68
Újhegy Vesz 40 Ta 66
Újhódospuszta Fej 41 Tb 67
Újhuta BAZ 13 Wc 58
Újiráz HB 49 Wc 67
Újireg Tol 56 Tb 69
Újistállópuszta Bar 68 Td 73
Újkenez SzSz 15 Xb 59
Újkér GyS 37 Re 64
Újkígyós Bék 63 Wa 69
Újkóvár Nóg 25 Ub 60
Újkút Vas 37 Rf 66
Újkútpuszta Som 53 Sc 71
Újladány Bék 48 Wa 67
Újlakpuszta Nóg 25 Ue 60
Újlengyel Pest 44 Uc 65
Újléta HB 49 Wf 64
Újlőrincfalva Hev 28 Vd 63
Újmajor Fej 41 Tc 68
Újmajor GyS 21 Se 63
Újmajor GyS 21 Sf 63
Újmajor Kom 21 Ta 62
Újmajor Nóg 25 Ud 62
Újmajor Pest 24 Te 63
Újmajor Pest 44 Ud 64
Újmajor Vas 37 Rf 67
Újmajor Vesz 37 Sb 65
Újmajor Vesz 37 Sc 65
Újmajor Vesz 40 Sd 64
Újmajor Vesz 40 Sf 64
Újmajor Zala 52 Rf 70
Újmajor Zala 53 Sa 69
Újmezőhegyes Bék 61 Ve 71
Újmihályfa Vas 37 Sa 65
Újmohács Bar 68 Te 72
Újpalota Pestújhely Pest 25 Ua 63
Újpest Pest 25 Ua 63
Újpetre Bar 68 Tc 73
Újrónafő GyS 20 Sb 62
Újsára BAZ 13 Wc 59
Újsiska BAZ 29 Wa 60
Újsolt BKk 44 Ua 67
Újszabar Zala 53 Sa 69
Újszalonta Bék 63 We 68
Újszász Szo 45 Va 65
Újszeged Cso 61 Vb 71
Újszentgyörgy Szo 48 Ve 64
Újszentiván Cso 61 Vb 71
Újszentmargita HB 29 Wa 62
Újszilvás Pest 45 Uf 65
Újszőlő Pest 44 Ub 65
Újtagmajor GyS 17 Re 63
Újtanya GyS 20 Sa 62
Újtanya SzSz 33 Xc 59
Újtelek BKk 57 Ua 69
Újtelep Bar 68 Tb 72
Újtelep Bék 63 Vf 70
Újtelep GyS 40 Se 64
Újtelep Pest 25 Ub 62
Újtelep SzSz 32 Wc 60
Újtelep Tol 56 Tc 69
Újtikos HB 29 Wb 61
Újudvar GyS 20 Sb 61
Újudvar Zala 52 Rf 69
Újvárfalva Som 53 Sd 70
Újvilágtanya BAZ 29 Wa 60
Ukk Vesz 37 Sb 66
Und GyS 36 Re 64
Úny Kom 24 Te 63

UPPONY

Uppony **BAZ** 12 Vc 59
Ura **SzSz** 33 Xd 62
Uraj **BAZ** 12 Vb 59
Uralújfalu **Vas** 37 Rf 64
Urbántanya **Bék** 63 Wa 70
Úrbérerdészház **Vesz** 37 Sc 67
Úrhida **Fej** 41 Tb 66
Úri **Pest** 44 Ud 64
Úrkút **Vesz** 40 Sd 66
Úrréttanya **BAZ** 29 Wb 60
Uszka **SzSz** 33 Xf 60
Úszód **BKk** 57 Tf 69
Úsztatómajor **Zala** 53 Sb 68
Útelep **Som** 53 Sc 70
Útőrház **Bar** 68 Tb 72
Uzd **Tol** 57 Td 69
Uzonyidűlő **HB** 32 Wd 62
Uzsa Erdésztelep **Vesz** 37 Sc 67
Uzsabánya **Vesz** 37 Sb 67

V

Vác **Pest** 25 Ub 62
Vácduka **Pest** 25 Ub 62
Vácegres **Pest** 25 Uc 62
Váchartyán **Pest** 25 Ub 62
Váckisújfalu **Pest** 25 Uc 62
Václiget **Pest** 24 Ub 62
Vácrátót **Pest** 25 Ub 62
Vácszentlászló **Pest** 25 Ud 63
Vadalmás **GyS** 40 Se 64
Vadasbokor **SzSz** 32 Wd 61
Vadaspuszta **Kom** 40 Sf 64
Vadaspuszta **Som** 53 Sc 71
Vadászcsárda **Bar** 56 Tc 71
Vadászház **Fej** 57 Te 68
Vadászház **Tol** 56 Tb 69
Vadászkastély **Tol** 56 Tb 69
Vadásztanya **Fej** 41 Te 66
Vadásztanya **HB** 49 Wf 64
Vadépuszta **Som** 53 Se 69
Vadkerti tó **BKk** 44 Uc 69
Vadna **BAZ** 12 Vd 59
Vadosfa **GyS** 37 Sa 65
Vág **GyS** 37 Sb 64
Vágáshuta **BAZ** 13 Wd 58
Vágotpuszta **Bar** 56 Tb 72
Vágottnyires **Som** 53 Sd 69
Vaja **SzSz** 33 Xa 61
Vajastanya **BAZ** 29 Vf 62
Vajdácska **BAZ** 13 Wd 58
Vajdatanya **Bék** 63 Wa 70
Vajszló **Bar** 65 Sf 73
Vajta **Fej** 57 Te 68
Vakola **Zala** 52 Re 68
Vál **Fej** 41 Te 64
Valkó **Pest** 25 Ud 63
Valkonya **Zala** 52 Re 69
Vállaj **SzSz** 33 Xc 62
Vállospuszta **Hev** 28 Va 60
Vállus **Zala** 37 Sb 67
Vámiszőlőhegy **Fej** 56 Tc 68
Vámosatya **SzSz** 33 Xc 59
Vámoscsalád **Vas** 37 Rf 64
Vámosgyörk **Hev** 28 Uf 62
Vámosmajor **Vesz** 40 Sd 65
Vámosmikola **Pest** 24 Te 61
Vámosoroszi **SzSz** 33 Xe 61
Vámospércs **HB** 32 Wf 63
Vámosszabadi **GyS** 21 Sd 62
Vámosújfalu **BAZ** 32 Wc 59
Vámpuszta **Fej** 57 Td 68
Váncsod **HB** 49 Wd 65
Vancsópuszta **Nóg** 25 Ud 60
Vanyarc **Nóg** 25 Uc 62
Vanyola **Vesz** 40 Sd 64
Várad **Bar** 65 Se 73
Váralja **Tol** 56 Tc 71
Varászló **Som** 53 Sb 70
Váraszó **Hev** 24 Va 60
Várbalog **GyS** 20 Sa 62
Varbó **BAZ** 29 Vd 60
Varbóc **BAZ** 12 Vd 58
Várbükk **Hev** 28 Va 61
Várcsalitpuszta **Vesz** 37 Sb 65
Várda **Som** 53 Se 70
Várdomb **Tol** 57 Te 71
Várerdőtanya **BAZ** 28 Vc 60
Várfölde **Zala** 52 Re 69
Varga **Bar** 56 Ta 71
Vargatany **Vesz** 37 Sb 65
Vargatanya **BAZ** 29 Vf 62
Vargatanya **Tol** 57 Td 69
Vargatelep **Bar** 65 Sf 73
Várgesztes **Kom** 41 Tc 64
Varjaskér **Som** 53 Sc 69
Várkeszö **Vesz** 37 Sb 64
Várkonyitanya **BAZ** 29 Wb 60
Várong **Tol** 56 Ta 69
Városföld **BKk** 60 Ue 68
Városilegelő **Fej** 41 Tc 66
Városlőd **Vesz** 40 Sd 66
Várostanya **HB** 48 Wb 63
Város-tanyakörnyéke **Szo** 45 Vd 67

Várpalota **Vesz** 40 Ta 65
Varsád **Tol** 56 Td 69
Varsány **Nóg** 25 Uc 60
Varsánygyüre **SzSz** 33 Xb 60
Várvölgy **Zala** 37 Sb 67
Várvölgytelep **Bar** 56 Tb 71
Vasad **Pest** 44 Uc 65
Vasalja **Vas** 36 Rd 66
Vásárhelyitanya **Bék** 63 Wa 70
Vásárosbéc **Bar** 53 Se 71
Vásárosdombó **Bar** 56 Ta 71
Vásárosfalu **GyS** 37 Sa 64
Vásárosmiske **Vas** 37 Sa 65
Vásárosnamény **SzSz** 33 Xb 60
Vasas **Bar** 56 Tb 72
Vasasszonyfa **Vas** 36 Re 65
Vasboldogasszony **Zala** 37 Rf 67
Vasboldogasszonyfa **Zala** 37 Rf 67
Vasegerszeg **Vas** 37 Rf 64
Vashámor **Vesz** 40 Sd 66
Vashosszúfalu **Vas** 37 Sa 66
Vaskapu **Bar** 68 Td 72
Vaskeresztes **Vas** 36 Rc 65
Vaskút **BKk** 69 Tf 72
Vasmegyer **SzSz** 32 We 60
Vasosszúfalu **Vas** 37 Sa 66
Vaspör **Zala** 36 Rd 67
Vassarang **Vas** 36 Re 65
Vassurány **Vas** 36 Re 65
Vasszécseny **Vas** 36 Re 65
Vasszentmihály **Vas** 36 Rc 67
Vasszentmihály **Vas** 36 Rc 67
Vasszilvágy **Vas** 36 Re 65
Vastanya **Fej** 41 Te 65
Vasúti őrház **HB** 32 Wf 62
Vasúti őrház **SzSz** 32 Wd 60
Vasvár **Vas** 37 Re 66
Vaszar **Vesz** 37 Sd 64
Vászoly **Vesz** 40 Se 67
Vát **Vas** 37 Re 65
Vatta **BAZ** 29 Ve 61
Vattaitanya **Fej** 41 Te 65
Vattatanya **BAZ** 12 Ve 59
Vátyonpuszta **Bék** 49 Wd 67
Vázsnok **Bar** 56 Ta 71
Vázsonypuszta **Som** 52 Rf 71
Vécs **Hev** 28 Vb 62
Vécseitanya **BAZ** 12 Ve 59
Vecseny **Vesz** 40 Sf 64
Vecser **SzSz** 32 Wf 62
Vecsés **Pest** 44 Ub 64
Végegyháza **Bék** 63 Vf 70
Végmalom **Vas** 37 Rf 65
Vejti **Bar** 65 Sf 74
Vékény **Bar** 56 Tc 71
Vekerd **HB** 49 Wc 66
Velem **Vas** 36 Rd 64
Velemér **Zala** 52 Rc 68
Velence **Fej** 41 Td 65
Velény **Bar** 68 Ta 73
Véménd **Bar** 57 Td 72
Vencsellő **SzSz** 32 Wd 59
Vének **GyS** 21 Se 62
Véntanya **SzSz** 32 We 60
Ventepuszta **Zala** 52 Re 70
Vép **Vas** 36 Re 65
Vercel **Hev** 28 Vb 63
Vereb **Fej** 41 Td 65
Verebestanya **SzSz** 29 Wb 61
Veresegyház **Pest** 25 Uc 63
Veresgyűrűs **Bék** 49 Wc 67
Vereskáztanya **SzSz** 33 Xb 62
Verestanya **Hev** 28 Vd 62
Verestenger **HB** 29 Wc 61
Verőcemaros **Pest** 24 Ua 62
Verpelét **Hev** 28 Vb 61
Vérpuszta **Fej** 41 Te 64
Verseg **Pest** 25 Ud 62
Versend **Bar** 68 Td 72
Vertán **HB** 49 Wd 65
Vértesacsa **Fej** 41 Td 64
Vértesboglár **Fej** 41 Td 64
Vérteskéthely **Kom** 40 Ta 64
Vérteskozma **Fej** 41 Tc 64
Vértessomló **Kom** 24 Tc 62
Vértesszőlős **Kom** 24 Tc 62
Vértestolna **Kom** 24 Tc 62
Vérvölgy **HB** 49 Wc 64
Vése **Som** 53 Sb 70
Vesszőshalom **Hev** 28 Vb 63
Veszkény **GyS** 20 Sa 63
Veszprém **Vesz** 40 Sf 66
Veszprémfajsz **Vesz** 40 Sf 66
Veszprémvarsány **Vesz** 40 Se 64
Vésztő **Bék** 48 Wb 67
Vetlepuszta **Tol** 57 Te 69
Vezekénypuszta **Hev** 28 Va 61
Vezseny **Szo** 45 Vb 66
Vica **GyS** 37 Sa 64
Vid **Vesz** 37 Sc 65
Vidákpuszta **Bar** 53 Sf 71
Vidatanya **Fej** 41 Td 67
Vigántpetend **Vesz** 40 Sd 67
Viktorpuszta **Som** 65 Sc 73
Világosmajor **BKk** 41 Tf 67

Világosmajor **Fej** 41 Td 65
Világospuszta **Fej** 41 Te 67
Villány **Bar** 68 Tc 73
Villánykövesd **Bar** 68 Tc 73
Villanytelep **Fej** 41 Tc 66
Vilmamajor **Bék** 63 Vf 69
Vilmány **BAZ** 13 Wb 58
Vilmatanya **BAZ** 13 Wd 59
Vilmapuszta **Vesz** 40 Sf 66
Vilonya **Vesz** 40 Ta 66
Vilyvitány **BAZ** 13 Wd 58
Vinár **Vesz** 37 Sb 65
Vincefőpuszta **GyS** 37 Sb 64
Vincemajor **Zala** 37 Sa 66
Vindornyafok **Zala** 37 Sb 67
Vindornyalak **Zala** 37 Sb 67
Vindornyaszőlős **Zala** 37 Sb 67
Virágos = Magtermeltető Á.G. **Bék** 63 Wa 69
Virágoskút **HB** 32 Wc 63
Virágospuszta **Nóg** 25 Uc 61
Virágospuszta **Som** 53 Sc 69
Virányos **SzSz** 32 Wd 60
Visegrád **Pest** 24 Tf 62
Visnye **Som** 53 Se 71
Visonta **Hev** 28 Va 62
Visonta **Som** 53 Sc 72
Viss **BAZ** 32 Wc 59
Visz **Som** 53 Se 68
Viszák **Vas** 36 Rc 67
Viszló **BAZ** 12 Vf 58
Visznek **Hev** 28 Va 63
Vitézipuszta **Bar** 65 Se 73
Vitéztelek **Som** 53 Sd 69
Vitéztelep **Bar** 56 Ta 71
Vitnyéd **GyS** 20 Rf 63
Vitorág **Bar** 53 Se 71
Vityapuszta **Som** 53 Se 69
Vizierőmű **BAZ** 29 Wa 61
Vízimalom **BAZ** 29 Vf 59
Vízimalom **Pest** 24 Te 63
Vizslás **Nóg** 25 Ue 60
Visoly **BAZ** 13 Wb 58
Vizvár **Som** 53 Sb 72
Vöckönd **Zala** 37 Rf 67
Völcsej **Som** 53 Sd 69
Völgyfő **BAZ** 28 Vc 61
Vönöck **Vas** 37 Sa 65
Vörös Csillag major **GyS** 20 Sb 62
Vörös Csillag tag **SzSz** 32 Wd 62
Vörös Csillag Tsz **Bék** 63 Vf 68
Vörös Csillag Tsz **SzSz** 33 Xc 61
Vörös Október Tsz **Bék** 61 Ve 68
Vöröscsillag Tsz **Cso** 60 Va 68
Vöröscsillag Tsz Lakótelepe (Borbás) **BKk** 60 Ue 67
Vörösegyháza **Tol** 56 Tb 70
Vöröskupapuszta **Bék** 63 Wa 70
Vörösmajor **Vas** 37 Sa 65
Vörösszállás **BKk** 57 Ua 69
Vöröstó **Vesz** 40 Sd 67
Vörs **Som** 53 Sb 69
Vörü **Zala** 52 Sa 68
Vokány **Bar** 68 Tb 73
Volgai Hérics Tvt **Bék** 63 Ve 69
Vonyarcvashegy **Zala** 53 Sb 68
Vorkota **Zala** 36 Re 67
Vótapuszta **Som** 53 Sd 71

W

Wekerletelep **Pest** 44 Ua 64
Windicsrész **HB** 32 Xa 63
Winterpuszta **Bék** 63 Wa 70

Z

Zabar **Nóg** 28 Va 60
Zádor **Bar** 65 Sd 73
Zádorfalva **BAZ** 12 Vc 58
Zádorimalom **Bar** 65 Sd 72
Zádorvár **Vesz** 40 Se 67
Zagyvapálfalva **Nóg** 25 Ue 60
Zagyvarékas **Szo** 45 Va 65
Zagyvaróna **Nóg** 28 Uf 60
Zagyvaszántó **Hev** 25 Ue 62
Záhony **SzSz** 15 Xb 58
Zajk **Zala** 52 Re 70
Zajta **SzSz** 33 Xe 61
Zákány **Som** 52 Rf 71
Zákányszék **Cso** 60 Uf 71
Zala **Som** 56 Sf 68
Zalaapáti **Zala** 53 Sa 68
Zalabaksa **Zala** 52 Rd 68
Zalabér **Zala** 37 Sa 67
Zalaboldogfa **Zala** 36 Re 67
Zalacsány **Zala** 37 Sa 68
Zalacséb **Zala** 36 Rd 67
Zalaegerszeg **Zala** 37 Rf 67
Zalaerdőd **Vesz** 37 Sb 66
Zalagyömörő **Vesz** 37 Sb 66

Zalahaláp **Vesz** 37 Sc 67
Zalaháshágy **Zala** 36 Rd 67
Zalaigrice **Zala** 52 Sa 68
Zalaistvánd **Zala** 37 Rf 67
Zalakaros **Zala** 53 Sa 69
Zalaköveskút **Zala** 37 Sa 67
Zalakomár **Zala** 53 Sb 69
Zalakoppány **Zala** 37 Sa 67
Zalalövő **Zala** 36 Rd 67
Zalameggyes **Vesz** 37 Sb 66
Zalamerenye **Zala** 53 Sa 69
Zalasárszeg **Zala** 53 Sa 70
Zalaszabar **Zala** 53 Sa 69
Zalaszántó **Zala** 37 Sb 67
Zalaszegvár **Vesz** 37 Sb 66
Zalaszentbalázs **Zala** 52 Rf 69
Zalaszentgrót **Zala** 37 Sb 67
Zalaszentgyörgy **Zala** 36 Re 67
Zalaszentiván **Zala** 37 Rf 67
Zalaszentjakob **Zala** 33 Sa 70
Zalaszentlászó **Zala** 37 Sa 67
Zalaszentlőrinc **Zala** 37 Rf 67
Zalaszentmárton **Zala** 52 Sa 68
Zalaszentmihály **Zala** 52 Rf 68
Zalaszombatfa **Zala** 52 Rc 69
Zaláta **Bar** 65 Sf 74
Zalatárnok **Zala** 52 Re 68
Zalaudvarnok **Zala** 37 Sa 67
Zalaújlak **Zala** 53 Sa 69
Zalavár **Zala** 53 Sa 68
Zalavég **Zala** 37 Sa 66
Zalkod **BAZ** 32 Wc 59
Zamárdi **Som** 40 Sf 67
Zámoly **Fej** 41 Tc 65
Zanat **Vas** 36 Re 65
Zánko **Zala** 37 Se 67
Zaránk **Hev** 28 Va 63
Zaranypuszta **Som** 53 Se 70
Zátony **GyS** 20 Sc 61
Závod **Tol** 56 Tc 70
Zebecke **Vesz** 52 Re 69
Zebegény **Pest** 24 Tf 62
Zékánkert **SzSz** 33 Xb 59
Zempléngárd **BAZ** 15 Xa 58
Zengővárkony **Bar** 56 Tc 71
Zichypuszta **GyS** 20 Sa 61
Zichytabód **Tol** 56 Td 70
Zichyújfalu **Fej** 41 Te 66
Zics **Som** 56 Sf 68
Ziliz **BAZ** 29 Ve 59
Zimány **Som** 56 Sf 70
Zirc **Vesz** 40 Sf 65
Zobák puszta **Bar** 56 Tb 71
Zöldiborzas **Pest** 44 Ub 65
Zöldmáj **BAZ** 13 Wc 57
Zók **Bar** 68 Ta 72
Zoltántag **HB** 32 Xa 63
Zomba **Tol** 57 Td 70
Zsabadrét **Pest** 44 Ub 66
Zsadány **Bék** 49 Wc 67
Zsáka **HB** 49 Wc 66
Zsámbék **Pest** 24 Te 63
Zsámbok **Pest** 25 Ud 63
Zsana **BKk** 60 Ud 70
Zsarolyán **SzSz** 33 Xd 61
Zsebenháza **GyS** 20 Sb 63
Zsédeny **Vas** 37 Rf 64
Zsejkepuszta **GyS** 20 Sd 62
Zselickisfalud **Som** 53 Se 71
Zselickislak **Som** 53 Se 71
Zselicszentpál **Som** 53 Se 71
Zsemberitanya **Kom** 40 Tb 67
Zsennyl **Vas** 37 Re 66
Zserc **BAZ** 29 Wb 60
Zsibót **Bar** 65 Sf 72
Zsibrik **Tol** 57 Td 71
Zsidódipatak **Kom** 24 Te 62
Zsippó **Som** 53 Se 71
Zsira **GyS** 36 Re 64
Zsirostanya **SzSz** 33 Xc 61
Zsitvapuszta **Som** 53 Sb 72
Zsörk **Vesz** 40 Se 64
Zsőfiapuszta **Vesz** 40 Se 66
Zsombó **Cso** 60 Uf 70
Zsujta **BAZ** 13 Wb 58
Zsunypuszta **Nóg** 25 Ud 61
Zsurk **SzSz** 15 Xb 58
Zubony **BAZ** 12 Vd 58
Zugló **Pest** 44 Ua 63

1-9

6-os major **Bék** 63 Ve 70
21-es major **Bék** 63 Vf 70
52-es major **Bék** 63 Vf 71
57-es major **Bék** 63 Vf 71
81-es major **Bék** 63 Ve 70
84-es major **Bék** 63 Ve 70